인터넷을 이용한 무역실무

UNECEFACT. ISO. 무역관련 국제표준내용 반영

김 용 재 지음

도서출판 두남

머리말

여러분이 보따리무역(손으로 상품을 운반하여 이익을 남기는 사업)을 몇 차례 하는 동안 운 좋게 좋은 바이어(Buyer)를 만난다거나 좋은 바이어를 소개받거나 무역포탈사이트[Google.com, Alibaba.com, buykorea.or.kr(대한무역투자진흥공사)] 등에서 좋은 바이어를 발굴한다면, 여러분은 오퍼상(정식무역)을 시작할 수 있다. 여러분이 오퍼를 시작할 때에는 무역인으로 성공할 수 있고 많은 돈도 벌 수 있다. 무역에서 바이어(구매자)의 역할과 존재는 대단히 중요하다. 바이어가 무역에서 성공할 수 있느냐, 없느냐를 결정하는데 많은 무역인들이 이 중요한 사실을 간과하고 있어 매우 안타깝다. 바이어를 발굴하는 데는 많은 노력과 시간을 투여하는 반면 보유하고 있는 바이어 관리를 잘못하여 사소한 실수로 결별을 하는 경우가 많이 있어 각별한 주의를 해야 한다고 강조하고 싶다. 바이어 관리는 남자(여자로 바꾸면 상황은 같음)가 여자를 사랑하기 시작했을 때에 여자에게 사랑하는 열정을 인정받고 싶고 사랑을 고백할 때까지 여자에게 온갖 서비스와 노력을 다하듯 바이어에게 필사적으로 잘 하여 환심을 사야 한다. 사랑하는 열정을 갖지 않거나 열정이 식어버린다면 사랑에 목숨을 걸지 않고 여자를 쟁취하고 싶은 욕망이 없는 중년의 남자가 될 것이다. 그렇지만, 진정으로 지기기 사랑하는 여자가 있다면 모든 것을 바쳐서라도 사랑을 쟁취하고 싶을 것이다. 많은 시간과 정성을 바쳐 사랑을 고백하여 사랑하는 여자가 그 노력과 정성에 감격하여 눈도 마주치지도 않았던 그 여자가 사랑을 받아들인다면 이 얼마나 행복한 일인가?

나폴레옹이 용감한 자만이 미인을 차지할 수 있다고 하였던가? 그러나, 그렇게 어렵게 사랑을 받아들인 사랑하는 여자일지라도 지속적인 정성과 시간투여 그리고 노력을 게을리한다면, 아마 그 여자는 그대 곁을 조용히 떠나게 될 것이다. 그러므로 사랑하는 여자가 주위에 가까이 있도록 하기 위해서는 여자에게 사랑을 고백할 때보나 더 잘 해주어야 한다. 물론 바이어 관리는 사랑하는 여자한테 잘 하는 것보다 더 정성을 기울여 잘 해주어야 한다. 바이어도 사람이고 감정의 동물이어서 이 사람이 나한테 진심으로 몸바쳐 잘 하는지 겉으로만 잘하는 척 하는지 잘 안다. 이유야 어쨌든 사랑하는 그 여자가 자기 곁에서 떠나가거나 사랑할 대상이 이 세상에 존재하지 않는다면 이 얼마나 슬픈 일일까? 완전한 사랑은 혼자 할 수 없기 때문이다. 그 여자가 자기 곁에 없는 책임의 50%는 남자 몫이리라. 즉, 바이어가 없어진다면 수출업자는 아무리 상품을 수출하고 싶어도 수출할 수 없다. 그러므로 바이어는 사랑할 때에 24시간 생각하는 여자보다 더 정성을 들여 관리하여야 한다. 좋은 바이어 한 사람 확보하는 것이 회사경영에 얼마나 많은 힘이 되고 얼마나 많은 이익을 남겨주는지 그리고 좋은 바이어 한 사람 발굴한다는 것이 얼마나 어려운 일인지는 무역을 하다보면 스스로 터득하게 될 것이다. 여러분이 좋은 바이어를 만난다면 무역을 하여 큰돈을 벌 수 있으며, 인생에서 성공하였다고 말할 수 있을 것이다. 부부가 백년해로를 해야 한다고 결혼식 때 주례선생님한테 듣지만, 그것이 말처럼 쉽지 않다. 부부싸움을 수없이 하며, 결혼을 후회하니, 이혼을 해야 한다거나 별거를 한다는 이야기가 신문지상에 많이 보도되는 것을 보면, 남자와 여자가 잘 만난다는 것이 인생에서 얼마나 중요한 것인지 강조해도 지나치지 않다고 본다.

여러분이 보따리무역이나 오퍼상(무역업)으로 성공하기 위해서는 강한 의지와 열정(성취감)이 있어야 한다. 또한 모든 일을 할 때에는 사전에 치밀한 계획을 수립한 후 정확히 행동하여야 하고 "나는 성공할 수 있다"는 강한 자신감과 확신을 가져야 성공할 수 있다.

새로운 각오로, 새로운 분야에 도전하는 것이야말로 인생을 폭 넓게 열정적으로 살 수 있는 한 방법이다. 늦은 나이에 창업하여 성공한 사람들을 살펴보면, 서전(안경테) 사장은 50이 넘은 나이에 안경테 회사를 창업하여 외국산 안경이 판치는 우리나라 고급품시장을 완전 석권하고 고급 안경테에 특화하여 일본, 미국, 아시아 및 남미 등 선진국에 높은 가격에 수출하고 있다. 그리고 미래산업 정문술 사장은 '83년 반도체장비 제조업체를 43세에 창업하여 모진풍파 끝에 상장회사로 성장 · 발전시키는 데 성공하였고, 많은 재산을 대학과 사회에 기부하고 경영일선에서 물러났음에도 불구하고 지금도 주야로 열심히 노력하고 있다고 한다.

이 책은 실무현장에서 무역업무를 하다가 참고할 수 있도록 아주 쉽게 쓰였으므로 보따리무역이나 오퍼상(무역업)을 창업하려는 사람 그리고 무역실무에 종사하는 사람들에게 조그마한 참고서가 되었으면 한다. 무역을 잘 하려면 외국어, 무역관련 제도와 관습, 각국 정치 · 경제 · 사회 · 문화 등에 대하여 꾸준히 공부하여야 한다.

그렇게 공부를 해야 새로운 상품 제조, 신기술 개발, 아이디어 상품 등을 만들 수 있으며 무역분쟁이나 무역사기를 예방할 수 있다. 그러나 무역업무에 종사하다 보면 신규 거래처 발굴, 오더수주, 오더발주, 상품관리, 자금관리, 신용장매입(Nego), 사후관리 등 많은 업무에 매달리게 되고 이러한 상황에서 무역 관련 공부를 하기란 쉽지 않은 것이 현실이지만 보다 나은 사업가로 성장 발전하기 위하여 노력해야 할 것이다.

무역업(Offer)을 하여 회사규모가 커지면 이익을 많이 남기고 납기를 준수하기 위하여 제조업을 직접하려고 한다. 그리고 제조업체 회사 규모가 어느 정도 성장하게 되면 직접수출을 하려고 노력한다. 무역인으로 성공한 사람들을 만나보면 여러분이 그 이유를 쉽게 터득할 것이다.

이 책의 "무역업의 창업"에서는 사업계획 수립, 해외시장 조사방법, 신규 시장개척방법, 상품의 국외판로 개척, 우리나라에서 상품의 구입요령, 통관요령 등에 관한 내용을 살펴보았다.

또한 필자가 무역실무 현장에서 체험한 내용을 중심으로 바이어(Buyer) 발굴방법, 바이어에 대한 신용조사, 대금결제방법, 무역계약서 작성요령(분쟁이 발생했을 때에는 상사중재원의 중재에 따른다는 상사중재조항 삽입), 수출보험에 부보(수출 후 수출자의 귀책 사유가 아닌 경우에는 수출보험공사에서 100% 손실보상), 무역분쟁이 발생하였을 때 해결하는 방법과 분쟁예방 방안 등에 대하여 중점적으로 살펴보았다.

또한 특히 인터넷(Internet)을 이용한 무역에 대해 상세히 살펴보았는데, 첫째, 인터넷에 의한 각국의 경제동향, 무역의 흐름, 시장조사, 둘째, 인터넷에 의한 바이어 발굴, 셋째, 인터넷을 이용한 수출마케팅 전략구사, 바이어와 전자우편(E-Mail)으로 수출상담하는 방법, 넷째, 인터넷에 의한 팩스 송수신 등으로 거래비용을 절감할 수 있는 방안 등에 대하여 살펴보았다.

그리고 많은 자료와 책의 내용을 인용하도록 도움주신 주식회사 지머스정보기술 대표이사 김연동 님과 이준호 팀장님께 감사드립니다.

마지막으로, 부모님은 일제강점기에 태어나 우리나라민족정신말살정책에 따라 일본말을 배우고 일본인들의 학정을 이겨내시고 청년기에 6.25전쟁을 체험하며 생존의 갈림길에서 방황하는 비극을 겪었다. 보릿고개와 5.16혁명, 화폐개혁 등을 겪으면서 처절한 인생을 살아오신 것이다. 피와 땀의 결실로 우리나라는 1948년 건국 후 세계 최빈국에서 현재는 무역대국 세계에서 11위로 중상국에서 선진국을 향해 가고 있다. IMF와 같은 시련도 이겨내셨지만, 지금은 날이 갈수록 기억력이 희미해져가는 존경하는 아버지께서 장수무병하시길 기원하며 이 책을 드립니다.

그리고 작년에 바람처럼 하늘나라로 가신 어머님 영전에 이 책을 드립니다.

2010. 3. 15.

저자 김 용 재

차 례

제1장 전자(인터넷) 무역이란 무엇인가

전자(인터넷) 무역이란 무역이 이루어지는 과정에서 일부라도 전자적인 방법을 이용하여 무역하는 것을 말한다. 예를 들면, 대부분의 무역업체들이 바이어를 발굴할 때에 www.Google.com, www.buykorea.go.kr 등 수출입 알선 사이트를 이용하고 있고 오퍼를 보내거나 가격협상을 할 때에도 인터넷 전자우편(e-mail)을 통해 이루어지고 있다. 그러므로 대부분의 무역업체들이 정도의 차이는 있지만 전자(인터넷) 무역을 실행하고 있다고 말할 수 있다. 대외무역법에 따르면 무역거래시 0.1%만이라도 인터넷을 이용하면 전자무역이라고 할 수 있다.

기존 무역거래와 전자(인터넷)무역

<기존 무역거래>		<전자(인터넷)무역>
카탈로그, 매체 광고, 전시회, 박람회, 출장 등	홍보마케팅	홈페이지, 유즈넷, 메일링 리스트, 웹사이트 검색 등
	⬇	
거래알선기관 직접방문, catalog cirwlar letter 등	거래선 발굴	국내외 거래 알선 사이트 등록/조회
	⬇	
국제전화/팩스 DHL, 우편, 출장 등	거래협상	E-mail, 인터넷폰, 인터넷팩스 등
	⬇	
포워더 해운, DHL, 항공운송 등	운송서류, 물류운송	물류운송 EDI, 운송서류 온라인 전송 등
	⬇	
신용장, D/A, D/P 등(은행)	대금결제	신용장, Boreo Project, Tradecard, Bexcom, 금융 EDI, 전자자금 이체 등

자료 : 필자 작성

1. 전자(인터넷)무역이란

종전의 무역은 전화, 팩스, 텔렉스, 우편, 전시회, 박람회, 무역사절단 파견 등을 이용하였다. 그러나 전자(인터넷)무역은 인터넷을 이용하여 바이어 발굴, 해외 마케팅, 오더(Order) 상담, 오퍼 교환, 무역계약서 작성, 상품의 선적시 운송 계약, 선적 후 각종 서류를 인터넷이나 전자문서자동화(EDI) 시스템으로 대한상공회의소, 해운회사 등 각종 조합 · 협동기관으로부터 발급받을 수 있을 뿐만 아니라 거래은행에 인터넷으로 선적서류를 매입(Nego)하고 사후 관리, 관세 환급 등을 할 수 있다.

1) 전자(인터넷)무역의 과정

전자(인터넷)무역에서는 해외시장 조사, 신규 거래처 발굴, 수출상담, 무역계약서 체결 등이 인터넷상에서 대부분 이루어진다. 전자(인터넷)무역은 종전 무역 방식과 크게 다르지 않으며, 서류를 전달할 때 인터넷을 활용하는 것이다.

전자무역의 흐름은 다음과 같다.

우선 ① 수입국은행(Funder)은 거래한도정보를 SA에 통보한다 → ② 그러면 SA는 시스템에 입력하고 승인한 후 수입업자에게 거래한도정보를 통보한다 → ③ 통보를 받은 후 수입업자는 전자무역 계약서에 전자서명을 한다 → ④ 수출자는 SA에 선적지시서를 전송한다 → ⑤ 전송 후, 수출자는 운송대리인에게 선적처리를 요청한다 → ⑥ 운송대리인은 SA에 선적지시서의 송부를 요청하고 접수받는다 → ⑦ 운송대리인은 선박회사에 화물을 인도한다 → ⑧ 선박회사는 운송대리인에 화물운송장 초안을 EDI를 이용하여 전송한다 → ⑨ 운송대리인은 최종 화물운송장을 SA에 전송한다 → ⑩ SA는 수입국 은행에 대금지급을 요청한다 → ⑪ 수입업자는 화물을 인수하고 통관을 거친다 → ⑫ 수입업자는 펀드에 대금을 상환한다.

전자무역흐름도

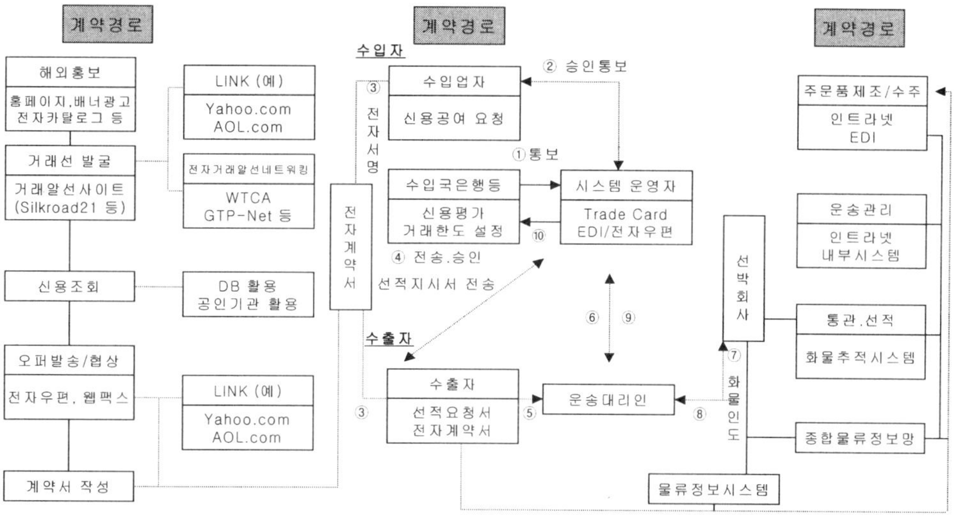

(1) 거래처 발굴

전통적인 무역이나 인터넷 무역을 하기 위해서 가장 먼저 해야 할 일은 거래처를 발굴하는 것이다. 물론 신용 상태가 좋은 거래처를 발굴한다는 것은 쉬운 일이 아니다. 좋은 바이어를 만나면 돈을 벌수도 있다. 그러나 나쁜 바이어를 만나면 사기를 당할 수도 있고 분쟁에 휘말려 많은 손해를 볼 수도 있다.

우량 거래처를 발굴하기 위해서는 www.Google.com, www.Alibaba.com 등의 사이트를 참조하면 좋다. 또한 KOTRA의 www.buykorea.go.kr, 무역협의회 EC21, 중소기업진흥공단의 Korean marketplace, 한국무역정보통신의 자회사 ECplaza, 지방자치단체 수출입거래 알선 사이트 등 많은 무역관련 사이트가 있다. 이 사이트를 이용할 경우 일일이 개별 사이트를 찾지 않더라도 우리나라 무역상품과 업체 정보를 바로 접할 수 있다. 우량거래처를 선정하기 위해서는 다음 사이트를 참고하면 도움이 된다.

❖ Buykorea 사이트

(2) 신규 거래처를 발굴하는 방법

인터넷을 이용하여 신규 거래처를 발굴하는 방법은, 첫째 Google.com, Alibaba.com, 트레이드카드(www.tradecard.com) 등 거래 알선 사이트에 자사의 상품을 선전하는 방법, 둘째 자사의 상품을 원하는 바이어를 알타비스타(altavista.digital.com)나 야후 등의 사이트에서 검색하여 구매를 권유하는 방법, 셋째 유명 사이트에 홍보나 광고를 해서 자사를 선전하는 방법, 넷째 웹사이트상의 박람회 등에 스폰서로 참여하는 방법 등이 있다.

❖ 대표적인 검색사이트 - 구글

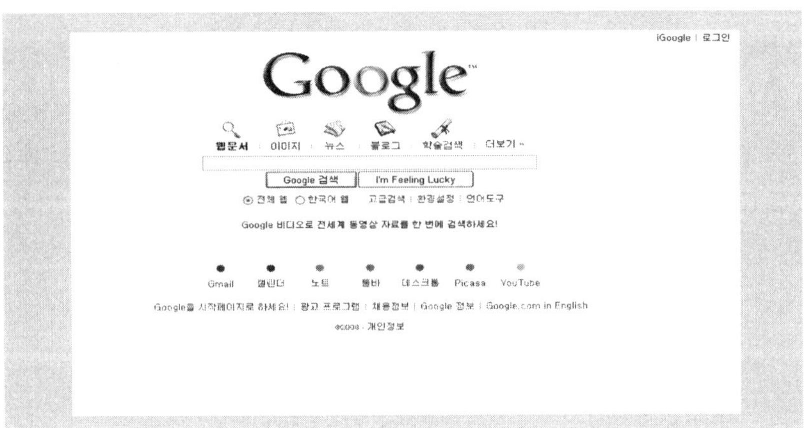

❖ 인터넷 정보 검색엔진

영문 검색엔진	한글 검색엔진
·구글(www.google.com) ·노란집(www.theyellowpages.com) ·고닷컴(www.go.com) ·겔럭시(www.galaxy.com) ·라이코스(www.lycos.com) ·익사이트(www.excite.com) ·알바비스타(www.altavista.dagital.com) ·야후(www.lyahoo.com) ·웹서치(www.web-search.com)	·네이버(www.naver.com) ·야후코리아(www.yahoo.co.kr) ·알타비스타코리아(kr.altavista.com) ·엠파스(www.empas.com) ·파란닷컴(www.paran.com) ·구글코리아(kr.google.com)

자료 : 필자 작성

(3) 구매를 권유하는 권유장 발송

신규 거래처를 발굴한 후 거래처에게 구매를 권유하는 권유장(Circular Letter)을 발송한다. 전자(인터넷)무역의 경우에는 이메일이나 인터넷 팩스 등을 이용하면 된다. 선진국 시장으로 진입하겠다는 목표로 권유장을 보내는 경우 대부분의 기업들이 이메일 주소를 가지고 있으므로 권유장에 대한 답장을 빨리 받을 수 있다. 이메일로 수출입 상담을 한 다음 확정 오퍼를 교환한 후 무역계약을 체결하면 된다. 그 뒤 무역계약서에 따라 거래 방식에 따른 후속조치(전통적인 무역 절차와 같음)를 취한다. 인터넷에 자사의 홈페이지를 제작하는 것은 수입자에게 신뢰감을 주므로 매우 중요하다.

(4) 조 회

조회(Inquiry)를 받는 경우에 대비하여 권유장을 보낼 때는 자사의 웹 주소와 이메일 주소를 기재하여야 한다. 조회를 받게 되면 무역계약을 하기 전에 인터넷을 이용하여 해당 기업의 웹사이트를 방문하여 기업에 대해 분석하고 수입업체의 신용을 신용조사기간(한국수출보험공사, 신용보증기관, 수출입은행, 대한무역투자진흥공사, 상공회의소 등) 등을 통하여 면밀히 조사하여 거래할 때에 문제점이 없는지 살펴보아야 한다. 거래처를 발굴하기 위해서는 시장조사와 그 지역에 잘 팔리는 상품을 파악하는 일 등 아주 기본적인 자료를 갖고 하여야 하는데 인터넷을 이용하면 시간과 노력이 많이 절약된다.

(5) 해외시장 조사

인터넷을 이용하여 해외시장 조사를 하는 것은 매우 쉽다. 인터넷을 이용하여 수출을 하려는 지역에 관한 자료와 사이트 소개, 즉 수출입의 통계, 무역거래 관습, 외환사정 등에 대해서는 각국의 정부기관 사이트나 기업의 웹 사이트를 통해서 쉽게 얻을 수 있다. 해외시장을 조사·분석한 결과를 갖고 상품을 수출하기에 가장 적합한 국가와 지역을 선정하여야 한다. 그 다음 좋은 거래처를 발굴하는 작업을 해야 한다.

(6) 청약 및 승락

인터넷을 통하여 수입자에 대한 신용을 조사한 후 조회에 대한 오퍼(offer)를 이메일로 보낸다. 오퍼에 대하여 이메일로 상담을 하다가 확정 오퍼(Firm Offer)가 정해지면 무역계약을 체결하면 된다. 그러나 전자(인터넷)무역의 최대 과제(이것이 해결되지 않으면 인터넷 무역은 성장 한계가 있음)인 이메일에 의한 청약과 낙이 법적 효력이 없다는 문제가 있다. 그러므로 인터넷에 의하여 무역 계약을 체결하기 위해서는 수입자와 수출자가 서로 신뢰할 수 있어야 하는데, 현실적으로는 많은 거래가 이루어진 후에야 그것이 가능해진다.

(7) 무역 계약서 작성

수입자가 상품을 사겠다는 확정오퍼를 보내오면 수출자는 무역계약서(Sales Note)를 2부 작성하여 서명한 후 1부는 수출자가 보관하고 1부는 수입자에게 보낸다. 무역계약서를 작성할 때에는 상사중재 조항을 반드시 삽입해야 하고, 1부는 수출대금이 입금되어 거래가 완전히 종료될 때까지 보환해야 한다.

(8) 상품 선적 준비

무역계약서 내용대로 상품을 제조하거나 구입하여 선적한다. 상품제조 및 구입을 할 때에는 생산자 단체나 대기업 그리고 재래시장에 납품하는 제조회사에 직접 연결하면 비교적 저렴한 가격에 상품을 구입할 수 있다.

(9) 수출보험의 가입

수출자는 상품을 선적하기 전에 한국수출보험공사의 수출보험에 가입해야 한다. 상품을 수출한 뒤 수입자의 귀책사유로 상품대금을 받지 못하는 경우에는 한국수출보험공사가 수입자 대신 상품대금을 보상해 주기 때문이다.

(10) 상품선적과 선적서류 발급

상품을 선적하고 선박회사로부터 선하증권을 받는다. 선하증권상의 발급일자나 내용은 신용장거래 방식일 때에는 신용장 냉용과 엄밀히 일치해야 한다.

(11) 은행에 선적서류 매입(Nego)

신용장거래 방식일 때에는 신용장에서 요구하는 모든 서류를 준비하여 거래에 매입하고 수출대금을 찾으면 된다. 이때 선적서류에 문제가 없는지 확인해야 한다. 모든 서류는 신용장상의 내용과 엄밀히 일치해야 분쟁이나 사기를 예방할 수 있다.

(12) 무역계약 체결 후 사후 관리

전자(인터넷)무역은 아주 신속하게 업무가 처리가 되나 상대방을 신뢰할 수 없다는 큰 단점이 있으므로 지속적으로 상대방의 신용상태를 조사하거나 사기나 분쟁에 항상 대비하고 있어야 한다. 따라서 사후 관리를 잘하여 하는데 웹 사이트의 지속적인 자료 수정과 변경된 사항에 대한 신속한 통보 등으로 수출입자간에 서로 신뢰할 수 있어야 한다. 그러나 정기적으로 수출입자의 신용을 조사했을지라도 갑자기 자금사정이나 시장 상황이 나빠지면 마켓클레임(Market Claim; 시장상황이 나빠지거나 수입자의 회사 재무상태가 나빠졌을 때 고의로 클레임을 제기하여 가격을 깎으려고 하는 경우임)을 일으키거나 사기극을 연출할 수도 있으므로 주의해야 한다.

❖ 전자(인터넷)무역의 흐름도

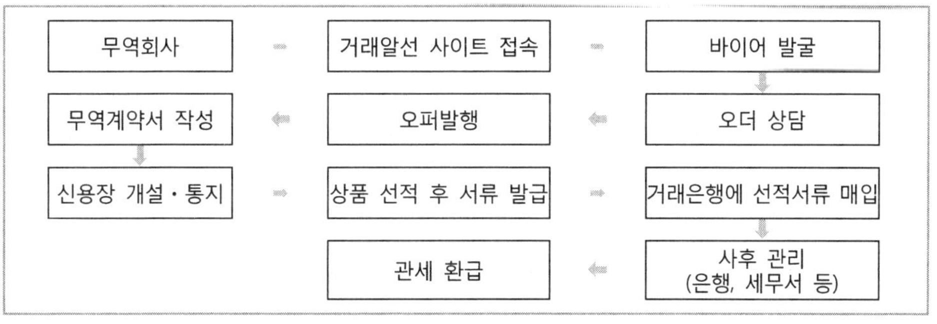

자료 : 필자 작성

그리고 전자(인터넷)무역도 무역계약을 체결한 후의 절차는 기존 무역 절차와 동일하므로 무역계약서에 명기된 무역조건과 거래방식 그리고 대금결제 방식에 따라 후속 조치를 정확하게 취해야 한다.

동물 및 축산물 수입위험분석절차(8단계) 세부내용
The detailed procedures of the Import Risk Analysis for animals and products of animal origin

1단계 수입허용 가능성 검토

○ 수입금지 국가에서 우리정부에 수입금지 품목(검역물)에 대한 수입금지 해제를 요청할 경우

○ 한국정부는 해당 국가로부터 해당 품목의 수입을 허용할 수 있는지 여부를 OIE 정보 등 기 확보된 정보(가축전염병 발생여부 등)를 기초로 예비평가 실시

1) Consider the possibility of allowing the importation

○ If the Chief Veterinary Officer (CVO) of a country(hereafter referred to as "requesting country") which wishes to export animals or products of animal origin to the Republic of Korea (hereafter referred to as "Korea") send a letter asking for lifting the import ban on the animals or products of animal origin to the CVO (Director, Animal Health Division, Ministry of Agriculture and Forestry)of Korea.

○ Korea conducts preliminary assessment based on the information such as that obtained from the OIE website.

2단계 수출희망국 정부에 가축위생설문서 송부

○ 상대국가의 방역 · 위생 실태를 파악 · 평가하기 위하여 해당 국가의 가축방역 조직 · 제도, 질병발생상황 및 발생시 통제능력 등 방역 · 위생 전반적인 사항에 대한 가축위생설문서를 상대국에 송부

2) Send a questionnaire on animal health and/or veterinary public health to the requesting country.

○ The Korean government sends a questionnaire on animal health and/or veterinary public health to the requesting country.

- Korea sends the requesting country a questionnaire about authorities and systems related with animal health control and/or veterinary public health control, disease status, control capacity of animal disease and veterinary public concerns, etc.

3단계 가축위생설문서에 대한 답변서 검토

○ 우리측 가축위생설문서에 대한 상대국의 답변서를 검토·분석하여 해당 국가의 방역·위생관리 실태에 대한 평가 실시

- 해당 품목 수입에 따른 전염병의 유입 가능성, 위험제거를 위한 검역방안 등 검토
- 필요시 추가 또는 보완자료 상대국에 요구

3) Review the answer to the questionnaire

○ The Korean government assesses the possibility of disease introduction associated with the importation of a commodity, and evaluates necessary quarantine measures to reduce risk, etc.

- Korea could ask for more information, if necessary.

4단계 가축위생실태 현지조사

○ 우리정부가 상대국이 답변서를 통하여 제시한 정보의 사실 여부 확인 및 3단계까지의 평가내용을 검증하기 위한 현지 가축위생실태 조사

- 검역 및 방역 전문가

4) Conduct on-site inspection in the requesting country

○ The Korean government conducts on-site inspection on the state of animal health to verify the information provided by the requesting country and to check if the evaluation so far was appropriate.

5단계 수입허용여부 결정

○ 상대국의 답변서 검토 · 분석 결과 및 현지점검 결과 등을 종합적으로 평가하여 해당 품목의 수입허용 여부를 결정

5) Decide whether to lift the ban or not

○ The Korean government decides whether to lift the ban or not, based on the comprehensive evaluation including the result of reviewing the answer and on-site inspection.

6단계 수입위생조건(안) 협의

○ 해당 품목의 수입허용에 따른 안전성을 확보하기 위하여 상대국의 가축 전염병 비발생 조건, 검사방법, 증명사항 등 수입위생조건에 대한 양국간 협의

6) Consultation on the draft of the animal health requirements with the requesting country

○ The Korean government consults with the requesting country on the Draft of the animal health requirements for animal and animal products to be imported from the requesting country into Korea. The Draft of animal health requirements includes the animal disease free condition, test methods, certification content and other requirements which should be met for exporting a commodity to Korea and aim at guaranteeing the safety in case of allowing the import.

7단계 수입위생조건 제정 · 고시

○ 국내 절차로서 상대국과 합의한 수입위생조건(안)에 대하여 의견 수렴을 위하여 일정기간 입안예고 실시하고 수입위생조건 제정

7) Finalize and Notify the animal health requirements in the Korean Official Gazette

○ To review the response from the public on the Draft of animal health requirements, the Draft should be notified in advance in the Korean Official Gazette for a certain period of time, and the final Animal Health Requirements will be enacted by being published in Korean Official Gazette or being posted on MAF website.

8단계 수출작업장 승인 및 검역증명서 서식 협의

○ 수출 대상물이 축산물인 경우 상대국이 승인 요청한 수출작업장에 대하여 현지점검 등의 방식으로 수출작업장 승인

○ 수입위생조건 내용을 기초로 대상품목에 대한 검역증명서 서식 협의 및 승인

8) Approve the export establishments and agree on the format of an animal health certificate

○ The Korean government approves the export establishments such as slaughter house and processing plants for the import of the products of animal origin through on-site inspection or other ways of examination after receiving the approval request.

○ The Korean government consults with the requesting country about the format of an animal health certificate based on the "Animal Health Requirements".

MOU to import and export cow meat between Korea and Guatemala

To : minister of agriculture
Attn : Director : Kim chang suk
Dear minister of agriculture

We have been producing and pasturing cow at Tical(swampy land) in Guatemala.
We have been exporting for 10 years El salvador and Nicaragua.
We would like to export your country cow meat and pork meat.
Our cow meat have no mad-cow disease and It is very delicious.
It is high quality but price is very low.
We would like invite official of ministry of agriculture our country.
Please try taste cow meat and Inspect cut process, cut factory and cut environment of cow meat.
We hope to write Mou to export cow meat your country.
We would like to receive a positive answer.

Best Regards

minister of agriculture in Guatemala

2010, February. 15th

Minister Signature

Do you have a dream(Road Map of life)?

The last lecture

Why you need the last lecture ?

What you going to do if you realize that you will die in two month? I'll going to cry and lose my motivation for my life, but Randy Pausch didn't. When he realized it, he planned for his last lecture and he did it successfully. The topic of his lecture was "Really achieving your childhood dreams". It wasn't about fear and pressure before people's death. The story of the last lecture was about Randy Pausch's life. He shared his life story to people and his family. Some time it made people laugh and sometimes people gave claps to him. He didn't panic about the fact that he will be a dead man after two month even it was his last lecture in his entire life. He tried to be positive and gave courage to people. He made people to realize the happiness of living with healthy body by the energetic motion. He was trying to be positive and healthy. He could finish ten times of push up but he had to wear diaper for adult because of his illness. These behaviors of Randy Pausch lead me to this question. Why? Why he do this even have limited life? Why he put so much time and effort to the lecture even he has so limited time? During the lecture there was the Randy Pausch's life. Sometimes we felt sadness and sometimes we felt happiness. After I finish this book, answer of my question was on the last sentence in this book. "I clicked to the very last slide, a photo of me standing by our swing set, holding a smiling Logan(6years) with my right arm and sweet Chloe(4years) with my left, Dylan(2years) sitting happily on my shoulders." It was the last sentence of his book and in the back page there was the picture that he described. In the picture, he has smile with his children. How could he smile? Why he could smile? He has to cry because it was almost last moment with his kids. After I thought few second, I smile with that picture. His families were his childhood dream. There weren't picture of MIT or all the achievement that he made. There were just families with smile. I finally knew what childhood dreams are. It allows me to smile before I die. It makes me to work on entire life. It isn't a success or money or honor. After I knew what the meaning of childhood dream is, I thought about my childhood dream. The dream that I forget long time and the dream that I really want to achieve. I am the one who wants to go universe, and make my family like Randy Pausch. My dream wasn't to be a grinder. After I found my old childhood dream, I dreamed one thing and pray to god. Please let me smile when I die. Please let me achieve my old childhood dream before my death. Please let me feel same thing that Randy Pausch felt.

Canegie Mellon University, former Professor of Dept, IT& Computer Science

Randy Pauseh

2) 전자(인터넷)무역의 특징

전자(인터넷)무역은 종전의 무역거래 방식과 비교하면 많은 차이가 있다. 세계경제 동향, 해외국가 동향, 거래처 발굴, 거래처 신용조사, 마케팅 전략 등이 달라지고 수출 상담과 무역계약 체결을 위한 수출입 상담도 이메일로 이루어짐으로써 많은 무역 절차가 다른 방법으로 진행된다.

전자(인터넷)무역의 특징을 살펴보면 다음과 같다.

(1) 전 세계가 하나의 시장으로 된다 (Global Market)

인터넷의 발달로 세계가 하나의 시장으로 통합됨으로써 인터넷이란 가상공간에서 저렴하고 품질 좋은 상품과 서비스를 쉽게 사고 팔 수 있다.

❖ Global Trade Center
무역정보사이트(http://www.tradezone.com)

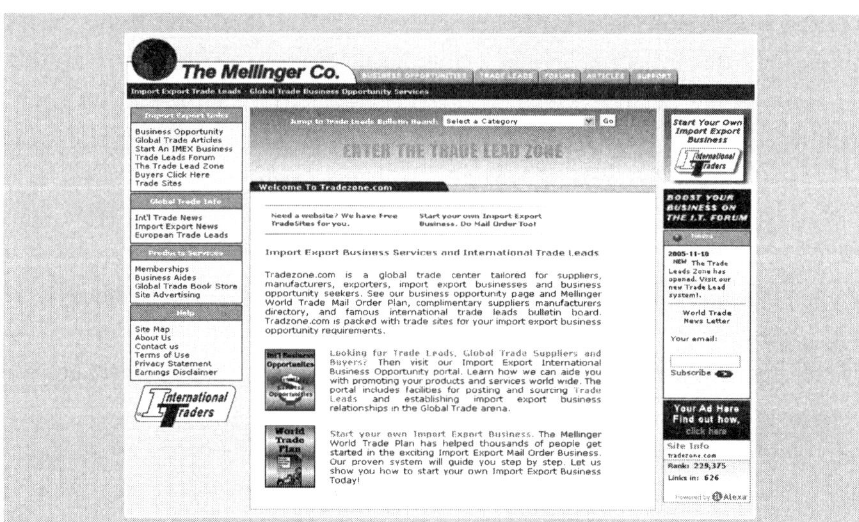

(2) 상품과 서비스의 가격이 인하된다

인터넷 사이트에서 정보를 검색하여 구입하려는 상품이 어떤 나라의 어느 기업이 공급하는지를 쉽게 찾아볼 수 있어서 판매자와 구매자가 많은 비용을 절감할 수 있다. 인터넷 정보 사이트와 무역정보 사이트들을 살펴보면 다음과 같다. 세계무역센터협회(WTCA ; World Trade Centers Association)는 미국의 제너럴 일렉트릭 인포메이션 서비스(GELS)의 전자사서함을 이용하여 세계무역센터협회 네트워크 인터넷 무역에 대한 정보를 제공하고 있다. 전 세계 69개국 255개사가 이 서비스에 가입되어 있는데 대한무역투자진흥공사가 가입하여 활발한 전자상거래가 이루어지고 있다.

❖ IMEX Exchange 무역
정보사이트(http://www.imex.com)

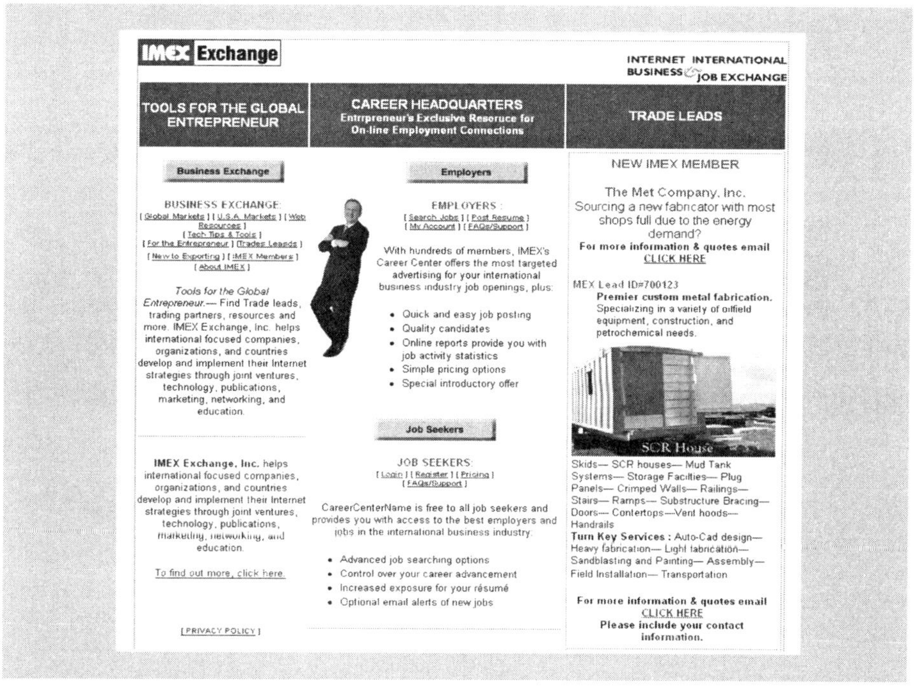

(3) 정보의 획득이 용이하다

인터넷에서는 각 국 정부와 무역 유관기관 그리고 개별 기업들이 올려 놓은 무역 관련 사이트를 통하여 해외시장에 대한 정보를 아주 쉽게 찾아볼 수 있다.

시장과 지역에 관한 정보는 세계은행(www.worldbank.org), 세계무역기구(www.wto.org), 경제협력개발기구(www.oecd.org) 등과 같은 국제기구의 웹사이트에서 쉽게 얻을 수 있다. 국제무역 정보로 활용될 수 있는 대표적인 정보인 미국 통계청의 NTDB(www.stat-usa.gov)는 105여개 분야에 대한 무역 관련 데이터베이스를 제공하고 있다. 이 정보는 국제시장 조사, 수출 조건, 미국 및 다른 국가의 정치 · 사회 · 경제 상황 등에 관한 내용으로 구성되어 있다. 또한 기업 및 상품에 대한 정보는 대표적인 기업정보인 트레이트 캠패스(Trade compass)를 비롯하여 유럽 25개 국가의 약 15만개의 기업정보를 업체명, 서비스 또는 상품별로 검색할 수 있는 유로페이지(www.europages.com)와 사이버코엑스(www.cybercoex.com) 등에서 쉽게 구할 수 있다. 정보를 구할 수 있는 다른 사이트로는 Internet Patent Search(sunsite.unc.edu/patent), US Patent and Trademark Office(www.uspto.gov) 등이 있다.

❖ Trade Card

거래알선 사이트(http://www.tradecard.com)

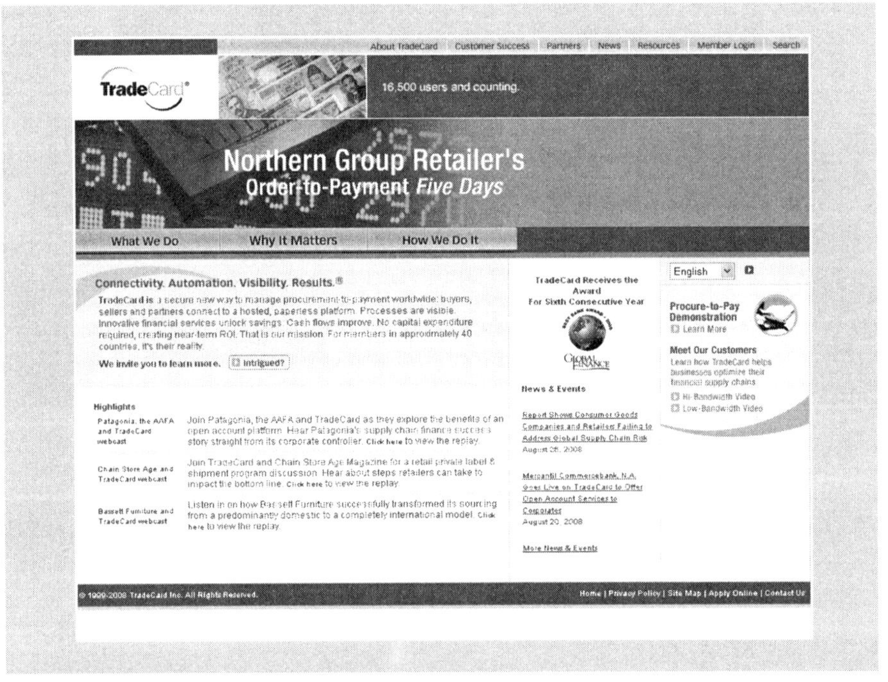

(4) 신규 거래처의 발굴이 용이하다

거래알선 정보를 수집하려면 www.Google.com, Alibaba.com 그리고 한국무역협회 거래알선 사이트(www.kotis.net), 한국무역정보통신(www.knet.co.kr), 한국무역협회(www.kita.or.kr), 대한무역투자진흥공사 KOTRA(www.buykorea.go.kr), 중소기업진흥공단(www.smipc.or.kr) 등과 같은 무역 유관기관의 웹사이트에 들어가 상품을 구입하려는 자에게 상품 구매를 권유하는 권유장을 이메일로 보낸 뒤 조회가 오면 오퍼를 보내고 거래상담을 하면 된다. 상담이 잘 이루어지면 무역계약을 체결하고 상품을 선택하고 결제를 한 후 판매자가 상품을 선적하면 무역이 종료된다. 단. 분쟁이나 사기가 발생하지 않는 정상적인 거래인 경우에 한한다.

(5) 거래비용이 절감된다

수출 상담은 인터넷의 이메일로 하고 정형화된 정보와 서류는 전자문서교환자동화시스템(EDI)과 인터넷으로 주고받으므로 시간과 비용이 아주 많이 절감 된다. 또한 외국으로 팩스를 보내거나 국제전화를 할 경우 인터넷 팩스나 인터넷 폰을 사용하면 많은 비용을 절감할 수 있다. 현재 인터넷 팩스 서비스는 한국무역정보통신(www.knet.co.kr), 한국무역협회(www.kotis.net), 아이네트(www.iworld.net), 인터피아(www.interpia.net.webfax), 드림정보통신 등에서 서비스하고 있다.

3) 전자(인터넷)무역에 의해 많이 수출입되는 상품

대부분의 사람들이 인터넷을 이용하는 무역에 대하여 쉽게 생각하고 있다. '인터넷 사용자가 2억 명이 넘었다', '소규모 컴퓨터 판매업체인 델 컴퓨터가 인터넷을 이용한 판매에 성공하였다', '중소기업들이 한국무역협회, 대한무역투자진흥공사, 중소기업진흥공단 등의 무료 홈페이지에서 구축 서비스와 거래알선 정보를 제공받아 수출하게 되었다' 등의 신문기사만 보고 홈페이지를 구축한 무역업체들은 자사의 상품이 인터넷 광고로 효과를 볼 수 있는 상품인지 아닌지를 검토해 보지도 않고 무작정 오더(order)가 빨리 오길 기다리고 있다.

그러나 인터넷상에서는 규격화되고 단순하며 파손 염려가 없는 가벼운 상품과 가격이 저렴한 상품이 주로 거래되고 있다. 따라서 인터넷거래가 활발해지더라도 상거래의 30~40% 정도만 인터넷으로 거래할 것으로 예상된다.

인터넷상에서 주로 거래되고 있는 상품들을 살펴보면 ① 서적류 및 CD, ② 문구류 및 선물용품, ③ 휴대폰 및 액세서리, 모뎀, 자동차 용품 등 전자제품, ④ 인터넷 관련 소프트웨어, ⑤ 경공업 제품, ⑥ 첨단 전자기능을 가진 완구, ⑦ 식품 및 기호제품, ⑧ 목욕탕 · 주방 · 거실 등에 쓰이는 생활용품, ⑨ 아동용품, ⑩ 의류 및 섬유제품 등이 있다.

위에 열거한 상품들을 생산하는 회사들은 인터넷 홈페이지를 이용하여 수출영업을 잘하고 있다. 이와 같이 인터넷에서는 그래픽인 문자정보로 자사의 웹사이트를 이용하여 상품광고를 하기 때문에 육안으로 일단 관심을 가진 바이어가 상품 샘플을 받아보기가 용이하나 실제 웹상에서 사용할 수 있는 상품이 1차적으로 선호된다.

그러므로 규모가 큰 장비류나 기체, 액체 등으로 구성된 상품은 홈페이지를 구축해도 효과가 거의 없다. 또한 모니터상에서 1차로 관심을 끌지 못하는 상품은 홈페이지를 구축하기보다는 거래 알선 사이트나 유즈넷을 통하여 문자로만 광고하는 것이 합리적이다.

무역 관련 법규에 대해 알아보자

무역이란 국제간에 물품을 이동시키는 것으로서 어느 나라를 막론하고 이에 대한 최소한의 규제와 지원을 하고 있다. 우리나라도 각종 법규 및 제도로 이를 뒷받침하고 있다. 수출입절차는 기본적으로 물품의 이동과정과 이에따른 대가의 지급 및 영수로 대별할 수 있다. 따라서 물품의 이동은 관세법으로, 대가의 지급 및 영수는 외국환거래법으로, 기타 수출입과 관련된 기본질서는 대외무역법으로 관리하고 있다.

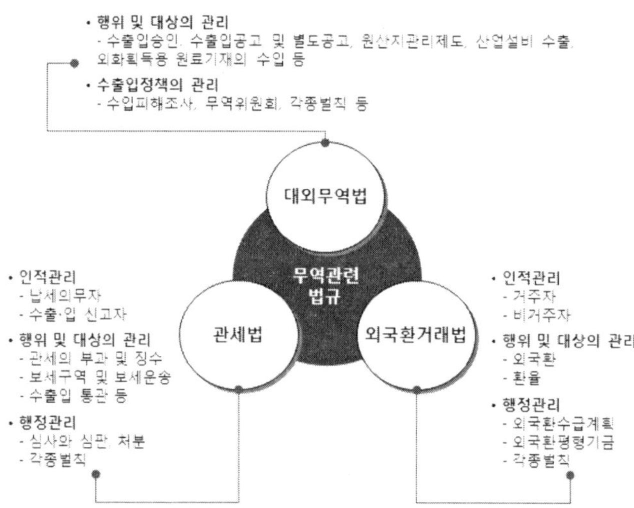

• 대외무역법 : 대외무역을 진흥하고 공정한 거래질서를 확립해 국제 수지의 균형과 통상의 확대를 도모함으로써 국민경제의 발전에 이바지함을 목적하느로 하는 법률

• 관세법 : 관세의 부과 · 징수 및 수출입물품의 통관을 적정하게 해 국민경제의

발전에 기여하고 관세수입의 확보를 목적으로 하는 법률

- 외국환거래법 : 외국환거래의 자유를 보장하고 시장기능을 활성화 해 국제수지의 균형과 통화가치의 안정을 도모함으로써 국민경제의 건전한 발전에 이바지하는 것을 목적으로 하는 법률.

2. 전자(인터넷)무역의 절차

전자(인터넷)무역의 절차를 순서별로 관련 사이트를 소개한다는 측면에서 살펴보기로 한다.

(1) 수출입마케팅 전략

홈페이지 구축, 주요사이트에 등록(무역관련 사이트 www.buykorea.go.kr, find korea 등, 검색엔진사이트 Yahoo, Altavista 등), 주요 수출입관련 웹사이트를 통한 광보(Banner 광고 및 유관사이트에 Link)

(2) 해외바이어 발굴방법

수출입거래알선사이트 : www.Google.com, www.Alibaba.com, www.Importers-exporters.com, www.tradeeuk.com

무역관련 사이트 검색 : 세계무역기구(WTCA), Thomas Register Online Alibaba 등

바이어리스트 CD-Rom구입 : www.export-leads.com

(3) 무역, 통상정보

- ► 해외상품정보 : http://www.buykorea.go.kr
- ► 지식경제부 : http://www.mke.go.kr
- ► 산업일반정보 : http://www1.ex21.net : 8080/kita/
- ► 수출입지원정보 : http://www.iin.co.kr/main/trade2/subtrade/eximport.html
- ► 한국무역협회 EC21 서비스 : http://www.ex21.net
- ► 한국무역대리점협회 제공 : http://www.aftak.or.kr/menu4.html
- ► Korea Business Info 제공 : http://www.kinfo.co.kr
- ► 한국무역협회 : http://www.iin.co.kr/main/trade2/subtrade/exchange.html

► 대한무역투자진흥공사 : http://www.buykorea.go.kr

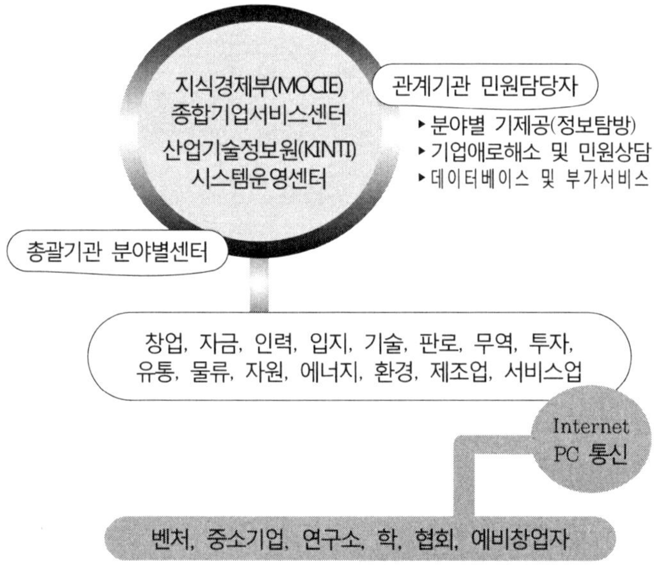

기업의 만원 및 애로를 체계적이고 효율적으로 해소하는 현장밀착형 양방향 정보서비스
(기업정보제공 +종합정보안내 +민원 및 애로상담 기능)

중소 · 벤처기업의 경영 활동 지원을 위한 분야별 전문 데이터베이스를 개발하여 체계적으로 제공.

(4) 기업정보 검색

전화번호, 주소확인 : www.bigyellow.com(북미), www.chinabig.com(중국)
기업의 전반적인 금융, 재정현황(Financial Data) : www.hovers.com, www.Sec.com 등
미국 : www.equifax.com, www.transunion.com, www.experian.com

(5) 신용조사

신용보증기금 : www.kodit.co.kr
수출보험공사 : www.keic.or.kr
국제신용조사기관 : www.dub.com
대한상사중재원 : www.kacb.or.kr

❖ 신용조사기관(www.dnb.com)

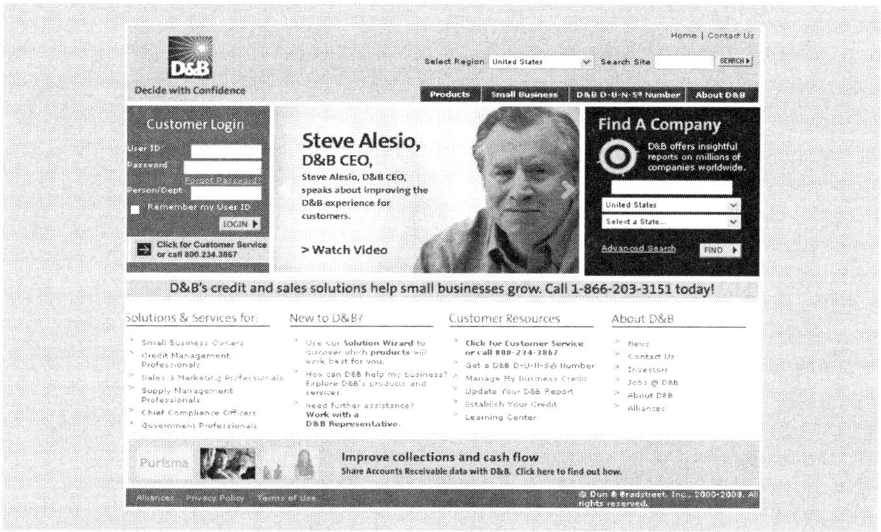

(6) 수출입대행 및 관련정보 제공업체

www.iebb.com

www.usitc.gov/taffairs.htm

www.bolero.net

www.tradecard.com

www.abnamro.com

www.logispia.net

www.koreaexim.go.kr

(7) 상품에 대한 정보

지식경제부 : www.mke.go.kr

대한무역투자진흥공사 : www.kotra.or.kr/KOBO, www.kitany.org

무역협회 : www.kita.or.kr, www.usitc.org

대한상공회의소 : www.kcci.or.kr

❖ 이노넷(www.innonet.net)

(8) 운송, 물류, 통관에 대한 정보

지식경제부 통합망 : www.buykorea.go.kr

관세청 : www.customs.go.kr

한국물류정보통신 : www.klnet.co.kr

운송견적 : http://www.clearfreight.com, http://kcis.

한국복합운송주선인협회 : http://www.kiffa.or.kr

해상운송(NYKA) : http://www.schednet.com

한국무역정보통신 : http://www.KTNET.co.kr

3. 전자(인터넷)무역 현황

인터넷 이용인구가 2006년 12월 2,922만명이 되었다. 인터넷 이용 인구증가에 따라 전자(인터넷)무역이 활성화되고 있다.

2006년 11월 한국무역협회가 발표한 우리나라 전자(인터넷)무역 이용실태에 따르면 2008년 전반기 우리나라 전체 수출액은 137,334$로 2006년 21,606$에 비하여 6배 이상 증가한 수치이다.

이제 해외 출장과 카탈로그 및 샘플 우송 등을 통해 이역만리 바이어를 찾아 다리품을 팔던 시대는 서서히 역사 속으로 사라지고 있다. 특정 바이어나 해당 지역 네트워크를 통해서만 이뤄지던 수출입 거래도 이제는 인터넷을 통해 언제 어디서나 이뤄질 수 있게 됐다.

전자(인터넷)무역은 거래비용도 획기적으로 단축시켜 준다. 최근 지식경제부가 발표한 자료에 따르면 기존 무역 거래 시 수출의 경우 한 건당 13만3,420원의 무역거래 비용이 소요된 반면 전자(인터넷) 무역은 이를 2만5,320원까지 절감시킬 수 있다. 수입의 경우도 건당 98,820원을 20,950원까지 낮을 수 있는 것으로 조사됐다.

이 같은 절대적 장점에도 불구하고 아직 전자(인터넷)무역이 무역업계에서 보편적 정서로 인식되지 못하고 있는 것이 현실이다.

우선 거래 성사 후 신용조회 · 대금결제 · 통관 등의 무역업무가 아직 기존 거래방식에서 벗어나지 못하고 있다. IMF 이후 무역 유관기관 및 지방자치단체를 중심으로 우후죽순 생겨난 무역사이트의 운영 난맥상도 풀어야 할 숙제다.

중소제조업체의 경우 기술개발이나 국내 영업 등에 신경을 쓰다 보면 해외마케팅에 소홀할 수밖에 없다. 인터넷은 이런 중소업체의 수출 활성화에 꼭 필요한 필수요소이다.

인터넷의 위력

전북 전주시 팔복동 소재 '스카이월드'사의 김 기획실장은 요즘 세계 각국 바이어들로부터 쏟아져 들어오는 구매 상담 E-mail에 깜짝 놀라고 있다. 이 업체는 이벤트 행사장이나 주유소 상점 앞 등에 세워놓는 것으로 바람을 넣어 사람형상을 한 입간판인 '스카이댄서' 10여종을 생산하는 회사, 지난해 11월 설립한 뒤 주로 국내에서만 한 달 1억원 가량의 매출을 올렸다. 그러나 7월초 인터넷 무역 알선 사이트인 'www.ec21.com'에 회사 및 생산제품에 대한 정보를 올려놓은 뒤 상황이 완전히 바뀌었다. 이 사이트를 보고 미국, 영국, 프랑스, 중국 등 세계 30여 개국으로부터 밤낮 가리지 않고 '주문 메일'이 쏟아지기 때문, 이미 6개국의 업체와 7,000만원 상당의 구매계약을 체결했으며 100여건의 구매상담을 진행 중이다. 일약 해외진출이 가능해진 것이다. 해외시장 개척을 위해 출장 가방을 싸는 대신 PC를 켜는 중소업체들이 늘고 있다.

전자(사이버) 무역을 대행하는 EC지, Tpage 등 전문업체들이 많이 생기면서 인터넷을 통한 바이어 발굴이 쉬워졌기 때문이다.

대통령 직속 중소기업특별위원회의 한 전문위원은 "인터넷이 대기업들이 놓치는 틈새시장을 공략하는 새로운 판로 개척 수단으로 떠오르고 있다"고 말했다.

금맥 캐는 사이버 공간

태원전자광학은 최근 전자(인터넷) 무역을 통해 망외의 소득을 얻었다. '실크로드 21'이란 무역 중개 사이트를 통해 레바논의 매디랩이라는 낯선 회사와 연결이 돼 실물 화상기 등 교육기자재를 38만 달러어치를 수출하였다. 김사장은 이 사이트로부터 '전자(인터넷) 무역왕'이란 칭호까지 얻었다. 설립 3년째인 뉴컴월드는 초기부터 해외로 눈을 돌려 수출 비중이 80%에 달하지만 전자(사이버) 무역은 지난달 인터넷 중개업체의 주선으로 처음했다. 박사장은 "고객을 쉽게 찾을 수 있는 데다 상담 진척도 오프라인 방식보다 두 배 가량 빠른 것 같다"고 말했다.

이 회사는 한 달 전쯤 인터넷에서 만난 한 미국 무역회사의 요청으로 박막액정표시(TFT-LCD)모니터 샘플을 보냈다. 지금은 상담이 거의 성사 단계에 접어들었으며, 매달 1천대 이상 수출할 수 있을 것으로 기대한다.

중소기업진흥공단이 2007년 10월에 공단이 운영하는 '인터넷 중소기업관'의 등록업체 1만6,000여 곳 가운데 5,000개 기업을 대상으로 설문조사한 결과에 따르면 해외에서 제품 · 회사 정보 요청을 받은 곳이 78%에 달했다고 한다.

주요 무역거래 알선사이트

국 내

운 영 주 체		사 이 트
무역 유관 기관	중소기업진흥공단	www.sbc.or.kr
	중소기업협동조합중앙회	www.kbiz.or.kr
	대한무역투자진흥공사	www.buykorea.go.kr
	지식경제부 기술표준원 통합검색	www.kats.go.kr
지방 자치 단체	경기인터넷 무역센터	www.tradehelper.or.kr
	충북 국제통상지원센터	www.cbitac.net
	충남 인터넷 무역센터	www.chungnambiz.net
	한국무역협회 경남지부	gn.kita.net
	부산광역시	http://www.busan.go.kr/
대 기 업	대우	www.tradewindow.co.kr
	현대종합상사	www.hyundaicorp.com
	삼성물산	www.samsungcnt.co.kr
	LG	www.lgicorp.com
	CJ코퍼레이션	www.dreammart.com
개 별 기 업	이씨플라자	www.ecplaza.net(EC Plaza)
	트레이드오퍼 코리아	www.tradeoffer.com
	파인드오퍼	www.kotec.net(인터넷 무역 지원센터)
	카오스트레이딩	www.chaostrade.com
	삼휘상사	www.samhwi.ocm(인터넷 무역 창업지원센터)
	티페이지	www.tpage.com
	한국 인터넷 무역센터	www.kitsc.co.kr

자료 : 필자 작성

해 외

운 영 주 체	사 이 트
유엔무역개발기구의 UNTIPDC	suncite.icm.edu.pl/untpdc/eto
세계무역센터협회(WTCA)	world.wtca.org/portal/site/wtcaonline
유럽연합상공회의소(EUCCK)	eucck.org
글로벌소시스	www.globalsources.com
Trade Compass	www2.tradecompass.com
IEBB(International Trade-Business Opportunities)	www.iebb.com / www.joc.com
Import-Export Bullietin Board	trade.swissinfo.com
WebBusiness	wb.hu/hun
BURSANET Co.	www.eximturk.com
World Trade Promotion	www.extrade.net

자료 : 필자 작성

❖ www.ec21.net

정부는 최초 전자(인터넷)무역 인프라 확충계획에 따라 대외무역법과 동법시행령을 개정하였다.

또한 지식경제부는 무역업계에서 주도하여, 즉 국제무역결제 WG(실무작업반, 의장 외환은행 외환부장, 정보통신산업진흥원(전 한국전자거래진흥원) 간사역할)이 볼레로 프로젝트(Bolero Project), 트레이드카드(Tradecard), identrust 등을 도입할 때 예상되는 문제점을 검토하여 법과 제도를 개선해 달라고 요청하면 업계에 도움이 되도록 법과 제도를 개선하려고 검토하고 있다.

▣ 사례연구 e트레이드 플랫폼

"2007년 전자무역 최강국가로"

중소기업 A사 수출입담당 김영수 과장(37).

몇 년 전까지만 해도 신용장(LC)처리로 골치 아파했던 그였다. 하지만 그가 현재 처리하고 있는 신용장 관련 업무라고 해야 기껏 인터넷에 접속, 잔액을 확인하는 정도가 전부다. 정부의 전자무역 인프라를 통해 LC관련 업무 대부분이 자동으로 처리되기 때문이다. LC뿐만 아니라 선하증권(BL) · 원산지증명서도 마찬가지다.

김 과장은 또 지난 밤 고객사가 e메일을 통해 수출품 도착시점을 문의해와 인터넷에 들어가 곧바로 상품 도착예정일을 알려줬다. 정부의 통합시스템으로 현재의 상품 배송 상태 및 도착예정일을 확인할 수 있었기 때문이다.

미래를 가정해 봤다. 그러나 결코 먼 미래는 아니다. 앞으로 3년 후면 충분히 가능한 일이다.

정부가 전 세계 최고의 전자무역 인프라 국가 건설을 목표로 작년 말부터 2007년까지 300여억원을 투입, 'e트레이드 플랫폼'을 구축하였다. 즉 e-Trade Hub를 2008년 8월에 open 하였다.

e트레이드 플랫폼은 정부가 단절 없는 무역서비스 및 국가간 서류 없는 무역 실현을 위해 추진하는 사업이다. 국자전자무역위원회(위원장 이해찬 국무총리)가 민간전자무역추진위원회(위원장 서정욱)와 공동으로 진행하고 있다.

무역업무 전반 인터넷서 처리 년 1조8179억 비용절감 효과

• e트레이드 플랫폼이란=기업이 마케팅에서 결제에 이르는 무역업무 전반을 인터넷에

서 일괄 처리할 수 있는 싱글 윈도체계다. 기존 무역절차별 유관망을 효과적으로 연계한 새로운 개념의 '국가 전자무역 허브'로 정의할 수 있다. 이를 통해 현재 온라인과 오프라인으로 각각 진행하는 무역절차들이 시간과 공간 제약 없이 24시간 원스톱으로 처리할 수 있도록 한다는 목표다.

e트레이드 플랫폼 구축의 실무역할을 맡고 있는 전자무역추진센터 고영만 사무국장은 "e트레이드 플랫폼은 새로운 것이 아니라 지난 10여년간 개별적으로 추진돼 온 무역자동화 업무를 기업들이 최대한 쉽고 빠르게 이용할 수 있도록 시스템화한 것"이라고 소개했다.

정부, 300여억 투자 강력의지; 다양한 응용서비스 창출기대

• **무역 강국 주춧돌** = 전자무역추진위는 플랫폼 구축으로 무역프로세스의 일대 혁신을 이룰 것이며 이를 통해 우리나라의 무역 경쟁력이 크게 강화될 것이라고 강조했다. 특히 무역업무로 인해 발생하는 각종 서류와 인증절차가 인터넷에서 온라인으로 처리, 비용뿐만 아니라 시간을 크게 절약할 수 있을 것으로 설명했다.

또 무역 유관 기관의 정보를 한데 모으는 한편 기업에서 필요로 하는 정보를 적시에 공급할 수 있게 된다. 전자무역추진위는 e트레이드 플랫폼 구축에 따른 정량적 효과를 산출한 결과 △프로세스 개선 △종이 문서의 온라인화 △무역업무 자동화에 따른 생산성 향상 등으로 매년 1조8189억원의 비용이 절감된다고 분석했다.

• **새로운 비즈니스 모델 창출** = e트레이드 플랫폼 구축을 통해 무엇보다 새로운 전자무역 비즈니스 모델 개발 및 수익구조 다변화에 따른 부가가치와 일자리 창출이 기대된다. 특히 무역업체와 서비스업체의 개별 프로세스를 플랫폼과 연계하기 위한 솔루션 개발이 붐을 이룰 것이란 전망이다. 전자무역업체인 매트릭스2B의 한학희 사장은 "고속철도(KTX)로 새로운 서비스가 창출됐듯이 e트레이드 플랫폼 구축으로 이를 응용한 다양한 서비스 및 비즈니스가 창출될 것"이라고 내다봤다.

• **정부 의지가 한 몫** = 세계 최고의 전자무역 인프라 구축을 목표로 추진되고 있는 e트레이드 플랫폼 구축사업은 정부의 강력한 의지의 결과물이라고 할 수 있다. 정부는 국무총리를 위원장으로 국가전자무역위원회를 구성, 민간차원에서 결성된 위원회와 공조, 신속히 사업계획을 수립해 펼쳐 나갔다. 더욱이 일부 민간에서 국가 중심의 통합플랫폼 사용에 이의를 제기했지만 정부는 '하나의 윈도'를 통해야만 시너지 및 혼란을 줄일 수 있다는 확신 속에 과감히 전개했다.

이를 통해 현재 구축돼 있는 e-LC시스템에 대해 이미 해외에서 높은 관심을 끄는 등 이미 '월드베스트'로서의 면모를 갖춰나가고 있다. 정윤세 사무국장은 "e-LC시스템은 세계 최초로 구축한 것으로 미국 · 일본 · 대만 등에서 관심을 나타내고 있다"고 소개했다.

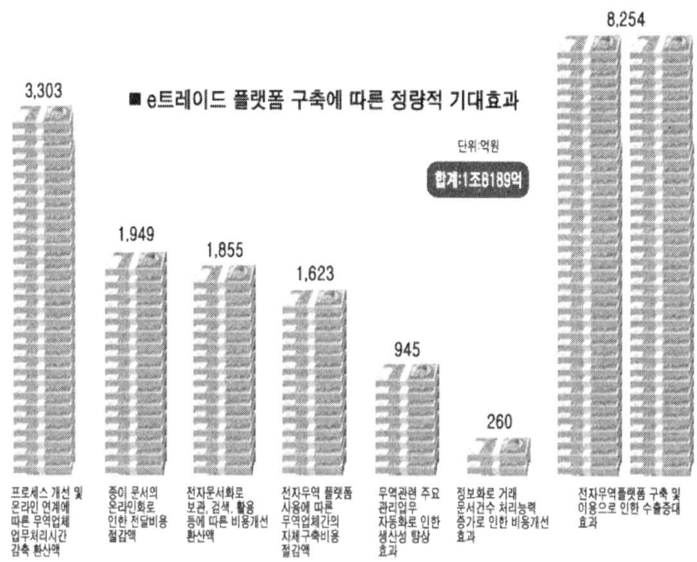

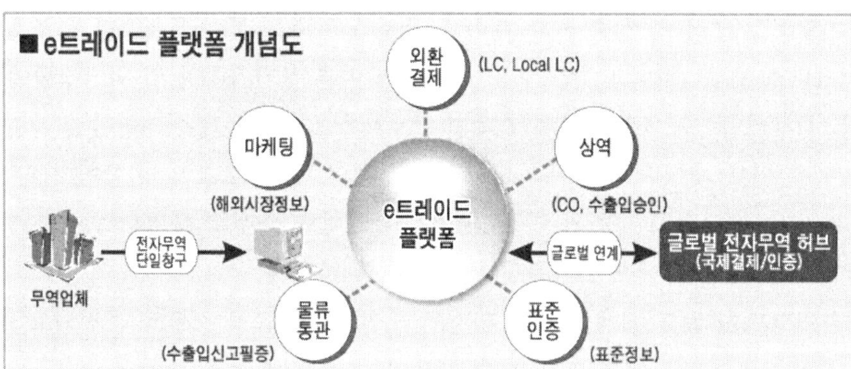

전자무역혁신계획: 3단계 사업 본격화

정부는 2004년 9월 국무총리 주재로 민관위원 20여명이 참석한 가운데 '제2차 국가전자무역위원회'를 열고 e트레이드 플랫폼 구축을 핵심으로 한 '전자무역혁신계획'을 확정했다. 이 계획은 크게 3단계로 구성돼 있으며 2007년 말까지 진행되었다.

1단계는 법 · 제도적 기반 마련 및 핵심인프라 구축이 목표로 작년 말 시작해 현재 마무리단계다. 법 · 제도적 기반 마련을 위해서는 e트레이드 플랫폼 구축의 근거로 무역자동화법을 전자무역촉진법으로 전면 개정하는 내용이다. 현재 부처 협의를 마무리한 상태로 9월에 정기국회에 상정하였다.

핵심인프라 구축으로는 전자무역문서보관소 사업을 들 수 있다. 이 사업으로 전자무역 문서의 보관 · 증명 · 유통이 가능해진다. 또한 △신용장(LC)을 전자적으로 유통할 수 있도록 e트레이드플랫폼과 은행권의 시스템을 연계하는 e-LC시스템 구축 △중소 · 영세 무역업체를 위해 인터넷을 통한 전자무역서비스 제공이 가능하도록 전자무역포털 구축 △원산지증명(CO), 수입화물선취보증서(LG), 화물인도지시서(DO) 등을 포함한 주요 무역프로세스를 e트레이드 플랫폼 연계 등이 있다.

2단계는 서비스 확충 및 다른 유관시스템과의 연계가 골자다. 2009년 9월부터 내년 6월까지 10개월간 진행된다. 수출입 부대비용 결제서비스 그리고 수출입요건 확인 업무 정보관리체계를 구축한 후 이를 전자무역서비스로 확충한 후 전자무역포털을 통해 다른 서비스와 연계한다는 계획이다. e트레이드 플랫폼의 전자문서보관소를 통해 보관 및 관리하는 각종 무역문서에 대해 제3자 유통이 활성화되도록 국가물류망 등 다른 시스템과의 연결도 진행된다. 이와 함께 한국무역정보통신(KTNET)의 기존서비스와의 연계를 통해 적하목록신고(MFCS) 등 무역업체가 아닌 사용자들이 이용하는 무역관련 서비스와의 통합도 이뤄진다.

마지막으로 3단계는 사용자 환경 고도화 및 해외마케팅에 초점이 맞춰져 있다. 2005년 7월 시작해 2007년 말까지 1년 반 동안 진행하였다. 모든 기업들이 웹서비스, 애플리케이션임대서비스(ASP) 등 다양한 형태로 접근할 수 있도록 한다는 계획이다. 또한 글로벌 전자무역 네트워크 연계 및 전자무역플랫폼의 해외 수출을 위한 글로벌 마케팅에도 나설 예정이다.

서정욱 민간전자무역추진위원회 위원장

"기업들의 적극적인 동참 필요"

우리 경제는 무역에 의존하고 있다. 무역의존도 20% 수준의 미국, 일본과 달리 우리는 GDP의 70%를 무역에 의존하고 있다.

갈수록 어려워지는 우리 경제에서 무역이 유일한 버팀목이다. 올 상반기 수출은

1368억 달러로 11%, 수입은 1240억 달러로 14.7% 증가함으로써 128억 달러의 흑자를 냈다. 고유가, 환율 쇼크 등 악조건에도 수출입이 안정을 유지한 것은 좋은 상품과 서비스를 만들어 수출한 우리 기업들의 노고라고 생각한다.

우리의 목표는 2010년까지 교역량 세계 8위로 부상하는 것이다. 이를 달성하기 위해 우리의 수출은 공산품 위주에서 학술, 기술, 예술, 상술, 인술(human skills) 등을 상품화해 수출품목을 다양화하고 절차를 통합하는 탈바꿈을 해야 한다.

우리나라는 정부와 민간이 협동하여 정보기술을 기반으로 무역프로세스를 혁신해 복합무역을 지향하고 있다. 이것이 바로 국가경쟁력을 강화하는 '전자무역 혁신 3개년 사업'이다.

전자무역은 문서의 표준화, 인허가 절차의 전자화라는 차원을 넘어 고질적인 한국 무역의 고비용 구조를 개선한다. 다시 말해, 전자무역은 시간 · 인력 · 비용 등 자원의 절감은 물론 기업의 지배구조와 업무처리를 투명하고 신속하게 혁신하는 것이다.

그간 한국은 EDI를 기반으로 무역을 선진화했다.

이제 인터넷 시대를 맞이하여 이에 걸 맞는 전자무역기반을 구축, 확산할 때가 왔다. 이를 위하여 '전자무역 혁신 3개년 사업'을 추진하게 된 것이다. 아시아태평양경제협력체(APEC) · 아시아유럽정상회의(ASEM)와 같은 정부주도 기구, 동아시아 전자무역연합(PAA) · 아시아-유럽전자무역연합(ASEAL)과 같은 민간기구와 함께 국가별 전자무역망(電子貿易網)을 연동하는 국제협력사업도 전개하고 있다.

우리의 전자무역 기반은 해외에도 알려지고 있다. 이를테면 무역 문서양식의 표준화, 전송방식, 보안기술 등 우리나라가 개발한 전자무역 솔루션은 외국으로부터 높은 평가를 받고 있다. 이들을 외국이 채택해 운용하도록 새로운 수출상품을 연구개발해야 한다.

전자무역의 혁신에는 무역관련 기관을 비롯해 금융기관, 대소 기업들의 협조가 필수적이다. 특히 중소기업이 적극적으로 참여해야 한국의 전자무역의 저변이 확대되고, 또 그 격이 높아져 총체적 국가경쟁력이 제고된다는 인식을 새로이 해야 한다.

○ 신문게재일자(조선일보) : 2005/07/27

[열린마당] 전자무역이 돌파구다

요즘 첨단 제품으로 세계시장에서 겨루는 국내외 기업들의 치열한 경쟁이 손에 땀을 쥐게 한다. 첨단제품의 강자라고 자부하던 일본 업체들이 반도체와 LCD 부문에서 '타도 한국'을 외치며 손을 잡은 것으로 알려진 가운데 호주를 비롯한 여러 곳에서 우리

기업에 대한 덤핑제소가 잇따르는 등 견제가 심해지고 있다.

심지어 애플의 스티브 잡스는 새 멀티미디어 플레이어인 '아이팟 나노'를 출시하면서 "삼성의 MP3플레이어보다 59%나 얇다"며 노골적으로 한국을 가리켰다.

한국의 반격도 만만치 않다. 최근 삼성이 MP3 · 노트북PC 등에 들어가는 16기가 플래시 메모리 개발의 쾌거를 알렸고, 태풍 카트리나를 뚫고 멕시코만에서 천연가스를 실어 나르는 LNG선은 한국에서 건조된 것뿐이라는 자랑스러운 소식도 들려온다.

기업의 각축 못지않게 무역통계도 편안하게 관망하기 어렵다.

2005년 8월 말 현재 무역수지는 수출 1833억달러, 수입 1674억달러로 다행히 159억달러의 흑자를 보이나 작년 동기 대비 수입증가세가 15.8%로 수출의 11.8%를 조금 웃돈다.

세계 경쟁사들부터의 견제, 고유가와 같은 어려운 외부환경 때문인가, 쉬지 않고 신제품과 첨단기술 개발로 경제를 지탱하려는 우리 기업의 노력이 더욱 돋보인다.

이러한 개별기업의 노력 덕분에 외부적인 난관을 힘겹게 헤쳐가고 있지만 내부적으로도 물류비 부담, 오프라인 거래방식 선호 등 내부 프로세스에 대한 개선이 이뤄진다면 우리 기업들의 부담을 다소 덜어주고 대외 경쟁력을 높이는 방법이 될 것이다.

전자무역은 표준화된 문서와 전자적인 인허가 절차를 통해 무역절차의 획기적인 혁신을 가져와 경쟁력 약화 요인으로 지목되는 고비용 구조를 개선하고 인적 · 물적 자원의 불필요한 낭비를 해소하는 대안으로 꼽힌다.

이러한 이유로 각국은 저마다 전자무역 인프라 개발을 위한 노력에 박차를 가하고 있다.

홍콩은 이미 지난 2003년 이래 디지털 무역(DTTN : Digital Trade and Transport Network) 인프라 구축사업을 펼치고 있다. 미국은 자국 프로세스 자동화(ACE : Automated Commercial Environment) 사업을 벌이고 있으며 일본 · 싱가포르 · 태국 · 중국 등이 유사한 프로젝트를 추진하거나 계획 중이다.

국가 간 정부 및 기업의 문서를 전자화하려는 노력도 두드러지는데 아태경제협력체(APEC) · 동아시아전자상거래연맹(PAA) · 아시아유럽전자상거래연합(ASEAL)과 같은 다자간 협상에서 제안되는 내용을 보면 확연히 나타난다.

다행히 한국은 인터넷 보급, IT기술 그리고 정책적인 뒷받침 등이 토대가 되어 전자무역기반 구축 및 확산사업이 순조롭게 추진되고 있다. 고무적인 것은 세계에서도 앞선다는 평가를 받고 있다는 것이다.

최근 APEC이 내놓은 전자무역 환경평가에서 한국은 싱가포르 · 홍콩과 함께 전자무역 적용 부문의 최상위 국가로 평가됐다. 싱가포르 · 홍콩 등이 도시국가임을 감안하면 실질적으로 선도국가로 인정받은 셈이다.

실제로 전자무역 미래모형인 e트레이드 플랫폼 구축이 완료돼 본격적으로 서비스가 시작되면 서류중복제출 해소, 사내 전자망 구축을 위한 기업의 개별 IT투자 절감, 수출가격경쟁력 향상 등으로 연간 약 1조9000억원의 경제적 효과를 시현할 것으로 기대된다.

9월에는 세계 최초로 전자신용장 서비스가 출범하고 전자문서를 인터넷으로 연습할 수 있는 시뮬레이션 툴 개발이 완료되는 등 전자무역과 관련한 서비스가 계속 고도화되고 있다.

이 같은 성과의 배경에는 정부 · 무역협회 등 유관기관, 은행 그리고 무역업체 등 민 · 관의 적극적인 참여와 협조가 자리하고 있다. 전자무역의 실현을 위해 이렇게 정부, 관련업계 및 금융권이 함께 고민하고 역량을 집중하는 것은 대단히 고무적인 일이다.

전자무역은 기업에 친화적이지 못한 내외환경을 극복하기 위한 돌파구이자 모든 기업이 편안히 공유할 수 있는 블루오션이기 때문이다.

◆ 한국무역협회 부회장 이석영

○ 신문게재일자(매일경제) : 2005/09/20

'무역사이트 활성화' 의미와 발전방안

우리나라는 2007년 3,714억 달러어치를 수출한 교역규모 세계 12위의 무역대국이다.

수출입 거래가 국가경제의 중심축으로 자리 잡고 있는 국내시장의 특성상 전자(인터넷)무역은 우리 경제에 큰 역할을 담당하고 있다.

그러나 우리나라 전자(인터넷)무역의 중심에 서 있는 국내 무역알선 사이트는 대부분 거래알선기능 위주의 '디렉터리 서비스'에서 벗어나지 못하고 있다는 것이 관련 전문가들의 지적이다.

◇ 문제점

이들 사이트의 회원 수나 사이트 방문객수 및 보유 상품 · 기업DB는 세계적으로 수위를 다툴 만큼 방대하다.

지난 3~4년 전부터 정부의 강력한 지원으로 지금의 세계적 명성을 쌓을 수 있었다.

하지만 이 같은 태생적 한계가 현재 이들을 '허약체질'로 만들었다는 분석이다.

전자(인터넷) 무역사업은 지식경제부를 중심으로 무역협회와 한국무역정보통신(KTNET), 지자체 등서 대외무역법상 '무역자동화 촉진'의 일환으로 추진된 것이다.

업계 한 관계자는 "늦은 감이 있지만 대다수 무역사이트 업체들이 민영화 또는 분사된 만큼, 지금부터는 철저한 수익기반 위주의 비즈니스 모델을 모색해야 할 것"이라고 강조했다.

특히 2000년 국내 종합상사들의 전자(인터넷)무역사업 축소 · 폐지 움직임과 알리바바 · 미트차이나 · 볼레로 · 백스콤과 같은 해외 전자(인터넷)무역 관련 업체의 국내진출은 시사하는 바가 크다.

국내 토종 전자(인터넷)무역 업체들이 향후 1~2년 내 확실한 수익모델을 찾지 못할 경우 앞으로 국내 전자(인터넷)무역 시장은 외국업체의 독무대가 될 것이라는 분석이다.

◇ 업계 움직임

무역업무의 온라인화에 대한 현실적 한계를 인식한 업체들은 무역대행 부서를 신설하는 등 오프라인 영업강화에 한창이다.

티페이지는 종합상사 근무경력자 위주로 무역팀을 조직, 기존 오퍼상과 같은 형식의 수익창출을 꾀하고 있다.

EC플라자는 무역업체에 특화된 웹호스팅 사업, 한국무역정보통신(KTNET) XML/EDI망을 이용한 유료 '웹EDI'서비스를 시행중이다. EC21도 운송업체, 보험회사, 은행, 신용기관 등과의 제휴를 통해 거래알선 이후 작업을 해결하려 하고 있다.

EC21 관계자는 "신용평가 · 결제 · 통관 · 물류 등 각 무역절차의 관련 업체와의 활발한 제휴를 유도하고 있다"며 "2만여 회원사의 바잉파워로 이들 업체 서비스의 각종 요금을 대폭 낮출 수 있다"고 말했다.

◇ 발전방안

우리나라 거래알선 사이트의 현실적 문제는 거래알선 이후 대부분의 무역업무가 기존 오프라인 거래관행을 그대로 따르고 있다는 것에 귀결된다.

이 같은 문제의 해결을 위해 거래알선 사이트는 e-Marketplace 시장의 허브 및 인프라 역할을 담당해야 한다.

즉 보유 회원의 구매력 등을 바탕으로 물류 · 금융 · 신용평가 관련 특화 e-Marketplace 시장의 활발한 공조를 통해 거래알선 이후의 비즈니스 프로세스를 이들과 연계시켜야 한다는 분석이다.

이른바 'M2M'(Market to Market) 방식의 거래는 현재 미국 상무부의 지원을 받는 '미트차이나'(http://meetchina.com)가 추진하고 있는 비즈니스 모델이다.

관세청 사무관 출신의 이노마켓 유 이사는 "현재 국내 거래알선 사이트업체는 대부분 영세해 거래알선 이후의 비즈니스 프로세스를 자력으로 감당할 여력이 없다"며 "이를 맡아 전담할 수 있는 e마켓플레이스와의 M2M거래를 통해 업무부담을 줄이면서 수익을 공유하는 방향을 모색해야 할 것"이라고 말했다.

4. 전자(인터넷)무역의 성공요건

1) 전향적인 전자상거래 사고방식 제고

CEO부터 경영전략차원에서 인터넷 활용을 제고하여야 한다.

지식경제부 발표에 따르면 전자(인터넷)무역을 하면 부대비용이 1/5 가량 줄어든다고 한다. 시장조사 마케팅, 서류처리 등에 따르는 시 · 공간의 제약을 극복할 수 있기 때문이다. 즉 기존 무역방식에 의한 수출거래(한 건당 13만3,420원)보다 한 건당 2만5,320원이 절감되어 한 건당 약 11만원이면 수출을 할 수 있다고 한다.

수입은 한 건당 9만8,820원에서 전자(인터넷)무역을 하면 2만950원이 절감된다고 한다. 또한 부대비용 절감에 따른 인력감소 및 시간이 절감되어 가격경쟁력이 상승할 것이다. 물론 수출상품은 비교우위를 확보하게 되어 신규시장개척과 기존 거래처로부터 주문량이 확대되어 기업은 성장하게 되고 이익을 많이 내게 될 것이다.

2) 철저한 고객지향 서비스

홈페이지의 내용을 새롭게 매일 갱신하고 상품에 대한 새로운 정보를 입력시킨다.

또한 바이어로부터 전자우편(e-mail)이 도착하면 신속 정확하게 대응하여야 한다.

그리고 고객에게 적극적인 마케팅전략을 구사하여야 한다. 예를 들면 많은 수출입거래 알선사이트에 등록시켜 Banner 광고 등을 한다.

3) 지속적인 품질 개선

상품의 고급품질 지향 및 A/S서비스 강화상품이 좋아야 함은 두말할 필요가 없다. 다른 무슨 서비스보다 상품의 품질이 좋으면 모든 문제가 해결될 수 있다.

5. 전자(인터넷)무역 성공사례

2000년 초 한국무역협회에서 독립법인으로 출범한 EC21(http://www.ec21. net)은 민영화 이후 가장 두드러진 활동을 보이고 있다.

현재 2만명의 국내외 회원사를 확보 중인 EC21은 특히 「사이트 빌더」라는 카탈로그 자동생성기능을 통해 4만2,000여건의 상품카탈로그를 확보하고 있다. 이를 통해 현재 하루 6만 여건의 페이지뷰를 기록하는 등 디렉터리 서비스에서 특화된 경쟁력을 보이고 있다.

지난 97년 국내 최초로 수출입 거래알선 서비스를 시작한 EC플라자 http://www.ecplaza.net)는 한국무역정보통신(KTNET)에서 분사한 이래 해외거점 확보에 주력, 미국 · 일본 · 중국 · 아랍에미리트 등에 이미 해외지점망을 확보했고 연말까지 칠레 · 대만 · 베트남 등지에도 거점을 마련할 예정이라고 한다.

1) 티페이지(www.tpage.co.kr)

티페이지는 2000년에 전자(인터넷)무역은 이렇게 성공할 수 있다는 것을 보여준 대표적인 업체라고 할 수 있다.

티페이지는 140만개의 국내외 기업DB를 근간으로 거래정보 및 업체 상품 DB의 방대하고 섬세한 검색서비스를 제공하면서 2000년 11월에 300만달러의 무역솔루션을 수출하였다고 한다.

특히 티페이지는 B2B 익스체인지(exchange)라는 국제간 재고 · 유휴상품의 경매 e 마켓플레이스를 구축하는 등 수익기반 강화에도 적극 나서고 있다.

2) 한성주월리(주)

모조장신구를 생산하는 한성주월리(주)는 대형무역업체로부터 도급을 받아 상품을 주문자 상표부착(OEM)방식으로 납품해오고 있었다. 물론 해외 수입자 발굴은 해외전시회와 박람회에 출장을 다니려면 비용도 많이 들고 인력도 부족하여 몇 번 시도하다가 포기한 상태였다.

그런데 대표이사의 대학생 딸이 모대학 무역학과에 2000년 입학한 뒤로 해외 바이어로부터 주문을 직접 받고 있다고 한다.

즉 지식경제부한국무역협회(KITA), 대한무역투자진흥공사(KOTRA), 한국무역정보통신(KTNET), 중소기업진흥공단(SMIPC) 등의 무역유관기관에서 운영하고 있는 인터넷 무역거래알선사이트에 자사제품을 등록하고 홍보한 것이 큰 효과를 보기 때문이라고 한다.

인터넷을 활용한 경제적 효과

구 분	인터넷 활용 전	인터넷 활용 후
업무처리절차	9단계	6단계
업무처리시간	기존거래 건당 1일	건당 4시간
거래처 확보 시간	신규개발 6개월	3개월
	14일	5일
Offer 횟수	월 30회	월 60회
계약체결 횟수	분기별 2건	분기별 5건
Znguiry 접수·회신	0건	월 200건
Offer·계약체결	0건	월 4~5건
매출액 증가		인터넷 활용전보다 3~4배 증가

자료 : 한성주월리

한성주월리(주) 가격이 저렴하고 품질이 우수하여 경쟁우위가 있어 세계 각지의 수입자(Buyer)로부터 전자우편(E-mail)이 너무 많이 들어와 전담직원을 배치하였다고 한다.

인터넷을 이용하여 신규해외시장개척과 시장조사 offer 등을 신속 정확하게 할 수 있어 앞으로 더 많은 order를 수주할 것으로 예상하고 있다.

물론 대기업을 통한 수출이 아니고 직접수출을 하니까 이익도 많이 발생하여 회사규모와 매출액이 급성장하고 있다고 한다.

3) 천지실업

무역에 인터넷을 활용함으로써 천지실업은 시간과 이력을 절감하여 많은 이익을 실현하고 있다. 인터넷을 활용함으로써 업무처리절차도 기존의 9단계에서 전자상거래를 도입하고 6단계로 줄어들었다. 그러나 동남아지역은 아직도 인터넷 활용도가 낮아 전자우편(E-mail)을 쓰지 않아 종전의 무역방식대로 전화나 fax로 의사교환을 하고 있다.

인터넷을 활용한 경제적 효과

구 분	인터넷 활용 전	인터넷 활용 후
업무처리절차	9단계	6단계
문서작성시간	건당 10분	건당 10분
업무처리시간	기존거래 건당 1일	건당 4시간
	신규개발 6개월	3개월
거래처 확보 시간	14일	5일
Offer 횟수	월 30회	월 60회
계약체결 횟수	분기별 2건	분기별 5건

자료 : 천지실업

정보통신망이용촉진법은 회원 탈퇴 시 개인정보를 없애지 않을 경우 500만원 이하의 과태료를 부과할 수 있도록 규정하고 있다. 그러나 실제 이 규정이 적용된 사례는 거의 찾아볼 수 없다. 또 설령 탈퇴를 했다고 하더라도 실제로 회원의 개인정보를 파기했는지 여부를 확인하기 어려운 점도 인터넷 쇼핑몰 회원관리의 맹점으로 지적된다.

한국광고단체연합회의 2005년 3~6월 조사에 따르면 인터넷 쇼핑 만족도가 2004년 하반기 48.7%에서 2005년 상반기에는 34.2%로 떨어졌다. 이에 대해 개인정보 유출, 제품 불신, 제품정보 부족 등이 인터넷 쇼핑을 꺼리게 되는 주요 원인으로 지적됐다.

4) 국제기업 대 소비자간 전자상거래 현황

우리나라 소비자들이 해외 인터넷 쇼핑몰 기업으로부터 상품을 주문하는 횟수와 금액이 증가하고 있다.

기업 대 소비자간(B2C) 전자상거래의 비중을 월별로 살펴보면 2002년 3월 66.5%(948건), 4월 68.4%(1,010건), 5월 73.1%(1,166건), 6월 76.5%(1,174건)를 각각 기록했다. 또 전자상거래를 통한 수입은 건수 기준 6,032건으로 같은 기간 전체 수입건수(111만 5,000건)의 0.54%를 기록했으며, 금액 기준 255만 달러로 같은 기간 전체 수입액(539억 8,000달러)의 0.0047%를 차지했다.

주요 수입 물품은 서적류가 3,236건(53.6%), CD · DVD · 게임류가 1,257건(20.8%), 컴퓨터 관련 제품이 495건(8.2%), 전자제품류가 178건(3.0%) 등이다. 특히 신세대가 선호하는 CD · DVD · 게임류의 수입은 3월 262건(18.4%)에서 6월 369건(24.0%)으로 지속적인 증가세를 나타낸 반면 서적류의 수입은 감소세를 보였다.

EC 주문을 통한 주요 품목 수입건수 비중

구 분		3월	4월	5월	6월	계
CD · DVD · 게임류	수입건수	262	289	337	369	1,257
	비중(%)	18.4	19.6	21.1	24.0	20.8
서적류	수입건수	844	800	795	797	3,236
	비중(%)	59.5	54.2	49.9	51.9	53.6
컴퓨터 관련	수입건수	133	120	130	112	495
	비중(%)	9.3	8.4	9.1	7.9	8.2

자료 : 관세청

주요 수입국으로는 미국의 수입건수 비중이 3,236건(90.1%)으로 인터넷 전자상거래 수입의 대부분을 차지했다. 이외에 싱가포르(5.8%), 유럽(1.9%), 일본(1.0%), 캐나다(0.7%) 순으로 나타났다. 해외 공급자별 수입현황(수입건수 기준)은 아마존닷컴(Amazon.com)이 3,088건(51.2%), 아우트 포스트닷컴(OutPost.com)이 220건(3.7%), 윌리닷컴(Willey.com)이 218건(3.6%), 익스프레스닷컴(express.com)이 134건(2.2%), 머더스미디어닷컴(Modusmedia.com)이 87건(1.5%) 등으로 나타났다.

우리나라 소비자가 외국의 인터넷 쇼핑몰을 방문해 원하는 물품을 선택하고 대금을 신용카드로 지급하면 해당 물품을 특송업체(DHL, UPS 등) 또는 우편으로 배달해 주는 방식으로 이뤄지고 있다.

5) 기업 · 기업 · 개인간 전자상거래

우리나라 산업 분야에서 기업과 소비자를 구매 대상으로 하는 개인(B2C) 전자상거래 모델을 적용한 사이트들이 잇달아 선보임으로써 기업 대 개인(B2B2C) 전자상거래가 새로운 e-마켓플레이스 모델로 빠르게 자리잡아가고 있다.

기업 대 개인(B2B2C) 전자상거래는 기업간 전자상거래(B2B)와 기업 대 소비자간(B2C) 전자상거래 개념을 혼합한 형태로 기업에게 상품이나 서비스를 제공하고 그 기업은 다시 인터넷을 통해 소비자에게 상품을 팔고 서비스를 제공하는 것이다.

해외공급자별 수입 현황

해외공급자	수입건수		수입금액	
	건수	비율(%)	금액(천원)	비율(%)
Amazon.com	3,088	51.2	975,227	33.8
Outpost.com	220	3.7	138,328	4.8
Willey.com	218	3.6	183,672	6.4
express.com	134	2.2	21,470	0.7
Modusmedia.com	87	1.5	99,573	3.5
mcgraw-hill.com	85	1.4	12,532	0.4
valley-media.com	72	1.2	26,095	0.9
Vitaninkoreatown.com	56	0.9	19,317	0.7
PearsonEd.com	51	0.8	34,735	1.2
Mothemature.com	18	0.3	3,495	0.1
기 타	2,003	33.2	1,372,172	47.5
계	6,032	100.0	2,886,616	100.0

자료 : 관세청

6. 전자(인터넷)무역의 한계 및 사기 예방 방안

1) 기업간 전자상거래에 따른 기대효과

기업이 기업간 전자상거래(B2B)를 하게 되면 종전의 거래보다 거래비용절감, 구매비용 절감, 재고관리 효율화, 인력 감소, 전송비용 절감, 리베이트를 주고받는 관행 등이 개선된다. 또한 신규 거래처의 발굴이 용이해지고 시간과 비용이 대폭 절감된다.

미국의 초우량기업으로 매출액이 세계 제1위인 GE사는 전자상거래를 재빨리 도입하여 성공한 대표적인 기업이다. GE사는 1996년부터 구매시스템을 전자상거래 방식으로 바꾸어 인건비 30%, 구입가격을 20% 절감하였다. 전자거래 방식의 자재조달 시스템이 부품조달 과정에 이전보다 많은 업체를 참여시킴으로써 더욱 싸고 품질 좋은 부품을 구매할 수 있게 되었다. IBM도 1996년 인터넷 재고관리시스템을 도입하여 재고를 40%나 줄이면서 매출액이 30% 이상 증가하였다.

2000년 상반기 미국의 기업간전자상거래(B2B) 관련 주가가 폭락하자 이들 기업에 대한 낙관론보다 비관론이 대두되었는데, 기업간 전자상거래(B2B)의 대부분이 기존 제조업체나 서비스 회사가 부품 조달을 온라인으로 전환하는 형태여서 독자적인 기업간 전자상거래(B2B) 전문기업이 설 땅이 매우 좁다는 분석 때문이었다. 실제로 GM과 포드 자동차 등의 자동차 업체와 유나이티드 에어라인과 싱가포르 에어라인 등의 항공사는 잇따라 공동 온라인 부품구매 계획을 발표해 기업간 전자상거래(B2B) 시장에 직접 뛰어들고 있다. 가트너 보고서에 따르면 2004년에는 기존 회사의 온라인 거래를 뺀 순수한 기업간 전자상거래(B2B) 규모만 해도 2조 7,000억 달러에 육박한 것으로 보고 있다.

기업간 전자상거래(B2B)의 비용절감 효과

1. 고객서비스의 개선
2. 판매 및 마케팅 비용의 절감
   예) 시스코(Cisco) : 온라인 판매 시스템을 가동(전체 주문의 98%)
3. 새로운 판매기회의 포착
4. 구매 비용의 절감
   예) GE사 : TPN Post 활용으로 구매 비용 20% 절감(1997년), EDI 활용으로 구매 비용 5~10% 절감
5. 재고감축 시 적정 재고 관리(Just in time)
   예) IBM사 : APS(Advanced Planning System)의 활용으로 재고회전율 40%, 판매량 30% 증가(1996년)
6. 사이클 타임의 단축
   예) 클라이슬러, 포드, GM 등 : ANX(Automotive Network, Exchange)의 활용으로 연간 11억 달러의 비용 절감

자료 : 필자 작성

미국 자동차사 빅3 기업간 전자상거래 추진 비용절감 효과 분석

Auto-Xchange 프로젝트	•포드는 1999년 10월에 오라클과 합작으로 Auto-Xchange를 추진함. •Auto-Xchange의 목표 - 포드의 구매 조달과 신제품 개발 과정에서 포드와 거래 업체들과의 인터넷 정보 교환을 지원 - 포드는 연간 80억 달러의 구매비 절감과 10억 달러의 간접 인력비, 서류비용, 거래 관련 비용을 절감할 것으로 기대 - 고객 주문에서 배달까지 소요 기간 : 평균 64일에서 일주일로 단축(미국 내 포드의 완성차 재고 600억 달러 중 상당 부분 제거) •GM과 클라이슬러가 2000년 2월말 Auto-Xchange에 참가하기로 함. - 연간 2,500억 달러 상당의 부품 구매 예상, 부품 단가 20% 인하 예상
비용절감 (대당 1,603 달러)	•협력 업체 - 대당 695달러 비용절감 - 저렴한 거래처로 변경, 공동구매에 의한 가격 할인 등 • 완성체 업체 - 대당 368달러 비용절감 - 생산성 향상, 재고관리 비용절감, 구매 과정 개선 등

자료 : 골드만삭스

2) 기업 대 소비자간 전자상거래에 따른 기대효과

기업 대 소비자간(B2C) 전자상거래에 따른 효과는 기업이 인터넷 쇼핑몰을 운영하여 상품을 판매하게 되면 1 대 1 마케팅이 이루어지므로 비용절감과 소비자 반응률이 제고된다. 또한 상품을 판매할 때 주문서 작성, 판매대장, 발송대장 등 수작업에 의존했던 판매 관련 관리 비용과 재고관리 비용 등이 절감된다. 그리고 소비자의 의견을 인터넷 게시판 등을 통하여 실시간 수집할 수 있어 고객의 요구사항이나 지적사항을 빠른 시간 내에 개선할 수 있다.

3) 전자(인터넷)무역의 한계

전자(인터넷)무역은 종전의 무역방식을 100% 바꾸지는 못한다. 다만, 상품에 대한 정보입수, 수출입자 발굴, 기타 정보수집은 가능하나 샘플확인, 운송에 관한 내용, 결제에 대한 내용 등을 모두 전자무역으로 할 수 없다.

즉 무역(매매)계약 후 단계(계약 후 샘플확인, 선적, 결제 등)를 전자화 해야 전자(인터넷)무역이 더욱 활성화될 것으로 보인다.

한국무역협회에 따르면 1999년 전자(인터넷)무역에 의한 수출비용이 8.8%에서 2000년에는 18%까지 증가하였다.

4) 전자(인터넷)무역의 사기예방 방안

전자상거래는 상대방과 비대면 거래가 기존거래와 가장 큰 차이점이다. 이와 같은 특징으로 전자상거래 관련 분쟁이나 사기가 많이 발생하고 있다.

수출자는 수입자와 신규거래할 때는 기업정보나 신용상태에 대하여 주도면밀하게 확인하여야 한다. 즉 거래상대방에 대한 회사주소, 회사현황, 거래오행, 대금결제 방식 등에 대하여 정확히 조사한 후 신용이 좋은 수입자라고 판단될 때 수출상품을 선적하여야 한다.

기업간 전자상거래가 보통 10만 달러를 넘기 때문에 무역사기에 휘말리지 않으려면 수입자의 신용도 파악이 제일 중요하다. 또한 대금결제방식은 신용장거래방식으로 하고 향후 Bolero project, Tradecard, eiden-trust 제도가 도입되면 적극 활용하면 분쟁 및 사기를 예방할 수 있다고 본다.

전자상거래 활용 전후를 비교해 보면 전체적으로 30~50%의 정도의 업무 향상 결과를 가져왔고, 정보 전달비와 유지비는 월 10만원정도의 추가 비용이 발생하였다. 그러나 상대적으로 많은 구매자 확보라는 측면에서 비용의 확대는 긍정적으로 평가되고 있다. 또한 정보의 확대라는 측면에서 기업의 마케팅과 경쟁력 강화에서 상당한 효과를 보고 있다.

'인터넷 무역사기 조심하세요'

인터넷을 이용한 무역거래가 확산되면서 국내 기업이 인터넷 사기사건에 휘말려 피해를 보면 사례가 빈발해 업계 주의가 요망된다.

2일 한국무역협회에 따르면 인터넷 무역사기는 대체로 샘플 송부와 샘플비용 요구, 거래수수료 선납 독촉 등 거래초기에 집중적으로 행해지고 있으며 최근에는 그 수법도 다양해지고 있다.

인터넷 중개무역업체인 A사는 인터넷을 통해 아프리카 토고의 한 수입상과 대형거래를 추진하다 납품보증금 등의 명목으로 3만 달러만 날렸다.

A사는 이 수입상이 정부에 컴퓨터 1만 5,000대를 공급하게 됐다며 인터넷으로 보내 온 410만 달러짜리 거래 제의를 받아들인 뒤 납품보증금, 준비자금, 수수료 등으로 수차례에 걸쳐 3만 달러를 송금했으나 결국 연락대행 업소인 것으로 확인됐다.

전자부품업체인 B사는 인터넷 검색으로 바이어 리스트를 서비스하는 미국 LA 소재 업체를 찾아 필요한 정보를 제공받기 위해 225달러를 송금했으나 리스트를 보내오기는커녕 아예 연락이 두절됐다.

전자메이커인 C사도 국내 거래알선 사이트에서 독일의 D램 공급업체와 접촉해 샘플비로 250마르크를 송금했으나 역시 묵묵부답인 상태다.

또 나이지리아투자진흥공사(NIPC)와 유사한 이름을 가진 한 회사는 인터넷 사이트를 통해 박람회 개최를 예고하면서 이 박람회가 부통령 특별보좌관에 의해 조직된 것처럼 홍보해 등록비 3500~400달러와 후원금 1만~5만 달러를 접수하고 있으나 정부 기관이 아닌 민간회사이며 부통령실과도 무관한 것으로 확인됐다.

무역협회는 "인터넷을 통한 무역거래를 외면할 수 없으나 법적 · 기술적 미비점을 악용하는 사례가 잦다"며 "턱없이 싼 가격이나 유리한 조건을 제시하는 업체를 조심하고 신용조사를 철저히 하는 등 대비책이 필요하다"고 지적했다.

5) 전자상거래의 응용 분야

전자상거래 응용 분야는 인터넷 비즈니스 중 인터넷 관련 산업, 즉 인터넷 쇼핑, 인터넷 금융, 인터넷 무역, 인터넷 마케팅, 인터넷 여행 등 셀 수 없을 정도로 다양하다.

전자상거래의 응용 분야

자료 : 정보통신산업진흥원(전 한국전자거래진흥원)

7. 전자무역서비스와 해외동향

인터넷공간에서 국내기업과 해외기업이 만나 거래상담부터 계약, 결제, 물류에 이르는 전 무역과정을 처리할 수 있는 국제 전자무역네트워크 구축서비스로서 동아시아 무역망 연동서비스, 한 · 일 무역망 연동서비스, 한 · 일 e-Marketplace 연동서비스, 국제이슈에 대한 능동적인 대응으로 구분하여 살펴본다.

1) 동아시아 무역망 연동서비스

전자(인터넷)무역에서는 해외시장 조사, 신규 거래처 발굴, 수출상담, 무역계약서 체결 등이 인터넷상에서 대부분 이루어진다. 전자(인터넷)무역은 종전 무역 방식과 크게 다르지 않으며, 서류를 전달할 때 인터넷을 활용하는 것이다.

(1) 사업내용

PAA(Pan Asian e-Commerce Alliance; 이하 PAA라고 표기한다)는 "Pan Asian e-Commerce Alliance"의 기치 아래, 한국 한국무역정보통신(KTNET), 중국 CIECC, 홍콩 Tradelink, 대만 Trade-Van, 싱가포르 SNS의 13개국 13개 사업자의 창립 회원사와 옵저버로 일본 TEDI가 동아시아 전자무역네트워크 구축을 위해 협력하는 사업이다. 즉, 아시아의 주요 국가 전자무역 네트워크간 연동을 통하여 역내 무역커뮤니티간에 무역 거래 시 교환이 요구되는 문서 및 정보를 전자적으로 교환케 하는 '범아시아 전자무역 네트워크'를 구축, 서비스 하고, 역내 모든 기업들이 한 곳에서 언제든지, 필요로 하는 정보를 얻을 수 있도록 하는 Portal Site를 구현 제공하며, 궁극적으로, 전자무역네트워크 연동서비스와 Portal서비스 및 무역 e-Marketplace기능을 통합하는 "Pan- Asian Mega Portal"의 구현 및 서비스제공을 목적으로 추진되는 사업이다. 또한, 이를 위해 필요한 경험과 노하우 공유 그리고 공동 마케팅 등의 협력을 하고 있다.

PAA는 각 회원사의 CEO가 참석하는 의사 결정 협의체인 사장단 회의(Steering Committee) 회의와 실무자간 협의체인 Working Group 회의로 구성되어 있으며 Steering Committee 회의는 각 회원사가 순번대로 분기에 1회 개최하며, Working Group 회의는 Teleconference 위주로 진행하되 필요시, 협의에 의해 특정 회사의 주최로, 대면(Face-to-face)회의를 개최한다.

2002년 1월 PAA 제7차 사장단 회의에서는 일본의 TEDI가 정식멤버가 되고 말레이시아의 EDI-Malaysia가 옵서버가 되었다.

(2) 기대효과

우리 무역의 20%를 점하는 중국, 홍콩, 대만, 싱가포르 등 화교경제권과의 무역에서 연간 30억불 무역부대비용 절감이 가능하다.

(3) 추진현황

PAA 프로젝트 추진과 관련하여 2002년 2월 무역망 연동을 완료하였고 2002년 3월부터 시범서비스를 하고 있다. PAA 산하에는 4개의 실무작업을 위해 워킹그룹이 있고 2개의 신규 워킹그룹이 준비 중이다.

① Secure Cross Border Transaction Service : **전자문서교환** WG

PAA 5개국간의 무역망 연동을 담당하는 WG으로 무역망 연동 기반기술로 ebXML을 채택하여 적용 중이며 전자문서 정의, Club Agreement, 서비스 운영 방안 등에 대해서 다룬다.

② Mutual Rccognition of PKI : CA **인증센터 상호인정** WG

PAA는 5개국간의 PKI 인증센터 간의 상호인증방안 및 인증정책 등을 다루며 PAA 산하에 CPA(Certification policy Agency)라는 회사를 두어 공동의 인증정책(CP: Certificate Policy)이나 인증서 실행지침(CPS: Certificate Practice Statement)에 대한 개발 및 관리를 담당토록 한다.

③ Pan Asia Portal **포털사이트 구축부문** WG

PAA 5개국간의 가업정보 및 상품정보를 등록하고 검색할 수 있도록 포털사이트를 구축한다.

④ Cargo Tracking Service : **화물추적서비스부문** WG

화물에 대한 추적서비스를 제공하는 것으로 물건이 수출자로부터 수입자에게 도착하기까지 전 과정에 대한 화물 추적서비스를 개발하여 제공하는 것이 복적이며 1차로 한국과 대만간에 시범사업을 추진 중이다.

⑤ 신규 WG

중국에서 제안한 Multi-National E-Marketplace WG과 한국에서 제안한 Financial WG이 있다.

2) 한 · 일간 무역망 연동서비스

(1) 사업내용

한 · 일 전자상거래 협력 프로젝트의 일환으로 인터넷에서 품목선정, 거래조건 협상 및 계약 체결, 나아가 결제, 물류, 보험에 이르는 전 무역 프로세스를 처리할 수 있는 한 · 일 양국간의 무역망 연동을 추진하는 사업이다. 이 사업은 양국 정부와 민간 컨소시엄 공동으로 2003년까지 구축을 완료할 계획이라고 한다.

이 프로젝트는 양국의 무역자동화사업자, 외국환은행, 물류업체, 솔루션업체, 종합상사, e-Marketplace 등이 참여하여 한 · 일 무역자동화망을 연동하고 전자무역결제시스템을 개발하여 연동하는 것으로 선하증권(B/L), 상업송장(Invoice), 포장명세서(Packing List) 등의 전자문서를 한 · 일 양국간에 주고받게 된다.

(2) 기대효과

우리나라 무역의 16%를 점하는 일본과의 무역거래를 인터넷에서 전자상거래 방식으로 완전하게 처리할 수 있게 되어 양국간 교역의 확대 균형과 연간 20억불의 무역부대비용의 절감이 가능하다.

(3) 추진현황

2002년 2월 일본의 무역자동화 주체인 TEDI와 한국의 무역자동화사업자인 한국무역정보통신(KTNET) 간에 무역망 접속을 한 후, 2002년 3월 현대자동차와 일본의 미쓰비시 간의 철강업무에 대해 시범서비스를 추진하여 성공하였다.

2002년 3월부터 한 · 일 무역망 연동 인프라 구조는 PAA에서 채택한 ebXML 기반 인프라로 재구성을 하고 있다. 현재 한 · 일 무역망 연동과 관련하여서는 기술부문 WG(무역망 연동, 전자문서 개발, PKI 연동 등)과 비즈니스 WG(비즈니스 발굴, 협약 체결 등)으로 구성되어 운영되고 있다.

3) 한 · 일 e-Marketplace 연동서비스

(1) 사업내용

한 · 일 전자상거래 협력 프로젝트의 일환으로 한국과 일본의 Vertical Marketplace 간의 상호연동을 통해 한국과 일본 Vertical Marketplace 사용자 간에 국경 초월한 기업정보, 상품정보, 입찰정보 등을 연계하여 서비스를 제공할 수 있도록 구축되는 서비스이다. 이 프로젝트를 위해 한국 측에서는 전자거래협회, 한국무역정보통신(KTNET)을 중심으로 한 컨소시엄이 참여하고 있고 일본 측은 미쓰비시종합연구소를 중심으로 한 컨소시엄이 참여하고 있다.

(2) 기대효과

한국과 일본간의 마켓플레이스간 연동을 통해 서비스 영역을 일본까지 넓힐 수 있고 장기적으로는 범아시아권으로 그 역할을 확대할 수 있다.

(3) 추진현황

2002년 초에 e-Trade Hub와 일본의 e-AMP 시스템간의 상호 연동을 한 후 시범서비스를 제공하였다. 초기에 참여하는 산업은 전자와 기계업종이며 2002년도 국내 e-Marketplace와 e-Trade Hub 간의 연동작업을 추진하였다.

4) 한 · EU간 무역망 연동서비스

ASEM 전자상거래 협력 프로젝트의 일환으로 한 · EU, 한 · 영, 한 · 독간의 전자무역 및 전자상거래 협력 프로젝트이다. 이 프로젝트는 2002년 초부터 추진되었고 동아시아 무역망 연동 서비스 및 한 · 일 무역망 연동 서비스 경험을 바탕으로 하여 추진될 예정이다.

5) 국제 이슈에 능동적인 대응

WTO, OECD, APEC, UN 등 다자포럼에서 논의되고 있는 주요사항은 다음과 같다.

주요 국제기구의 전자상거래 논의 동향

구 분	주요의제	최근현황
WTO	디지털제품의 온라인거래에 대한 관세부과	98.5월 WTO 각료회의(제네바)에서 전자전송에 대한 무관세 잠정 합의
OECD	디지털제품의 온라인거래에 대한 소비세, 소득세 부과	01.1월 전자상거래 과세기준 발표
APEC	역내 Paperless Trade 구현을 위한 협력방안	선진국은 2005년, 개도국은 2010년까지 Paperless Trade 구현
UN	UN/CEFACT에서 ebXML 전자문서 표준화	2001.5.11 ebXML 표준안 발표

6) 전자무역 해외동향

(1) 아시아 지역

아시아 지역은 국가단위의 전자무역 추진이 가장 잘 되고 있는 지역으로서 한국, 싱가포르, 대만, 홍콩 등의 경우는 1990년대 초부터 정부의 강력한 계획하에 EDI 기반의 무역자동화시스템을 구축하여 서비스를 제공하고 있다. 1990년도 중반기에는 말레이시아, 태국, 중국 등이 그 뒤를 이어 무역자동화시스템을 구축하여 서비스를 제공하고 있으며 일본의 경우는 1990년대 후반기에 TEDI라는 조직을 출범시키면서 본격적인 무역자동화서비스를 구축중이다.

1999년도부터 인터넷의 급속한 발전은 무역분야에까지 영향을 미치게 되었고 아시아 역내 무역자동화서비스를 제공해온 국가들은 10년간 자국 내에서 서비스되는 무역자동화 서비스 커뮤니티를 글로벌하게 연동하여 아시아 역 내의 글로벌 전자무역으로 이끌어내는 이른바 PAA(Pan Asian E-Commerce Alliance)라는 동북아 무역망 연동이라는 프로젝트를 추진하게 된다.

이러한 글로벌 전자무역은 인터넷 기술발전 및 사용의 급속한 발전에 맞추어 인터넷 기반의 '전자무역서비스' 환경으로의 전환과 함께, 각국의 전자무역네트워크를 상호 연동하여, 역내에 국경 없는 전자무역 서비스를 구현하는 것이 그 목적이라 할 수 있다.

아시아 각국의 전자무역 사업자 현황

국 가	사업자	사업체 형태 /주식지분 구조	주요 서비스
싱가포르	SNS	주식회사/ 무역개발공사, 항만청 등 4개 공공기관	TradeNet, Trade Finance System, ETradeExchange
홍 콩	Tradelink	주식회사/ 홍콩행정청 : 45% 기타 : 55%	SilkNet, ValuNet, Tradelink-ebBiz.com
대 만	Trade-Van	주식회사/ 재정부 : 40%, 민간업체 : 60%	통관자동화서비스, 전자무역서비스, 인증 서비스
중 국	CIECC	국영 조직	CIECNet, ChinaTradeWorld.com,
일 본	TEDI Club	TEDI Club : 추진주체 RSP, ASP 회사	Repository Service, TC Service, ASP Service

(2) 싱가포르 SNS(Singapore Network Services Pte Ltd)

① 설립 경과

- 1986년 싱가포르 통산부산하 무역개발공사(Trade Development Board)의 'Tradenet' 추진계획을 발표하였다.
- 1988년 3월 NCB(National Computing Board)인력을 축으로, 관세청의 협조하에 TradeNet 전담사업자로 SNS (Singapore Network Services)가 발족하였다.

② 조직 체계 및 매출 등

- 1988년에 설립된 싱가포르의 국책 정보통신 회사로, 조직의 형태는 주식회사이며 지분 구조는 다음과 같이 구성되어 있다.
  - ✓ Singapore Trade Development Board(TDB): 55%
  - ✓ The Telecommunication Authority of Singapore(TAS): 15%
  - ✓ The Civil Aviation Authority of Singapore(CAAS): 15%
  - ✓ Port of Singapore Authority(PSA): 15%
- 2000년 현재, 인원은 400명(비 정규직 50명 포함)이며, 매출액은 약 390억원이다.
- 2001년 8월 15일 부로 기업 이름을 SNS에서 'CrimsonLogic'으로 변경
- SNS는 보건, 소매, 법률, 부동산, 여행 등 각 업종별 전용EDI 망을 구축, 서비스
- 무역 관련 EDI 네트워크 서비스로는 'TradeNet' 및 'TFS(Trade Finance System)' 그리고 'eTradeExchange'가 있다.

③ SNS의 무역자동화 서비스

❖ TradeNet

무역개발공사(TDB)의 수출입허가와 관세청의 수출입 신고를 EDI로 처리하기 위해 발족하였고 한 번의 신고 메시지 전송으로 TDB 및 관세청에 SNS의 라우팅에 의해 신고처리 완료되며, 그 외의 관련 기관(검역, 검사 등)에 대한 신고도 한 번의 메시지 전송으로, SNS에서 라우팅 서비스로 처리한다. 전용선에 의한 EDI/VAN 방식의 서비스인 'TradeNet-MVS'와 인터넷 서비스 방식인 'TradeNet.com'으로 이원화되어 있다.

❖ TFS(Trade Finance System)

무역 금융 거래를 인터넷 상에서 실시하는 EDI 네트워크로 신용장, 외환 어음, 송금 등의 무역 금융과 관련된 금융 기관과의 거래를 인터넷을 활용하여 Paperless화하고 거래 속도 및 편리성을 향상시키는 것을 목표로 한 서비스이다.

❖ eTradeExchange

eTradeExchange는 SNS가 관리하고 있는 무역에 관한 다양한 네트워크를 하나의 웹 사이트로 통합한 것으로 사용자의 편리성 향상을 목적으로 한다. eTradeExchange는 인터넷 상에서 무역 분야의 결제, 조달, 물류 및 각종 신청 등을 하기 위한 포털 사이트이다.

(3) 홍콩Tradelink(TradelinkElectronic Commerce Limited)

① 설립 경과

- 1988년 중소 섬유 수출입 업자와 해운 회사가 중심이 되어 100% 민간 출자로 설립된 전자무역네트워크가 운영 주체이다.
- 1992년 홍콩 행정청이 자본을 출자하였다.

② 조직 체계 및 매출

- 주식회사 형태이며 지분 구조는 홍콩행정청(45%), 기타(55%)로 되어있다.
  - ✓ The Federation of Hong Kong Industries
  - ✓ Hong Kong Air Cargo Terminals Ltd (HACTL)
  - ✓ Hong Kong Association of Freight Forwarding Agents
  - ✓ Hongkong International Terminals Ltd (HIT)

✓ The Hong Kong General Chamber of Commerce

✓ China Resources (Holdings) Ltd 등이며,

- 2007년 현재, 인원은 370명이며, 매출액은 약 480억원이다.

③ Tradelink의 무역자동화 서비스

- SilkNet: 섬유 수출입 허가 수속 등을 Paperless로 실시하고 있다.
- ValuNet: 수출입 신고를 Paperless로 실시하고 있다.
- Tradelink-ebBiz.com: ValuNet의 웹상에서의 포털 사이트로 수출입을 인터넷에서 신고할 수 있고 무역 수속이나 물류 상황 등 다양한 정보의 획득이 가능하다.
- Call Center 운영: 2개의 Call Center를 상호 Back-up체제로 운영, 1개의 Call Center는 4개조 30명이 교대로 근무하고 있다.
- Call Center중 하나는 'Trade Industry Dept'(통상부)와 'Customs & Excise Dept'(관세청) 건물에 소재하여, EDI환경이 충분치 않은 업체들이 내방하여 직접 입력할 수 있다.

(4) 대만 Trade-Van Information Services Co.

① 설립 경과

- 1990년에 대만 정부 재정부 관할의 국가적 프로젝트로 시작되었다.
- 1992년 11월에 최초의 시스템인 항공 화물 자동 통관 시스템이 가동되었다.
- 1994년 11월에 해상 화물 자동 통관시스템과 금융 EDI 서비스인 관세지급 · 결제 시스템을 가동하였다.

② 조직 체계 및 매출

- TRADE-VAN은 설립 당시 국영이었지만, 1996년 7월부터 민영화된 주식회사로 지분 구조는 재정부(40%), 민간업체(60%)로 구성되었다.
- 2007년 현재, 인원은 170명이며, 매출액은 약 280억원이다.

③ TRADE-VAN의 무역자동화 서비스

❖ 통관자동화서비스

통관의 자동화는 TRADE-VAN 설립의 주목적으로, 현재 대만의 통관 신청의 대부분이 TRADE-VAN 네트워크를 경유하고 있고, TRADE-VAN은 세관과 무역 관계 업자

(화주, 통관 업자, 창고업자, 해운 · 항공 화물 업자 등) 및 거래 은행을 연결하여 24시간 체제로 EDI 서비스를 제공하고 있다.

❖ 전자무역 서비스

최근의 환경 변화에 대응하여 전자무역 서비스도 제공하고 있으며, e-Supplychain, e-Procurement, e-Marketplace와 그밖에 안전한 전자무역을 위한 인증 서비스 등도 실시하고 있다.

(5) 중국 CIECC(China International Electronic Commerce Center)

① 설립경과

국제 무역의 활성화를 위한 전자무역 지원을 목표로, 1996년 3월, MOFTEC(the Ministry of Foreign Trade and Economic Cooperation, 대외무역경제합작부) 산하 조직으로 설립되었다.

② 조직 체계

업무 분야에 따라 다음의 하위 조직으로 구성되어 있으며, 홍콩의 중국 귀속에 따라, 홍콩 Tradelink 의 앞선 서비스 경험 및 기술 등을 적극 공유하고 있다.

❖ CIECNet(China International Electronic Commerce Network)

중국에서 가장 큰 전자무역 네트워크로 대기업, 국제, 은행, 관변기관, 인터넷 등 다섯 가지의 서비스망을 제공하고 있다.

❖ CIEC(China International Electronic Commerce Hong Kong)

회원을 대상으로 중개상을 배제하며 주로 중국의 상품을 판매하는 B2B포탈인 ChinaTradeWorld.com 을 운영하고 있으며 중국 내 70여 개 도시에서 600명 이상의 CIECC 인력을 이용, 수출업체 문의나 제품구매 등에 관한 부가서비스를 제공하고 있다.

❖ Infoshare Information Technology Development 社

수출입산업의 전자무역을 지원하기 위해 설립하였고 CIECC의 PAA 창구역할을 담당하였다.

③ CIECC의 수행 비즈니스

- 기업체들의 무역 EDI와 인터넷을 지원하고 있다.
- 중국 내 70여개 도시에서 CIECC 지역센터를 운영하고 있다.
- 중국의 기업들과 네트워크를 연결하여, 전자 무역쿼타 할당, 수출입 통계, 무역관련 법규 등에 대한 자문 등의 임무를 수행하고 있다.
- MOFTEC과 그 하부 기관들의 공식 웹사이트와 그 외 무역관련 사이트들을 운영하고 있다.
  - ✓ www.moftec.gov.cnMOFTEC(공식 홈페이지)
  - ✓ www.chinainvest.gov.cn(중국투자 안내)
  - ✓ www.chinamarket.com.cn(중국상품 안내 등)

④ 홍콩 Tradelink와의 협력 관계

1999년 9월 Tradelink와 업무협력 계약 맺었고, 중국의 기업은 Tradelink의 서비스를 이용할 수 있으며, 홍콩의 기업은 Tradelink를 통하여 CIECC의 법률자문 등의 서비스를 이용할 수 있고, 홍콩의 기업이 중국의 공장에서 생산한 물품을 선적하는 데 필요한 승인을 인터넷상에서 받을 수 있다.

(6) 일본TEDI(Trade & Settlement EDI Common Platform System)

① 추진 경과

- 1997·1999년
  - ✓ 통산성의 예산 지원(20억엔: 약200억원)
  - ✓ ECOM(Electronic Commerce Promotion Council of Japan: 일본전자무역진흥협의회)이 추진 주체로서, 일종의 일본무역자동화시스템 구축 프로젝트를 수행하였다.
- 1999~2001년
  - ✓ 금융 및 무역관련 25개 민간 기업 컨소시엄 중심으로 프로젝트 완결 및 상용 서비스(미쓰비시 상사 등 무역 업체, 후지쯔 등 SI업체, 도쿄-미쓰비시 은행 등 금융기관 참여)를 추진하고 있다.

② 조직 및 서비스 체계

❖ TEDI Club

- 프로젝트에 초창기부터 참여한 컨소시엄과 기타 사용자 그룹 등 62개 기업 및 6개 무역유관기관이 결성하여 TEDI 시스템의 상용화 및 서비스 활성화 담당 조직

❖ Japan Electronic Trade Service Center Inc.

- 총 자본금 4억9천만엔(약 54억원)으로 무역 상사들이 결성한 'TEDI Holdings Inc.'가 3억2천만 엔 SI업체들이 1억7천만엔 투자
- TEDI 서비스중 RSP(Repository Service Provider) 기능 수행
- 향후 일본 전자무역네트워크 역할 수행 추진

❖ ASP(Application Service Provider)

- 담당 서비스의 기능을 고려, 다수 사업자 선정 예정

③ TEDI 프로젝트의 Output

❖ TC(Trade Chain) Server

- 문서작성 및 관리, 통신기능을 수행하며 사용자가 자체 시스템으로 갖추거나 ASP 서비스 이용

❖ RSP(Repository Service Provider) Server

- 메시지 전달, 문서등록관리, 메시지 관리 및 추적 기능
- Japan Electronic Trade Service Center Inc.가 운영 주체

❖ Standardization

- 무역절차관련 표준화 작업
- XML기반 문서표준 작업
- TEDI 서비스관련 각종 약정 표준화 작업 수행

7) 볼레로 프로젝트

Bolero-net 서비스는 금융기관간의 국제 통신망을 운영하고 있는 S.W.I. F.T.와 세

계 해운업계의 상호보험 조합인 TT Club에 의해 개발되었으며, 무역서류의 전자화를 통해 국제무역에 관련된 모든 기업간의 기업간 전자상거래(B2B)를 지원하는 인터넷 기반의 무역거래전용 통신망을 제공할 목적으로 탄생하였다.

볼레로 서비스의 특징을 살펴보면 다음과 같다.

- 범세계적인 효용성: 기존의 EDI 서비스는 유럽의 섬유화학업계나 미국의 자동차업계 EDI 시스템과 같이 대체적으로 업체간의 업무적 · 지역적 특수성을 고려하여 개발 · 사용되어 왔다. Bolero.net 서비스는 이러한 제한요소를 극복, EDI에 네고기능을 넣는 등 국제무역 업무에 알맞도록 개발단계부터 범 산업적이고 중립적인 서비스를 제공하는데 초점을 맞추고 있다.
- 보장된 법제적 기반 : Bolero.net는 18개 법률 분야를 대상으로 실시한 최대의 전자상거래 연구 결과를 통해 개발된 bolero 규정집(bolero rule book)을 통해 문서를 통한 분쟁의 해결방법과 마찬가지로 어떤 분쟁도 해결이 가능한 법률 체계를 만들었다.
- 국제적 표준 : Bolero.net 서비스는 국제적으로 수용할 수 있는 표준을 만들기 위해 설계 단계부터 세계 주요 교역국의 무역 관련 절차와 법률의 분석과 범국가적인 의견 수렴을 거쳐 개발에 착수하였다.
- 포괄적인 정보의 보안: 무역서류의 특성을 고려하여 bolero.net 서비스는 최신 암호화 기술을 통한 전자 무역서류의 안전한 송수신뿐만 아니라 선하증권 등 중요한 서류의 위조 · 복제가 불가능하도록 포괄적인 보안 체계를 구축하였다.

기술적 측면에서 바라볼 때 볼레로 시스템은 인터넷 환경 하에 PKI 기반기술을 적용하여 XML 형태의 전자문서를 안전하게 송수신할 수 있는 시스템으로 정의할 수 있다.

- What's bolero?
  - ✓ Secure Message Transfer System on Internet (SMPT, TCP/IP) with XML, CA, DS, Encryption, S/MIME
- Platform
  - ✓ H/W, O/S: Windows NT Server, Windows NT
  - ✓ S/W: MS Exchange Server, Bolero enabled S/W Development toolkit, Security S/W

- Message Flow
  - ✓ Sender → Bolero: DS, CA, Encryption
  - ✓ Bolero: Validation
  - ✓ Bolero → Sender: Acknowledgement
  - ✓ Bolero → Receiver: DS, CA, Encryption, Bolero → VAS (Value Added Service)
  - ✓ Receiver → Bolero: Acknowledgement
  - ✓ Bolero → Sender : Final Acknowledgement

8) TradeCard

SWIFT와 TT Club에 의한 Bolero Project가 진행되고 있는 상황에서 세계무역센터 협회를 비롯한 몇몇 기업은 TradeCard라는 명칭으로 수출입 서류의 전송과 대금결제 방법을 전자화하는 대규모 사업을 추진하고 있다.

TradeCard는 신용장방식에서 벗어나 신용장 없이 무역거래의 전자화를 추진하는 것을 목표로 하고 있으며 중소무역업자를 주요 대상으로 하는 서비스이다. 이 방식이 본격적으로 실용화되는 경우 은행은 단지 신용 공여자로서의 역할만을 수행하게 될 것이다. TradeCard 시스템의 몇 가지 특징을 살펴보면 다음과 같다.

- 비즈니스 관점
  - ✓ 중소기업이 활용하기 적합한 시스템
  - ✓ 건수 중심의 프로세스 제어 및 사용료 계산
  - ✓ XML 기반의 문서처리 시스템
- 시스템 관점
  - ✓ WEB 기반의 문서작성, 교환, 상태확인, HelpDesk 기능
  - ✓ 지식관리시스템 운영 - Help Desk 시스템
  - ✓ Java 기반의 3-Tier Client/Server 시스템 구축
  - ✓ Server Side XML Processing

수출은 늘어도 수출 경쟁력 계속 약화

동아일보 2008. 7. 3

수출의 부가가치를 나타내는 외화가득률이 4년 연속 하락한 것으로 나타났다.

이는 유가 급등 등 대외여건 악화와 핵심부품 수입 증가에 따른 것으로 수출액은 늘어도 수출 경쟁력은 약화되고 있다는 뜻이다.

한국무역협회 국제무역연구원이 2일 내놓은 '2007년 수출의 국민경제에 대한 기여, 수출의 산업연관효과 분석'에 따르면 지난해 외화가득률은 53.3%로 2003년 61.0% 이후 해마다 떨어지고 있다.

외화가득률은 수출액에서 수입액을 뺀 금액을 수출액으로 나눈 비율로 지난해에는 1,000달러 수출 때 원자재와 부품 등을 467달러어치 수입해 533달러를 벌었다는 뜻이다.

무협 관계자는 "유가와 원자재가격 상승으로 수입단가가 높아진 데다 조선, 반도체, 플랜트 등 수출이 늘면서 핵심 부품을 수입해 외화가득률이 낮아졌다"고 분석했다.

예컨대 반도체 핵심부품인 실리콘 웨이퍼는 국내 기술이 취약해 대부분 일본에서 수입하기 때문에 반도체 수출을 많이 할수록 대일 적자가 커지는 식이다.

또 수출 100만 달러(약 10억 5,000만원)당 생기는 취업자 수는 지난해 10.1명으로 2003년 13.5명보다 3.4명 줄었다.

이는 산업구조가 고도화되면서 기술집약적인 중화학공업 비중이 높아진 데 따른 것이다.

다만 지난해 수출이 유발한 취업자는 374만 명으로 전체 취업자 2343만 명의 16.0%를 차지했다. 전체 취업자 중 수출이 기여하는 비율은 2003년 11.9% 이후 매년 높아지고 있다.

수출이 경제 성장에 기여하는 비율은 지난해 64.3%로 지난해 경제성장률 5.0% 중 3.2%를 수출이 담당한 것으로 나타났다.

수출의 경제 성장 기여율은 2003년 111.3%에서 2004년 93.3%, 2005년 69.2%로 하락세를 보이다 2006년 72.9%로 약간 높아졌다가 지난해 다시 떨어졌다.

김유영 기자 abc@donga.com

❖ 한국수출보험공사(www.keic.or.kr)

(9) 수출보험 부보 – 무역분쟁 및 사기예방 방안 중에서 최적안

수출보험공사 www.keic.or.kr/main.html

(10) 해상보험(적하보험) 부보

ECPlaza http://www.ecplaza.net

(11) 원산지증명서 발급 등

대한상공회의소 www.korcham.net

(12) 선적전 상품검사

www.SGSgroup.co.kr

(13) 관세환급

관세청 http://www.customs.go.kr

제2장 인터넷을 이용한 신규 해외시장개척 등 무역절차

1. 해외시장조사 및 거래선 발굴

1) 해외시장조사

무역은 수출측면에서 보면 비교우위에 있는 상품을 국경을 초월하여 판매하는 행위이다. 그러므로 수출을 하려면 해외시장에 대해 잘 알아야 하고 급변하는 환경에 적극 대처하여야 한다. 해외시장조사는 자기가 취급하고 있는 상품류나 앞으로 취급하고자 하는 상품류를 중심으로 조사하여야 한다. 그 다음 진출하고자 하는 국가와 지역에 대해 상관습, 유통, 경제 등에 대하여 조사하고 잘 팔리는 상품조사(사이즈, 칼라, 규격, 형태 등), 상품 수급 동향, 경쟁상품과의 경쟁력 비교 분석, 상품시장 규모, 시장 성장 가능성, 이익성 등을 조사한다. 수출자는 객관적인 자료에 근거하여 과학적인 방법으로 자료를 분석한 후 진출할 목표시장 및 주고객 층을 목표로 사업계획을 수립하고 그 사업계획에 근거하여 마케팅전략을 수립하고 마케팅전략을 구사하여야 함.

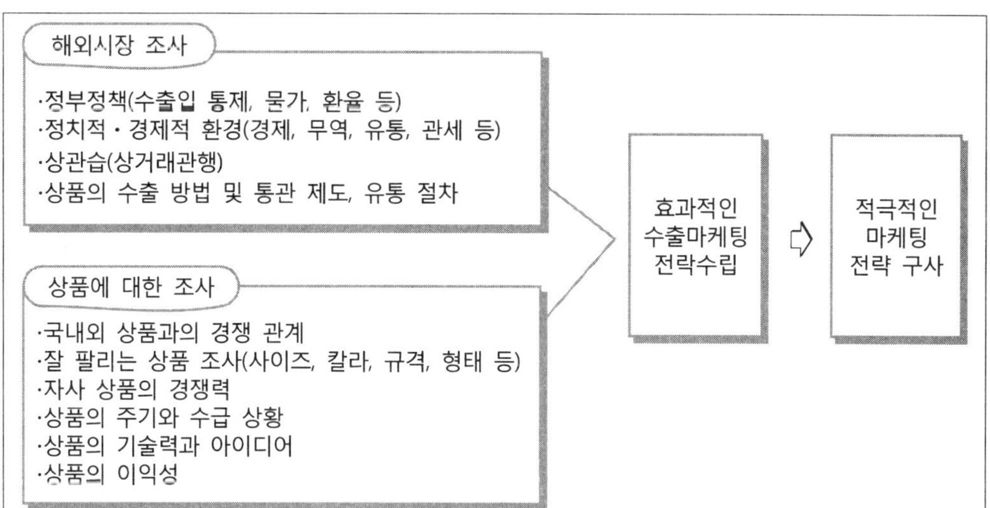

자료 : 여러 자료를 근거로 작성

(1) 검색 엔진 선택 요령

인터넷을 이용하여 해외시장이나 Buyer에 대한 정보를 수집하려면 먼저 어느 나라 자료를 찾을 것인지를 결정해야 한다. 우리나라 자료가 필요하면 우리나라 검색 엔진을 선택하고 비영어권 자료가 필요하면 알타비스타의 다국어 검색 기능을 이용하거나 월드 와이드 인포시크처럼 지역판서비스를 선택해야 한다. 그리고 검색 방법이 분류 서비스에 적합한지, 로봇형 검색 엔진이 적합한지를 판단해야 한다. 찾는 자료가 '해외 검색 엔진(Search Engine) 종류'라면 야후(Yahoo(http://www.yahoo.com))! 같은 분류 서비스에서 세부 목록을 찾아보는 것이 효과적이다. 또한 찾는 분야에 대한 전문 검색 엔진이 있는지 확인해야 한다. 이런 사항들을 고려하여 그때그때 적절한 검색 엔진을 선택하면 인터넷을 이용하여 무역에 대한 정보를 쉽게 수집할 수 있음.

❖ 가상 무역실무 체험 프로세스

실제로 무역실무 프로세스는 기업규모, 수출입 국가의 무역환경, 국제규범 등의 복잡한 무역제반 여건에 따라 다양하게 진행된다. 무역은 수출과 수입으로 나누기도 하고 외환·보험·통관·경제 등 업무별로 나누기도 한다. 하지만 실제 무역현장에서는 무역실무를 '계약 전 프로세스'와 '계약 후 프로세스'로 분류해 사용하는 경우가 많다.

13장에서는 계약 전 프로세스인 물품등록에서부터 시장조사 및 거래선 발굴, Offer(오퍼) 작성, 그리고 계약이 체결되는 무역마케팅 과정을 영문서식을 통해 알아보도록 한다.

계약 후 프로세스는 크게 수출실무 프로세스와 수입실무 프로세스로 단계별 절차(외환·상역·통관·보험·결제 등)를 거치면서 진행된다.

14~15장에서는 수출실무 프로세스와 수입실무 프로세스에서 발생하는 무역서식에 대한 개념과 문서의 흐름을 이해하고, 실제 시나리오(미션) 조건에 맞게 입력화면을 작성해 출력물로 직접 확인할 수 있도록 한다. 본 실습에 사용되는 문서화면은 EDI 국제표준인 세계전자문서 UN/EDIFACT(UN/EDI for Administration, Commerce and Trade)의 내용을 반영해 적용한다. UN/EDIFACT는 각 나라마다 무역 및 상거래분야에서 사용되는 전자문서의 표준을 정의하고 관리하는 기관으로, 전 세계가 공통으로 사용할 수 있는 가이드라인을 제시한다. 국내에서 사용되는 무역서식화면은

UN/EDIFACT에서 제시하는 국제표준에 맞게 설계하고 정의되기 때문에 문서를 실습해볼 수 있는 sdlqfur화면 구성 및 UI(User Interface) 등에서는 차이가 있을 수 있다. 하지만 문서 내에 들어가는 항목과 항목의 내용 구성은 거의 동일하다. 실습에 사용되는 본 화면은 EDI표준에서 권고하는 가이드라인에 맞게 구성된 표준입력화면이다.

(2) 정보 검색을 위한 기본 테크닉

인터넷을 이용하여 해외 시장을 조사하고 정확한 정보를 수집하기 위해서는 다음과 같은 기본적인 사항을 알고 있어야 함.

- 검색하려고 하는 주제가 뉴스/정치/경제/문화/과학/산업/기업/오락/사회/스포츠/연예/여행 등 어떤 분야인지 알아야 한다.
- 주제어(Key-Work)에 의한 검색을 할 것인지 분야(Field)별 메뉴 선택에 의한 계단식검색을 할 것인지를 결정하여야 한다.
- 검색 주제어(Key-Work)는 광범위한(포괄적인 의미) 단어를 선정하여야 하며

이때 주제의 특성에 적합한 동의어/유사어의 선택을 잘 하여야 한다. 예를 들어, "제품"에 대한 정보를 찾고자 하면 "Product", "Commodity", "Goods" "Merchandise"를 검색 주제어로 선정해야 함.

① **수출에서 발생하는 비용(수출원가)**

수출시에는 가격조건이나 결제방식에 따라 다음과 같은 비용들을 합산해야 한다.

비용	설명
제조원가	원부자재 소용비용, 생산비용(또는 임가공비), 수출포장비용 등
운송료	가격조건에 따라 부담해야 하는 내륙운송비, 해상운송비, 항공운송비
창고료	제품생산(혹은 구입)후 내륙운송 전까지 혹은 내륙운송 후 선적 전까지 소요되는 창고료
통관수수료	관세사에게 지급하는 통관대행수수료
보험료	적하보험료, 수출보험료
은행수수료	신용장통지수수료, 환가료, less charge, delay charge 등
기타 비용	에이전트 커미션, 각종 증빙서류 발급수수료 등

만약 초보수출자가 이와 같은 비용들을 미처 파악하지 못하고 제조원가만 반영한 가격으로 수출계약을 체결했다면 어떻게 될까? 수출자는 계약체결시 반드시 제조원가 외 어떤 비용들이 발생하는지 검토해야 한다.

② **수입에서 발생하는 비용(수입원가)**

수입시에는 가격조건이나 결제방식에 따라 아래의 도표에 포함된 비용들을 합산해야 한다. 예를 들어 무역계약체결시 수입자가 값싼 운임이나 보험료를 수배할 수 있다면, 당연히 FOB조건으로 수입하는 것이 바람직하다.

해상운송시 일반적으로 발생하는 비용항목은 어떤 것이 있을까?

해상운송시 발생하는 비용은 크게 4가지로 나눌 수 있다.

- 터미널화물처리비(THC ; TerMinal Handing Charge) : 화물이 CY에 입고된 순간부터 본선의 선측까지, 또는 반대로 본선의 선측에서 CY의 게이트를 통과하기까지의 화물 이동 비용
- CFS 작업료(CFS Charge) : 선사가 컨테이너 한 개 분량이 안 되는 소량화물을 운송하는 경우에 선적지 및 도착지의 CFS에서 화물의 흔적 또는 분류작업을 하게 되는데 이때 발생하는 비용

비용	설명
물품대금	수출자에게 직접(송금) 또는 은행(신용장 또는 추심)을 통해서 지급하는 물품대금
운송료	가격조건에 따라 부담해야 하는 내륙운송비, 해상운송비, 항공운송비
보세창고료	물건이 항구(공항)에 도착한 후 통관절차를 거쳐 물건을 찾을 때까지 발생하는 창고료
관세 및 세금	세관에서 부과하는 관세 및 품목에 따라 부과되는 특별소비세, 주세, 교육세, 농어촌특별세
통관수수료	관세사에게 지급하는 통관대행수수료
은행수수료	Cable Charge, Term Charge, Delay Charge, 송금수수료 등
기타 비용	에이전트 커미션, 각종 증빙서류 발급수수료 등

- 서류발급비(Documentation Fee) : 선사에서 선하증권(B/L)과 화물 인도 지시서(D/O)의 발급시 소요되는 행정비용을 보전하기 위해 신설한 비용
- 체선(화)할증료(Port Congestion Surcharge) : 입출항 선박의 수에 비해 항구의 하역능력이 부족해 하역작업을 위한 대기시간이 길어져 선사 측에 추가적인 경비가 발생할 경우에 일정기간 동안 화주에게 부과하는 비용

③ 무역부대비용을 계산해보자

무역에서 원가계산은 수출입업체가 물품을 수출입할 때 발생하는 비용으로 원가항목을 분석해 수출입 단가를 산출하는 것이다. 이는 회사의 이익 실현에 저해되는 물품 및 불합리한 원가사항을 제거하고 매출에 따른 예상 이익과 판매계획을 정확하게 수립하는 네 필요한 정보를 제공한다.

따라서 비용 항목을 하나도 빠뜨리지 말고 정확하게 계산해야 하며, 환율 등의 기준치는 정확하고 객관적인 타당성이 있어야 한다. 또한 무역 원가계산은 포괄적인 계산이므로 상대편 국가의 전반적인 상황, 관세, 부대비용, 보험료 계산, 운송 등 국제 물류비용을 정확히 산출해낼 수 있어야 한다.

이런 무역 원가분석을 통해 어느 항목이 원가에 영향을 미치는지, 어느 항목에서 원가절감이 가능한지 자세히 분석해 개선해야 한다.

EXW	제조원가(자사제품 수출 시) 또는 공장도 가격(타사제품 수출 시)
FOB	EXW 가격 + 수출지 내륙운송비 + 수출지 창고료 + 수출 통관비
CFR	FOB 가격 + 해상(항공) 운임료
CIF	CFR 가격 + 적하보험료

[수입자 부담 비용]

EXW	물품대금 + 수출지 내륙운송비 + 수출지 창고료 + 수출 통관비 + 해상(항공)운임 + 적하보험료 + 수입지 창고료 + 세금 + 내륙운송비
FOB	물품대금 + 해상(항공)운임 + 적하보험료 + 수입지 창고료 + 세금 + 수입지 내륙운송비
CFR	물품대금 + 적하보험료 + 수입지 창고료 + 세금 + 수입지 내륙운송비
CIF	물품대금 + 수입지 창고료 + 세금 + 수입지 내륙운송비

④ 주요가격 조건별 수출입 부대비용 계산방법

수출자 및 수입자 입장에서 각각의 비용부담에 대해 알아보자. 가격 조건은 크게 E그룹, F그룹, C그룹, D그룹으로 나눌 수 있는데, 그 중 우리나라에서 가장 많이 쓰이는 것 위루로 살펴보도록 하자. 위 도표에서도 알 수 있듯이 수출자의 경우 EXW 조건이 가장 유리하고, 다음은 FOB · CFR · CIF조건 순으로 비용이 발생하는 것을 알 수 있다. 수입자의 경우에는 CIF조건이 가장 유리하고, CFR · FOB · EXW조건 순으로 비용이 많이 발생하는 것을 알 수 있다.

2) 신규 거래처 발굴

(1) 인터넷(Internet)을 이용한 신규 거래처 발굴

인터넷을 이용하는 무역은 인터넷 수출입 거래 알선 사이트를 이용하여 상품을 홍보하고 전자우편(E-Mail)을 통하여 수출입상담을 하고 전자문서교환자동화시스템(EDI)에 의한 신용장 수취, 상품선적, 은행에 매입(Nego), 사후관리 등을 전자문서교환자동화시스템(EDI)을 이용하여 수출입을 하는 것을 말한다. 최근 독자적으로 해외시장을 개척할 여력이 없던 중소기업들이 인터넷을 이용한 무역을 적극적으로 추진하고 있다. 인터넷을 이용하여 무역을 할 경우 대부분의 수출입상담이 인터넷 전자우편을 통하여 이루어진다. 또한 상품의 샘플은 인터넷의 홈페이지를 이용하여 소개할 수 있어서 무역을 하는데 드는 부대비용을 최대로 절약할 수 있는 장점이 있다. '97년 2월 중소기업진흥공단에서 개설한 '인터넷중소기업관(http:// www.smipc.or.kr)' 사이트에는 600여개 중소기업이 가입되어 있는데 홈페이지를 무료로 제작해주었다고 한다. 중소기업진흥공단은 '98년 10월 6일부터 이들의 신규 인터넷 서비스 개시 이후 '98년 11월 15일까지 세계 42개국으로부터 414건의 수입의뢰를 받아 3,000여 수출기업에 연결해 주었다고 한다. 산업자원부는 인터넷을 이용한 무역을 활성화시키기 위하여 인터넷마케팅('97년 인터넷을 통하여 이뤄진 무역규모는 14억원)을 적극 지원하고 있음.

① 인터넷을 이용하여 무역동향 파악

'95년 12월에 설립된 ICES(http://www.icesinc.com)사는 '98년 12월말 현재 30만 명이 넘는 구매 · 판매업체가 가입되어 있는 인터넷 무역 중개기업이다. 재고상품을 전문적으로 중개하는데 '97년 거래된 규모는 약 4억 달러 정도이며, 우리나라를 비롯하여 영국 · 대만 · 이스라엘 등 10개국에 지사가 있다. 세계적인 유통업체인 월마트와 K마트 등도 ICES의 주요 고객이다. 우리나라 기업들은 인터넷을 이용한 무역을 시작하는 단계이나, 인터넷을 이용한 무역을 대부분 기업들이 적극적으로 추진하고 있다. "ICES코리아"가 최근 인터넷을 통하여 무역을 추진하고 있는 업체를 대상으로 설문조사한 결과 약80%가 미국과 캐나다 기업과 상담을 진행중이라고 한다. 이 자료를 보면 미국과 캐나다를 제외한 다른 지역은 인터넷을 이용하는 무역을 많이 하지 않음을 알 수 있음.

② 인터넷을 이용하여 무역 동향 파악

세계무역센터협회(WTCA ; World Trade Centers Association)는 미국의 제너럴 일렉트릭 인포메이션 서비스(GEIS)의 전자사서함을 이용하여 세계무역센터협회(WTCA) 네트웍 인터넷 무역에 대한 정보를 제공하고 있다. 전세계 69개국 255개가 이 서비스에 가입되어 있는데 대한무역투자진흥공사가 가입하여 활발한 상거래가 이루어지고 있음.

(2) DM(Direct Mail), Fax 등을 이용한 거래처 발굴

대한무역투자진흥공사(KOTRA)에서 발행하는 해외시장과 일간무역(前에 한국무역협회(KFTA)에서 발행함), 대한상공회의소, 주한외국대사관 상무관실에서 입수한 Buyer명단, 인터넷을 통한 수출입 거래 알선 정보 획득, 광고매체의 Buyer List에서 Buyer명단을 입수하여 상품소개서(Circular Letter), 회사연혁서 등을 Letter, Fax, Telex, E-mail 등을 통하여 Buyer에게 보낸다. 그 후 Buyer가 전자메일(E-Mail) 등으로 상담을 해오면 답변해주고 Sample을 요구하면 전달한다. Buyer가 Offer를 요구하면 보내주고 Offer를 서로 교환하다가 Offer가 확정되면 확정오퍼(Firm Offer)에 서명하여 교환하고 1부는 보관해야 함. 왜냐하면 추후 무역분쟁이나 사기를 당하였을 때에 증거자료로 활용할 수 있기 때문이다. 신규 거래처와 거래할 때에는 수출보험공사 현지대사관 등에 의뢰하여 신규 거래처의 회사연혁과 신용상태에 대하여 정확히 확인하고 신용이 좋은 경우에만 거래를 시작하여야 함.

IMF관리체제 이후 외국바이어들이 우리나라 수출업체들의 수출해야 한다는 절박한 심정을 악용하여 무역분쟁 및 사기를 많이 하고 있으므로 특별한 주의 및 관심을 갖고 무역단계별로 확인을 철저히 하여야 함.

(3) 知人으로부터 거래처를 소개 받음

대부분의 Buyer들은 知人 또는 기존 거래처를 통하여 수출자를 소개받아 거래하는 것이 믿을 수 있다고 생각한다. 왜냐하면 Buyer들은 수출자의 신뢰를 가장 중요하게 여긴다. Buyer와 약속을 하면 될 수 있으면 꼭 지켜야 한다. 우리나라 사람들은 학창시절부터 약속에 대한 잘못된 개념 정립으로 약속 이행하는 것을 소홀히 한다. 오직하면 Korea Time이라는 유행어가 생겼을까 안타까운 일이다. 수출자는 구두상 또는 서류상으로 약속을 해놓고 상품납기일(Delivery) 등 만약, 약속을 못 지킬 것 같으면 사전에 양해를 구하여 약속을 변경하고 특히 약속을 못 지키는 이유에 대해 충분히 설명하여 오해가 없도록 하여야 함.

회 사 연 혁

① 회사창립년도 :
② 자본금 : US $ 0000
③ 생산품목이나 취급하고 있는 품목(item)
④ 작년 수출실적 : 수출 000만불, 내수 00000백만원
⑤ 주요판매처 :
주요수출국 :
⑥ 원재료 구입처 :
⑦ 종업원수(사무직) : (공장) :
⑧ 생산능력(Capacity) :
⑨ 본 공장 : 하청공장 :
⑩ 근로자(공장 종업원) 평균 임금 :
근로시간
⑪ 경영방침 :
1) 다품종, 소량 Order 받음(단, 가격은 대량오더보다는 비쌈), 납기 준수
2) 불량품 낮추기
3) 품질우선주의

(4) 신규 시장 개척단원으로 참여하여 발굴

한국무역협회, 한일경제협회, 대한무역투자진흥공사, 지방자치단체, 각종 생산자 단체 등에서 해외시장 개척단을 모집하여 비정기적으로 또는 정기적으로 해외시장을 지속적으로 개척하고 있다. 해외시장 개척단원으로 출국하게 되면 신규시장 개척 자금을 지원받을 수 있는데 각종 정책기금금리는 7%내외로 아주 낮은 편이다. 한국무역협회(KTFA) 무역상담실 551-5353/58, 대한무역투자진흥공사(KOTRA) 일본실 3460-7114, 서울 지방중소기업청(http://seoul.smba.go.kr) 한일경제협회 551-1541 각 지자체 무역지원실 등에 연락하면 시장개척단 출발일정과 신규 해외시장 개척자금 지원에 대하여 자세한 안내를 받을 수 있음.

기관별 해외시장 개척단 안내

주요기관	지원업무	지원내용	연간규모	문의처
한국무역협회	투자 및 무역사절단	현지사전 홍보 및 상담 지원	약 15회	국제통상부 551-5304, 5314, 5274
대한무역투자진흥공사	국내외 박람회 및 전시회	사전홍보 및 전시장 장치 및 발송비 일부	국내 : 7회 국외 : 36회	대한상공회의소 국제부 316-3538

자료 : 여러 자료를 근거로 작성

(5) 무역관련 기관의 직접 방문

외국정부의 주한외국대사관 상무관실(서울사무소), 우리나라에 진출한 외국기업의 서울지점, 연락사무소, 에이전트(Agent), 바잉오피스(Buying Office) 등을 방문하여 상담하는데 카탈로그, 샘플, 연혁서 등을 준비해 갖고 가 상담할 때 제시하는 것이 효율적이다. 상담할 때에 외국어(일본어나 영어)를 구사할 수 있으면 외국인과 직접 접촉하는 것이 업무를 처리하는데 있어 비용과 시간이 절약됨.

(6) 바이어 발굴

바이어를 발굴하기 위한 방법 중에서 매체에 광고나 홍보를 하는 것은 많은 수입자에게 자사 및 상품을 광고할 수 있어 효과적이다. 우리나라에서 발행하는 주요 홍보매체는 다음과 같다.

주요 홍보매체

발 행 처	매 체 명	언어	간 별	배 포 처	문의담당
한국 무역협회	Korea Export	영어	년2회	해외 140여개국	해외홍보과 551-55253/6
	Korea Trading Post	〃	격주간	〃	
	한국상품 가이드	일어	〃	일본	
	한국상품 종합카타로그	〃	년1회	〃	
	Korean Trade Directory	영어	격년	해외 140여개국	거래알선실 551-5267
한국 종합전시장	Korea Exhibition	〃	계간	해외 100여개국	홍보사업과 551-1132
대한무역투자 진흥공사	Korea Trade & Business	〃	월간	〃	출판과 551-4261
	Korea Trade	〃	〃	〃	
Buyers Guide사	Korea Buyers Guide	〃	〃	〃	편집부 551-2380/3
Yellow Page사	Yellow Page	〃	년간	국내	

자료 : 여러 자료를 근거로 작성

(7) 거래알선기관 활용

한국무역협회(KTFA), 대한무역투자진흥공사(KOTRA), 한국외국기업협회(02-3446-8151), 일본무역진흥회(JETRO), 해외한인무역협회(02-551-4380), 서울지방 중소기업청 수출지원센터(02-503-4712/3) 등을 통하여 바이어를 소개받을 수 있다. 수입자나 수출입 거래를 알선해 주는 기관은 다음과 같다.

거래알선기관

국 내		국 외	
기 관 명	연 락 처	기 관 명	문 의 처
한국무역협회 거래알선실	551-5267/9	세계무역센타협회(WTCA) 및 각국의 세계무역센타(WTC)	한국무역협회 국제통상부 (551-5344)
대한무역투자진흥 공사 종합상담실	3460-7114		
주한외국대사관 상무관실		각국의 상공회의소	대한상공회의소 국제부(316-3538)

자료 : 여러 자료를 근거로 작성

(8) 인터넷(Internet) 활용

한국무역정보통신(http://www.KTNET.co.kr), 한국무역협회(http://www.kita.or.kr), 대한무역투자진흥공사(http://www.kotra.or.kr), 중소기업진흥공단(http://www.smipc.or.kr), 서울 지방중소기업청(http : //seoul.smba.go.kr) 등과 같은 무역관련기관의 웹사이트에서 수출입 거래 알선 정보를 얻을 수 있다.

무역유관기관 즉, 한국무역정보통신(http://www.KTNET.co.kr), 한국무역협회(http://www.kita.or.kr), 한국무역협회 KOTIS(http://www.kotis.net), 대한무역투자진흥공사(http://www.kotra.or.kr), 중소기업진흥공단(http://www.smipc.or.kr) 등의 웹사이트에서 수출입 거래 알선 정보를 얻을 수 있음.

한국무역협회의 수출입 거래 알선 전문 사이트 KOTIS(www.kotis.net) : 이 사이트는 무역관련 정보가 가장 많은 홈페이지다. 이 사이트를 활용하면 팩스나 편지를 이용하지 않고도 인터넷전자메일이나 팩스로 바이어를 찾을 수 있고 조회(Inquiry)를 자동으로 송 · 수신할 수 있다. 무역협회는 연간 4만건 이상의 거래알선 의뢰를 받을 만큼 많은 해외 네트워크를 갖추고 있어 수출업체의 수출에 많은 도움을 주고 있다. 현재 이 사이트를 이용하고 있는 기업은 1만1천여 개이다. 무역협회는 외국인이 볼 수 있도록 전자상거래 상품정보 홈페이지인 영문사이트(ec21.net)도 개설하였다. 이 사이트는 8만여 무역협회원사의 상품정보를 영문으로 띄워 바이어에게 다양한 상품에 대한 정보를 제공하고 있다. 사이트에 들어가면 English를 선택한 후 메뉴 가운데 Electronic Trade Opportunity를 클릭하여 들어가면 Offer to sell, Offer to buy, 그리고 Offers for business cooperation이 있으며 그 가운데 각 기업이 수출입하고자 하는 품목, 가격, 수량 등의 명세와 자신의 연락처 등을 게재하고 있어 수출·입자들을 효과적으로 연결해 주고 있음 .

○ 한국무역정보통신(KTNET)의 자회사 EC-Plaza : 이 사이트에는 하루 평균 3백여건씩 오퍼가 등록되고 있으며 접속횟수는 월평균 2백만건에 달한다고 한다. 회원에 가입한 후 구매·판매 정보를 등록하고 상품을 소개하면 웹상에 자동으로 게재되어 홍보효과가 큰 편이다. 다양한 부가서비스도 제공받을 수 있는데 무료 홈페이지 제작, 내용을 입력하면 상대방에게 팩스를 전송하는 웹팩스 서비스, 수출입에 대한 정보를 전자메일을 통해 받아볼 수 있는 EOD(E-mail On Demand)서비스를 무료로 받는다. 한국무역정보통신(KTNET)관계자는 "인터넷 홈페이지를 활용하여 수출오더를 받는 중소기업들이 점차 늘어나고 있다고 함.

○ 대한무역투자진흥공사(KOTRA)의 인터넷 수출입 거래 알선 시스템(KOBO) : 해외 바이어가 상품코드를 입력하면 해당품목을 수출하는 우리나라 기업과 상품에 대한 자세한 정보를 제공하는 시스템이다. 해외시장을 개척할 여력이 없는 중소수출기업들은 전세계 6천만명을 대상으로 상품을 홍보할 수 있는 이점이 있다. 인터넷 거래알선 시스템은 인터넷을 통하여 수출상품의 카달로그, 음성, 동화상, 애니메이션 등 5가지 형태의 멀티미디어 정보를 제공하고 있다. 대한무역투자진흥공사측은 전자카달로그를 무료로 제작해주고 나머지 멀티미디어 정보는 수출기업이 직접 제작해서 등록하도록 하고 있다. 이 사이트는 115개 해외 무역관에서 수집한 1백개국 40여만명의 해외바이어에 관한 정보가 수록되어 있음.

○ 중소기업진흥공단에서 '97년 2월 개설한 '인터넷중소기업관(http://www.smipc.or.kr)'에 올라있는 중소기업은 1,500개이다. 중소기업진흥공단은 기존의 215개 기업외에 '98년 4월 추가로 신청받아 선정한 400개기업의 홈페이지를 무료로 제작해주고 10월 6일부터 신규 인터넷 서비스 개시 이후 '98년 11월 15일까지 세계 42개국으로부터 414건의 수입의뢰를 받아 우리나라 2,700개기업에 연결해 주었다고 한다.

○ 세계무역센터협회(WTCA : World Trade Centers Association)는 미국의 제너럴일렉트릭 인포메이션 서비스(GEIS)의 전자 사서함을 이용, 세계무역센터협회(WTCA) 네트웍 인터넷 무역을 제공하고 있다. 전세계 69개국 255개가 이곳에 가입되어 있는데 대한무역투자진흥공사가 가입하여 활발한 상거래가 이루어지고 있다.

○ IBEX(http://www.ibex.com)는 캐나다의 글로벌 비즈니스 얼라이언스(GBA)가 AT&T의 온라인 망을 이용해 인터넷상에서 운영하고 있는 인터넷무역 서비스이다. 기업들이 인터넷에 원하는 상품 및 용역의 수출입 오퍼를 게재하면 적절한 파트너를 선정한 후 전자메일 또는 팩스로 거래를 연결시키는 중개 역할을 하고 있다. 현재 북미지역을 중심으로 2,000여 업체가 가입되어 있다.

대한무역투자진흥공사의 해외시장, 일간무역, 상공회의소, 주한외국대사관 상무관실에서 입수한 회원명단, 각종 Directory에서 수업업체명단, 무역관련 기관에서 발행하는 책이나 잡지에서 Buyer명단 입수, Internet을 통한 거래알선 정보 획득, 광고매체의 Buyer List에서 Buyer명단을 입수하여 상품소개(Circular Letter), 회사연혁서 등을 Letter, Fax, Telex, Internet E-Mail 등을 통하여 Buyer에게 보낸다. 그 뒤 Buyer가 상담을 해오면 Sample과 Offer를 주고받아 오더로 연결된다고 함.

무역거래알선기관

국 내		국 외	
기 관 명	연 락 처	기 관 명	문 의 처
한국무역협회 거래알선실	551 - 5267/9	세계무역센터협회 및 각국의 무역센타	한국무역협회 국제통상부 (551 - 5344)
대한무역투자진흥 공사 종합상담실	3460 - 7114	대한무역투자진흥 공사(KOTRA) 해외지점	
주한외국대사관 상무관실		각국의 상공회의소	대한상공회의소 국제부(316 - 3538)

자료 : 여러 자료를 근거로 작성

(9) 우리나라의 전시회 참가 및 참관

한국종합전시장의 Coex(http://www.coex.co.kr) 사이트에 들어가면 각종 전시회 정보를 얻을 수 있다.

기관별 전시회

주요기관	지원업무	지원내용	년간규모	문의처
한국종합전시장	국내전시회	해외사전홍보	약 70회	전시1과 551-1112/5) 전시2과(551-1211/3)
대한무역투자진흥공사	국내외 박람회 및 전시회	사전홍보 및 전시장 장치 및 발송비 일부	국내 : 7회 국외 : 36회	대한상공회의소 국제부 316-3538

자료 : 여러 자료를 근거로 작성

(10) 해외 박람회 및 전시회에 참가 및 참관

무역관련 국제박람회 및 전시회에 대해 자세한 정보가 필요하면 인터넷 사이트인 엑스포가이드(http://www.expoguide.com)에 들어가면 국제박람회 및 전시회에 대하여 상세한 자료를 얻을 수 있다.

박람회관련 자료를 얻으면 사업계획을 수립하여 각종 박람회 및 전시회에 참여하거나 박람회 및 전시회에 견학차 찾아가면 신규 거래처를 발굴할 수 있고 아이디어를 얻을 수 있다.

첫째, 박람회 및 전시회에 참가한 경우에는 전시점포(부스, Booth)에 카탈로그(Catalogue), 샘플, 명함, 회사연혁서 등을 비치해두고 상담하여 바이어를 발굴한다. Buyer들은 수출자를 아는 사람들로부터 소개받아 거래를 시작하는 것이 가장 안전하다고 생각한다. 그러므로 전시회 등에서 많은 사람을 사귀어 놓는 것이 좋다.

둘째, 박람회 및 전시회에 견학차 찾아간 경우에는 명함, 카탈로그, 회사연혁서 등을 갖고가 각 전시점포(부스, Booth)를 방문하여 상담하고 명함이나 카탈로그 등을 수집해 온 후 Fax나 전자우편(E-Mail)으로 상담을 한다. 박람회 및 전시회에는 될 수 있으면 많이 참가하고 참관하여야 한다. 박람회나 전시회에 나온 새로운 상품이나 신기술 상품 그리고 아이디어 상품을 수출용 상품이나 내수용 상품에 응용하여 성공한 사례도 많이 있다.

2. 신규 거래처의 신용도 조사

1) 신규 거래처의 발굴

수출자는 새로운 목표시장(Market Target)에 대하여 잘 팔리는 상품(사이즈, 칼라, 규격, 형태 등), 상품주기, 상품수급 동향, 상관습, 거래방법, 대금결제 방법 등을 조사 · 연구하여야 한다. 시장조사와 거래처 발굴은 기존 수출마케팅 전략을 구사하거나 인터넷을 이용하여 쉽게 할 수 있으나 주의하여야 한다. 그리고 대한무역투자진흥공사(KOTRA)의 Korea Business Opportunity System (http://www.kotra.or.kr/KOBO, 우리나라수출업자 27,000여개 기업에 대한 정보를 보유하고 있음), 대한상공회의소 및 주한상공회의소 상공실, 주한외국대사관 상무관실, 한국무역정보통신(http://www.KTNET.co.kr),

한국무역협회(http://www.kita.or.kr) 거래알선실(02-551-0114, 5114), 한국무역협회 KOTIS(http://www.kotis.net), 서울 지방중소기업청(http : //seoul. smba.go.kr) 그리고 통상산업부, 외무부, 해외영사관 등 무역관계관청, 대기업의 해외지사, 상공인명록(Directory)의 이용, 해외출장, 민간무역사절단(해외시장 개척단) 참가, 박람회 및 전시회에 참가하거나 참관하여 조사, 해외한인무역협회, 해외교포상인회, 국제적인 모임 등을 통하여 신규 거래처를 발굴할 수 있음.

2) 신규 거래처의 신용조사

대한무역투자진흥공사(KOTRA) 종합상담실(02-3460-7114), 한국수출보험공사(02-399-6800), 한국무역협회 거래알선실(02-551-0114, 5114), 신용보증기금(02-710-4669), 대한상공회의소 상공실, 주한외국대사관 상무관실 등을 통하여 수입자 및 수입회사에 대한 신용을 지속적이고 정기적으로 조사하여야 한다.

신용조사란 수입자의 신뢰성(Reliability)을 조사하고 측정하는 것이며 조사 항목은 성격(Character), 자본(Capital), 능력(Capacity), 담보능력(Collateral), 신용상태 · 시장상황(Conditions & Market Trend), 통화(Currency) 등을 조사하여야 한다.

3) 신용조사의 방법

신규 오더를 한 바이어가 의심스러우면 신용장거래방식이면 신용장을 받자마자 즉, 수출상품을 제조하기 전이나 수출상품을 구매하기 전에 한국수출보험공시, 신용보증기금, 수출입은행 등을 통하여 반드시 바이어에 대한 신용 조사를 하여야 한다 무역사기를 당한 대부분의 수출자들은 수입자에 대하여 첫째, 바이어에 대하여 간단한 신용 조사조차 안하고. 둘째, 무역계약서(상사중재조항 삽입)를 거의 작성하지 않는다. 셋째, 문제점에 대해 사전 점검하지 않고 이 정도는 바이어가 용인해 주겠지 생각하고 무조건 상품을 선적한다. 넷째, 수출보험에 부보하지 않음. 신규 오더인데 수출금액이 많거나 수입자의 신뢰성에 의심이 가면 다음과 같은 방법으로 선적할 상품을 제조하기 전에 반드시 바이어의 신용에 대하여 철저히 조사하여야 함.

(1) 거래은행을 통한 신용조회

주거래은행이나 수입업자의 거래은행 등을 통하여 신용을 조사한다.

(2) 동업자 조회

신규 거래선(바이어)과 거래경험이 있는 자를 통하여 신용을 조사하여야 한다.

(3) 상업흥신소

신용조사 전문기관인 Booz Allen and Hamilton, McKinsey and Company, Dun and Bradstreet Co.(미국), Bradstreet British Co(영국), AusKunft W. Schmmelpfung(독일), Tokyo Mercantile Agency(일본) 등에 의뢰하여 신용을 조사하여야 한다.

(4) 신용보증기금

신용보증기금은 기업의 원활한 자금융통을 지원하기 위한 신용보증업무, 우리나라와 외국 고객이 상거래를 성공적으로 이끄는 데 필수적인 신용 조사 및 경영지도, 신용자료의 종합관리, 중소기업 투자 등을 주요 업무 영역으로 하고 있다. 특히 해외 신용 조사의 경우 우리나라 기업이 외국 거래처에 대한 신용도 측정, 합작투자선 또는 해외대리점의 선정 및 해외시장 개척 등 국제 상거래에 관한 상담을 할 때에 중요한 의사결정 자료로 활용할 수 있도록 세계적인 신용조사망을 갖춘 미국의 Dun and Bradstreet International사를 비롯한 세계 각국의 신용조사 전문기관과 업무제휴를 맺고 최신 정보를 제공해 주고 있다. 신용보증기금을 통하여 우리나라 기업이 입수할 수 있는 신용 정보는 기업체 개황, 대표자 및 임원의 경력, 소유주 현황, 재무 및 영업상황, 주요 거래처 및 거래조건 채무지급성향(Paying Habit) 등이 포함되며, 신용공여 가능액(Credit Line)에 대한 신용조사기관의 의견이 명기되어 있다.

(5) 수출보험공사

한국수출보험공사는 수출업체가 수출보험에 처음으로 부보하려고 하면 수출보험공사 내 수출신용정보센터 회원으로 가입하여 신용조사를 받아야 한다. 그리고 수입자에 대한 신용조사도 하는데 통상 1~2개월정도 소요되는데 조사결과가 정확하다고 할 수 있다.

(6) 대한무역투자진흥공사

대한무역투자진흥공사는 종합상담실에서 해외 수입자에 대한 신용조사를 해외무역관을 통하여 실비만 받고 해주고 있다. 해외무역관에서는 현지인을 채용하여 업무를 추진하기 때문에 신용조사가 비교적 정확하다.

(7) 기타 무역관련 기관

한국무역협회, 대한상사중재원, 수출입은행 등 무역관련기관에서 신규 거래처에 대하여 신용조사를 해주고 있다. 특히 대한상사중재원은 중재원에 중재중인 바이어나 악덕바이어는 매년 상사중재지(계간지)나 중재원 발간자료를 통하여 고지함으로써 추가 분쟁이나 사기를 예방할 수 있도록 하고 있다.

3. 전자무역 결제시스템의 현황과 전망

전자(인터넷)무역은 인터넷사이트를 통하여 해외의 바이어에게 자기 회사의 상품 등을 소개하는 해외마케팅과 offer할 때 종전에는 fax나 telex로 하던 것을 인터넷에 의한 전자우편(e-mail)을 이용하고 있다. 또한 수출할 때에 운송서류나 원산지증명서, 보험증권 등을 발급받을 때와 은행에 운송서류를 매입할 때에 종전에는 사람이 모든 서류를 발급기관에 가서 발급받아 거래은행에 매입하러 가던 것을 지금은 사무실에 앉아 컴퓨터로 모든 서류를 발급받아 운송서류를 매입하는 것까지 인터넷을 이용하여 쉽게 하고 있다. 그렇지만 지금은 온라인 결제수단이 없어 진정한 전자무역이 이루어졌다고 말할 수 없다. 요원한 것처럼 보이던 무역서류 자동화는 최근 업체와 은행 등이 새로운 전자결제시스템을 도입하기 위한 시범 프로젝트를 하고 있어 빠르면 2004년 상반기부터 시범사업을 할 것으로 보인다.

1) 전자(인터넷)무역 흐름도

전자무역은 종전의 무역방식에서 모든 서류를 on-line으로 처리하려고 노력하지만 그중에서 일부라도 전자적으로 처리하는 것을 말한다.

Bolrero project는 유가증권인 선하증권(B/L)도 on-line으로 발급하고 유통시키려고 추진하고 있다.

우리나라의 삼성전자, L/G전자 등 대기업들은 현재 원산지증명서(C/O : Certificalte of origin)와 선하증권(B/L, Bill of lading)만 on-line화하지 못하고 있고 다른 서류는 전부 전자문서교환(EDI) 시스템을 활용하여 on-line으로 주고받고 있다.

전자무역 흐름도

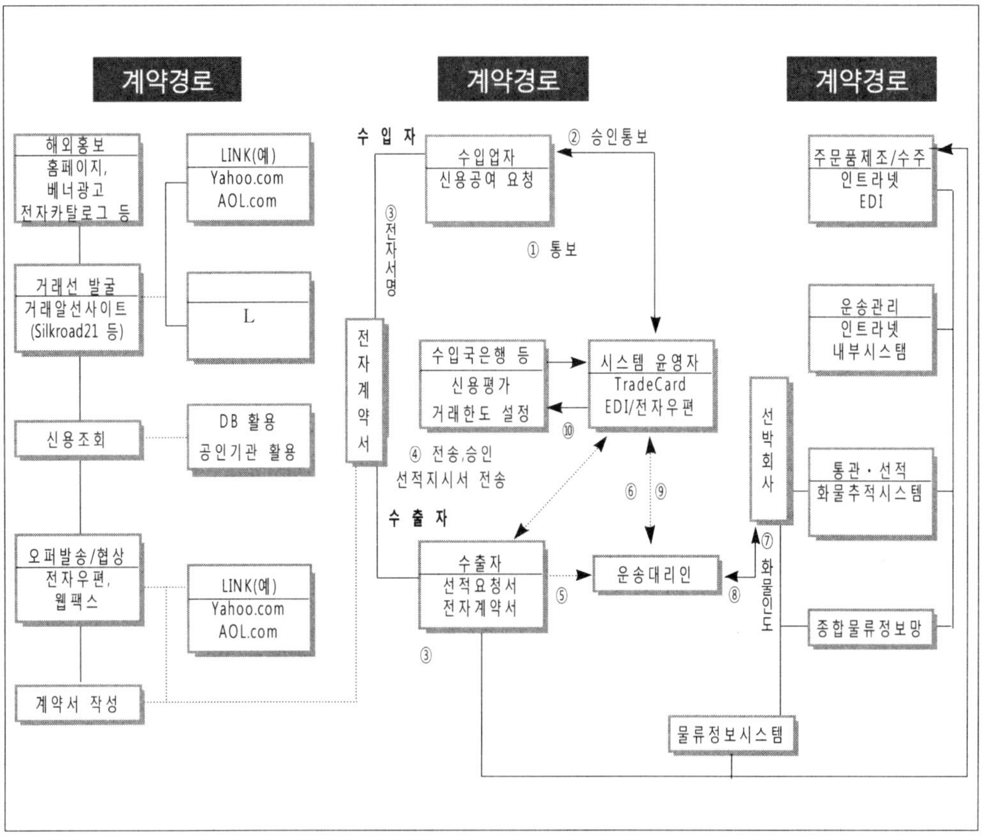

자료: 여러자료를 근거로 작성

① 수입국은행(Funder), 거래한도정보를 중앙처리장치(SA : System Admini strator)에 통보 ② SA는 시스템 입력 · 승인 후 수입업자에 통보 ③ 전자무역 계약서에 전자서명 ④ 수출차, SA에 선적지시서 전송 ⑤ 운송대리인에 선적처리 요청 ⑥ 운송대리인, SA에 선적지시서 송부 요청 · 접수 ⑦ 운송대리인, 선박회사에 화물인도 ⑧ 선박회사, 운송대리인에 화물운송장 초안 전송(EDI) ⑨ 운송대리인, 최종 화물운송장을 SA에 전송 ⑩ SA, 수입국 은행에 대금지급 요청 → 수입업자, 화물인수, 통관 → 수입업자, 펀드에 대금상환

2) Global B2B 비즈니스 모델

	e-Marketplace	Biz Solution	e-Catalog	Middlemen
수평적 Portal (Hortal)	Alibaba.com E-bay Bus Exch	Ariba Commerce one Purchase Pro	Global Sources Grainger	FindKorea Meet China
수직적 Portal (Vortal)	Paper Exchange Altra	EC Net	Chem Connect	iSteel Asia
시장규모	大	中	小	小
성장가능성	高	中	低	低
수익마진	中	高	低	低
복합적 수익가치	高	中	低	低

자료: 여러자료를 근거로 작성

(1) 새로운 결제수단의 필요성

- B2B전자상거래의 확산에 따른 새로운 전자결제수단의 필요성
  - 자동화에 의한 경비 절감
  - 네트워크화에 의한 편의성 제공
  - B2C, B2B, B2G 등 모든 형태의 전자상거래 전자결제지원
- 새로운 결제수단의 요건
  - 범용성
  - 편리성
  - 신용
  - one-stop service
  - 비용 절감
  - 보안

(2) 전자무역 결제시스템의 요건

① 정확성 : 서류작성 및 서류검토시 신용장(L/C) 및 제서류간의 일치여부 확인

② 신속성 : 초고석선에 의한 수입화물은 빠른 시일에 도착하나 선적서류의 전달 지연으로 인한 신용장 위기(B/L's Crisis) 해결

③ 경제성 : 종이서류 방식을 대체하기 위한 시스템 구축비용, 멤버쉽, 거래처리

비용 등

④ 안전성 : 시스템 보안, 법률적 보장

⑤ 신뢰성 : 거래 관계당사자의 신인도

⑥ 호환성 : 기존 결제시스템 및 거래관행과의 조화

⑦ 사용자 편의성 : 쉽게 사용할 수 있어야 함

⑧ 범용성 : 이용가능 대상국, 대상품목, 거래규모 등

볼레로의 장단점

장 점	단 점
- 기존 시스템과의 호환성 - 무역유관조직의 저항 최소화 - 다양한 지역의 법률을 반영한 Rulebook을 통한 법적 안정성 제고	- 높은 거래비용 - 기존 시스템을 그대로 수용하여 상대적으로 자동화 효과가 낮음 - 거래노출에 따른 저항감

자료 : www.bolero.net

트레이드 카드의 장단점

장 점	단 점
- 무역과정의 단순화 - 거래비용 절감 - 거래관계 개선 및 정보이용가능성 증대 - 신용한도내 지급 보증 - 부가가치 서비스 제공 - 안전한 무역환경 제공	- 정형화되어 있는 사용료 - 거래규모 및 사용국가의 제한 - 수출대금의 신속한 회수 불가 - Seller의 신용도 파악 불가능 - 전체 사용자의 멤버쉽 요구

자료 : www.tradecard.com

(3) 전자무역 결제시스템 개발 동향

① **실질적 접근방법** : BOLERO(www.bolero.net)

종전의 모든 무역 절차를 그대로 유지하면서 단지 종이서류를 전자서류로 대체하려고 하는 사업임. 1994년 6월 홍콩, 네덜란드, 스웨덴, 영국, 미국의 해상운송회사, 은행, 통신회사 등이 참여하여 컨소시엄 형태로 시작된 Bolero Project는 현재는 SWIFT와 TT Club(5,000여개의 운송관련 조직의 상호부보 기관)에 의해 주도되고 있으며, 이들이 합작으로 설립한 Bolero Operation Ltd.는 사용자 그룹인 Bolero 협회와 함께 범세계적으로 무역서류의 전자화(On Line)를 목표로 하고 있음.

② **기능적 접근방법** : TradeCard(www.tradecard.com)

인터넷의 발달과 전자문서교환(EDI) 시스템 도입으로 무역업무 효율성을 제고할 수 있는 제도로 바꿈. 세계무역센터협회와 GEIS를 비롯한 미국의 몇몇 기업들이 주도가 되어 추진하고 있는 TradeCard는 전통적인 신용장을 대체하여 수출입 서류의 전송과 대금결제 방법을 전자화하려는 사업이나 수수료가 저렴하여 중소기업에 맞는 결제시스템이다.

③ **통합적 접근방법** : ABN/Amro(www.abmamro.com)

무역대금결제, 무역거래알선, 무역정보제공, 선적서류 전송까지 원스탑서비스(one-stop service)를 제공하는 형태로 Bexcom(www.bexcom.com)의 솔루션을 활용한 ABN/Amro Bank의 서비스가 대표적인데 우리나라에서 현대종합상사 Bexcom과 손잡고 서비스를 추진하고 있다

BeXcom 솔루션의 장단점

장 점	단 점
- 거래비용절감 - S/W개발이나 인력에 대한 과도한 투자 없이 buy/sell total infrastructure 구현 가능 - 낮은 setup비용 및 유지보수 비용 - 거래 시 균일한 거래수수료 지불 - 원스탑으로 집중화된 거래 가능 - 모든 지불수단이 가능한 세계 첫 번째 B2B e-Commerce Service 사이트	- 상대적으로 소규모 거래에 불리 - 높은 시스템 의존성 - 시스템에 거래정보 노출 - 기존 거래관행과의 조화 여부 불투명

자료: www.bexcom.com

(4) 전자무역 결제시스템의 전망

- 각 결제시스템의 장단점에 따라 사용자층이 구분되는 가운데 상호보완적으로 활용될 것으로 전망되나 기존 무역결제시스템(L/C, D/A, D/P, Open Account)과 경쟁체제를 유지할 것으로 보임.
- 상호연동성을 제고키 위해 대부분 XML/EDI를 수용하게 될 것으로 보임.
- 시스템의 기술적 안정성, 법적 문제점은 점진적으로 개선될 것임.
- 사업자 또는 사용자 그룹과의 전략적 제휴에 따라 사업 성공여부가 결정될 것으로 보임.

(5) 전자무역 결제시스템의 과제

- 시스템 구축비용 및 거래비용 절감의 필요
- 연회비가 매우 부담스러우므로 사용료 대폭 인하 필요(대기업 위주 영업원칙이 아니라면)
- 기존 무역 결제시스템간의 호환성을 지원하는 국제적인 표준제정의 필요
- 새로운 전자무역 결제 시스템도입에 따른 국내외 관련법규의 보완

(6) B2B 무역결제

① 무역결제 수단의 유형

㉠ 신용장 ─ at Sight / Usance ─ Bankersd 's Usance / Shipper's Usance

㉡ open account

㉢ 선불방식 ─ 사전 송금 / 사후 송금

㉣ 추심방식 ─ D/A / D/P

㉤ Check ─ Bank / Personal

㉥ 사후송금 결제방식 ─ Bank / Personal

㉦ T/T(Telegraphic Transfer)

㉧ 국제팩토링

㉨ 기 타

② 무역결제 수단의 추이

㉠ 수출입대금 결제방법별 추이

수출대금 결제방법별 추이 (단위 : 백만달러, %)

		1977년	1980년	1985년	1990년	2000년	2008년
신용장거래방식	일람출급 (AT SIGHT)	7,892.0 <78.0>	14,162.5 <82.1>	17,660.2 <68.3>	42,047.2 <69.6>	50,335.6 <54.8>	
	기한부 (USANCE)	512.1 <5.1>	1,188.1 <6.9>	2,645.1 <10.2>	6,543.6 <10.8>	11,876.4 <12.9>	44,230.7 <34.6>
	수출선수금 방식	374.5 <3.7>	112.0 <0.6>	31.3 <0.1>	71.4 <0.1>	614.1 <0.7>	
	소계	8,778.6 <86.8>	15,462.6 <89.6>	20,336.6 <78.6>	48,662.2 <80.5>	62,826.1 <68.4>	44,230.7 <4.6>
무신용장거래방식	인수도조건 (D/P)	410.4 <4.1>	218.5 <1.3>	399.5 <1.5>	3,107.7 <5.1>	6,497.4 <7.0>	
	지급도조건 (D/A)	157.8 <4.5>	991.2 <5.7>	2,433.9 <9.4>	5,177.5 <8.6>	15,039.1 <16.4>	83,739.6 <65.4>
	연불 수출 방식	395.1 <3.9>	477.8 <2.8>	2,449.5 <9.5>	1,942.1 <3.2>	4,931.0 <5.4>	
	송금방식	76.2 <0.8>	97.9 <0.6>	248.1 <1.0>	1,543.7 <2.6>	2,611.4 <2.8>	
	소계	10,119.2 <13.2>	1,785.4 <10.4>	5,530.9 <21.4>	11,771.0 <19.5>	29,078.9 <31.6>	83,739.6 <65.4>
합계		10,119.2 <100.0>	17,248.0 <100.0>	25,867.5 <100.0>	60,443.2 <100.0>	91,905.0 <100.0>	127,970.3 <100.0>

자료 : 한국은행

통계표	항목명1	단위	2004	2005	2006	2007	2008
형태별수출(관세청)	형태별수출(관세청)	백만달러	284418.7	325464.9	371489	422007.3	327525.7
	일반	백반날러	258517.5	295031.2	335514.9	380440.4	290877.3
	L/C방식	백만달러	56362.1	61323.9	68434.5	79197.8	53094
	추심	백만달러	31791.2	31650.3	30403.6	29096.4	21330.3
	송금	백만달러	148744.1	175192.6	205572.4	240068.8	190828.8
	보세기공	백민달러	20509.3	24467.9	29351.9	33325.9	30249.7
	기타	백만달러	5392.2	5965.2	6622.3	8241.3	6399.1

자료: 한국은행

'92, '93년도에 수출입금액 중에서 신용장거래방식이 약 70%를 차지하였으나 '98, '99년도에는 약 33%로 낮아졌다. 그 이유는 IMF관리체제 이후 국가의 신인도가 하락하여 수입자(Buyer)가 신용장거래방식보다 수입자에게 유리한 거래방식인 D/A, D/P 방식을 선호하는데 우리나라 수출자(Seller)가 저자세를 취하면서 따라가기 때문에 신용장거래방식이 대폭 줄어들고 있다.

원래 D/A, D/P거래는 본지사간 거래나 거래를 많이 한 고정거래처간에 이루어지고 있었다.

그리고 대기업인 삼성전자나 LG전자 등은 미국의 IBM, MS, Oracle 등 대기업과 Open Account 거래방식을 선택하고 있다.

그 이유는 신용장거래방식을 하면 L/C Nego 수수료, L/C Nego의 복잡성 때문에 회피하고 있으나 근본적인 이유는 Buyer에게 우리나라 수출업체들이 일방적으로 당하고 있다. 즉, 수입자가 클레임이나 사기를 했을 경우 수출자는 일방적으로 당할 수 밖에 없다. 그러므로 신용장 거래방식으로 거래하는 것이 안전한 거래를 하는 것임.

Open Account 거래방식 흐름도

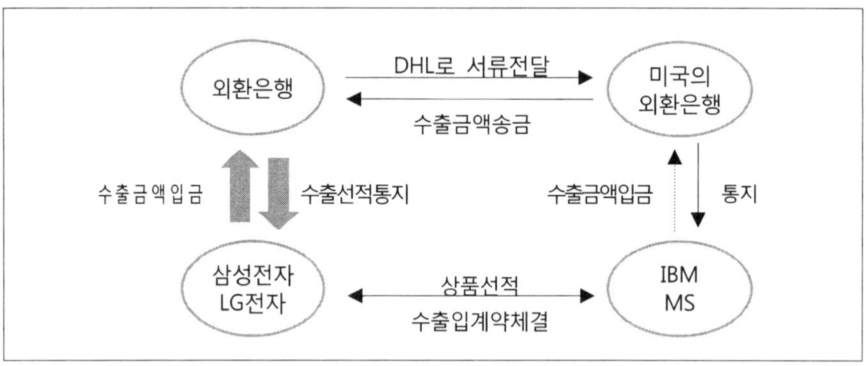

자료 : 여러 자료를 근거로 작성

㉡ 수출입 결제방법별 비중 변동추이

수출입 결제방법별 비중 변동추이 (단위 : %)

	90	96	98
수출결제			
* 신용장(L/C) 방식1)	80.5	55.3	44.0
(At Sight)	(69.6)	(42.0)	(35.1)
* 무신용장 방식2)	19.5	44.7	56.0
(D/A)	(8.6)	(23.3)	(21.2)
(송금방식)	(2.6)	(9.1)	(25.3)
수출결제			
* 신용장(L/C) 방식1	91.7	85.6	64.6
(At Sight)	(63.1)	(44.0)	(31.9)
* 무신용장 방식2)	8.3	14.4	35.4
(D/A)	(0.4)	(3.7)	(7.1)
(송금방식)	(3.1)	(5.5)	(20.5)

주 : 1) At Sight, Usance, 선수금 방식 무역거래시 은행은 신용장(Letter of Credit)을 발행하여 수출입대금의 결제를 보증

2) D/P, D/A, 송금방식 무역거래시 은행은 수출입대금의 추심 및 추심의뢰업무만을 수행하고 지급보증은 하지 않음.

자료 : 한국은행

ⓒ 주요 수출품목의 결제방법별 비중

주요 수출품목의 결제방법별 비중(98년 중 외환수급수출 기준) (단위 : %)

	경공업 제품		중화학공업 제품		
	편직의류 [8703]	가죽신발 [6403]	공기조절기 [8415]	반도체 [8542]	승용차 [8703]
* 신용장(L/C) 방식[1]	67.3	88.8	27.3	30.1	44.0
(At Sight)	(54.0)	(79.9)	(18.3)	(21.6)	(34.7)
* 무신용장 방식[2]	32.8	11.2	72.7	69.9	56.0
(D/A)	(25.9)	(6.3)	(19.6)	(48.1)	(44.1)
(송금방식)	(4.7)	(4.3)	(51.6)	(3.6)	(5.0)

주 : 1) At Sight, Usance, 선수금 방식 무역거래시 은행은 신용장(Letter of Credit)을 발행하여 수출대금의 결제를 보증

2) D/P, D/A, 송금방식 무역거래시 은행은 수출대금의 추심 및 추심의뢰업무만을 수행하고 지급보증은 하지 않음.

3) [ ]내는 해당품목의 HS code 번호

자료 : 한국은행

ⓓ 수출입의 가격조건별 구성비 추이

수출입의 가격조건별 구성비 추이 (단위 : %)

	1990	1996	1998
수출결제			
* FOB	57.3	41.9	54.7
* CIF	18.5	28.5	23.7
* C&F	21.8	25.7	19.8
* C&I	2.4	3.9	1.8
수입결제			
* FOB	58.2	56.6	59.5
* CIF	19.9	22.7	22.0
* C&F	21.4	18.6	16.5
* C&I	0.5	2.1	2.0

자료 : 한국은행

③ 무역결제 수단의 비교

대금결제 방식 비교

구 분	대금결제 수단	대금 지급시기	지급 보증기관
선불방식 - 단순송금방식	송장	선지급	불필요
- 사후송금	(Invoice)	후지급	없음
Open Account 거래방식	송장 (Invoice)	기한부	없음
추심방식 - D/P	환어음	일람출급	없음
- D/A	(Bill of Exchange)	기한부	(별도부보)
신용장 - at sight	환어음	일람출급	L/C개설은행
- usance	(Bill of Exchange)	기한부	
팩도링빙식	송상(Invoice)	기한부	수입국팩터

자료 : 여러 자료를 근거로 작성

무역대금 결제방식별 수출입자 장단점 비교

대금결제방식		수 출 상	수입상
사전송금결제방식 (Cash, T/T)		유리(수출상에게 매우 유리, 악덕수출상 상품선적 안하고 사취할 수도 있음)	불리
사후송금 결제방식	CAD(D/P) COD(Cash on Delivery)	불리(수입상의 신용에 따라 상품대금 회수여부 결정됨)	유리
추 심 결제방식	D/P	〃	유리
	D/A	〃	유리
신용장거래방식		수출・수입자에게 공평	

자료 : 여러 자료를 근거로 작성

무역거래 방식별 장단점 비교

구 분 ＼ 항 목	절차의 편의성	수 출 업 자			수입업자
		대금회수 위험	자금회전	자금부담	수수료 등 비용
선불거래방식(Cash, T/T)	보 통	안 전	용 이	없 음	보 통
open account	간 편	위 험	자 력	없 음	없 음
추심거래방식(Check, D/A, D/P)	보 통	위 험	보 통	가 중	보 통
신용장거래방식	번 잡	안 전	용 이	없 음	가 중
팩토링거래방식	간 편	안 전	용 이	없 음	없 음

자료 : 여러 자료를 근거로 작성

해외서 車 딜러 등 성공실패 맛봐 키르기즈스탄서 주택사업 꽃피워

매일경제 2008. 7. 4

30대 중반을 넘긴 한국인이라면 대부분 그를 '가수 구창모'로 기억하고 있을 것이다. 아마 그의 노래 한 두곡쯤은 어렵지 않게 따라 부를 수도 있을 것이다. 그러난 구창모 아티르글로벌 회장은 중앙아시아에서 '가수'가 아닌 '부동산 사업가'로 이름을 높이고 있다. 키르기스스탄의 수도 비슈케크에 2500억원의 투자가 이뤄진 최대 규모 한국형 아파트 단지 건설이 그의 작품이다.

"사업을 시작하던 2005년 당시 비슈케크는 한국의 70년대 같았습니다. 한번 해볼 만하다는 자신감이 있었지요."

부동산 붐이 일고 있다는 현지 지인의 연락을 받고 2005년 초 카자흐스탄을 찾았을 때 그는 곧바로 현지의 부동산 열기를 느낄 수 있었다. 지인이 3~4년 전 사뒀다는 2만5000달러짜리 집은 35만 달러가 돼 있었고 100배까지 값이 오른 토지도 어렵지 않게 볼 수 있었다.

지인은 카자흐스탄에서 부동산 개발업을 해보자고 제의했으나 구 회장의 눈에 비친 카자흐스탄 부동산 시장은 불안하기만 했다.

자칫 막차를 탈 수도 있겠다고 판단한 그는 카자흐스탄에 비해 부동산 가격이 오르지 않은 키르키즈스탄으로 눈을 돌렸고 비슈케크에 1,400여 가구 규모 아파트 건설 사업을 따냈다. 지난해 11월 모델하우스 오픈 때는 대통령과 장관들이 참석해 칭찬을 아끼지 않았으며 '아티스 타운'이라는 이름까지 붙여주기도 했다.

'어쩌다 마주친 그대', '희나리' 등 수많은 히트곡을 내놓으며 잘나가던 그는 1990년 돌연 가수 생활을 접었고 1991년 카자흐스탄 알마티에서 새로운 인생을 시작했다.

그가 처음 택한 일은 자동차 딜러. 사업 아이템을 찾던 구 회장은 우연한 기회에 자신의 팬이었던 당시 현대종합상사 자동자 본부장을 만났고 그것이 인연이 돼 자동차 딜러 길로 접어들었다. 당시 그는 카자흐스탄의 유일한 외제차 딜러였고 95년까지 줄잡아 40억원을 벌어들였다. 한마디로 대박이었다. 그러나 수중에 돈이 넘치자 녹용 사업에 뛰어들었다가 6개월 만에 그동안 번 돈을 몽땅 날렸다.

다시 자동차 판매를 시작해 돈을 모았지만 한류 바람을 타고 중국에 드라마와 연예 프로그램을 수출하는 사업에 뛰어들었다가 다시 한번 실패를 맛봤다.

부동산 개발업에 눈을 돌린 것은 바로 이때부터다.

2004년 부산 덕천동 복합상가 개발을 시작했다가 이번에도 사업을 완료하지 못하고 개발권을 시공사에 넘겨주는 아픔을 겪었다.

구 회장은 "몇 번의 실패를 통해 많은 것을 잃었지만 또 많은 것은 얻었다며 당시 톡톡히 치른 수업료 덕분에 많이 배웠다"고 말했다.

가수로만 살아왔던 그는 '관리'에 대한 개념이 없었다. 때문에 조직관리, 자금 관리가 허술할 수밖에 없었고 결국 사업 실패로 이어졌던 것이다. 그러나 구 회장의 말대로 실패 경험이 좋은 자산이 됐고 다시 한번 기회가 찾아왔다.

이번에도 그의 사업무대는 중앙아시아였다 그는 키르기스스탄에서 자리를 잡았고 현재 현지직원 70여명을 거느리고 있다.

그의 목표를 키르기스스탄을 넘어서 중앙아시아 5개국, 나아가 CIS국가 전체로 사업을 확장하는 것이다. '아티스글로벌'이라는 브랜드를 확실히 남기고 싶은 것이다.]

구 회장은 "현지 직원들에게 한국인의 근면성과 한국의 빠른 경제성장에 대한 이야기를 자주 들려준다."고 말했다. 이유는 그들에게 꿈을 주고 싶기 때문이다. 그 자신 역시 '꿈은 이루어진다'고 믿고 있다.

구 회장은 "언젠가 신문에서 읽었던 기업인의 인터뷰 기사를 스크랩 해 두고 늘 마음에 새긴다"고 말했다. 바로 강덕수 STX회장 이야기다. 그가 마음에 새기는 강 회장의 조언은 "고생스럽더라도 한국기업들이 오지개발에 나서야 한다"는 것.

구 회장은 "구미국가들이 오지를 개발해 황금알을 줍고 나면 한국 기업들은 뒤늦게 뛰어들어 이삭줍기 정도에 만족하고 있다는 사실을 깨달았다"며 "아직은 자금과 조직력이 부족한 만큼 힘들더라도 남들이 가지 않은 곳에 가야겠고 생각했다."고 회고했다.

카자흐스탄만 해도 이미 현지 건설업체가 부동산 호황의 과실을 따먹은 뒤라고 판단해 선택한 곳이 키르기스스탄이었고 구 회장의 생각은 지금까지는 주효한 것으로 보인다.

인간이 가장 행복감을 느끼는 고도라는 해발 800m의 비슈케크는 한국과 비슷한 점도 많아 사는데 큰 어려움은 없다.

그리고 구 회장은 또 다른 '도전'을 준비하고 있다.

키르기스스탄의 오아시스로 불리며 대통령들 휴양지로 유명한 이식쿨 호수에 각종 해양시설과 호텔, 골프장 등 리조트 건설을 추진중이며 병원투자도 계획 중이다. 리조트 건선을 위해 400ha 정도 땅도 확보했고 사업계획도 완성단계다.

또 하나의 대형사업은 신도시 건설과 자원개발권 확보.

그는 2008년 2월 우리은행과 컨소시엄으로 비슈케크시와 187ha의 신도시 건설, 쓰레기 처리장 건설, 공공운송사업 등 총 사업비 4,500억원 규모 3대 프로젝트를 수행하기 위한 SOC 사업 약정도 맺었다.

비슈케크에 각종 시설을 지어주는 대가로 자원개발권을 갖기로 한 이번 사업은 고유가 시대를 맞아 자원개발에 관심이 높아지고 있는 트렌드를 반영한 것으로 국내 다른 건설업체에도 시사하는 바가 클 것으로 보인다. 구 회장은 "사업은 본인의 의지가 참 중요하다. 경주마처럼 씩씩하게 밀어붙여야만 성공할 수 있다"며 의욕을 불태웠다.

현재 그의 머릿속은 사업 생각만으로 가득 차 있다. 인터뷰 도중에도 끊임없이 전화벨이 울렸고, 그의 손엔 중앙아시아 행 비행기 티켓이 들려 있었다.

하지만 인기가수로 살았던 그에게 음악을 중단한 것에 대한 아쉬움은 없을까. 구 회장은 "개인적으로 음악을 못한 것이 아쉽기도 하지만 180도 다른 세상을 경험한 것은 행운이었다"며 "사업을 안정권에 올려놓기 까지는 가수로 돌아갈 생각이 없다"고 말했다.

하지만 언제가 될지는 모르지만 가수로 다시 돌아가고 싶다. 그의 음악동료이자 인생의 동반자인

배철수 씨와도 자주 그런 이야기를 나눈다. "가수로 15년, 사업가로 17년을 살았습니다. 이번 사업이 성공해 회사가 궤도에 오르면 훌륭한 전문경영인을 영입한 후 가수로 돌아가는 게 꿈입니다. 꿈을 이루기 위해서는 앞으로 몇 년간은 치열하게 일에 매달려야겠죠. 그래도 꿈이 있다는 것은 정말 행복한 일입니다."

'꿈' 덕분인지 공항으로 향하는 그의 발걸음에는 힘이 넘쳤다.

이은아 기자·사진 / 박상선 기자

제3장 수출입 절차

1. 수출입 요건확인기관에는 어떤 곳이 있을까?

수출입 요건확인 대상물품을 수출입하려는 자는 원칙적으로 지식경제부장관에게 수출입 요건확인을 받아야 한다. 하지만 수출입 제한품목에 대해서는 당해 물품을 관장하는 기관이나 단체에 권한이 위임되어 있다. 대표적인 수출입 요건확인기관은 다음의 표와 같다.

2. 수출상품의 조달방법

수출상품을 우리나라에서 구매하는 경우에는 상품대금결제방법에 따라 현금결제방법, 어음결제방법 그리고 내국신용장(Local L/C)이나 구매승인서에 의한 결제방법이 있다. 한국무역협회 사이트(KOTIS) 수출상품을 상품 공급계약에 따라 상품대금을 현금 또는 어음으로 결제한다. 이때 세금계산서를 받으면 매출 및 매입부가세를 정산하여 매입부가세가 많으면 세무서로부터 부가세를 환급받을 수 있다. 내국신용장(Local L/C)과 구매승인서에 의하여 상품을 조달하여 수출하면 부가세 10%를 면제해주는 영세율을 적용하고 있다. 즉 수출상품 구매자와 공급자에게 수출을 지원하기 위하여 혜택을 주고 있다.

예를 들면 부가가치세 매출세율을 영세율로 적용하여 수출상품 구입자는 10% 부가가치세 부담을 지지 않으므로 수출자는 그만큼 가격경쟁력을 확보할 수 있다. 내국신용장으로 거래하면 무역금융을 수혜할 수 있다. 수출용원자재를 해외에서 수입하는 경우 내수용 소비재를 수입하는 것과는 다르게 여러 가지 혜택을 주고 있다. 예를 들면 수입하려는 상품이 수출입공고, 수출입공고 별도공고 등에서 수입이 제한되었더라도 그 제한사항을 충족하지 않고서도 수입할 수 있다.

기관명	대상품목/요건신청서	비고
한국의약품수출입협회	표준통관예정보고서	수입
한국의료기기산업협회	표준통관예정보고서	수입
대한치과기재협회	표준통관예정보고서	수입
한국동물약품협회	표준통관예정보고서	수입
식품의약품안전청	식품 등의 수입신고서 원료물질 수입/수출신고서 수입/수출 승인신청서(마약류 완제품)	수입 수출/수입 수출/수입
국립수산물품질검사원	식품등의 수입신고서	수입
국립식물검역원	수입식물 검사신청서 수출식물 검사신청서	수입 수출
국립수의과학검역원	수입축산물 수입신고서 수입축산물 검역신고서 수입동물 검역신청서 수출축산물 검역신청서 수출동물 검역신청서 수입검역물 운송신청서	수입 수입 수입 수출 수출 수입
한국생활환경시험연구원	안전검사대상 공산품 동일모델 확인신청서	수입
한국완구공업협동조합	안전검사대상 공산품 동일모델 확인신청서	수입
한국화학시험연구원	안전검사대상 공산품 동일모델 확인신청서	수입
한국의료시험연구원	안전검사대상 공산품 동일모델 확인신청서	수입
한국산업기술시험원	안전검사대상 공산품 동일모델 확인신청서	수입

취소불능 내국신용장 개설신청서

신청일자 : . .

취 소 불 능 내 국 신 용 장	신용장번호
개설신청인	결제통화 및 금액 □원화 (외화금액 US$ @) 다만, 환어음 매입시 대고객 전신환매입율이 개설시와 다를 경우 원화금액은 동 매입율로 환산한 금액으로 함. □외화 다만, 개설의뢰인 명의 거주자 계정으로 부터 수혜자 명의 거주자 계정에 이체지급할 것을 조건으로 함.
수 익 자	
	물품인도기일 / 유효기일

• 형 식 : 수익자가 신용장 금액을 한도로 하여 송장금액 전액을 어음금액으로 하고 본인(당사)을 지급인 귀행을 지급장소로 하는 일람출급 환어음을 발행함을 허용하는 신용장

제출서류
□물품수령 증명서 통
□공급자발행 세금계산서 사본통
□기타

공 급 물 품 명 세

ILS-NO	품명 및 규격	단위 및 수량	단 가	금 액

분 할 인 도 □ 허용함 □ 불허함	서류제시기간 물품수령증명서 발급일로부터 영업일 이내
기 타	용 도

개 설 근 거	① 수출 L/C ② D/A ③ D/P ④ 외화 표시 물품 공급계약서 ⑤ 내국신용장 ⑥ 외화표시 건설 용역 공급계약서
신용상(계약서)번호	

기행이 개설하는 내국신용장은 상기 원 신용장과는 독립 별개의 것임을 시약하고 위와 같이 내국신용장 개설을 신청하오며 귀행 별도 소정 상입신용장 약정서 조건을 무위 준수할 것을 확약합니다.

주 소 :
신 청 인 : 인

신한은행장 귀하 Tel.

이 신용장에 관한 사항은 다른 특별한 규정이 없는 한 국제상공회의소 제정(1983년 개정) 화환신용장 통일규칙에 따릅니다.

개설근거		개 설 조 건			개 설 세 목				수수료율 구분		수수료 TERM (월)	입금분할			L/C 작성 여부	확인	
실적	신용장	한도내	자기자금		원자재	원기금 (원)	원기금 (원)	원제품	일반	선박 PLT						검인	
통회고드		승인신청번호			수기 REF-NO			수입보증금			원자재의존율		가 산 일			아래 대조	

외화획득용원료(물품)구매승인(신청)서

처리기간
3 일

<table>
<tr><td colspan="3">① 신청인(상호, 주소, 성명)

(서명 또는 인)</td><td colspan="3">② 공급자((상호, 주소, 성명)

(서명 또는 인)</td></tr>
<tr><td colspan="6">공급물품명세(국산원자재, 기초원자재, 수출물품중 해당사항에 ○표할 것)</td></tr>
<tr><td>③HS부호</td><td>④품명 및 규격</td><td>⑤단위 및 수량</td><td>⑥단가
(US$ 부기)</td><td colspan="2">⑦금액
(US$ 부기)</td></tr>
<tr><td></td><td></td><td></td><td></td><td colspan="2"></td></tr>
<tr><td colspan="6">수출 또는 구매승인서상의 내용</td></tr>
<tr><td>⑧근거서류명 및 번호</td><td>⑨HS부호</td><td>⑩품명</td><td>⑪금액</td><td>⑫유효기일</td><td>⑬선적기일</td></tr>
<tr><td></td><td></td><td></td><td></td><td></td><td></td></tr>
<tr><td colspan="3">기 타</td><td colspan="3">용 도</td></tr>
<tr><td colspan="6">⑭ 승인조건</td></tr>
<tr><td colspan="6">⑮ 승인번호</td></tr>
<tr><td colspan="6">위 신청사항을 대외무역관리규정 제4-2-7조의 규정에 의하여 승인합니다.

년 월 일

은 행 장 (인)</td></tr>
</table>

수출승인(신청)서
Export License(Application)

처리기간 : 1일
Handing Time : 1Day

<table>
<tr><td rowspan="2">① 수출자
(Export)</td><td rowspan="2">무역업신고번호
(Notification No.)</td><td rowspan="2"></td><td colspan="2">④ 구매자 또는 계약당사자
(Buyer or Principal of Contract)</td></tr>
<tr><td colspan="2">⑤ 신용장 또는 계약자 번호(L/C or Contract No.)</td></tr>
<tr><td rowspan="3" colspan="3">② 위탁자 (Requester) 사업자등록번호 (Business No.)

(상호, 주소, 성명)
(Name of Firm, Address, Name of Representative)

(서명 또는 인)
(Signature)</td><td colspan="2">⑥ 금액(Total Amount)</td></tr>
<tr><td colspan="2">⑦ 결제기간(Period of Payment)</td></tr>
<tr><td colspan="2">⑧ 가격조건(Terms of Price)</td></tr>
<tr><td colspan="3">③ 원산지(Origin)</td><td colspan="2">⑨ 도착항(Port of arrival)</td></tr>
<tr><td>⑩ HS부호
(HS Code)</td><td>⑪ 품명 및 규격
(Description/Size)</td><td>⑫ 단위 및 수량
(Unit / Quantity)</td><td>⑬ 단가
(Unit Price)</td><td>⑭ 금액
(Amount)</td></tr>
<tr><td colspan="5">⑮ 승인기관 기재란(Remarks to be filled out by an Approval Agency)</td></tr>
<tr><td colspan="5">⑯ 유효기간(Period of Approval)</td></tr>
<tr><td colspan="5">⑰ 승인번호(Approval No.)</td></tr>
<tr><td colspan="5">⑱ 승인기관 관리번호(No. of Approval Agency)</td></tr>
<tr><td colspan="5">⑲ 위의 신청사항을 대외무역법 제14조 제2항 및 동법 시행령 제26조 제1항의 규정에 의하여 승인합니다.
(The undersigned hereby approves the above-mentioned goods in accordance with Article 14(2) of the Foreign Trade Act and Aticle 26(1) of the Enorcement Decree of the said Act)

년 월 일
승 인 권 자 (인)</td></tr>
<tr><td colspan="5">※ 승인기관이 2이상인 경우 ⑮-⑱의 기재사항은 이면에 기재하도록 합니다.
※ 이 서식에 의한 승인과는 별도로 대금결재에 관한 사항에 대하여는 외국환관리법령이 정하는 바에 따라야 합니다.</td></tr>
</table>

구매승인서에 의한 수출상품 구입 절차는 다음과 같다.

무역금융관련 규정에 의거 내국신용장(Local L/C)은 원칙적으로 원자재금융한도내에서 무역금융 수혜자격이 있는 자만이 개설할 수 있다. 그러므로 원자재금융한도가 없거나 무역금융 수혜자격이 없는 자는 내국신용장을 개설할 수 없으므로 수출상품을 구입할 때에 구매승인서를 이용할 수밖에 없다.

구매승인서는 내국신용장과는 달리 구매승인서 발급은행에서 공급 상품 대금의 결제에 대하여 책임을 부담하지 않는다. 즉 공급상품 대금 결제방법은 계약을 체결할 때에 발주자와 수주자간에 정하는 바에 따르므로 통상 외상거래를 전제로 하는 어음거래와 유사하다고 할 수 있다.

3. Incoterms

1) Incoterms의 의의

Incoterms란 무역용어 해석에 관한 국제규칙(International Rules for the Interpretation of Trade Terms)을 말하는데, 이 국제규칙을 약칭하여 International Commercial Terms 라고 하며, 이를 다시 International에서 In, Commercial에서 co, 그리고 terms를 합해서 'Incoterms'라고 칭한다.

이 규칙은 국제무역거래당사자들 간에 법률, 언어, 화폐제도 및 관습 등이 다르기 때문에 일어나는 무역거래상의 분쟁을 사전에 예방하여 국제무역의 확대・발전을 도모하기 위한 국제무역용어와 관습을 통일시키기 위하여 국제무역인들의 모임으로써 1920년대에 창립된 국제상업회의소(International Chamber of Commerce; ICC)가 국제법협회(International Law Association)의 협력을 얻어 ① 국제통상의 개선, ② 상관습의 통일, ③ 상공업에 관한 국제분쟁의 조정, ④ 각국 실업단체의 친목과 상호협조 등을 목적으로 1936년 1월에 제정되었으며, 1953년과 1980년에 대폭적으로 재정・보완 후 시행되어 왔다.

1980년대 이후 대두된 EDI 기법을 거래조건에 반영하고 콘테이너 운송의 일반화에 따른 거래조건의 재조정의 필요성이 제기됨에 따라 Incoterms, 1980을 전면적으로 개편한 Incoterms, 1990이 나타났으며 그 후 한 두 가지 조건을 관행과 일치시키는 약간의 보완을 거쳐 Incoterms, 2000을 시행하기에 이르렀다.

2) Incoterms, 2000

(1) 개요

국제상업회의소(ICC)는 1997년부터 1999년까지 Incoterms, 1990에 관하여 제기된 문제점들을 바탕으로 Incoterms, 1990의 개정작업을 진행하였다. 그러나 커다란 변화는 이루어지지 않았으며 Incoterms, 1990을 기본 골격으로 유지하면서 내용을 명료화하고 재정비하는 수준에서 Incoterms, 2000 초안을 마련하였다. 1996년 6월 정식으로 Incoterms, 2000을 확정하고 2000년 1월부터 시행할 것임을 발표하였다. Incoterms, 2000에서는 특히 현장에서 이용하는데 편리하도록 관행을 변경시키는데 주안점을 두었다.

Incoterms, 2000개정의 중요 내용은 다음과 같다.

(1) FAS에서 매수인이 수출통관 의무를 부담하던 것을 매도인이 부담하도록 하였다.

(2) DEQ에서 매도인이 수입통관 의무를 부담하던 것을 매수인이 부담하도록 하였다.

(3) FCA에서 물품인도시점을 명확히 구분하여 다음과 같이 정하였다.

- 매도인 영업장 구내 인도 : 운송인 등이 제공한 운송수단 상에 적재된 때
- 기타 모든 장소 인도 : 운송인 등의 임의처분 가능상태로 적치된 때(매도인의 운송수단에 적재되었을 때는 적재된 채)

3) Incoterms, 2000dml 주요 내용

(1) 개설

■ 구성체계

기본적으로 Incoterms, 1990과 동일하여 Group E, Group F, Group C, Group D로 구분된 13개의 조건으로 구성되었다.

■ 거래조건별 비용부담

13가지 거래조건별 거래당사자간 비용분담내용을 보면 〈표 6〉과 같다.

〈표 6〉 거래조건별 비용부담

구분		출하가격	포장/검사	수 출 국내운송	수출절차	수출통관	국제운송	운송보험	수입절차	수입통관	수 입 국내운송
E Group	EXW	S	S	B	B	B	B	B	B	B	B
F Group	FCA	S	S	S	S	S	B	B	B	B	B
	FAS	S	S	S	S	S	B	B	B	B	B
	FOB	S	S	S	S	S	B	B	B	B	B
C Group	CFR	S	S	S	S	S	(S)	B	B	B	B
	CIF	S	S	S	S	S	(S)	(S)	B	B	B
	CPT	S	S	S	S	S	(S)	B	B	B	B
	CIP	S	S	S	S	S	(S)	(S)	B	B	B
D Group	DAF	S	S	S	S	S	S	S	B	B	B
	DES	S	S	S	S	S	S	S	B	B	B
	DEQ	S	S	S	S	S	S	S	B	B	B
	DDU	S	S	S	S	S	S	S	B	B	S
	DDP	S	S	S	S	S	S	S	S	S	S

주1) S는 매도인 부담, B는 매수인 부담
2) (S) 주운송비와 최소보험료 부담표시임.

4. 수출상품의 선적

1) 수출승인

수출입공고, 수출입공고 별도 공고상, 수출제한품목을 수출하고자 하는 자는 해당 추천기관의 수출승인을 받아야 한다. 수출입승인이란 정부가 무역정책상 수출입을 관리하는 차원에서 수출입승인 대상품목을 수출입거래당사자(수출자와 수입자)간에 체결한 무역계약서 내용을 사전에 검토한 후 이를 건별로 수출입을 허가하는 것이다. 우리나라는 1997년부터 수출입승인제도를 Negative list System으로 바꾸어 시행하고 있다. 이에 따라 수출입공고 등에서 수출입을 제한하는 품목을 수출입하는 경우에 한하여 수출입추천기관으로부터 수출입을 승인받아야 한다.

수출절차의 흐름도

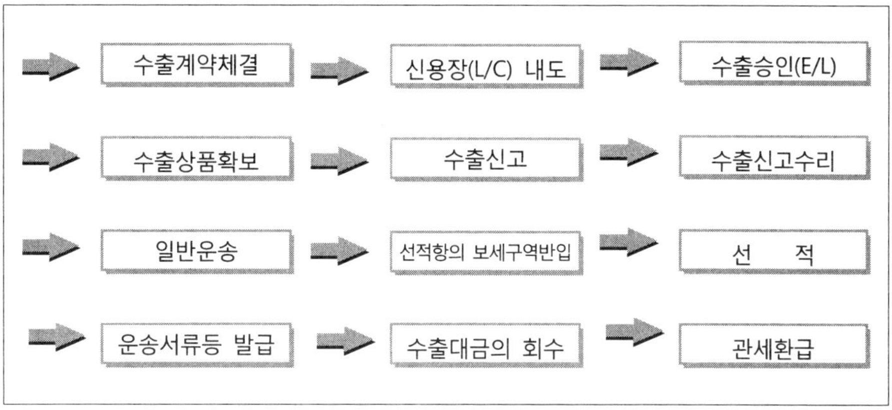

자료 : 필자 작성

2) 수출상품 선적과정

수출자는 수출상품을 자체적으로 생산하였거나 하청업체에 발주하여 생산했던가 아니면 도매시장에서 상품을 구입하여 수출상품을 조달하든 모든 수단과 방법을 동원하여 수출신용장상의 최종 선적일(Lastest Shipping Date) 이내에 수출상품을 선박이나 비행기에 선적하여야 한다. 그래야 상품을 선적한 뒤 갑판상에 선적했다는 본 선적재 선하증권(On Board B/L)을 선박회사로부터 발급받을 수 있다. 컨테이너 야적장(CY)에 상품을 입고했다는 수취 선하증권(Received B/L)은 신용장상에 특별히 수리한다는 조건이 없는 한 신용장 개설은행에서 수리하지 않아 대부분 부도(Unpaid)처리 당한다. 수출자는 상품을 선적하기 위하여 선적전 수출검사, 수출통관, 선하승권 발급, 원산지증명서 등 제반발급절차를 거쳐 운송(선적)서류를 준비하여야 신용장 통지은행(대부분 거래은행)에 환어음을 매입(네고 : Negotiation)할 수 있다.

(1) 수출통관

수출상품의 통관절차는 수출자가 신용장상의 최종 선적일 이내에 항 · 차 · 선편 등을 고려하여 수출신고를 하면서 시작된다. 수출신고는 수출통관전자문서교환 자동화시스템(EDI, Electronic Data Interchange)에 의하여 신고하는 것을 원칙으로 한다. 세관은 수출통관업무를 원활히 하기 위하여 수출신고금액이 5,000달러 이내이면 수출통관시스템에서 우범성화물(C/S ; Cargo Selectivity)에 해당되지 않으면 CRT

(Cathode-Ray Tube, 브라운관)화면접수와 심사절차를 생략하고 통관시스템에서 자동으로 수출신고를 수리하고 있다. 또한 세관은 CRT화면상의 전송신고자료가 수출신고서 작성요령에 따라 작성되었는지 여부를 검토하여 별 이상이 없으면 수출검사를 생략하고 수출신고를 수리하고 있다.

EDI에 의한 수출통관절차도

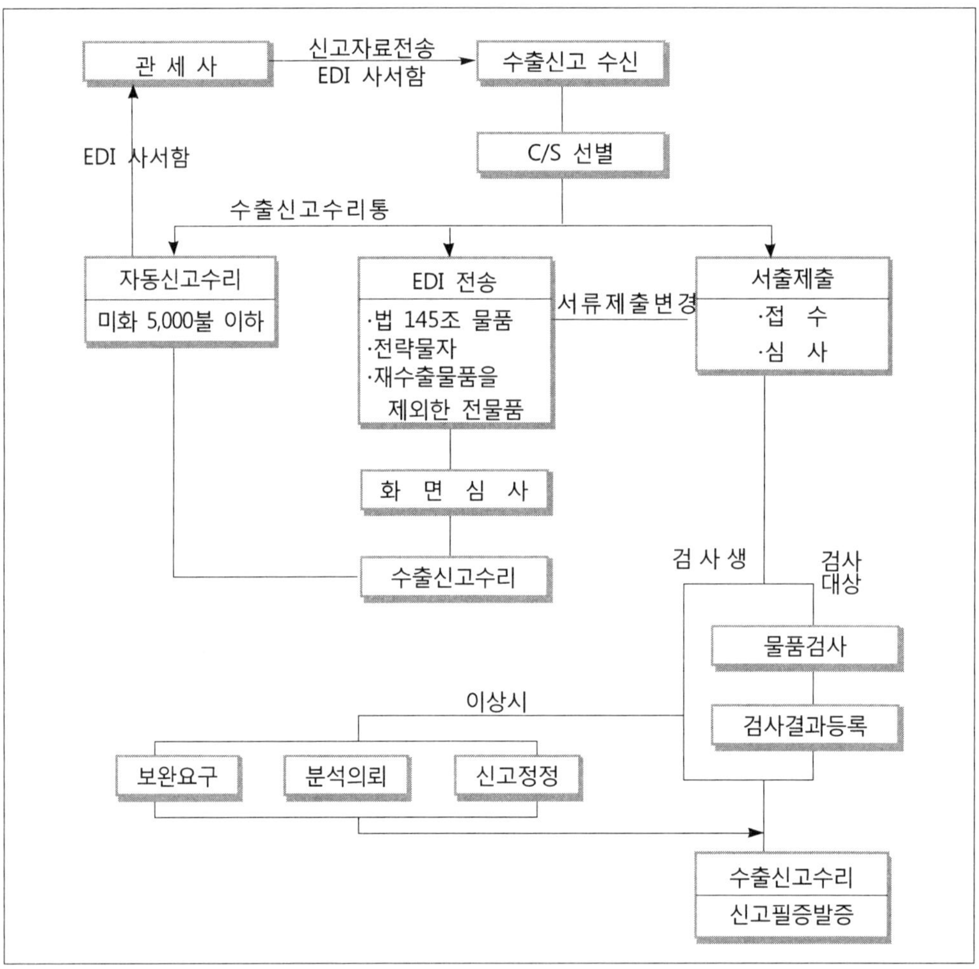

자료 : 여러 자료를 근거로 필자 작성

수출 자동통관제 전면 실시

수출신고 수리 1초만에 처리된다.

관세청은 2000년 7월 15일부터 수출 자동통관제를 전면 실시해 수출신고에 대해 별도의 세관심사 없이 전산으로 자동 수리하는 비율을 현행 42%에서 95%로 확대하였다. 이에 따라 앞으로 대부분의 수출업체는 자기 사무실 컴퓨터를 이용해 세관의 수출통관 시스템과 연결해 수출신고서를 작성, 제출하면 1초만에 전산으로 신고필증을 받게 된다.

지금까지 수출신고서의 처리방법은 99년 기준(330만 건)으로 자동수리 42%, 화면심사(수출신고 요건 등을 세관직원이 컴퓨터를 통해 심사한 후 수리 여부를 결정) 53%, 서류심사 5%로 이루어져 왔다. 이중 자동수리는 수출신고 금액이 1만 달러 이내인 소액수출의 경우에 적용하였으며 이 금액을 초과하는 수출에 대해서는 세관에서 화면을 통해 심사한 후 수리했다.

수출 자동통관제 전면 실시로 종전 화면심사 대상이었던 연간 약 200만 건의 수출신고서가 전산으로 자동처리 돼 처리시간이 평균 14분에서 1초 이내로 단축됨에 따라 연간 약 46만 시간, 물류비용으로 약 106억 원의 절감효과가 있는 것으로 추정된다.

수출신고필증 예시

UNI-PASS 수 출 신 고 필 증 (갑지)

결재환율: 12.8326 USD환율: 1,232.3900 ※ 처리기간 : 즉시

제출번호 11204-09-001851U	⑤ 신고번호	⑥ 신고일자	⑦ 신고구분 H	⑧ C/S구분
① 신 고 자 한라관세사무소/신병근	020-15-09-01361668	2009-06-09	일반P/L신고	

② 수 출 대 행 자 (주)인베스트클럽
(통관고유부호) 인베스트-1-01-1-01-6 수출자구분 A
수 출 화 주 (주)인베스트클럽
(통관고유부호) 인베스트-1-01-1-01-6
(주소) 인천 부평구 청천동 425 우림 B동 903호
(대표자) 이성모 (소재지) 403
(사업자등록번호) 120-86-24810

⑨ 거래구분 11 일반형태 | ⑩ 종류 A 일반수출 | ⑪ 결제방법 TT 단순송금방식
⑫ 목적국 JP JAPAN | ⑬ 적재항 ICN 인천공항
⑭ 운송형태 50 ETC | ⑮ 검사방법선택 A 희망검사일 2009/06/09
⑯ 물품소재지 402 인천광역시 남구 도화동 235

③ 제 조 자 (주)인베스트클럽
(통관고유부호) 인베스트-1-01-1-01-6
제조장소 403 산업단지부호 999

⑰ L/C번호 | ⑱ 물품상태 N
⑲ 사전임시개청통보여부 A | ⑳ 반송사유

④ 구 매 자 ECO SUPPLY INC
(구매자부호) JPECO0060E

㉑ 환급신청인 2 (1:수출대행자/수출화주, 2:제조자)
간이환급 NO

● 품명 · 규격 (란번호/총란수: 001/001)

㉒ 품 명 DISCS FOR LASER READING SYSTEMS
㉓ 거래품명 MBN SOLUTION
㉔ 상표명 NO

㉕ 모델 · 규격	㉖ 성분	㉗ 수량	㉘ 단가(JPY)	㉙ 금액(JPY)
MBN SOLUTION		1(PC)	1,000,000	1,000,000

㉚ 세번부호	8523.40-2111	㉛ 순중량	0.1(KG)	㉜ 수량	1(U)	㉝ 신고가격(FOB)	$10,413 ₩12,832,600
㉞ 송품장부호	IC2009060901	㉟ 수입신고번호		㊱ 원산지 KR—		㊲ 포장갯수(종류)	1(CT)

㊳ 총중량	0.2(KG)	㊴ 총포장갯수	1(CT)	㊵ 총신고가격 (FOB)	$10,413 ₩12,832,600
㊶ 운임(₩)		㊷ 보험료(₩)		㊸ 결제금액	FOB-JPY-1,000,000.00
㊹ 수입화물관리번호				㊺ 컨테이너번호	N
㊻ 수출요건확인 (발급서류명)					

※신고인기재란 | ㊼ 세관기재란

신고수리:인천세관장
관세사 : 신병근

업태/종목: 제조 도매/컴퓨터및주변기기

㊽ 운송(신고)인		㊿ 신고수리일자	2009/06/09	51 적재의무기한	2009/07/09
㊾ 기간 부터 까지		담 당 자			

Page 1 of 1

② 수출선적전 검사

수출상품 선적전 검사(Pre-Shipment Inspection)는 수출상품을 선적하기 전에 선적상품이 무역계약서상의 상품(Sample)과 적합한지 여부를 검사하는 것을 말한다. 선적전 상품검사는 공적검사와 사적검사로 구분할 수 있는데 사적검사는 다음과 같다.

선진국들의 수입자(Buyer)는 개도국들의 수출자를 신뢰할 수 없어서 수출국의 현지대리점(Agent)이나 바잉오피스(Buying Office)직원을 시켜 선적전 수출상품에 대하여 검사를 하고 있다. 우리나라 수입업자들도 후진국에서 상품을 수입할 경우에는 어떤 방법이든 선적전 상품 검사를 하여야 한다. 왜냐하면 무역사기 유형 중 수출상품을 선적하지 않고 쓰레기나 무역계약서상의 상품과 전혀 다른 상품을 선적하고 위조된 운송(선적)서류를 매입은행에 매입(Negotiation)하여 수출대금을 사취하고 도주하는 경우가 종종 발생하고 있다. 그리고 수입자가 수출전 상품검사(상품품질과 수량확인)를 할 때에는 수출상품이 신용장상 상품 또는 무역계약서상 상품과 일치하는지를 대부분 전문적인 검사기관으로부터 Surveyer's Report를 받고자 한다. 공적검사는 개발도상국의 정부에서 수출상품의 신뢰성을 향상시키기 위하여 강제적으로 국제적으로 공인된 검사 전문회사로부터 선적된 상품검사를 한 뒤 상품을 선적하도록 하는 제도이다.

신용장조건에 선적전 상품을 검사하라는 내용이 있으면 주의하여야 한다. 바이어가 대금결제를 회피하려는 의도가 있다고 보아야 한다.

This L/C is available for negotiation only after receipt by the beneficiary of further instruction of shipment from us.

또한 운송서류 매입전에 사전지시를 받도록 하는 내용도 수출대금 미회수 가능성이 있다.

Negotiation is subject to our further instrument indicating…….

선적전검사 전문기관

선적전 검사전문회사	국적	비 고
Societe Generale de Surveillance	스위스(제네바)	한국에 현지법인(SGS Korea사)를 설치하고 있음.
S. A(주)		
Bureau Veritas(주)	프랑스(파리)	
Intertex Services International(주)	스웨덴(스톡홀롬)	
Danikel C · Griffiths(주)	영 국(런던)	
Overseas Merchandise Inspection(주)	영 국(런던)	
Thionville Laboratories Inc.(주)	프랑스(파리)	
SGS-Control-Co. Gmbh(주)	독 일(함부르크)	SGS사의 독일현지법인임.
Caleb Brett(주)	독 일(함부르크)	
Cotechna Inspection(주)	영 국(런던)	
Swede-Control Consulting Group	스웨덴(스톡홀롬)	

자료 : 필자 작성

검정회사(Surveyor) 연락처

기 관	주 소	전화번호
(주) 고려검정공사	서울 중구 소공동 112-6	778-8021/5
(주) 국제검정공사	서울 중구 태평로 2가 360-1	755-0137
(주) 극동검정	서울 중구 무교동 11	756-0968
(주) 대한해사검정공사	서울 중구 충무로 1가 24-31	754-8106/9
(주) 범한검정	서울 종로구 청진동 184-1	739-6656/7
(주) 연합검정	서울 중구 무교동 11	754-7021/2
(주) 한국검사정공사	서울 중구 충무로 3가 60-1	273-9471/8
(주) 한국검정	서울 강남구 충무로 836-15	552-0971/5
(주) 해외검정공사	서울 중구 충무로 2가 62-7	778-5469
(주) 협성검정	부산시 중구 중앙동 4가 25-2 서울 중구 을지로 1가 188-3	463-6551/3 752-2964
(주) 유닉검정	서울 강남구 삼성동 159	765-4974, 4982
한국에스지에스(주)	서울 중구 쌍림동 159-1	782-9202
범세검정(주)	서울 중구 다동 92	755-5637/9
신한검정(주)	서울 중구 충무로 2가 50-6	753-8188
(주) 한국해사검정	서울 중구 정동 15-5	551-3350/9
(주) 고려손해사정	서울 종로구 운니동 98-78	265-8671/5
(주) 서울손해사정	서울 영등포구 여의도동 44-33	755-5637/9
(주) 인코크손해사정	서울 종로구 당주동 24	269-2876/8
(주) 한국손해사정	서울 중구 태평로 2가 70-2	774-9296/9

자료 : 필자 작성

5. 해상화물운송에 관한 UN협약, 1978

1) 개요

해상화물운송에 관한 UN협약은 UNCITRAL(United Nations Commission on International Trade Law)에서 1975년 2월 해상화물운송협약초안(Draft Convention on Carriage of Goods by Sea)이 처음 작성됨에 따라 비롯되었으며, 그 후 1976년 4월에 개최된 UNCITRAL 제 9차 총회에서는 상기초안을 약간 수정하였다. 1978년에 뉴욕 또는 이 회의의 유치를 희망하는 국가에서 개최하도록 결의되었는데, 이 결의에 따라 함부르그에서 개최하겠다는 독일연방정부의 제의를 UN사무총장이 받아듦임으로써 1978년 3월 6일부터 31일까지 함부르그에서 UN해상화물운송회의(United Nations Conference on Carriage of Goods by Sea)가 한국을 비롯한 미국, 영국, 불란서, 독일, 일본, 소련 등 78개국(선진국 21개국, 아시아 15개국, 아프리카17개국, 라틴 아메리카 14개국, 공산진영 9개국, 기타 2개국)이 참가한 가운데 개최되었다. 이 회의에서 주된 심의의 대상이 된 것은 실질적 규정으로 이루어져 있는 1976년 UNCITRAL초안과 UN사무국에서 별도로 마련한 협약의 발효, 유뵤, 기타 최종사항 등이었다. 협약초안의 실질적 규정인 UNCITRAL원안과 UN사무국이 작성한 최종조항 중 유보조항은 제1위원회에서, 최종조항안(유보조항 제외)은 제2위원회에서 각각 심의되었다.

한국을 포함한 67개국(기권 4개국)의 찬성을 얻어 정식명칭으로서 1978년 해상화물운송에 관한 UN협약(United Nations Convention on the Carriage of Goods by Sea, 1978)이 성립되었는데, 이 협약을 함부르그에서 개최된 회의에서 확정되었다하여 함부르그규칙(Hamburg rules, 1978)이라고도 한다. 그리고 이 협약은 1991년 10월 7일 잠비아가 가입서를 기탁함으로써 동 협약 제30조의 발효요건에 따라 1992년 11월 1일 공식 발효되었다. 그러나 주요 선진국들이 정식 비준을 지연함으로써 발효의 실익을 얻지 못하고 있으며 여전히 Hague Rules 체제가 중심을 이루고 있다.

6. 선박(운송)회사와의 계약

수출상품 운송과정은 수출상품을 서울에서 부산 또는 광양까지 운송하는 내륙운송기관과 우리나라 항구로부터 수입자가 원하는 수입국 항구 또는 공항까지 운송하는 과정을 말한다. 우리나라 수출상품의 물류비용은 교통개발연구원 발표에 의하면 매출액 대비 1995년 수출원가의 16.5%를 차지하고 있어 물류비를 절감하는 것이 수출하여 이익을 증대하는 중요한 방법이다.

'원스톱 사이버 물류' 열린다

모니터 제조업체 K과장은 인터넷으로 제품을 보낸다. 예컨대 미국 LA근교의 거래처에 모니터 1천대를 보낼 경우 우선 사이버 물류회사의 인터넷에 접속한다. 목적지와 대강의 운송수단 · 화물내용을 입력하고 몇 가지 질문에 답 한 뒤 한 시간여 만에 작업을 끝낸다. 불과 얼마 전만 하더라도 전화와 팩스로 국내 운송업체, 국제운송 주선업체(포워더), 상선과 미국 현지 운송업체 등을 일일이 찾아 견적을 내느라 닷새는 걸리던 일이었다.

이처럼 복잡한 물류 계약을 인터넷상에서 한꺼번에 처리할 수 있는 '원스톱 사이버 물류'시대가 열리고 있다.

한솔CSN(www.hansolcsn.com)은 국내 최초의 인터넷물류솔루션인 'e물류플랫폼'(e-Platform)을 2000년 7월부터 서비스하고 있다. 원자재 공급에서부터 하역 · 운송 · 재고관리 등 물류 전부문을 인터넷상에서 한꺼번에 처리할 수 있으며, 위성과 인터넷을 연결해 고객이 보낸 화물이 어디쯤 가고 있는지 추적할 수도 있는 시스템이다.

한솔CSN 사장은 "e물류플랫폼을 이용하면 물류업무가 대폭 간소화돼 관련비용을 평균 30% 가량 줄일 수 있다"며, "이 부문에서 2003년까지 매출액 5백억원에 영업이익 2백20억원을 달성할 계획"이라고 말했다.

현대택배 · SK · 한국통신 등도 사이버 물류서비스를 강화하고 있다. 현대택배는 최근 사내 사이버 물류팀을 'e비즈니스부'로 확대개편하고 현대 정보기술 IT 인력 40명을 투입했다. 올해 IT분야에 80억원을 투자해 사이로지스(www.cylogis.com)라는 전문사이트를 띄우고 8월께에는 견적부터 통관에 이르는 복합 운송과정을 온라인화할 계획이다.

한국통신도 사이버 물류몰인 KT로지스(www.ktlogis.co.kr)를 통해 배나 비행기로 수출입되는 화물의 상태를 보여주고 관련 정보도 제공하는 서비스를 하고 있다.

한진물류연구원의 관계자는 "지금까지 국내기업의 물류비용은 미국 · 일본 등 선진국의 두배에 달하고 있는 국내기업의 물류비용을 줄이기 위해 인터넷 물류 솔루션을 집중 육성해야 한다"고 말했다.

1) 운송계약 체결

운송계약도 상품을 수출하는 수출자와 운송인간의 권리의무를 약정하는 것이나 운송실무상 별도의 독립된 계약을 체결하는 것은 아니고 선복요청서(S/R : Shipping Request)로 운송계약을 갈음하고 있다.

2) 운송업자

운송인은 선박(항공기)을 보유하고 있는 선박(항공회사)회사와 선박(항공기)을 보유하지 않은 운송주선업자(Forwarder : 포워더)가 있다. 수출업자는 선박(항공기)을 보유하고 있는 선박회사와 직접 운송계약을 체결한 후 선하증권(B/L ; Bill of Lading), 항공화물운송장(AWB ; Air Way Bill)을 발급받거나 운송주선업자와 운송계약을 체결하고 선하증권이나 항공화물운송장을 발급받을 수 있다. 현재 실무현장에서는 전체 수출건의 70%가량이 운송주선업자가 발행한 운송(선적)서류를 활용하고 있다. 운송주선업자(Forwarder)는 중소기업의 수출입업자들의 편의와 이익을 위하여 수출입통관과 운송(선적)서류 발급 등 수출입관련 종합서비스(One Stop Service)를 하고 있다. 그러므로 소규모 수출입업자는 업무의 Know how, 비용절감 등의 측면에서 회사가 일정규모 이상으로 성장할 때까지 운송주선업자를 활용하면, 수출입통관 및 운송에 관해서 관련 지식이나 업무 흐름에 대해 전혀 모르더라도 걱정하지 않아도 된다. 왜냐하면 약간의 수수료만 지급하면 수출입관련 서비스를 받을 수 있어 시간과 비용이 절감되어 편리하다.

3) 운송(선적)서류

운송(선적)서류(Shipping Transportation Documents)는 화주와 운송인간에 운송계약을 체결했다는 증빙서류로서 운송형태에 따라 해상운송을 할 때에는 선하증권(Bill of Lading), 항공운송한 때에는 항공화물운송장(AirWayBill), 복합운송할 때에는 복합운송서류(Multimodal Transport Document 또는 Combined Transport Document, FIATE B/L) 등이 이용되고 있다.

(1) 선하증권(Bill of Lading)

선하증권은 해상운송을 할 때에 화주와 운송인품간에 운송계약을 체결하였다는 증빙서류이다. 또한 운송회사에서 수출상품을 인수하였다는 인수증(Receipt of Goods)역할을 한다. 그리고 선하증권은 상을 대표하는 권리증권(Entitled Document)으로서 유가증권(有價證券)이다.

신용장 거래방식일 때는 선하증권(B/L)은 다음과 같아야 한다.

Full set of clean on board ocean bill of lading……

첫째, 발행된 선하증권(B/L) 전부, 즉 3통(Full Set)을 요구한다.

둘째, 무고장 선하증권(Clean B/L)을 요구한다.

운송인이 화주로부터 운송화물을 인도하는 시점에 화물이 외관상 하자가 발견되지 않음에 따라 선하증권상에 부가조항, 유보사항 등 어떠한 표지(Remarks)가 기재되지 않은 선하증권이다.

셋째, 본선 적재(선적) 선하증권(On board, Shipped B/L)이어야 한다.

본선 적재(선적) 선하증권이란 상품이 본선에 적재된 후 발행하는 것이 원칙이다. 실무현장에서는 신용장상의 선적일에 상품을 본선에 적재하여야 본선 적재 선하증권이 발행되어야 하나 수출업자가 신용장상의 최종 선적일 이후에 선적하고도 운송서류를 매입은행에 매입하기 위하여 선하증권 발행일을 신용장상의 선적일 이내에 발행된 것처럼 허위로 선하증권을 만드는데 이것을 백데이트(Back Date)한다고 한다.

또한 운송업자는 수출자가 자금사정을 호소하면 매입은행에 미리 매입하여 자금을 융통하도록 수출상품이 선적되지 않았을 때에도 본선 적재 선하증권을 발급해주는 경우가 있다.

넷째 해상선하증권(Ocean B/L. Marine B/L)을 요구한다.

운송회사는 해상운송할 때에는 해양선하증권을 발급하여야 한다.

운송관련 문의처

기 관	전화번호	업무내용
한국하주협의회	554-5393/4, 5583/4	운송관련 애로사항 사고접수 및 건의
한국선주협회	739-1551/7	국적선사 관련 정보
한국선박대리점협회	734-1531/3	외국적선사 관련사항
한국국제복합운송업협회	733-8000, 6728	운송주선업자(Freight Forwarder) 관련 사항
한국관세협회	701-1455/8	보세운송, 컨테이너 야적장(CY)관련 사항
한국항만운송협회	924-1563, 2113	항만하역 관련 사항
한국검수검정협회	737-7898	검수, 검정 관련 사항
한국항공화물협회	784-7902/3	항공수송 관련 정보
	338-7612/4	
Korea Shipping Gazette	733-0041/3	선박회사 입출항 종합 - 스케쥴
Korea Shipping Journal	777-0631/3	〃
해운무역	756-9741	〃
무역운송	730-9921/3	항공수송 관련 정보지

자료 : 필자 작성

(2) 항공화물운송장

항공화물운송장(AWB ; Air Way Bill)은 항공운송할 때에 송하인과 운송인간에 운송계약이 체결되었다는 증거서류이고 운송인이 송하인으로부터 상품을 수령하였다는 인수증이나 유가증권인 선하증권과는 다음과 같은 점에서 차이가 있다.

첫째, 항공화물운송장은 상품의 권리를 상징하는 권리증권(유가증권)은 아니다.

항공운송에 소요되는 시간은 해상운송에 비하여 너무 짧아 증권화 된 운송서류를 항공회사에 제시한 후 화물을 수취할 수 없도록 만든 것이다.

둘째, 선하증권은 선박의 본선에 선적한 후 발행되나, 항공화물운송장은 공항 내 창고에 상품이 반입되는 시점에 발행된다.

셋째, 선하증권은 지시식(Order, Order of Shipper)으로 발행되나 항공화물운송장은 반드시 기명식으로 발행된다. 항공화물운송장은 權利證券(有價證券)이 아니므로 유통될 수 없다. 신용장거래방식일 때에 신용장 개설은행은 상품자체를 담보로 확보하기 위하여 개설은행이 기명 수하인(Consignee)이 된다. 따라서 수입업자는 신용장 개설은행에 수입대금을 결제한 후 수입항공화물인도승낙서를 발급받아 운송인에게 제시하고 상품을 인도받아야 한다.

항공수입화물 인도승낙(신청)서

한국외환은행 앞

운송회사명			신용장 등 번호	
			항 공 화 물 운 송 장 내 용	
			운 송 장 번 호	
송하인			발 행 일	
			비 행 편 번 호	
수하인 KOREA EXCHANGE BANK			도 착 일	
			출 발 공 항	
			도 착 공 항	
상업송장 금액				화물표시 및 번호
물품명세	물 품 명			
	수 량			

본인은 귀행이 수하인으로 되어 있는 항공화물 운송장에 의하여 위 수입화물을 수취하고자 귀행의 인도 승낙을 신청하며 이로 말미암아 발생하는 위험과 책임 및 비용은 모두 본인 부담으로 하겠습니다. 또한 관계 선적서류가 귀행에 도착하기 전 선취하는 경우 선적서류 도착시 서류의 불일치 등 어떠한 흠이 있더라도 틀림없이 인수할 것을 확약합니다.

년 월 일

신 청 인
주 소 (인)

인 감 대 조	

귀하

상기 신청내용과 같이 수입화물을 인도할 것을 승낙합니다.

년 월 일

승낙권자 한국외환은행장 (인) (I/L상의 직인)

(3) 해상보험

보험회사는 수출입 상품이 운송 중에 상품에 관련되는 사고가 발생하여 손해를 보면 운송인에게 100% 보상한다.

하주(荷主)는 상품운송과정 중에 운송사고가 발생하여 손해를 입을 때에는 운송회사에게 손해배상을 청구할 수 있다. 그러나 개별상품을 운송할 때에는 대부분 하주와 운송인간에는 별도로 운송계약을 체결하지 않으면 선하증권 이면에 인쇄되어 있는 운송약관에 따라 선하증권상에 운송계약이 있다는 것을 증명하고 있다.

보험계약을 체결하는 방법은 개별보험계약과 포괄(예정)보험계약이 있다 개별보험계약은 보험자가 매번 상품을 선적할 때마다 선적 상품에 대하여 위험을 인수한다는 보험계약을 체결하는 것이다. 포괄(예정)보험계약은 보험계약에 대한 일반적인 사항만 명기하고 추후 사고발생 가능성이 있는 여러 건의 선적 상품에 대하여 포괄적으로 부보하여 보험자가 모든선적 상품에 대한 보험의 인수를 보장하는 보험계약이다. 보험증권은 선하증권 발행이전에 발행되어야 한다. 개별보험 계약을 체결하면 보험계약 건별로 보험증권을 발급받는데 보험계약을 체결할 때에 보험계약자가 보험료를 납부하면 보험증권은 보험계약자를 피보험자로 명기하여 발행된다.

해상보험회사 연락처

회 사 명	주 소	전 화 번 호
국제화재해상보험(주)	서울 중구 남대문로 5가 120	753-1101
대한화재해상보험(주)	서울 중구 남탕동 51-1	754-6234
동부화재해상보험(주)	서울 중구 초동 21-9	273-4001
메리트화재해상보험(주)	서울 영등포구 여의도동 25-1	785-7711
삼성화재해상보험(주)	서울 중구 을지로 1가 87	758-7114
신동아화재해상보험(주)	서울 중구 남대문로 5가 166	771-6900
쌍용화재해상보험(주)	서울 종로구 도렴동 60	736-4254
제일화재해상보험(주)	서울 중구 서소문동 12-1	771-7300
해동화재해상보험(주)	서울 서대문구 충정로 2가 185-10	363-2611/9
현대해상화재보험(주)	서울 종로구 세종로 178	732-1212
LG화재해상보험(주)	서울 중구 다동 85	771-2600

자료 : 필자 작성

(4) 보험금의 청구

보험자의 보상대상에 해당하는 해상손해가 발생하면 해당 화재해상보험회사에 연락하면 상품의 보험 보상절차에 따라 110%를 보상해 준다.

해상(적하)보험 보상절차 흐름

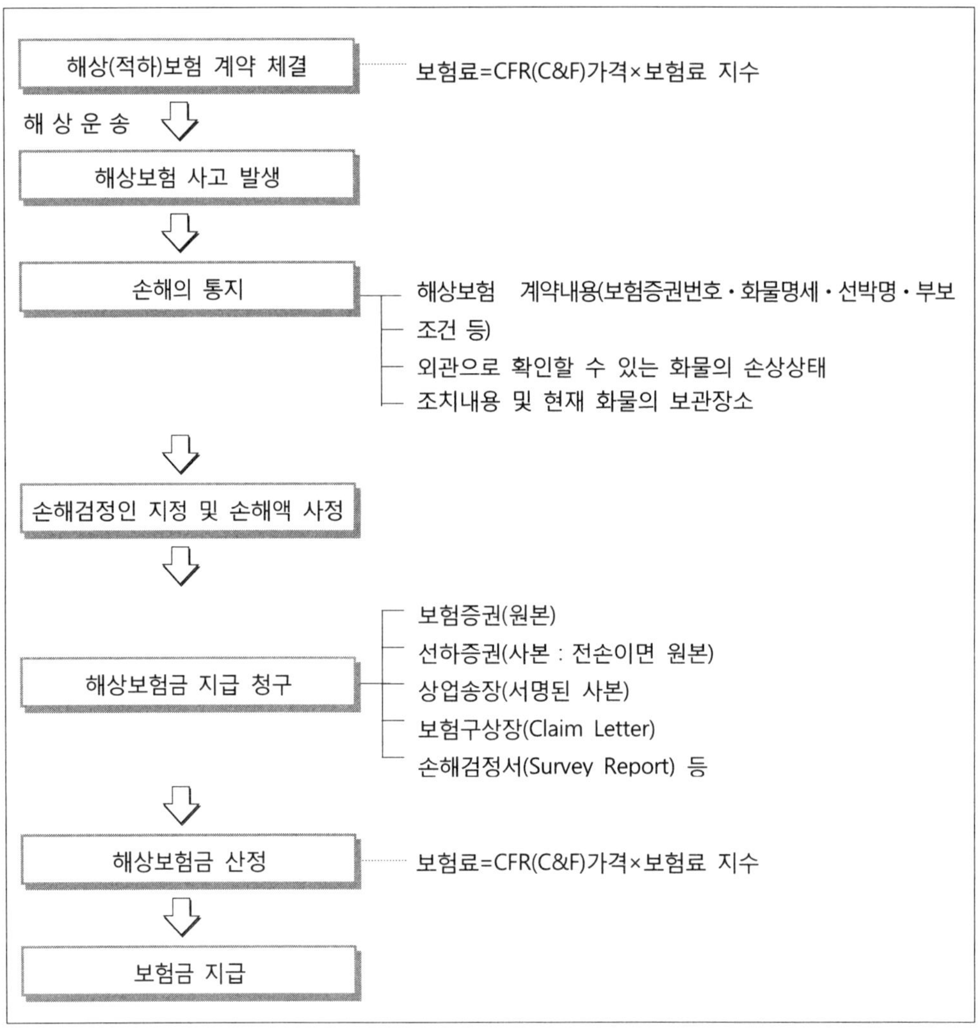

자료 : 필자 작성

7. 선적서류의 매입

1) 매입(Negotiation)

신용장거래방식일 때에 수출자는 상품을 선적하고 운송(선적)서류와 신용장에 근거하여 환어음(Bill of Exchange)을 발행하여 신용장, 환어음, 운송서류, 원산지증명서 등을 매입(거래)은행에 제시하고 매입함으로써 거래(매입)은행으로부터 수출대금을 수취한다.

2) 운송서류의 종류

수출자가 제시하는 운송(선적)서류는 다음과 같다.

첫째, 기본서류에는 선하증권, 항공화물운송장 등 운송(선적)서류와 보험증권 그리고 계약서류인 상업송장이 있다.

둘째, 보완서류에는 상업송장 보완서류로서 포장명세서와 검사증명서 그리고 수입국의 무역정책을 충족하기 위한 영사서류로서 원산지증명서, GSP Form A, 영사송장, 세관송장 등이 있다.

(1) 하자 매입(네고)(보상장부매입, L/G Nego)

수출자가 매입은행에 운송(선적)서류를 매입하기 위하여 환어음을 제시할 때 신용장과 운송(선적)서류가 불일치하거나 운송서류상에 문제가 있을 때에는 매입은행은 매입을 거절할 수 있나. 그러나, 수출자의 요칭이 있으면 매입은행은 수출대금지급을 추심(Collection)으로 전환하거나 하자매입(보상장부매입, L/G Nego ; Letter of Guarantee Nego)을 하게 된다. 하자(보상장부)매입을 할 때에는 매입은행은 수출자로부터 서류상의 하자사항에 대하여 전적으로 책임진다. 즉 신용장 개설은행이 부도(Unpaid)났을 때에는 수출자가 신용장대금과 연체이자까지 내겠다는 확인서(L/I ; Letter of Indemnity)를 징구하고 조건부 매입을 허락한다.

신용장 당사자와 매입절차

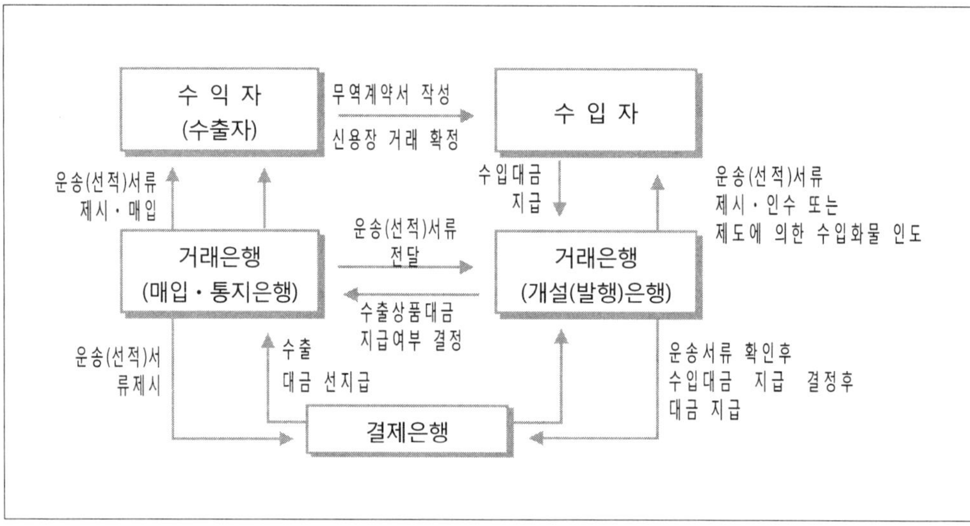

자료 : 필자 작성

(2) 수입통관

수입통관이란 수입상품을 선적한 선박이 입항한 후 부두를 수배하여 상품을 하선하고 수입신고를 하여 수입상품을 확인하거나 검사한 후 수입신고 수리를 받아 상품을 반출하는 전 과정이다. 대부분 소규모 수입자는 운송주선업자(Forwarder)가 수입통관을 해주므로 회사가 일정 규모로 성장할 때까지 전문업체에 수입통관을 일괄위임 처리하는 것이 비용 및 시간이 절약된다.

담 당	책임자

수입화물선취보증 신청서
(Application For Letter of Guarantee)

한국외환은행 앞

<table>
<tr><td colspan="2" rowspan="2">선박회사명(SHIPPING CO.)</td><td>신용장(계약서)번호
(NUMBER OF CREDIT)</td><td>L/G번호(L/G NUMBER)</td></tr>
<tr><td colspan="2">선하증권번호(NUMBER OF B/L)</td></tr>
<tr><td colspan="2" rowspan="3">송하인(SHIPER)</td><td colspan="2">선박명(VESSEL NAME)</td></tr>
<tr><td colspan="2">도착(예정)일(ARRIVAL DATE)</td></tr>
<tr><td colspan="2">항해번호(VOYAGE NUMBER)</td></tr>
<tr><td colspan="2" rowspan="2">상업송장금액(INVOICE VALUE)</td><td colspan="2">선적항(PORT OF LOADING)</td></tr>
<tr><td colspan="2">도착항(PORT OF DISCHARGE)</td></tr>
<tr><td>화물표시 및 번호
(NOS & MARKS)</td><td>포 장 수
(PACKAGES)</td><td colspan="2">상품명세(DESCRIPTION OF GOODS)</td></tr>
</table>

본인은 위 신용장 등에 의한 관계 선적서류가 귀행에 도착하기 전에 수입화물을 인도받기 위해 수입화물 선취보증을 신청하며 본인이 따로 제출한 수입화물선취보증서(Letter of Guarantee)에 귀행이 서명함에 있어 다음 사항에 따를 것을 확약합니다.

1. 귀행이 수입화물선취보증서에 서명함으로써 발생하는 위험과 책임 및 비용은 모두 본인이 부담하겠습니다.
2. 본인은 위 수입화물에 대하여는 귀행에 소유권이 있음을 확인하며 귀행이 수입화물 선취보증서에 따른 보증채무를 이행하여야 할 것이 예상될 경우 또는 본인에 대하여 은행여선거래 기본약관 제7조제1항, 제2항 각호의 사유가 발생한 경우에는 귀행의 청구를 받는 즉시 위 수입화물을 귀행에 인도하겠으며 수입화물의 인도가 불가능할 경우에는 위 수입화물에 상당하는 대금으로 상환하겠습니다.
3. 본인은 위 수입화물에 관한 관계 선적서류를 제3자에게 담보로 제공하지 않았음을 확인하며, 또한 귀행의 서면동의없이 이를 담보로 제공하지 않겠습니다.
4. 본인은 위 수입화물에 관한 관계 선적서류가 도착할 때는 신용장조건과의 불일치 등 어떠한 흠에도 불구하고 이들 서류를 반드시 인수하겠습니다.

년 월 일

신 청 인 (인)
주 소

인감대조

운송(선적)서류의 종류

구분	종류	서류
기본서류	계약서류	상업송장(Commercial Invoice)
	운송서류	선하증권(B/L ; Bill of Lading) 항공화물운송장(AWB ; Air WayBill)
	보험서류	보험증권(Insurance Policy) 보험증명서(Certificate of Insurance)
보완서류	송장보완서류	포장명세서(Packing List) 검사명세서(Inspection Certificate) 중량증명서(Certificate of Weight) 등
	영사서류	원산지증명서(C/O ; Certificate of Origin) 영사송장(Consular Invoice) 세관송장(Custom Invoice)
	조건의 서류화	수익자증명서(Beneficiary's Certificate)

자료 : 필자 작성

(3) 수입상품 수령요령

수입자는 신용장 개설은행으로부터 운송(선적)서류 도착통지를 받은 후 은행영업일 7일 이내에 수입상품 대금을 결제한 후 선하증권 등 운송서류를 인수받아 세관에 관세를 납부하고 보세창고 관리인에게 선하증권을 제시하고 수입상품을 인도받는다. 그러나 수입상품은 수입목적지에 도착하였으나 신용장 개설은행에 운송서류 원본이 도착(통상 운송서류 도착시일은 15일~20일 전후임)하지 않은 경우 수입자는 수입상품을 빨리 인수하여 도소매업자들에게 빨리 전달해야 할 경우(크리스마스, 설날, 추석 등 대목이 있을 때에는 2달 전에 상품을 수입하여 통관한 뒤 도·소매시장에 도착시켜야 대목 특수 준비를 할 수 있음) 1달 전에 수입자는 신용장 개설은행으로부터 수입화물선취보증서(L/G ; Letter of Guarantee)를 발급받아 선하증권 원본 대신 제시하고 수입화물을 인도받을 수 있다. 이렇게 편리한 수입화물선취보증서 제도는 수입화물이 수입도착지에 도착하였음에도 불구하고 신용장 개설은행에 운송(선적)서류 원본이 도착되지 않았을 경우, 수입화물을 신속하게 인도받기 위하여 수입자가 신용장 개설은행으로부터 수입화물선취보증서를 발급받아 선박회사에 제시한 뒤 수입화물을 인도하는 제도이다. 우리나라 총 수입화물의 70%가 수입화물선취보증서에 의하여 수입화물을 인도하고 있는 것으로 나타나고 있다.

선박회사와 신용장 개설은행이고 수입화물선취보증서 발행은행간의 책임문제로 많은 문제가 제기되고 있으나 개선점이 제시되고 있어 앞으로도 수입화물선취보증서에 의해 수입화물을 인도하는 유용한 이 제도는 존속될 것으로 보인다.

운송(선적)서류에는 상업송장(Commercial Invoice). 포장명세서(Packing list), 선하증권(B/L : Bill of Lading) 또는 항공화물운송장(AWB : Air Way Bill), 보험증권(Insurance Policy), 검사증명서(Inspection Certificate), 수입국의 무역정책에 따른 수입제한 사항을 충족하였음을 입증하는 원산지증명서(Certificate of Origin), 세관송장(Custom Invoice), 영사송장(Consular Invoice) 등이 있다.

8. 운송(선적)서류

1) 상업송장(Commercial Invoice)

상업송장은 수출자와 수입자간에 약정한 무역계약서에 따라 수출자가 수출입계약조건을 이행하였다는 것을 나타내는 서류로서 수출자가 수입자앞으로 발행한다. 상업송장은 수출자에게는 수출상품 대금청구서 역할을 하므로 상업송장금액을 환어음금액과 일치하여야 한다. 또한 수입자에게는 매입상품명세서 역할을 하므로 상업송장상의 상품명세가 신용장상의 상품명세와 일치하여야 한다.

통상 신용장상에서는 수출자가 서명한 상업송장 3부를 요구하는데 영문에는 다음과 같다.

「Full(3/3) set of clean on board ocean(marine) bill of lading made out to order of~ marked feight(prepaid or collect) and notify accountee」

Seoul Lee Kee
COMMERCIAL INVOICE CORPORATION

<table>
<tr><td>1. Shipper/Exporter</td><td></td><td>8. No. & Date of Invoice</td></tr>
<tr><td></td><td></td><td>9. No. & Date of L/C</td></tr>
<tr><td colspan="2">2. for Account & Risk of Messers</td><td>10. L/C Issuing Bank</td></tr>
<tr><td colspan="2">3. Notify Party</td><td rowspan="3">11. Remarks</td></tr>
<tr><td>4. Port of Loading</td><td>5. Final Destination</td></tr>
<tr><td>6. Carrier</td><td>7. Sailling on or about</td></tr>
</table>

12. Marks and Number 13. Description 14. Quantity/Unit 15. Unit Price 16. Account

////////// ////////// ////////// //////////

Seoul Lee Kee CORPORATIOM
C.P.O BOX : 114 SEOUL., KOREA
CABLE ADD : STARS SEOUL
TELEX NO. : STARS K23657, K23E169, K23302

Seoul Lee Kee CORPOATION

(1) 포장명세서(Packing list)

포장명세서에는 선적 화물의 포장단위별 명세와 포장단위별 총중량, 순중량 등이 기재된다. 수입자가 화물을 받아 보고 포장 박스를 일일이 열어보지 않고도 즉, 포장명세서를 보고 몇 번 포장박스에 무슨 상품이 포장되어 있는지를 알 수 있도록 만든 서류다. 무역실무현장에서는 이 포장명세서를 대충대충 상품을 포장한 뒤 운송(선적)서류를 매입은행에 매입할 때 쓰는 서류로만 인식하고 있는데 공장에서 수출상품을 선적하고 정확히 포장명세서에 표기해 주어야 한다.

(2) 선하증권(B/L ; Bill of Lading)

선하증권은 화주와 운송인간의 해상운송계약에 따라 선박회사가 발행하는 유가증권이다. 또한 운송인이 수출자로부터 상품을 인도받았다는 증명서이고 상품을 대표하는 대표증권이다. 개설은행은 선하증권의 인도가 화물에 대한 권리의 이전을 의미하므로 선하증권을 양도담보로 확보한다.

9. 선하증권에 관한 규칙 통일을 위한 국제협약, 1924

1) 개요

이 국제협약은 선하증권에 관한 규칙의 통일을 위한 국제협약으로서, 이는 1921년 네덜란드의 헤이그에서 개최된 국제회의에서 통일해양선하증권(Uniform Occan B'L)에 관하여 결의된 후 몇 번의 회의를 거쳐 수정되었다가, 1924년 8월 25일 벨기에의 수도 브뤼셀에서 개최된 제5차 국제해사법회의에서 최종적으로 'Carriage of Goods by Sea Act'을 결정하였는데, 이 협약의 목적은 선하증권의 주요한 조항을 통일・표준화하는 데 있었으며, 이를 통상 헤이그 규칙(Hague Rules)이라고 한다.

이 헤이그 규칙은 제정된 지 40여년이 지난 1968년에는 Visby 개정의정서(Visby Protocol)가 보완되었으나, 이에는 한국을 비롯한 많은 나라들이 가입하지 않았었다.

이 의정서는 운송인의 책임보상범위를 포장 또는 단위당 1만 프랑과 1kg당 30프랑 중 많은 것으로 선택 할 수 있도록 확대함에 따라 대부분의 해운선진국들이 비준을 하지 않고 있다. 또한 1979년에는 운송인의 책임범위를 표시하는 통화단위를 국제통화단위인 SDR로 표시하는 내용을 중심으로 개정한 의정서가 채택되었다.

일반적인 신용장상에서 요구하는 선하증권에 관한 조건은 다음과 같다.

「Full(3/3) set of clean on board ocean(marine) bill of lading made out to order of ~ marked feight(prepaid or collect) and notify accountee」

해석하면 선하증권이 발급되는 전통(3/3), 무고장 선하증권, 본선적재 선하증권, 해양선하증권, 지시식선하증권

첫째, 운송인이 발행한 선하증권 전통(Full Set, 3통씩 발행되는데 3통 전부라는 뜻)을 거래(매입)은행에 제시하여야 한다.

둘째, 무고장 선하증권(Cean B/L)이어야 한다.

무고장 선하증권은 선하증권상에 상품이 외관상 하자가 없다고 기재된 선하증권을 말한다. 이와 반대로 선하증권상에 상품이 외관상 하자가 있다고 기재된 선하증권을 고장부 선하증권(Dirty B/L, Foul B/L)이라고 하는데 이 고장부 선하증권은 신용장 개설은행에서 수리를 거절한다. 다만, 신용장조건에 고장부 선하증권을 수리한다는 조항이 있으면 수리한다.

셋째, 본선 적재(선박) 선하증권(On Board B/L)이어야 한다.

본선 적재(선박) 선하증권이란 운송인이 수출상품을 인수하고 이를 본선에 적재한 후 선하증권상에 본선적재일을 부기(On Board Notation)하여 발행한 선하증권을 말하는데 선적일은 선하증권상의 본선적재부기일이다. 그러므로 컨테이너 야적장(CY : Container Yard)에 상품이 도착하면 상품 도착 선하증권(Received B/L)이 발행되는데 신용장상에 수취선하증권(Received B/L)을 수리한다는 조건이 없으면 신용장 개설은행은 수리하지 않는다. 그러므로 선하증권은 본선적재선하증권(On Board Notation)을 선박회사로부터 발급받아 매입은행에 제시하여야 한다.

넷째, 지시식선하증권(Order B/L)을 요구한다.

선하증권은 권리증권(Entitled Document) 또한 유가증권이므로 배서에 의하여 양도할 수 있도록 하기 위하여 선하증권의 수하인(Consignee)을 "To order of"와 같이 지시식으로 표기하도록 하고 있다. 그러므로 개설은행은 수입자가 상품대금을 결제하기 전까지는 상품에 대한 담보권을 행사하기 위하여 선하증권상 수하인을 통상 개설은행으로 하여야 한다. 만일, 수입자가 신용장상에 수하인(Consignee)을 수입자로 해달라고 요구하면 이는 수입상품대금을 신용장 개설은행에 지급하지 않고 상품을 통관 · 인도하여 처분하고 도주하겠다는 의도가 있는 것이므로 주의하여야 한다.

선하증권상에는 운임 지급시기가 있는데 CFR, CIF인 경우 Freight Prepaid, FOB 조건일 경우에는 Freight Collect로 표시되어 있다.

3) 보험증권(Insurance Policy)

신용장상에 CIF조건이나 CIP조건인 경우에는 수출자가 보험료를 부담하므로 수출자가 해상보험에 부보하고 보험증권을 발급받는다. 보험증권상에는 피보험자가 수출자로 기재된다. 수출자는 보험증권에 백지배서(Blank Endorsement)방식으로 배서를 추가하여 이를 수입자에게 양도한다. FOB 조건은 수입자가 보험료를 부담하는 정형거래조건을 채택한 경우에는 신용장상에 보험서류 관련 조항이 없다.

10. 신용장

신용장(Letter of Credit : L/C)은 수입자의 요청에 따라 수입자의 거래은행, 즉 신용장 개설은행이 수출자를 위하여 주채무자로서 대금지급을 확약함으로써 수출자가 안심하고 상품을 인도할 수 있도록 무역거래를 원활히 하는 수단이다.

수익자는 신용장을 수취하면 신용장이 최소불능인지 취소가능인지 (수출자측면에서는 반드시 최소불능신용장이어야 한다. 만약 최소가능신용장이면 취소 불능 신용장으로 신용장조건을 변경한 뒤 수출상품 선적준비를 시작해야 한다.)정확히 확인하여야 한다.

신용장거래의 당사자, 신용장의 개설일자, 개설은행, 유효기간(Expiry Date : E/D), 최종 선적일자(Latest Shipping Date), 운송(선적)서류 제시기간(만약, 신용장상에 서류 제시 기일이 명기되어 있지 않으면 운송(선적)서류인 선하증권 발행일이후 21일까지를 서류 제시기일로 보아야 함) 등을 준수하여야 한다. 신용장 금액은 금액 또는 수량 앞에 about, approximately 등 유사한 표현이 있는 경우 10%이내의 과부족을 인정한다. 그러나 이러한 문구가 없어도 신용장이 수량의 과부족을 특별히 금지하고 있지 않는 한 기본적으로 물품의 수량은 5% 초과 또는 부족이 허용된다.

선적방법은 신용장통일규칙에서 신용장상에 분할선적(Partial Shipment)과 환적(Transshipment)을 금지한다고 표시하고 있지 않으면 허용하는 것으로 간주한다. 그러나 분할선적이나 환적에 대하여 명확한 구분이 없으면 수입자(Buyer)에게 의향을 묻고서 신용장을 조건변경(Amend)한 후 분할선적이나 환적을 하여야 한다. 환어음 조항은 환어음의 지급기일(만기일 Tenor)이 연지급(Usance)어음인 경우에는 At ○ days after B/L date 등을 확인하여야 한다.

신용장의 유형에 따라 신용장을 정확히 해석하여야 한다.

1) 신용장의 통일화운동

신용장이 현행과 같은 형태의 신용장으로서 국제무역거래의 중요한 수단으로서 등장하기 시작한 것은 중세기 중반부터라고 할 수 있다. 이와 같이 중세기부터 사용되기 시작하여 오늘날에 이르러서는 국제무역거래시에 없어서는 안 될 중요한 수단이 되었다. 이는 처음 국제무역의 대금결제수단으로서 생성하여 영국 및 영국계 은행을 중심으로 발전되기 시작하였으나, 당시에는 신용장의 형식이나 이에 표현된 용어의 해석 및 운영상의 차이로 인하여 많은 분쟁과 혼란이 야기되었으며, 또한 그 후 미국, 독일, 프랑스 등에서 신용장을 유사하게 모방하여 사용하였으나 신용장에 관한 분쟁은 점차 등대되었다.

즉 영국은 상공업과 무역이 발달됨에 따라 영국파운드가 국제통화의 지위를 차지하고, 런던이 국제금융시장으로서 등장하게 되어, 파운드화표시 신용장(sterling credit)의 사용이 급증하게 됨에 따라 신용장에 의한 분쟁이 증가하게 되었으며, 이에 관한 법원의 판례도 많이 생기게 되어 19세기 말엽에 제정된 영국의 판례법에서는 상업신용장의 성질, 관계대상자의 권리와 의무 등의 구체적인 내용에 이르기까지 상세하게 규정하게 되었다.

그러나 20세기에 들어와서 1914년에 제 1차 세계대전이 발발되어 국제무역 및 금융사정은 급속한 변화를 가져왔다. 즉 상품매매시장의 중심지는 기존의 유럽으로부터 미국으로 옮기게 되었으며, 국제 금융시장의 중심지는 기존의 유럽으로부터 미국으로 옮기게 되었으며, 국제금융시장도 런던에서 뉴욕으로 옮겨지게 됨으로써 미국의 달러가 국제통화로서의 지위를 차지하게 되었다.

또한 미국이 매도자 시장(seller's market)화 됨에 따라 자연히 미국업자의 입장이 강화되어 미국업자들은 선적 후 확실하게 대금을 회수할 수 있는 신용장을 요구하게 되었으며, 또한 영국의 파운드 또는 기타 통화의 환율이 대폭적으로 변동하였기 때문에 환율변동에 의한 위험을 피하기 위하여 자국통화, 즉 미국달러에 의한 거래를 주장하게 됨으로써 자연히 달러 표시 신용장(dollar credit)이 발전하기 시작하였다.

그러나 제1차대전 이후에 급속하게 세계경제의 중심지가 된 미국의 경우에도 신용장에 의한 거래가 급격하게 증가하기는 하였으나 오랜 역사를 가지고 서서히 발전하여 온 영국에 비하여 더 많은 혼란이 야기하게 되었으며, 이에 따라 신용장에 관한 클레임이 수없이 발생하게 되었다.

이와 같이 영국의 경우와 비교하여 볼 때 미국에서는 더 많은 혼란과 분쟁이 야기됨에 따라 이를 방지하기 위하여 미국내의 무역업자와 은행이 중심이 되어 신용장의 형식과 내용을 통일화하기 위한 신용장통일화운동이 점차 일어나기 시작하였다.

즉 신용장의 통일화운동의 시발점은 1919년 12월 National Foregin Trade Convention이 개최됨으로써 처음으로 비롯되었는데, 이 회의에서는 매매당사자간의 책임분기점을 명확하게 함과 동시에 신용장의 통일시안이 작성·제출 되었다.

또한 1920년에 New York Banker's Commercial Credit Conference가 개최되어 신용장의 통일화를 위한결과로서 신용장의 용어의 해석 및 취급에 관한 「Regulation affecting Export commercial Credits」이 제정되었으며, 그 후 1992년에 American Acceptance Council이 신용장의 표준양식(conference form)을 작성하여 국내의 각 은행에 그 사용을 권장하고 각 은행은 이 양식을 채택하고 준거하게 되었다.

이와 같은 민간단체의 자발적인 신용장의 통일화운동은 각국에 파급되기 시작하였는데, 프랑스에서는 1924년에 "Clauses et modalite's applicables aux ouvertures de credits documentaires adoptees par I'Union sysdicare des Banquiers de Paris."가, 독일에서는 1923년에 "Das Requlativ das Akkeditivgeschafts der Berliner Stempelvereigung"가 채택되었으며, 그 외에도 이탈리아, 스웨덴, 오스트레일리아, 노르웨이, 체코, 덴마크, 네덜란드 등에서도 동일한 내용의 신용장에 관한 통일화운동이 이루어졌다.

이와 같이 미국을 위시하여 유럽 각국에서는 각각의 통일규칙이 제정됨으로써 신용장 통일화운동의 성과는 지대하게 되었는데, 그 중에서 가장 현저한 성과를 얻은 것으로서는 미국의 Uniform Commercial Code의 Article 5 : Letters of Credit를 들 수 있다. Uniform Commercial Code는 Americal Law Insitute의 참가협력에 의하여 The National Coference of Commissioners on Uniform State Law를 작성하여 1952년에 공표된 것으로서, 이를 입법화하기 위하여 각 주(州)의 의회에 제안되었다.

이 code는 미국의 모든 주가 채택하고 있지는 않으나 신용장의 통일화에 크게 기여한 것은 사실이다. 그러나 각국의 신용장에 관한 관습과 해석이 상이하고 채택될

규약의 내용이 다르기 때문에 국제간의 무역거래시에 신용장에 관한 각국의 국내규약만으로는 신용장 거래상의 혼란이나 분쟁을 사전에 예방하는 것이 어렵게 되었다.

따라서 국제무역거래시에 신용장에 관한 해석 및 취급에 대하여 각 국간의 조정을 위하여 국제적인 통일이 절실히 요청됨으로써 각국의 은행은 물론 무역업자 등이 국제적으로 통일성을 갖춘 신용장규칙의 출현을 희망하게 되었고, 이러한 세계적인 추세에 따라서 미국을 중심으로 한 신용장의 국제적 통일화운동은 국제상업회의소(International Chamber of Commerce, ICC)가 모체가 되어 계속 추진하게 되었다.

2) 신용장 통일규칙의 제정

신용장의 국제적 통일사업을 실질적으로 완수하려는 노력이 표면화되면서 국제상업회의소가 신용장의 통일사업에 직접 관여하게 되고 신용장의 국제적 통일사업을 실질적으로 완수하려는 노력의 일환으로서 미국이 처음 신용장통일의 권고안을 제출하였을 때에 각국의 반응은 아주 상이하였다.

신용장의 오랜 역사를 지니고 있었던 영국은 자국의 관행을 고수하려는 보수적 태도를 취하였고, 프랑스 및 독일을 위시한 각국도 각기 자국의 설을 주장하여 조금도 양보의 기색을 보이지 않아 신용장통일안은 난항을 면치 못하게 되었다. 그러나 결국 국제상업회의소는 신용장을 통일시키는데 있어서 타결점을 발견하여 급기야는 신용장의 국제적 통일규칙 및 관례를 제정하게 되었는데 이 규칙이 제정되기까지의 발전과정을 살펴보면 다음과 같다.

① 1926년 3월 국제상업회의소의 미국 측 위원이 제출한 각국의 신용장통일화에 관한 권고안을 제출하였다.

② 이에 따라 1926년 10월 국제상업회의소는 국제금융 및 법률에 권위있는 학자와 실무진으로 구성된 전문위원회를 설치하고 초안의 기초에 착수하였다.

③ 1927년 2월에는 상업신용장 및 각국의 상관습에 관한 전문가로 구성된 기초위원들이 기초한 신용장통일안이 전문위원회의 심의를 위해 제출되었다.

④ 그리고 1929년 7월 심의된 초안에 대하여 각국의 대표로 하여금 자국으로 보내어 자국의 은행협회 등의 검토를 거쳐, 이들 의견을 기초로 한 수정안을 마련하여 이를 암스텔담에서 개최된 국제상업회의소 총회에서 상업화환신용장 통일규칙(Uniform Regulations for Commercial Documentary Credits)이 채택되었

는데, 이를 국제상업회의소는 1930년 4월 1일부터 실시할 것을 예정하고 각국에 이의 적용을 권고하고 1930년 5월 ICC Brochure No.74로 발표한 바 있다.

⑤ 그러나 이와 같이 채택된 동규칙은 시행이 되기도 전에 1930년에 독일 측 위원이 통일규칙초안을 제안함으로써 동 독일측안이 1931년 5월에 개최된 ICC 워싱턴 총회에서 상정되어 각국 대표들은 이에 관한 수정의견 및 신제안을 많이 제출하였다. 이에 따라 동 총회에서는 각국 은행협회의 일부 대표들로서 구성되는 상업화환신용장에 관한 은행위원회(Banking Committee on Commercial Documentary Credits)를 구성하여 신용장통일규칙을 재검토하고 새로운 초안을 작성할 것을 위촉하게 되었다.

⑥ 1993년 5월 동 위원회도 그간 통일규칙에 대한 수정안 및 새로운 제안을 충분히 검토하고 무역관계자들의 의견을 참작하여 작성된 새로운 초안을 1933년 5월 29일부터 6월 6일까지 비엔나(Vienna)에서 개최된 국제상업회의소에 제7차 회의에 상정하여 1933년 6월에 동안이 정식으로 가결 채택 되었는데 이것이 바로 우리가 지칭하는 신용장 통일규칙의 효시다.

⑦ 1933년 ICC의 비엔나회의에서 채택된 이 통일규칙은 ICC Brochure No. 82로 발표되었으며, 원명은 불어로 「Regles et usances uniforms relatives aux credits documentaries」 이라고 하였으며, 영어로는 「Uniform Customs and Practice for Documentary Credits」 로 번역 발표되었다.

3) 신용장의 기본 당사자

(1) 개설은행(Issuing Bank)

신용장의 "개설은행"이란 그 개설의뢰인의 요청과 지시에 따라 수출업자 앞으로 신용장을 개설하고수익자가 제시한 소정의 서류와 상환으로 지급하거나 또는 수익자가 발행한 환어음을 인수 및 지급 할 것을 확약한 은행을 말한다. 따라서, 신용장의 개설은행은 수익자에 대하여 신용장에 따른 지급 또는 인수의 최종적인 의무를 진다. 그리고 개설은행은 신용장을 개설하고 타은행에게 그러한 서류와 상환으로 지급, 환어음의 인수 및 지급, 또는 매입하도록 수권할 수도 있다. 일반적으로 신용장의 개설은행을 "opening bank", "establishing bank", "grantor"등으로 부르고 있으나, 신용장 통일규칙(1974년부터)에서는 개설은행을 "issuing bank"로 표기하고 있다.

그러나 신용장의 개설은행이라고 하여 반드시 신용장을 개설하는 은행만을 의미하는 것은 아니다. 전신용장의 개설은행 은 수출업자가 거주하고 있는 국가에 있는 자신의 환거래은행(correspondent bank)에 신용장의 개설을 지시할 수 있다. 따라서 신용장의 개설은행을 보다 정확히 표현한다면 수익자의 서류와 상환으로 지급하거나, 수익자가 발행한 환어음을 인수 및 지급하거나, 또는 타은행에게 그러한 지급, 인수 또는 매입을 수권할 것을 확약한 은행이라고 보아야 한다.

(2) 수익자(Beneficiary)

신용장 개설의뢰인의 요청과 지시에 따라 개설은행이 개설한 신용장의 편익을 누리는 자를 "수익자"또는 수혜자라고 한다. 따라서 신용장의 수익자는 신용장의 조건에 일치한 소정의 서류를 제시하는 한, 개설은행이나 기타 지정된 지급, 인수 또는 매입은행에 대하여 일방적인 지급청구권을 갖는다. 보통 신용장의 수익자는 신용장의 조건에 일치한 소정의 서류를 제시하는 한, 개설은행이나 기타 지정된 지급, 인수 또는 매입은행에 대하여 일방적인 지급청구권을 갖는다.

보통 신용장의 수익자는 매매계약에 따른 매도인(seller)이나 수출업자(exporter)이 된다. 신용장에서는 보통 수익자를 "beneficiary"라고 표기한다. 이는 환어음을 발행하는 사람이란 뜻으로 발행인(drawer), 신용을 제공받는 자라고 하여 신용수령인(accreditee), 신용장의 통지처라고 하여 수신인(addressee), 환어음의 대금을 수령하는 자라고 하여 수취인(payee), 신용장을 사용하는 자라고 하여 사용자(user), 화물을 선적하는 자라고 하여 화주(shipene), dr인과 dr계약을 체결하고 화물을 탁송하는 자라고하여 송화인(consignor)등으로 부르기도 한다.

신용장 통일규칙에서는 수익자를 "beneficiary"로 표현하고 있으며, 신용장 상에서는 보통 은행의 지급확약에 연결되는 "In favor of ...." 또는 "F/O........"라는 문언에 이어 수익자의 명의와 주소를 기재한다. 특히 양도가능 신용장(transferable letter of credit)이 개설된 경우에는 원신용장의 수혜자를 "제1수익자"(first beneficiary) 또는 "원수익자(original beneficiary)"라고 하고, 원신용장을 양도받은 양수인을 "제2수익자"(second beneficiary)라고 한다. 양도가능 신용장에서 신용장의 양도는 1회에 한하여 허용되기 때문에, 제2수익자는 여러 명이 있을 수 있으나 제3수익자는 존재할 수 없다.

(3) 확인은행(Confirming Bank)

신용장의 "확인(confirmation)"이란 개설은행이 지급 또는 인수를 확약한 취소불능 신용장에 대하여 타은행(일반적으로 통지은행)이 개설은행의 수권이나 요청에 따라 추가로 수익자에게 지급, 인수 또는 매입을 확약하는 것을 말한다. 이처럼 개설은행의 취소불능신용장에 대하여 개설은행의 수권이나 요청에 따라 추가로 수익자에게 지급, 인수 또는 매입을 확약하는 은행을 "확약은행"이라 한다.

확인은행의 지급책임은 개설은행이 지급하지 못할 경우의 제2차적 책임이 아니고 개설은행과 동일한 최종적 책임을 지는 것이다.

확인은행은 개설은행에 대한 신용공여의 여유가 있고 개설의뢰인이 확인수수료(confirming gee)를 부담할 경우에는 즉시 신용장에 확인을 추가하고 신용장의 통지서 상에 "we hereby add our confirmation to this credit"등으로 확인의 문언을 추가하여 수익자에게 교부한다.

그러나 확인은행이 어느 신용장에 확인을 추가할 때에는 확인을 추가할 시점의 신용장 조건에 한하기 때문에, 그 후 신용장의 조건변경이 있으면 이것에 대해서도 확인은행이 별도의 확인을 추가하여야 비로소 그 확인은행에게 변경사항에 대한 구속력을 갖는다. 만약 조건변경에 대하여 확인이 없으면 확인은행에 대해서만 효력이 없는가 아니면 조건 변경 자체가 무효가 되느냐의 문제가 있다. 이는 조건변경이 무효가 되는 것이 아니고 무확인 조건변경으로 유효하다고 할 수 있다.

(4) 신용장거래의 흐름과 거래 당사자

신용장거래에서 기본적으로 관여하는 거래 당사자는 개설의뢰인, 개설은행, 통지은행, 수익자 이다. 개설의뢰인(Applicant)은 주거래은행에 신용장 개설을 의뢰하는 자(수입자)이고, 개설은행(Issuing Bank)은 수입자의 뜻에 따라 수출자를 수익자로 하는 신용장을 발행해주는 은행을 말한다. 수익자(Beneficiary)는 수출자를 의미하는데 일정한 금액의 지급을 보장받는 자이며, 통지은행(Advising Bank)은 신용장 개설은행의 요청에 따라 수익자에게 통지해주는 은행을 말한다. 그 외 지정은행, 확인은행, 상환은행, 양도은행 등이 신용장의 종류 및 내용에 따라 거래 당사자가 될 수 있다.

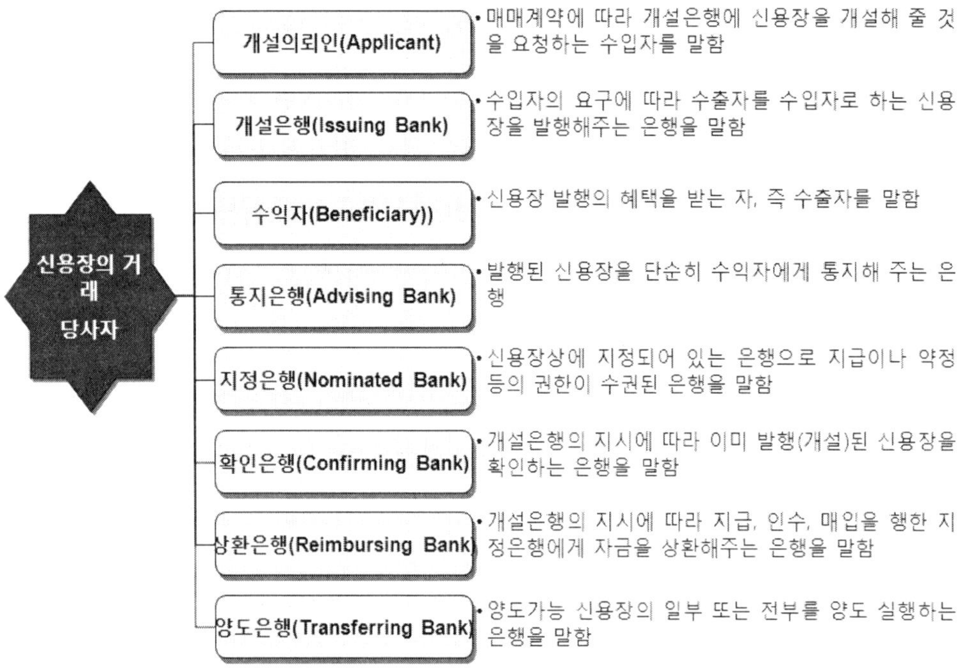

한편 무역거래 내용과 진행절차에 따라 동일인이나 동일은행이 다양한 이름으로 불리는 경우가 많은데 이는 다음 표에서 확인할 수 있다.

거래내용	수출자	수입자
매매 관계	매도인(Seller)	매수인(Buyer)
수출입 관계	수출자(Exporter)	수입자(Importer)
신용장 관계	수익자(Beneficiary)	개설의뢰인(Applicant)
추심 관계	(Customer)	(Drawee)
계정책임 관계	대금수취인(Accounter)	대금결제인(Accountee)
화물 관계	선적인(Consignor)	수하인(Consignee)
신용공여 관계	Accreditee	Accreditor
어음 관계	발행인(Drawer)	지급인(Drawee)
지급 관계	수취인(Payee)	발행인(Payer)

신용장거래의 흐름에 대해 알아보자

신용장은 개설의뢰인(applicant)인 수입자가 거래은행인 개설은행이 신용장의 조건에 일치하는 서류가 약정된 기간 내에 제시되었을 때, 수익자(beneficiary)인 수출자에게 대금을 지급할 것을 확약하는 증서이다. 따라서 수출자는 신용장을 근거로 물품을 조달해 선적한 후 거래은행에 선적서류를 제시하고 수출대금을 청구하면 되므로 대금회수를 염려할 필요가 없다는 장점이 있다. 수입자는 미리 돈을 보낼 필요 없이 은행을 통해 신용장만 개설해놓고 선적서류가 도착하면 은행에 대금을 지급하고 물품을 찾으면 되므로 안심하고 거래를 할 수 있는 장점이 있다.

신용장거래의 흐름은 수출자와 수입자간의 매매계약 체결 후 수입자가 개설은행을 통해 신용장을 개설하고 통지은행을 통해 수출자에게 통지한다. 물품 선적을 위해 선사에게 선적요청(Shipping Request)을 하면 선사는 선하증권(Bill of Lading)을 발급해준다. 물품선적 후 수출자는 매입은행에 매입신청의뢰를 통해 대금을 지급받으며 수입자는 서류인도 후 대금을 결제한다. 선사에서 화물도착 통지를 받은 수입자는 선하증권을 제시하고 화물을 인도 받는다.

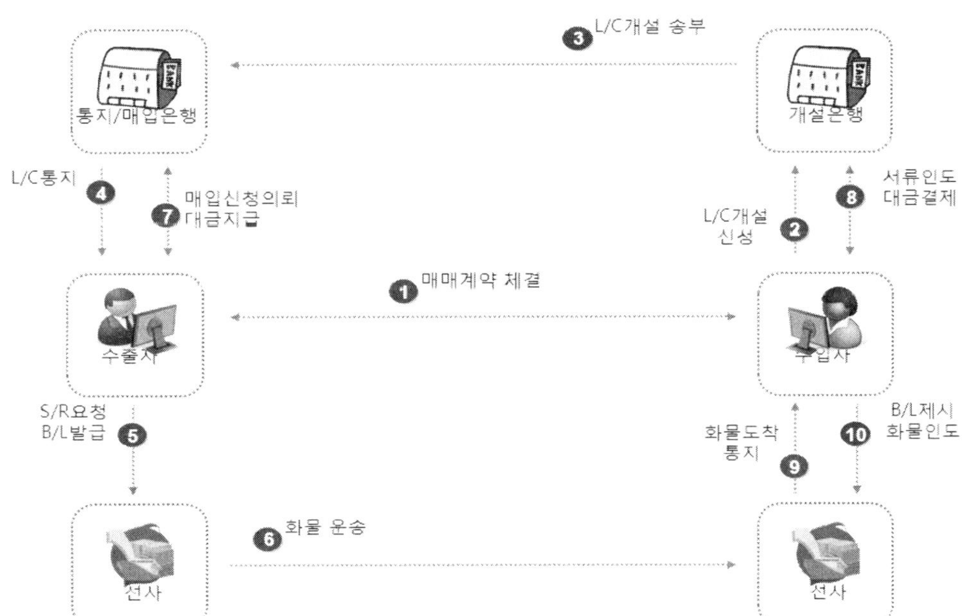

신용장의 종류에 대해 알아보자

신용장은 크게 일반신용장과 특수신용장으로 나누어 생각할 수 있다. 일반신용장은 취소가능 여부, 양도가능 여부, 대금지급시기 여부, 확인여부, 운송서류 첨부 여부 등에 따라 신용장을 분류할 수 있다. 특수신용장은 특수한 목적에 따라 쓰이는 신용장으로 회전신용장, 선지급신용장, 기탁신용장 등이 있다.

구분	분류 기준	신용장 종류	설명
일반 신용장	취소가능 여부	Revocable L/C	S 신용장은 취소불능(irrevocable)의 표시가 없는 경우에도 취소불능임. 취소불능 신용장인 경우에는 기본 관계당사가 전원의 서면합의가 없으면 조건변경 및 취소를 할 수 없으며, 취소가능신용장인 경우 취소권의 행사는 매입은행의 매입통지가 개설은행에 도착할 때까지만 가능함.
		Irrevocable L/C	
	양도가능 여부	Transferable L/C	신용장상에 transferable이라는 문구가 있는 경우에 한하여 양도가 가능하고, 양도는 1회에 한하여 가능하며 분할선적이 가능한 경우에만 분할양도가 가능
		Non-Transferable L/C	
	대금지급 시기 관련	At Sight L/c	Sight L/C는 지정은행이 선적서류를 송부하면 개설은행은 서류상의 하자가 없는 한 즉시 신용장 대금을 결제하며, Usance L/C는 신용장에 정해진 기간에 대금을 결제하는 외상방식임
		Usance L/C	
	확인여부에 따라	Confirmed L/C	수익자가 개설은행의 대외신용을 의심하거나 수입자 소재국의 정치, 경제 상태가 불안정할 경우 등에 신용장의 확인을 요구하게 되며, 통상 개설은행의 요청에 따라 통지은행이 확인을 추가하여 통지함. 이때 확인은행은 개설은행과 동일한 지급의무를 짐
		Unconfirmed L/C	
	운송서류 첨부 여부	Documentary L/C	Documentary L/C는 수익자가 발행한 환어음에 선하증권 등의 운송서류를 첨부하여, 개설은행이 지급, 인수 또는 매입할 것을 확약하는 신용장이며 Clean L/C는 환어음에 운송서류가 첨부되지 않고 어음 하나만으로 지급, 인수, 매입을 확약하는 신용장을 말함

수입신용장 개설에 대해 알아보자

수입신용장을 개설할 때는 L/Crotjftlscjd서와 계약서 또는 I/L(Import License ; 수입승인서)을 대조해 다음의 항목들을 검토해야 한다. 수입신용장 개설신청시 주의해야 할 사항은 다음과 같다.

- 신청금액과 계약금액의 일치 여부
- 대금결제방법, 선적항, 도착항의 계약서와 일치 여부
- 품목, 규격, 단가, 원산지, 가격조건의 계약서와 일치 여부
- 선적기일과 유효기일이 Offer 유효기일 이내인지 여부
- 분할선적과 환적의 허용 여부
- 기본적인 선적서류와 보충적인 선적서류가 수입자의 요구대로 기재되었는지 여부

그 외 다른 항목들의 내용도 모두 중요하다. 은행에서는 수입과 관련된 서류만을 확인해 업무를 처리하므로 실제 물건의 하자는 서류를 통해서만 확인이 된다. 그러므로 실제 수입된 물품과 그에 관련된 수입조건은 조목조목 신용장에 기록해야 하며, 일치하지 않을 경우에는 클레임을 청구해야 한다.

특수 신용장	Revolving L/C	일정기간 동안 일정금액의 범위 내에서 신용장 금액이 자동으로 갱신되어 다시 사용할 수 있는 신용장을 말함
	Advance Payment L/C	수입자가 수출자의 생산자금을 위해 대금을 선불해주는 신용장을 Advance Payment L/C라고 함
	Escrow L/C	수출업자가 원 신용장 개설자로부터 수입하는 물품의 결제에만 사용할 수 있도록 규정한 신용장을 말함
	Thomas L/C	한쪽이 먼저 신용장을 개설하고 상대방은 일정기간 이내에 신용장을 개설하겠다는 보증서를 발행하는 것을 상대방 신용장의 발효조건으로 하는 신용장을 말함
	Stand-by L/C	국내회사의 해외지사가 현지 은행으로부터 융자를 받고자 하는데 담보가 부족한 경우, 해외법인의 거래은행을 수익자로 하여 개설하는 신용장을 말함
	Back to Back L/C	한 나라에서 일정액의 수입신용장을 개설할 경우, 그 신용장은 수출국에서 같은 금액의 수출신용장으로 개설하여 오는 경우에만 유효한 신용장을 말함

수입신용장 개설신청을 EDI로 처리하면 어떤 이득이 있을까?

은행에 직접 방문해 수입신용장을 개실할 경우 수입신용징 개설신청서 외에 첨부서류(수입승인서, 물품매도확약서 또는 매매계약서, 담보제공증서 등)를 제출해야 하며, 수입신용장의 원본 수령시에도 은행에 직섭 방문해야 하는 불편함이 있다. 또한 해외수익자에게 통지되기까지 기간이 길다는 단점이 있다.

반면에 EDI(Electronic Data Interchange ; 전자자료교환)를 이용할 경우 첨부서류 제출이 면제됨은 물론이고, 은행에 직접 방문하지 않고도 사무실에 L/C를 개설할 수 있으므로 관리비용을 줄일 수 있는 장점이 있다.

또한 실제 은행에서 받는 수수료중 Cable Charge의 경우도 은행 별로 차이는 있지만 약 50% 이상의 수수료를 절감할 수 있다. 월 300건 이상의 신용장을 개설하는 대기업의 경우라면 Cable Charge로만 연간 3천만 원 이상의 절감효과를 볼 수 있다.

최근에는 기업 내의 ERP시스템과 연동해 데이터를 처리하는 기업들이 많기 때문에 이중으로 입력하지 않고도 신용상을 관리할 수 있어 실무담당자 입징에시는 매우 편리하다.

구분	EDI 미적용	EDI 적용
신청방법	신청서 작성 + 첨부서류 제출 - 수입승인서, 물품매도확약서 등	신청서만 작성하여 EDI로 송신 - 첨부서류 제출 면제
수령방법	L/C원본 수령 시 은행 직접방문	사무실에서 EDI로 L/C원본 수신
특징	법정서식 사용에 따른 관리비 증가	A4용지에 Free Format 형태로 출력 됨 - 유관기관에서 원본문서로 인정함
기간	해외수익자로부터 L/C통지기일 까지 장기간 소요	은행이동시간 및 개설은행에서 재입력 절차가 생략되므로 수익자까지 통지 기일이 2~3일 단축

4) 신용장의 기타당사자

(1) 개설의뢰인(Applicant)

신용장의 "개설의뢰인" 또는 "개설신청인"이란 수출업자와의 매매계약에 따라 자신의 거래은행(개설은행)에 수출업자 앞으로 신용장의 개설을 요청하거나 지시하는 자를 말한다. 따라서 신용장의 개설의뢰인은 보통 매매계약에 따른 매수인(buyer)이며 수입업자(importer)가 된다. 또 신용장의 개설의뢰인은 그 기능과 역할에 따라 여러 가지로 불리 운다. 환어음의 지급인이 될 수 있다는 점에서 지급인(drawee), 대금결제의 의무를 진다는 점에서 채무자(accountee 또는 for account of), 화물의 수령인이라는 점에서 수화인(consignee)등으로 불리기도 한다. 특히 미국통일상법전에서는 신용장 개설은행의 고객이란 뜻으로 고객(customer)이라고 부른다. 개설의뢰인은 기본 당사자에 포함되지 않기 때문에 취소, 변경의 당사자가 아니다. 그러나 신용장의 개설의뢰인은 반드시 수입업자거나 매수인일 필요는 없다. 우리나라의 경우 매수인이 무역업 허가를 받지 못했을 때에는 그 허가를 갖고 있는 사람에게 수입대행을 의뢰할 수 있다. 이때 신용장의 개설의뢰인은 수입대행업자가 된다. 또한 신용장의 개설의뢰인은 반드시 수익자가 발행한 환어음의 지급인일 필요도 없다. 일반적으로 개설은행이 자신 앞으로 환어음을 발행하도록 신용장을 개설하기 때문에 환어음의 지급인은 개설의뢰인이 아닌 개설은행이 되는 경우가 많다. 신용장 통일규칙 제5차 개정에서 개설의뢰인을 지급인으로 하는 환어음이 발행해서는 안된다고 규정하고 있다. 그리고 이번에 신용장통일규칙 제 6차 개정에서도 환어음의 지급인을 개설의뢰인으로 하는 것을 금지시키고 있다.

(2) 통지은행(Advising Bank)

수입업자의 지시에 따라 개설은행이 개설한 신용장은 대부분 수익자의 소재지에 위치하는 개설은행의 본지점이나 환거래은행을 경유하여 수익자에게 통지하게 된다. 따라서 신용장 개설은행의 지시에 따라 수익자에게 신용장이 개설된 사실과 그 신용장 내용을 통지하는 은행을 "통지은행"이라고 한다. 특히 전신신용장의 경우에는 신용장은 반드시 통지은행을 경유하여 수익자에게 통지된다. 신용장에서는 보통 통지은행을 "advising bank"라고 표기하며, 기타 "notifying bank", "transmitting bank" 등으로 부르기도 한다. 그러나 신용장통일규칙에서 정한 바와 같이 통지은행은 advising bank라고 하는 것이 타당하다.

실무상으로는, 통지은행이 매입은행이 되는 경우가 많고 통지은행을 매입지정은행으로 하는 경우가 많으며 주로 개설은행의 해외지점을 이용하는 것이 대부분이다. 이번 6차 개정통일규칙에서는 통지은행이 신용장을 통지하기 위하여 수익자가 소재하는 지역에 제2통지은행을 둘 수 있다고 규정하고 있다.

(3) 지급은행(Paying Bank)

"지급은행"이란 신용장조건에 따라 수익자가 발행한 환어음에 대하여 지급하도록 수권된 은행을 말하는데, 이는 일반적으로 개설은행 해외지점이나 개설은행의 지정을 받은 예치환거래은행(depositary correspondent bank)또는 개설은행이 결제대금의 전액을 미리 위탁시켜 둔 지정은행 만이 지급은행이 될 수 있다.

지급은행으로 지정된 은행은 신용장에서 요구하는 서류와 직접 상환으로 대금전액을 지급하거나 자신 앞으로 발행된 환어음의 가액을 할인함이 없이 지급할 수 있다. 신용장조건에 따른 지급(payment)에는 일람 후 즉시 대금의 지급이 이루어지는 일람출급(sight payment)과 신용장에서 정한 미래의 특정일자에 지급할 것을 확약하는 연지급(deferred payment)의 방법이 있다.

지급은행은 보통 개설은행과의 환거래 계약이 체결되고 예치환계정(당좌구좌)에 있는 해외 코레스은행이나 개설은행의 본지점이 되는 경우가 많다.

(4) 인수은행(Accepting Bank)

"인수은행"이란 신용장의 조건에 따라 수익자가 환어음을 발행할 때 일람출급이 아닌 기한부 환어음(time bill or usance bill)을 발행하여 은행에 제시하면, 이 기한부 환어음을 인수하는 은행으로서 그 어음의 만기일에 반드시 지급할 의무를 지게 된다. 따라서 인수은행은 어음의 만기일에 가서는 지급은행이 된다.

특히 어느 은행이 수익자의 기한부 환어음을 인수하게 되면 무조건 지급의 책임을 져야 하기 때문에 신용장의 개설은행이나 확인은행이 아닌 어느 은행이 개설은행에 의하여 인수은행으로 지정을 받은 경우 그 지정은행은 수익자의 환어음을 인수할 것인가를 선택할 권리가 있다. 즉, 개설은행이 어느 은행을 인수은행으로 지정하였더라도 지정된 은행이 명시적으로 합의하고 수익자에게 이를 통보하지 않은 한, 그 지정은행은 반드시환어음을 인수하여야 할 의무를 지지 아니한다. 따라서 인수은행으로 지정된 은행이 확인은행이 아닌 한, 그 인수은행이 수익자의 환어음을 인수하지 아니하면 신용장의 개설은행이 최종적으로 이를 인수하고 어음의 만기일에 지급하여야 한다.

(5) 매입은행(Negotiation Bank)

"매입은행"이란 매입신용장(negotiation L/C)이 개설된 경우 개설은행이나 개설의뢰인 앞으로 발행된 환어음이나 서류를 매입(negotiation)하도록 수권된 은행을 말한다. 매입신용장이 개설은행에 의하여 일람출급이나 기한부 환어음을 매입하도록 지정받은 경우에는 그 지정은행이, 그리고 특별한 지정이 없는 경우에는 모든 은행이 매입은행이 될 수 있다.

매입은행은 개설은행이나 개설의뢰인 앞으로 발행된 환어음이 신용장에 명시된 서류와 함께 제시되면 일정한 기간의 환가료와 우편료 이자를 받고 그 어음을 매입하고 어음가액(draft amount)을 지급하게 된다. 매입은행의 매입행위의 근거는 신용장상에 명시된 개설은행 또는 확인은행의 지급확약문언에 따른 지급약속이다. 따라서 매입은행은 환어음 또는 서류를 정당하게 매입하는 한 선의의 소지인(bona- fide holder)이 되므로, 개설은행은 신용장상의 확약문언대로 환어음의 선의의 소지인인 매입은행에게 대금을 보상해 주어야 한다.

매입은행이 개설은행에 의하여 어느 은행으로 제한한 경우를 특히 "매입제한신용장"(restricted L/C)이라고 하고, 그렇지 않은 경우를 "자유매입신용장"(general or freely negotiable L/C)이라고 한다. 반면 매입제한신용장의 경우에는 지정된 은행이 매입하여야 하며 다른 은행이 이를 매입 할 수 없으며, 최초에 매입에 참여한 은행이 지정된 매입은행이 아닌 경우에는 환어음을 반드시 지정된 매입은행에 재매입하도록 하여야 한다.

(6) 연지급 확약은행(Deferred Payment Undertaking Bank)

신용장에 연지급(deferred payment)이 약정되어 있으면, 신용장상의 규정에 따라 결정되는 만기일에 환어음의 교부없이 지급이 이루어진다. 따라서 수익자가 신용장에서 요구하는 서류를 제시할 때 개설은행이나 확인은행의 지시에 따라 수익자에게 만기일을 기재한 연지급확약서를 발급해 주는 은행을 "연지급 확약은행"이라 한다. 연지급에 관한 거래는신용장이 중, 장기 무역거래에 사용된 경우를 수용하기 위하여 신용장 통일규칙 제4차 개정에서 처음 규정한 용어이다. 특히 독일과 프랑스와 같은 대륙국가에서는 환어음 발행에 고액의 인지세를 부과하기 때문에 환어음을 발행하지 않고 단지 서류와 상환으로 연지급확약서(deferred payment undertaking)를 교부받아 지정된만기일에 대금을 지급 받는 방식이 많이 이용되고 있다.

(7) 상환은행(Reimbursing Bank)

"상환은행"이란 신용장에서 위와 같은 지급, 연지급확약, 인수 또는 매입은행(청구은행)에 대한 상환을 개설은행의 본지점 또는 제3의 은행으로 청구하도록 지정한 경우 개설은행을 대신히여 이들 은행에게 상환업무를 수행하는 은행을 말한다.이러한 지정은 주로 결제통화가 수출국이나 수입국의 통화가 아닌 제3국의 통화일 때 그 제3국에 있는 개설은행의 본지점이나 예치환거래은행(depositary correspondent bank)에서 이루어진다.

개설은행은 상환은행에 대해서는 상환수권(reimbursement authorization)을 주어야 하며 상환은행이 지급거절 할 경우 개설은행이 지급을 부담하여야 하고 상환은행에서 신용장조건과 일치증명서를 요구해서는 안된다. 상환은행의 상환비용은 개설은행이 부담한다. 그러나 그 비용이 다른 당사자의 부담인 경우에 개설은행은 신용장 원본 및 상환수권서에 이를 명시할 책임을 진다. 또한 상환은행의 책임은 신용장통일규칙외에 ICC가 제정한 "은행간 신용장상환에 관한 통일규칙" (URR 725)에 의하여 규율된다.

(8) 양도은행(Transferring Bank)

양도은행이란 양도가능신용장에서 먼저 신용장을 받은 원수익자(first beneficiary)의 요청에 따라 제3자(second beneficiary)에게 신용장을 양도하는 은행을 말한다. 양도은행은 지급·연지급 약정·인수은행 또는 매입은행과 자유매입신용장의 경우에는 양도은행으로 지정받은 은행으로 국한시켰다.

5) 확인신용장과 무확인신용장

(1) 확인신용장

확인신용장(confirmed credit)이란 신용장의 개설은행 이외의 제3은행 특히 국제적으로 신용이 있는 은행이 개설은행의 요청에 따라 개설은행과는 별도로 신용장에 지급, 연지급, 환어음의 인수지급 또는 매입의 확약을 추가한 신용장을 말한다.

확인은행의 이러한 확약은 개설은행의 지급약속을 단순히 보증하는 것이 아니라 개설은행의 지급약속과는 별개의 지급약속이다. 따라서 확인신용장이 개설될 때에는 수익자나 매입은행의 입장에서는 신용장의 지급확약을 2중으로 확보하는 것이 된다.

신용장의 확인이 있으면 개설은행과 별개로 확인은행이 지급책임을 짐으로써 개설은행이 지급불능일 경우에는 확인은행이 지급하여야한다. 그러므로 수익자는 확인은행에 먼저 청구 할 수 있으며 일반적으로 확인은행에 먼저 청구하는 것이 일반적인 관례이다. 왜냐하면 확인은행은 수익자의 지역에 있는 신용있는 은행으로 정하는 경우가 대부분이므로 확인은행은 대체로 수익자의 신용상태를 잘 파악하고 있는 은행이 되는 경우가 많기 때문이다.

(2) 무확인신용장

무확인신용장(unconfirmed credit)란 개설은행 이외의 제3은행 즉 통지은행의 지급확약을 추가함이 없이 개설은행의 지급확약만으로 통지되는 신용장을 말한다. 만약 신용장 상에 통지은행의 확인 여부가 불명확한 경우에는 이를 무확인신용장으로 본다. 우리나라에서는 실무상으로 확인신용장보다 무확인신용장이 많으며 화환신용장의 대부분이 이 무확인신용장이다. 이는 우리나라의 개설은행이 국제적인 신용도가 향상된 결과라고 볼 수 있다. 이러한 무확인 신용장이 확인신용장보다 담보력이 약한것은 아니다. 무확인신용장이라도 개설은행의 신용도가 높은 경우에는 확인신용장보다 담보력이 강 할 수 있다.

6) 일반신용장, 개방신용장, 순회매입신용장과 지정신용장

수출지에서 일정은행만이 서류를 지급 · 인수 · 매입할 수 있느냐, 어느 은행이나 서류를 지급 · 인수 · 매입 할 수 있느냐에 따라서 신용장이 구분되며 전자를 지정신용장(nominated credit), 후자를 일반신용장(general credit)이라고 한다. 일반신용장은 매입이 개방되어 있으므로 개방신용장(open credit)이라고 한다. 일반신용장은 매입이 개방되어 있으므로 개방신용장(open credit)이라고도 하며 수출자가 여러 은행을 돌아다니며 매입을 의뢰할 수 있다는 의미에서순회 매입신용장(circular negotiation credit)이라고 한다. 예컨대 US$ 200,000의 신용장을 US$ 100,000은 A은행에, 나머지 US$ 100,000은 B은행에 매입의뢰하는 경우가 그것이다.

이와 반대로 특수신용장에서는 특정은행에서만 서류를 지급 · 인수 · 매입할 수 있는 신용장이다.

따라서 앞에서 본 지급, 연지급 및 인수신용장은 특수신용장이고 매입신용장은 대부분이 일반신용장, 개방신용장, 순회매입신용장이다.

일반신용장과 특수신용장의 특징

구분 / 신용상 구분	서류매입은행	신용장 종류
일반 신용장	원칙적으로 개방	매입신용장
특수신용장	통지은행	지급, 연지급 및 인수신용장

7) 일람출급신용장

일람출급신용장이란 수익자가 일람출급환어음을 발행하거나 환어음없이 선적서류를 직접 개설은행, 확인은행 또는 지정은행에 제시하면 수입대금지급과 동시에 선적서로를 인도받도록 규정된 신용장이다. 일람출급신용장에는 일람출급지급신용장, 일람출급매입신용장이 있다.

(1) 지급신용장의 경우

일람출급지급신용장에서 지급지시 문언과 은행지급 확약문언은 다음과 같다.

❖ 지급표시문언

"We hereby issue in your favor this documentary credit which is available by sight payment against presentation...."(우리는 귀하에게 서류가 제시되면 일람불로 지급할 수 있는 이 화환신용장을 개설합니다.)

❖ 은행확약문언

"We hereby engage that payment will be duly made against documents presented in conformity with the terms of this credit."(우리는 이 신용장조건에 일치하는 서류가 제시되면 지급할 것을 확약합니다.)

(2) 매입신용장의 경우

일람출급 신용장은 환어음의 매입을 허용하여 매입은행을 지정하거나 모든 은행이 환어음을 자유로이 매입할 수 있도록 허용하는 경우도 있다. 무역에 있어서 가장 빈번하게 사용되고 있는 신용장은 바로 일람출급 환어음의 매입을 허용하는 신용장으로서 그 매입표시문언과 은행확약문언은 다음과 같이 기재된다.

❖ 매입표시문언

"We hereby establish this documentary credit in your favor available by negotiation of your draft at sight drawn on....xxx bank"

❖ 은행확약문언

"We hereby engage with drawers and/or bona-fide holders that drafts drawn and negotiated in conformity with the terms of this credit will be duly honoured on presenation."

8) 누적신용장과 비누적신용장

회전신용장으로서 전기의 미사용 잔액이 차기로 이월되는 신용장을 누적신용장(cumulative credit)이라고 하고, 이월되지 않는 신용장을 비누적신용장(non- cumulative credit)이라고 한다. 회전신용장의 선적서류 매입시 누적인가 비누적인가가 불분명하면 개설은행에 문의한 후 매입하는 것이 좋다. 예컨대 비누적인데 누적으로 해석하여 매입한 경우 지급거절이 발행할 수 있다. 개설시 이것이 불분명하면 상대방에게 적지 않는 불편을 초래하므로 "This credit is cumulative revolving" 또는 "This credit is non-cumulative revolving"이라고 분명히 하여야 한다.

9) 에스크로 신용장

기탁신용장(Escrow credit)도 연계무역에 사용되는 신용장이다. 이 신용장은 수입업자가 신용장 개설시에 신용장의 한 조건으로 그 신용장에 의하여 발행되는 어음의 매입대금은 수익자에게 지급되지 않고 수익자 명의의 예금구좌(Escrow account)에 입금하여 두었다가 그 수익자가 원신용장 개설국으로부터 수입하는 상품의 대금결제에만 사용하도록 규정한 신용장을 말한다.

10) 내국 신용장

(1) 내국신용장의 의의

내국신용장은 국내거래에서 사용되는 신용장으로서 로칼신용장(Local L/C)라고도 한다. 이러한 내국신용장의 발행은 해외에서 도착된 원 신용장에 의한 물품을 생산하기 위하여 국내에서 원자재를 공급받기 위해서거나 국내 생산업체로부터 완제품을 공급받기 위하여 대금결제수단으로 이용된다.

순수한 국내거래이므로 대금지급방법은 내국신용장을 이요하지 않고 어음이나 수표 등도 사용될 수 있으나 내국신용장을 발급하여 공급업체에게 주면 대금지급에 대한확실한 보장을 주는 결과가 된다.

이러한 내국신용장을 은행에서 발급 받기 위해서는 해외에서 온 원신용장(Master L/C)이 있거나 매매계약시 등이 있어야 하며 과거 수출실적에 따른 일정분에 대하여 물품을 미리 확보하기 위해서도 발행될 수 있다. 그리고 내국신용장 대금결제는 중소기업의 경우 무역금융으로 지원을 해 주기도 한다.

(2) 내국신용장과 수출신용장의 차이

- 내국신용장은 국내거래다.
- 내국신용장은 발급근거가 있어야한다.
  수출신용장이나 수출계약서, 내국신용장 또는 과거 수출실적 등
- 내국신용장을 매입할 시에는 운송서류는 필요 없고 물품인수증과 세금계산서 만있으면 된다.
- 내국신용장 발행근거는 한국은행에서 제정한 무역금융 취급세칙에 의하며 기타 신용장통일규칙은 준거문언으로 기재할 수 있다.
- 내국신용장 발급시 원칙적으로 담보를 요구한다.

(3) 내국신용장과 구매승인서 제도

구매승인서는 국내에서 생산된 물품을 외화획득용 원료 또는 물품으로 구매하는 경우 외국환 은행장이 내국신용장에 준하여 발급하는 증서이다.

구매승인서제도는 실무적으로 담보부족, 무역금융한도부족, 연체나 대지급보유 등의 사유로 인하여 수출용원자재를 공급받기 어려운 중소 수출업체를 지원하기 위하여 발급한다.

구매승인서는 은행의 지급보증이 없고 무역금융의 지원을 받을 수 없으며 발급회수에 제한이 없다.

구매승인서와 내국신용장의 비교

	구매승인서	내국신용장
관련법규	대외무역법령	한국은행 총액한도 대출관련 무역금융취급세칙
개설(발급)기관	좌 동	외국환은행
개설(발급)조건	제한 없이 발급	무역금융 융자한도내에서 개설
수출실적	공급업체의 수출실적 인정	공급업체의 수출실적 인정
부가가치세	영세율 적용	영세율 적용
지급확약	당사자간의 계약으로 은행이 대금지습을 보장하지 않음	개설은행이 지급확약

	구매승인서	내국신용장
발급근거	-수출신용장 -수출계약서 -외화표시물품공급계약서 -외화표시건설 및 용역공급계약서 -내국신용장 -외화예치(매입)증명서 -구매승인서	-수출신용장 -수출계약서 -내국신용장 -당해업체의 과거 수출실적
발급제한	차수제한 없이 순차적으로 발급가능	1차내국신용장이 완제품내국신용장의 경우 소요원자재 조달을 위해 3차까지 가능하며, 1차내국신용장이 원자재내국신용장이면 2차까지만 가능

11) Full Cable로 개선된 신용장의 예

신용장의 개설은 우편으로도 개설되나 대부분 전신으로 개설된다. 다음은 미국소재 상업은행이 한국외환은행을 통해서 개설된 신용장의 예를 설명한다.

사례 Full Cable로 개선된 신용장의 예

[전신으로 개설된 신용장]

TLX TO KOEX BANK SEOUL KOREA

FROM 1COMMERCIAL BANK NEW YORK

WE HAVE OPENED OUR 2IRREVOCABLE LETTER OF CREDIT 3 NO. 8807 DATED JULY 10, 2009

4BENEFICIARY : HAESUNG IND. CO., LTD. CPO BOX 7917 SEOUL, KOREA.

5APPLICANT : WILSON & CO., INC. 50 LIBERTY STREET, NEW YORK N. Y. 10005, U. S. A

FOR 6USD5,250 7CIF NEW YORK 8EXPIRY DATE AUG. 20, 2009 AVAILABLE BY 9YOUR DRAFTS 10 AT SIGHT 11 "DRAWN ON THE COMMERCIAL BANK OF NEW YOUR FOR FULL INVOICE VALUE ACCOMPANIED BY THE FOLLOWING DOCUMENTS :

1. SIGNED 12 COMMERCIAL INVOICE IN TRIPLICATE COVERING 500DOZ OF COTTON SHORTS AT USD 10.50 PER DOZ
2. SIGNED SPECIAL 13 CUSTOMS INVOICE FORM 5515 IN TRIPLICATE
3. 14 PACKING LIST IN TRIPLICATE
4. 15 CERTIFICATE OF ORIGIN/OR FORM"A"IN TRIPLICATE
5. FULL SET OF CLEAN ON BOARD OCEAN 16 BILL OF LADING MADE OUT TOORDER OF 17 THE COMMERCIAL BANK OF NEW YORK, MARKED FREIGHT PREPAID, AND NOTIFY ACCOUNTED
6. MARINE 18 INSURANCE POLICY OR CERTIFICATE ENDORSED IN BLANK, FOR 100% OF THE INVOICE VALUE ; THE INSTITUTE CARGO CLAUSES I. C. C(B) AND 19 WAR CLAUSES

DOCUMENTS TO BE PRESENTED WITHIN 20 10 DAYS AFTER THE DATE OF ISSUANCE OF THE TRANSPORT DOCUMENTS BUT WITHIN THE VALIDITY OF THE CREDIT.

21 PARTIAL SHIPMENTS : PERMITTED
TRANSHIPMENT : PROHIBITED
SHIPMENTS FROM : PUSAN, KOREA
TO NEW YORK, U. S. A
22 SHIPMENT MUST BE EFFECTED NOT LATER THAN AUG. 10, 2009. ALL BANKING CHARGES OUTSIDE AMERICA ARE FOR THE ACCOUNT OF THE BENEFICIARY
DOCUMENTS ARE TP BE FORWARDED TO US BY THE NEGOTIATING BANK BY REGISTERED AIRMAIL
23 THIS CREDIT IS SUBJUNCT TO UNIFORM CUSTOMS AND PRACTICE FOR DOCUMENTARY CREDIT(1993 REVISION) INTERNATIONAL CHAMBER OF COMMERCE PUBLICATION NO.500. 24 THIS CABLE IS OPERATIVE INSTRUMENT. RGDS

[전신으로 개설된 신용장 번역]

통지은행 : 외환은행 개설은행 : 뉴욕상업은행
당은행은 당행의 취소불능신용장(번호 85707)을 개설하며 신용장 개설일자는 2009년 7월 10일.
신용장의 수익자는 해성산업(이하 주소생략)이며, 개설의뢰인은 윌슨사(주소생략)이다. 신용장 금액은 운임, 보험료 포함가격인 미화 5,250달러임.
신용장의 유효기일은 2009년 8월 20일.
본 신용장은 하기에 된 서류를 갖추어 어느 은행에서도 매입이 가능하고, 환어음은 뉴욕상업은행을 지급인으로 하여 전 송장금액까지 발행하고, 일람불환어음의 매입(인수, 지급)으로 사용할 수 있는 신용장임.
1. 서명된 상업송장은 3부 첨부하며, 제품명은 면셔츠, 수량은 500다스, 단사는 다스당 미화 10달러 50센트임.
2. 서명된 특별세관송장 From No. 5515 3부
3. 포장명세서 3부
4. 원산지증명서 또는 특혜관세원산지 증명서 Form "A" 3부
5. 선하증권은 뉴욕상업은행을 지시인으로 무사고(무결함), 운송, 해양선하증권 원본전통(통상 3부)을 첨부하고, 운임은 선급이며, 화물도착 통지처는 수입상임.
6. 보험증권이나 보험증서는 송장금액의 100%로 부보하고 백지배서(보험증권 뒷면에 회사고무인 날인)해야 하며, 보험조건은 협회화물약관(B)조건에 전쟁위험담보조건을 추가로 부보.
서류는 운송서류(선하증권) 발급일자 후 10일이내에 매입은행에 제시하여야 하는데 신용장 유효기일이 내이어야 한다.
분할운송은 허용이나 환적은 불허한다. 운송은 부산항으로부터 뉴욕항까지임. 선적기일은 2009년 8월 10일임.

미국 이외에서 발생되는 모든 은행의 제비용은 수익자 부담임.
운송서류는 매입은행이 등기우편으로 당행 앞으로 송부해야 함.
본 신용장은 국제상업회의소가 문서번호 500으로 발표한 화환신용장 통일규칙(1993년 개정)에 의거 발행되었음. 본 신용장은 적법한 절차를 통해 개설됨.

12) 우편으로 개설된 신용장

☆ ◐MID◑ ◉LAND◉ Midland Bank plc, Singapore Branch
21 Collyer Quay #03-06 Singpore 0104

Date and place : 7 September 2008, Singapore(ORIGNAL for BENEFICIARY)

IRREVOCABLE DOCUMENTARY CREDIT	Credit Number of Issuing Bank IC771187	of Advising Bank A9901-712-00872
Advising Bank korea Commercial Bank Seoul, Korea	**Applicant** Spring Field Co. , Ltd. Singapore	
Beneficiary ☞ Doori Silup Co. , Ltd. RM 1502, Haedong Building 21, Bookchang-dong, Chung-ku Seoul, Korea	**Amount** USD 43,000.00 **Expiry** Date 10 Jan. 2009 in beneficiary's country for negotiation	

Dear Sir(s),
We hereby issue in your favour this documentary credit which is available by negotiation with any bank of your draft at sight drawn on us bearing the clause "Drawn under documentary credit No. IC771187 of Midland Bank plc, Singapore Branch" accompanied by the following documents : –
1) Signed Commercial Invoice in triplicate.
2) Full set of clean ON BOARD ocean Bill of Lading made out to our order marked "Freight Prepaid" and notify applicant.
3) Packing List in duplicate.
4) Insurance Policy or Certificate in negotiable form, in duplicate, endorsed in blank, covering I. C. C.(A), Institute war Clauses(Cargo) for full invoice value plus 10% with claims payable in Korea in the currency of the draft.
Evidencing shipment of 5,000 kgs of dried cuttlefish at 8.60/kg CIF Singapore

Shipment from South Korea to Singapore latest 31 Dec. 2008	Partial Shipment not allowed	Transshipment not allowed

Special condition(s) :
–Documents to be presented within 10 days after the date of issuance of the transport document but within the validity of the credit.
–All banking charges outside Singapore are for account of beneficiary.
–All documents to be sent to sent to us by registered airmail in 2 consecutive lots.
–Proceeds drawn under this credit will be remitted as per instruction of the negotiating bank upon receipt of the documents in compliance with the terms and conditions of the credit.

we hereby engage with drawer and/or bona fide holders that Advising Bamk's drafts drawn under and negotiated in conformity with the notification terms and conditions of this credit will be duly honoured on presentation and that drafs accepted within the terms of this credit will be duly honoured at maturity.

This credit is issued subject to "Uniform Customs and Practice for Documentary Credits", 1993 revision, NCC Publication No. 500

[우편으로 개설된 신용장 번역]

☆ MIDLAND — Midland Bank plc, Singapore Branch
21 Collyer Quay #03-06 Singapore 0104

개설일자 및 장소 : 2009년 9월 7일 Singapore(수익자를 위한 원본)

<table>
<tr><td rowspan="2">취소불능화환신용장</td><td colspan="2">신용장 번호</td></tr>
<tr><td>개설은행
IC771187</td><td>통지은행
A8801-712-00872</td></tr>
<tr><td>통지은행</td><td colspan="2">개설신청인</td></tr>
<tr><td>Korea Commercial Bank
Seoul, S Korea</td><td colspan="2">Spring Field Co. , Led.
Singapore</td></tr>
<tr><td>수익자</td><td colspan="2">금액</td></tr>
<tr><td rowspan="3">☞ Doori Silup Co. , Ltd.
RM 1502, Haedong Building
21, Bookchang-dong, Chung-ku
Seoul, S. Korea</td><td colspan="2">USD 43,000.00</td></tr>
<tr><td colspan="2">유효기일</td></tr>
<tr><td colspan="2">수익자의 국가에서 매입을 위하여 2010년 1월 10일</td></tr>
<tr><td colspan="3">우리 개설은행은 아래의 서류가 첨부되고 "Drawn under documentary credit No. IC771187 of Midland Bank plc Singapore Branch"라는 문언을 포함하고 있으면 개설은행을 지급인으로 하여 일람지급으로 귀사가 발행한 환어음의 매입으로 사용이 가능한 본 화환신용장을 귀사를 수익자로 하여 개설합니다 : − CIF Singapore 조건으로 kg 당 단가 USD8.60의 마른 오징어 5,000kgs의 적재를 증빙하고 있는
1) 서명된 상업송장 3통
2) "Freight Prepaid" 라는 표시와 통지선을 신용장개설신청인으로 하고 우리 개설은행의 지시식으로 발행된 전통으로 구성된 무결함 적재필 해상선하증권
3) 포장명세서 2통
4) ICC(A) 약관 및 전쟁위험약관을 상업송장금액의 10%까지 부보하여 청구금은 환어음의 통화로 한국에서 지급 가능하게 하여 유통가능한 양식에 2통으로 발행되고 백지배서가 된 보험증권 또는 보험확인서선적은 한국으로부터 Singapore까지 분할선적은 환적은 늦어도 2009년 12월 31일까지 금지함.</td></tr>
<tr><td></td><td></td><td></td></tr>
<tr><td colspan="3">특별조건(들)
− 서류는 운송서류 발급일자 후 10일 이내에 그러나 신용장의 유효기간이내에 제시되어야 합니다.
− Singapore 외에는 발생하는 모든 은행수수료는 수익자의 부담입니다.
− 모든 서류는 연속되는 2편의 등기우편으로 우리 개설은행에 송부되어야 합니다.
− 이 신용장의 대전은 신용장의 조건과 일치하는 서류의 접수 후 매입은행의 지시에 따라 송금됩니다.</td></tr>
<tr><td colspan="2" rowspan="2">우리 개설은행은 환어음의 발행인 그리고/또는 선의 통지은행의 환어음 소지인에게 이 신용장의 조건과 일치하여 통지확인 발행되고 매입된 환어음 제시에 대하여 정히 지급될 것이며 이 신용장의 조건에 따라 인수된 환어음은 만기일에 정히 지급될 것을 확약합니다.</td><td></td></tr>
<tr><td></td></tr>
</table>

이 신용장은 1993년도 개정판, 국제상업회의소 간행물 제500호 "신용장통일규칙 및 관행"에 준거하여 개설되었습니다.

13) 신용장의 특수조건(Special Instructions)

신용장의 특수조건이란 그 국가의 지역별 특색이나 수입상품의 특성에 비추어 일반적으로 요구되는 사항으로서,

- Shipping Marks(확인표시)
- Time Limit for Presentation(서류제시 기한)
- Confirmation(확인신용장 관계)
- Transferable(양도 관계)
- 선적서류의 발송 및 발송관계
- Packing Method(포장방법)
- Shipping Advice(운송통지)

등으로 매매당사자인 매수인이 매도인의 사전 양해 없이 조건을 기재하는 것이 일반적인 관례이나, 특수한 조건의 요구시 이를 매도인에게 통보, 확인을 받고 삽입하기도 한다.

이처럼 신용장상의 특수조건은 매도인측 입장에서 볼 때 조건에 일치시키도록 선적서류를 작성하여야 한다는 사실상 여러 가지 제반사항의 위험을 유발시키며, 또는 해석상의 오해로 인해 은행을 통한 선적대금의 미회수 내지는 대금 결제 지연의 경우가 실제로 무역실무에서 빈번히 발생한다. 더욱이 신용장상에 애매모호한 표현이나 이행 불가능한 사항이 기재되어 있는 경우에는 즉시 매수인(Buyer)에게 이를 통보하여 이러한 사항을 삭제토록 요청하여야 한다. 그렇지 않을 경우 하자로 인한 부도(Unpaid)를 받을 수 있다는 것을 고려해야 한다. 그래서 신용장상에 명기는 빈도가 높은 특수조건의 유형은 다음과 같다.

① All banking charges outside America kre for the account of beneficiary.

② Documents to be presented for negotiation within 10 days after the date of issuance of the transport documents.

③ This credit is transferable in Korea only.

④ Negotiation under this credit is restricted to the advising bank only.

⑤ Telegraphic transfer reimbursement is prohibited.

⑥ Acceptance commission and discount charges are for beneficiary's ac-count.

⑦ All documents must be counter signed by ×× company.
⑧ Documents presented later then 21 days after the date of issuance of the transport documents are acceptable.
⑨ One set of non-negotiable documents must be sent to accounted by DHL and beneficiary's certificate to this effect accompanied by the receipt required.
⑩ The transport document indicating as the consignor of the goods a party other than the beneficiary of the credit acceptable.
⑪ Shipment to be effected by ×× shipping Co. only.
⑫ Beneficiary's drafts drawn under this credit are negotiable on a sight basis irrespective of tenor of the draft.
⑬ Shipment samples and shipping Documents(Non-Negotiable) must be sent to applicant by air and the relative receipt must be presented Negotiated with the original shipping documents.
⑭ Copy of telex or FAX certified by beneficiary to the applicant before shipment date advising the name of carrying vessel, sailing date, No. of packages, quantity to be shipped, draft amount and L/C No must be attached to the drafts.
⑮ A tolerance of 5% more or less in amount and quantity is acceptable.
⑯ Invoice should contain a certification from beneficiary confirming that the goods are as per pro-forma invoice No HAS 91031 dated March 14, 1991.
⑰ A certificate from steamship company certifying that carrying vessel is neither Israeli owned nor registered and does not call at any Israeli ports and is not on the Israeli backlist.
⑱ Shipment by conference line vessels or vessels regularly calling at Mina Qaboos, Muttrah A certificate to this effect from the Shipping Co/ Agent to accompany the original documents.
① 이는 미국 이외에서 발생되는 제비용은 수익자부담이라는 표현
② 선적서유의 제시기한을 나타낸 표현이다.
③ 이 유형은 통상 국내에서는 수출업자가 상품의 제조업체가 아니어서 생산업자로 하여금 직접선적과 매입을 하게 하는 경우와 무역업 허가취득자가 아니어서 직접 수출행위를 할 수 없을 때 무역업허가 취득자에게 양도해 주는 경우

에 매도인의 요청으로 매수임이 신용장상에 이 조항을 삽입하며. 특수한 경우에는 제3국으로도 양도가 가능하므로 한국으로 한정해서 양도지역을 국한시킨 표현

④ 이와 같은 유형을 가진 신용장을 특정신용장이라 하는데, 즉 어음의 매입을 특정은행으로 제한시킨 것으로 이럴 경우에는 특정은행에 어음을 매입시켜야 한다. 따라서 자기 거래은행에 매입을 시켰다 하더라도 또다시 특정은행으로 재매입(Renego)이 된다. 여기서 유의할 사항은 사정이 부득이해서 재매입은행으로 하여금 양해를 구하여 자기 거래은행만을 통하여 어음이 매입되었을 경우에는 매수인으로부터 부도의 사유가 되므로 반드시 신용장의 요구대로 특정은행을 거쳐서 매입이 이루어져야 한다.

⑤ 이 유형은 전신환결제의 여부를 표현한 내용인테, 큰 거래일 경우에는 매수인과 매도인이 서로 합의가 있어야 한다.

⑥ 이 조항은 기한부어음(Usance Bill) 매입일 경우 발생하는 비용의 부담여부에 대한 표현이다.

⑦ 이 유형은 매수인이 지정한 회사나 개인으로 하여금 제품에 대한 검사내지 서류상의 하자를 검토하기 위해 선적서류를 특정회사나 인물에 대한 서명(Signature)을 받게 하는 사례. Dubai에서는 종종 환어음까지 이 서명을 받게 한다는 데 유의해야 한다

⑧ 이 조항은 "Stale B/L is Acceptable" 표현과 관련해서 반드시 21일이 경과된 B/L 에 대해서만 한정된 기간 경과 의미를 부여하던 것을 신용장통일규칙 47조 a항에 보면 운송서류(Transport Documents)에도 같은 의미를 부여하고 있으므로 이제는 Stale B /L 이라는 용어는 피하고 본 유형의 표현이 적합하다고 할 수 있다.

⑨ 선적서류의 사본 1조를 수입업자에게 직접 발송하게 하고, 그 발송한 증빙을 운송(선적)서류 매입시 첨부해 달라는 조항임.

⑩ 이 조항은 그간 사용하여 왔던 "Third party documents(B/L) is acceptable" 표현과 관련해서 제3자가 선적인으로 된 운송서류를 수락한다는 표현인데, 이는 신용장통일규칙 제33조에서 본 유형대로 사용되도록 되어져 있는바 "Third Party Documents Acceptable"이라는 표현은 이제 바람직하지 않음.

⑪ 선적시 선박회사를 지정하여 선적물품을 지정한 선박회사에 선적토록 한 지시

사항인테, 이는 매수인이 자기의 이익을 위해서 일방적으로 지시하는 경우가 많으며 주로 F.O.B 조건일 때 삽입되어지는 조항이다.

⑫ 이러한 유형은 매수인이 발행은행을 통해 Buyer's Usance 신용장을 개설 의뢰하여 Banker's Usance로 전환되는 동시에 기한부(Usance) 신용장임에도 불구하고 매도이득은 본 유형대로 At sight 조건으로 환어음을 은행에 매입할 수 있다. 이 경우 환어음을 종종 At sight로 발행하는 경우가 있는데 이때에는 환어음을 그대로 기한부(Usance)어음으로 발행하여야 한다.

⑬ 선적견품을 매수인에게 송달하고, 관련증빙서류를 운송(선적)서류 원본과 함께 환어음을 매입할 때 첨부하라는 지시사항임.

⑭ 매도인이 텔렉스나 팩시밀리로 매수인에게 선적통보 (선명, 선적일자, 포장수, 선적된 수량, 어음금액, 신용장번호)를 하였다는 확인서를 어음 매입할 때에 첨부하라는 지시사항.

⑮ 과부족 용인조건에 대한 사항으로., 주로 제품의 특성에 따라 상 · 하 편차를 두는데, 본 유형은 관련금액과 수량에 대해 5%의 편차에 대해 수락한다는 내용임.

⑯ 송장에 운송된 제품은 3월 14일 발행된 견적송장과 일치한다고 문언 표기

⑰ 이 내용은 상품적재 선박이 이스라엘 선박이 아니며 이스라엘 항구입항도 하지 않는다는 증명서를 선사로부터 발급받아 내고 서류에 첨부하라는 문언임.

⑱ 운송은 동맹선이나 정기선에 운송하여야 하며 선사로부터 이를 입증한 증명서 첨부를 요구한 표현임.

14) 신용장의 양도

(1) 신용장 결제방법 및 매입(Negotiation)은행 지정

수출자가 상품을 선적한 후 신용장 대금을 결제받을 수 있는 은행을 지정할지 여부와 결제방법은 지급(Sight Payment), 연지급(Deferred Payment), 인수(Acceptance), 매입(Negotiation)중에서 어떤 방법을 선택할지를 결정한다. 수입대금 결제방법이 매입(Nego)방식일 때는 신용장 개설은행이 매입은행을 지정하지 않는다. 이런 신용장을 자유 매입신용장(Freely Negotiation L/C)이라고 한다. 이와 반대로 매입은행을 지정한 경우에는 매입제한신용장(Restricted L/C)이라고 한다. 이때에 수출자가 거래하는 은행이 신용장에서 지정한 매입은행과 다른 경우에는 수출자는 1차로 자신의 거

래은행에서 환어음을 매입하면 거래은행은 신용장상의 매입은행에 재매입(Re-Nego)을 한다. 예를 들면 외국계은행 특히 유럽이나 중동계은행의 신용장을 받으면 우리나라에 소재한 그 은행지점이 있어도 수출자가 그 은행에 직접 매입할 수 없다. 왜냐하면 외국계은행은 우리나라 수출업자를 직접 상대하지 않으므로 거래은행에 신용장과 운송(선적)서류를 매입하면 거래은행이 외국계은행 우리나라 지점에 재매입(Renego)을 하게 된다.

(2) 신용장의 양도

신용장의 양도란 수익자(수출자)가 자신의 권리 중 전부 또는 일부를 제3자에게 양도하는 것을 말한다. 원 수출신용장(Master L/C)에 양도가능하다는 (Transferable)문구가 있는 경우에만 가능하다. 신용장 양도신청을 받은 양도은행은 양도인에게 제비용을 징구하고, 원 신용장의 뒷면에 양도사실을 기재한 후 이를 양도인(제1수익자)에게 되돌려 주고, 양수인에게 제2의 양도신용장(신용장양도장)을 발급한다. 신용장 양도는 1회에 한하여 허용된다. 따라서 양수인이 양도신용장을 또 다시 제3자에게 양도하는 것은 허용되지 않는다. 그러나 금액을 여러 개로 분할하여 여러 명에게 양도할 수는 있다. 이를 신용장의 분할양도라고 한다.

신용장 양도의 종류는 전부양도(Total Transfer)와 일부양도(Partial Transfer) 그리고 해외양도(Overseas Transfer)가 있다. 먼저, 양도인이 원신용장의 금액 전액을 양수인에게 양도하는 것을 신용장의 전액양도(Total Transfer)라고 한다. 이 경우 양도은행은 Advice of Total Transfer를 원신용장에 첨부하여 양도인에게 교부하고, 양수인에게 신용장양도장을 발급한다. 신용장양도인이 원신용장 금액 중 일부만을 양수인에게 양도하고 나머지는 자기가 이행하든지, 아니면 원신용장을 여러 개로 쪼개어 수명의 양수인에게 양도하는 것을 신용장의 분할양도(Partial Transfer)라고 한다. 분할양도할 때에는 원신용장에서 분할선적을 허용하고 있어야 한다.

(3) 신용장의 조건 변경

수출자가 신용장을 거래(통지)은행으로부터 신용장을 전달받고 신용장의 제반조건을 검토하였는데 이행하기 어려운 조건들이 있어 신용장 조건을 변경할 필요가 있을 때에는 수입자에게 요청하여 신용장 조건을 변경하여야 한다.

예) 최종 선적일 연장(The latest shipping date is extended until~ instead of~)

신용장 유효기일 (Expory date), 신용장 금액 변경, 환적(Transshipment) 또는 분할 선적(Partial Shipment) 허용 요구, 선적항이나 도착항을 변경하고자 할 때, 개설은행 이외 제3은행의 지급보증(확인) 신용장(Confirmed L/C)인 경우 신용장 조건 변경에 대하여 확인은행으로부터 반드시 서면 동의서를 받아두어야 한다. 만일, 서면동의를 받아두지 않을 경우 신용장 조건을 변경 승낙한 것을 전제로 한 수익자의 대금 지급 청구에 대하여 확인은행은 신용장 조건과 운송서류상의 불일치를 이유로 대금을 지급하는 것을 거절할 수도 있다.

(4) 신용장의 특수조건

신용장대금결제방법이 연지급(Usance)일 때에 Banker's Usance(신용장개설은행이 결제만기일까지 이자를 부담하는데 결국 수입자가 부담하게 됨) 또는 Shipper's Usance(신용장 결제만기일까지 이자를 수출자가 부담하는 것)를 결정할 때 수입자가 연지급(Usance, ○days after B/L date)에 따른 이자를 부담하는 Banker's Usance 조건을 수입자가 채택해야 정상적이고 좋은 Buyer이다. 그러나 수입자가 연지급에 따른 이자 즉, 선하증권 발행일로부터 신용장 대금 결제일까지 이자(Usance, at 90 days after B/L date)를 수출자에게 부담하라고 하는 Buyer는 좋은 Buyer는 아니다. 왜냐하면 자기 거래은행과 외상거래를 하면서 그 이자를 수출자에게 부담하라고 하는 것이기 때문이다. Buyer는 신용장 개설은행으로부터 운송(선적)서류를 인수(Acceptance)할 때에 환어음 만기일에 수입상품대금을 지급한다고 각서를 은행에 제출하고 운송(선적)서류를 인수한다. 그 다음 수입자는 세관에 관세를 지급하고 상품을 인도한 뒤 상품의 Quality 등을 문제삼아 수입대금을 지급하지 않겠다고 하거나 부도(Unpaid)내겠다고 으름장을 놓는 Buyer가 있으나 이런 경우 수출자는 수출상품대금을 결제받지 못할 경우는 없으니 수입자와 분쟁(Claim)에 대하여 협상할 때 비교우위를 갖고, 즉 유리한 입장에서 수입자에게 대응하면 불리한 협상안에 쉽게 동의하는 경우는 발생하지 않을 것으로 보인다.

11. 무역계약서 작성

무역계약은 매도인(Seller)과 매수인(Buyer)의 의사표시인 청약(Offer)과 승낙(Acceptance)에 의한 의사의 합의에 의하여 성립한다. 즉 매도인(Seller)이 매수인

(Buyer)에게 상품의 소유권(Property in Goods)을 양도하여 상품을 인도할 것을 약속하고 매수인(Buyer)은 매도인에게 상품대금을 지급하겠다는 것을 약정하는 계약이다.

무역실무현장에서는 통상 청약(Offer)과 승낙(Acceptance)의 합의된 의사표시로서 교환된 문서나 전신 또는 쌍방이 합의한 청약서(Offer Sheet)에 의해 무역계약(Contract Note, Contract Sheet, Sales Agreement)을 체결하고 그 계약서에 근거하여 신용장을 개설한다. 무역을 하면서 무역분쟁을 줄이기 위해서는 매도인과 매수인사이에 무역계약의 6대조건과 특별조건, 일반조건 등을 종합적으로 집적한 정식 무역계약서(Contract(Note) Sheet)를 작성하여 각각 1부씩 보관하여야 추후 분쟁이 발생하였을 때에 증거를 제시하며 원만한 협상을 할 수 있다.

1) 매매계약서의 내용

확정청약(Firm Offer)은 확정적인 의사표시로서 상대방의 승낙만 있다면 계약이 성립되므로 계약 이행에 필요한 조건을 빠짐없이 기재하여야 한다. 확정청약은 상대방의 유효수락기간을 정해야 한다. 그렇지 않으면 상대방의 확정청약이 기한 내에 도달한 것으로 간주하고 계약이 성립된 것으로 착각하여 분쟁을 발생시키는 원인이 된다. 그러므로 확정청약은 문서화하여야 한다.

무역계약 체결의 과정

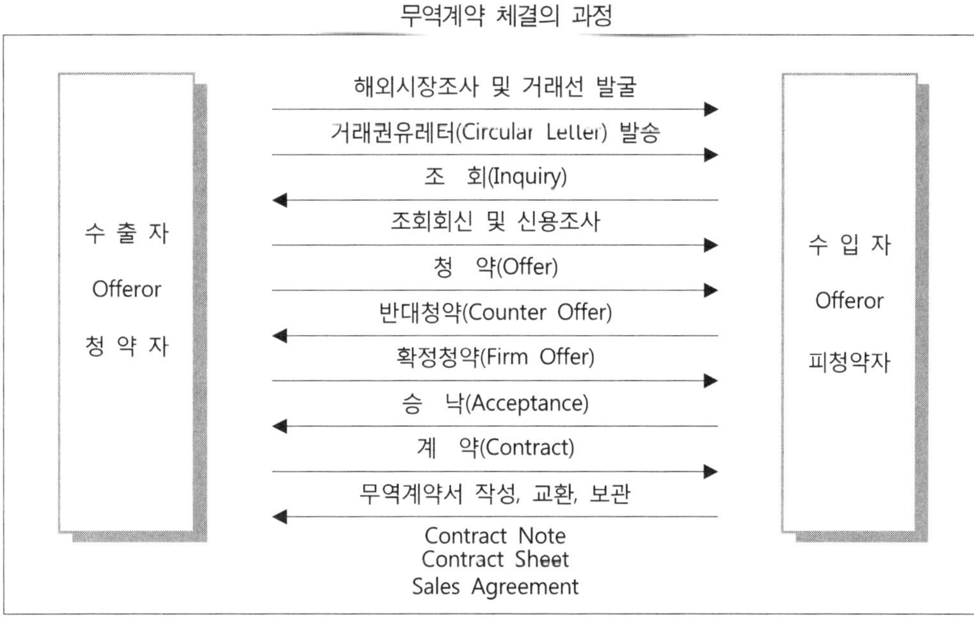

자료 : 필자 작성

일반적으로 무역계약서에 기재되는 사항을 살펴보면 다음과 같다.

(1) 계약당사자의 확정

매도인과 매수인의 상호와 주소를 명기하여 계약의 당사자를 확정한다.

(2) 계약성립의 확인

무역계약이 계약서에 기재된 조항에 따라 성립되었음을 확인하는 문언이다.

(3) 품질조건

품질조건에는 상품명, 크기(Size), 색깔(Color), 형태(Type), 모델(Model) 등의 항목이 포함되며, 품질결정 기준에 따라 거래형태가 결정된다. 품질결정의 방법에는 견품매매, 설명매매, 표준품매매 및 규격매매 등으로 분류할 수 있다.

❖ 무역계약의 기본조건

무역계약에서 가장 중요한 것은 거래상품의 품질(Quality)이다. 무역 거래 시에 계약조건과의 상이에 따른 분쟁이 가장 많이 야기되는 경우가 바로 이 품질조건이다. 따라서 품질조건(Quality terms)에서는 ①품질의 결정방법 ②품질의 결정시기 ③품질의 증명방법 등을 명확히 해 두어야 한다.

① 품질의 결정방법

• 견본매매(Sales by Sample)

견본매매란 거래상품의 품질을 제시도니 견본에 의하여 약정하는 방법 즉, 매매의 당사자가 제시한 견본과 같은 품질의 물품을 인도하도록 약정하는 방법을 의미하며 오늘날의 무역거래에서 가장 널리 이용되고 있다. 또한 견본매매를 택할 경우에는 이후의 조화나 분쟁시의 입증용으로 매도인은 동일한 견본품 3개를 1조로 하여 준비해 두는 것이 보통이다.

• 상표매매(Sales by Trademark)

국제적으로 널리 알려져 있는 유명상표의 경우 견본을 제공할 필요 없이 상표로서 품질의 기준을 삼는다. 일명 품명매매(Sales by Brand)라고도 한다.

• 명세서매매(Sales by Specifications)

선박, 공작기계, 철도차량 등은 견본제시가 불가능하므로 설계도나 청사진 등 규격서 또는 설명서로 물품의 품질을 약정하는 방법이다.

• 표준품매매(Sales by Standard)

평균중등품질(Fair Average Quality : FAQ)조건 : 당해 연도 당해지역에서 생산되는 물품 가운데 중급수준의 품질을 인도하기로 약정하는 방법으로 주로 곡물 거래 시 이용하는 조건으로 물품의 성질이나 상관습상 판매하기에 적합하면 된다. 이 조건은 주로 원목, 냉동어류, 광물류 등의 거래에 사용된다.

• 규격매매(Sales by Type)

물품의 규격이 국제적으로 특정되어 있거나 수출국의 공적 규정으로 정해져 있는 경우, 예컨대 KS, JIS등이 이에 해당한다.

② 품질의 결정시기

• 선적품질조건(Shipped Quality)

인도된 물품의 품질이 선적시점에 약정된 품질과 일치하면 그 후의 변질에 대하여는 매도인이 책임을 지지 않는 조건이다.

품질결정시기에 관하여 당사자 간 합의가 없는 경우 정형거래조건의 E, F, C Group은 선적지품질을 기준으로 한다.

• 양륙품질조건(Landed Quality Term)

인도물품의 품질이 양륙 시에 계약상의 품질과 일치할 것을 조건으로 하는 것으로 운송도중에 생기는 물품의 변질 책임을 매도인이 부담하는 조건이다.

품질경정시기에 관하여 별도의 명시가 없는 경우 정형거래조건이 'D' 그룹이면 양륙지가 품질기준시점이 된다.

• 품질의 증명방법

품질의 증명방법은 품질결정시기와 매우 연관성이 깊다.

선적품질조건에서 품질의 증명책임 즉, 거증책임은 매도인에게 있다.

반대로 양륙품질조건에서는 매수인에게 거증책임이 있다.

국제적으로 권위 있는 전문 감정인으로서는 Lloyd's Surveyor나 Lloyd's Agent Del-Corporation 등이 있다

(4) 수량조건

수량단위의 불명확으로 분쟁(Claim)이 종종 발생하므로 수량표시는 정확히 하여

야 한다.

수량은 중량, 길이, 용적, 개수 등으로 표시한다. 개체화물이나 포장화물은 구체적인 수량으로 약정하나, Bulk화물은 정확한 수량은 인도하기 어렵거나, 운송과정에서 불가피하게 손모나 손실이 발생할 수 있으므로 통상 과부족용인약관(More or Less Clause; M/L Clause)이나 개산수량조건(Approximate Term)으로 약정한다.

첫째, 중량의 경우 Ton을 가장 많이 사용

- Long Ton(British Ton ; 2,249 Lbs ; 1,016Kg)
- Short Ton(American Ton ; 2,000 Lbs ; 908.2Kg)
- Metric Ton(French Ton ; 2,204 Lbs ; 1,000Kg)

둘째, 용적의 경우 용적톤(Measurement Ton : M/T)을 사용

- 1M3을 1M/T로 사용(=1 CBM)

셋째, 개수의 경우 1개(piece), 1대(set), 1다스(dozen), 1Gross는 12다스를, 1 Great Gross는 12 Gross(1,728)

넷째, 포장의 경우 상자(case), 곤포(bale), 포대(bag), 톧(barrel)), 묶음(bundle)

다섯째, 길이의 경우 미처(meter)와 야드(yard)를 주로 사용

여섯째, 컨테이너의 경우 TEU(Twenty Feet Equivalent Unit)나 FEU(forty Feet Equivalent Unit)를 사용

❖ 수량의 결정시기

- 선적수량조건(Shipped Quantity Terms)

이 조건은 대금계산의 기초가 되는 수량이 선적시의 수량에 의하는 것으로 매도인에게 유리하다. 즉, 선적 시에 검량한 적재수량이 계약에 규정된 수량에 합치되면 해상 운송 중에 가령 수량이 감소되었다 해도 매도인은 그 책임을 질 의무가 없으며 계약수량에 대한 전액의 대금을 청구할 수가 있는 것이다. 이 조건은 보통 감량의 우려가 없는 성질의 상품거래에 이용되며, 도한 CIF, FOB 등과 같은 선적지 인도조건인 경우에는 원칙적으로 이 조건에 한한다.

❖ 양륙수량조건(Landed Quantity/Weight Terms)

이 조건은 양륙 항에서 화물양륙 당시의 수량을 대금계산의 기준으로 하는 것으로서, 운송중에 파손, 혹은 누손 등에 의해 감량이 많은 상품에 적용된다. 따라서 수

입항에서 양륙된 시점에 검량한 수량이 계약수량과 일치하여야 하며, 만약 수송 중 감량이 생긴 경우에는 매도인의 부담이 된다.

계약이 DES와 같은 양륙지 인도조건으로 된 경우에는 원칙적으로 이 조건이 적용된다.

(5) 가격조건(Price Terms)

가격은 단위수량상의 단가와 총금액을 기재한다. 무역계약의 정형으로서는 F.O.B(Free on Board)와 C.I.F(보험료, 운송료 포함. Cost Insurance Freight)가 있다.

(6) 선적조건(Shipment Terms)

상품을 선적하는 기일을 정하는 조건으로 예를 들면 계약체결 후 또는 신용장 수취 후 30일 이내에 선적하여야 한다.

• 분할선적(Partial Shipment)

분할선적은 신용장에 특별히 금지사항이 없는 한 인정된다. 그러나 수출자가 매입은행에 신용장을 매입할 때나 신용장 발행은행이 운송(선적)서류를 인수할 때에 분쟁을 예방하기 위해서 분할선적을 허용하면 허용한다는 조건을 반드시 명기하여야 한다.

• 선적일은 일반적으로 선하증권의 발행일자를 선적된 일자로 간수하는 섯이 서래관행이다.

(7) 결제조건(Payment Terms)

결제조건은 주로 신용장조건에 따르는 것이 대부분이다. 한편 거래선을 믿을 수 있다면 지급인도방식(D/P)이나 인수인도(D/A) 방식의 거래도 할 수 있다. 물론 신용장거래방식이 지급인도방식(D/P)이나 인수인도(D/A)방식보다 안전하다. 그러나 신용장거래방식보다 국제 factoring제도가 더 안전하다. 수출자의 입장에서는 제일 중요한 사항으로 수출자에게 유리한 거래방식을 채택하거나 신용장거래방식으로 거래하는 것이 안전하다.

❖ 해상과 복합운송에 직합한 정형거래조건

일반적으로 가장 흔히 사용하는 3대 무역거래조건은 FOB · CIF · CFR조건이며,

모두 해상운송에만 사용되는 조건이다. 왜냐하면 '무역거래조건의 해석에 관한 국제규칙(incoterms, 인코텀스)'이 정식 채택되었을 당시에는 해상운송이 국제무역의 주류를 이루었기 때문이다.

그 후 무역환경의 변화에 따라 인코텀스(incoterms)의 개정이 여러 차례 이루어졌으며, 그 가운데에는 항공운송에 관한 부분도 포함되어 있다. 해상운송이 아닌 항공(또는 철도)운송에서는 FCA · CIP · CPTwhrjs이 적합하며, 개정된 인코텀스 2000에서도 이 조건들의 사용을 권고하고 있다. 왜냐하면 FOD · CIF · CFR조건은 비용 및 위험의 분기점을 '본선의 난간 통과시'로 정의하고 있어 해상운송이 아닌 경우에는 적합하지 않기 때문이다.

반면에 FCA · CIP · CPTwhrjs은 비용 및 위험의 분기점을 '운송인에게 물품을 인도한 때'로 정의하고 있어 항공 및 복합운송에 적합한 무역 거래조건이라 할 수 있다.

결론적으로 항공운송시에는 FOB조건 대신 FCA조건을, CIF조건 대신 CIP조건을, CFR조건 대신 CPTwhrjs을 사용하는 것이 바람직하다. 하지만 FOB · CIF · CFR조건이 여전히 사용되고 있는 것이 현실이다.

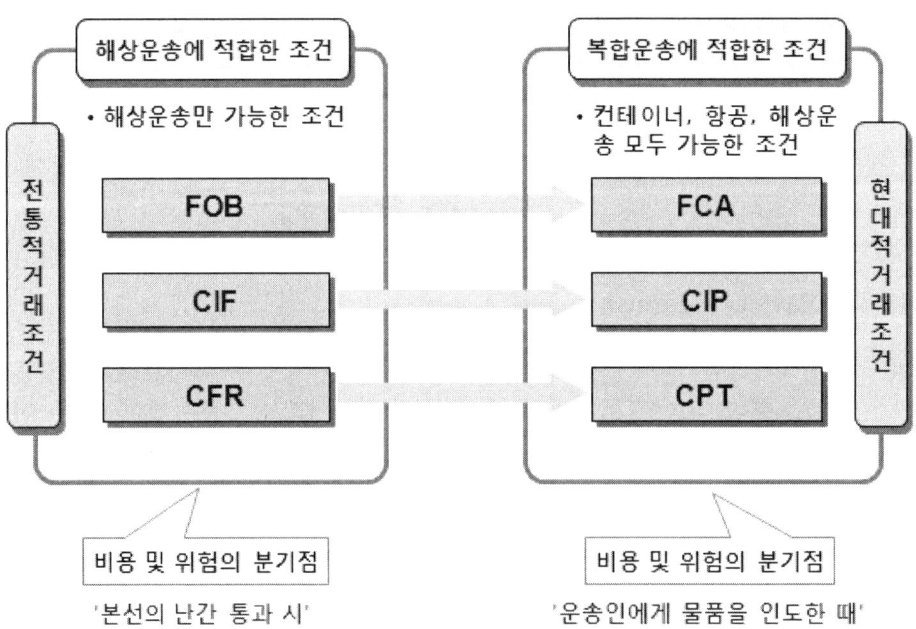

(8) 보험조건

CIF나 CIP(보험료 지급조건 : Cost Insurance Paid)계약 등에서 매도인이 매수인을 위하여 화물을 수출보험에 부보하는 경우에는 보험조건을 명확히 결정하여 해당 화물의 특성에 맞게 수출보험에 부보하여야 한다.

(9) 포 장(Packing)

포장은 상품의 보호나 판매촉진 전략으로서 의미를 갖는다. 포장은 내용물을 보호하는 견고성과 포장비용 자체의 절감 그리고 운임 절감을 고려한 경제성을 감안하여 포장조건을 결정하여야 한다.

매매계약서 예문

CABLE ADDRESS COMPANY.LTD.

TEL.

MESSRS.

Data :

Indent No. : of

Confirming House No. : of

SALES CONTRACT

No. :

________ COMPANY, LTD. as Seller, hearby confirms having sold to your firm the following goods by contract of sale on the above date and on the terms and conditions hereinafter set forth. The Buyer is hereby requested to sign and retum the original attached hereto, and if any discrepancy be found by the Buyer, the Seller should be informed immediately by cable.

ITEM No	COMMODITY & SPECIFICATION	QUANTITY	VALUE	
			UNIT PRICE	TOTAL AMOUNT

Time of Shipment :

Port of Shipment :

Port of Destination :

Payment :

Insurance :

Packing :

Special Terns & Conditions :

Marking

Subject to the general terms and conditions set forth on back hereof :

Accepted by :

______________________ (Buyer)

______________________ (Seller)

on : ______________________

GENERAL TERMS AND CONDITIONS

All business hereunder shall be transacted Buyer and Seller on a principal to principal basis and both parties agree to the following tems and conditions :

(1) Quantity : Quantity shall be subject to avariation of %plus or minus at Seller's option

(2) Shipment : Date of bill of lading shall be accepted as conclusive of the date of shipment. Partial shipment and/or transhipment shall be permitted.

If shipment is prevented or delayed in part, by reason of Acts of God, or the consequence thereof, affecting Seller or any supplier to Seller of the goods sold hereunder or any manufacturer of the goods sold hereunder or any supplier to such manufacturer, such Acts of God to include but not limited to fire, flood, typhoon, earthquake, or by reason of riots, wars, hostillties, govermmental restrictions, trade embargoes, strikes, lockouts, labour disputes boycotting of Korean goods, unavailability of transportation of loading facilities, wrecks, delays or damages in transporation or any other causes of a nature beyond Seller's control, than. Seller may, at its option perfom the contract or the unfulfilled portion thereof within a reasonable time from the removal of the cause preventing of delaying perfomance, or rescind unconditionally and without liability this contract or the unfulfilled portion hereof.

(3) Payment :

Irrevocable and confimen letters of credit negotiable at sight draft shall be estabished through a prime bank satisfactory to Seller immediately after conclusion of contract with validity of at least 15day after the last day of the month of shipment for negotiation of the relative draft. The amount of such letter(s) of credit, Seller shall have the option of reselling the contracted goods for Buyer/s account, holding the goods for Buyer's account and risk, and/or cancelling the contract and claiming for damanges caused by Buyer's default.

(4) Inspection :

The inspection of quantity shall be done according to the export regulation of the Republic of Korea and/or by the manufacturers which shall be considered as final. Should any specific inspector be designated by the Buyer, all additional charges thereby incurred shall be bome by the Buyer and shall be added to the invoice amount, for which the letter of credit stipulated accordingly.

(5) Packing :

Packing shall be at the Seller's option. In case special instructions are necessary the same should be intimated to the Seller in time so as to enable the Seller to comply with it.

(6) Insurance :

In case of CIF or C & I basis, 110% of the invoice amount, will be insured, unless otherwise agreed.

Any additional premium for insurance coverage over 110% of the invoice amount, if so required, shall be bome by Buyer and shall be added to the invoice amount for which the letter of credit shall stipulate accordingly.

❖ 각종 계약서 ❖

일반거래조건 협정서

1. GENERAL TERMS AND CONDITIONS

All business hereunder shall be transacted between Buyer and Seller on a principal to principal basis and both parties agree to the following terms and conditions :

(1) Quantity

Quantity shall be subject to a variation of % plus or minus at Seller's option.

(2) Shipment

Date of bill of lading shall be accepted as conclusive of the date of shipment.

Partial shipment and/or transshipment shall be permitted.

If shipment is prevented or delayed in whole or in part, by reason of Acts of God, or the consequence there of, affecting Seller or any supplier to Seller of the goods sold hereunder or any manufacturer of the goods sold hereunder or any supplier to such manufacturer, such Acts of God to include but not limited to fire, flood, typhoon, earthquake, or by reason of riots, wars, hostilities, governmental restrictions, trade embargoes, strikes, lockouts, labour disputes boycotting of Korea goods, unavailability of transportation of loading facilities, wrecks, delays or dalmages in trans transportation or any other causes of a nature beyond Seller's control, than, Seller may, at its option perform the contract or the unfulfilled portion here of within a reasonable time from the removal of the cause preventing or delaying performance, or rescind unconditionally and without liability this contract or the unfulfilled portion here of.

(3) Payment

Irrevocable and confirmed letters of credit negotiable at sight draft shall be established through a prime bank satisfactory to Seller immediately after conclusion of contract with validity of at least 15 days after the last day of the month of shipment for negotiation of the relative draft. The amount of such letter of credit shall be sufficient to cover the contract amount and additional charges and/or expenses to be borne by the Buyer. If Buyer fails to provide such letter(s) of credit, Seller shall have the option of reselling the contracted goods for Buyer's account, holding the goods for Buyer's account and risk, and/or cancelling the contract and claiming for damages caused by Buyer's default.

(4) Inspection

The inspection of quantity shall be done according to the export regulation of the Republic of Korea and/or by the manufacturer which shall be considered as final. Should any specific inspector be designated by the Buyer, all additional charges thereby incurred shall be borne by the Buyer and shall be added to the invoice amount, for which the letter of credit stipulates accordingly.

(5) Packing

Packing shall be at the Seller's option. In case special instructions are necessary the same should be intimated to the Seller in time so as to enable the Seller to comply with it.

(6) Insurance

In case of CIF of C & I basis, 110% of the invoice amount, will be insured, unless otherwise agreed. Any additional premium for insurance coverage over 110% of the invoice amount, if so required, shall be borne by Buyer and shall be added to the invoice amount for which the letter of credit shall stipulate accordingly.

(7) Increased costs

If Seller's costs of performance are increased after the date of this agreement by reason of increased freight rates, taxes or other governmental charges and insurance rates including war risk, or if any variation in rates of exchange increases Seller's costs or reduces Seller's return, Buyer agrees to compensate Seller for such increased cost or loss of income.

(8) Price

The price stated in the contract is subject to change and the actual price to be paid will be that of Seller's current price list ruling at the time of dispatch of the goods. Seller shall notify Buyer in writing or by telex, cable or telegram of any revised price which shall be applied to goods still to be shipped, unless Buyer cancels in writing or by cable or telex the undelivered balance within 15 days from such notification.

(9) Any claim

Dispute, or complaint by Buyer of whatever nature arising under this contract, shall be made in cable within 10 days after arrival of the cargo in the destination port. Full particulars of such claim shall be made in writing and forwarded by airmail so as to reach Seller within 20 days after cabling Buyer must submit with such particulars as Public Surveyor's report when the quality and quantity of merchandise is in dispute.

A claim made after the said 30 days period shall have no effect and Seller shall not be obligated to honor it. Seller shall not under circumstances be liable for indirect or consequential damages.

(10) Trade terms and Governing Law

The trade terms used herein such as CIF, CIP and FOB shall be in accordance with Incoterms 1990. In all other respects, this Contract shall be governed by and construed in accordance with the laws of Korea.

(11) Arbitration

All disputes, controversies, or differences which may arise between the parties out of or in relation to or in connection with this contract or for the breach thereof, shall be finally settled by arbitration in Seoul, Korea in accordance with the Commercial Arbitration Rules of the Korean Commercial Arbitration Board and under the Laws of Korea. The award rendered by arbitrator(s) shall be final and binding upon both parties concerned.

(12) Deduction

Buyer may not deduct any amount from the price without Seller's advance written authorization.

(13) Patents, Trade Marks, Designs, etc.

Buyer is to hold Seller harmless from liability for any infringement with regard to patent, trade mark, copyright, design, pattern, construction, stamp, etc., originated or chosen by Buyer.

(14) Force Majeure

Seller shall not be responsible for nondelivery or delay in delivery resulting from causes beyond its control. In the event of such an occurrence, Seller may at its option either postpone delivery until removal of the causes, or cancel the balance of the order in the Contract.

IN WITNESS WHEREOF, the parties have caused this Agreement to be executed by their duly authorized representatives as of the date first above written.

For and on behalf of,	For and on behalf of,
By : ______________	By : ______________
Typed Name :	Typed Name :
Title :	Title :
Company :	Company :

2. AGREEMENT

This Agreement, made and entered into on ______________ of by and between ______________, a corporation organized and existing under the laws of ______________, having its main office and place of business at

________________ (hereinafter referred to as Company) ________________
and ________________ (hereinafter referred to as Representative)

WITNESSETH :

WHEREAS, "Company" manufactures and/or sells products and whereas, "Representative" desires to perform certain services on behalf of "Company" with respect to the following product : now therefore on consideration of mutual conditions and obligations hereinafter set forth, the parties hereto have agreed as follows :

Article 1. PRODUCTS

"Company" hereby appoints "Representative", and "Representative" hereby accepts appointment as "Company's" independent sales representative to promote and assist in the sales of the products as listed below :

Article 2. TERRITORY

"Company" hereby a appoints "Representative", and "Representative" shall have sales responsibility and in which "Representative" will exert its best effort for sales of the "Products"

Article 3. MAJOR RESPONSIBILITIES OF REPRESENTATIVE

(A) Generate and stimulate interests in the "Products" and furnish information to "Company" in regard to market trend and prospective purchasers of the "Products."

(B) Participate in the sales promotion activities to benefit sales of the "Products" and assist and advises "Company" in this regards.

(C) Cooperate with and assist "Company" with the collection of any overdue accounts, after service informations, and other matters as requested by the "Company"

(D) Bear and pay all travelling expenses and others incurred by "Representative" in connection with the sake of the "Products, and" "Representative" shall not be entitled to any reimbursement in this respect except upon prior approval from "Company"

Article 4. MAJOR RESPONSIBILITIES OF COMPANY

(A) Endeavor to maintain the delivery conditions on all orders accepted by "Company."

(B) Provide "Representative" to the full extent, with sales and technical information and assistance regarding the "Product's"

(C) Keep "Representative" informed of specification changes in the "Products."

(D) All expenses of catalogues, samples, advertisements, exhibitions and seminars made for sales promotion of the products shall be responsible to company.

(E) Principal shall observe those regulations described in international agreement provisions as regulated in Korea Anti-trust and Fair Trade Acts, against which agents shall not be bounded by Principal.

Article 5. COMMISSIONS

(A) The commission rate as agreed is (　　)% and will accrue to "Representative's account" as of the date of shipment by "Company."

(B) The agreed rate of commission shall be due and payable to "Representative" within (　) days of the date that "Representative" made the pertinent delivery to the purchasers in the "Territory."

(C) No commission shall accrue to "Representative" based on orders not accepted by "Company" or on orders cancelled prior to delivery by "Company."

(D) Commission will be paid to "Representative" in its country in thc currrency of (　　)

Article 6. PURCHASE ORDER & DELIVERY

"Representative" is not authorized to accept any purchase orders on behalf of "Company" or to otherwise finalize any sales of such products without Company's consent. "Company" shall ship and deliver "Products" purchased by virtue of purchase orders, which it has accepted and acknowledged, directly to the customers in the "Territory."

Article 7. RELATIONSHIP OF PARTIES

(A) "Representative" shall have no authority to act for or on behalf of

"Company" without Company's consent to sign or otherwise enter into any kind of contracts, undertaking or agreement, or make any promise, warranty or representation, with respect to the "Products", and "Company" shall not be bound by any acts, obligations, or defaults of "Representative", its employee or agents.

(B) "Company" shall not deal directly with customers in the "Territory" and in case a customer choose to deal directly with "Company", the "Company" shall notify and consult with "Representative", "Company" shall guarantee a fair and prevailing commission to "Representative" in accordance with Article 5 of this agreement.

Article 8. ASSIGNMENT OF AGREEMENT

Neither this Agreement nor any rights or obligations hereunder may by assigned by "Representative" without prior written consent of "Company."

Article 9. DURATION & TERMINATION

(A) This Agreement shall be effective for a initial period of ( ) years from the effective date of this Agreement, and shall be extended automatically for a period of one year unless there is written notice from either party not less than (   ) days prior to expiration date. Not with standing any other provisions herein, this Agreement may be terminated during the initial term or any extension by either party upon giving at least (   ) days written notice to other party and agreed.

(B) If either party hereto continues in default of any obligation imposed on it herein for more than ( ) days after written notice by the other party has been dispatched requesting the party in default to remedy such default, the other party may terminated by registered mail to the party in default and this Agreement shall terminated on the date of dispatch of such notice.

(C) In the event of bankruptcy, receivership, insolvency or assignment for the benefit of creditors of either party hereto, the other party may terminate this Agreement effective immediately by giving the first party written notice to that effect.

Article 10. ARBITRATION

All disputes, controversies, or differences which may arise between the parties out of or in relation to or in connection with this contract or for the breach thereof, shall be finally settled by arbitration in Seoul, Korea on accordance with the Commercial Arbitration Rules of the Korea Commercial Arbitration Board and under the Laws of Korea. The award rendered by arbitrator(s) shall be final and binding upon both parties concerned.

Article 11. EFFECTIVE DATE

This Agreement shall become effective as of the day date first written above. If there are special conditions imposed by the government of either party, the date of such government approval become the effective date of this Agreement.

Article 12. APPLICABLE LAW

The Agreement shall be construed and interpreted in accordance with the laws of the Republic of Korea. Expecially, Company shall observe those regulations described in international agreement provisions as regulated in Korea Antitrust and Fair Trade Acts.

Article 13. FORCE MAJEURE

Neither party shall be liable to the other party for non-performance or delay in performance of my of its obligation under this agreement due to causes reasonably beyond its control including fire, flood, strikes, labour troubles or other industrial disturbance, unavoidable accidents, governmental regulations, riots, and insurrection? Upon occurrence of such a force majeure condition the affected party shall immediately notify the other party with as much detail as possible and shall promptly inform the other party of any further developments. Immediately after the cause is removed, the affected party shall perform such obligations with all due speed unless the Agreement is previously terminated in accordance with Article 8 hereof.

Article 14. COTICES

If communication notices or the like between the parties shall be valid when made by telegraph or telex communication subsequently to be confirmed in writing to the designated addresses of the other parties.

Article 15. ENTIRETY

This instrument constitutes the entire agreement and understanding between the parties hereto relative to the subject matter hereof and there are no understandings, agreement's conditions or representations, oral or written, expressed or implied, with reference to the subject matter hereof that are merged herein or superseded herby.

No modification hereof shall be of any force of effect unless reduced to writing and signed by the parties claimed to be bounce there by and no modification shall be effected by the acknowledgement or acceptance of any order containing different conditions.

IN WITNESS WHEREOF, the parties have caused this Agreement to be executed by their duly authorized representatives as of the date first above written:

For and on behalf of,	For and on behalf of,
By:_______________	By:_______________
Typed Name :	Typed Name :
Title :	Title :
Company :	Company :

약식대리점 계약서

3. AGREEMENT(A)

This agreement is made between ___________________ (here in after called "Principal") and ___________________ (here in after called 'Agent') in the Republic of Korea, the both parties here to have agreed as follows:

1) Sales area: The "Agent" shall act as a (sole) sales agent for the "Principal" within the geographical area of the Republic of Korea as well as the area mutually agreed upon.

2) Sales products:

3) The agent shall do its best to promote sales of above products and sales transactions should be confirmed in advance by the "Principal."

4) The Commission rate will be (   )% of the purchase amount, and such commission must be paid within (   ) days after shipment.

5) This agreement is effective from (   ) of (   ) 2002. and will remain effective for (   ) years. This agreement shall be extended by mutual agreement.

6) The Principal shall observe those regulations described in international agreement provisions as regulated in Korea Anti-trust and Fair Trade Acts, against which agents shall not be bounded by Principal.

7) Any disputes or claims which can not be resolved amicably between the parties here to shall be settled in accordance with the rules of arbitration of the Korean Commercial Arbitration Board in Korea.

Supplicr : ____________________	Agent : ____________________
Title :	Title :
Company:	Company:

대리점 계약서

4. AGREEMENT(B)

This Agreement, made and entered into on ____________________ of by and bet-ween ________, a corporation organized and existing under the laws of ______________, ________________ having its main office and place of business at ____________(here in after referred to as Company) _______ and

________(here in after referred to as Representative)
WHEREAS, "Company" manufactures and/of sells products and WHEREAS, "Representative" desires to perform certain services on behalf of "Company" with respect to the following products : NOW THEREFORE in consideration of mutual conditions and obligations here in after set forth, the parties here to have agreed as follows :

Article 1. PRODUCTS

"Company" hereby appoints "Representative", and "Representative" hereby accepts appointment as "Company's" independent sales representative to promote and assist in the sales of the products as listed below :

Article 2. TERRITORY

The sales territory designated hereto is the geographical area of the Republic of Korea as well as the area mutually agreed upon for which "Representative" shall have sales responsibility and in which :Representative" will exert its best effort for sales of the "Products."

Article 3. MAJOR RESPONSIBILITIES OF REPRESENTATIVE

(A) Generate and stimulate interests in the "Products" and furnish information to "Company" in regard to market trend and prospective purchasers of the "Products."

(B) Participate in the sales promotion activities to benefit sales of the "Products" and assist and advise "Company" in this regards.

(C) Cooperate with and assist "Company" with the collection of any overdue accounts, after service informations, and other matters as requested by the "Company."

(D) Bear and pay all traveling expense and others incurred by "Representative" in connection with the sake of the "Products, and Representative" shall not be entitled to any reimbursement in this respect prior approval from "Company."

Article 4. MAJOR RESPONSIBILITIES OF COMPANY

(A) Endeavor to maintain the delivery conditions on all orders accepted by

"Company."

(B) Provide "Representative" to the full extent, with sales and technical information and assistance regarding the "Products."

(C) Keep "Representative" informed of specification changes in the "Products."

(D) All expense of catalogues, samples, advertisements, exhibitions and seminars made for sales promotion of the products shall be responsible to company.

(E) Principal shall observe those regulations described in international agreement provisions as regulated in Korean Anti-trust and Fair Trade Acts, against which agents shall not be bounded by Principal.

Article 5. COMMISSIONS

(A) The commission rate as agreed is (   )% and will accrue to "Representative's" account as of the date of shipment by "Company."

(B) The agreed rate of commission shall be due and payable to "Representative" within (   ) days of the date that "Company" made the pertinet delivery to the purchasers in the "Territory."

(C) No commission shall accrue to "Representative" Based on orders not accepted by "Company" or on orders cancelled prior to delivery by "Company."

(D) Commission will by paid to "Representative" in its country in the currency of (   ).

Article 6. PURCHASE ORDER & DELIVERY

"Representative" is not authorized to accept any purchase orders on behalf of "Company" or to other wise finalize any sales of such products without Company's consent. "Company" shall ship and deliver "Products" purchased by virtue of purchase orders, which it has accepted and acknowledged, directly to the customers in the "Territory."

Article 7. RELATIONSHIP OF PARTIES

(A) "Representative" shall have no authority to act for or on behalf of "Com-pany" without Company's consent to sign or other wise enter into any kind of contracts, undertaking or agreement, or make any promise, warranty or representation, with respect to the "Products". And "Company" shall not be bound by any acts, obligations, or defaults of "Representative", its employee or agents.

(B) "Company" shall not deal directly with customers in the "Territory" and in case a customer choose to deal directly with "Company", the "Company" shall notify and consult with "Representative", "Company" shall guarantee a fair and prevailing commission to "Representative" in accordance with Article 5 of agreement.

(C) In the event of bankruptcy, receivership, insolvency of assignment for the benefit of creditors of either party hereto, the other party may terminate this Agreement effective immediately by giving the first party written notice to that effect.

Article 8. ARBITRATION

Any dispute arising under or by virtue of this Agreement or any difference of opinion between the parties hereto concerning their rights and obligations under this Agreement or claims caused by insincerity in their transactions shall be finally resolved by arbitration. Such arbitration proceedings shall take place in Seoul in accordance with the applicable rules of arbitration of Korean Commercial Arbitration Board, but the proceedings should take place in the English language. The decision of the arbitration proceeding shall be final and binding upon both parties.

Article 9. EFFECTIVE DATE

This Agreement shall become effective as of the day and date first written above. If there are special conditions imposed by the government of either party, the date of such government approval shall become the effective date of this Agreement.

Article 10. APPLICABLE LAW

This Agreement shall be construed and interpreted in accordance with the laws of the Republic of Korea. Especially, Company shall observe those regulations deseribed in international agreement provisions as regulated in Korea Anti-trust and Fair Trade Acts.

Article 11. FORCE MAJEURE

Neither party shall be liable to the other party for non-performance or delay in performance of any of its control including fire, flood, strikes, labour troubles or other industrial disturbance, unavoidable accidents, governmental regulations, riots, and insurrections. Upon occurrence of such a force majeure condition the affected party shall immediately notify the other party with as much detail as possible and shall promptly inform the other party of any further developments. Immediately after the cause is removed, the affected party shall perform such obligations with all due speed unless the Agreement is previously terminated in accordance with Article 8 hereof.

Article 12. NOTICES

All communication notices or the like between the parties shall be valid when made by telegraph or telex communication subsequently to be confirmed in writing to the designated addresses of the other parties.

Article 13. ENTIRETY

This instrument constitutes the entire agreement and understanding between the parties hereto relative to the subject matter hereof and there are no understandings, agreement's conditions or representations, oral or written, expressed or implied, with reference to the subject matter hereof that are merged herein or superseded hereby.

No modification hereof shall be of any force of effect unless reduced to writing and signed by the parties claimed to be bound thereby and no modification shall be effected by the acknowledgement or acceptance of any order containing different conditions.

IN WITNESS WHEREOF, the partices have caused this Agreement to be executed by their dully authorized representative as of the date first above writtcn :

For and on behalf of, For and on behalf of.

By : ________________	By : ___________________
Typed Name :	Typed Name :
Title :	Title :
Company :	Company :

5. DISTRIBUTORSHIP AGREEMENT

This Distributorship Agreement(this "Agreement") IS made and entered into this _________ day of ___________ 19 ______ by and between _______________. A corporation duly organized and existing under the laws of ______ with its principal place of business at ________________________, a corporation duly organized and existing under the laws of the Republic of Korea("Korea") with its registered head office at ________________, Korea(the "Manufacturer")

WITNESSETH

WHEREAS, the manufacturer us a company with extensive experience in the manufacture and sale of ______________ and other ____________ products and is willing to grant to the Distributor the right and license to distribute and sell the products (as here in after defined) in the Territory(as here in after defined) ; and WHEREAS, the Distributor is a company engaged in the business of ____________ and desires to obtain the right and license from the Manufacturer to distribute and sell the Products in the Territory.

NOW THEREFORE, in consideration of the mutual promises, obligations and agreements constrained herein, the parties hereby agree as follows :

Article 1. DEFINITIONS

The terms defined in this Article shall have the meanings ascribed to them herein whenever used in his Agreement :

1-1 "Effective Date" shall mean the date on which this Agreement has been duly executed by the authorized representatives of the parties, and all required government approvals have been obtained.

1-2 "Products" shall mean the items which the Distributor is hereby granted the right and license to distribute and sell in the Territory, and as are more particularly described in Appendix a hereto. The products shall also mean any additional items which the partles may from time to time agree in writing to include within the scope of Appendix A ; provided, however, that the manufacturer may upon sixty(60) days prior written notice to the Distributor delete any item which is then included within the definition of Products, if in the Manufacturer's sole opinion it is expeditious to discotinue the manufacture of such item.

1-3 "Territory" shall mean ______________________.

Article 2. APPOINTMENT

The manufacturer hereby appoints the Distributor as the (exclusive or nonexclusive) distributor of the products in the Territory during the term of this Agreement. and the Distributor hereby accepts such appointment. The manufacturer shall not, directly or indirectly, offer or sell the products to any third party in the Territory without prior written approval of the Distributor.

Article 3. DISTRIBUTOR'S OBLIGATIONS

3-1 The Distributor agrees and undertakes to diligently and conscientiously use all reasonable efforts to promote and expand the sale of the products in the Territory, including but not limited to regularly and at its own expense distributing promotional literature, conducting multi media advertising and carrying out market surveys.

3-2 A reasonable annual advertising budget and a sufficient number of well trained sales and service representatives shall be maintained by toe Distributor for the purpose of Article 3-1 hereof. The amount and number of such respectively, shall be decided upon by mutual agreement of the parties and shall be subject to review on each anniversary of the Effective Date.

3-3 The Distributor further agrees and undertakes not to distribute or sell any products or item which in the sole opinion for the Manufacturer might reasonably be expected to directly or indirectly compete with or otherwise hinder the distribution and sale of the products in the Territory.

3-4 The Distributor shall ensure that adequate stocks of the Products are maintained by it in the Territory so as to be able at all times to meet without delay the reasonably anticipated demand for the Products during the ensuing sixty(60) day period.

3-5 The Distributor shall take all reasonable steps to ensure that the Products are properly transported, handled and stored so as to prevent any damage thereto.

3-6 The Distributor shall maintain adequate products liability and other appropriate insurance acceptable to the Manufacturer, to protect itself and the manufacturer from claims which may arise as a result of damage to the Products while in the possession or control of the Distributor, and the Distributor shall itself indemnify and save the manufacturer harmless from any claims which may be initiated against the Manufacturer as a result of any such damage to the Products to the extent that such are not covered by the said insurance.

3-7 The Distriboutor shall not alter or add to the packaging, brand names, trade names, trademarks or other markings affixed by the manufacturer to the products without the prior written consent of the Manufacturer.

3-8 The, Distributor shall render all reasonable assistance to the Manufacturer to enable the trade names trademarks, designs, copyrights and/or patents of the Manufacturer, designs, copyfights and/or patents of the manufacturer, as appropriate, to be duly registered and maintained in accordance with applicable laws and regulations in the Territory. The Distributor shall itself acquire no rights to such intellectual property rights, however, except as are expressly granted to it in writing by tje manufacturer.

3-9 The Distirbutor shall notify the manufacturer fofthwith of all imitations or infringements of the products, trade names, trademarks, designs, copyrights and/or patents of the Manufacturer of which the Distributor becomes aware and shall co-operate with the manufacturer in the taking of any legal proceedings in relation thereto. The expenses of any such proceedings shall be borne by the manufacturer, expcept to the extent or in the event that such arise as a result of a breach by the distributor of its obligations hereunder, in which case the Distributor shall be liable for all such costs and expenses.

3-10 The Distributor undertakes, during the term and after expiration of this Agreement, never to contest the validity of the registration of the trade names, trademarks, designs, copyrights and/or patents of the manufacturer, or to imitate them. The above commitment is extended to any business in which the Distributor has of acquires a direct or indirect interest or participation,

3-11 Every six(6) months during the term hereof the Distributor shall provide the manufacturer with a written report outlining its sales promotion activities during the preceding six(6) month period and its plans for similar activities during the next six(6) month, together with copies of all advertising materials used or to be used, during the said periods. In addition, the Distributor shall promptly notify the Manufacturer of the names and addresses of all potential new purchasers of the Products as the Distributor becomes aware of them, to enable the Manufacturer to itself also engage in any such promotional activities as it may deem appropriate.

3-12 The Distributor shall purchase the equivablent of at least ____________United States dollars(USD______)of the Products from the Manufacturer in the first full year of this Agreement, and in each subsequent year during the term hereof, an amount equal to at least __________ percent (_______%) of the quantity pruchased in the previous year.

Article 4. MANUFACTURER'S OBLIGATIONS

4-1 The manufacturer agrees and undertakes to make every reasonable effort to fill the orders of the Distributor with all reasonable dispatch.

4-2 The manufacturer will support the Distributor in its sales and promotional efforts by providing such materials and information as its control or possession, and as the manufacturer believes might reasonably assist the Distributor without adversely affecting the manufacturer's general interests, on such terms and conditions as the parties shall from time to time agree.

Article 5. ORDERING PROCEDURE AND SHIPMENT

5-1 Orders for the Products shall be in writing and in such form as the manufacturer notifies the Distributor, addressed to the Manufacturer as set forth in Article 14 hereof.

5-2 Within ________( ) days of receipt of an order so made, the Manufacturer shall indicate its acceptance, in whole or part, or rejection of such order in writing to the Distributor. The failure of the Manufacturer to days of receipt of an order shall be deemed to constitute acceptance.

5-3 Accepted orders will be shipped F.O.B Korean port of airport at the option of th Distributor on such vessel or other carrier as the Distributor shall itself arrange. Delivery to such vessel of other carrier shall constitute delivery to the Distributor and risk shall pass at that time.

5-4 Accepted orders shall be shipped with export packing adequate under normal transport conditions to prevent damage or deterioration.

Article 6. PRICE AND PAYMENT

6-1 The prices to be paid for the products shall be as outlined in Appendix Bhereto, calculated on an F.O.B Korea port ( ) or airport ( ) basis. The term, conditions or prices for the products shall be on most favoured terms offered to any other distributor in other countries for the products.

6-2 Payment shall be made in United States dollars by means of a separate confirmed and irrevocable letter of credit for each order. Each such letter of credit shall be in such form and opened by such bank as is accepted in writing by toe manufacturer, shall be opened within ____________ ( ) days of the placing of the order to which it relates and shall names as the advising bank such and branch as the manufacturer may notify the Distributor from time to time in writing.

6-3 If during the tern of this Agreement the Manutacturer's costs of delivering the products to the Distributor, increase by more than _______ percent (_______%) due to fluctuations in currency exchange rates, increases in the cost of raw materials, oil or other energy sources, increases in interest rates or other factors beyond the reasonable control of the parties, than the prices paid by the Distributor shall be proportionally increased.

Article 7. WARRENTY

7-1 The manufacturer specifically and expressly warrants that the products manufactured and sold by the manufacturer shall be of the highest quality, free from any defects in material or workmanship and comply with description, specifications and specimens of the products and the laws and regulations of the Territory for such Products.

7-2 The aforesaid warranties shall extend for one(1) year from the delivery of the Products by the Distributor to the end user, hereinafter called "Warranty period". If during the Warranty period, any Product fails to meet the warranties as provided of for in Article 7-1 above and the Distributor informs the manufacturer in writing of details of such failure, the Manufacturer shall at its expense, repair, make good, or replace the defective Product with all possible speed at the places designated by the Distributor. The manufacturer shall be liable, in addition, for the transportation and customs clearance expenses and for the compensation of all other losses and damages incurred by the Distributor as a result of the aforementioned defects in the products.

7-3 Any Product which has been found defective and replaced or repaired shall have the Warranty Period of one(1) year renewed from the date on which replacement or repair is completed.

7-4 If the manufacturer does not commence the correction of such defects within thirty(30) days from the date of receipt of notice from the Distributor, or does not complete the said correction with reasonable diligence and within a reasonable time, the Distributor may, at its option and without prejudice to any right and remedies available to the Distributor, correct the defects either itself or through others at Manufacturer's risk and expenses. In such event, the Manufacturer shall reimburse all expense for remedy of such defects and also any and all losses and damages incurred by the Distributor as a result there of within thirty(30) days from the date of receipt of Distributor's demand.

7-5 The amount payable by the manufacturer to the Distributor under this warranty clause shall be allowed as a credit to the Distributor, provided that the manufacturer fails in marking such payment to the Distributor within the above mentioned period.

Article 8. TERM AND TERMINATION

8-1 This Agreement shall become effective on the Effective Date and shall extend for an initial term of ________ (   ) years from such date. It shall there after be auto matically renewed for successive ________ (   ) year terms unblessed either party gives the other party notice of its intention not to renew at least sixty(60) days before the date of expiration of the initial ________(   ) year term or of any successive ________(   ) year renewal terms, as the case may be.

8-2 This Agreement may be terminated froth with by notice in writing in the following instances :

(a) By either party, if the performance of this Agreement is prevented or substantially interfered with by an event of force majeure for a period of more than ninety(90) days ;

(b) By either party, in the event that any material breach of this Agreement is not cured to the satisfaction of that party within thirty(30) days of written notice thereof to the other party ;

(c) By either party, if the other party is dissolved or liquidated, becomes insolvent or bankrupt, or if other events occur which are of similar effect under the laws of the Territory or the country in which the other party is organized and exists or if for any other reason the other party is unable to pay its debts as they become 연 and payable ; or

8-3 The terminations of this Agreement for any reason whatsoever shall not interfere with, affect or prevent the collection by either party of any sums rightfully due to it pursuant hereto.

8-4 Upon the termination of this Agreement, the Manufacturer shall have the right to purchase back from the Distributor all or any part of the unsold stock of the Products then in the control or possession of the Distributor, The repurchase price shall be the price paid by the Distributor to purchase the products in question and have them delivered to its warehouse in the Territory. The failure of the manufacturer to notify the Distributor within ___________(   ) days of the termination hereof of its intention to repurchase such products shall deprive the manufacturer of the right to exercise this option to so repurchase them.

8-5 After the termination date of this Agreement has been established, the manufacturer shall, subject to do the other provisions of this Agreement, be obligated to deliver and th Distributor shall be obligated to accept only such of th products as the Distributor shall need to fulfill bona fide holders placed and accepted by the manufacturer prior to such termination date.

Article 9. FORCE MAJEURE

9-1 Neither party shall be considered in default of any of the terms hereof on account of any delay or failure to perform any provision of this Agreement, if such failure or delay arises directly or indirectly from any act of god, war, insurrection, riots, strikes, work stoppages, embargoes, unusually severe weather conditions or other events beyond the reasonable control of the parties hereto.

9-2 The party prevented from performing this Agreement because of an event of force majeure shall promptly notify the other party of the occurrence of such event together with a description thereof and an estimation of the length of the delay such event is likely to cause to the performance of this Agreement.

Article 10. SEVERABILITY

If any provision of this Agreement should be found legally unvalid, void or unenforceable in whole or in part, the remaining provisions hereof shall not be affected thereby, and the parties shall promptly replace such provision by a reasonable new provision which as far as legally and practically possible approximates what the parties intended by such original provision, to carry out their purpose hereunder.

Article 11. ASSIGNMENT

Any purported or actual assignment or other transfer of this Agreement in whole or in part or of the rights and obligations arising herein, by either party without the prior written consent of the other party is expressly prohibited and shall be null and void.

Article 12. NON–WAIVER

The failure of either party to force at any time any provision of this Agree–ment shall not constitute a waiver thereof, or of the right to thereaster enforce such provision, of to claim damages or to terminated this Agreement for any subsequent or continuing default of such or any other provision.

Article 13. INDEPENDENT CONTRACTORS

It is agreed and understood that the relationship between the parties is that of independent contractors and noting contrained herein shall be construed to place the parties in, not shall the parties hold themselves out to be in, the relationship of partners, joint venturers, principal and agent or employer and employee. Either party all have no right to enter into contracts in the name of or on behalf of the other party.

Article 14. ARBITRATION AND GOVERNING LAW

14–1 Disputes, controversies, claims or difference arising out of, or in relation to this Agreement, or a breach hereof, shall be finally settled by arbitration in Seoul, Korea in accordance with the Commercial Arbitration Rules of the Korean Commercial Arbitration Board and under the laws of Korea. The award rendered by the arbitrators shall be final and binding on the parties concerned.

14–2 The validity, performance, construction, and effect of this Agreement shall be governed by the laws of Korea.

Article 15. COMMUNICATION AND NOTICES

All notices or other communications called for by this Agreement shall be in writing addressed to the parctes at their respective addresses shown below or as otherwise hereafter notified in writing by one party to the other and shall be deemed received, in the case of telexes, cables or telefaxes on the day after being sent, and in the case of posted letters or documents, which letters or documents shall be sent by postage prepaid registered air mail, ________(   ) days after posting :

Article 16. ENTIRE AGREEMENT

This Agreement supersedes and replaces any and all prior discussions, negotiations, representations and agreements, written or oral, between the parties. This Agreement shall not be modified, nor shall the authorization of any act not in conformity herewith be deemed to amend or supersede this Agreement, in whole or in part, unless such a modification, waiver or authorization is in writing and signed by both parties. This Agreement is made in the English language and is executed in two(2) counterparts, each of which shall have the force and effect of an original.

IN WITNESS WHEREOF, the duly authorized representatives of the parties have executed this Agreement on the day and year first written above :

(Full name of Distributor)	(Full name of Manufacturer)
______________________________	______________________________
Name :	Name :
Title :	Title :
Company :	Company :

(10) 화인(貨印)(Shipping Mark)

화인은 화물의 분류를 원활히 수행하고 화물의 운송 및 보관할 때에 화물취급상의 주의를 포장에 표시하기 위하여 매수인이 매도인에게 요구한다.

(11) 검사증명서(Inspection certificate)

무역계약서의 상품 계약조건에 선적된 상품이 합치되어 있는가를 확인하기 위하여 제3자인 검사기관이나 검사인에게 상품을 검사시키는 일이 있다. 검사비용의 부담은 대부분 수출자가 부담하나 누가 부담할 것인지 결정해야 한다.

(12) 불가항력(Force Majeure) 등 면책약관

불가항력에 의하여 계약의 이행이 불가능하거나 이행이 지연되는 경우에 대비하여 미리 계약서상에 면책문언을 삽입하여야 한다.

예를 들어 제1, 2차대전 발생으로 계약당사자가 계약 목적의 달성이 불가능한 경우 계약이 소멸한다는 이행불능(Frustration)법리가 성립되었다. 영국법은 이행불능(Frustration)이 성립되면 적법한 의무가 면제된다고 하였다. 그러나 면책조항이 무역계약서에 명기되어 있지 않으면 수출자는 면책되지 않는다.

(13) 무역조건

F.O.B., C.I.F. 등 정형무역조건의 정의해석 인코텀스(Incoterms, 1990 edition)에 의하는 것이 가장 무난하다. 수출할 때에는 FOB조건 수입할 때에는 CIF조건이 유리하다는 것은 여러 논문에서 입증되었다.

(14) 권리침해

공업소유권 등에 관한 권리침해(Infringement)에 대해서는 면책문언을 삽입시켜야 한다. 특히 미국이나 선진국 등에 수출할 경우 반드시 권리침해 조항을 무역계약서에 삽입해야 한다.

(15) 클레임(Claim) 및 클레임 제기기한

클레임 제기 기한을 설정해 두어야 한다. 이는 수입상이 판매부진이나 보관상의 잘못으로 품질이 변할 때에 클레임(Market Claim)을 제기하는 것을 미연에 방지할 수 있기 때문이다. 클레임 제기 기한은 상품이 수입목적지에 도착한 후 14일(관습상 도착 후 3일 이내) 이내에 서면으로 제기하지 않으면 이를 수락하지 않는다는 문언을 삽입해야 한다. Any claim by buyer must be made in writing 14 days of receipt the goods at destination stated on the face hereof, and no claim will be recognised if they are used. 클레임이 발생할 경우에 대비하여 계약서에 미리 클레임 해결조항인 클레임조항을 협의해서 규정해 두면, 클레임의 예방과 해결에 도움이 된다. 클레임조항에는 클레임의 해결방법, 하자통지 및 클레임의 입증수단, 비용부담 및 불가항력적인 사정에 의해서 발생하는 손해의 처리 그리고 클레임제기 기간 내에 클레임이 제기되지 않았을 때에는 클레임 제기 권리포기를 포함시킨다. 제한된 기한(제척기간)이 경과하면 매수인은 목적물의 하자에 대한 구제권을 행사할 수 없으므로 매도인은 제한된 기간내에 요청된 클레임에 한하여 책임을 부담하게 되며 그 이후에 발생된 사항에 대해서는 면책되는 효과가 발생하게 된다.

1. Seller	COPY CERTIFICATE OF ORIGIN issued by THE KOREA CHAMBER OF COMMERCE & INDUSRY Seoul, Republic of Korea 원 산 지 증 명 서 대한상공회의소
2. Consignee	
	4. Buyer's(if other than consignee)
3. Partical of Transport(where required)	5. Country of Origin
	6. Invoice Number and Date
7. Shipping Marks 8. Number and Kind of Packages : Description of Goods 9. Quantity Gross Weight or Measure	
10. Other Information	The Korea Chamber of Commerce & Industry certifies, on the basis of relevant invoice and document, that the above mentioned goods originate in the country shown in colume 5
	THE KOREA CHAMBER OF COMMERCE & INDUSTRY

(16) 상사 중재 조항

매매계약에 관하여 발생하는 분쟁(민사)은 소송에 의하여 해결하기보다는 중재(Arbitration)에 의하여 해결하는 것이 현실성이 있고 경비도 절감되며 신속히 해결할 수 있다. 중재조항을 삽입할 때에는 중재는 대한상사중재원의 중재규칙에 따른다는 문언을 삽입하도록 유도하고 있다.

〈중재조항의 예〉

All disputes, controvercies, or differences may arise between the parties, out of, or in relation to, or in connection with this contract, or for the breach thereof, shall be settled by arbitration in seoul, Korea in accordance with the Commercial Arbitration Rules of the Korea Commercial Arbitration Board and under the Laws of Korea. The award rendered by arbitrator(s) shall be final and bind upon both parties concerned.

"이 계약으로부터 또는 이 계약과 관련하여 그리고 이 계약의 불이행으로 말미암아 당사자간에 발생하는 모든 분쟁, 논쟁 또는 의견차이는 대한민국 서울에 있는 대한상사중재원의 상사중재규칙 및 대한민국법에 따른 중재에 의하여 최종적으로 해결한다. This contract shall be governed in all respects by the law of Korea. 중재인(들)에 의하여 내려지는 판정은 최종적인 것으로 당사자 쌍방에 대하여 구속력을 가진다"

(17) 준거법

계약의 해석에 있어서 어느 국가의 법률을 적용하느냐? 하는 문제는 미리 결정하여 계약서에 명기해 놓아야 한다. 실태조사에 의하면 수출을 할 때에 무역계약서를 작성하는 비율이 약 30%밖에 되지 않는다. 무역계약을 체결할 때에는 반드시 무역계약서를 작성하여야 한다. 물론 그 내용의 단어 하나 하나가 갖는 상반된 의미도 법리적인 측면에서 검토한 후 거래에 임해야 어처구니없는 피해를 사전에 예방할 수 있게 된다.

준거법에 대한민국의 법임을 규정하는 This contract shaii be governed in all respects by the law of korea. 문구를 삽입해 놓으면 분쟁이 발생하였을 때에 경쟁우위를 점할 수 있다.

이상의 17개 항목의 조항은 모두 무역계약서상 계약을 체결할 때에 당사자가 일일이 합의하면서 결정하는 일은 극히 드물며, 일반적으로 중요한 사항에 대해서만 합의하여 결정하며 나머지 사항은 계약서를 작성할 때에 이면 조항에 삽입하는 경우가 많다. 따라서 무역계약서를 우리나라 수출업자측이 주체가 되어 작성하는 경우에는 상대방과 합의한 중요 내용과 승낙을 얻을 수 있는 범위내의 추가조항을 기재한 무역계약서를 2통 작성하여 자기 서명을 한 후 2통을 모두 상대방에게 송부하여 그 중 상대방이 서명한 무역계약서 1통을 받아 보관하고 있어야 한다.

대한상사중재원의 무역분쟁 실태조사 분석결과를 살펴보면, 우리나라 무역업계 종사자들은 무역계약서의 중요성에 대한 인식도가 아주 낮게 나타났다. 그 이유는 교역상대방과의 관계에 있어서 향후 거래관계를 지속하기에 급급할 정도로 거래선이 한정되어 있기 때문에 무역계약을 협의할 때에 협상력이 열세에 있다. 그래서 무역계약 체결률은 56.6%에 그치고 있다.

이로 인해 우리나라 무역업계는 무역분쟁의 처리에 있어서 정당한 권리조차 행사하고 있지 못한 실정이다. 뿐만 아니라 국제계약에 대한 기초 이론 및 관행에 대한 인식부족으로 스스로 무역분쟁의 사유를 제공하는 것으로 판단된다.

무역분쟁의 예방을 위해 당사자가 합의한 내용들을 무역계약서에 명확하게 명기해 둘 필요가 있으며 또한 후일의 증거를 위해서 무역계약서(반드시 상사중재조항 명기해야 함)의 작성은 무엇보다도 중요하다. 그럼에도 불구하고 실태조사 분석결과에 의하면 대체로 무역계약을 체결할 때에 그 내용을 충분히 숙지하고 문서화해야 할 무역계약의 제반 조건들에 대한 업계의 명확한 이해가 부족한 것으로 나타났다. 그러므로 우리나라 기업들이 무역계약서 작성을 강하게 주장할 수 없어서 무역계약서 작성률이 낮다. 또한 무역계약서상에는 반드시 상사중재조항을 명확하게 삽입해야 한다. 왜냐하면 분쟁에 대하여 규정화하는 것이 상징적인 의미가 있어 분쟁을 사전에 예방하는 효과가 있다.

분쟁(Claim)이 발생했을 때에 분쟁을 해결하는 방법은 당사자간의 해결과 제3자를 통한 해결방법이 있다.

첫째, 당사자간의 해결

(i) 분쟁의 포기

(ii) 타협과 화해

당사자 쌍방이 직접 또는 중재인의 교섭을 통하여 합리적인 선에서 청구액의 범위와 구상방법을 합의함으로써 해결하는 방법이다.

둘째, 제3자를 통한 해결

당사자간의 해결이 불가능할 때에 제3자를 통하여 해결하는 방법으로 알선, 조정, 중재가 있다.

(i) 알 선

제3자의 성격을 갖는 기관이 당사자의 의뢰에 의하여 분쟁에 개입하여 해결을 위한 조언이나 방안을 제시하는 것이다. 대한상사중재원은 무료로 알선을 해왔는데 '95년 7월부터 약간의 수수료를 받고 있다.

(ii) 조 정

알선에 의하여 분쟁이 해결되지 않으면 당사자가 제3자를 조정인으로 선정하고 조정인이 제시하는 해결안에 대하여 합의함으로써 분쟁을 해결한다.

상사중재규칙에는 중재신청이 접수된 후 기준일로부터 우리나라 중재의 경우 15일, 국제 중재의 경우 30일 이내에 당사자 쌍방으로부터 조정 요청이 있는 경우 조정 절차를 시도하며, 조정인이 선정된 날로부터 30일 이내에 조정이 성립되지 않으면 조정절차는 종료되는 것으로 규정하고 있다.

(iii) 중 재

무역을 할 때에는 상대방의 신용에 대하여 잘 모르기 때문에 각종 무역분쟁 및 사기를 주의하여야 한다. 분쟁 및 사기를 예방하는 길은 무역을 하면서 단계별로 거래처 발굴, 신용조사, 무역계약서 작성, 신용장(상사중재조항 삽입) 확인, 대금결제방식, 수출보험에 부보, 사후관리 등 사전 점검을 철저히 하는 것뿐이다. 순간의 실수가 평생 지울 수 없는 상처를 남긴다. 무역에 관련된 제반지식(무역영어, 무역실무, 관련학문 등)을 충분히 숙지하지 못한 채 의지와 열정(의욕)하나만으로 세일즈를 하는 사람은 이런 아픔을 겪을 확률이 높으므로 거래단계별로 면밀히 확인하는 전향적인 자세를 가져야 한다.

2) 상사 중재계약

(1) 중재계약의 방법과 형식

매매계약서상의 중재계약서의 작성상 편의와 해석에 대한 다툼을 사전에 방지하기 위하여 "상설중재기관"들은 이른바 표준중재조항을 미리 작성하여 놓고 그 사용을 권장하고 있다.

대한상사중재원의 표준상사중재조항을 소개하면, “이 계약으로부터 이 계약과 관련하여 또는 이 계약의 불이행으로 말미암아 당사자간에 발생하는 모든 분쟁, 논쟁 또는 의견차이는 대한민국 서울특별시(혹은 부산광역시)에서 대한상사중재원의 상사중재규칙 및 대한민국법에 따라 중재에 의하여 최종적으로 해결한다. 중재인들에 의하여 내려지는 판정은 최종적인 것으로 당사자 쌍방에 대하여 구속력을 가진다” 라는 다음과 같은 상사중재조항을 무역계약서에 삽입하여야 한다.

All disputes, controvercies, or differences may arise between the parties, out of, or in relation to, or in connection with this contract, or for the breach thereof, shall be settled by arbitration in seoul, Korea in accordance with the Commercial Arbitration Rules of the Korea Commercial Arbitration Board and under the Laws of Korea. The award rendered by arbitrator(s) shall be final and bind upon both parties concerned.

무역클레임 및 중재관련기관

기 관	비 고	전 화 번 호
대한상사중재원	무역클레임 및 중재전반	02) 551 - 2019
한국무역협회 무역상담실	무역클레임	02) 551 - 5334/8

자료 : 필자 작성

(2) 중재계약의 내용과 범위

중재계약 즉, 중재조항의 내용 및 범위의 구체적인 결정은 개별적인 상담능력과 지위, 사건의 법률적 요소, 분쟁제기 가능성을 검토하여 결정하여야 한다.

(3) 직소금지 및 보전처분

중재는 분쟁을 법원의 소송절차(3심제, 지방법원→고등법원→대법원)에 의해 해결하지 않고 중재(단심제로 종결됨)로써 해결하겠다는 당사자자치원칙에 따라 이루어진 제도이므로 중재계약이 체결되면, 동 중재계약이 무효이거나 효력을 상실하였거나 이행이 불가능한 경우가 아니면 당사자는 소송을 제기할 수 없다.

또한 중재계약이 있음에도 불구하고 법원에 제소하였을 경우에는 불제소특약이 있는 경우처럼 상대방은 방소항변을 제기할 수 있고 법원은 이런 경우 소각하 판결을 하게 된다. 영 · 미 국가에서는 이런 경우 소송을 정지하고 있다. 그러나 중재계약이 존재함에도 불구하고 상대방이 응소하여 본안에 관한 준비서면을 제출하거나 진술할 경우에는 결국 중재계약을 포기하고 소송으로 해결할 것을 동의한 것으로 볼 수 있으므로 그러한 때에는 방소항변권을 상실한다. 그러나 이와 같은 직소금지의 원칙은 법원의 보전처분에는 영향이 없다.

즉, 중재계약이 있더라도 당사자 누구나 중재 절차 개시 전 또는 중재 절차 중이더라도 분쟁사건과 관련하여 법원에 가압류 · 가처분을 신청할 수 있다.

(4) 중재장소

중재를 하는 장소는 매우 중요한 의미를 갖는다. 중재절차는 법정지법에 의한다는 원칙에 따라 상설중재기관의 중재규칙의 내용에 없는 부분에 관한 것이거나 또는 명확치 않은 부분에 대하여서는 중재장소의 민사소송법이 적용된다.

그러므로 중재장소의 합의는 우리나라의 서울에서 한다고 합의하는 것이 수출자에게 가장 유리하다.

❖ 대한상사중재원(www.kcab.or.kr)

(5) 중재절차의 의의

중재절차는 중재사건이 접수되어 판정이 내려질 때까지의 모든 절차를 의미하며 당사자가 중재계약으로 정할 수 있으나 만약, 당사자들이 중재절차에 관하여 합의하지 아니하였거나 또는 중재절차에 관한 당사자들의 의사가 분명치 아니한 때에는 상사중재규칙에 따라 다음과 같이 중재가 개시된다.

중재의 진행은 당사자의 의사가 제일 먼저 적용되고 그 다음 의사가 불분명할 때에는 중재법규에 의하고 중재법규에 명확한 규정이 없으면 중재판정부에서 정하여 진행한다.

(6) 중재판정의 효력

중재판정은 당사자간에 있어서는 법원의 확정판결과 동일한 효력을 가진다. 또한 국제적 효력은 1958년 6월 10일 유엔경제사회이사회에서 채택된 UN협약 "외국중재판정의 승인 및 집행에 관한 협약"에 우리나라가 '73년 2월 8일에 가입하여 동년 5월 9일 발효됨에 따라 우리나라 중재기관에서 판정을 받아도 그 상대국에서 집행을 보장받고 승인을 해 주도록 되어 있기 때문에 소송보다 더 편리한 분쟁해결 방법이다.

(7) 상사중재의 장점

① 당사자간의 자율에 의한 분쟁해결 방법이다.

② 상호교섭과 호양의 정신에 의하여 평화로운 분위기속에서 진행된다.

③ 딱딱하지 않은 분위기와 중재인이나 사건당사자가 평등한 입장에서 당사자의 의사를 존중한 비관료적인 절차가 진행된다.

④ 신속성

중재계약에서 약정된 기간 내에 또는 중재법규상의 신속절차에 따라 처리되며, 중재판정은 법원의 확정판결과 동일한 효력이 있으므로 법원에 다시 불복항소할 수 없다.

⑤ 중재인의 전문성

분쟁의 내용과 성질을 잘 아는 사계의 전문가로서 법조계, 학계, 업계출신 인사 중에서 선정된 중재인이 판정하기 때문에 전문성과 권위가 있다. 동시에 경험부족에서 오는 오판을 최소한 줄일 수 있다.

⑥ 중재절차의 비공개

거래의 기밀이 대외적으로 누설되는 것을 방지할 수 있고 영업상의 비밀이나 Know-how 등의 비밀이 보장되는 등 대외신용의 계속유지가 보장된다.

⑦ 저렴한 비용

신속성과 전문성 때문에 중재비용은 저렴하며 특히 청구금액이 클수록 비용은 적어진다. 또한 중재대리인으로서의 변호사 선임여부가 자유이기 때문에 선임료 등이 들지 않는다.

⑧ 중재판정은 외국에서도 승인되고 집행이 보장된다. 예를 들면 우리나라의 대한상사중재 원의 중재판정은 국적을 달리하는 상대방 국가에서 재산 차압을 위한 강제집행이 보장된다.

3) 수출보험 부보

벤처 · 中企 기업 수출 신용지원 '일등공신' – 한국수출보험공사

세계무역기구(WTO) 체제하에서 수출지원수단으로 유일하게 허용된 수출보험을 수출금융경색을 타개하는 윤활유로 활용하려는 정부정책에 따라 중소기업에 대한 수출신용보증 지원을 확대하였다.

수출보험은 중소기업의 자금운용을 지원해 준다. 중소기업을 하는 김모사장은 수출대금을 사기당할 뻔하였다. 김모사장은 어렵게 수출계약을 체결하고 상품을 제조하여 선적하였으나 수입업자가 부도나는 바람에 수출대금을 받지 못하였으나 한국수출보험공사가 수출대금을 대신 100% 보상해주었다. 이처럼 수출보험은 수출 등 대외거래에서 발생하는 수출대금 미회수 위험을 담보해준다. 또 수출계약 후 이미 만들어 놓은 상품을 수입자의 사정으로 수출하지 못하면, 수출자나 수출금융기관이 수출보험금을 보상받을 수 있다.

수출보험은 1920년대부터 수출지원을 위해 도입되어 현재 70여 개국에서 운영중이다. 우리나라는 지난 '68년 수출보험법이 제정되어 '69년부터 수출보험업무를 시작하였다. 이후 '77년부터 수출입은행에서 수출보험 업무를 처리하다가 '92년 한국수출보험공사가 설립되어 전담체제로 운영되고 있다. '92년 당시 1조 8천억원이던 인수실적은 '98년 28조 1,696억원 '99년 34조 1,690으로 급격히 성장한 수출보험시장은 비약적으로 성장했다. 수출보험을 비롯 수출보증보험, 수출어음보험, 해외투자보

험, 농수산물수출보험, 해외공사보험, 시장개척보험 등 모두 9가지가 있다.

수출보험공사는 수출기업의 애로사항을 해결해주기 위하여 수출보험제도를 꾸준히 개선하고 있다.

'98년 10월부터는 수출하청업체까지도 수출보험 부보를 받아주고 있다. IMF관리체제 이후 수출기업의 자금경색으로 하청기업 등에 대한 보수 수요가 생긴 데 따른 것이다. 수출상품 선적전 수출신용보증 심사절차를 보증금액별로 차등화하였다. 1억원 이하의 소액보증일 경우 수출자가 적황색거래업체 등 보존제한 사유에 해당되지 않으면 신청액 전액을 보증서주기로 하였다. 3억원 이하의 소액보증도 수출자 신용등급 평가요소를 12개에서 4개로 줄였다.

수출기업이 조달청의 비축물자 방출사업을 통하여 원자재를 외상 구매하는 경우에도 수출보험공사에서 보증을 받을 수 있게 되었다. 그리고 '98년 7월부터 중소기업을 위한 수출보험 특별지원을 하고 있다. 수입신용장을 받은 중소·중견기업이 생산 및 원자재 구입에 필요한 자금을 무역금융으로 조달할 경우 수출신용보증 종목에서 이를 전액 보증하고 있다. 수입신용장이 없으면 신설기업의 경우에도 최고 3억원까지 보증받을 수 있다.

수출보험 우대지원 대상인 유망중소기업의 범위를 종전 수출기업화 대상업체, 벤처기업 외에 은행, 신용보증기금, 지방자치단체 등이 발굴한 2천7백41곳으로 확대하였다.

중소기업 전용종목인 신규 시장 개척보험의 부보율(보험금액÷수출금액)을 종전 80%에서 95%로 높였다. 종전 결제기간 2년 이상 중장기 수출거래에만 적용하던 외화표시 보험제도를 단기 거래까지 확대하여 수출기업의 환차손을 막아주고 있다. 이밖에 개별보험으로 만 담보하던 해외지사의 재판매 거래를 포괄하던 해외지사의 재판매 거래를 포괄보험으로 인수하도록 했으며 부보율도 80%에서 90%로 늘렸다. 러시아 등 1백37개 위험국가에 대한 수출보험을 계속해서 정상적으로 인수하고 있다. 보험사고에 따라 보험금을 탈 수 있는 보험보상율은 수출금의 100%이다.

단기수출보험 이용 절차

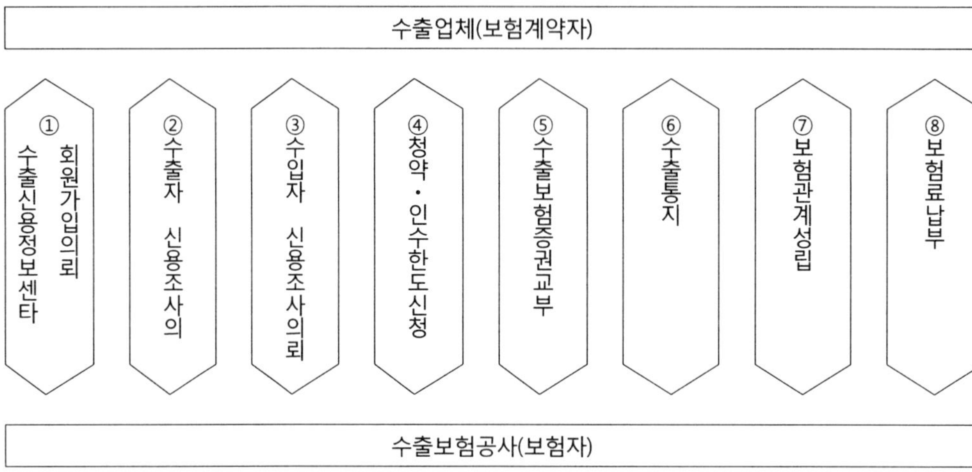

자료 : 필자 작성

단기수출보험의 포괄보험 부보절차를 살펴보면, 수출업체가 수출보험을 처음 부보할 경우에는 우선 한국수출보험공사 내 수출신용정보센타(Tel : 02-399-6800)회원으로 가입하여 신용조사를 받아야 한다. 수출자의 신용을 조사하는 데에는 통상 1주일 소요되고 수입자의 신용조사에는 1～2개월 정도 소요된다. 따라서 수출상담이 이루어지는 단계에서부터 미리 신용조사를 의뢰하는 게 좋다. 다만, 무조건부 취소불능신용장을 받고 수출하는 경우에는 수입자에 대한 신용조사가 생략된다.

수출자 및 수입자에 대한 신용조사가 끝나면 수출자는 인수한도책정을 신청하고 수출보험공사는 인수한도를 설정하여 수출업체에게 통보해준다. 인수한도는 동일 수출입자간 거래인의 경우에 수출보험에 부보할 수 있는 최대누적금액이다.

한번 책정된 수출보험인수한도는 몇 차례에 걸쳐 사용되든 간에 누적액이 한도 내에 있으면 가능하고 만일, 수출보험 가입한 수출거래가 완료되어 결제되면 결제된 금액만큼 다시 한도가 회복된다. 특히 중소기업의 경우 인수한도 신청내용을 심사한 후 사정된 금액에서 2배까지 인수한도를 증액 책정할 수 있다. 또한 포괄보험을 이용하는 업체는 우대된다.

수출상품선적 전에는 수출계약을 통지해야 하며 선적 후에는 선적사실을 수출보험공사에 알려야 한다. 선적통지 등을 받은 수출보험공사는 보험관계 성립 사실을 알려주고 이를 받은 수출자는 보험료를 납부하면 모든 절차가 끝난다.

한편, 수출보험 중에서 포괄보험은 수출보험공사와 수출자가 포괄보험특약을 체결하여 3백60일 이하의 수출거래에 대해 의무적으로 보험에 부보하도록 되어 있고 자동 인수하는 방식으로 대외무역법상 무역업 등록을 하고 2년 이상 영업을 해야 가입자격이 주어진다. 개별보험은 수출자와 수출보험공사가 각각 보험인수나 가입금액 등을 자유롭게 선택할 수 있다. 이 경우 보험계약자(수출자)는 위험이 큰 거래에 부보하려 하지만 수출보험공사(보험자)는 반대로 보험인수를 거절할 수 있기 때문에 결국 위험도에 따라 보험금액이 결정될 수밖에 없다.

(1) 수출보험의 종류

수출보험에는 현재 단기수출보험, 수출어음보험, 수출보증보험 등 8가지 종목이 있다. 주력종목인 상품수출 관련보험을 비롯, 해외공사 해외투자 해외시장 개철보험 등이 있다. 각 종목별로 보험내용과 대상거래 이용업체등을 살펴보면 다음과 같다.

① 수출보험의 운영 종목

수출보험의 운영은 크게 6가지 종목으로 분류할 수 있다.

- 단기수출보험 : 결제기간 2년 이내의 단기수출계약을 체결한 수 수출이 불가능하게 되거나 수출대금을 받을 수 없게 된 경우에 입게 되는 손실(당해 물품에 발생한 손실을 제외)을 보상하는 보험이다.
- 중장기수출보험 : 수출대금의 결제기간이 2년을 초과하는 중장기 수출계약을 체결한 후 수출이 불가능해지거나 수출대금을 받을 수 없게 된 경우, 수출대금금융계약을 체결한 수 대출원리금을 받을 수 없게 되었을 경우에 입게 되는 손실을 보상하는 보험이다.
- 해외공사보험 : 해외공사계약 체결 후 그 공사에 필요한 물품의 수출이 불가능하게 되거나 그 공사의 대가를 받을 수 없게 된 경우나 해외공사에 사용할 목적으로 공여된 장비에 대한 권리를 박탈당해 입게 되는 손실을 보상하는 보험이다.
- 수출보증보험 : 금융기관이 해외공사계약이나 수출계약 등과 관련해 수출보증을 한 경우에 보증 상대방으로부터 이행청구를 받아 이를 행함으로써 입게 되는 금융기관의 손실을 보상하는 보험이다.
- 해외투자보험 : 해외투자를 한 후 투자대상국에서의 수용 · 전쟁 · 송금위험으로 인해 그 해외투자의 원리금과 배당금 등을 회수할 수 없게 되거나

보증채무이행으로 입게 되는 손실을 보상하는 보험이다.

• 농수산물수출보험 : 농수산물 수출계약 체결 후 수출이 불가능하게 되거나 수출대금을 받지 못하게 되었을 경우, 당해 농수산물의 국내가격 변동으로 당해 수출계약의 이행에 따라 입게되는 손실을 보상하는 보험이다.

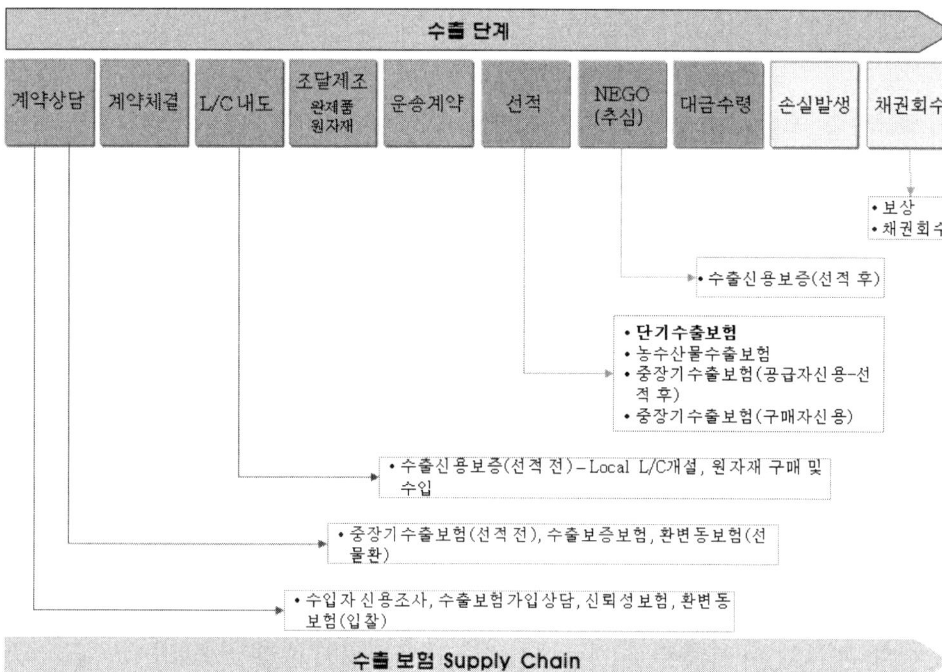

* 단기수출보험 : 수출보험공사의 업무 중 무역업체에서 가장 필요로 하는 보험

② 수출어음보험

결제기간이 2년 이내인 무신용장거래방식(D/A, D/P 등) 수출거래와 신용장거래방식 수출거래라 하더라도 수출대금회수에 대해 확신을 가질 수 없는 위험지역 등에 수출할 때에 이용 가능한 보험이다.

이 보험에 가입하면 수출업자가 상품을 선적한 후 발행한 화환어음을 매입한 외국환은행이 어음만기일에 지급인으로부터 어음금액을 지급받을 수 없게 된 경우 입게 될 손해 등을 보상받게 된다. 이에 따라 수출어음보험은 대금회수를 위해 발행한 환어음에 선하증권, 화물상환증, 항공화물수취증 등 어음상 권리를 담보할 수 있는 증서가 첨부된 화환어음을 외국환은행이 매입한 경우에만 수출어음보험에 부보할 수 있다. 환어음을 발행하지 않는 거래는 원칙적으로 수출어음보험에 가입할 수 없다.

③ **단기수출보험**

결제기간이 2년 이내인 수출거래에 대한 보험으로 선적 전에 수출이 불가능해지거나 선적 후 수출대금을 회수할 수 없게 되었을 때에 입은 손실 등을 보상한다. 단기수출보험은 우리나라에서 생산가공 또는 집하된 상품을 수출하는 거래로 구상무역이나 대응구매 방식 등도 보험대상에 포함된다.

수출자가 우리나라에서 조달한 원부자재를 외국에 위탁 가공한 상품을 수출하거나 수출자의 해외현지 법인이 생산 가공한 상품을 수출하는 위탁가공무역, 수출자가 수출 목적으로 상품을 수입한 후 이 상품을 제 3국에 다시 수출하는 중계무역, 수출자가 해외지사(현지법인 포함)에 상품을 수출하고 해외지사가 현지 또는 제3국에 재판매하는 거래 등도 단기수출보험의 담보대상이 된다.

④ **수출신용보증**

중소기업 수출업자만이 이용할 수 있는 제도로 대기업은 해당되지 않는다. 수출신용보증보험은 외국환 은행이 중소기업 수출자로부터 수출신용보증서를 담보로 받고 대출함에 따라 발생하는 수출자의 채무에 대해 수출보험공사가 지급을 연대보증하는 것이다.

수출신용보증을 받을 수 있는 거래는 선적전인 경우 무조건부 취소불능 수출신용장(원래 신용장, Master L/C)거래만 가능하며 무신용장거래방식은 제외된다. 또 선적한 후에는 결제기간이 2년 이내인 신용장 또는 무신용장거래방식 중 일반수출 또는 위탁가공무역에만 해당되며 중계무역과 재판매거래는 보증혜택을 받을 수 없다.

⑤ **농수산물수출보험**

결제기간이 2년 이내인 농수산물 수출거래가 대상으로서, 농수산물 수출업자가 수입자 및 수입국의 사정으로 인해 선적전 수출이 불가능해지거나 선적 후 대금회수가 안 될 것에 대비해 가입할 수 있는 보험이다. 농수산물수출보험은 수출상품의 우리나라가격 급상승으로 인해 수출계약을 이행할 때 수출업자가 입게 될 손실도 보상한다. 특히, 우리나라가격이 급상승할 경우 이로 인한 손실을 보상받을 수 있는 것은 비교적 수출물량이 많고 가격변동이 심한 11개 품목으로 지정되어 있다. 이 품목은 사과, 배, 밤, 버섯, 돼지고기, 닭고기, 굴, 김, 화훼류, 배추, 감귤 등이다.

⑥ 시장개척보험

수출시장개척 지원을 목적으로 개발된 상품으로서 수출자가 수출 촉진을 위해 무역전시회에 참가하여 상품을 특정국가에 수출했으나 수출량 등이 충분하지 못하여 전시회 참가비용을 회수하지 못한 경우 입은 손실을 보상하는 보험이다.

이 보험대상품목은 무역전시회에 전시되는 특정상표 상품이나 수출자가 생산하여 수출하며 무역전시회에 전시되는 상품과 동일한 종류로 수출보험공사와 수출자가 미리 협의하여 지정한 품목에 한한다.

⑦ 중·장기수출보험

단기수출보험과 달리 수출대금 결제기간이 2년을 초과하는 수출거래가 대상으로서 선적 전 수출불능위험과 선적 후 수출대금회수 불능위험을 보상한다. 따라서 거래상대국의 컨트리리스크가 커 거래추진에 불안을 느끼거나 수출금융을 받기 곤란한 경우 이용하면 유리하다.

이 보험은 대상품목에 특별한 제한은 없으나 수출계약금이 거액이며 수출대금 결제가 장기간에 걸쳐 이뤄지기 때문에 선박, 플랜트 등 자본재거래에 주로 이용된다.

⑧ 해외투자보험

해외투자 촉진을 위한 보험으로 투자대상국의 상황 급변으로 인한 투자손실 등을 보상한다. 즉 전쟁, 혁명, 내란 등으로 사업이 불가능해지거나 투자유치국의 수용조치, 투자원금과 이자, 배당금 등의 송금제한 조치 등 불가항력적인 위험으로부터 투자자를 보호하려는 것이다.

이 보험은 보험대상의 종류에 따라 주식보험, 사채보험, 부동산에 관한 권리보험, 보증채무보험 등 4가지가 있다. 주식보험은 현지법인을 설립하거나 기존 법인을 인수 또는 증자에 따른 증권취득 등으로 투자한 경우 손실을 보상받을 수 있다.

⑨ 수출보증보험

플랜트를 수출하거나 해외에서 건설공사를 하는 경우 수출자나 공사수주업체가 해외발주자로부터 수출보증서를 요구받게 된다. 수출보증보험은 이러한 플랜트수출 또는 해외공사계약과 관련, 보증서를 발급한 금융기관이 해외수입자 또는 발주자로부터 보증채무의 이행청구를 받아 입게 될 손실을 보상해 준다.

따라서 수출보증보험은 금융기관이 쉽게 수출보증서를 발급하도록 함으로써 수출과 해외건설을 촉진하는 역할을 한다. 수출보증보험은 입찰보증, 계약이행보증, 선수금환급보증, 하자보수보증 등 5가지 종류가 있다. 또 보증신용장에 의한 수출보증도 포함된다.

⑩ 해외공사보험

해외공사로 인한 손실을 보상하는 보험으로서 해외건설공사와 건설엔지니어링 활동 등을 보험대상으로 하는 건설엔지니어링보험과 해외건설공사에 사용되는 장비나 이에 관련된 권리 등을 대상으로 하는 장비보험이 있다.

'69년 대한재보험공사에서 우리나라 최초로 수출보험에 대한 영업을 개시하였다. 77년에는 한국수출입은행이 수출보험업무를 맡았으며, '92년 한국수출보험공사가 설립되어 업무를 시작했었다. '91년 수출보험 이용률은 2.7%에 불과했고 '92년 3.3%, '94년에는 6.5%로 점차 확대됐다. 특히, 연말에는 이용률이 12% 수준으로 늘어날 추세다. 일본은 '70년대에 약 50%가 수출보험을 이용했다. 수출보험공사는 '97년에는 인수금액 17조원 '98년에는 인수금액 28조원으로 급격하게 증가하고 있다. '99년 34조 1,700억 2000년에는 35조 9,200억원이었다.

2000년 총 수출액 1,726억 달러 가운데 수출보험 지원을 받아 수출된 금액은 346억 달러로 수출보험 이용률이 20%였다.

2001년에는 41조원의 수출보험이 지원되어 수출보험 이용률이 더욱 증가할 것으로 보인다.

(2) 보험금 지급 현황

최근 5년간 수출보험의 이용률을 보면 일본이 40%, 영국이 15%, 프랑스가 19% 등으로 우리나라에 비해 높은 수준을 보이고 있다. 한편 수출보험의 지급보험은 '98년 1,392억원으로 '97년 973억원보다 급격한 증가세를 보이고 있다.

수출보험은 '90년 대우가 미국 유에스라인에 수출한 선박이 해당회사 부도로 보험사고가 발생, 1,400억원 상당의 보험금이 지급되었으며 이란 이라크 전쟁으로 인해 500억원 상당이 지급되었다. 또한, 수출지원정책의 대표적인 수단으로 남북한 교역에서 피해를 본 기업체에 처음으로 보험금이 지급됐다. 한국수출보험공사는 북한에 218만7,000달러 상당의 양말기계와 154만 3,000달러어치의 원자재를 반출했다가 대금을 다 받지 못해 159만 달러 상당의 손해를 본 코오롱상사에 10억2,000만원의 보험금을 최근 지급했다. 공사 관계자는 이번 거래에서 코오롱상사의 과실이 드러나지 않은데다 앞으로 미수 대금의 회수 가능성도 없는 것으로 판단해 보험금 지급을 결정했다고 설명했다. 코오롱상사는 북한의 경공업무역회사에 양말기계를 제공하고 그 대금을 생산 개시 후 3년(94년 3월 까지)안에 현물(양말)로 상환받기로 하는 계약을 90년 체결한 후 대북경협과 관련한 정부의 보험인수 지침에 따라 수출보험에 가입했었다. 그러나 북한이 핵확산금지조약(NPT)탈퇴를 선언한 지난 93년 3월 이후 남북관계가 급속 냉각되면서 코오롱상사의 대북한 양말 원자재 반출과 함께 북한측의 대금상환도 전면 중단됐다. 그때까지 북한의 경공업무역회사는 코오롱측이 반출한 양말기계와 원자재를 이용해 259만4,000달러 상당의 양말을 만들어 코오롱 측에 보내왔다.

WTO(세계무역기구)출범으로 정부가 금융 및 조세면에서 직접적인 수출지원을 하기가 어려운 상황이기 때문에 간접지원방식인 수출보험의 역할이 커질 것으로 예상된다. 수출보험이 수출촉진, 해외투자, 시장개척확대, 노력과 연계돼 점차 중요성이 높아지고 있다. 특히 동구권, 남미, 아프리카 등 상대적으로 수출위험이 높은 지역에서의 신시장 개척을 위해서는 수출보험이 중요한 기능을 할 것으로 기대된다.

단기수출보험(전자무역) 및 수출신용보증(선적후) 이용 시 이 점에 유의하자

글 김진우(한국수출보험공사 국외보상채권부)

신용카드 결제방식의 전자무역에서 발생 가능한 수출대금 미회수 위험을 담보하는 단기수출 보험(전자무역) 이용 시, 카드 부정사용 및 카드대금 부도통지 이후 선적 등에 주의해야 한다. 수출신용보증(선적후) 이용 시, 매입은행은 약관에 의거하여 매입신청서류를 세심하게 심사하여야 한다.

1. 신용카드 결제방식의 단기수출 보험
   (전자무역 보상사례)

우리나라 수출 건수 중 50% 이상이 1만 불 이하의 소액거래로서 전자무역이 확대되는 추세를 감안하여, 공사는 신용카드 결제방식의 전자무역에서 발생 가능한 수출대금 미회수위험을 담보하기 위한 단기수출보험(전자무역) 제도를 운영하고 있다. 신용카드 결제방식의 대금정산 절차는 수입자가 전자무역사이트에서 수출대금을 신용카드로 결제할 경우 수출자는 통상 1주일 이내에 자신의 거래은행(또는 지불중개회사)에서 수출대금을 수령하는 방식으로 이루어진다.

전자무역은 비대면 거래로 신용카드 결제 시 카드 제시 및 서명이 생략되므로 카드번호 도용, 도난카드사용 등 부정사용에 따른 위험에 노출되며, 특히 신용카드 발급은행은 전자상거래시 카드부정사용에 따른 손실을 카드소지자나 판매자에게 전가하는 경향이 있다. 또한 수입자의 악의적 결제사실 부인, 물품 미수령 주장시 신용카드 발급은행의 부도통보로 수출자는 수출대금을 환급해야 하는 위험에 노출되게 된다.

카드결제 흐름도

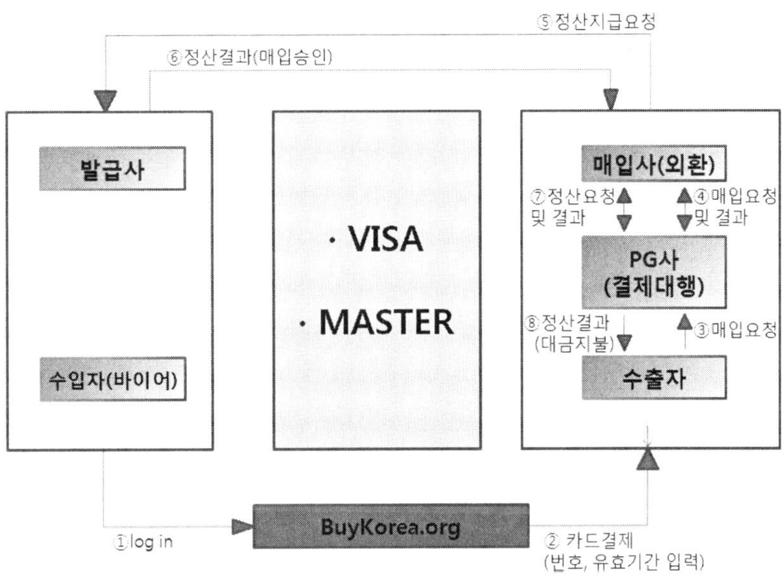

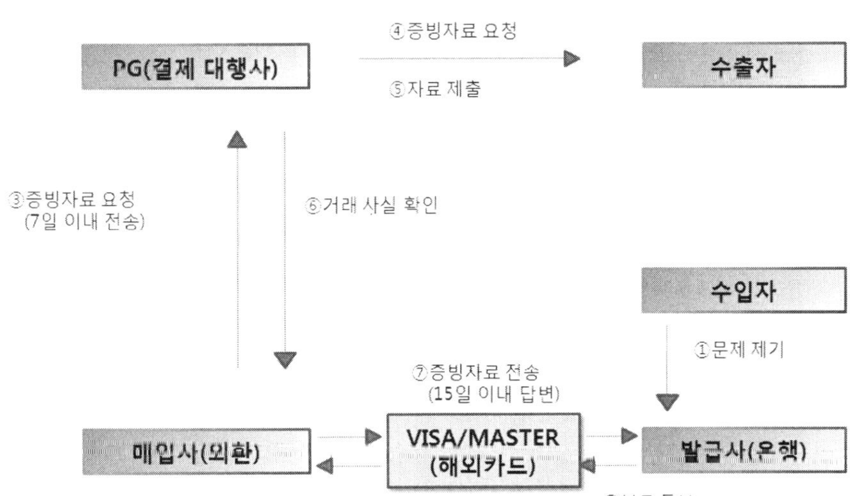

컴퓨터 및 주변 기기 등을 주로 취급하는 소매업체인 O사는 '08년 1월 전자무역사이트를 통하여 미국소재 수입자 D사 및 C사와 신용카드 결제방식으로 각각U$8,330 및 U$1,216 상당의 잉크젯카트리지를 수출하였으나 '08년 4월 결제대금이 부도통지 되었다. 사무용품 도매업체인 T사는 '07년 12월부터 '08년 1월까지 2개월간 상기 O사의 거래처와 동일한 미국수입자 C사에 U$14,375 상당의 사무용품을 수출하였으나, 역시 '08년 2월과 4월 사이에 결제대금이 부도통지 되었다. 지불중개회사는 공사의 단기수출보험(전자무역) 포괄보험 특약을 체결하였으며, 특약 체결시 인수한도 책정절차 없이 신용카드 건당 결제금액 1만 불(월누적 5만 불 이하 건) 이하인 거래 전부를 자동 인수하는 형태로 운영되며, 부도건들은 공사에 수출통지하여 보험관계가 성립되었다. 상기 3건의 부도사유는 모두 '카드 소지인의 카드 사용 미인정'이며, 공사의 사고조사결과 전자무역 사이트에 등록된 수입자의 주소는 허위로 파악되었고, 전화번호, 이메일은 수입자가 사용하던 것으로 추정되나 모두 이용중단 상태로 파악되어 구체적인 미결제사유 등 사고조사가 불가능하였다. 사고 건들의 수입자 소재지는 모두 미국으로 등재되어 있으며, 미국에서 발급된 신용카드를 사용하여 결제하였으나, 화물은 나이지리아로 발송된 것으로 확인되는 등 신용카드번호 도용, 도난 카드사용 등 부정사용으로 발생한 사고 건으로 추정된다. 카드부정사용으로 인한 사고 이외에도, 전자무역 활용 시 주의해야 할 점은 카드대금 부도통지 이후에 선적을 하거나, 재고부족 또는 수입자의 요청으로 수입자에게 직접 카드결제대금을 환불해 주어서는 안된다. 이런 경우는 수출보험에 부보된 건이라도 보험금을 받지 못할 수 있으므로 공사 직원과 사전에 상의하는 등 주의를 기울여야 한다.

2. 매입은행의 부주의로 발생한 수출신용보증(선적후) 사고건 면책 사례

국내 수출자 B사는 공사신용등급 F급의 중견 의류 수출 업체로서 미국의 유명 의류 소매업체인 G사와 무신용장 방식 결제조건으로 U$3,415천 상당의 의류제품을 수출하였다. 동사는 상기물품 선적 이전에 우리공사에서 수출신용보증서(선적후)를 발급받아 이를 담보로 국내의 매입은행에서 네고(Nego)하였다. 수출자는 자금사정 악화로 부도 처리되어 영업을 중지하였으며, 수입자는 수출금액의 97.5%에 해당하는 금액만을 결제하고 나머지 2.5%에 해당하는 U$85천을 결제하지 않아 매입은행은 미결제금액에 대하여 우리공사에 보증사고 발생을 통지하였다. 사고 발생 후 수입자에 대한 조사결과, 대금 미결제 사유는 결제기일 이전에 조기 결제 시 할인 받기로 한 2.5%를 제외하고 입금하였기 때문이며, 계약조건에 따라 수입자는 결제책임이 없다고 주장하였다. 매입은행이 공사에 제출한 계약서 등 선적서류를 검토한 결과, 본 사고건의 결제조건은 '2.5% 45,Net 60' 이며, 이는 45일 이내 결제시 2.5% 할인 된 금액으로, 60일 이내 결제하면 약정된 수출대금으로 결제한다는 조건이다. 수출자가 네고 시 은행에 제출한 매입신청서 상에도 결제조건이 'After B/L Date / 45'라고 기재되어 있었다. 따라서 매입은행은 수출금액에서 2.5% 할인한 금액을 매입해야하나 수출자가 제출한 매입신청서 대로 수출금액 전액을 매입하였다. 본 사고건 이전 거래건의 경우 수입자가 입금하지 않은 2.5%에 해당하는 금액을 수출자가 입금해왔던 것으로 확인되었다. 따라서 매입은행은 수입자가 2.5%를 결제하지 않았다는 사실을 인지하고 있었던 것으로 보인다.

이에 대해 매입은행은 첫째, 수출자가 공사에 대출통지시 Discount 조건을 무시하고 P/O상의 공급액 전액을 대출금액으로 통지하였고, 공사 또한 대출 통지 확인 및 보증료 수납단계에서 수출자의 대출 통지액 전액을 대출금액으로 확인하고 보증료도 해당 금액만큼 수납하였다. 이후 매입은행은

공사의 홈페이지에 게시되는 대출통지 성립내역 상의 대출 금액을 확인하고 해당금액에 대한 보증료 수납 여부를 공사 영업부 중소기업 마케팅 담당자에게 유선 확인한 후 은행에 통지된 대출금액에 한해 수출환어음을 매입(Nego)하였으므로, '수출신용보증(선적후) 대출통지절차'에 따른 은행의 수출환어름 매입 업무 처리절차에는 문제가 없다.

공사보증서를 담보로 수출환어음 매입이 진행될 경우, 수출신용보증(선적후) 약관을 검토하고 환어음 매입신청서류가 약관사항에 위배된 부분이 있는지를 확인할 의무는 은행에 있으나, 동 사례의 경우와 같이 수출자가 결제조건을 무시하고 수출금액을 통지하였음에도 시스템 상으로 이를 제지할 장치가 없어, 수출자가 대출금액을 임의적으로 통지할 경우 공사 및 매입은행의 업무에 혼란을 초래할 여지가 충분하고 시스템상의 맹점으로 악용하는 사례가 발생할 수 있으므로 개선이 필요하다.

둘째 본건 수출자는 공사의 수출신용보증(선적후) 한도 책정 및 매입은행의 한도 설정과정에서 수입자와 협의된 결제조건에 대한 정보를 은행측에 전혀 제공하지 않았으며, 수출환어음 매입을 위한 Invoice 작성 시에도 수출금액 전액을 기재하여 은행의 정확한 대출금액 산출에 혼란을 초래하여 공사의 대출금액 확인, 보증료 수납과정 및 은행의 매입과정에서 금액상의 오류가 발생한 것이므로 은행의 귀책사유는 없다고 주장하였다.

매입은행의 주장과 관련하여 약관 등 관련규정 위반여부를 살펴보면, 수출신용보증(선적후)약관 제 1조에 의하면, 수출신용보증(선적후)은 은행이 수출 거래와 관련한 환어음 또는 선적서류(수출채권)를 매입하는 방법으로 수출자에게 대출한 후 수입자로부터 그 수출대금을 지급받지 못하게 됨으로써 수출자가 은행에 대하여 부담하게 되는 상환 채무를 담보하는 제도이다. 즉, 수출자가 수출계약에 따라 수출을 제대로 이행함에 따라 발생된 수입자에 대한 수출채권을 은행이 매입하는 방법으로 수출채권에 해당하는 금액만큼 수출자에게 대출을 실행하여 미리 자금을 공여한 후 만기에 수출대금이 결제되면 대출에 충당하는 것이다. 따라서 신용보증부 대출금액은 수출자의 수입자에 대한 수출채권금액이 되며, 그 수출채권은 확정되어 있어야 하며, 조건에 따라 면제 또는 경감되어서는 안 되며, 약관 제2조(신용보증대상 수출거래) 제2항 제2호에서는 '무신용장 수출거래에서 수출계약서 문면상 수입자의 대금지급책임을 면제 또는 경감한다는 내용을 약정하고 있는 경우'

신용보증대상수출거래에 해당되지 않는다고 명시하고 있다.

본 사고건의 경우 수출거래 전체가 신용보증 대상이 될 수 없다고 보기는 어렵고, 수출거래 전체 금액에서 수입자의 대금지급책임이 경감되거나 경감될 수 있는 부분을 제외한 수출채권이 신용보증 대상이 된다고 할 수 있다. 따라서 수입자의 지급책임이 경감된 2.5%는 신용보증대상에 해당되지 않고, 수출 채권의 97.5%만이 신용보증대상에 해당하므로, 2.5% 할인금액에 대하여 은행이 매입하였더라도 신용보증부대출로 볼 수 없으므로 해당 대출에 대하여 공사는 보증책임이 없다. 본건 사고는 수출자가 매입신청시 수입자와 합의한 조기결제 할인조건을 무시하고 수출금액 전액을 기재하여 신청하였고, 매입은행은 약관에 의거 매입신청서류를 심사하여 결제조건을 감안하여 매입하여야 함에도 불구하고 이를 간과하여 발생한 사고로서 매입은행은 서류 심사시 세심한 주의를 기울여야 할 것이다.

• 보따리 무역(Hand Carry Trade)

수출입을 할 때 Buyer와 상담하기 위하여 출장을 가거나 claim을 해결하기 위하여 출장을 갈 때 hand carry로 보따리 상품을 갖고가 현지에서 판매하거나 Buyer에게 claim 요구된 상품을 교환할 때에 다음과 같은 사항을 알아두면 편리하다.

보따리무역상들은 통상 도 · 소매장사를 하기 위해서 하나의 상품이라도 더 가져나가야 하는데 발권창구에서부터 이익을 많이 남기기 위한 본격적인 싸움이 시작되는 것이다. 보통 규정에서 5~10kg까지는 발권담당자와 실갱이를 하면 봐주기도 하지만 10kg이 넘을 경우 무조건 1kg당 과적료를 부담하여야 한다. 공항에서부터 과적료를 물지 않아야겠다는 의지가 중요하다. 즉 철저한 장사꾼이 되지 못하면 상품구입가격이 상승하여 판매할 때에 가격경쟁력을 잃게 된다. 100원짜리 상품을 가지고 가면서 '오버차지(Over Charge)'를 단돈 1원이라도 물게 되면 남들이 100원에 구입한 물건을 자기는 101원에 구입한 것이 되기 때문에 그만큼 남보다 가격경쟁력이 떨어지게 되는 것이다.

항공사의 발권창구에서 과적료(Over Charge)를 물지 않으려면 최소한 다음과 같은 사항을 주의하여 갖고 갈(Hand Carry) 상품을 준비해야 한다.

첫째, 자신이 타고 갈 항공사의 화물규정과 1kg당 과적료가 얼마인지 확인하여 자신이 갖고 갈 물량을 결정하여야 한다.

둘째, 항공사의 발권담당직원에게 사정얘기를 해서라도 과적료를 지급하지 않아야 한다.

셋째, 어쩔 수 없이 갖고 갈 상품의 양이 많을 경우 사전에 거래여행사(꼭 단골여행사를 만들어야 함.)직원에게 부탁하여 같은 비행기를 타고 가는 손님 중에서 짐이 없는 사람에게 미리 양해를 구하면 가방1~2개 정도는 운반을 맡길 수가 있다. 단, 요즈음에는 보따리무역상이 증가하여 부탁하는 사람이 많으므로 미리 부탁해야 한다. 여행사직원은 먼저 부탁한 사람을 우선적으로 도와주니 일찍 부탁해 놓는 것이 좋다.

넷째, 할인티켓의 경우 대개 여행사직원이 공항에서 티켓을 나누어주므로 최소한 출발 3시간 전에 공항 출국장에 나와서 먼저 기다리고 있어야 여행사직원이 나왔을 때에 다른 사람에게 순서대로 짐을 부탁할 수 있다.

세관신고를 하려면 정확하게 하고 무관세로 세관검색대를 통과하려면 철저하게 준비하여야 한다.

첫째, 대상국가와 지역의 세관에 대한 정보를 사전에 충분히 숙지한다.

보따리무역을 시작할 때에 취급 아이템(Item)이 정해지면 수출대상국에 우선 무관세 통관할 수 있는 수량과 중량을 파악해야 한다. 국가에 따라 상품별로 관세적용기준이 다르고 동일한 국가 내에서도 지역에 따라 관세적용기준이 현격한 차이가 있다. 그래서 정보를 얼마나 활용하느냐에 따라 관세부과 상품이라도 관세를 전혀 납부하지 않거나 관세를 납부하지 않아도 될 상품임에도 불구하고 많이 내야하는 경우가 생긴다. 특히 중국의 경우 똑같은 상품이라도 지역별로 통관기준이 다르다. 대련세관의 경우에는 통관규정이 엄격하여 기준치 이상의 상품을 가져갈 경우 기준과세액의 100~200% 관세를 부과하나, 천진세관은 기준치를 상당히 초과하여도 무관세 통관이 되고 있다. 따라서 우리나라의 똑같은 상품을 중국의 어느 지역으로 가져가느냐에 따라 관세납부 여부가 결정된다. 만약, 상품을 무관세 통관하면 상품구입가격에 몇 배의 이익을 남길 수 있으므로 가격경쟁력이 생긴다. 그러나 상품을 통관할 때 관세를 납부하면 상품구입가격에 관세를 납부한 금액에 몇 배의 이익을 남겨야하므로 가격경쟁력이 약해진다.

중국과 비즈니스를 하는 사람치고 꽌시(인간)관계, 이 말의 의미를 모르는 사람은 없을 것이다. 특히 중국세관에서 이 말의 위력은 대단한 것이다. 일본세관은 맑고 깨끗한 개울물 같다면 중국세관은 양쯔강을 도도히 흐르는 속이 전연 보이지 않는 황토물 같다고 비유한다. 관세법이나 관세율보다는 꽌시(인간)관계를 통한 통관이 일반화되어 있다. 수입통관할 때에는 정상 통관보다는 수입업자가 세관과의 쏼(인간)관계를 이용히여 절세나 감세 등의 변통무역을 선호하고 있다. 일반 여행자의 면세범위는 술2병, 담배2보루, 향수1파인트 등이며 노트북 캠코드, 카메라, 미화 5,000불 이상 등은 사전 신고를 하여야 한다. 휴대품에 대한 규정도 통일된 것이 없고 항구별과 공항별로 다르기 때문에 세관원과의 꽌시(인간)관계에 따라 물량과 세율이 적용된다. 중국은 세관을 하이관(해관)이라 하는데 중국과의 보따리무역에서 세관과의 관계가 가격경쟁력을 좌지우지한다고 볼 수 있다.

둘째, 면세통관을 하기 위해서는 무관세 통관할 수 있는 기준만큼만 상품을 준비하여야 한다.

일반 여행객들의 면세범위는 국가별로 다르지만 잘 알려져 있다. 면세의 범위는 일본을 예로 들면 술은 2병, 담배는 2보루, 향수는 2온스, 한 품목이 시가가 1만 엔을 넘지 않아야 한다. 그러나 보따리무역상(심부름꾼 포함)들은 우선 일반여행객에 비해 첫째, 보따리 크기가 크고, 둘째, 물건의 양이 많고. 셋째, 상품의 종류가 다양하기 때문에 세관원의 눈에 띄게 되어 집중 조사를 받게 된다. 그러므로 처음부터 규정에 맞게 무관세 통관할 수 있는 범위 내에서 상품을 준비해야 한다. 단, 국가별로 적용하는 면세규정과 물건의 양을 확인하는 기준이 다르기 때문에 사전에 무관세 통관할 수 있는 상품과 수량만큼만 준비를 한다면 면세통관할 수 있다.

셋째, 세관신고를 해야 할 때에는 최대한 절세할 수 있는 방안을 수립하고 준비하자.

먼저 자기가 취급하고 있는 품목에 대한 관세율의 파악과 비관세 규정 그리고 예외 규정을 확인해보아야 한다. 상품에 대한 관세 부과 여부 결정과 규정 적용은 국가별 · 지역별로 해석하기에 따라 상당한 차이가 있으므로 사전에 충분한 지식을 가지고 대응할 경우 관세 규정보다 적은 관세만 납부할 수도 있다. 일본의 세관은 세계적으로 깨끗하기로 정평이 나 있어 보따리무역상은 원칙대로 신고하면 무관세 통관하는데 별문제가 없다. 그러나 중국이나 러시아, 동남아 등 세관은 뇌물 없이는 통관하기가 어렵다. 보따리무역을 하는 입장에서만 본다면 세관에 납부해야할 관세의 일부를 뇌물로 주고 관세를 납부하지 않으면 납부하지 않은 관세만큼 더 많은 이익을 얻을 수 있다. 그러나 보따리무역을 할 때에도 송장과 포장명세서를 작성하여 세관원에게 제출하면 효과가 있다. 예를 들면 송장(Invoice)에 샘플을 상업적인 가치가 없다는 문구하나로 무관세통관이 되기도 한다. 또한 바이어가 지난달에 선적한 상품에서 불량품이 있어 입국할 때 핸드캐리해 갖고 와 출국할 때에 새로운 상품을 갖고 나갈 것이라는 문구가 세관원에게 호의적으로 보인다면 대부분 무관세 통관된다. 송장의 견본과 세관원의 이해를 돕는 영문은 다음과 같다.

COMMERCIAL INVOICE(송장)

COMMERCIAL INVOICE

<table>
<tr><td colspan="2" rowspan="2">Seller
Seoul LeeKee CO. LED.
1114-22 HWA GOK-DONG
KANG SEO-KU, SEOIL, KOREA</td><td colspan="3">Invoice No. and date</td></tr>
<tr><td colspan="3">L/C No. and date</td></tr>
<tr><td colspan="2">Consignee</td><td colspan="3">Buyer(if other than consignee)</td></tr>
<tr><td colspan="2">Departure</td><td colspan="3" rowspan="2">Other references</td></tr>
<tr><td>Vessel/fight</td><td>From</td></tr>
<tr><td colspan="2">To</td><td colspan="3">Terms of delivery and payment</td></tr>
<tr><td>Shipping mark</td><td>No.& kind pkgs ; Goods description</td><td>Quantiuty</td><td>Unit prece</td><td>Amount</td></tr>
<tr><td colspan="5">Sample is No Commercial Value</td></tr>
<tr><td colspan="3"></td><td colspan="2">Signed by</td></tr>
</table>

Seoul LeeKee
CORPORATION

PACKING LIST

1. Shipper/Exporter		
2. for Account & Risk of Messrs		9. Remarks
3. Notify Party		★ CREDIT NUMBER :
4. Port of Loading	5. Final Destination	
6. Carrir	7. Sailing on or about	

10. Marks and Number 11. Description 12. Quantity 13. Net Weight 14. Gross Weight 15. Measurement
상품의 수량은 사실대로 표기하고 하단에 다음과 같이 명기함.

Sample is No Commercial Vaule

/ / / / / / / /   / / / / / / / /   / / / / / / / /   / / / / / / / /

Seoul LeeKee
C. P. O BOX : 1300 SEOUL KOREA
CABLE ADD : STARS SEOUL
TELEX NO. : STARS K23657
TELEPONE : 528-0450

SIGNED BY Seoul LeeKee

수입자(Buyer)가 우리나라에 불량상품을 갖고 입국할 때(하자있는 상품을 갖고 와 새로운 상품으로 교체하여 갖고 나갈 때)에 송장에 명기하여 세관원에게 보여주면 호의적이다.

These goods are defective items which were shipped on Aug. 10th. They are to be replaced by the new ones and will be carried when I leave Korea on Sep. 20th

이 상품은 8월 10일 선적된 하자품들입니다. 이 상품은 새상품으로 교체되어 본인이 9월 20일에 한국을 떠날 때 갖고나갈 것입니다.

<수입자(Buyer)가 우리나라에서 새로운 상품으로 바꾸어 출국할 때>

These goods are replaced ones for the defective items which were shipped on Aug. 10th.

이 상품은 8월 10일 선적된 하자 있는 상품들을 새상품으로 교체한 것입니다.

<수출자(Seller)가 새상품을 갖고 외국에 입국할 때>

These goods are replaced ones for the defective items which were shipped on Aug. 10th.

이 상품은 8월 10일 선적된 하자품들을 새 상품으로 교체한 것들입니다.

<수입자(Seller)가 다른 나라로부터 하자있는 상품을 갖고 나올 때>

These goods are defective ones and will be replaced by the new ones.

이 상품은 하자품들이며 새상품으로 교체될 예정입니다.

고유가, 길게 보면 약이 될 수도

조선일보 2008. 8. 2~3

유가가 지난 7월11일 배럴당 147달러 이상으로 치솟은 뒤 단 며칠 만에 20달러 이상 하락했다. 앞으로 유가가 배럴당 100달러 혹은 그 이하로 떨어질 수 있을까?

최근의 급격한 가격 변동을 일으킨 가장 중요한 원인은 투기이다. 5년 전만 해도 상품(commodity)에 투자한 펀드 수가 180개이고 투자금액은 130억 달러에 불과했으나, 지금은 630개 이상의 펀드가 2600억 달러 이상을 투자하고 있다.

투기 거래자들은 글로벌 경제 둔화로 인해 상품 소비가 예상보다 빨리 위축될 것을 우려해 매도에 나서고 있다. 최근 미 에너지부는 가솔린 소비가 지난해에 비해 5.2% 감소했다고 발표했으며, 애틀랜타 시는 출퇴근 시간대 운행되는 차량 대수가 1만2000대 정도 줄어든 것으로 추정했다.

상품 가격의 급격한 변동이 전 세계 정치인들에게 너무 큰 부담으로 작용함에 따라 최근 각국 정부는 투기자들을 규제하려는 목적의 법안 12개가 상정돼 있으며, 그중 하나는 뉴욕 상업거래소(NYMEX)와 같은 주요 거래소 밖에서의 상품 선물거래를 제한하는 내용을 담고 있다. 독일 정치인들은 오일선물(先物) 투자 목적의 차입을 금지하려고 하고 있고, 인도의 몇몇 정치인들은 선물 거래 전체를 금지시키려 하고 있다.

하지만 투기가 반드시 나쁜 것만은 아니다. 사실 우리는 그 회사의 미래 이익에 베팅하는 것이며, 옥수수를 곡물 선물시장에서 매도하는 농부는 미래의 옥수수 가격의 방향에 베팅하는 것이다. 투기는 자유시장 체제에서 반드시 필요한 존재이다

투기자들이 단기 유가에 중대한 영향을 미치고 있지만, 유가의 장기적 추세를 결정하는 것은 경제 펀더멘털이다. 현재의 상황은 원유공급과 수요의 갭을 메우는 데 개선의 여지가 거의 없다는 것이다.

미래에 대한 기대(expectation) 또한 유가를 결정하는 데 결정적인 요인이다. 최근 시장에서는 여러 가지 이유로 장차 원유 공급이 줄어들 것이라는 개도국의 석유 수요는 계속 늘어나고 있다.

기대에는 여러 요인들이 영향을 미친다. 미래의 원유 수급, 에너지 생산 기술, 숙련 노동자의 확보 가능성, 전쟁, 테러리즘 등이 그것이다. 2002년부터 2004년까지는 이러한 요인들이 유가를 안정시키는 방향으로 움직였다. 그러나 2004년부터 나이지리아와 러시아, 수단, 베네수엘라 그리고 중동(中東) 등 산유국(産油國)의 정치 환경이 악화됐다.

유가가 추세적으로 하락하기 위해서는 미래의 수급에 대한 기대가 바뀌지 않으면 안 된다. 그러나 단기적으로는 선택의 여지가 별로 없어 보인다. 단기적으로 석유에 대한수요와 공급 모두 대단이 비(非) 탄력적이다. 예를 들어 소비자들이유가 상승을 이유로 경(經) 승용차로 바꾸는 데는 시간이 필요하며, 휘발유, 경유 및 항공유를 즉각 대체할 수 있는 대체재도 마련되어 있지 않다. 또한공급 측면에서는 새로운 유정(油井)을 발견하고 개발하는 데 10년 이상이 걸린다. 그 동안 몇몇 국가는 높은 에너지 비용의 충격을 보조금을 통해 완화시키기로 결정했다. 가솔린 1갤런이 베네수엘라에서는 20센트, 인도에서는 2달러, 중국에서는 3.2달러에 불과한 반면, 미국에서는 4달러, 독일은 9.3달러에 이른

다. 하지만 보조금은 오히려 가난한 사람에게는 손실을 끼치고, 부자에게만 득이 되는 경향이 있다. 보조금은 대형 자동차나 에어컨과 같은 자본집약적 산업을 돕기 때문이다. 어떤 경제학자들은 지금처럼 높은 유가도 경제나 우리의 건강에 반드시 나쁘지만은 않다고 주장한다. 미국 인구의 전세계 인구의 4%에 불과하지만, 소비는 전 세계 총생산의 25%를 차지하고 있다. 미국 소비자들은 매일 중국과 인도 소비자를 합친 것보다 2배 정도의 에너지를 소비한다. 지나치게 싼 유가 때문에 비만자가 늘어났다는 연구 결과가 있을 정도이다. 수십 년간 낮은 유가가 유지되면서 미국의 수입 원유 의존도는 계속 높아져 왔다. 이는 미국이 독립성을 잃고 있다는 것을 의미한다. 미국은 경상수지 적자를 메우기 위해 사우디아라비아나 아부다비와 같은 산유국으로부터 돈을 빌려야 한다. 고유가는 단기 혹은 중기적인 정책 수단의 일부로 반드시 포함돼야 한다. 캐나다의 브리티시 컬럼비아 주(州)는 최근 아이디어 하나를 냈다. 지난 7월 1일 이산화탄소 배출 비용을 감안한다는 명분으로 가솔린에 대한 세금을 인상했다. 이로 인해 생긴 추가 재정수입은 개인 및 법인 소득세를 인하하는 데 쓰일 예정이다. 브리티시 컬럼비아는 한발 더 나아가 원유 가격에 배럴당 90달러의 하한선을 정하려고 한다. 유가가 90달러를 넘으면 세금이 깎이고, 유가가 90달러 밑으로 떨어지면 세금이 오르게 된다. 지방 정부가 이런 제도를 집행하기엔 복잡한 점이 많겠지만, 아이디어 자체는 건전하다.

이단자의 말처럼 들리겠지만, 높은 유가는 장기적으로 에너지 독립성을 확보하는 데 도움이 될 것이다.

제4장 전자상거래 표준화

1. 전자문서 표준화

e-비즈니스가 보다 활성화되기 위해서는 전자문서, 전자지급결제(무역결제포함) 전자 카탈로그와 부품 및 상품 표준화가 시급하다고 전문가들은 말한다

1) 기업간 전자상거래(B2B)를 위한 전자문서 표준화

전자상거래 표준화란 전자상거래를 하는 데 필요한 다양한 요소기술들을 표준화하는 것이라고 할 수 있다. 즉, 거래를 하면서 판매자와 구매자간에 오가는 전자문서, 온라인상에서 상품을 거래하기 쉽게 표현되는 전자카탈로그, 상품을 판매하거나 구매하고 그에 대응하는 반대급부를 지급하는 지급 · 결제, 상품을 규격화함으로써 부품간의 호환성 내지 효율성을 증대하는 상품 및 부품의 표준화, 정보 및 서류들이 정확한 것임을 인증해주는 전자 보안/인증 등에 대한 표준화가 필요하여 우리나라에서도 국제적인 표준에 대응하기 위하여 국제회의에 참여하여 우리나라의 의견을 반영시키려고 노력하고 있다.

여기에서 말하는 전자상거래는 1960년대 국제 운송회사들이 운송서류를 신속히 전달할 목적으로 전자문서를 표준화하여 사용한 전자문서교환(EDI ; Electronic Data Interchange)시스템에서 시작되었다고 할 수 있다.

전자문서교환(EDI)시스템은 기업간 거래를 할 때에 종이서류에서 발생되는 오류를 감소시키고 종이서류처리 비용을 절감시키고 종이서류를 갖고 움직이는 인력을 감축시키는 등의 여러 가지 장점을 갖고 있다. 미국 골드삭스만사의 발표에 따르면 전자상거래에 의한 거래 비용 절감효과가 업종별로 적게는 2%에서 많게는 40%까지 있다고 한다.

그러나 전자문서교환(EDI)시스템은 기업간의 컴퓨터 사이에 기술적으로 사용될 목적으로 단일한 기술을 사용하나 전자상거래는 기업간 전자상거래(B2B)뿐만이 아니라 기업대 소비자간(B2C) 전자상거래 또는 개인간 전자상거래에도 발생할 수 있

는 모든 거래에 인터넷을 포함한 전자적인 방식이 조금이라도 사용되는 것을 말함으로써 전자문서교환(EDI)보다 포괄적이고 종합적이라고 할 수 있다.

CALS(Commerce At Light Speed)는 1985년 미국 국방성에서 무기매뉴얼의 디지털화 등 국방업무에 컴퓨터를 활용한 군수지원이라는 의미로 사용되다가 현재는 광속의 상거래로 사용되고 있는데 궁극적인 목표는 정보시스템을 활용하여 기업내 또는 기업간의 업무프로세스를 합리화하고 부가가치를 높이는 데에 있다는 점에서 전자상거래의 한 분야라고 할 수 있다.

전자거래 발전과정

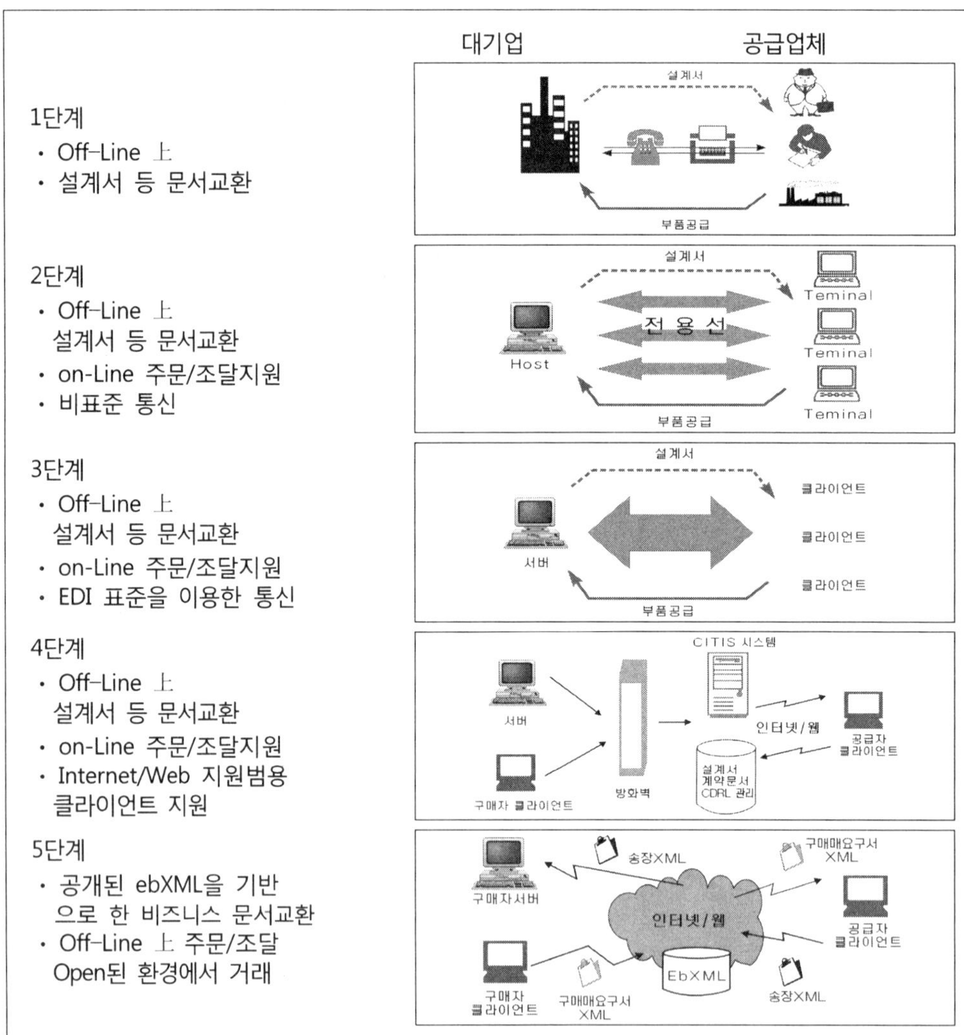

2) 전자문서 표준화 추진배경

전자상거래 표준화는 첫째 전자문서 표준화, 둘째 전자카탈로그 표준화, 셋째 전자지급 · 결제, 넷째 무역결제, 다섯째 상품 및 부품 표준화 등으로 구분할 수 있는데 먼저 전자문서 표준화에 대해서 살펴보기로 한다.

(1) 전자문서교환(EDI)의 개념

전자문서교환(EDI)은 종이문서를 전자식 문서로 대체한 것이고, 우편, 전화, 인편에 의해 전달되던 전통적인 문서전달 방법을 전자식 전달방법으로 대체한 것이다. 즉, 표준화된 기업간 거래서식 또는 행정기관의 공공 행정서식을 상호간에 의한 통신표준에 따라 컴퓨터와 컴퓨터간에 교환하는 전자문서 교환을 의미한다.

IDEA(International Data Exchange Association)에 의하면 "구조화된 데이터(Structured Data)를 합의된 문서표준(agreed message standards)에 의해 작성하여, 한 컴퓨터 시스템으로부터 다른 시스템으로(form Computer to computer) 전자적 수단(electronic means)을 통하여 전달하는 것"이라고 정의하였다.

Sokol은 수신자가 의도하는 거래를 수행할 수 있도록 "표준 포맷으로 된 기업이 거래시 거래 문서를 기업간에 컴퓨터로 상호 통신하는 것"이라고 하였다.

이와 같은 정의들을 정리하면 전자문서교환(EDI)이란, "상업적 또는 업무 행정상 통용되는 구조화된 데이터(Structured Data)를 합의된 문서표준(agreed message standards)에 의해서 작성하여, 인간의 개입 없이 한 컴퓨터 시스템으로부터 다른 컴퓨터 시스템으로(from computer to computer) 통신회선을 매개로 전자적 수단(electronic means)을 통하여 전달하는 것"이라고 정의할 수 있다.

① 전자문서교환(EDI)의 구성요소

전자문서교환(EDI)은 전략적인 측면에서 볼 때 새로운 업무처리 방식이라고 할 수 있지만, 운영적인 측면에서 볼 때 과거 종이서류를 이용한 업무처리 시스템과 상당히 유사하다. 전자문서교환(EDI)은 전자문서를 송수신하기 위해 다음과 같은 3가지 요소들이 필요하다.

- EDI 표준
- EDI소프트웨어

• 통신 네트워크(EDI서비스 제공업자, 직접 연결 네트워크)

② **전자문서교환(EDI)의 효과**

• 정보화시대에 부응하는 기업환경 구축
• 시장변화에 신속히 대응
• 기업경쟁력 향상
  ✓ 문서처리 · 전달시간 단축 및 거래비용 절감 효과
  ✓ 거래 상대방과의 관계증진
  ✓ 내부업무처리절차의 개선
  ✓ 고객 서비스 능력제고

(2) 전자문서의 표준화 필요성

① 전자상거래를 활성화하기 위해서는 기반이 되는 전자문서 표준화가 필수적이다. 특히 네트워크망간, 인터넷상에서의 시스템간 상호연동성을 보장하고, 보안 및 인증, 전자카탈로그 등 전자상거래 요소들을 포함하는 전자문서 표준화가 필수적이다.

② 표준기구들이 급속한 기술발전에 부응하는 해당표준을 적시에 제공치 못할 경우, 사설 표준의 난립 등으로 비효율을 초래할 수 있다. 그러나 자생적인 사설 표준(de facto standard)의 개발과 수용이 이루어질 수도 있다.

③ 전자문서 표준

전자문서 표준은 기존의 문서를 통한 의사소통 대신 컴퓨터간 통신을 위해 필요한 전자문서를 작성하는 하나의 규칙을 말한다. 즉, 전자문서 표준은 문서내용에 관한 표준으로써 수신 컴퓨터가 정보를 처리할 수 있도록 하기 위하여 정보가 송수신되는 순서를 전하는 표준이다.

(3) 한국전자문서교환위원회의 기능과 역할

전자거래기본법 제23조와 전자거래기본법 시행령 제10조에 의거하여 한국전자문서교환위원회는 다음과 같은 사항을 조사 · 심의한다.

• 전자문서의 표준화에 대한 기본방향 및 추진계획의 수립
• 전자문서에 관한 표준의 제정 · 개정 및 폐지

• 전자문서에 관한 표준의 보급 및 활용촉진에 관한 사항
• 전자문서의 표준화를 위한 국제협력에 관한 사항
• 기타 전자문서의 표준화를 위하여 위원장이 필요하다고 인정되는 사항

정보통신산업진흥원(전 한국전자거래진흥원)(전자거래기본법 제22조에 의해 설립되었음)은 국제 EDI표준기구인 UN/CEFACT의 한국대표기관(Focal point)과 한국전자문서교환위원회(KEC)의 사무국을 담당하고 있다.

3) 전자문서 표준화 추진경과

(1) 국제 전자문서의 표준화 현황

UN/EDIFACT를 제정 · 보급하고 있는 UN/CEFACT는 현재까지 무역, 유통, 건설, 관광, 제조, 의료 등 전 산업분야를 망라하여 186종의 UN표준전자문서를 제정하였고 현재 55개 규격을 개발하고 있다.

• EDIFACT : EDI for Administration, Commerce and Transport
• CEFACT : Center for the Trade Facilitation and Electronic Business

세계 각국은 EDI도입을 위해 각 국별로 EDIFACT위원회를 구성하여UN/CEFACT(UN/EDIFACT)에 참여하고 있다.

미국은 '60년대부터 자국의 표준인 ANSI X.12를 제정하여 EDI를 도입·사용하다가 '97년부터 UN/ EDIFACT를 사용하기로 결정(그러나 아직까지 미국 내 많은 기업은 ANSI X.12를 사용하고 있음)하였다.

유럽은 1980년대 초 공동으로 노력하여 EDI서비스 기관들이 각종 산업표준을 마련하여 UN/EDIFACT를 제정토록 하는 데 결정적인 역할을 하였다.

싱가포르는 UN/EDIFACT표준을 응용, 12개의 EDI네트워크를 형성하여 전략적 정보를 기업체에게 제공하는 등 정보산업발전에 EDI를 적극 활용하고 있다.

일본은 국가표준이 마련되기 전부터 확립된 사설표준이 많아 이를 조정하는데 애로를 겪고 있으나, 국제표준과의 연동성 필요에 따라 단일표준을 마련하고자 적극 노력하고 있다.

① 전자문서 교환(EDI)의 새로운 시도

2000년 9월 타이페이에서 열린 UN/EDIFACT 워킹그룹회의(EWG)에서 UN/EDIFACT와 미국의 ANSI ASC X12가 전자문서교환(EDI)과 ebXML 간 연동가능성에 대한 검토

등 공동 사용방안을 검토하기로 하였다.

SGML의 복잡성에 기인한 확산의 한계와 HTML의 단순성에서 기인한 기능적인 한계 때문에 XML이 탄생하였다.

XML(eXtensible Markup Language)은 1996년 W3C(World Wide Web Consortium)에서 제안한 것으로서, 웹상에서 구조화된 문서를 전송 가능하도록 설계된 확장 가능한 마크업 언어인데 전자상거래를 하는 데 문서 및 데이터 교환의 가장 강력한 수단으로써 부각되고 있다.

국제 표준기구 현황

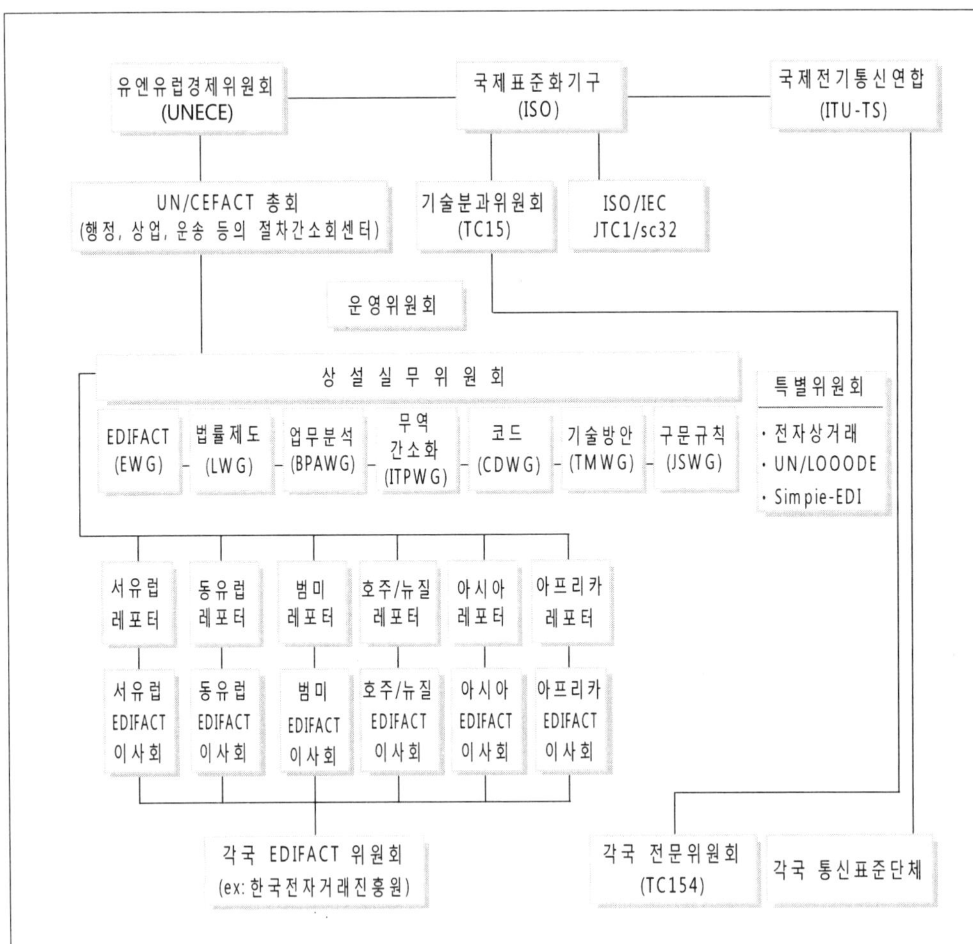

자료: 필자 작성

XML은 문서의 논리구조와 내용 구조를 기술하기 위한 Meta Language로써 SGML Presentation을 제공하는 HTML에 의한 WWW를 통해 Internet 사용을 확산시켰다.

XML 국제 표준

주요 XML표준화 추진기관	XML표준스펙	비 고
CommerceNet	eCoframework	
CommerceOne	xCBL	
OASIS	ebXML 공동추진	XML.org 운영
RosettaNet	PIPs, RNIF	
MicroSoft	BizTalk	
Ariba	cXML	
OBI	OBI v2.1	커머스넷과 협력
UN/CEFACT	ebXML 공동추진	UN/EDIFACT 운영

자료: 필자 작성.

1998년 2월 W3C에서 XML 1.0 Recommendation을 발표하였다(SGML의 Subset, HTML의 기능 포함). Meta Language로서 새로운 application을 생성할 수 있는 Mark up Language 확장성(Extensibility), 구조(Structure), 검증(Validation) 특성을 제공하고 있다. 또한 XML은 Web 상에서 구조화된 문서를 전송 가능하도록 설계된 Text-based 형식이다.

② ebXML의 등장

1999년 9월 XML/EDI로 인한 혼란 방지를 위해 국제 EDI표준개발기구인 UN/CEFACT와 IBM, MicroSoft, Oracle 등이 주축이 된 국제 인터넷 정보교환컨소시엄인 OASIS(the Organization for the Advancement of Structured Information Standards)가 XML/EDI표준화 공동 작업에 합의하고 양 기관이 중심이 되어 관련 전문가들로 ebXML Working Group(실무작업반)을 구성하여 국제 표준을 만들어 가고 있다.

UN/CEFACT와 OASIS는 세계적으로 단일한 전자상거래시장의 구성을 위한 단일한 ebXML표준 규격제정을 목표로 ebXML의 개념을 확대시켰다.

ebXML Working Group은 '99년 11월부터 18개월 동안 작업을 수행하기로 하고 매 3개월마다 공식회의를 개최하여 1단계 명세를 2001년 5월 오스트리아 비엔나 회의에서 발표하였다. 운영위원회 산하에 단일 솔루션 개발을 위한 10개의 워킹그룹에서 분야별로 개념 · 정의 · 사용 등에 대한 컨센서스를 이루어가고 있다.

ebXML 표준화작업은 표준화를 위한 프레임워크인 Technical Architecture Transport/ Routing/Packaging, Registry & Repository, TradingPartner Agreement 등은 2001년 5월 경에 종료하고 Business Process, Core Component는 Un/Ce fact가 관리 추진하고 Technical Architecture Transport/ Routing/Packaging, Registry & Repository, TradingPartner Agreement는 OASIS가 관리추진하고 마케팅 그리고 POC(Proof of Concept)는 두기관이 공동 추진하고 있다. 미완성된 부분은 5월 이후 2단계회의에서 프레임워크를 제정해나가고 있는데 이미 일부 소프트웨어 벤더들은 ebXML을 이용한 Solution을 개발하고 있다.

(2) 국내 전자문서 표준화 현황

1992년 무역업무자동화부터 시작하여 한국전자문서교환위원회(KEC) 산하 13개 전자문서개발전문위원회(MD)에서 개발한 표준을 심의 · 제정하여 2008년 12월 31일까지 614종의 표준 전자문서를 제정·고시하였다.

국내 전자문서 표준화 현황

무역	운송보험	해상운송	육상운송	금융	보건	통관	유통	철강	조달	전자	자동차	조선	섬유	전기	문구	공통	합계
89	16	41	12	88	11	105	19	16	65	20	22	21	22	46	12	9	614

구 분	EDI	XML/EDI	XML	Library	기술규격	기술참고보고서	합계
업종/부문수	13	3	11	1	0	0	
문서수	262	53	295	1	2	1	614

자료 : 지식경제부·정보통신산업진흥원(전 한국전자거래진흥원).

① 각 부문별 전자문서 표준화 현황

현재 상역, 외환, 통관, 해상운송에 대한 전자문서(EDI) 표준화는 완성단계이고 유통, 의료, 물류분야의 표준 전자 문서개발이 활발히 이루어지고 있다.

② 국내 XML 표준화 추진현황

현재 무역부문, 조달부문, 건설부문, 전력부문, 자동차부문 등 부문별로XML을 이용한 전자상거래 시스템 구축이 추진되고 있으며, VAN EDI망과 함께 XML을 이용한

웹기반 전자상거래망 구축이 동시에 이루어지고 있다.

현재 국내적으로 XML표준화가 이루어지지 않은 상태에서 MicroSoft의 Biztalk나 CommerceOne의 XCBL, Rossetanet의 PIPs 등을 부분적으로 사용하고 있으며, 현재 추진중인 ebXML표준화의 결과물을 기다리고 있음.

전자문서개발 전문 위원회

MD	부 문	주관기관	간사기관
1	무역전문위원회	지식경제부 무역정책과	한국무역협회
2	외환금융전문위원회	한국은행	외전위간사은행
3	통관전문위원회	관세청	한국관세협회
4	육상운송전문위원회	건설교통부 · 철도청	대한통운㈜
5	항공운송전문위원회	건설교통부	㈜대한항공
6	해상운송전문위원회	해양수산부	한국선주협회
7	보험전문위원회	대한손해보험협회	보험개발원
8	유통전문위원회	지식경제부 유통서비스정보과	한국유통정보센타
9	전자전기전문위원회	지식경제부 디지털전자산업과	한국전자산업진흥회
10	자동차전문위원회	지식경제부 수송기계산업과	한국자동차공업협회
11	철강전문위원회	지식경제부 기초소재산업과	한국철강협회
12	보건복지전문위원회	보건복지부	보건산업진흥원
13	조달부문전문위원회	조달청	한국무역정보통신㈜

※ 현재 섬유, 건설은 구성하였고 물류부문은 구성하려고 준비중에 있음.

자료 : 지식경제부·정보통신산업진흥원(전 한국전자거래진흥원).

③ B2B네트워크 구축사업(시범사업) 9개 업종별 전자문서 표준화 현황

전자, 자동차, 섬유 부문의 경우 표준 전자문서(XML) 개발이 활발히 이루어지고 있다. 철강, 유통, 전력 부문의 경우 표준 전자문서가 이미 개발되어 있으며, 향후 추가적으로 XML/EDI로 개발하려고 준비하고 있다고 한다. 기계, 중공업, 생물 부문의 경우 표준 전자문서를 개발할 계획을 수립하였다.

④ XML의 사용확대

'90년대 후반부터 인터넷 기반의 XML/EDI가 차세대 EDI로 각광받게 됨에 따라, 우리나라에서도 IBM, Sun Microsystems, MicroSoft 등 유수한 IT 업체들뿐 아니라 DIB, 테크노2000 등 XML솔루션 업체들도 각자 XML관련 상품을 개발하여 판매하고 있으나, XML표준의 부재로 상호 연동이 이루어지지 않고 있다.

국토해양부(건설교통부)에서 1999년 건설인 · 허가업무에 XML 시범 적용하였다(XML과 EDI 동시수용). 한국무역정보통신이 Local L/C 업무에 XML/EDI를 2003년 3월에 시범서비스한 후 상용화(L/C Open, 신용장 개설 통지)하였고, 기타 업무에도 확대하여 시행하고 있다. 행정자치부가 공공 문서 표준으로 2003년 XML을 사용하기로 결정하여 사용을 촉진하고 있다. B2B 9개 시범사업 업종중 전자, 자동차업종이 XML을 적용하여 표준 전자문서를 개발하였다.

4) ebXML 표준화 추진방향

정보통신산업진흥원(전 한국전자거래진흥원)은 1999년 11월부터 ebXML 국제회의에 우리나라 대표로 참가하면서 ebXML 표준화를 다음과 같이 추진하고 있다.

(1) ebXML전문위원회 구성

2000년 2월 16일 학계, 업계, 연구기관 등 전문가들로 전 또한 업종별로 분문위원회를 구성하여 매월 1회씩 회의를 개최하여 국제 ebXML 표준화 추진 동향을 논의함으로써 우리나라에 ebXML 국제표준을 보급하며 사용을 촉진하고 있다.

(2) ebXML 세미나 개최

2000년 3월에 제1차 세미나를 개최하였는데 현재 7회 세미나에 연인원 4,000명이 참가함으로써 ebXML 사용 확산을 도모하고 있다.

(3) ebXML 국제회의 참가

'99년 11월 시작된 ebXML WG 1차 회의부터 정보통신산업진흥원(전 한국전자거래진흥원)이 우리나라 대표로 각계 전문가들과 함께 참가하고 있다.

(4) 모든 기업이나 개인이 ebXML과 상호연동 가능한 표준화기반을 구축하고 있다.

(5) 등록기 및 저장소(Registry and Repository) 구축중

2001년 4월부터 국제 명세에 따라 정보통신산업진흥원(전 한국전자거래진흥원)에 국가 표준 등록 및 저장소를 구축하고 있다. 또한 업종별 분산 등록 및 저장소를 구축하여 업종별분산 등록 및 저장소에 비즈니스프로세스 모델, 메시지, 협정, 국가

표준 전자문서 기업체 정보 등 기업간 거래하는데 필요한 개체들을 저장할 예정이며 국제 명세에 따라 저장소의 내용이나 등록 및 저장소 체계를 개편하여 구축할 예정이다.

(6) 정보통신산업진흥원(전 한국전자거래진흥원)은 중앙(국가) 등록 및 저장소를 구축하면서 개념증명(Proof of Concept)사업(Pilot Test)을 하였고 표준전자문서와 전자문서 가이드라인 등을 업계에 제공하고 있다

ebXML 등록 저장소 구축도

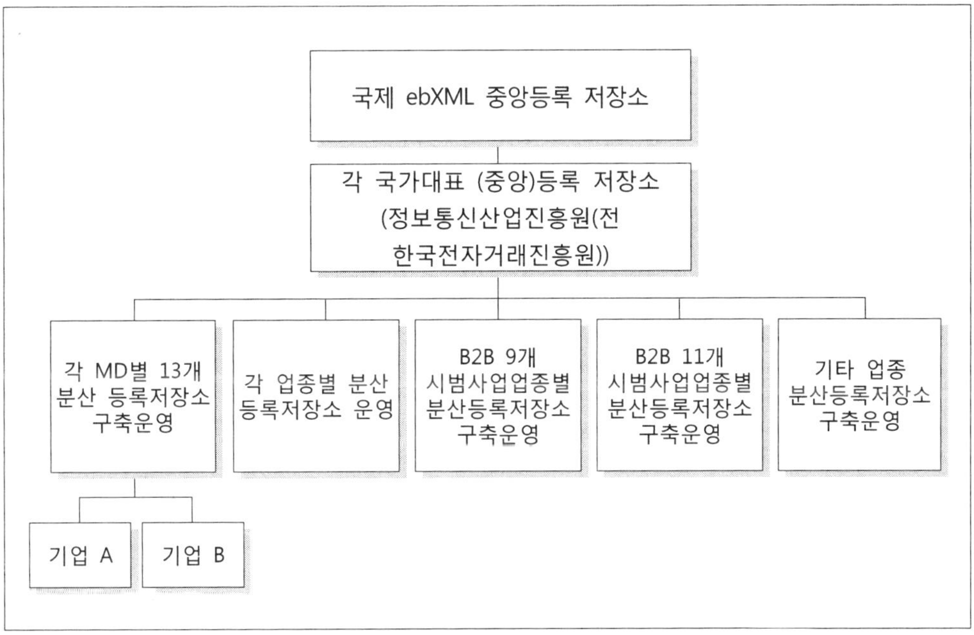

자료 : 필자 작성

(7) 2001년에 ebXML 전자문서 표준화 시범 프로젝트 9개 업종 중에서 철강 업종을 선정하여 공동 연계 사업에 성공하였고 다른 업종으로 확대하고 있다.

(8) 국제명세가 확정되면 2003년 이후 몇 ebXML 표준 전자문서를 개발하여 업계에 ebXML 사용을 촉진하고 있다.

전자상거래를 활성화하기 위해서는 전자문서, 전자카탈로그, 전자지급 · 결제, 무역결제, 상품 및 부품 등의 표준화가 이루어져야 한다. 그 중에서도 전자문서 표준화가 가장 시급하다고 할 수 있는데, 정부, 표준화 주관기관, 개별기업 측면에서 전자문서를 표준화하는데 기관별 역할을 살펴보면 다음과 같다.

전자문서 표준화 관련 기관별 역할

구 분	역할내용	비 고
정 부	· 전자상거래 표준화 지원사업 -정책 수립 및 예산지원, 사업 총괄 관리 및 감독 -B2B네트워크사업 9개, 11개 및 10개 업종 전자 문서 표준화 추진 (전자문서, 전자카탈로그 등)	· 사업 총괄 지원
정보통신산업진흥원 (전자거래진흥원)	-한국전자문서교환위원회에서 전자문서 표준 제정 고시, 보급, 홍보 등, -국제 전자문서 표준화 동향 파악 및 국내 보급 -B2B 9개 및 11개 업종 전자문서 표준화 주관기관 협의회 운영 -각 업종별 문서개발위원회 및 각 업종별 표준 전자문서 관리	
전자문서 표준화 주관기관	· 전자문서 표준화 주관기관 -각 업종별 표준 전자문서 개발 -B2B 시범사업 업종별 표준 전자문서 개발 -각 업종 전자문서 표준 개발 보급 및 홍보 시스템 개발 관리 등 -시스템 연계 등 지원	· 전자문서표준화사업 수행 기관 -각 업종별 단체 및 협회 등
개별 기업	· 전자문서 표준 사용 · 자체 시스템 개발 및 업무에 활용 · 표준전자문서를 사용하여 전자상거래를 하면 거래 비용 절감효과가 있음	

자료 : 필자 작성

5) 전자문서와 전자문서 유통 방안

(1) 문서의 발전과 Paperless

- 문서는 파피루스에서 시작하여 종이, 출판, 컴퓨터를 이용한 전자문서, 전자종이까지 비약적으로 발전하여 Paperless로 나아가고 있으나, 종이문서도 여전히 사용되고 있음

(2) IT활용에 따른 전자문서 발전동향

- 초기 기업내 업무효율화를 위해 전자문서를 도입했으나 IT발전에 따라 타기관 및 고객과의 거래에 전자문서를 활용함. 최근 문서 증가에 따라 전자문서의 신뢰성 제고를 위한 솔루션들이 부각되고 있음

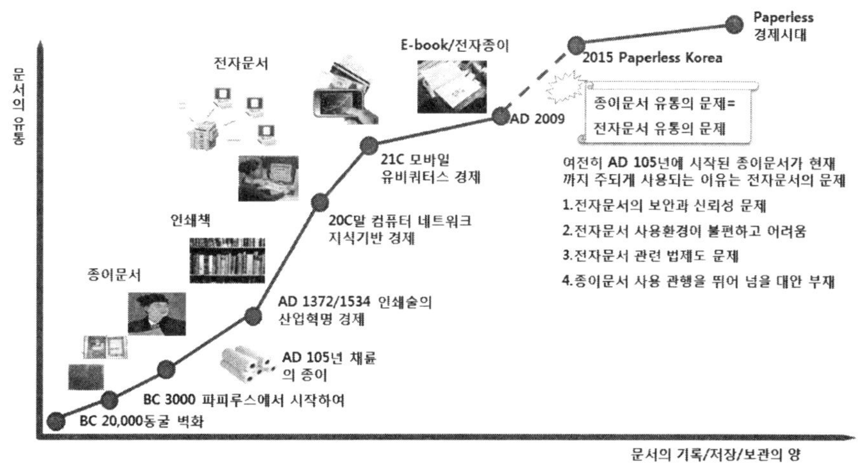

6) 공인전자문서보관소 제도

(1) 추진 배경

- 전자거래의 확산으로 전자문서 이용이 증가하고 있지만, 종이문서 활용은 지속
  - 종이문서의 생산 · 유통 · 보관에 많은 비용이 발생

- ㅇ 신용카드 매출전표 등 각종 금융거래 서류의 전자문서화로 연간 5,000억원 이상 대폭적인 비용절감이 가능(추정)
- ㅇ 종이사용 의무화로 인해 종이문서 제작·운송·보관비용을 유발하여 기업의 비용부담 등 국민경제에 큰 손실 초래
- ㅇ 전자문서 위조, 변조 및 멸실의 가능성 방지와 전자문서를 보관할 신뢰성 있는 제3자(공인전자문서보관소) 필요
  - 전자문서는 쉽게 위조, 변조 및 멸실의 가능성이 있으므로 이를 위해 각 당사자간 전자문서보관시스템을 도입하기에는 기업부담(비용, 인력 등)이 큼
- ㅇ 일정한 자격을 가진 자를 공인전자문서보관소로 지정하고, 전자문서의 불변경성, 증명서의 진정성, 이용자 보호, 배상책임 등 신뢰도 확보를 위해 법적 장치 마련

(2) 추진 연혁

- ㅇ '05. 3 : 전자거래기본법 개정(공인전자문서보관소 제도 도입)
- ㅇ '07. 2 : 공인전자문서보관소 제1호 사업자 지정
- ㅇ '07. 5 : 전자거래기본법 개정(전자화문서 개념 및 법적효력 인정)
- ㅇ '08.10 : 전자화시설 및 장비 인증 시행
- ㅇ '09.11 : 공인전자문서보관소 제8호 사업자 지정

(3) 공인전자문서보관소 정의

- ㅇ 지식경제부 장관의 지정을 받아 타인을 위하여 전자문서를 보관 또는 증명하거나 그 밖에 전자문서와 관련된 업무를 수행하는 법인(전자거래기본법 제2조 제8호)
- ㅇ 전자문서의 이용을 활성화하기 위하여 전자문서를 안전하게 보관하고, 전자문서의 내용 및 송수신 여부 등을 증명해줄 수 있는 신뢰할 수 있는 제3의 기관(TTP:Trusted Third Party)

(4) 공인전자문서보관소 관련 법 · 제도 등

구분	내 용	제개정일	제정
법령	전자거래기본법 - 공인전자문서보관소(제5장의2) - 전자화문서 보관의 법적 효력 인정(제5조제2항 및 제3항) - 전자화 시설·장비 인증(제23조제3항 내지 제6항)	'99.02.08 '05.03.31 '07.05.17 '09.05.22	
	시행령 - 공인전자문서보관소(제15조의2 내지 제15조의11)	'99.06.30 '05.11.04 '09.08.18	
	시행규칙 - 공인전자문서보관소(제9조 내지 제16조) - 전자화 시설·장비 인증(제1조의2)	'09.08.18 '08.03.03 '09.08.28	
고시 (5개)	공전소 시설 및 장비 등에 대한 규정(제2006-27호)	'06.05.02	장관
	전자문서보관 등 표준업무준칙(제2006-48호)	'06.05.02	
	공전소 지정기준 중 인력기술능력에 관한 고시(제2006-76호)	'06.07.21	
	전자화문서의 작성절차 및 방법에 의한 규정(제2009-58호)	'07.07.16 '09.04.01	
	전자화문서 작성 시설 또는 장비 인증기준의 세부사항에 관한 규정(제2008-151호)	'08.10.29	
기술 규격 (5개)	전자문서 정보패키지 기술규격 V1.2	'06.11.28 '07.08.27 '09.11.09	정보통신 산업진흥 원장
	전자문서 증명서 포맷 및 운영절차 기술규격 V1.2	'06.11.28 '07.08.27 '09.11.09	
	이용자시스템과 공전소 간 연계인터페이스 기술규격 V1.2	'06.11.28 '07.08.27 '09.11.09	
	이용자시스템 기술규격 V1.1	'07.08.27 '09.11.09	
	이·수관 기술규격 V1.1	'08.05.09 '09.11.09	
평가 지침 (7개)	공전소 시설 및 장비 등에 관한 평가지침 (201개 항목)	'06.11.28 '08.06.19 '09.11.09	정보통신 산업진흥 원장
	공전소 시설 및 장비 등에 관한 평가해설서 (732개 방법)	'06.11.28 '08.06.19 '09.11.09	
	공전소 기술심사를 위한 정합성 평가 가이드라인	'08.06.19	
	공전소 정기점검 지침 (64개 항목)	'08.04.01 '09.11.09	
	전자화문서 작성 시설 및 장비 등에 관한 평가지침 (150개 항목)	'08.11.28	
	전자화문서 작성 시설 및 장비 등에 관한 평가해설서 (418개 방법)	'08.11.28	
	전자화문서 작성 시설 및 장비 등에 관한 정기점검지침	'09.11.20	

(5) 공전소 주요 서비스

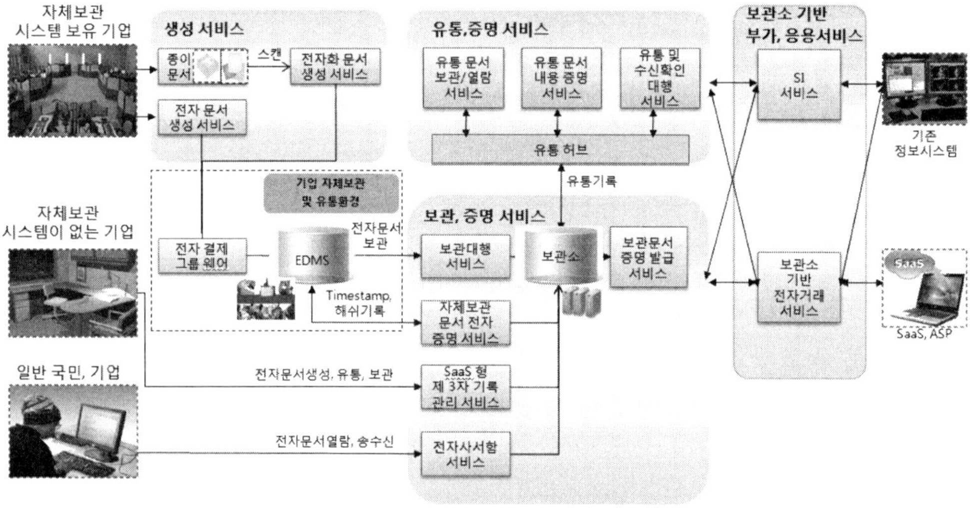

서 비 스 명		설 명
보관/증명 서비스	보관대행 서비스	기업의 전자문서 및 전자화문서를 공전소에서 위탁 대행해서 보관해주는 서비스
	보관문서 증명/발급서비스	공전소에 보관된 문서의 내용을 증명하거나 발급해주는 서비스
	자체보관문서 전자증명서비스	기업 자체 보관 전자기록/문서에 대한 시점확인 또는 진본성 확인에 필요한 정보를 보관/증명해주는 서비스
	SaaS형 제3자 기록관리 서비스	자체 전자기록/문서관리시스템 구축이 어려운 중소기업들에게 SaaS형태의 전자기록 및 문서관리 제공 서비스
	전자사서함 서비스	개인별, 기업별로 고유의 주소를 부여한 전자문서보관 및 열람장소 제공 서비스
유통/증명서비스	유통문서 보관/열람 서비스	유통과정에 있는 전자문서르 보관해주고 필요시 열람해볼 수 있는 서비스
	유통문서 내용증명 서비스	유통한 문서의 내용이나 진본성, 유통/교환되는 행위를 증명해주는 서비스
	유통대행 및 수신확인 서비스	송신자로부터 전자문서 유통의뢰를 받아 하나 또는 다수의 수신자에게 전자문서를 전달하고 수신확인을 해주는 서비스
생성 서비스	전자화문서 생성(스캔)서비스	스캐닝 작업을 통해 종이문서를 전자화문서로 생성해주는 서비스
	전자문서 생성서비스	신규 전자양식 및 서식을 생성·등록·관리해주는 서비스
보관소 기반 부가/응용 서비스	SI 서비스	이용자기업의 내부시스템과 공전소와의 연계를 위한 솔루션 및 시스템 통합 서비스
	보관소 기반 전자거래서비스	공전소와 연계되어 제공되는 신규전자거래 서비스

(6) 향후 공전소 추진방향

- ㅇ 전자(화)문서 보관 서비스 모델로는 한계가 존재. 전자문서 유통 서비스를 강화하기 위하여 전자문서 유통 인프라를 구축하고 공전소기반의 공인 전자문서함 서비스 모델 개발 추진
- ㅇ 공전소의 기반이 되는 전자문서산업 활성화 환경 조성
  - 전자문서 이용촉진을 위한 법제도 개선 및 전자문서 기술개발/표준화
  - 전자문서산업 통계조사 및 홍보 강화와 전자문서 산업 육성을 위한 협력/지원 체계 구축
- ㅇ 공전소 서비스 경쟁력 제고 추진
  - 공전소 지정 및 운영제도 개선
  - 공전소 유망 비즈니스 모델 발굴 및 적용 지원

7) 전자문서기반 B2B 현황

(1) 추진 배경 및 연혁

- ㅇ 컴퓨터의 등장과 상거래의 범위가 넓어짐에 따라 효과적인 통신수단 필요
  - 컴퓨터가 등장하고 컴퓨터간 네트워크 연결로 60, 70년대부터 EDI(전자문서교환)이 유럽, 미국에서 등장하게 되었고 80년대부터 본격화됨
  - 상거래가 지역적인 범위를 벗어나 점차 국가간, 대륙간 거래로 확대되었기 때문에 물품의 이동과 더불어 정보의 신속한 유통이 무엇보다 필요하게 됨
- ㅇ 90년대 인터넷이 전 세계적으로 확산됨에 따라 인터넷을 기반으로 한 전자상거래, e-비즈니스, 전자정부 등 전자 정보나 전자문서의 활용이 극대화됨
  - 인터넷의 등장은 80년대, 90년대에 강세를 보였던 VAN-EDI를 약화시켰고 대신 인터넷 기반의 대기업 자체 ASP와 3자 ASP 사이트가 보편화됨
  - 소규모기업을 제외하고는 기업내부에서 그룹웨어, ERP 등 다양한 e-비즈니스 솔루션을 사용하면서 업무효율을 위해 전자적인 기록이나 전자문서를 생산/유통하고 있음
  - 각 국 정부들도 2000년대 초부터 공공업무의 효율성을 제고하기 위하여 전자정부 사이트를 구축하였거나 구축중에 있음. 인터넷을 통해 온라인으로 민원서류를 신청 및 발급하고 있음

(2) 국내 전자문서 유통/교환의 활용 범위

ㅇ 공공부문

- 무역/통관 부문 : 90년대부터 EDI 방식의 전자문서 교환이 이루어지고 있음. 현재는 인터넷기반으로 재편되어 전자문서 교환이 이루어지고 있음
- 행정 부문 : 2005년부터 전자민원발급이 이루어지고 있음. 인터넷 사이트를 통해 민원신청, 열람, 발급이 이루어지고 있음
- 조달 부문 : 2002년부터 전자조달이 진행되고 있음
- 법무 부문 : 2010년부터 전자소송제 도입을 앞두고 있음

ㅇ 민간부문

- 유통/물류 부문 : 90년대부터 EDI 방식의 전자문서 교환이 이루어지고 있음. 현재는 인터넷기반으로 재편되어 활용되고 있음
- 금융 부문 : 인터넷 뱅킹, 업무의 전자화 등이 전자문서를 기반으로 해서 이루어지고 있음

(3) 기존 기업간 전자거래(B2B) 유형

거래 유형		비고
수작업 방식	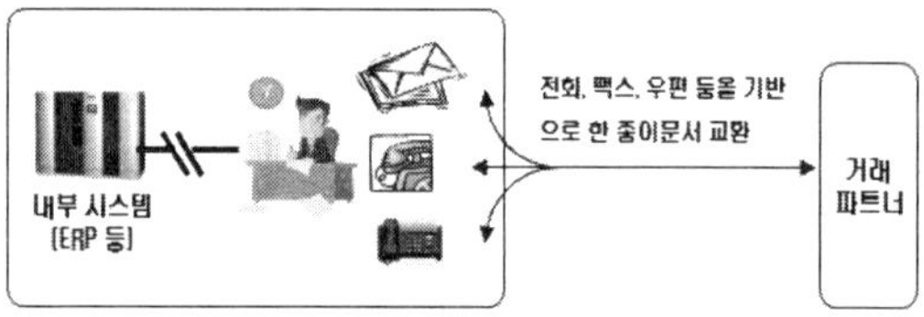	◦ 팩스, 전화, 우편, 인편 등을 이용한 거래 ◦ 아날로그 정보로서 시스템 내에서 디지털 정보로 재활용되기 힘듦 ◦ 여전히 종이가 업무의 중요한 요소
C/S 방식		◦ 클라이언트는 서비스 요구자이며, 서버는 서비스 제공자의 형태로 네트워크를 통하여 자원을 공유하는 처리 방식. 오늘날 만들어지는 대부분의 업무용프로그램은 이 방식을 적용하고 있음 ◦ 거래파트너가 제공하는 ASP 화면을 통해 정보를 전달함. 거래정보가 전자화되나 일방적으로 거래파트너에게만 제공되고 중소기업의 정보로 활용되지 못함 ◦ 거래 파트너가 늘어나면서 기업담당자가 수시로 각 거래사이트를 Check해야 함 → on-Time 업무처리가 힘듦
시스템 직접연계 방식	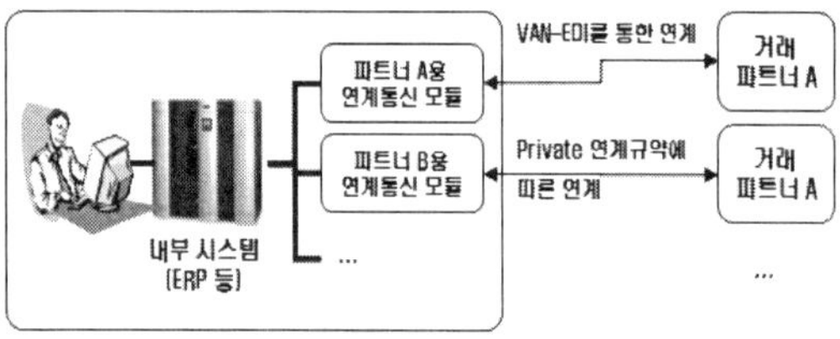	◦ 서버 시스템과 서버 시스템이 서로 간에 합의된 협약에 따라 자동화된 연계통신 모듈로 서로 통신하여 업무를 처리하는 방식 ◦ 거래파트너와 합의에 의한 B2B 연계규약에 따라 자동화된 정보 교환 구축. 사설규약이므로 거래파트너마다 서로 다른 방식의 통신모듈이 필요

(4) 기업간 전자거래(B2B)의 발전 방안

〈자료 : 정보통신산업진흥원〉

2. ebXML 표준화

1) ebXML의 소개

(1) ebXML의 개념과 목표

① ebXML 개념

기업간 거래의 발전추이는 기존에 전화나 FAX, e-mail 또는 서로 대면상담을 하여 거래가 이루어지던 것이 network 및 인터넷의 발달로 더불어 on-line상에서 거래가 이루어지고 있다. 그래서 기업들은 EDI를 활용하거나 인터넷 망을 이용하여 자체적으로 문서교환 시스템을 구축하거나 e-Marketplace를 통해 전자거래를 하려고 하였

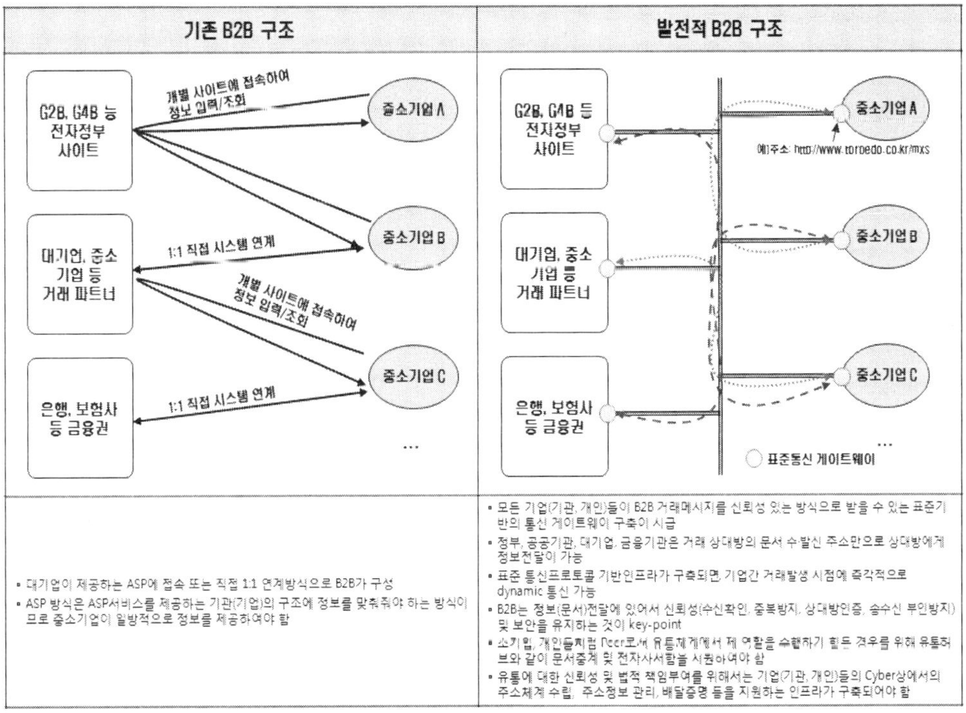

다. 그러나 거래 파트너들간의 약속에 의한 전자문서교환시스템은 새롭게 거래 대상을 확대하고자 할 때 많은 문제점을 드러내고 있으며 EDI와 같이 단순히 전자문서 교환에 대한 표준이나 e-Marketplace를 통한 거래는 기업간 거래 자동화 및 내부시스템과의 연동이 안 되어 많은 문제점이 있었다.

이러한 문제점을 해결하기 위해 기업들은 어떠한 기업과의 거래에 있어서도 공통적으로 적용 가능한 거래 Framework의 표준을 필요로 하게 되었다. 또한 이러한 Framework는 과거처럼 전자문서교환시스템에 대한 표준만이 아니라 거래 상대방에 대한 정보의 공유, 기업간 거래 자동화에 대한 요구 충족 및 유현한 거래 상대방에 대한 정보의 공유, 기업간 거래 자동화에 대한 요구 충족 및 유연한 거래 프로세스 적용 필요성에 따라 거래 전반에 대한 표준이 필요하여 ebXML 표준제정이 시작되었다.

ebXML.org에 따르면 UN/CEFACT와 OASIS가 주도하여 기업의 규모나 지역적 위치에 관계없이 인터넷을 통해 거래를 할 수 있도록 하는 규약들의 모음으로 이를 이용하여 기업들은 이제 비즈니스 메시지를 교환하고 서로 거래를 할 수 있다. 또한 공통의 용어로 데이터를 주고받으며 거래 프로세스를 정의하고 등록하여 줄 수 있다 고 정의하고 있다.

이러한 ebXML은 온라인상에서 world wide한 가상의 One Market을 구성하여 공통된 언어로 거래할 수 있도록 하자는 것이다. 물론 ebXML은 그 이름으로도 알 수 있듯이 모든 규약들이 W3C의 XML을 기반으로 하였으며, 누구나 사용 가능한 개방적 기술 표준 Framework이다.

ebXML표준을 구성하고 있는 규약들을 살펴보면 크게 Core Components(CC), Business Process(BP), Collaboration Protocal Profile and Agreement(CPPA), Registries & Repositories(Reg&Rep), Messaging Services(MS)가 있다.

이러한 규약을 정의하기 위해 OASIS와 UN/CEFACT가 공동으로 99년 11월부터 2001년 5월까지 18개월에 걸쳐 표준 명세 version 1.0 작업을 마쳤으며 이후에의 5개의 분야를 크게 technical part와 standards part의 2개의 분야로 나눠서 그 후 UN/CEFACT와 OASIS는 비즈니스적인 부분과 기술적인 부분으로 나뉘어져 비즈니스 프로세스(Business Process) 핵심 컴포넌트(Core Component)) 부분은 UN/ CEFACT에서 거래파트너(Trading Partner), 메시지전송(Transprot/Routing and Packaging), 등록저장소(Registry & Repository)는 OASIS 에서 주도하여 표준화 활동을 계속하고 있다.

같은 Technical Part는 UN/CEFACT가 CC, BP와 같은 Contents부분은 OASIS가 맡아서 표준화 작업을 계속 진행하고 있다. 물론 OASIS와 UN/ CEFACT의 각 산하 Working Group에서는 이 5개의 규약이외에도 ebXML표준화 작업에 관련해서 전체적인 기술적 구조 및 실거래 적용을 위한 분석 및 적용 방안 등 다양한 보고서를 내놓고 있다.

ebXML 규약은 5가지의 표준규약들은 서로 독립적이면서 또한 서로가 깊은 연관관계를 가지고 있다. 연관관계를 가지고 있다는 말은 기업의 자동화된 전자거래를 위해서는 5개의 규약이 서로의 역할을 하면서 밀접하게 맞물려 돌아간다는 의미이고 독립적이라 함은 ebXML의 각 규약들이 서로가 다른 표준으로 대체가 될 가능성에 대해서 고려를 하고 있다는 말이다. 예를 들면 CPP규약에서는 거래 프로세스와 관련된 항목을 정의할 때 프로세스에 대한 정의가 BPSS인 경우와 아닌 경우를 모두 언급하고 있다. 이러한 접근 방법은 일부 기업환경에서 다른 표준이나 시스템과도 서로 결합하여 운영될 수 있음을 고려한 것이다.

② ebXML 구성요소 및 기반기술

ebXML의 개념이 어려워 전문가의 도움을 받아야 이해하기가 쉽다. 그 이유는 ebXML이 다분히 기술 중심적으로 모든 자료들이 소개되고 있기 때문이다. 그러므로 각종 용어와 기술구조를 정확히 이해하려면 부단히 노력하여야 한다.

전 세계를 하나의 e비즈니스 프레임워크로 통일하겠다는 대규모 표준화 작업을 위하여 ebXML에서는 8개의 프로젝트팀이 상호 협력하였다. 그러면서 POC(Proof of Concept)를 통하여 정기적으로 개최한 국제회의에서 실제 구현된 프로토타입을 시연하였다. 또한, 각 워킹그룹에는 실제 SUN, MS, IBM 뿐만 아니라 XML관련 업체들에서 기술자들이 참여하여 실제 표준이 진행되고 있는 내용을 구현해봄으로써 더 나은 모습으로 산업계에서 바로 적용할 수 있는 표준이 될 수 있도록 많은 피드백을 주는 역할을 하였다. ebXML에서의 8개의 워킹그룹에서 수행한 내용은 다음과 같다.

- Requirements : ebXML이 만족시켜야 할 요구 사항들을 정의하는 것이 목표
- Technical Architecture (TA) : ebXML에 관련된 전반적인 기술구조를 정의하는 것이 목표
- Business Process (BP) : 거래절차에 대한 내용을 표준화된 방법으로 모델링하고

이를 자동으로 인식하여 거래가 발생하도록 하는 것이 목표

- Core Component (CC) : 전자거래에서 상호 교환되는 메시지를 구성하는 기본 단위들을 공유하여 재활용할 수 있도록 하는 것이 목표
- Registry and Repository (RR) : ebXML의 심장이라고도 표현되는 가장 핵심적인 분야로 거래에 필요한 각종 정보들을 저장 공유하고 표준화된 방식으로 접근하도록 기본모델을 제공하는 것이 목표
- Trading Partners (TP) : 거래하고자 하는 거래 당사자에 대한 각종 정보와 협업(Collaboration)을 위한 프로파일에 대한 틀을 표준화하는 것이 목표
- Transport/Routing and Packaging (TRP) : 상호간에 교환될 메시지를 플랫폼에 상관없이 안전하게 전송하도록 하는 것이 목표
- Proof of Concept (POC) : ebXML의 각 워킹그룹에서 진행하고 있는 개념들을 실제 프로토타입으로 구현하여 정기적으로 시연하면서 그 결과들을 다시 워킹그룹에 반영하여 보다 견고하고 산업계에서 즉시 활용 가능한 표준을 정립하는 것이 목표

ebXML 워킹 그룹

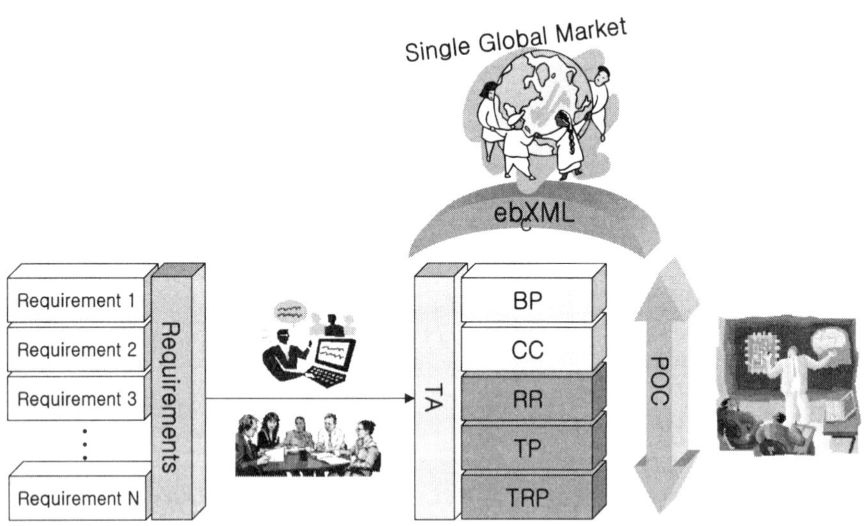

ebXML의 8개 프로젝트팀에 대하여 살펴보면 다음과 같다.

가. 기술구조팀(Technical Architectire)

전자상거래는 온라인으로 상품이나 서비스의 구매를 가능하게 하고, 이에 필요한 비즈니스 거래의 정보를 교환 할 수 있게 하여 준다. 최근 들어, 인터넷 사용이 증가하면서 전자상거래를 통한 상품 및 서비스의 판매가 활발히 이루어지고 있으며, 전자상거래를 통한 기업의 이익 창출의 범위는 점점 커가고 있는 실정이다.

현재 전자상거래는 B2C(Business-to-Customer)에서 B2B(Business-to-Business)로 확대되고 있으며, B2B 전자상거래를 위해 각 관련 표준 단체 및 기업들은 기존에 거래해 오던 기업은 물론 새로운 기업들 간의 거래에 있어서 보다 효과적인 정보 교환 및 처리를 위한 프레임워크 표준을 개발하고 있다.

전자상거래 프레임워크란 컴퓨터 및 컴퓨터 망을 이용하여 한 기업체의 비즈니스 경계를 넘어 거래 파트너(trading parter)와의 상거래를 가능하게 하는 기능을 규정하는 일반적 곡격(template)을 의미한다. 특히, B2B 전자상거래 프레임워크인 경우는 상호 연동성(interoperability) 메커니즘(mechanism)을 통해 거래 파트너 간의 비즈니스프로세스(business process)를 연결해 통합하는 역할을 한다.

ebXML은 XML 기반의 다른 프레임워크 표준과 다르게 비즈니스 파트너 간에 XML 메시지만을 규정하는 것이 아니라, 비즈니스 프로세스는 물론 분산된 저장소의 구축까지도 포함하고 있다. 이와 같은 접근 방법을 택하는 이유는 중소기입이 이미 정해진 거래 규칙 없이 거래 상대자가 거래에 대한 제반 사항부터 파악하면서 애드혹(ad-hoc) 방식으로 거래 약정(Trading agreement)을 맺을 수 있으며, 자기 자신만의 저장소 구축이 가능하기 때문에 굳이 집중화된 시스템에 따른 부담을 피할 수 있다는 것이다. 또한, ebXML 표준은 적용되는 산업분야가 특정 산업에 국한되지 않고 여러 산업분야에 포괄적으로 적용될 수 있는 일반성을 지닌 수평적(horizontal) 프레임워크를 정의하고 있다.

ebXML 기술 구조 명세에는 이와 같은 ebXML 프레임워크에 대한 ebXML 관련 표준 개발팀, 관련 소프트웨어 개발자, 실제로 e-비즈니스를 운영하는 업체, 그리고 이를 사용하는 사용자를 대상으로 ebXML 각 구성 요소의 관계, 상호 작용, 기본적인 기능을 기술한다. 즉 첫째, ebXML 이 무엇이고 둘째, ebXML 이 어떤 문제를 해결하며 셋째, ebXML 핵심 기능과 구조를 정의한다.

나. 비즈니스 프로세스팀 (Business Process)

비즈니스 프로세스를 모델링해 시나리오를 작성하고, 이 시나리오에 따라 B2B 전자상거래를 자동화하여 실행한다는 점이 ebXML 프레임워크의 가장 큰 특징이다. 이것은 EDI등 대부분의 기본 표준들이 단순히 문서만을 표준화해 사용하는 것과는 대조적인 것으로, 재활용의 수준을 문서 수준에서 시나리오 수준으로 확대하여 변화에 유연하게 대응할 수 있도록 지원한다.

비즈니스 프로세스 메타 모델은 거래하고자 하는 기업 간의 비즈니스 프로세스를 시나리오로 정의하기 위한 기본 틀을 제공한다. 이러한 메타 모델을 적용하여 정의된 시나리오는 등록기와 저장소 등의 인프라를 사용하여 즉시 구현할 수 있다. 산업별 또는 산업 간 공통 비즈니스 프로세스를 정의하여 B2B 인프라를 구축할 수 있으며, 비즈니스 프로세스 작업표/가이드라인, 편집기 도구, 패턴 등을 사용한 효율적인 모델링도 지원할 수 있다.

ebXML 1.0 표준은 산업 분야, 기업 규모 또는 지역이나 국가와 무관하게 XML을 사용하여 업무 데이터를 교환하기 위한 프레임워크를 제공한다. 이 프레임워크는 EDI분야의 오랜 경험을 반영하여 비즈니스 프로세스 모델, 분법 중립적인 핵심 컴포넌트, 협업 규약 프로파일과 약정, 분산된 등록기/저장소 등을 XML 메시지와 결합한 것이 특징이다.

특히, 비즈니스 프로세스를 모델링하여 시나리오를 작성하고, 이 시나리오에 따라 B2B 업무를 자동화하여 실행한다. 이것은 EDI나 xCBL 등 대부분의 기존 표준들이 단순히 문서만을 표준화하여 사용하는 것과는 대조적인 것으로, 다음과 같은 특징을 ebXML에 부여한다.

첫째, 재활용의 수준을 문서 수준에서 시나리오 수준으로 확대하여, 시나리오를 정의하는 과정에서 문서에 대한 검토가 자연스럽게 이루어질 수 있도록 지원한다. 시나리오와 문서를 정의하기 위해서는 체계적인 분석이 필요한데, 이러한 분석작업을 지원하기 위하여 수십 년에 걸친 EDI 분야의 경험과 지식이 반영된 UMM(UN/CEFACT Modeling Methodology)을 사용한다.

둘째, ebXML 을 사용하여 전자상거래를 하고자 하는 기업은 자신의 거래 시나리오를 모델링하여 저장소에 등록하고 거래 상대방과 이 시나리오를 사용하여 거래를 수행할 수 있다. 필요에 따라서는 자신의 상황에 적합한 시나리오를 저장소로부터 선택하여 그대로 활용하거나 일부분을 변경하여 거래를 수행할 수도 있다.

셋째, 주문관리 등과 같이 공통적으로 사용할 수 있는 거래를 모델링하여 재활용할 수 있도록 정보통신산업진흥원(전자거래진흥원) 이나 산업별 표준화 단체의 노력이 매우 중요하다. 국가적인 차원이나 특정한 산업분야 차원에서 B2B 전자상거래의 시나리오를 체계적으로 정의하여 관리할 수 있다면, 거래를 수립하기 위한 시간과 비용을 절감하는 효과를 거둘 수 있다. 특히 기업들이 실제로 ebXML을 활용하기 위하여 표준 시나리오를 검토하고 자신의 시나리오를 작성하는 방법이 제공되어야만, ebXML이 본격적으로 활용될 수 있는 기반이 마련될 것이다.

넷째, XML로 명확히 정의된 시나리오에 따라서 B2B 전자상거래를 실행하고 관리하는 기능이 지원될 수 있기 때문에, 비즈니스 시나리오를 프로그램 코드에 구현하여 수행하는 EDI 시스템이나 XML/EDI 시스템 같은 기존의 B2B 전자상거래 시스템이 변화에 유연하게 대응하기 어려웠던 점을 극복할 수 있다.

다. 핵심 컴포넌트(Core Component)

비즈니스 당사자들은 자신들이 운용중인 비즈니스 프로세스를 연결함으로써 서로 협력하여 비즈니스를 수행한다. 비즈니스 프로세스는 합의된 절차와 합의된 일정 내에서 비즈니스 당사자 간에 비즈니스 정보를 교환함으로써 연결된다.

비즈니스 프로세스를 발견한다는 것은 요구사항을 파악하고 상호 교환 각각의 절차, 시기 및 목적을 규명하는 것이다. 비즈니스 프로세스를 자세히 조사해 보면 개별 비즈니스 정보(개체)가 어떤 것이 교환되어야 하는지와 어느 단계에 처해 있는지를 밝혀 낼 수 있다.

발견 활동은 해당 분야에 종사하는 전문가가 각 산업별로 도출해 낸다. 이 발견의 결과가 서로 다른 산업에 걸쳐 분석될 때, 공통 프로세스와 공통 정보 컴포넌트 요구사항의 패턴이 검출될 수 있다.

ebXML 핵심 컴포넌트 프로젝트팀의 목적은 프로세스를 정의함으로써 정보 컴포넌트를 발견할 수 있게 하고 자세하게 카탈로그화하며, 어떤 컴포넌트가 핵심 컴포넌트 인가를 알 수 있도록 분석하는 것이다.

그러한 카탈로그를 만들면 여러 업종에 걸쳐 상호 운용성을 가능케 하여 전자상거래를 촉진시킬 수 있다. 이런 목적을 달성하기 위하여 다음 사항을 인식할 필요가 있다.

- 많은 비즈니스 프로세스들은 자신이 사용되고 있는 산업에서 기본적인 것이다.

구매, 지급결제, 선적이 공통 비즈니스 프로세스의 예들이다.

- 상품을 식별할 때 사용하는 경우처럼, 세부 비즈니스 정보 요구사항은 여러 산업에 걸쳐 동일하거나 유사한 경우가 많다.
- 비즈니스 프로세스가 진행되면서, 동일한 거래 당사자/거래 커뮤니티에 대해 정보 요구사항에 있어서 또다시 중대한 공통성이 존재한다. 제품의 선택, 식별 방법과 설명 방법 등은 그 비즈니스 프로세스 주기에 걸쳐 일관되게 나타난다.

비즈니스 프로세스는 활용되는 비즈니스 문서의 특성을 결정한다. 예를 들어, 만약 비즈니스 프로세스가 주문하는 것이라면, 이 주문 정보는 지불, 운반, 외부 비즈니스 계약 참조 등 주문 자체에 대한 자세한 사항을 명시해야 한다. 주문서에는 일정한 특성이 있어서 산업 간에 걸쳐 대체로 변하지 않는 것도 있지만, 제품 유형 등의 다른 세부사항은 심하게 변한다.

비즈니스 문서는 그 본질상 의미적으로 완전한 업무 사상을 주고받는다. 누가, 무엇을, 언제, 어디서, 왜가 그것이다. 전자상거래 용어에서 무엇(what)은 대체로 제품(product)을 가리킨다. 제품의 재화(goods)또는 서비스(servise)로 널리 인식되고 있다. 재화는 생산, 선적, 저장, 구매, 검사 등이 거래 당사자에 의해 이루어진다. 서비스는 거래 당사자가 수행하는 것으로, 제품과 함께 거래 당사자를 수반할 수도 있다. 거래 당사자는 기관이나 개인이 될 수 있으며, 다른 거래 당사자나 제품과 연관될 수도 있다. 그리고 이들 제품은 검사, 운반, 제조, 판매 등과 관련된 이벤트를 가진다.

ebXML 내에서 구조화된 정보의 조합과 컨텍스트를 사용하게 함으로써 이 문제를 핵심컴포넌트 아키텍처에서 다루도록 한다. 이 구조는 여러 산업에 걸친 비즈니스 프로세스의 공통성을 고려하여 설계된 일련의 계층을 사용한다. 더욱이 이 구조는 컨텍스트를 특정하게 사용하도록 기초한 전문성을 지원하도록 설계되었다.

라. 등록저장소팀 (Registry & Repository)

기업간 전자상거래에 있어서 등록기(Registy)는 등록하고자 하는 기업 및 제공하고자 하는 상품, 서비스 정보를 등록하는 곳이며, 저장소(Reporsitory)는 등록 대상을 단순히 저장하는 곳이다. 전자상거래에 있어서 등록저장소는 그 본질상 무엇인가를 담아두고 안내 검색 체계에 따라 그 담아둔 것을 쉽게 발견하여 재활용성을 높이거나, 기존에 담겨진 것을 변경할 필요가 있을 때 과거의 연관성을 유지하며 새로운 것으로 발전하는 틀의 역할을 한다.

ebXML 업무요구문서에서 등록저장소는 기술 명세들을 개발 및 활용하는 단계에서 저장하고 꺼내볼 수 있도록 해야 한다고 요구하고 있다. 또한 EDI와 같이 기존에 투자된 표준으로부터 향후 ebXML 표준으로의 전이 과정이 가능하도록 맵핑 템플리트를 지원할 것을 요구하고 있다. ebXML 등록기 및 저장소(이하 등록저장소)에는 다음과 같은 내용이 포함된다.

- 물품 주문과 같은 비즈니스 거래 정의
- 구매 주문서와 같은 문서 정의
- 지역 분류 또는 상품 분류 같은 분류 스키마
- 계층 분류에 따른 하위분류 전개
- 거래 당사자에 대한 프로파일 내역
- 코드 목록
- 문서 정의, 수행 프로그램, 양식 등과 관련된 자료 및 사례
- 객체 간의 연관 관계
- 비즈니스 모델

또한 ebXML 업무 요구 문서는 등록저장소에 기술적 명세들을 제출하고 개발하며 지원하는 일에 관련하여 다윾과 같은 필요성을 제시하고 있다.

- 유연한 워크플로우를 통해 기술 명세가 순서적으로 상태 변화하는 과정이 가능하도록 한다.
- 업무 프로세스 명세가 처음에 등록될 때 관련된 문서 정의 또는 핵심 컴포넌트와 함께 한 묶음으로 제출이 이뤄졌을 경우, 이 비즈니스 프로세스가 어떤 컨텍스트에서 사용 되는지를 정의하는 방법이 있어야 한다.
- 변경 관리를 위한 장치가 있어야 한다.
- 다양한 모델링 도구와 개발 도구를 등록저장소와 연결 활용할 수 있어야 한다.
- 역할에 따른 보안 모델이 있어야 한다.

ebXML은 사전 협약 없이 새로운 비즈니스 모델을 거래 당사자 간에 이해하여 애드혹(ad-hoc) 하게 거래할 수 있는 더욱 개방되고 유연한 거래 형태를 제공함으로써 인터넷 기반으로 중소기업도 쉽게 채택하여 사용할 수 있는 새로운 B2B 전자상거래

표준이라는 점을 특징으로 한다. 사전 협약이 없는 상태에서 협상의 과정을 거쳐 협업 프로토콜 약정에 이르기까지, 등록저장소는 공유 공간의 확보와 시간의 비동시성을 극복하는 중요한 역할을 한다.

마. 메시지 전송팀(Transport/Routing and Packaging)

B2B 전자상거래는 기업의 비즈니스 프로세스 혁신과 비즈니스 패턴의 변화를 가져왔고, 기업간의 관계나 산업구조의 재편을 가져올 디지털 시대의 새로운 패러다임으로 부각되고 있다. 이러한 B2B 전자상거래는 EDI 서비스로부터 시작되었다고 할 수 있다.

기존에 EDI를 접했던 사람들은 EDI 와 ebXML을 어떻게 비교해서 공부하는지를 알아둘 필요가 있다. 전자상거래서비스를 하기 위해서는 비즈니스와 IT관련 기반 표준이 상존해서 서비스를 만드는데 EDI의 경우 비즈니스 표준이 UN/CEFACT에서 만든 UN/CEFACT라면, IT 표준은 ITU-T에서 권고한 OSI(Open System Interconnection) 7계층 모델과 최상위 응용 서비스 계층의 메시징 서비스 표준인 X.400과 EDI 메시징 서비스를 표준인 X.435를 들 수 있다. 즉, EDI 서비스 환경이 구축되기 위해서는 서로 다른 2개의 국제표준화 기구에서 권고하는 국제표준을 활용해서 서비스를 구축해야 한다.

ebXML의 경우는 ebXML 표준 내에 비즈니스 표준부터 IT 표준까지 모두 포함하고 있기 때문에 기존 EDI와 는 차별되며, ebXML 표준만 잘 이해한다면 전자상거래 시스템을 만들 수 있다.

ebXML는 총 5개 부문으로 구성되어 있으며, 이 장에서 다루는 TRP부문은 XML 기반의 메시지 교환을 통하여 모든 규모의 기업들이 그들이 위치한 장소에 상관없이 서로 정보를 교환하며 업무를 수행할 수 있는 단일한 글로벌 e-마켓플레이스를 구축하자는 비전을 제시하는 명세 시리즈의 하나이다. 이 명세들은 단위 모듈을 구성하여 제시하고 있으나, 현재 완전한 전자 업무를 프레임워크를 제시하지는 않는다.

ebXML TRP 명세는 전자상거래 메시지들을 교환하기 위한 범용적인 통신 프로토콜 방식을 정의하는데 초점을 맞추었고, 이것에는 신뢰성이 잇고 안전한 전자상거래 문서 전달을 지원할 수 있는 신뢰 전송 서비스와 메시지의 봉투 구조를 정의한다. 추가로, 이 명세는 ebXML 호환 메시지들이 어떤 포맷의 페이로드로 탑재할 수 있는 봉투 만들기 위한 기술도 정의한다.

이러한 융통성 있는 프로토콜 구조는 기간계 전자업무시스템이 과거에 사용하던 형식에(예, UN/CEFACT, ASC X12 또는 HL7)들과 함께 ebXML 의 인프라를 사용하며 부상하고 있는 신기술들을 적용하는 사용자들이 기존에 존재하던 장점을 더 극대화할 수 있게 만들 것이다. 본 TRP 문서는 2001년 5월 ebXML 비엔나 총회에서 승인되었다.

바. 거래파트너팀 (Trading Partner)

거래파트너팀은 ebXML 표준화를 위한 10개 프로젝트팀 중 다른 팀들보다 가장 늦게 구성되었다. 이 팀의 작업 내용은 온라인상에서 상대방과 거래를 하기 위한 거래 방식 및 절차 등을 상대방에게 제공하고, 파트너 간에 서로 합의할 수 있는 방법을 제시하는 데 있다.

즉, 각 거래 파트너가 다른 파트너와 전자 메시지 교환을 원할 때, 자신이 원하는 거래 방식과 절차 등 자신의 모든 거래 능력을 상대방에게 제시하여야 하며, 거래 상대방은 자신이 가지고 있는 거래능력과 비교하여 공통된 부분만을 추출하여 메시지 교환 방식을 정의한다.

ebXML은 각 거래 파트너가 거래 방식, 거래 절차 그리고 보완 방법 등 자신이 가지고 있는 모든 거래 요소들을 총집합시킨 것을 협업 프로토콜 프로파일(Collaboration-Protocol Profile, CPP)이라 하며, 각 거래 파트너가 상대방과의 합의에 의하여 거래방식 및 절차 등을 합의한 것을 협업 프로토콜 약정(Collaboration-Protocol Agreement, CPA)이라 한다.

따라서 각 파트너가 다른 파트너와 전자 메시지를 교환할 수 있는 사업적이고 기술적인 능력은 협업 프로토콜 프로파일 문서에 기술될 수 있다. 또한 두 거래 파트너 간에 합의된 내용은 거래 파트너 협업 프로토콜 약정 문서에 기술될 수 있다.

이러한 협업 프로토콜 프로파일(CPP)과 협업 프로토콜 약정(CPA)은 전송(transport). 메시징(messaging), 보안 제약사항, 그리고 어떤 특정한 전자적 비즈니스 프로세스에 참여하여 양 파트너 간에 상호작용을 정의하는 내용을 포함하는 비즈니스 프로세스 명세(Business Process Specification)문서에 대한 연결을 포함한다.

여기서는 전반적인 내용을 쉽게 이해할 수 있도록 하기 위하여 간략하게 설명할 것이므로, 개발자나 보다 상세한 자료를 원하는 경우에는 부록 CD에 있는 협업-프로토콜 프로파일 및 약정(Collaboration Protocol Profile & Agreement) 번역본 또는 원문을 참조하기 바란다. 또한 이 자료는 일련의 ebXML 명세 중 하나로, ebXML, 명세들의 개요와 각각의 명세들 간 상호 연관성은 기술 구조(Technical Architecture) 명세에 나타나 있으니 참조하기 바란다.

사. 기타 프로젝트팀

모든 프로젝트는 그 규모가 간단한 소프트웨어의 개발이든 아니면 대기업의 ERP 시스템을 구축하는 일이든 간에, 우선적으로 해야 할 일이 있다. 그것은 바로 프로젝트가 목표로 하는 것과 하고자 하는 바를 정의하는 작업이다. 다시 말해, 프로젝트의 추진을 위해 필요할 것이 무엇인지를 정하는 것이다. 모든 프로젝트에서 먼저 요구사항을 정의하는 작업을 선행한다. ebXML이라는 프로젝트의 요구사항을 정의하는 작업은 바로 요구사항(requirements) 팀에 의해서 이루어졌다.

ebXML 요구사항팀은 그 업무의 성격상 가장 선도적인 위치에서 작업을 하였으며, 가장 먼저 기술 명세를 산출하였다. 이 장에서는 요구사항팀이 수행한 작업과 요구사항 기술 명세가 담고 있는 내용을 분석함으로서, ebXML이 무엇을 하고자 하였으며, 18개월의 짧은 기간에 얼마나 그 목표를 달성했는지 검토해 본다.

② ebXML의 목표

ebXML은 e-비즈니스 프레임워크 라고 할 수 있는데 e-비즈니스의 범위는 기업내부와 기업 외부로 나눌 수 있는데 ebXML의 목표는 기업외부 즉 기업간의 거래를 원활히 할 수 있도록 하는 것이다.

기업간의 거래는 B2B 전자상거래가 많이 발생하고 있으나 B2B 전자상거래 문제점이 있다.

첫째, B2B 전자상거래에 대한 표준이 없음.

둘째, B2B 전자상거래시 업종간, 국제간의 거래가 필요해짐

셋째, 기업간 시스템의 상호연동성이 안됨

넷째, 기업들은 기존시스템의 비효율성 등의 문제로 인해 국제화, 표준화된 시스템을 필요로 하게 됨.

ebXML은 국제적으로 하나의 플랫폼에서 다양한 거래파트너를 만나 B2B 전자상거래를 할 수 있다. 또한 ebXML 거래를 시각하기 전에 거래파트너발굴, 협의와 협약, 거래약정 까지 전자적으로 처리하면서 B2B 전자상거래를 하도록 한다.

그러므로 ebXML의 목표는 국제적으로 하나의 단일 전자상거래 방식으로 통일하

여 상호연동성을 확보해 전 세계 어느 기업이든 ebXML기반에서 원하는 기업과 거래가 가능하도록 하자는 것이다.

2) ebXML의 프레임 워크 구조

ebXML(electronic business XML)은 EDI를 표준화한 UN/CEFACT와 미국 IT Solution Vender 들의 모임인 OASIS가 주축이 되어 1999년 11월부터 XML을 표준화 시작하여 18개월 동안 만들어진 표준이다. ebXML은 특히 XML을 이용한 인터넷 기반 글로벌 전자 상거래가 가능하도록 하기 위한 국제 표준으로, 국내외 거래에 모두 적용될 수 있어 주목 받고 있다.

ebXML은 ebXML의 전체 구조를 보여주는 Technical Architecture, 거래 절차를 기술하는 Business Process, 거래에 이용되는 공통의 용어와 그 의미를 정의하는 Core Component, 거래에 필요한 정보를 저장하고 검색하는 데 필요한 Registry and Repository, 거래에 필요한 합의 사항 및 합의 방법을 규정한 Trading Partner, 거래 문서의 전송을 위한 Transport/Routing and Packing 등에 대해 2001년 5월 공식 표준을 발표하였다.

그 후 UN/CEFACT 와 OASIS는 비즈니스적인 부분과 기술적인 부분으로 나뉘어져 비즈니스프로세스(Business Process) 핵심 컴포넌트 (Core Component)) 부분은 UN/CEFACT에서 거래파트너(Trading Partner), 메시시선송(Transprot/Routing and Packaging), 등록저장소(Registry & Repository)는 OASIS 에서 주도하여 표준화 활동을 계속하고 있다.

2003년 5월 UN/CEFACT 에서 ebXML을 전자상기래 표준으로 승인하였다.

ebXML 핵심 시나리오

비즈니스 프로세스	거래 절차
핵심 컴포넌트	콘텐츠
레지스트리/레포지터리	저장/검색
거래 당사자	파트너 정보
전송/라우팅/패키징	통신

전체적인 시나리오를 통하여 ebXML이 구상하고 있는 전자거래가 어떻게 이루어지는지를 살펴보면 다음과 같다.

ebXML 핵심 시나리오의 주요 단계

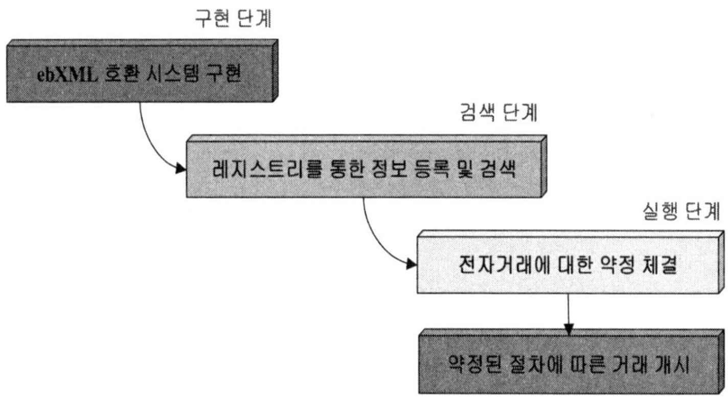

ebXML 핵심 시나리오는 크게 구현단계, 검색단계, 실행단계의 3단계로 구성되어 있다. 첫째, ebXML에서 제시하고 있는 가이드라인에 따라 자사의 시스템을 구축하는 단계와 둘째, ebXML 레지스트리에 자신의 정보를 등록하고 파트너의 정보를 검색하는 단계와 셋째, 이러한 정보들을 활용하여 전자상거래를 위한 계약을 체결하고 이렇게 체결된 계약에 의하여 실제로 B2B 전자상거래를 시작하는 단계이다.

ebXML 핵심 시나리오 주요단계별 수행업무

단계	세부 단계	수행 업무
구현단계	ebXML 호환 시스템 구현	· 메시지를 전송할 수 있는 기능 구현 · 레지스트리를 접근할 수 있는 기능 구현 · 거래 절차에 따른 업무 처리 시스템 구현 · 보안 및 파트너 정보 관리 기능 구현
검색단계	레지스트리에 정보 등록	· 거래절차 및 각종 정보 규정 · CPP 작성 · 레지스트리에 CPP 등록
	레지스트리에서 정보 검색	· 거래 당사자에 대한 CPP 검색
실행단계	전자상거래에 대한 약정 체결	· 자신의 CPP와 거래 당사자의 CPP를 활용하여 CPA 작성 · CPA에 대한 상호 협의 · 최종 승인된 CPA에 상호 합의
	약정된 절차에 따라 거래 개시	· CPA에 규정된 절차와 방식에 따라 실질적인 거래를 시작함

• 협업프로토콜 프로파일 (CPP) : 각 거래 파트너가 거래방식, 거래절차, 보완 방법 등 모든 거래 요소들을 총집합시킨 문서
• 협업프로토콜 약정 (CPA) : 각 거래 파트너가 상대방과의 합의에 의하여 거래 방식 및 절차 등을 합의한 문서

ebXML을 기반으로 거래를 원하는 회사들은 다음과 같은 단계를 밟아 전자상거래를 수행할 수 있다.

(1) 구현단계

구현 단계는 거래 파트너와 관련 있는 ebXML 기반의 애플리케이션을 만들기 위한 [그림 2-3]의 1단계에서 3단계가지의 처리 과정에 해당된다. 거래 파트너들은 관련 등록기에서 ebXML 명세와 비즈니스 프로세스모델을 검색할 수 있다. 거래파트너는 이 명세들을 검토하고 핵심 라이브러리와 비즈니스 라이브러리를 다운로드 받을 수 있다.

또한 거래 파트너는 분석과 재검토를 위해 그들의 비즈니스 프로파일에 저장되어 있는 다른 거래 파트너의 비즈니스 프로세스 정보를 요구할 수 있으며, 제 3자의 애플리케이션을 이용해 ebXML을 구현할 수도 있다. 거래 파트너는 다른 거래 파트너와의 전자상거래를 위해 ebXML과 호환되는 등록기에 자신의 비즈니스 프로세스 정보를 등록한다.

(2) 검색단계

검색단계는 전자상거래와 관련된 정보를 검색하고 협업 프로토콜 약정(CPA)을 만드는 과정이다. 거래 파트너가 다른 거래 파트너가 요구하는 비즈니스 정보를 조회한 후, 거래 파트너 간에 거래 계약을 위해 필요한 상세 정보를 제공하며, 협업 프로토콜 약정 문서를 통해 실제적인 계약을 체결한다.

(3) 실행단계

실행단계는 거래 파트너들 간에 관련된 ebXML 거래로써 ebXML 시나리오를 실행하는 과정이다. 거래 파트너들은 ebXML을 따르는 메시지와 데이터를 교환함으로 전자상거래를 수행하며, 전송 메시지는 직접 다른 회사 시스템에 전달되거나 메시

지 전송을 제공하는 금융 기관 또는 웹 기반의 서비스와 같은 제3의 기관을 통해 메시지를 전송할 수 있다.

ebXML 전자상거래 수행 과정

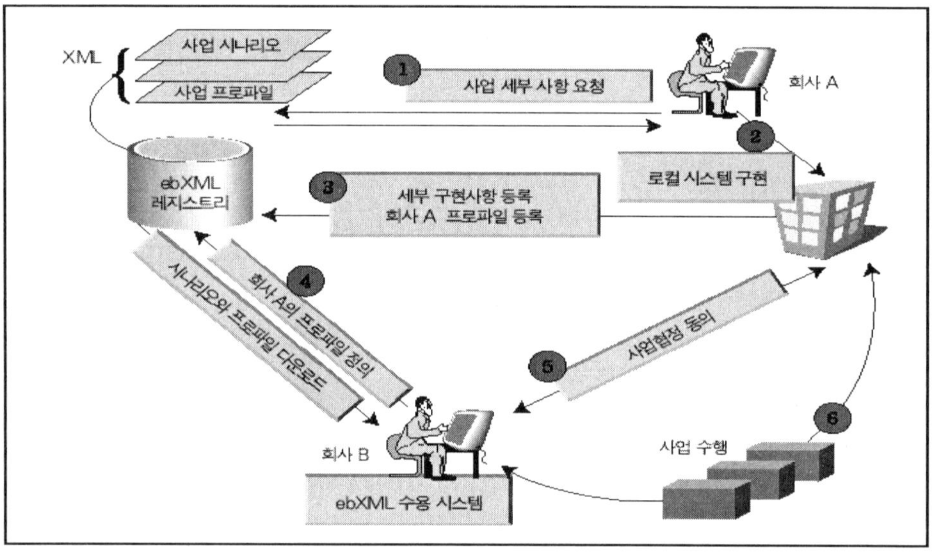

ebXML 기반 전자상거래 구현단계

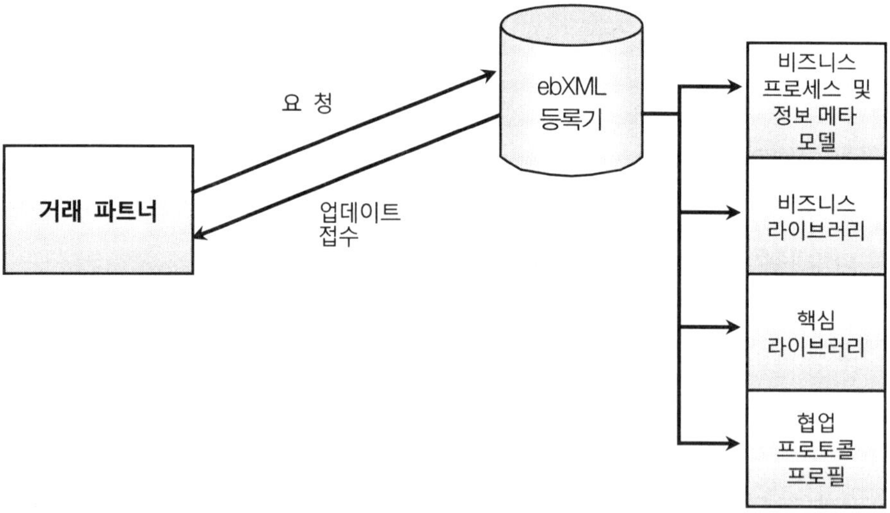

ebXML 기반 전자상거래 검색단계

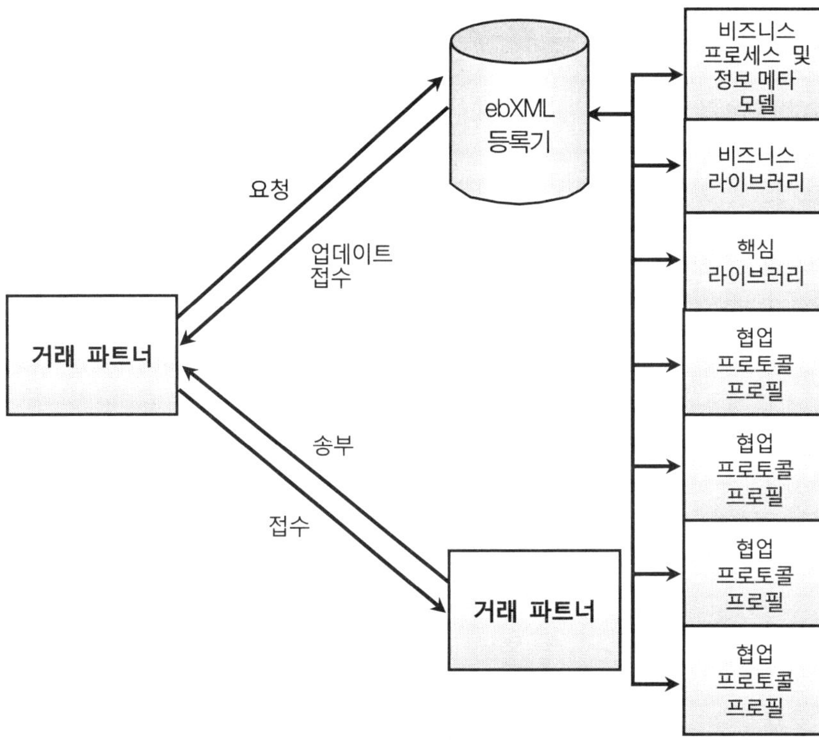

① 레지스트리 관리자 : 각종 표준 및 분류체계 등록, 레지스트리 관리
② 판매자, 구매자 : 자신의 거래 절차를 ebXML에 맞게 자사의 시스템 구축
③ 판매자 : 자신의 CPP 등록
④ 구매자 : 자신의 CPP 등록
⑤ 구매자 : ebXML Registry의 분류체계 검색
⑥ 구매자 : 분류체계 검색을 통하여 거래를 원하는 파트너(구매자)의 CPP 다운로드
⑦ 구매자 : 판매자에게 거래 협약 약정을 위하여 CPA 전송 (제출단계)
⑧ 판매자 : 구매자가 보내온 CPA를 검토하여 상호 협의과정을 거친 후, 구매자에게 최종적으로 수정 보완된 내용을 승인하여 CPA 전송 (승인단계)
⑨ 판매자, 구매자 : 상호 협약한 약정서, CPA에 의거하여 합의된 거래절차에 따라 B2B 전자상거래를 시작함.

ebXML 핵심시나리오의 단계별 수행업무도

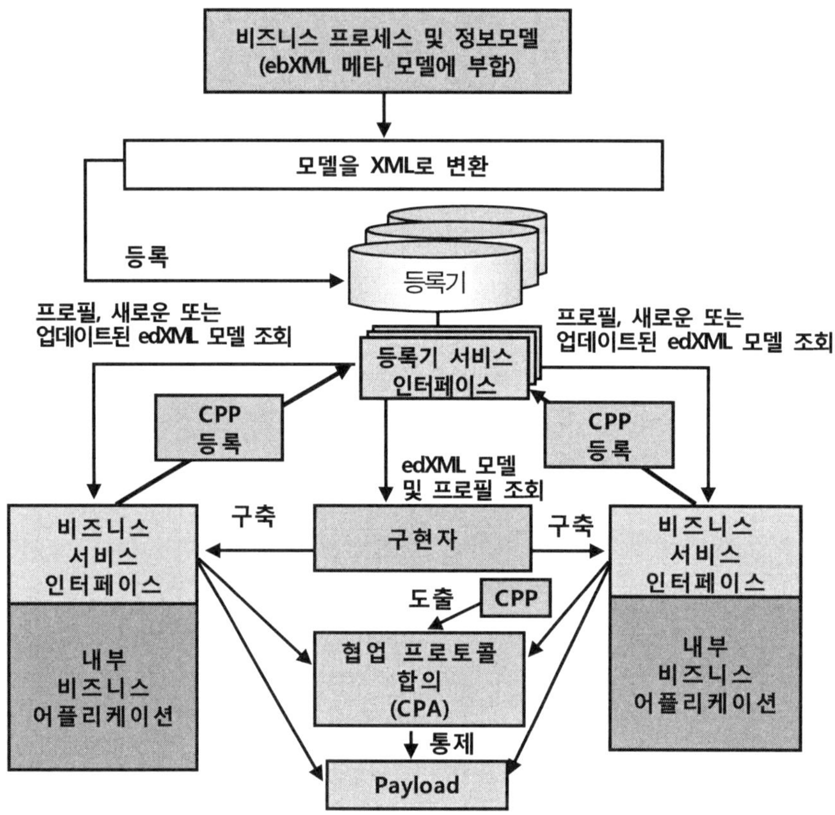

3) ebXML의 보급 현황

ebXML 표준의 보급현황과 산업체에서 ebXML 표준의 적용사례에 대해서는 OASIS ebXML 홍보팀이 2005년 11월에 ebXML 도입 적용현황에 대하여 발표하였다.

2004년 11월부터 2005년 5월까지 ebXML 표준제정 WG 및 세미나에 2,000명 이상이 참여하였고 ebXML 적용사례 등 다양한 프로젝트가 진행되고 있다.

세계 주요산업과 공공부문에서 ebXML을 벤치마킹하고 있고 국제간 시범사업에서 채택・적용되고 있다.

(1) 북미의 보급현황

북미지역은 EDI 보급이 비교적 많이 보급되어 있어 ebXML 도입시기가 지연되고 있다. 현재 미국의 표준을 주도하고 있는 ANSI X12 총회에서 XML 표준을 제정하고 있다. 공공부문에서는 전자정부와 G4C를 지원하고 시스템에 ebXML이 적용되고 있는데 US CDC Center for Disease Control OAG/NIST ebXML 테스트베드 프로젝트 등이 있고 캐나다 PWGSC 프로젝트가 있다.

ebXML을 산업부문에 적용하고 있는 사례는 자동차산업의 AIAG, Covisint, 유통산업의 GCI, 여행산업의 OTA 국제금융의 SWIFT, 목재산업의 Papi-Net, ANSI X12 등에서 시범프로젝트가 진행되고 있다. 그리고 GM의 SOA(Service Oriented Architecture)가 있는데 GM의 차세대 정보시스템 구축 프로젝트인 SOA는 ebXML이 어떻게 GM의 기업내부에서 서비스 기반의 기술구조를 만들고 자동차 관련 커뮤니티를 위한 기존의 B2B 모델을 개선해갈 수 있는지를 모색하고 있다.

이 프로젝트의 특징은 웹서비스와 ebXML을 기술적인 측면에서 서로의 장·단점 및 적용범위을 파악하고 있으며 웹서비스와 ebXML 을 활용하여 상호 보완적인 모델로 발전시킨 새로운 시도를 모색 하고 있다는 것이다.

GM의 SOA 발전 전략

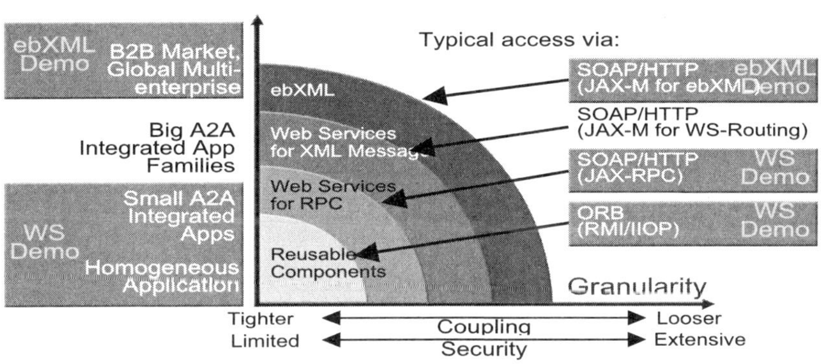

BEA, IBM, SUN이 지원하고 있는 이 프로젝트는 J2EE + Web Services + ebXML 이라는 표준 방식을 채택 하고 있다.

GM의 SOA에서 사용하는 비즈니스 문서는 OAG에서 정의된 전자문서 표준(OAG BOD)을 채택하였다. 특히 OAGIS 8.0은 모든 비즈니스 문서들이 정의되어 있으며 비즈니스 프로세스가 전자문서 안에 녹아들어 가있는 XML 전자문서의 구조를 가지고 있다. ebXML 메세징을 기반으로 GM-Covisint B2B XML 연계 파일럿 프로젝트를 수행하였다.

자동차업계에서의 B2B 전자상거래 연계는 기존 고유방식에서 탈피하여 새로운 기술들을 도입하여 개방된 표준방식으로 추진하고 있는데 ebXML 기술이 곳곳에서 활용되고 있다. 특별한 점은 ebXML BPSS까지 활용하여 비즈니스 프로세스를 자동차 관련 업계간의 협업 모델을 새로 만들고 있다. EbXML 레지스트리& 레파지토리를 활용하여 상호간의 비즈니스 정보를 공유하는 방식을 도입함으로써 ebXML의 전체적인 모습을 구현하고자 노력을 하고 있다. 또한 ebXML에만 치우치지 않고 GM의 내부 정보시스템도 웹서비스와 J2EE 를 기반으로 보다 지능적인 연계방식을 도입하고 있다. 또한 내부에서는 J2EE와 웹서비스를 활용하고 외부와의 연계는 ebXML 기술을 활용함으로써 새로운 기술들의 장점을 적절한 곳에 적절한 기술들을 활용하고 있다.

GM의 SOA에서의 ebXmL 적용범위

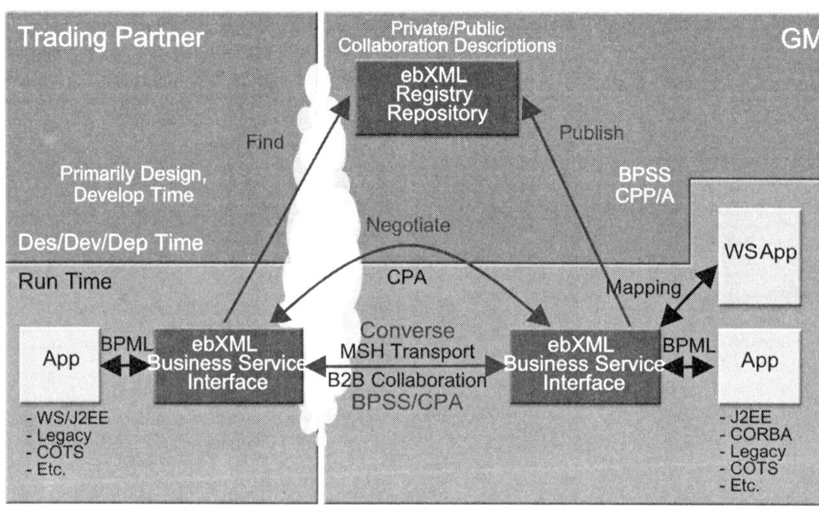

J2EE + Web Services + ebXML이 적용사례

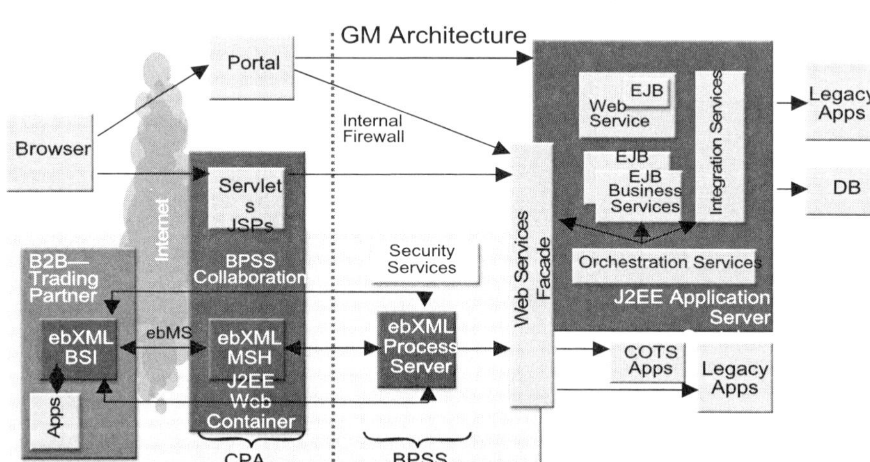

(2) 유럽의 현황

유럽에서는 UN/CEFACT의 EDIFACT 메시지 구조를 사용하고 있다. 그런데 EU 에서는 ebXML을 도입하기로 하여 각 산업에서 채택하고 있는데 국제금융의 SWIFT, 여행의 OTA, 유통의 UCC 및 EAN 등이다.

(3) 아시아의 현황

각 나라별로 EDI 를 사용하고 있어서 아시아 국가간 전자상거래를 확대하기 위해서는 ebXML이 필요하여 주요 국가에서 적극적으로 사용을 촉진하고 있다.

(4) ebXML 아시아 위원회

ebXML을 아시아권역에 보급 확산시키기 위하여 한국(전자거래진흥원), 일본(ECOM), 대만(TCA) 에서 2000년 12월 ebXML 아시아위원회를 창설한 이후 2002년 말 아시아 10개국 20개 회원이 증가하여 아시아지역에서의 ebXML의 중요성이 확산되고 있다.

ebXML 아시아 위원회에서는 국가별 ebXML채택현황을 보고하며, ebXML표준화에 대한 주요이슈 및 기술적 사항 등 아시아지역의 ebXML표준화 활동을 지원한다. ebXML 아시아 위원회에 참여 하고 있는 한국, 일본, 대만, 중국, 홍콩, 태국, 말레이시아, 호주 등의 국가는 재정적 지원에 따라 ebXML프로젝트가 진행되고 있다.

2002년 11월 ebXML 아시아 위원회 에 ebXML 상호연동성 WG이 구성되어 2003년 2월까지 아시아 5개국가간 12개 ebXML 솔루션에 대한 상호연동성 테스트가 진행되었다.

eAC에서는 아시아권역의 EDI국제조직인 AFACT와 협력하여 ebXML 아시아 위원회 기술보급 및 확산을 위한 마케팅을 하고 있다.

❖ 동아시아 및 한일 무역망 연동과 전자무역

국무총리실 산하 전자무역추진위원회가 전자무역(e트레이드)의 장단기 과제를 해결하고 전자무역을 활성화하기 위하여 민관이 협력하여 프로젝트가 추진되고 있다.

전자무역의 비전

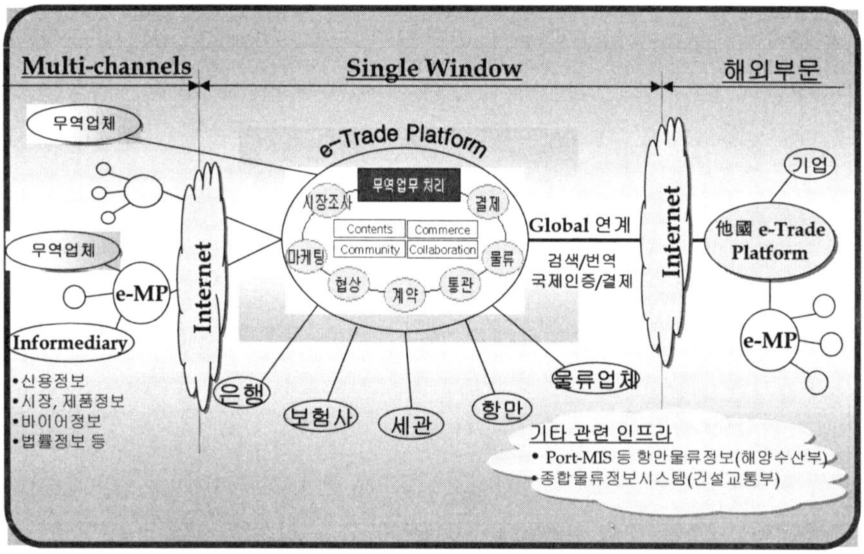

우리나라 전자무역 활성화뿐만 아니라 전자무역의 글로벌화라는 구체적인 목표아래 추진되고 있는 동아시아 무역망 연동 및 한일 무역망 연동사업은 단계적으로 진행되고 있다. 이 사업을 시작하던 몇 년 전에는 ebXML을 고려하지 않고 시작했었으나 지금은 상호연동을 위하여 ebXML 프레임워크를 기반으로 진행되고 있다.

동아시아 무역망 연동의 ebXML 프레임워크

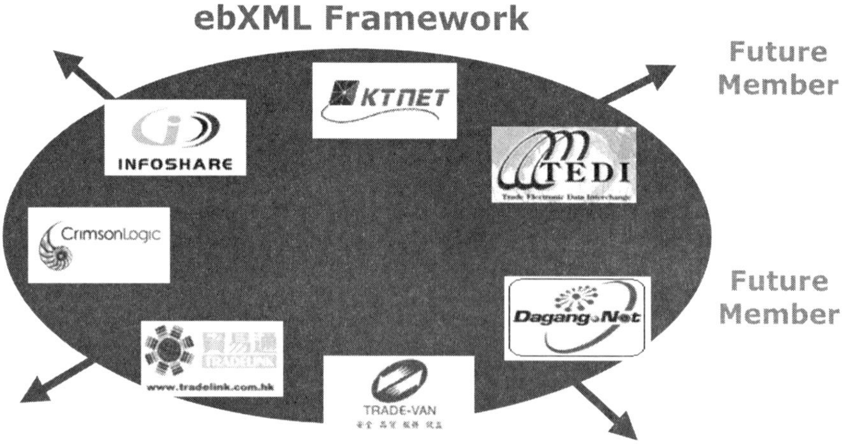

참여회사는 한국의 한국무역정보통신(KTNET), 중국의 Infoshare, 싱가포르의 CrimsonLogic, 홍콩의 TradeLink, 대만의 TradeVAN, 말레이시아의 DagangNet, 일본의 TEDI가 참여하고 있다.

동아시아 무역망 연동의 기술적 기반구조를 ebXML로 채택한 것은 2001.9월 서울에서 개최된 워킹그룹회의에서였다. 그때에는 ebXML이 아직 v1.0인 상태이었고 구현되어 있거나 상품화된 솔루션이 없어서 한국무역정보통신(KTNET)에서 개발한 ebXML MSH v1.0을 각 나라에서 채택하여 국가간 상호연동을 위한 작업을 진행하여 왔다. 현재 v1.0을 기반으로 시범적으로 운영되고 있으며 향후 ebXML MS v2.0을 도입하여 업그레이드 하고 있다.

동아시아 무역망 연동은 국가간의 전자무역 인프라를 연동하는 작업으로 기존의 VAN 사업자들의 기반 구조인 X.25 혹은 X.400이라는 오래된 프로토콜 기반이 아니라 인터넷 기반의 개방형 국제표준 연동방식을 채택하여 진행되고 있다. 공인된 인증기관을 기반으로 XML 전자서명 및 HTTPS 통신 프로토콜을 기반으로 작업 하고 있다. 또한 전자서명을 적용하는 구간도 ebXML 메세징의 봉투에 해당하는 부분만 적용하는 것이 아니라 실제 비즈니스 문서인 페이로드에 대하여도 적용함으로써 데이터의 변조를 예방하기위한 보증기능을 하도록 되어 있다.

동아시아 무역망 연동에서 ebXML이 적용된 구간

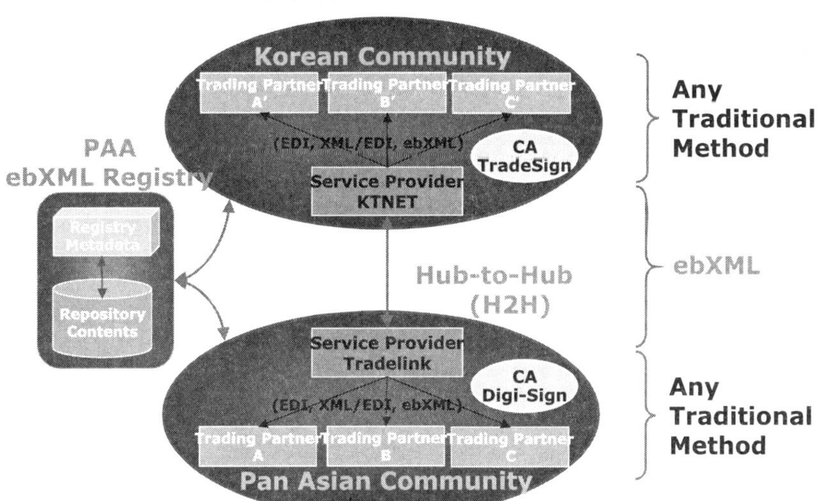

동아시아 무역망 연동에서의 ebXML 메세징 서비스 적용 사례

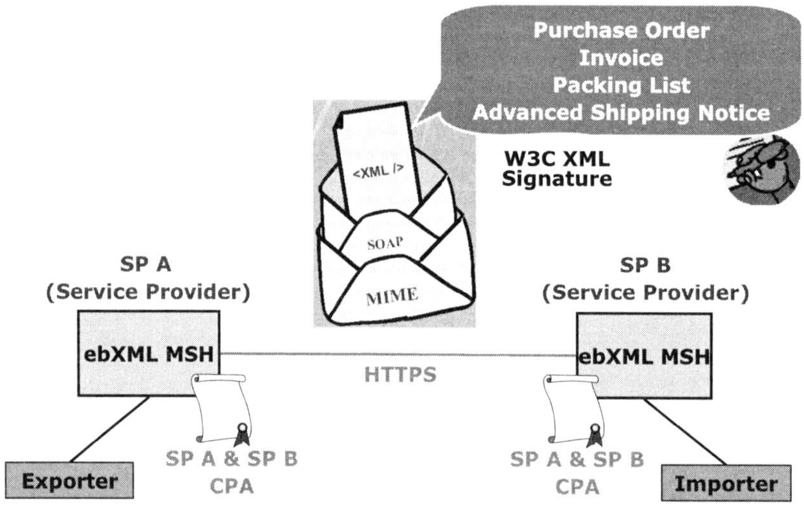

❖ 마켓플레이스간 연계 사업

아·태 국가간 B2B 연계 사업의 일환으로 마켓플레이스간의 상호연동을 통한 각 국내의 구매자와 판매자를 국가간으로 확대하기 위한 기술적, 사업적 기반을 조성하기 위한 프로젝트가 진행되고 있다. 본 프로젝트에 콘소시엄으로 참여하고 있는 마켓플레이스는 한국의 iMarketKorea와 싱가포르의 SESAMi 마켓플레이스간의 상호 연동을 위한 시스템 구성도는 다음과 같다.

마켓플레이스간 상호 연계 시스템 구성도

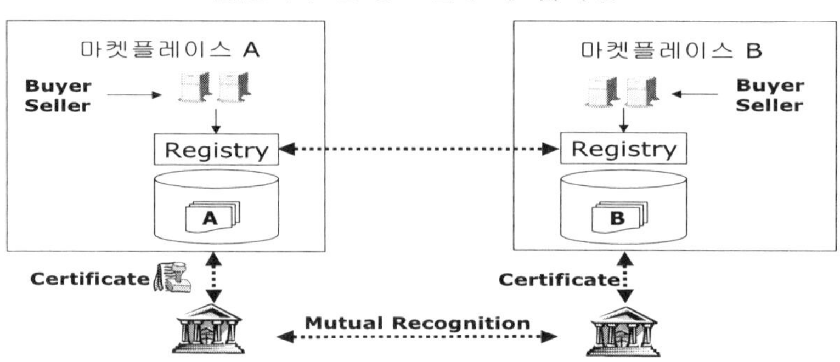

상호연동을 하기위하여 시스템을 통합하는 작업이 추진되고 있다. 지금까지 e-마

켓플레이스는 이미 자사들의 고유한 방식으로 시스템이 구현되어 있어 상호연동이 안되었다. 이러한 연계나 통합의 필요성이 대두되기 전에 이미 시스템이 구축되었기 때문이다.

각 국가간 e-마켓플레이스간의 연계에 대한 표준으로 ebXML이 적합하다. 메시징 서비스로 ebXML Messasing Service Specification을 활용하고 상호간의 정보 공유를 위하여 ebXML Registry & Repository를 활용하고 있다. 또한 인터넷 기반의 상호연계의 안정성을 보장하기 위하여 X.509 인증서를 활용한 전자서명 기능 및 통신 프로토콜의 보안기능을 구축함으로써 안전한 상호 연계 시스템을 구축할 수 있다.

ebXML을 적용한 마켓플레이스간 연계 시스템 구성도

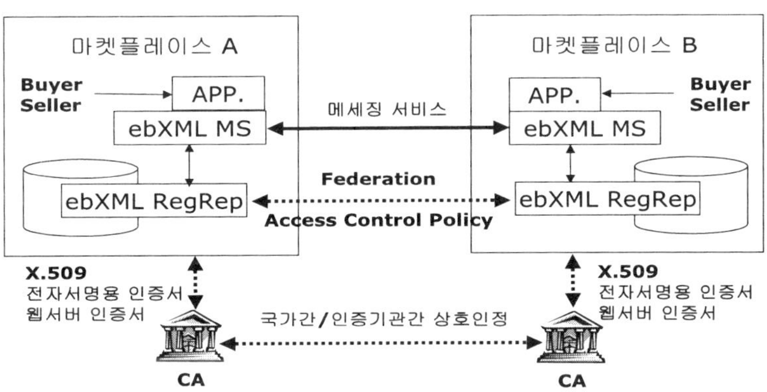

ebXML MS, ebXML Reggistry Information Model, ebXML Registry Service Specification 이외에도 마켓플레이스를 하나의 거래 파트너로 생각하고 이에 대한 협업 프로토콜 프로파일(CPP)을 정의하고 상호간의 약정서(CPA)를 적용할 수도 있다. 다만, ebXML MS와 ebXML CPP, CPA간의 상호관계를 필수조항으로 v2.0 부터는 규정하고 있으나 실제로 시스템을 구현하거나 적용하는 실제 환경에서는 적절히 대응하면 된다.

또한 ebXML Business Process Specification Schema는 협업의 절차와 비즈니스 프로세스를 기술하는 데에 활용할 수 있다.

(5) 우리나라 ebXML 추진현황

우리나라를 대표하는 ebXML등록저장소는 정보통신산업진흥원(전 한국전자거래진흥원)에서 운영하는 ebXML중앙 등록저장소인 REMKO(),한국무역정보통신의 XENI와 철강 산업부문인 비즈바인더 (Biz Binder)가 있는데 이들 등록저장소간 상호 연동방안을 모색하고 있다.

우리나라에서 개발된 ebXML솔루션은 등록저장소 이외에 비즈니스 협업엔진, 비즈니스 프로세스 편집기, CPP편집기, ebXML 메시징 서비스 핸들러, e-비즈니스 통합 문서변환도구 등의 제품이 있으며, 산업에 적용하여 사용확대되고 있는데 ebXML솔루션이 ERP, SCM, CRM, 전자세금계산서 시스템 개발 등에 적용되고 있다.

정보통신산업진흥원(전 한국전자거래진흥원)에서는 2002년 11월 우리나라 최초로 국내 5개사(한국무역정보통신, 이노디지털, 삼성 SDS, 한맥인포텍, 이섬테크)가 참여하여 ebXML 상호연동성 공개테스트를 성공적으로 수행하였다.

또한 ebXML 콘텐츠 표준화를 위하여 2002년 '전자문서개발 가이드라인'을 완성하였고 XML스키마 및 문서설계에 관한 규칙 부문에 대한 가이드라인을 보완하였다.

우리나라 국내 전자상거래 산업부문 표준화에 적용하기 위하여 업종간 공통으로 활용하여 전자상거래 상호연동성을 지원하기 위하여 필요한 2종류의 라이브러리를 완성하였는데 핵심컴포넌트와 비즈니스정보객체를 수록한 XML라이브러리와 업종간 공통 비즈니스 프로세스에 관련한 ebXML 산출 명세인 비즈니스 참조 라이브러리이다.

ebXML 을 실무에 적용한 사례는 한·일간 전자상거래 시범 프로젝트, 한·일간 철강거래 등이 있다.

3. 전자카탈로그 표준화

1) 전자카탈로그의 정의

전자카탈로그(e-catalogue)는 상품 및 서비스의 거래조건, 가격, 거래처 등의 표준화된 단일 저장소를 제공함으로써 다양한 전자상거래를 지원하는 도구를 제공한다.

전자카탈로그는 상품에 대한 간략한 소개, 사진(동영상 등), 제작업체 URL (Uniform Resource Locator), 연락처 등 기존의 인쇄물 형태의 카탈로그에 비하여 많은 내용으로 구성된다. 인터넷상에서의 구현은 정보검색 편의성, 효율성 등을 위하여 많은 상품광고를 Mall 형태로 구축하는 것이 바람직하며, 그만큼 광고의 효과를 높일 수 있다. 전자카탈로그의 특징은 종이 등의 인쇄물 형태의 카탈로그보다 저렴한 비용으로 제작할 수 있으며 판매자가 직접 수정/편집할 수 있는 DIY(Do It

Yourself)방식도 가능하며 시간적, 공간적 제약을 받지 않고 전 세계적으로 지속적으로 BBS, WWW 등을 통한 홍보 및 구매가 가능하다. 즉, 전자카탈로그는 인터넷을 통한 상거래가 즉시 이루어질 수 있게 하며, 상품 또는 기업에 대한 광고나 홍보를 하기 위한 가장 효과적인 방법이다.

카탈로그의 구성 요소

구 분	내 용
식별요소(ID)	브랜드명, 제품명, 모델명
기본적 속성	카테고리, 단위속성, 가격정보
부가적 속성	제품설명, 광고적 요소
디스플레이 요소	제품사진, 동영상등 구매결정에 필요한 시각정보

자료: 전자상거래 표준화 통합포럼

현재 산업별로 혹은 프로세스별로 진행되고 있는 e-marketplace의 경매/역경매, 계약, 전자지급 · 결제, 배송관리 등 전자상거래를 온라인으로 구현하기 위해서 표준화된 콘텐츠의 확보가 절대적이며, 상품 정보 모델링, 상품 속성 기술 방법, 파일 포맷, 전송방법의 표준화가 이에 포함된다. 또한 ERP, SCM, PDM 등과 같은 off-line의 응용 프로그램과 연결하는 인터페이스 기능들도 있게 된다. 이 외에도 기업간 전자상거래를 위해서는 공동 설계 및 개발(collaborative design), 공동 생산계획(collaborative planning), A/S 관리 등 한 단계 더 앞선 기능들이 추가될 수 있다. 전자카탈로그(electronic catalog)는 제품을 소개하는 기본이 되는 기능(부가적 속성)으로서 전자문서와 같이 e-marketplace의 핵심적인 인프라가 되고 있다.

2) 전자카탈로그 표준 및 표준화 동향

전자카탈로그는 내용적 요소와 기술적 요소로 구성된다. 내용적 구성요서는 상품의 내용을 나타내는 정보로서 상품분류 및 식별 표준, 속성 표준으로 다시 구분된다. 기술적 구성요소는 그 내용을 어떠한 형식으로 구축하여 구매자에게 어떻게 보내야 하는지에 대한 기술적인 방법을 정의하는 부분이다. 이것은 포맷, 표현, 전송, 디렉토리 서비스의 네 가지로 구성된다. 전송은 상품정보를 전송하기 위한 프로토콜로서 HTTP, X.400, FTP 등이 있다. 포맷은 상품정보를 전자문서로 저장하는 방식으로 텍스트, HTML, XML, SGML, PDF 등이 존재한다. 표현은 전송된 상품정보를 사용자가 볼 수 있는 형태로 나타내기 위한 Style Sheet로서 CSS, ZSL, DSSSL 등의 방식이 존재한다. 마지막으로 디렉토리 서비스는 S-500. LDAP 등이 있다.

전자카탈로그의 관련 표준

구 분	내 용	비 고
상품분류 및 식별 표준	상품 분류 및 식별 체계의 구축	내용적 구성요소
속성 표준	상품분류 및 식별체계에 따른 상품 속성정보 정의(Content)	
전송 표준	통신망상으로 교환하기 위한 프로토콜 (HTTP, X.400, X.435, FTP, SMTP등)	기술적 구성요소
포맷 표준	상품정보를 담고 있는 문서 형태에 관한 표준 (텍스트, HTML, XML, SGML, PDF, RTF 등)	
표현 표준	상품정보를 화면에 출력하기 위한 표준안 (CSS, XSL, DSSSL 등)	
디렉토리 서비스	카탈로그 및 목록 등에 사용되는 디렉토리 표준 (X.500, LDAP 등)	

자료: 전자상거래 표준화 통합포럼.

이러한 표준들 중에서 가장 통일하기 어려운 부분은 내용적 구성요소인 상품분류, 식별표준 및 속성표준이다. 기술적 구성요소에 해당하는 여러 표준들 중에서 가장 통일하기 어려운 표준은 내용적 구성요소인 상품분류 및 식별표준과 속성표준이다. 기술적 구성요소에 해당하는 표준들은 여러 표준 중에서 하나를 선정하면 되지만 상품분류 및 식별표준과 속성표준은 업종, 분류방식, 사용목적 등에 따라 달라질 수 있다.

그런데 이 표준이 다를 경우 업체간, e-marketplace간에 전자상거래가 활성화될 수 없게 된다. 그래서 여기서는 기술적 구성요소보다는 내용적 구성요소에 해당하는 상품분류 및 식별표준과 속성표준을 중심으로 살펴본다.

(1) 상품분류 및 식별 표준

상품 코드는 크게 분류코드와 식별코드로 구별된다. 분류코드는 여러 가지 유사한 상품들을 그룹하기 위한 것으로서 코드가 계층적으로 구성되어 있다. 이 코드체계는 그룹별 탐색, 그룹에 대한 통계적 분석 등을 수행하기 편리하도록 되어 있다. 식별코드는 상품별로 주어지는 ID로서 상품 하나하나에 유일한 ID가 주어진다.

국제적으로 이용되고 있는 분류 및 식별 코드체계가 다음 표에 요약되어 있다. 분류코드체계로서는 HS, SITC, UNCCS, UN/SPSC, NICE, SKTC 등이 있으며, 식별코드체계로서는 UCC/EAN, GDAS 등이 있다.

HS(Harmonized System) 코드는 국가 간에 유통 · 거래되는 상품의 이동을 촉진하고 관세, 무역통계, 운송, 보험 등과 같이 다양한 목적에 공통적으로 사용할 수 있도록 만든 조화제도(Harmonized System)에 의한 상품분류 체계이다. 이 코드체계는 국제적으로 합의된 상품분류 체계로서 WTO 등의 국제협상에서도 수입 개방 여부, 관세양허 등 협상의 기준으로 사용되는 등 국제무역에서 큰 비중을 차지하고 있으며, 세계 관세기구(World Customs Organization)에서 이를 관장하고 있다. 국제무역에 종사하는 사람들은 HS분류체계를 충분히 이해하여 우리나라에 상품을 수입할 때뿐 아니라 외국으로 수출할 때에도 상품별로 수입가능 여부 및 적용 관세율을 정확히 확인 후 수출입을 하는 것이 필수적이다.

HS번호란?

HS번호란 'Harmonized Commodity Description and Coding System(신국제통일상품분류체계)'의 약자로 무역서류와 통계자료의 통일성을 기하기 위해 관세협력이사회가 제정한 상품 분류체계다.

우리나라에서는 세계 공통으로 사용하는 품목별 고유번호 6자리에 우리나라에서 사용하는 고유번호 4자리를 합해 10자리의 한국통일상품분류(HSK)를 사용하고 있다. HS번호는 해당 품목의 수출입규제사항을 적용할 때뿐만 아니라 수입품목의 경우 관세율을 부과하는 기준으로도 활용된다.

HS품목분류검색 서비스에서는 우리나라 및 주요 수출 대상국의 관세율 표가 수록되어 있으며, WCO(세계관세기구)에서 제정한 품목분류에 관한 공식지침서, 상품 index, 품목분류 사례, WCO(세계관세기구)에서 결정된 품목분류의견서 등의 서비스를 제공한다. 다음 페이지의 '직접 따라해보자'를 통해 관세청의 HS품목분류검색 서비스 내용에 대해 자세히 알아보자.

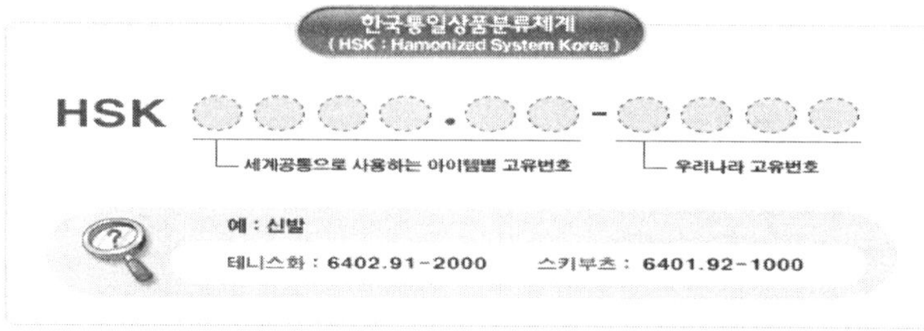

UN/SPSC(UN/Standard Products and Services Classification) 코드는 UNDP(United Nations Development Programme)의 UNCCS(United Nations' Common Coding System)와 Dun&Bradstreet사의 SPSC(Standard Product and Services Codes)를 결합하여 만든 상품분류코드 표준이다. 이것은 세그먼트(Segment), 패밀리(Family), 클래스(Class), 코모디티(Commodity)의 4단계의 계층구조를 이루며, 각 단계가 두 자리 수로 구성되어 총 8자리 수의 코드체계이다. 그러나 필요에 따라 2자리를 더 추가하여 대여, 도매, 소매, OEM과 같은 공급업체의 비즈니스 기능을 표현할 수 있다. UN/SPSC는 전자상거래에 활용하기 위하여 8,000개 이상의 품목과 서비스를 분류하고 있다.

국제적으로 통용되는 상품분류 및 식별 코드체계

구 분	내 용	비 고
HS (Harmonized Commodity Description and Coding System, 통일성분류체계)	· 수출입상품을 위한 체계 · 1931년 UN관세 협력이사회 추진 · 상품분류명/ 품명등에 관해 분류	분류
SITC (Standard International Trade Classification, 국제표준무역분류)	· UN 경제사회 이사회 추진 · 무역상품 분류 · 상품의 종류별/산업구조별로 분류	분류
UNCCS (UN Common coding System, UN 일용분류 시스템)	· UN일용용품 DB에서 사용 · 상품 및 서비스 분류체계	분류
UN/SPSC (UN/Standard Products and Services Classification, UN표준 상품서비스 분류)	· UNCCS와 SPSC 코드체계결합 · 기업카탈로그, 산업출판물 창조 · 카테고리에 의한 제품/서비스파악	분류
NICE (상품, 서비스 국제분류표)	· 상표출원 및 등록을 위한 분류 · 한국상품분류체계에서 전환('98)	분류
SKTC (Standard Korean Trade Classification, 한국표준무역분류)	· 관세청의 무역통계를 위한 분류 · SITC의 기본사항과 일치	분류
UCC/EAN (Uniform Code Council/European Article Number)	· POS 시스템용 바코드 관리 · 제조업중심으로 제품분류 부적합	식별
GDAS (Global Data Alignment System)	· UCC와 EAN International이 함께 추진 · 전자카탈로그용으로 UN/SPSC의 분류코드와 UNN/EAN의 식별코드를 함께 사용	분류, 식별

자료 : 지식경제부 · 전자상거래 표준화 통합포럼

UPC는 미국과 캐나다에서 사용되고 있는 12자리의 공통 상품코드로 넘버시스템 캐릭터 1자리, 제조업체코드 5자리, 상품품목코드 5자리, 체크디지트 1자리로 구성되어 있다. UPC 코드에는 3종류의 형태(Type)가 있는데 Version A는 일반적인 표준형으로서 12 자릿수를 표현하고, Version B는 단축형으로서 8자릿수를 표현한다. Version D는 확대형으로 표준형보다 많은 데이터를 표현할 수 있는데, 응용분야에 따라 심볼 사양이 크게 변하므로 사전에 UCC(Uniform Code Council)의 허가를 받아야 한다.

GSI(전 EAN(European Article Number)) 코드는 1977년 설립된 EAN 연합에서 유럽 국가들의 품목거래에 사용하기 위하여 개발한 품목식별코드체계로서 북미의 UPC(Universal Product Code)와 상호 호환된다. 1997년 EAN 연합은 EAN International로 이름을 바꾼 후, 북미 품목코드체계를 관리하고 있는 UCC와 함께 UCC/EAN 코드를 제공하고 있다. UCC/EAN코드는 100개 이상 국가에서 소매, 의료, 수송, 공공조달, 서비스, 컴퓨터, 의류 등 각 산업분야에서 90만개 이상의 기업이 사용하고 있다. UCC/EAN-8, UCC-12, UCC/EAN-13 그리고 UCC/EAN-14의 코드체계를 이용하여 거래품목을 식별한다.

EAN Internation의 전자카탈로그 구성요소

구 분	내 용
거래 데이터	단품가격, 가격표시통화, 세그정보, 할인 또는 별도요금, 가격책정날짜, 가격책정수량, 배송조건
기본 데이터	단품코드, 제품설명, 제품그룹/제품군, 제품생산일, 특정조건, 제품규격, 제품수량, 취급조건(사항), 제품포장, 원산지(국가), 제품상관관계, 기타
추가 데이터	위험물 관련 데이터, 제품특징, 제품관련 기술적 규정

자료: 지식경제부 · 전자상거래 표준화 통합포럼

GDAS(Global Data Alignment System)는 국가별 전자카탈로그를 전 세계적으로 상호연계 및 호환이 가능하도록 만든 국제표준 데이터 세트 권고안이다. 이것은 UCC와 EAN International 이 공동으로 추진하고 있으며 미국, 호주, 벨기에, 프랑스, 독일, 포르투갈, 싱가포르, 스페인, 스위스 등의 9개국이 참여하여 1차 시범사업의 결과로 GDAS가 발표되었다. 이 표준에서는 분류 및 식별코드를 함께 사용하는데 분류코드로는 UN/SPSC를 적용하고 식별코드로는 UCC/EAN코드를 적용하고 있다

GDAS Format

Group	Title	내 용
01	Product 설명	·국제 거래 품목 번호(GTIN), 대체용 Product
10	Product 분류	·국제 상품분류, 분류코드 제공처, HS
20	Product (당사자)	·정보제공자, 제조업체
30	Dates (날짜)	·시작일, 종료일, 최종변경일, 최소상품 주기
40	Description	·상품명/언어, 브랜드명, 상품설명/언어, PLU, 상품그룹 ID/설명/언어/관리기관, 속성 설명
60	Measures (규격)	·깊이, 단위, 높이, 넓이, 직경, 총중량, 포장단위, 알콜 농도
90	Packing (포장)	·포장형태, 포장종류, 포장재 코드, 포장재 설명, 반송가능 표시 포장
110	상업적 데이터	·카탈로그 가격, 최저가격표, 현금단위 ·권장 소비자가/세율/세금종류
130	취급/위험물질 정보	·위험물질코드 ·상품취급정보, 최대 적재 중량/단위, 적재요소 ·저장/취급온도(최대, 최소)
140	Product 계층	·기본 단위 표시, 하위레벨 계층의 GTIN
150	상품 속성	·원산국 표시, 사이즈코드값, 칼라코드값, 상품주문량, 송장, 단위
180	포장구성	·거래 아이템에 완성 Layer ·파렛트당 거래 아이템수, 파렛트 Layer당 거래 아이템수, 파렛트당 Layer수

자료: 전자상거래 표준화 통합포럼.

(2) 속성 표준

전자카탈로그의 속성 정보는 상품 및 서비스, 거래처 정보와 상거래를 지원하는 정보를 포함하게 된다. 이 내용을 세분하면 다음 속성표준구성과 같이 상품관련, 거래관련, 배송관련, 업체관련, 소비자보호관련 요소로 구분된다. 제품관련 정보는 제품 자체를 설명하는 정보로서, 상품분류, 코드, 상품명, 모델명, 원산지, 제조일 등으로 구성된다. 거래관련 정보는 상거래 정보로서 가격, 할인율, 세금정보, 결제방법 등으로 구성된다. 배송관련 정보는 배송관련 정보는 배송가능일, 배송방법 등으로 구성된다. 업체관련 정보는 제조 및 판매업체 정보로서 업체명, 사업자등록번호 등으로 구성된다. 마지막으로 소비자관련 정보는 소비자를 보호하기 위한 정보로서 환불/반품 조건, 거래제한 조건, 해약조건 등으로 구성된다.

앞서 언급한 EAN/UCC의 GDAS 권고안에서는 이를 좀더 세분하여 개별상품의 정보는 상품식별, 상품분류, 포장구성, 속성, 상품계층, 거래처, 날짜, 설명, 규격, 포장, 상업적 데이터, 취급주의의 12개 그룹으로 세분하고 세부적으로 114개의 데이터 폴더로 구성된다.

속성표준구성

분 류	내 용
제품관련 정보	· 제품 자체 정보 · 제품분류, 상품명, 코드, 모델명, 원산지, 제조일, 크기, 재질 등
거래관련 정보	· 상거래 정보 · 가격, 할인율, 세금정보, 결제방법, 통화단위, 수량 등
배송관련 정보	· 배송에 필요한 정보 · 배송가능일, 배송방법 등
업체관련 정보	· 제조 및 판매업체 정보 · 업체명, 사업자등록번호, 대표자명, 국적, 주소, 연락처 등
소비자관련 정보	· 소비자 보호를 위한 정보 · 환불/반품조건, 거래제한 조건, 해약조건 등

자료: 전자상거래 표준화 통합포럼.

(3) 전송 표준

전자문서교환(EDI)시스템 기반의 응용에서는 X400/435, X500 등의 전송표준이 이용되고 있으며, 그 상위계층에 EDI 응용 프로토콜을 따른다. 인터넷 기반의 전자카탈로그 전송에 있어서는 인터넷 전송표준인 TCP/IP를 따르며 그 상위계층의 파일전송 프로토콜(FTP), 이메일 전송 프로토콜(SMTP (Simple Mail Transfer protocol) 및 MIME), HTTP(Hyper Text Transfer Protocol) 등을 이용해 전송된다.

미국 CommerceNet에서 제안한 eCo 전자상거래 프레임워크에서는 1999년까지 CORBA(Common Object Request Broker Architecture)를 기반으로 객체전송 및 교환구도를 제안하였으나 CORBA의 시장확산 실패로 말미암아 인터넷 기반의 전송표준을 수용하게 되었다.

카탈로그 응용 계층의 전송표준으로는 카탈로그에 대한 정보요구 및 검색, 교환 프로토콜이 정의되어야 하는데, 이는 아직 뚜렷한 표준이 존재하지 않는 실정이며, 전자상거래 프로세스 정의 활동과 연계되어 정의되어야 할 것이다.

(4) 포맷 표준

전자 카탈로그 내용을 표현하는 형식으로는 XML(eXtensible Markup Language)이 가장 적합하다는 국제적인 공감대가 형성되어 가고 있다. 지금까지 SGML(Standard Generalized Markup Language), EDI, HTML 등 다양한 표준과 형식이 전자상거래를 위한 정보 표현 및 전달 방식으로 제안되었으나, 혹시 기능 결합으로, 혹은 필요 이상의 복잡성으로 말미암아 널리 받아들여지지 못하고 있는 실정이다. 반면, XML은 내용과 표현방식의 분리, 단순하면서도 확장 가능한 구조, 용이한 이식성과 적용성 등의 성질에 힘입어 이러한 중요한 역할을 담당할 수 있는 정보표현방식으로 여겨지고 있다. 더욱이, 근래에 들어 XML은 빠른 속도로 산업계와 인터넷 커뮤니티에 확산되고 있어 전자상거래에서의 XML의 입지는 확고해지고 있다.

이미 XML을 이용한 전자상거래상의 문서정의 활동이 국제적으로 활발히 이루어지고 있으며 전자상거래 솔루션 업계에서도 데이터 교환 포맷으로 채택되어 사용되고 있다. 1999년 11월 UN/CEFACT와 OASIS에서는 ebXML표준화 작업을 추진하고 있다. 이것은 모델링툴, 기존 XML, 그 외 인터넷 기술들을 활용해서 인터넷 기반 비즈니스 수행에 필요한 요소들을 생성하는 것을 목표로 하고 있다.

전자카탈로그에 포함될 수 있는 멀티미디어 컨텐트에 대해서는 인터넷에서 널리 받아들여지는 멀티미디어 파일 형식을 대부분 수용하여야 할 것이며, 카탈로그에 따로 요구되어지는 사항의 존재여부를 분석해볼 필요가 있다. 또한 전자책 포맷(예, MS사의 LIT)에 대한 연계성도 연구되어져야 할 부분이다.

(5) 표현 표준

XML로 표현된 카탈로그는 그 내부의 데이터만을 표현하므로 시각적인 표현을 위해서는 따로 표현에 대한 사항을 명시하여야 하며 XSL, CSS 등이 사용된다. XSL은 XML문서의 원소들을 명시된 형식으로 바꾸어주는 역할을 하는데, 대개 HTML문서로 변환을 시켜주는 방식이 널리 사용된다. DSSSL은 SGML문서에 대해 이 같은 역할을 하는 언어이나, SGML의 복잡성으로 인해 그 전자상거래 응용에 중요한 역할을 할 수는 없을 것으로 보인다. HTML 외에도 PDF 등의 출판 및 전자책 형식도 기능에 따라 수용할 필요가 있다.

3) 우리나라 전자카탈로그 표준화 추진현황

(1) 우리나라 제품분류 및 식별체계 현황

아직까지 우리나라에는 전자카탈로그를 위한 전문적인 분류 및 식별체계가 없다. 현재 일부 기관에서 통계적 분석이나 부품 정보 서비스를 위한 부품분류 및 식별체계를 운용해 오고 있다.

대표적으로 조달청의 정부 물품분류체계, 전자산업진흥회의 전자부품분류체계, 중소기업진흥공단 및 KOTRA에서 수출상품을 분류하는 HS 코드체계, 한국유통정보센터에서 운용중인 식품, 일용잡화 등에 대한 바코드 체계, 한국산업표준원(한국표준협회내)의 무역상품 분류체계 등이 있다. 이 외에도 일반 기업에서 운용하는 자체 분류 및 식별체계가 다양하게 존재하고 있는 상황이다.

우리나라에서 일반적으로 알려져 있는 제품분류 및 식별체계는 표와 같다. 이중에서 조달청의 제품분류 및 식별체계는 13자리로 구성되어 있으며, 중앙정부 및 지방자치단체의 보유물품 및 소요예상물품을 대상으로 하고 있다.

그러나 국방부나 정부투자기관의 물품은 제외하고 있으나 2006년 12월 현재 15만 품목을 등록해 놓고 있다. 한국유통정보센터에서는 식품, 일용품, 문화용품, 내구소비재, 의류, 신변잡화, 스포츠용품 등을 대상으로 바코드를 부여하기 위한 KAN (Korean Article Number) 식별코드를 사용하고 있다.

제품분류 및 식별체계 현황

구 분	구축대상	등록범위	기 타
조달청	총액물품, 저장품, 단가계약물품, 시중물품, 우수/문화상품	상품:70,000 수요기관:25,779 조달업체:6,125	·정부물품분류기준사용 ·상품명, 물품분류번호, 품목분류명, 규격, 판매원/제조원. 인도조건, 제품상세소개, AS 기간, 결제조건, 가격등록일자, 가격 등 개시 ·조달업체에서 원격등록 (WEB 이용)
한국전자산업진흥회	전자부품	전자부품:80,000 부품업체:300	·자체분류 및 시별코드 사용(HS 분류 제공) ·전자 부품 수급 업계간 인터넷 상거래 구축
중소기업진흥공단	중소기업제품, 중소기업정보	제품:50,000 업체:10,000	·HS 코드 사용 ·제품명, 제품설명, 특징, 원료구성, 유통 기한, 포장단위 등 개시
KOTRA	중소기업수출 상품, 국내수출업체	제품:5,500 업체:27,000	·HS 코드 사용 ·제품명, 제품설명, 특징, 원료구성, 규격, 포장단위 등 게시
(사)한국커머스넷	기본상품군, 서비스/특산물, 문화상품 등	상품:300,000	·자체분류 및 식별 코드 사용 ·소비자를 대상으로 한 상품 카탈로그 구축
전자상거래연구조합	건설기자재	제품:200,000	·자체분류 및 식별 코드 사용
한국유통 정보센터	일반유통상품		·KAN 코드 사용 ·식품, 일용품, 문화용품, 내구소비재, 의류, 신변잡화, 스포츠용품, 기타로 구분
한국표준협회의 한국산업 표준원	무역상품		·SKTC 체계 사용 ·SKTC 분류기준에 따라 무역상품을 상품종류별/ 산업구조별로 분류
	상품분류		·KS X 1504 ·SITC와 BTN등 분류체계에 포함된 상품 분류
	산업분류		·KS X 1503 ·생산공정을 분류한 품목분류체계

자료: 지식경제부

(2) 업종별 표준화 추진현황

세계적으로 개발되고 있는 e-marketplace는 특성별로 다양하게 구분된다. 예를 들어 완제품을 조립하는 업체와 구성부품을 납품하는 업체들간에 상하 거래 관계가 이루어지는 Vertical Portal(vortal)이 있으며, 다양한 완제품을 나열하여 판매하는 Horizontal Portal(hortal)이 존재한다.

Vortal은 일반적으로 전자, 자동차, 철강, 화학, 조선 등 업종별로 나타나며, Hortal은 백화점이나 양판점과 같이 완제품 중심으로 판매하는 유통분야나 MRO(Maintenance Repair and Operation)성 부자재를 판매하는 분야에서 나타난다. 이처럼 다양한 e-marketplace에 따라 고객이 원하는 제품에 대한 정보는 다를 수 있다.

그러므로 제품을 분류하고 식별하는 내용이나 고객에게 전달하는 제품 정보도 업종별로 달라진다. 이러한 이유로 '99년도부터 지식경제부에서는 전자상거래를 전자, 자동차, 조선, 중공업, 철강, 전력, 건설, 유통, 생물, 섬유, 농산물 업종 등에 대해 추진하고 있다. e-Catalogue를 구축하는 방안은 「e-카탈로그 등록저장소 구축도」처럼 국가(중앙)등록저장소를 구축하고 그 하위에 업종별 등록저장소를 구축하여 중·장기적으로 업종간에 상호연동이 되도록 하는 것이 e-Catalogue 구축방안이 될 수 있다고 본다.

Hortal (Horizontal Portal)과 Vortal(Vertical Portal)간의 관계

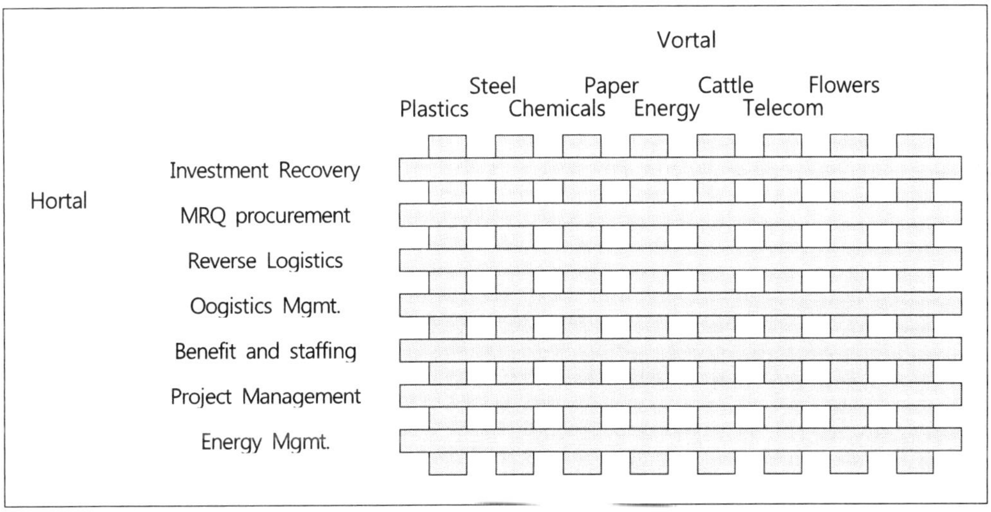

자료: 지식경제부

e-카탈로그 등록저장소 구축도

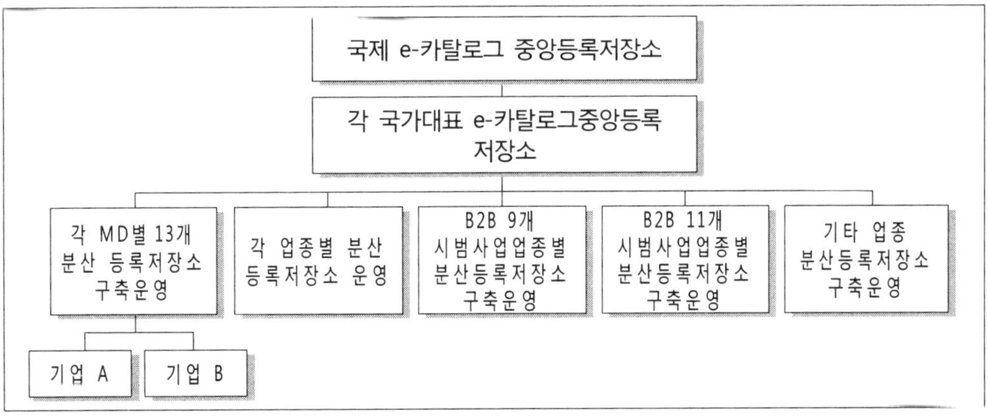

자료: 필자 작성

지식경제부가 공통으로 지원하고 있는 전자상거래 표준화 통합포럼내 전자카탈로그표준화 기술위원회는 2000년 10월에 발족되었는데 조직은 업종별 WG(Working Group), 기술표준 WG, 정부조달 WG으로 구성되어 있으며 한국전자거래협회와 한국유통정보센터가 공동으로 간사 역할을 담당하고 있다. 업종별 WG에서는 전자, 자동차, 조선, 중공업, 철강, 전력, 섬유, 생물, 건설, 농산물, 유통 등 분야의 내용적 구성요소인 제품분류 및 식별표준과 게시표준을 만들며, 기술표준 WG에서는 기술적이 구성요소인 전송, 포맷, 표현, 디렉토리서비스 등을 만드는 역할을 하고 있다.

4. 전자지급 · 결제 표준화

1) 국제 기업간 전자상거래(B2B) 시장의 현황

(1) 미 국

미국의 기업간 전자상거래(B2B) 대금결제방식은 결제수단의 약 50%(금액기준)를 수표가 점유하고 있어 수표를 전자화하는 작업이 B2B 전자결제의 핵심사항이다.

금융기술 컨소시엄인 FSTC(Financial Services Technology Consortium)가 1996년부터 eCheck 프로젝트를 수행하고 있다.

- FSTC: 주요 은행, 시스템 업체, 대학 · 연구소의 연구진 등 100여개 이상의 업체가 참가하여 구성된 컨소시엄

✓ 주요참여기업: Bank Boston, Bank of America, Citibank, IBM, IntraNet, Sun 등

✓ 자문그룹: Federal Reserve Bank of Boston, 미국 재무성, 국방성 등

① 추진현황

2005년 미국 재무성 중심으로 시험 운영(Market Trial)중임. 2002년 이후 본격 상용화할 예정이라고 한다.

㉠ 미국 재무성 Market Trial 주요 참여기관

은행: BankBoston, Bank of America, Citibank 등

업체: IBM, Sun, GTE Internetworking 등

자문기관: 재무성, 국방성, FRB of Boston

ⓛ 미국 국방성 납품업체 50개를 대상으로 전자수표 지급 2004년 6월 최초로 $32,135.97를 eCheck로 지급한 이후, 2005년 9월 현재 $2.5백만을 eCheck로 지급하였다고 한다.

(2) 일 본

① 추진현황

전자상거래의 실용화 미성숙으로 전자결제(e-payment) 상품의 개발 등이 활발치 않으나 전자결제에 대한 연구는 활발히 진행중이다.

- 일본 통산성 산하 전자거래추진협의회(ECOM) : "전자결제 WG" 운영·보고서를 발간하였다.
  - ✓ 「기업간 전자결제의 과제 추출과 보급책에 관한 제언」과 「B2C 전자결제의 보급에 관한 제언」 발표(2000년 3월)
- 대장성 : 산하 금융감독청에서 1999년 8월 "전자금융연구회"를 설립하여 기업대 소비자간(B2C) 전자금융에 대한 연구를 수행하고 있다.

② 일본 ECOM의 기업간(B2B) 전자지급·결제 관련 참고 내용

㉠ 기업간(B2B) 전자결제는 기업의 다양한 결제 Needs를 충족하는 방향으로 개발되어져야 한다고 본다.

- 일본 기업의 결제관행은 금융기관 경유의 진입결제, 어음, 수표의 순서이며, 이를 전자회히는 모델 개발이 필요하다.

㉡ 어음결제 추이

- 어음결제 비중이 감소하는 추세이나 지급 · 결제수단과 자금조달수단의 양면성을 지니고 있어 기업의 결제수단으로 중요하다.

㉢ 전자외상매출채권의 구현과 과제는 오프라인의 경우와 같이 모든 금융권이 사용 가능하도록 제도를 도입하여야 한다.

㉣ 전자외상매출채권교환소 : 프라인과 달리 채권·채무 데이터 등록, 상쇄, 거래 등의 업무 수행

- 전자외상매출채권은 어음법상의 어음이 아니며, 당사자간 계약에 의한 채권 · 채부이어서 어음소송의 긴편성을 활용할 수 없으며 국내용 결제수단이기 때문에 국제 표준화의 필요성은 없다.

(3) 우리나라

기업간 전자상거래(B2B)를 활성화시키고 어음의 연쇄부도 폐해를 줄이기 위하여 다음과 같은 4가지 대금결제방식을 권장하고 있다.

① 기업구매전용카드

기업구매전용카드는 구매기업이 납품대금을 신용카드로 결제하고, 납품기업은 구매기업의 지급대행 은행(카드사)으로부터 대금을 지급 받는 결제시스템이다. 현행 어음을 대체하는 하나의 수단으로 하나, 국민, 외환은행 등이 서비스를 제공하고 있다. 기존 어음과 같이 지급유예 효과가 발생하고 외상매출채권 감소에 따른 협력업체의 재무구조 개선에 기여하고 있으며 인터넷 서비스를 하고 있다.

㉠ 결제 프로세스

구매기업과 납품기업이 특정 은행·카드사의 회원사로 가입하며, 구매기업은 구매시 신용카드로 결제(결제기일 지정)한다.

구매기업은 금융기관에 한도승인 요청, 금융기관은 납품업체에 승인통보하며, 납품업체는 금융기관에 선지급(대출)을 의뢰(할인율 부담)하거나 기일에 대금 지급을 요청(수수료 부담)한다.

㉡ 구매전용카드의 장단점

- 장 점

✓ 구매기업은 어음과 같이 지급유예(Delay Payment)가 가능하다.

✓ 납품기업은 금융기관의 지급보증으로 지급불이행의 위험이 해소된다.

✓ 거래 내역 데이터의 정보망(D/B)화가 가능하다.

- 단 점

✓ 특정 은행 · 카드사 중심의 서비스로 타 은행으로의 확장 곤란

✓ 납품업체가 카드업체에 수수료 및 할인 이자율 지급

✓ 구매업체는 금융기관에 담보 제공 부담 발생

✓ 신용이 우량한 구매기업 위주이고, Credit 한도가 낮으며, 공급업체가 카드 수수료 및 할인 이자율을 지급해야 한다.

기업구매전용카드 결제과정

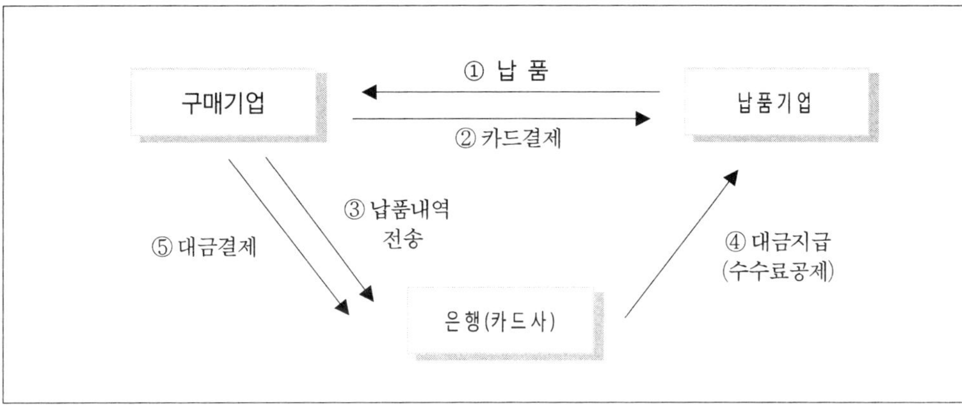

자료: 필자 작성

② 기업구매자금대출제도

기업간 전자상거래(B2B)시 어음 사용을 줄이고 현금결제를 확대하도록 유도하기 위하여 구매기업이 자금을 융자받아 납품업체에 현금으로 결제할 수 있도록 지원하는 새로운 금융 · 결제수단으로 2000년 5월 22일부터 시행하고 있다.

■ 융자대상

사업자등록증을 교부 받은 업체로서 그 업체의 사업목적에 부합하는 영업활동에 필요한 재화 및 용역을 구매하는 중소기업 및 비계열대기업[1)]이 융자대상이 된다(단, 「신용정보 관리규약」에 의거, 부도거래처로 분류된 업체 제외).

■ 융자시기

구매기업 거래은행은 납품업체가 물품을 납품한 후 동 납품대금을 회수하기 위하여 발행한 환어음을 결제할 때 기업구매자금을 융자하고 있다.

■ 융자기간

기업구매자금의 융자기간은 융자취급은행이 구매기업의 자금사정 및 실제 자금소요기간 등을 감안하여 자율적으로 결정한다.

■ 융자금액

구매대금(납품업체가 발행한 환어음 금액[2)]) 범위 내에서 기업구매자금을 융자해준다.

1) 비계열대기업은 금융감독원장이 선정하는 금융기관 대출금 기준으로 상위 30대 계열 기업군 및 그 소속기업체에 포함되지 않는 대기업을 지칭함.

인터넷 결제과정

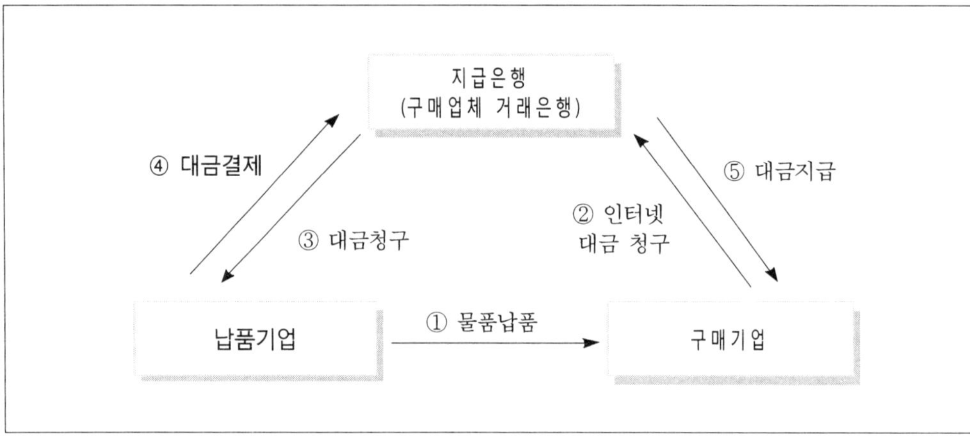

① 납품업체는 구매기업과의 계약에 따라 물품 납품(D일)
② 납품업체는 물품납품 후 인터넷을 통하여 판매대금추심의뢰서(세금계산서 첨부)를 지급은행에 전송(D+30일 이내)
③ 지급은행은 구매기업에게 대금청구
④ 구매업체는 자체자금 또는 구매자금을 융자받아 대금 결제 (D+36일 이내)
⑤ 구매업체 거래은행은 납품업체에 대금지급(D+37일 이내)

자료: 한국은행, 기업구매자금대출제도 시행, 2005. 4.

③ 전자방식 외상매출채권 담보대출

㉠ 개 념

기업구매자금대출과 함께 기업간 전자상거래대금 결제시 어음사용을 줄이고 현금결제를 확대하도록 유도하기 위한 새로운 제도이다.[3)]

구매기업이 물품대금을 어음으로 지급하는 대신 납품업체가 거래은행으로부터 외상매출채권을 담보로 대출 받아 납품대금을 조기에 현금으로 회수하고 일정기간 후 구매기업이 대출금을 대신 상환하는 새로운 방식의 상거래대금 결제제도로 대출신청에서부터 상환까지 모든 절차가 어음을 사용하지 않고 전자방식으로 이루어지고 있다.

2) 세금계산서상의 금액 범위 내에서 발행함.
3) 한국은행, 기업자금 경색 완화제도, 2006. 12. 14.

■ 융자대상

사업자등록증을 교부받은 업체로서 그 업체의 사업목적에 부합하는 경상적 영업활동에 필요한 재화 및 용역을 판매하는 중소기업 및 비계열대기업[4](단, 「신용정보관리규약」에 의거 부도거래처로 분류된 업체 제외).

■ 융자시기

판매업체 거래은행은 판매업체가 물품을 납품한 후 판매대금을 회수하기 위하여 컴퓨터 등에 의하여 전자적 형태로 작성하여 전송한 대출신청서가 대출취급 점포에 도달한 날로부터 7일 이내에 자금을 융자한다.

■ 융자기간

전자방식 외상매출채권담보대출의 융자기간은 융자취급은행이 자금소요 기간 등을 감안하여 자율적으로 결정한다.

전자방식에 의한 외상매출채권 담보대출 취급

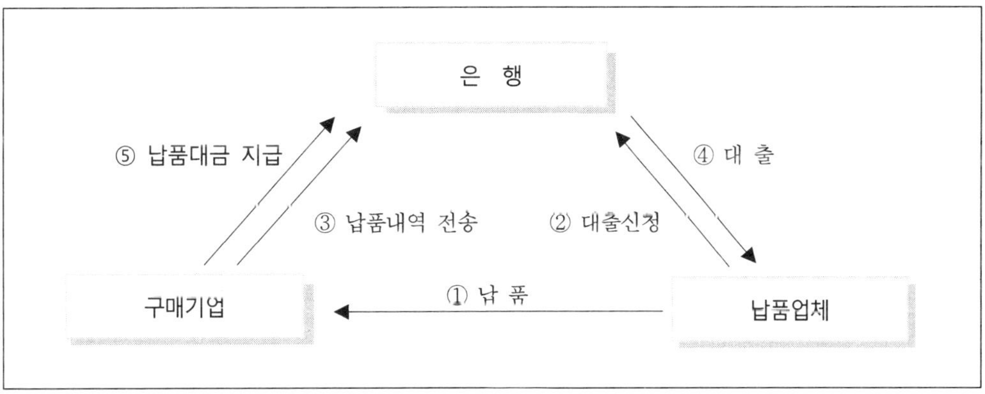

①~② 납품업체는 물품을 납품한 후 거래은행 앞으로 납품거래와 관련된 외상매출채권을 담보로 제공(양도)하고 대출 신청(세금계산서 첨부)
③ 구매기업은 납품 받은 물품내역을 확인한 후 거래은행 앞으로 확인서 전송
④ 거래은행은 납품업체의 외상매출채권 양도내용과 구매기업이 전송한 물품내역을 확인한 후 외상매출채권을 담보로 대출 실행. 대출이자는 선취(어음할인방식의 할인료와 동일)
⑤ 일정기간 후 구매기업이 거래은행에 납품대금을 입금하고 납품업체에 대한 대출금을 상환

자료: 한국은행

4) 비계열대기업은 금융감독원장이 선정하는 금융기관 대출금 기준으로 상위 30대 계열 기업군 및 그 소속기업체에 포함되지 않는 대기업을 지칭한다.

■ 융자금액

판매업체가 재화 및 용역을 판매하고 구매기업으로부터 받는 외상매출채권금액 범위 내에서 대출된다.

㉡ 대출절차

납품업체가 물품을 납품한 후 구매기업에 대한 외상매출채권을 거래은행에 담보로 제공(세금계산서 첨부)하고 대출을 신청하면, 거래은행은 구매기업에게 납품내역을 확인한 후 외상매출채권을 담보로 대출을 실행하고, 구매기업은 일정기일 후 납품대금을 거래은행에 납부하여 납품업체의 대출금을 대신 상환한다.

이러한 대금결제절차가 전부 통신전용선 또는 인터넷망을 통하여 전자방식으로 이루어지고 있다.

㉢ 기대효과

총어음 발행에서 큰 비중을 차지하는 대기업의 어음발행이 크게 줄어들어 이미 시행중인 기업구매자금대출제도와 함께 어음의 폐해 감소 및 기업간 전자상거래대금의 결제관행이 선진화되고 있다.

대기업과 거래하는 중소 납품업체의 경우 거래 대기업의 신용을 바탕으로 별도의 담보 부담 없이 외상매출채권을 담보로 거래은행에서 대출을 받아 납품대금을 조기에 현금으로 회수할 수 있게 되어 현금흐름 개선 및 자금부담을 경감시켜 준다.

외상매출채권 담보대출제도를 활용한 자금결제 절차가 모두 전용통신망 또는 인터넷망을 통해 이루어져 기업간 거래의 투명성을 제고(거래비용 절감), 기업간 전자상거래의 활성화 촉진, 은행과 기업의 업무편의 및 효율성을 제고하고 있다.

전자상거래 대금 결제 현황 (단위 : 억원)

	2006.6월말	9월말	12월말	2007.1월말	2월말	3월20일
기업구매자금대출(A)	651	13,787	33,594	40,402	46,160	48,350
전자방식 외상 매출채권담보대출(B)	—	—	—	—	854	1,631
계 (C = A + B)	651	13,787	33,594	40,402	47,014	49,981
상업어음할인(D)	184,537	187,343	193,101	174,384	163,676	157,324
C / D (%)	0.4	7.4	17.4	23.2	28.7	31.8

자료: 한국은행

개별기업 입장에서 어음관리에 소요되는 인력 및 경비 절감 도모 그리고 상거래 대금 결제와 관련한 불확실성 감소로 자금수급 관리에 도움이 된다.

기업구매자금대출, 전자방식 외상매출채권담보대출 및 상업어음할인 비율이 증가하고 있다.

㉣ 제도의 배경

- 대기업과 중소기업간의 어음거래를 감소시키기 위한 목적임.
  ✓전자외상매출채권의 유동화를 위한 일반적인 방안이 아님.
- 전자방식 외상매출채권담보대출의 취급실적(2001년 2월 12일 도입)
  ✓2006년 6월말 현재 5,000개 기업 약 2조원으로 추정.
- 이러한 전자외상매출채권은 정부가 현행 어음제도의 폐해를 인식하여 어음과는 별개로 기업간의 거래에서 발생한 외상매출채권을 전자적인 방식으로 표시하여 어음처럼 유통할 수 있도록 고안되었다고 한다. 이 제도는 제1단계로 외상매출채권 양도를 제한하여 발행에 따르는 초기의 시행착오를 줄이고 어음을 전자화하는데 따르는 입법작업의 곤란을 회피하여 실시하고 있다.

(4) 전자외상매출채권 대출제도

최근 대기업과 은행 간의 제휴 형태로 등장하고 있는 어음대체용 기업간 전자결제방식이다. 대기업과 협력기업이 특정 은행과 제휴하여 대기업(구매자)은 지급금액과 결제일 등의 정보를 제휴은행에 전자적으로 제공하고 있다. 협력업체는 동 은행에 결제일 이전에라도 할인율을 적용하여 상품대금을 지급(대출)받을 수 있다(외상매출채권담보부 대출).

2) 기업간(B2B) 전자결제의 목표 및 추진방향

(1) 기업 결제관행

- 우리나라 기업의 상품 대금결제방식 중에서 가장 중요한 수단은 어음결제방식이다.
  ✓ 2005년 12월 31일 기준으로 기업결제의 84.1%(금액기준)가 어음·수표교환방식을 통한 결제(어음·수표 : 84.1%, 은행공동망 : 14.9%, 신용카드 : 0.5%, 지로 : 0.5%)방식이다. 그러므로 어음·수표를 전자화하지 않고서는 완결된

형태의 B2B 전자상거래 구현이 불가능하다고 보인다.

✓ 2005년 12월 31일 기준: 기업결제의 74.4%(금액기준)가 어음 · 수표교환방식을 통한 결제(어음 · 수표 : 74.4%, 은행공동망 : 23.3%, 신용카드 : 1.5%, 지로 : 0.8%)

- 어음 · 수표가 전체 기업결제에서 차지하는 74.4% 중 약속어음(47.25 %), 당좌수표(21.3%), 자기앞수표(25.59%)가 차지하는 비율이 94.14% 이다.
- 2006년 중 금융기관 및 한국은행의 지급결제규모

✓ 일 평균 1,203만건, 94조 8,000억원

- 1999년 대비 건수 25.3% 증가, 금액 10.3% 감소하였음.
- 지급수단 형태별 구분

✓ 소액결제시스템

- 어음 · 수표와 지로 일반계좌이체 등 장표 방식 지급수단 이용실적: 일평균 501만건, 23조 1,530억원임.

(2005년 대비 장수 10.1% 증가, 금액 28.9% 감소)

■ 기업 결제관행

- 2004년말 : 기업결제의 84.1%(금액기준)가 어음 · 수표 교환방식
- 2006년말 : 기업결제의 74.4%(금액기준)가 어음 · 수표 교환방식
- 완결된 형태의 기업간 전자상거래(B2B) 구현을 위해 어음 · 수표의 전자적 전환 필요

우리나라 기업의 결제관행 (단위: %)

구 분	어음 · 수표	금융공동망	신용카드	지 로
2002년	84.1	14.9	0.5	0.5
2006년	74.4	23.3	1.5	0.8

2006년중 지급결제동향 (월평균)

	2003년		2006년		2006년도 비중	
	건수(천건)	금액(십억원)	건수(천건)	금액(십억원)	건수(%)	금액(%)
어음 · 수표	3,447	32,474	3,701	23,017	30.8	74.4
자기앞수표	3,364	5,863	3,618	5,892	30.1	19.0
당좌수표	14	8,314	13	4,899	0.1	15.9
약속어음	32	16,690	32	10,877	0.2	35.2
기 타	37	1,607	38	1,349	0.4	4.4
은행지로	2,135	186	2,454	250	20.4	0.8
은행공동망	2,755	5,762	3,663	7,197	30.4	23.3
신용카드	1,264	200	2,210	461	18.4	1.5
합 계	9,601	38,622	12,028	30,925	100.0	100.0

- 은행공동망 등 전자방식 지급결제수단의 이용실적 : 일 평균 702만건, 7조 7,720억원(1999년 대비 건수 37.6% 증가, 금액 27.2% 증가)
- 2000년 중 전자방식 지급수단에 의한 결제의 비중
  - ✓건수기준: 2003년의 52.6% 대비 58.3%로 5.7% 포인트 상승
  - ✓금액기준: 2003년의 15.7%대비 25.1%로 9.4% 포인트 상승
  - ✓지급결제방식의 전자화가 지속되는 추세이다.

(2) 기업간(B2B) 전자결제 시스템의 목표

① 우리나라 기업결제 관행에 알맞은 B2B 전자결제수단(전자외상매출채권) 개발을 위한 기본 프레임워크 마련

기업간(B2B) 전자결제수단은 금융권이 공동으로 사용 가능한 플랫폼이어야 한다. 또한 개별 금융기관은 이 플랫폼 위에서 다른 금융기관과 차별되는 결제상품을 개발할 수 있어야 한다.

② 전자 지급·결제 시스템의 효율성 제고

우리 기업의 결제는 어음 · 수표 등 장표 방식에 의한 결제를 위주로 하고 있어 발행 · 관리비용이 과다하고 분실 등의 위험이 높은 실정이다. 또한 기업 결제방식을 전자화함으로써 비용절감 및 위험부담을 최소화한다.

기업간(B2B) 전자결제 수단추진

		대기업 주도의 기업간(B2B) 시장	중소기업 중심의 기업간(B2B) 시장
이 슈		· 지급·결제 전자화의 신뢰성에 대한 불확실성 · 보안 · 보급정도 · 안정성	· 어음활용 제약에 따른 자금운용의 어려움 · 신용이 좋지 않은 경우 활용 어려움 · 거래기록의 투명성에 따른 과세 부담
선결과제	정부	· 표준화 및 조기확산대책마련 · 정부조달 입찰의 경우 전자적 수단 사용장려 등	· 전자결제 수단 사용시 세제혜택 부여
	금융권	· 기업의 다양한 니즈에 맞는 상품개발 · 안정적이고 보안성이 보장된 금융권 공동의 시스템 개발	· 어음의 기능을 대신할 상품 개발

③ **어음제도의 폐단을 대폭 해소하고 결제방식의 현대화 추진**

지급유예(Delay Payment)가 가능한 전자결제방식을 도입하고 동 발행내역을 D/B로 체계적으로 관리함으로써 어음남발과 연쇄부도의 폐단을 대폭 제거해야 한다.

④ **User인 기업에게 cost-effective한 전자결제 수단으로 개발**

오프라인 결제수단보다 경쟁력이 있어야 한다.

(3) 기업간(B2B) 전자결제제도 개발 추진방향

① **필요성**

- 경제환경의 변화

e-Commerce (인터넷 상거래) → e-Business (전자상거래) → e-Economy (디지털 경제)

- 전자거래 시스템의 발전

1단계 (경로구축) "기업대 소비자간(B2C)" → 2단계 (경로통합) "B2B 전자상거래" → 3단계 (가치사슬형성) "B2B 전자상거래의 다양화" → 4단계 (산업간 통합) "B2B 전자 상거래의 통합"

② **전자거래 발전의 불가피성**

- 시장 효율성의 제고(시장불균형의 해소)
- 거래비용의 감축

③ **전자결제의 문제(Issues)**

- 수단(Instrument)의 문제: 신용카드, 계좌이체, 전자화폐 등
- 시간(Time)의 문제: 시간비용(이자) 발생
- 위험(Risk)의 문제: 부담주체, 결제 실패한 부실자산의 처리

④ **법률적 보완**

- 전자결제수단과 관련한 별도 법을 제정할 필요가 있다.
- 현행 어음·수표법의 적용이 불가능하다.

✓ 어음 · 수표법은 어음 · 수표의 유통성(Transferability)과 결제성(Settlement)을 보장하기 위한 법이지만 전자결제는 결제수단이지 유통수단이 아니기 때문이다.

⑤ **시장기능의 활용**

- 수단의 문제 : 다양한 수단의 발생(거래비용 최소화의 원리)
- 시간의 문제 : 이자비용을 이용한 금융상품의 발생
- 위험의 문제 : 결제실패로 인한 부실자산의 상품화

⑥ **조세문제(부가가치세 · 법인세)**

부가가치세에 대한 사이버 원천징수 제도(Withholding)를 도입해야 한다.

(4) 기업간(B2B) 전자결제제도의 검토사항

① **전자외상매출채권 형태 및 구현**

전자외상매출채권의 형태 및 구현방법은 다음과 같다.

㉠ 계좌 개설

- 주거래은행에 계좌를 개설한다.
  - ✓ 당좌거래 약정서 및 Credit line 약정
  - ✓ Credit의 한도 등은 금융기관이 개별 상품 형태로 개발

㉡ 전외상매출채권 발행

- 전자데이터 형태로 발행, User-Friendly Interface를 위해 모니터 상에 증서 형태로 구현, 증서를 오프라인에서 유통시키지는 않는다.
- 발행 매수를 제한한다.
  - ✓ 기존 어음과 같이 매수 제한론과 Credit 상한제에 따라서 매수 제한이 불필요하다는 무제한론도 있음
  - ✓ 매수 제한보다는 할인이 용이하도록 지급액수를 분할해서 발행하는 것이 부도에 따른 피해 예방에 도움이 됨
- 기업간(B2B) 전자결제에만 적용할 것인지 여부
  - ✓ 거래가 오프라인으로 이루어져도 전자외상매출채권 적용 가능
- 전자외상매출채권과 오프라인 어음·수표의 통합관리 문제
  - ✓ 통합관리 가능함(은행 측 의견)
- 중앙관리기구(금융결제원)에 전자외상매출채권 거래내역 통보 여부 타행거래는 가능하나 자행거래는 현재와 같이 불가하다는 의견

㉢ 전외상매출채권의 주요특성

- Supporting Multiple Signature
- XML (eXtensible Markup Language) Format
  - ✓ 2002년 W3C에서 제안한 차세대 인터넷 언어로 현재 웹 구성표준언어인 HTML이 문법 사용에 있어 각각의 웹브라우져에서 상호 호환되지 않는 문제와 SGML의 복잡함을 해결하기 위해 개발된 HTML과 SGML의 장점을 모두 살려 표준화 작업이 이루어진 웹페이지 기술언어이다.
  - ✓ 마이크로소프트사의 인터넷 익스플로러 5.0과 넷스케이프사의 차기 버전 브라우저에서 공용으로 XML을 지원할 계획이라고 한다.
- Carrying remittance and Transaction information
- All parties can validate e-Payments signature and detect alternations or tampering

② 전자외상매출채권의 주요 구성요건

어음(어음법)	수표(수표법)
1. 국어로 환어음임을 표시하는 문자	1. 국어로 수표임을 표시하는 문자
2. 일정한 금액을 지급할 뜻의 무조건의 위탁	2. 일정한 금액을 지급할 뜻의 무조건의 위탁
3. 지급인의 명칭	3. 지급인의 명칭
4. 만기의 표시	4. 지급지
5. 지급지	5. 발행일과 발행지
6. 지급을 받을 자 또는 지급을 받을 자를 지시할 자의 명칭	6. 발행인의 기명날인 또는 서명
7. 발행일과 발행지	
8. 발행인의 기명날인 또는 서명	

자료: B2B 전자결제 WG.

- 전자외상매출채권의 구성요건은 다음과 같다.
  - ✓ 국어로 전자외상매출채권임을 표시하는 문자(또는 영어)
  - ✓ 일정한 금액을 지급할 뜻의 무조건의 위탁
  - ✓ 발행기업의 명칭
  - ✓ 전자외상매출채권 만기일
  - ✓ 판매기업의 명칭
  - ✓ 발행일
  - ✓ 발행기업 및 발행 대행은행의 전자서명
  - ✓ 거래번호

전자외상매출 채권 예

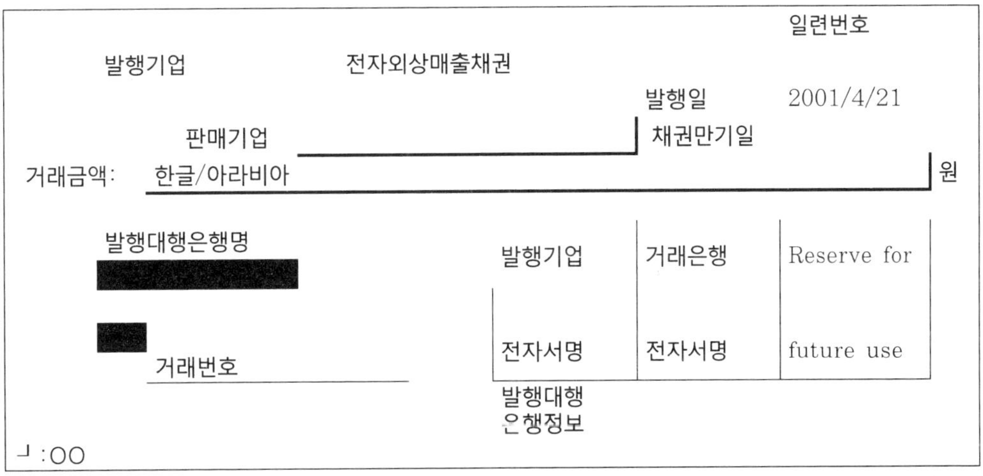

자료: 기업간(B2B) 전자결제 WG(Working Group)

③ 업무처리 절차

- 업무계약 : 은행 ↔ 기업간 자율
  - ✓ 카드사 및 종금사 등 기업 금융을 담당하는 기관의 참여방안 모색 필요
- 거래내역 통지
  - ✓ 통지내역 : 표준화
- 통지내역에 포함되어야 할 사항
  - ✓ 통지수단: e-mail 또는 전용선
  - ✓ 통지당사자: B2B 전자상거래 e-Marketplace ↔ Bank Only 기업간 전자상거래(B2B) e-Marketplace ↔ Bank and Other Company both
- 기업간(B2B) 전자결제수단 발급
  - ✓ 거래내역 통지 (기업간 전자상거래(B2B) e-Marketplace)
  - ✓ 기업은 기업간(B2B) 전자결제수단의 모든 항목을 기입하여 전자서명 후 거래은행에 전송한다.
  - ✓ 거래은행은 다음과 같은 내용을 확인하여야 한다.

    i) 거래기업의 전자서명 검증

    ii) 기업간 전자상거래(B2B) e-Marketplace 및 거래기업이 전송한 거래내역을 확인한다.

    iii) 이상이 없으면 전자서명하여 판매기업에 송부한다.

    iv) 발급정보를 중앙관리기구인 중계기관에 송신한다.

(5) 전자외상매출채권 대출제도

전자외상매출채권 대출제도란 최근 대기업과 은행간의 제휴 형태로 등장하고 있는 어음대체용 기업간 전자결제방식이다.

대기업과 협력기업이 특정 은행과 제휴하여 대기업(구매자)은 지급금액과 결제일 등의 정보를 제휴은행에 전자적으로 제공하고 있다.

협력업체는 동 은행에 결제일 이전에라도 할인율을 적용하여 대금지급(대출) 받을 수 있다(전자외상매출채권담보부 대출).

현재 신한은행, 조흥은행 등 시중은행들이 시행하고 있는 전자방식 외상매출채권 담보 대출제도는 대기업과 그 협력업체간에 거래를 하고 대금결제는 오프라인의 어음을 사용하고 있다. 그런데 그 제도에 은행이 개입하여 대기업과 협력업체간의 거

래사실을 확인하기 위해 오프라인으로 계약서 사본과 상품거래가 이루어졌다는 것을 확인하기 위하여 세금계산서 사본을 은행창구에서 원본과 확인하고 사본을 징구한다. 그리고 은행은 대기업에 거래사실을 확인하고 협력업체에 제3의 채권자가 법률행위를 해 올 것에 대비하여 대항력을 갖추기 위해 공증법무법인에서 확정일자를 받고 있다. 위와 같이 거래는 on-line으로 하고 대금결제 중 일부와 확정일자를 받는 것은 off-line으로 이루어지고 있는데 모든 것을 on-line으로 할 수 있도록 관련 법률 개정과 제도를 보완하면 기업간(B2B)전자상거래가 활성화될 것으로 보인다.

전자외상매출채권 대출 흐름도

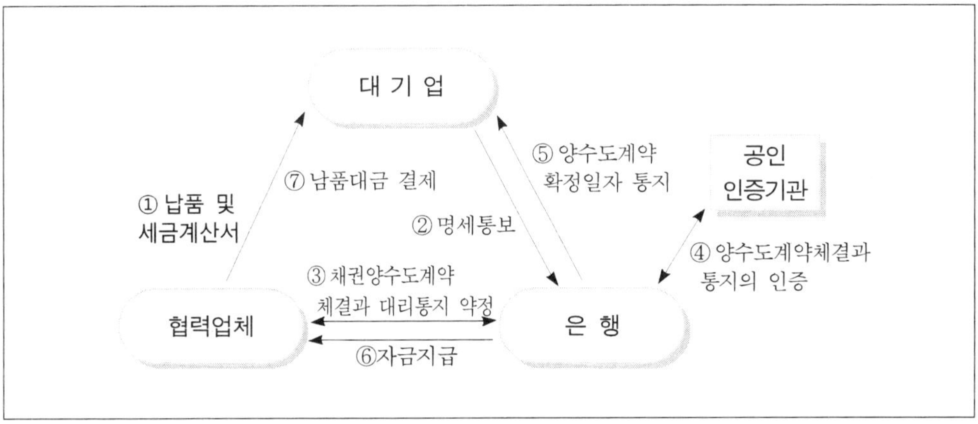

자료: 필자작성

① 장 점

동 결제방식은 은행이 매개체가 되어 어음의 기능을 전자화하면서도 어음부도(배서한 기업 연쇄부도)의 폐해를 방지할 수 있다.

- ✓ 대기업은 어음발행 · 관리 업무축소로 시간 · 인력 · 비용이 경감된다.
- ✓ 은행은 신규고객 확보 및 부가서비스 이익을 창출한다.
- ✓ 협력업체는 전자외상매출채권 관리비용 절감 및 자금유동성을 제고한다.

② 단 점

- ✓ 초우량 대기업만을 대상으로 한다(신용상태가 좋은 기업만 해당됨).
- ✓ 전자외상매출채권의 할인율이 일반어음보다 높다.
- ✓ 개별은행 중심의 서비스이어서 은행간 확장성이 미흡하다.

(6) 기업간(B2B) 전자결제 시스템 구축방향

① 목 표

㉠ 금융권이 공동으로 사용 가능한 기업간 전자결제 플랫폼
이 플랫폼 위에서 개별 금융기관은 구매전용카드, 전자수표, 전자외상매출채권 등의 다양한 금융상품을 개발한다.

㉡ 우리 기업의 결제 관행에 알맞은 전자결제수단
현금 및 외상 결제가 모두 가능해야 한다.

㉢ User인 기업에게 cost-effective한 전자결제 수단
할인율, 발행 · 관리 등에 있어서 오프라인 결제수단보다 경쟁력을 보유하여야 한다.

② **전자외상매출채권 내용**

금융기관이 공동으로 사용이 가능한 표준화된 형태의 전자수표, 전자외상매출채권 등의 금융상품을 개발하고자 하였다.

기업간 전자결제 시스템은 구매기업과 판매기업이 특정은행과만 거래할 필요가 없고 오프라인의 경우와 같이 각각 주거래은행과 거래가 가능하도록 한다.

- 결제정보를 중앙관리기구(금융결제원)에서 데이타베이스(D/B)로 관리하여 무분별한 전자수표 및 전자외상매출채권의 발행을 감시 · 관리한다.
- e-Marketplace 업체는 거래정보를 은행에 제공하여 진성거래의 확실성을 담보로 한다.

전자외상매출채권 내용

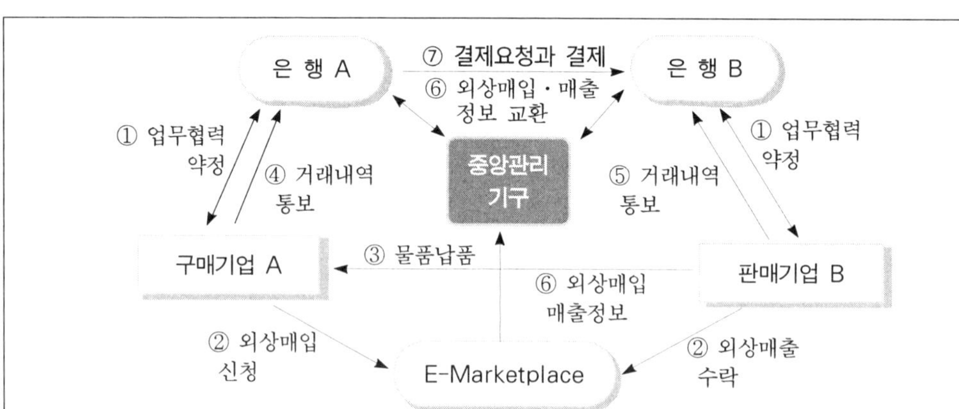

자료: B2B 전자결제 WG.

③ 전자외상매출채권의 결제과정

㉠ 업무협력약정 및 계좌개설

- 구매기업 및 판매기업은 주거래은행과 전자결제를 위한 업무협력에 대해 약정하고 계좌를 개설한다. 이를 위해 은행연합회 등이 표준화된 약정서 양식 및 운영규정을 개발한다.
- 구매기업은 보증 전자외상매출채권[5]을 발행한다.
- 발행금액 한도는 금융기관이 개별 금융상품 형태로 개발한다. 제2, 3 금융권, 신용보증기금, 신용평가회사, ERP, ASP 등을 통해 credit 한도를 확장할 수 있다.

㉡ e-Marketplace를 통한 구매

- e-Marketplace는 구매정보를 중앙관리기구(금융결제원)을 경유하여 구매 · 판매기업의 주거래 은행에 통보 및 은행별 결제 사이트를 통해 결제종류를 고객에게 알려준다.

㉢ 전자외상매출채권의 발행 · 양수도(배서) 및 관리

- 디지털 데이터 형태로 발행하고 전송한다.

✓ user-friendly interface를 위해 모니터 상에 증서형태로 구현

✓ 디지털 증서의 분실 · 훼손의 위험으로 개인소지 및 오프라인유통은 하지 않음

- 양수도(배서)는 전자적으로만 이루어지고, 중앙관리기구(금융결제원)을 경유토록 하여 D/B로 관리한다.

✓ 채권의 양수도이므로 오프라인의 어음과 달리 연대보증이 불필요하나 연대보증을 요하는 형태로 금융상품 개발 가능

- B2B 전자상거래에만 적용을 한정할 필요가 없으며 거래가 오프라인이어도 진성거래임이 분명할 경우 전자결제 사용이 가능토록 한다.

✓ 전자수표 · 어음과 오프라인 어음 · 수표의 통합관리 가능

㉣ 전자상거래의 안전장치 - 에스크로

에스크로(Escrow)는 원래 법률용어로 조건이 채워질때까지 제3자가 보관하는 날인증서를 의미한다. 즉, 매매보호 서비스 또는 거래보호서비스라고 할 수 있다. 특정물을 제3자에게 기탁하고 일정한 조건이 충족된 경우에 상대방에게 교부할 것을 약속하는 조건부 양도증서로 정의된다. 현재 무역실무에서는 물물교환무역(Barter)

---

5) 은행이 통제하며, 발행금액을 은행이 보증.

할 때에 '에스크로 계정'이라는 결제방식이 이용되고 있다.

예를 들어 무역업자 A가 상품 수입을 위해 에스크로 신용장(Escrow Credit)을 개설하면 상대방 무역업자 B는 그 신용장에 근거래 수출어음을 발행한다. 이 때 A는 직접 B에게 외화를 지불하는 것이 아니라, 제3자인 외국환은행에 결제 대금을 맡긴다. B가 A로부터 상품수입을 하는 경우에 외국환 은행이 대금을 결제한다.

이와 마찬가지로 전자상거래에서도 구매자(A)와 판매자(B)가 제3의 업체(에스크로)에 결제와 물품인도 보증서비스를 맡긴다. 구매자가 인터넷을 통해 에스크로 업체 사이트에 상품의 종류와 가격, 결제방법 등 거래정보를 등록하고 물품대금을 입금하면 에스크로 업체는 일단 소비자가 주문한 상품이 아무 이상 없이 배달될 때까지 전적인 책임을 진다. 이 때 B는 아무 이상 없이 배달됐음을 확인한 뒤 판매자에게 물품 대금을 결제한다. 거래가 아무런 문제없이 완결됐을 때 에스크로 업체는 구매자와 판매자 양측으로부터 일정 수수료를 받는다.

이상과 같은 에스크로 서비스에도 에스크로 업체의 공신력을 어떻게 확보할 것인가의 문제가 남는다.

공신력을 보완하기 위해 필요한 부분이 은행의 에스크로 시스템(Escrow Account)과 에스크로 시스템이 연동되는 것이다. 즉, 구매자(A)가 결제한 구매 대금이 에스크로 업체에게 입금되는 것이 아니라 은행이 관리하는 Escrow Account에 입금되고, 거래완료후 Escrow Account를 통해서 판매자에게는 물품 대금을, 에스크로 업체에게는 수수료를 자동 정산한다. 거래가 완료되기 전까지는 은행이 거래 대금을 지급 보증하는 셈이다.

에스크로 서비스의 프로세스

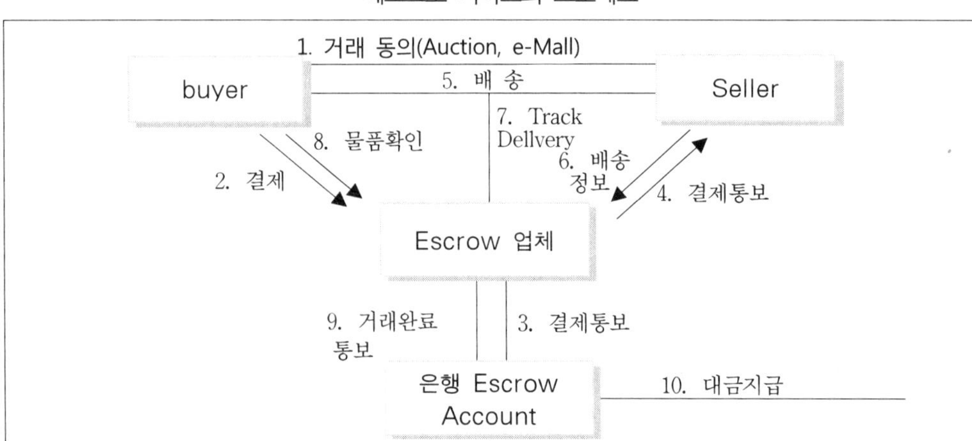

자료: 여러 가지 자료를 근거로 작성.

㉤ 전자상거래의 거래관리시스템으로 발전하는 에스크로

앞서 설명한 바와 같이 에스크로 서비스는 은행 시스템과 연동되면서 단순히 매매를 보호하는 차원을 넘어서 다양한 기업 금융을 포함하는 전자상거래 관리 시스템으로 발전하고 있으며, 이 전자상거래 관리시스템은 특히 우리나라 기업간 거래(B2B)와 국가간 거래-해외무역시 강력한 인프라로 기능할 수 있다.

이미 많은 전문가들이 지적하고 있듯이 전자상거래 특히 기업간 전자상거래(B2B)에서는 물류를 포함하는 제3자 지원군(Third Party Service Provider)의 역할이 중요하다. 대부분의 e-Marketplace를 구축해 놓고도 실제 거래를 뒷받침하는 다양한 부가서비스의 적절한 지원을 받지 못하기 때문에 실제 거래를 발생시키지 못하고 있다고 한다.

이같은 문제를 통합적으로 해결하면서 거래를 실제적으로 지원할 수 있는 시스템이 에스크로 시스템을 포함하는 거래관리 시스템이다.

전자상거래에 필요한 Dealing, 주문, 지급 · 결제, 정산을 거래관리 시스템을 통해 지원받을 수 있을 뿐 아니라 인증, 물류, 검수/통관 등의 부가서비스의 시스템이 거래관리 시스템과 연동됨으로써 e-Market place 운영자는 상품의 선택과 관리라는 본연의 임무에 충실할 수 있는 기반을 제공받는 것이다.

에스크로 시스템은 은행시스템과 연동됨으로써 기업간 거래에 새로운 가능성을 열어 주고 있다. 전자상거래에서 현재 제공되는 결제수단은 현금, 신용카드 정도가 고작이다. 그러나 이러한 결제 수단은 기업간 거래에는 부적합한 결제 수단이다. 거래 관리시스템은 구매카드, 외상매출채권 등 기업간 거래에 맞는 결제 수단을 제공함으로써 e-Marketplace에서 기업금융을 발생시키는 기반이 된다.

거래관리시스템이 가진 이러한 강력한 기업금융지원 기능 때문에 최근 한국은행에서 시행하기 위해 내놓은 "전자채권 기본안"에 은행이 전자채권 업무를 수행하기 위해서 반드시 갖추어야 할 서비스로 Escrow 서비스를 권고하고 있다.[6]

전자상거래의 숙원 과제 중의 하나가 국가간 거래 즉, 무역을 현실화하는 문제이다. 현재 OECD, WTO, UNCTAD 등에서 전자상거래의 표준화 함께 국가간 거래의 표준화를 위한 논의가 활발히 이루어지고 있고, 국내에서도 대통령이 2000년 APEC 회의에서 한국 - 홍콩 - 일본 - 호주를 잇는 환태평양 지역 국가간 전자상거래 구축을 제안한 이래 정보통신부 중심으로 국가간 거래에 대한 활발한 논의가 이루어지고 있는 상황이다.

---

6) 디지털 타임즈, 1면 '전자채권 2001년 안에 도입', 2001. 4. 30.

글로벌 포털과 국가간 에스크로 네트워크, 금융 기관의 세 축으로 구성된 네트워크를 통해 국가간 거래를 현실화 할 수 있다. 글로벌 포털은 Marketplace를 제공하고 개별 국가간에 있는 에스크로업체 간의 연동을 통해 거래 데이터를 전송하는 방법으로 거래과정을 관리하고, 금융기관이 Escrow Account를 통해 지급보증과 외국환업무를 담당하며 국가간 거래는 현실화될 수 있다.

㉦ 에스크로 서비스의 성공 조건

에스크로 서비스는 우리나라는 물론 세계적으로도 초기 시장이다. 미국과 일본 등 선진국에서도 10여개의 에스크로 업체만이 움직일 정도로 아직은 전 세계적으로도 전자상거래 시장의 확산에 비해 알려지지 않았다.

에스크로업체는 구매자와 판매자의 중간에 위치해 지급 · 결제와 물품인도를 책임지고 보장해 줘야 하기 때문에 별도의 공신력이 부여돼야 한다. 이 때문에 에스크로 업체의 신뢰성을 높이기 위해 제도적인 안전장치도 크게 강화돼야 한다.

하지만 아직까지 우리나라는 물론 세계적으로 에스크로 업체들에 대한 뚜렷한 제도적 가이드라인이 나오지 않고 있다. 미국의 경우 최근 캘리포니아 주차원에서 에스크로 업체에 대한 라이선스를 발급해 주고 있는 정도가 고작이다.

이러한 상황에서 우선적으로 검토되어야 할 시급한 과제가 전자거래기본법과 소비자보호에 관한 법률에서 전자상거래의 기반 요소로 에스크로 서비스를 거래의 안정성과 소비자 보호-특히 구매자 보호의 측면에서 법제화하는 것이다.

또한 에스크로 서비스가 갖추어야 할 요건을 정하고 등록제 등의 형태로 에스크로 업체에 공신력을 부여함으로써 일부 금융기관적인 성격을 가지는 에스크로 서비스의 안정성을 갖추도록 해야 한다.

이와 함께 에스크로업체에서도 단순히 결제 대금을 보관하는 기능을 넘어서서 앞서 설명한 바와 같이 금융기관과의 연계를 통해 결제 및 지급에 대한 최대한의 안정성을 보장할 수 있도록 노력해야 하며, 금융기관에서도 거래 정보 관리 등 금융기관 자체적으로는 해결 할 수 없는 문제들을 에스크로 업체와의 제휴를 통해 해결함으로써 전자상거래의 활성화를 유도할 수 있는 노력을 해야 한다.

④ 법·제도 개선사항

첫째, 전자외상매출채권에 의한 전자수표 및 전자외상매출채권은 어음법 · 수표법상의 적용을 받지 않은 새로운 금융상품이기 때문에 어음법 · 수표법의 개정이 불필요하다.

둘째, 금융권이 전자외상매출채권을 공동으로 사용하기 위해서는 금융기관간의 권한과 책임을 규정한 공동규약의 제정이 필요하다.

셋째, 은행연합회에서 가칭 '전자외상매출채권 운영규정'을 제정하고 재정경제부에서 승인하면 된다.

넷째, 전자외상매출채권 운영의 적정성을 감독할 가칭 '전자외상매출채권 감독규정'을 금융감독위원회에서 제정한다.

다섯째, 은행과 기업간에 체결할 가칭 '전자외상매출채권 운용 약정서'에 대한 표준약관을 제정(은행연합회)한다.

㉠ 전자외상매출채권의 양도의 제3자 대항력 문제의 개선

전자외상매출채권은 전자 데이터에 의한 추상적인 금전채권으로 이의 양도는 민법상의 지명채권양도가 적용된다.

즉, 채권양도를 채무자와 제3자에게 대항하기 위해서는 채무자에게 통지 또는 채무자의 승낙을 받아야 하며, 이러한 대항요건을 갖추더라도 원칙적으로 채무자에게 항변권이 존재하는지 여부를 확인해야만 안전하게 양수할 수 있는 번거로움이 있다.

• 민법 제450조(지명채권의 대항요건)

지명채권의 양도는 양도인이 채무자에게 통지하거나 채무자가 승낙하지 아니하면 채무자 기타 제3자에게 대항하지 못한다. ㉡ 전항의 통지나 승낙은 확정일자 있는 증서에 의하지 아니하면 채무자 이외의 제3자에게 대항하지 못한다.

어음은 배서만으로 양도 가능하므로 전자결제로 인한 분쟁을 예방하기 위해서는 양도시의 제3자 대항력 문제에 대한 보완이 필요하다.

㉡ 소멸시효

지급제시기간과 시효는 기업의 대손처리기관과 연관이 되므로 현행 어음법과 같은 수준으로 하는 것이 바람직하다.

⑤ 전자외상매출채권 활용도 제고를 위한 지원사항

기업간(B2B) 전자외상매출채권에 의한 대출의 경우에도 기업구매자금대출과 같이 한국은행의 총액한도자금 지원대상에 포함하여 지원하여야 전자외상매출채권을 대금결제방식에 많이 사용할 것이다.

· **기업구매자금대출에 대한 한은의 총액한도자금 지원**
- 총액대출한도(2001년 4월 현재 9.6조원) 중에서 일정금액(예:1조원)을 별도한도로 설정하고 동 한도 범위 내에서 금융기관 기업구매자금대출 취급실적의 50%를 총액한도자금으로 지원
- 다만, 30대 계열기업군 소속기업체 및 적색거래 기업은 제외

⑥ 전자외상매출채권 수요촉진을 위한 지원시책

㉠ 정부물품의 구매입찰시 우대

전자외상매출채권을 통한 결제실적이 높은 기업은 정부물품의 구매입찰 시 우대하여 조달청의 입찰심사시 반영하여야 한다.

㉡ 신용보증기관의 보증 지원 강화

신용보증기금 및 기술신용보증기금 등에서 중소기업 및 중견기업의 전자외상매출채권결제에 대해 보증을 지원하여야 한다.

㉢ 세제 및 세정상 지원

기업간 전자상거래(B2B) e-Marketplace를 통한 전자외상매출채권결제를 사용하는 중소기업에 대하여 법인세 및 소득세를 감면하거나 공제를 해주어야 한다.

구매기업의 지급이자 손금불산입액 계산시 e-Marketplace 거래를 통한 전자외상매출채권 결제에 의한 '차입금 및 지급이자'를 손금불산입 대상에서 제외해야 한다.

현재는 (i) 자기자본의 2배를 초과하여 차입한 법인이 보유한 타법인 주식 · 출자지분에 관련한 지급이자와 (ii) 자기자본의 5배를 초과하여 차입한 상장법인 · 대규모기업집단의 지급이자는 사업연도 소득금액 계산시 손금산입을 인정하지 않고 있다.

e-Marketplace 거래를 통한 전자외상매출채권 결제 이용도가 높은 기업이 세무조사 대상에서 제외될 수 있도록 동 실적을 세무조사대상 선정기준에 반영해야 한다.

법인세를 감면(IT 관련 투자금액의 법인세 30% 감면제도 시행)하고 부가가치세도 감면해야 기업간 전자상거래(B2B)가 활성화 된다.

중소기업은 기업간 전자상거래(B2B)시 세원이 100%에 노출되어 손해보게 되나 대기업이 기업간 전자상거래(B2B)를 하자고 하면 손해를 감수하면서 어쩔 수 없이 기업간 전자상거래(B2B)를 하고 있으므로 이 부분만큼 세제상 지원을 해야 기업간 전자상거래(B2B)가 활성화될 것이다.

(7) 기업간 전자결제 시스템의 법 · 제도 개선 방안

① 기업간(B2B) 전자결제시스템의 법제화 방안

- 전자결제시스템과 관련하여 미국의 최근 주목할 만한 입법례

첫째, 1999년 7월 29일자 통일전자거래법(Uniform Electronic Transaction Act, UETA) 최종안의 제16조 '양 · 도성 기록(transferable records)'[7]을 구성하고 있다.

미국금융업계의 요구에 따라 UETA는 어음과 권원증권(權原證券)과 같이 소유권을 화체시킬 수 있는 일종의 전자적 유가증권인 '양도성 기록(Transferable records)'에 대해 규정하고 있다. 그러나 결제시스템의 작용에 관한 UCC 제3장과 제4장 또는 관련 연방법규에 의해 행해지는 거래에 UETA가 적용되지 않기 때문에 양도성 기록은 처음부터 그 사용이 제한되도록 예정되어 있다.

둘째, 2000년 6월 30일 공포된 연방전자서명법(Electronic Signatures in Global and National Commerce Act, e-Sign Act)의 제201조 '양도성 기록'을 규정하고 있다. UETA의 규정은 입법적으로 중요하다.[8]

- '양도성 기록'은 다음의 전자기록을 말한다.
  - ✓ 만일 전자기록이 서면으로 되어 있으면 UCC 제3장 어음이나 UCC 제7장 권원증권
  - ✓ 전자기록의 발행인이 동법의 적용을 받은 양도성 기록이라고 명백히 동의한 것[9]
- 양도성 기록을 지배하는 자: 양도성 기록에서 이자이전(利子移轉)을 증명하기 위해 쓰여지는 시스템이 양도성 기록을 발행하였거나 이전한 자로 지정된 자.
- 위 시스템과 양도성 기록을 지배하는 자가 되기 위한 전제조건을 충족하기 위해 다음과 같은 방법으로 양도성 기록이 작성, 저장 및 양도되어야 한다.
  - i) 양도성 기록의 단일한 정본(authoritative copy)이 유일하고 동일하게, 그리고 아래의 iv), v), vi)에서 규정하고 있는 것을 제외하고 불변하게 존재해야

---

7) http://www.nccusl.org/uniformact_summaries/uniformacts-s-ueta.htm.

8) UETA가 아무리 보충규정으로서의 의미를 지니고 있다고 하더라도 미국의 경우 각주에서 UETA를 모델로 전자거래 관련 법을 입법화하고 있는 가운데, UETA를 채용하지 않는 주에게 연방법인 e-Sign Act가 적용된다. 따라서 UETA를 채용한 주에서는 e-Sign Act가 적용될 여지가 없다.

9) UETA Sec.16 Draft Comments No. 1 : 어음 또는 융통증권을 양도성 기록으로 취급하는데 채무자의 동의를 요구하는 것은 채무자의 동의 없이 어음 또는 융통증권이 종이에서 전자형태로 전환되는 것을 방지하기 위함인 것은 우리 나라 입법과 같은 입장이다.

한다.

ii) 정본을 통해 양도성 기록의 지배를 주장하는 자는 다음의 어느 하나에 해당하는 자라고 확인되어야 한다. 양도성 기록을 발행한 자, 또는 정본을 통해 양도성 기록이 양도되었음을 알 수 있는 경우에는 양도성 기록을 가장 최근에 양도받은 자

iii) 정본은 지배권자나 그가 지정한 대리인에 의해 전달되고 그들에 의해 유지된다.

iv) 확인된 정본의 양수인을 부가하거나 변경하는 사본 또는 수정본의 작성은 지배권자의 동의하에서만 이루어질 수 있다.

v) 정본의 각 사본 및 사본의 또 다른 사본은 정본이 아닌 사본의 사본임을 쉽게 확인되어야 한다.

vi) 정본에 대한 어떠한 수정도 쉽게 승인된 것인가 아닌가를 확인할 수 있어야 한다.

- 다른 약정이 없는 한, 양도성 기록의 지배권자는 양도성 기록의 소지인(holder)이며, 그 소지인은 UCC 하의 이에 상응하는 기록이나 문서의 소지인으로써 동일한 권리와 항변을 가지며, 이러한 권리의 항변권에는 UCC에 따른 요건이 충족된다면 각각 선의의 소지인(a holder in due course), 유통 가능한 권원증권의 소지인 또는 취득자의 권리와 항변을 포함한다. 이러한 권리를 취득 또는 행사를 위해 인도(delivery), 점유 및 배서를 요하지 않는다.
- 다른 약정이 없는 한, 양도성 기록의 채무자는 UCC 하의 이에 상응하는 기록 또는 서면의 채무자와 같은 권리와 항변을 지니고 있다.
- 만일 양도성 기록의 강제를 당할 자의 요구가 있는 경우, 양도성 기록을 강제하고자 하는 자는 그 자가 양도성 기록을 지배하고 있음을 입증하는 합리적인 증거를 제시하여야 한다.

이 증거는 양도성 기록상의 조건을 충분히 검토하고 양도성 기록의 지배권자를 충분히 식별할 수 있는 양도성 기록의 정본 및 관련사업기록에의 접근을 포함한다.

UETA 제16조에 대한 평석에서는 이 조항이 가지는 의미를 UCC의 관련 조문이 전자적 도구를 충분히 수용하기 위해 개정 또는 수정되기까지 적용되는 보충규정에 불과하다고 하고 있지만, 이러한 입법의 필요성은 우리의 경우와 마찬가지 입장에서

나온 것으로 보인다.

미국에서는 전자문서라는 표현보다는 전자적 기록(electronic records)이라는 표현을 쓰고 있으며 이는 역시 전자적 기록이라고 하든지 우리와 같이 전자외상매출채권이라고 하든지 간에 이를 지명채권으로 보고 있다는 것이다.

② 최소한의 입법과제: 확정일자의 전자문서화

㉠ 입법사항

전자외상매출채권의 양도에 대항력을 부여하기 위해서는 종이문서를 전제로 하고 공무소만이 확정일자(確正日字)를 발급할 수 있는 확정일자 제도의 한계를 극복하여 전자외상매출채권의 양도의 경우 전자외상매출채권을 관리하는 중앙관리기관의 인증을 확정일자로 보는 입법이 필요하다.[10)]

현행 전자서명법 제20조에서는 전자문서가 인증기관에 제시된 시점을 전자서명하여 확인해 주는 이른바 시점확인업무(time stamping)를 규정하고 있다.

확정일자와 같이 어떤 행위가 어느 시점에서 이루어졌음을 공적으로 증명해 주는 기능을 하므로 전자외상매출채권의 양도에 관해 양도시기를 확인하고 증명해주는 제도는 이미 확보되어 있다고 할 수 있다.

그러나 인증기관의 시점확인이 민법 제450조에서 규정하는 확정일자를 갈음하는 효력을 갖지 못하므로 입법을 통해 해결하여야 한다.

전자거래기본법 개정안

전자거래기본법 제16조	개 정 안
(공인인증기관) ① 정부는 전자거래의 안전성 및 신뢰성을 확보하고 건전한 전자거래의 촉진을 위하여 전자서명법 제4 조의 규정에 따라 공인인증기관을 지정할 수 있다.	① 〈좌동〉
② 공인인증기관은 전자문서 작성자의 신원 기타 거래와 관련된 중요사항을 확인하기 위한 인증서를 발급한다.	② 〈좌동〉
③ 〈신설〉	③ 중앙관리기구(금융결제원)에 등록된 채권의 채권자가 동채권을 양도함에 있어 채무자에게 통지하거나 채무자가 양도를 승낙하는 전자문서를 금융결제원이 제2항의 규정에 의하여 일자를 기재하고 인증서를 발급하는 경우 그 일자는 민법 제450조 제2항 및 동법 부칙 제3조가 규정하는 확정일자로 본다.

10) 이철송, 전자결제수단 도입에 관한 연구, 2000. 10.

㉡ 입법안의 검토

위의 세 가지 안 중에서 어느 안을 채택하더라도 중앙관리기구(금융결제원)의 인증일자를 확정일자로 간주하려는 목적은 달성할 수 있다.

전자외상매출채권의 유동화는 기본적으로는 관련당사자들 간의 약정에 의해 실현하는 것이기는 하나, 다수의 이해관계자가 있어 약간의 감독적 규율이 필요하다고 본다.

이에 관한 몇 개 조의 근거조문이 필요하며, 그 조문에 추가하여 확정일자에 관한 특례를 두는 것이 바람직하므로 궁극적으로는 전자거래기본법에 전자외상매출채권에 관한 장을 신설하고 확정일자도 그 중의 일부로 다루는 것을 상정하고 있다.

확정일자에 관한 입법보완으로 전자외상매출채권이 유통성을 갖게 되는 길은 열리지만, 그렇다고 해서 유가증권이 되는 것은 아니며 유가증권이 갖는 여러 가지 유통상의 특장을 구비할 수는 없으므로 전자외상매출채권에 완결적인 지급수단으로서의 기능을 부여하려면, 궁극적으로 유가증권의 전자화 입법이 필요하다.

전자외상매출채권의 문제점과 현행법하에서의 해결방안

전자외상매출채권의 문제점	해결방안
① 무형의 권리이므로 권리의 존재 불확실	중앙관리기구 설치
② 유인성으로 인한 채권성립 불확실	약 관
③ 전자외상매출채권증서의 기재사항이 신뢰성 결어	약 관
④ 통지·승낙의 양도방법의 번거로움	약 관
⑤ 권리이전의 공시방법 불안정	중앙관리기구 설치(부분적 해결) 미결부분 → 확정일자로 해결
⑥ 채무자의 항변 존재	약 관
⑦ 선의취득의 불가능	미 결 → 확정일자로 해결
⑧ 지참채무로 인한 권리행사 비정형성	약 관
⑨ 변제의 불확실성	약 관
⑩ 이중유통의 위험	중앙관리기구 설치
⑪ 소멸시효의 문제	미 결 → 확정일자로 해결

자료 : 이철송, 전자결제수단 도입에 관한 연구, 2005. 10.

한국은행은 2001년 1월 4일부터 구매기업이 물품 구매대금을 어음으로 지급하는 대신 납품업체가 거래은행으로부터 외상매출채권을 담보로 제공(양도)하고 대출을 받아 납품대금을 조기에 현금으로 회수하고 일정기간이 지난 후 구매기업이 대출금을 대신 상환하는 방식의 이른바 전자외상매출채권 제도를 시행하고 있다.

이러한 전자외상매출채권은 기존의 어음수표법의 적용을 받지 않는 새로운 금융상품으로서 현행 어음수표법의 개정을 수반하지 않는 방향, 즉 배서에 의한 양도를 허용하지 않는 방안을 채택하고 있다. 따라서 이러한 전자외상매출채권은 민법상의 지명채권으로 볼 수 있으나, 오히려 지명채권에 비해서도 현행법하에서는 그 지위가 열후하다고 볼 수 있다. 즉, 전자외상매출채권을 지명채권으로 본다고 할지라도 그 양도의 통지 · 승낙에 대한 확정일자를 현행법상의 확정일자로 볼 수 없는 문제점이 있기 때문이다.

전자외상매출채권의 양도에 대항력을 부여하기 위해서는 종이문서를 전제로 하고 공무소만이 확정일자(確正日字)를 발급할 수 있는 확정일자 제도의 한계를 극복하여 전자외상매출채권을 양도할 경우, 전자외상매출채권을 관리하는 전자외상매출채권 관리기관의 인증을 확정일자로 보는 입법이 필요하다. 현행 전자서명제도는 전자문서가 인증기관에 제시된 시점을 전자서명하여 확인해 주는 이른바 시점확인업무(time stamping)를 운용하고 있다. 이는 확정일자와 같이 어떤 행위가 어느 시점에서 이루어졌음을 공적으로 증명해 주는 기능을 하므로 전자외상매출채권의 양도에 관해 양도시기를 확인하고 증명해주는 제도는 이미 확보되어 있다고 볼 수 있다. 그러나 인증기관의 시점확인이 민법 제450조에서 규정하는 확정일자를 갈음하는 효력을 갖지 못하므로 입법을 하여 문제를 해결하여야 한다.

이와 같은 1단계의 전자외상매출채권을 유동화하기 위해서도 가장 바람직한 방법은 '전자결제'와 관련한 입법을 하는 것이다. 하지만 전자결제관련 입법이 언제 입안될지 모르는 상태에서 이러한 방안은 그 입법에 걸리는 기간과 관련하여 한국은행이 전자외상매출채권 제도를 전면적으로 시행하는 것을 관련 입법이후로 연기하여야 하는 문제점이 있다.

따라서 현행 전자외상매출채권 제도가 원활히 시행되기 위해서는 전자외상매출채권 양도의 통지 및 승낙에 대한 확정일자를 법적으로 인정하는 1단계의 입법절차가 필요하다. 이를 위한 현행법의 개정방법은 세 가지 정도가 있을 수 있다. 이에는 첫째, 민법을 개정하는 안, 둘째 전자서명법을 개정하는 안, 셋째 전자거래기본법을 개정하는 안을 들 수 있다.

이러한 세 가지 입법방안은 그 내용에 있어 동일하다고 볼 수 있지만, 각 법률의 주관부처가 달라 어느 한 가지 방안을 채택한다고 할지라도 정부 부처간의 양해가 선행되어야 한다. 즉 제1안과 같이 민법부칙을 개정하는 안에 대해서는 현행 공무소에 대한 규정은 법무부, 전자서명법은 정보통신부, 전자거래기본법은 지식경제부의 입법 소관 사항이기 때문이다.

하지만, 한국은행의 전자외상매출채권의 태동은 B2B 전자결제시스템을 완성하려는 지식경제부의 B2B 전자결제워킹그룹의 주도하에 이루어져 왔었고, 전자거래기본법은 자주 개정되고 있으므로 현재로서는 제3안인 전자거래기본법의 입법안을 채택하는 것이 제1단계 입법해결방안으로 제일 먼저 제시될 수 있다.

한국은행의 현행 전자외상매출채권의 운용을 위해서는 위와 같은 제1단계의 입법만으로도 충분하다고 본다. 물론 이를 위해 전자외상매출채권관리기관 및 금융기관간의 전자외상매출채권의 운용을 위한 약관을 입법에 의하여 명확히 할 수도 있겠지만, 이는 입법작업이라기보다는 금융감독원과 관련 금융기관과의 합의에 의하여 충분한 사항이므로 이에 대한 기술적인 작업은 당해 관련 기관에 일임하고 감독기관의 심사에 맡기는 방법이 효율적이라고 볼 수 있다.

㉢ 외국의 입법례

일본 민법시행법 제5조는 확정일자로 보는 경우를 열거하고 있는데, 2000년 4월「상업등기법 등의 일부를 개정하는 법률」[11] 제2조에 의해 이 규정이 개정되어 전자문서에 의한 확정일자의 기재가 가능하게 되었었으며[12] 민법시행법 제5조에 제2항을 추가하는 형식으로 개정하였다.

제2항: 지정공증인(공증인법 제7조의2 제1항에 규정하는 지정공증인을 말한다. 이하 같다)이 그 공증인사무소에서 청구에 기하여 법무성령이 정하는 방법에 의하여 전자적 기록[전자적 방식, 자기적 방식 기타 사람의 지각을 가지고 인식할 수 없는 방식(이하 전자적 방식이라 한다)에 의하여 작성한 기록으로서 전자계산기에 의한 정보처리를 위해 공해지는 것을 말함]에 기록될 수 있는 일자(日字)기재의 정보(이하 日附정보라 한다)를 전자적 방식에 의해 붙인 경우에는 당해 전자적 기록에 기록되는 정보는 확정일자 있는 증서로 간주한다. 다만 공무원이 직무 상 작성하는 전자적 기록 이외의 것에 붙이는 경우에 한한다.

전항의 경우에 있어서 일부정보의 일부(日附)를 가지고 확정일부(確定日附)로 한다.

11) 商業登記法等の一部を改正する法律(2004년 4월 19일 法律 40호).

12) 이 조항의 개정은 2005년 4월 법률 제102호로 제정되어 동년 5월 31일 공포된 "전자서명및인증업무에관한법률"(전자서명법)과 보조를 맞추어 이루어진 법개정이다.

(8) 전자외상매출채권제도 도입시 기대효과

기업간 전자상거래(B2B)시 전자결제수단이 없어 상품거래는 온라인방식으로 하고, 상품대금 결제는 오프라인방식으로 이루어지는 현재의 불완전한 기업간 전자상거래(B2B)가 100% 온라인화 되어 기업간 전자상거래(B2B)가 더욱 활성화된다.

기존 어음 결제 방식에 따르는 문서작성과 보관에 따르는 부담 · 비용의 경감 및 물류 인력절감 효과가 있다.(한국은행, 금융기관, 기업 등)

기존에 어음이 발행되어 기업간 결제를 하기까지 운송 등에 따른 물류 및 거래 비용이 절감되고 거기에 소요되는 인력이 감축된다.

물류비 절감: 전자외상매출채권 사용 시 어음의 분실 예방과 어음사용시 분쟁 발생 그리고 해결을 위한 소송비용 등이 절감된다.

상품대금 결제의 확실성을 확보할 수 있는 탁월한 지급수단으로서의 순기능을 할 수 있다.

상거래를 전자적으로 함으로써 투명성 확보(전자외상매출채권이 전자결제수단으로 사용되면 약 1경이 결제될 것으로 추정됨) 및 그 투명성에 따른 경쟁력 확보 및 세수증대 효과가 있다.

전자외상매출채권을 사용 시 2001년 전자정부 구현 목표에 일조(조달청은 2003년 B2B 전자상거래를 이용한 전자조달(입찰)로 연간 3,000억 원의 조달(구매)비용을 절감하였음)할 수 있다.

(9) 전자외상매출채권 제도 표준화 및 도입현황

금융결제원이 중심이 되어 모든 은행에서 사용 가능한 전자외상매출채권 제도가 2002년 4월부터 도입되어 사용되고 있다. 지식경제부에서는 전자지급 · 결제 제도를 활성화시키기 위하여 B2B 네트워크 구축사업에 신용보증기금과 e-Marketplace가 주축이 된 컨소시엄을 선정하여 전자외상 매출채권제도가 활성화되도록 자금을 지원하고 있다.

5. 무역결제 표준화

국제기업간 전자상거래(B2B)의 확산에 따라 새로운 전자적인 결제수단의 필요성이 대두되고 있는데 그 중에서 Bolero Project, TradeCard, beXcom 등이 새로운 무역

결제수단으로 부각되고 있다. 전자무역결제수단이 도입되면 자동화에 의한 경비절감, 네트워크화에 의한 편의성 제공, 기업대 소비자(B2C), 기업간(B2B), 기업대 정부간(B2G) 전자상거래 등 모든 형태의 전자상거래를 지원하는 효과가 있을 것으로 보인다.

1) 전자무역결제시스템 개발 동향

(1) 실질적 접근방법: Bolero Project(www.bolero.net)

전자무역결제란 기존의 모든 무역 절차를 수행하면서 단지 종이서류를 전자서류로 대체하는 방법으로 특히 선하증권(B/L)을 전자화하여 on-line으로 수출입관련 서류를 교환하는 것을 말한다. 2005년 6월 홍콩, 네덜란드, 스웨덴, 영국, 미국의 해상운송회사, 은행, 통신회사 등이 참여하여 컨소시엄 형태로 시작된 Bolero Project (Bill of Landing Electronic Registry Organization)는 현재는 SWIFT와 TT Club에 의해 주도되고 있으며, 이들이 합작으로 설립한 Bolero Operation Ltd.는 사용자 그룹인 Bolero 협회와 함께 범세계적으로 무역서류의 전자화를 통한 상업적 서비스를 제공하는 것을 목표로 하고 있다. 이 시스템은 높은 연회비와 많은 거래비용을 지급해야 하므로 대기업용 시스템이라고 할 수 있다.

볼레로프로젝트의 장단점

장 점	단 점
· 기존 시스템과의 호환성 · 무역유관조직의 저항 최소화 · 다양한 지역의 법률을 반영한 Rulebook을 통한 법적 안정성 제고	· 높은 거래비용 · 기존 시스템을 그대로 수용하여 상대적으로 자동화 효과가 낮음 · 거래노출에 따른 저항감

(2) 기능적 접근방법: TradeCard(www.tradecard.com)

인터넷 활용으로 업무효율성을 최대한으로 향상시킬 수 있는 체제로 변환을 추진하는 시스템으로 세계무역센터협회와 GEIS를 비롯한 미국의 몇몇 기업들이 주도가 되어 추진하고 있는 TradeCard는 전통적인 신용장을 대체하여 수출입 서류의 전송과 대금결제 방법을 통합하여 One-stop Service가 가능하도록 전자화하려는 사업으로 수출입을 대행하는 형태이며 중소기업에게 맞는 시스템이라고 말할 수 있다.

트레이드 카드의 장단점

장 점	단 점
· 무역과정의 단순화 · 거래비용 절감 · 거래관계 개선 및 정보이용가능성 증대 · 신용한도 내 지급 보증 · 부가가치 서비스 제공 · 안전한 무역환경 제공	· 정형화되어 있는 사용료 · 거래규모 및 사용국가의 제한 · 수출대금의 신속한 회수 불가 · Seller의 신용도 파악 불가능 · 전체 사용자의 멤버십 요구

(3) 통합적 접근방법: ABN/Amro(www.abmamro.com)

이 제도는 무역대금결제는 물론 수출입거래 알선, 무역에 관한 정보제공, 무역서류 전송까지 원스탑 서비스를 제공하는 형태로 beXcom(www. bexcom.com)의 솔루션을 활용한 ABN/Amro Bank의 서비스가 대표적인 예인데 우리나라에서는 현대종합상사가 bexcom과 업무를 제휴하고 있다.

BeXcom 솔루션의 장단점

장 점	단 점
· 비용절감 및 빠른 시장 선점 · S/W개발이나 인력에 대한 과도한 투자 없이 buy/sell total infrastructure 구현 가능 · 낮은 setup 비용 및 유지보수 비용지불 · 원스탑으로 집중화된 거래 가능 · 모든 지급・결제수단이 가능한 세계 최초의 B2B e-Commerce Service 사이트 · 전 세계적인 고객관리 지원	· 상대적으로 소규모 거래에 불리 · 높은 시스템 의존성 · 시스템에 거래정보 노출 · 기존 거래관행과의 조화 여부 불투명

2) 새로운 전자무역 결제시스템의 전망

새로운 전자무역결제시스템은 각 접근방법별로 장단점을 지니고 있어 기존의 무역결제시스템을 전면적으로 대체하지는 못하고 결제시스템에 따라 사용자층이 구분되는 가운데 상호보완적으로 활용될 것으로 전망된다. 또한 호환성을 제고하기 위하여 대부분 XML/EDI를 수용하게 될 것이다. 그리고 시스템의 기술적 안정성, 법적 문제점은 점진적으로 개선될 것이다.

마지막으로 사업화 성공의 최대 관건인 Critical Mass의 조기 확보를 위해 관련 사업자 또는 사용자 그룹과의 전략적 제휴가 활발히 진행될 것으로 보인다. 여기에서는 Bolero Project, TradeCard에 대해서만 살펴보기로 한다.

(1) Bolero Project

Bolero Project는 영국 본사 외에 뉴욕, 도쿄, 프랑크푸르트, 파리, 홍콩, 싱가포르에 지사(현지 법인 포함)를 설립하여 마케팅을 하고 있다. 일본의 경우 1999년 말 시중은행과 컴퓨터회사, 종합상사 등이 합작하여 일본 내에서의 마케팅 활동을 목적으로 'B2B 솔루션'이라는 법인을 설립하였는데 현재까지는 CMB, HSBS, CITI, 토쿄미츠비시, 산와, 사쿠라 등 대형은행과 Evergreen 등 일부 선박회사, 미츠이, 히다치, 미츠비시 등 대형상사기업들이 가입을 하고 있다. Bolero Project는 커피운송 등에서 활용되고 있는 것으로 밝히고 있으나, 뚜렷한 사용 사례는 공개되지 않고 있다.

우리나라는 한빛은행, 외환은행, 조흥은행, 삼성전자가 멤버로 가입하였고 신한은행도 멤버 가입을 추진하고 있다. 2000년 5월 한빛은행과 삼성전자가 국내 최초로 Bolero의 정식멤버로 가입(연회비 25만달러 지급)하였다.

그러나 대부분의 은행과 기업들이 높은 연회비 때문에 현재 가입유보 분위기가 지배적이나 Bolero Project제도를 도입할 경우 장단점을 살펴보면 다음과 같다.

① Bolero Project 도입시 예상되는 혜택

- 당사자간 연결창구가 단일화된다.
- 신시스템의 구축으로 자동화 촉진한다.
- 빠르고 투명한 업무절차로 거래비용이 절감된다.
- 오류발생 최소화로 신뢰성 높은 시스템 구현이 가능하다.
- 보안시스템을 통해 사기를 방지한다.
- 통신비용이 절감된다.
- 법적 안정성이 제고된다.
- 개방형 비즈니스 모델 구현으로 거래 기회가 확대된다.

② 상대적 장점(TradeCard와의 비교할 때)

- 기존 무역관습을 전자적으로 재현하는 데 중점을 두고 있어 무역관련기관의 저항을 최소화할 수 있다.
- 전자문서를 종이로 전환하는 절차를 두고 있어 기존 체제와 호환을 배려한다.

• 다양한 지역의 법률을 반영하여 Rulebook을 제정함으로써 법적 안정성을 제공한다.

③ **상대적 단점**(TradeCard**와의 비교할 때**)

• 프로세스를 단순히 전자화하였을 뿐이므로 기능생략과 역할 변경이 없어 효과가 반감된다.
• 완전한 자동화 구현을 유보하고 있다.
• 통신비를 제외한 기존비용이 상존하게 된다.

④ Bolero Project **도입시 예상되는 문제**

• 기존시스템과 병행이 불가피하다.
• 많은 거래비용이 발생한다(거래가 빈번한 경우에 적합하다).
• 거래노출에 대한 저항감이 예상된다.
• 네트워크 장애 등으로 인한 거래불가사태가 우려된다.
• 상업적으로 안전하나 절대적으로 안전한 시스템은 없다.
• 안정적인 운용을 할 때까지는 통신비용이 증대한다.
• 새로운 법규범에 적응이 필요하다.
• Rulebook으로 모든 것을 해결할 수는 없다.

(2) TradeCard

TradeCard는 기업간(B2B) e-Commerce의 새로운 Business Model로 신용장(L/C), Open Account 방식과 다른 새로운 e-Commerce 지급 · 결제 시스템을 제공하여 수입업체와 수출업체, 금융기관, 보험회사 및 화물운송업체를 연결, 수출입 계약에서 무역 금융, 선적 및 대금결제의 전과정을 전자적으로 처리할 수 있게 하는 전자무역거래 및 금융서비스이다.

세계무역센터연합(World Trade Center Association)이 1996년 1월부터 본격적으로 추진하였으며 'Full Service Trade System' Project 추진을 시작으로 1998년 TradeCard 시스템, 미국 특허 및 상표관리국으로부터 특허를 획득하였고, 1999년 2월 E.M. Warburg Pincus사의 지분참여로 TradeCard, Inc라는 독립회사를 설립하고 2000년부터 상용서비스를 시작하였다.

① TradeCard 개요

TradeCard Membership의 개요는 다음과 같다.

- Membership 비용 — 연회비는 $250로 비교적 저렴하고 건별수수료도 $150로 비교적 저렴하여 중소기업들이 많이 사용할 것으로 보인다.
- 설립 후 2년 이상 된 회사 또는 그 자회사
- 서비스 제공 가능 국가(한국, 대만, 홍콩, 미국, 일본 등) 내의 기업
- Thomas Cook(여행자 Check) — 은행계좌, 돈세탁 여부 등 검사
- Coface — Buyer(보험)의 신용등급 결정
- 1~10만$는 무조건 건당 $150

② 다른 대금결제방식과 비교

다른 상품 대금결제방식과 비교하면 다음 표와 같다.

대금결재방식의 특성

지불방법	특 성				
	신 속	지급보증	무서류	Buyer에게 유리	Seller에게 유리
Cash-in Advance	◐	v			v
Letter of Credit		v		v	v
TradeCard	v	v	v	v	v
Collection				v	
open Account				v	

※ 조건에 따라 다름.

③ TradeCard 시스템 처리 과정

㉠ Membership 신청

- 연회비 $250를 지급해야 한다.
- 건당 수수료 $150를 지급해야 한다.

㉡ 알 선

- 구매자는 구매승인서와 물류 명세서를 작성한다.
- 판매자는 구매조건을 온라인상에서 판매자와 협상한다.
- 이 단계에서 Buyer와 Seller가 조건을 승인하면 이행단계로 넘어간다.

㉢ 이 행

- 판매자는 송장과 포장명세서를 작성하고 구매자는 구매승인서와 물류명세서를 작성한다.
- 필요한 경우 검사회사가 검사 인증 문서를 작성한다.
- 화물 운송자는 운송증거서류를 작성한다.
- 이때 판매자는 Coface로부터 지급확약을 받는다.

㉣ 협 력

- 협력엔진이 자동으로 모든 필요한 서류들의 정확성과 일치여부를 검사한다.
- 불일치하는 부문은 협상으로 풀 수 있다.

㉤ 확 정

- Thomas Cook은 Payment instruction을 구매자와 판매자의 은행구좌로 각각 보내어 자금을 구매자의 계정으로부터 판매자의 계정으로 전자적으로 전송하고 필요한 경우 외국환 서비스도 제공된다.

④ TradeCard 사의 업무제휴 현황

TradeCard사는 원활한 업무를 추진하기 위하여 다음 회사와 법적으로 제휴하여 영업을 하고 있다.

㉠ Coface

- Coface는 세계적인 수출보험회사이며, 프랑스 국적의 기업으로 주요 주주로는 재보험사인 SCOR와 Natexis Banque 등이 있으며 세계최초로 인터넷 상에서 Arating Service를 제공하고 있다.
- Fitch IBCA사에시 AA등급을 획득한바 있으며 73개국에서 70,000개의 회사고객, 3천만명 이상의 고객들을 데이터베이스에 저장하고 있다.
- 세계적인 두 개의 네트워크, 즉 세계에서 가장 큰 신용·보험 네트워크인 Credit Alliance와 세계적인 신용정보 업체와의 네트워크인 Info Alliance에 접속한다.
- 신용보험, 투자 보험, 신용정보, 고객모니터링, 채권관리서비스, 잠재구매자 발굴 등의 서비스를 제공한다.
- 구매자 등급 시스템
- Coface의 신용평가는 거래에 신뢰성을 부여한다.
- Coface는 2001년 하반기에 우리나라에 지사를 설립하여 영업을 할 예정으로

있어 기업간(B2B) 국제(무역) 전자상거래 활성화에 크게 기여할 것으로 보인다.

㉡ Thomas Cook

- 세계적인 금융서비스 회사이다.
- 범세계적인 자금의 유통에 기여한다.
- 외환 서비스(여행자 수표) 제공하고 있다.
- TradeCard System 내부에서 구매자로부터 판매자로 자금을 이동시킨다.
- Compliance 후 구매자의 계좌에서 자금을 빼내어 판매자의 계좌로 이체한다.
- 기타 서비스로는 돈세탁 금지승낙(Compliance)과 스크린 · 여과(Screening), 외환 환전서비스가 있다.

Tradecard는 거래금액이 $10,000~$100,000 정도인 경우에 적합하여 중소기업용 시스템이나 다음과 같은 내용이 개선되면 더욱 활성화될 것으로 보인다.

- 우리나라 상황에 맞도록 TradeCard 시스템의 변경(한글화, 네고 가능 등)
- 경영정보시스템과 연동시키는 작업
- 선하증권이나 원산지증명서 등의 온라인화
- 탄력적인 사용료 제도 시행
- 보험 적용의 다양화, 보험 주체의 다원화
- Claim 대처방안
- 구매자와 판매자에게 사용료 공동 부과

3) 새로운 무역결제 제도를 위한 제도 개선방안

Bolero Project는 2002년부터 선하증권을 전자화하려고 노력하고 있고 Tradecard는 선적서류의 전자화 및 결제시스템까지 대행해주기 위한 업무를 추진하고 있다. 그러나 공인인증제도는 국내용이므로 국제적으로 호환되지 못한다. 그래서 외환은행을 중심으로 Identrus 제도를 도입하려고 추진하고 있다. 최근 한국무역정보통신(KTNET)이 서비스를 시작한 무역인증제도가 활성화되도록 관련기관이 협력하고 사용을 촉진해나가야 한다.

관세청은 '95년부터 전자문서교환시스템(EDI)에 의한 수출입통관제도를 100% 시행함으로써 전자화를 주도하였다. 그러나 아직까지도 생산자단체나 협회 그리고 상공회의소는 전자문서교환시스템(EDI)에 의해 서류를 발급하기보다는 종전의 방식을 고수하여 전자화를 지연시키고 있다. 이와 같은 기관도 빠른 시일 내에 전자문서교환시스템(EDI)에 의하여 서류를 발급하여야 전자화가 빠른 시일 내에 이루어진다고 본다.

6. 부품 및 상품 표준화

기업간 전자상거래(B2B)가 활성화되려면 앞에서 살펴본 전자문서, 전자카탈로그, 전자지급 · 결제, 무역결제 그리고 마지막으로 상품 및 부품의 표준화가 이루어져야 한다. 상품 및 부품의 표준화는 대한상공회의소에서 중 · 장기적 전략을 수립하여 시행하고 있는데 2001년 상반기에 시범사업이 성공적으로 이루어졌다고 한다. 물론 대한상공회의소는 업종별로 부품 및 상품을 표준화하고 그 후 다른 업종간에 공통적으로 사용 가능한 부품 및 상품을 표준화하여야 한다. 예를 들면 전에는 제조회사마다 속옷(메리야스)의 사이즈가 달랐는데 지금은 백양, 태창, 쌍방울 등 제조회사간의 사이즈가 같다. 부품 및 상품이 표준화되면 기업간 전자상거래(B2B)가 더욱더 활성화될 것이다.

1) 결 론

기업간 전자상거래(B2B)가 활성화되기 위해서는 앞에서 살펴본 대로 전자문서, 전자카탈로그, 전자지급 · 결제, 무역결제 그리고 상품 및 부품의 표준화가 이루어져야 한다는 견해에 이의를 제기하는 사람은 아마 없을 것으로 보인다. 그러나 전자상거래 표준화가 쉽지 않다는 사실도 잘 알고 있다. 전자문서 표준화도 우리나라는 '95년 관세청이 수출입통관을 100% 전자문서교환시스템(EDI)에 의하여 신고하여야 수리가 되도록 하면서 전자문서교환시스템(EDI)을 도입하게 되었고, 전자문서 표준화도 이루어져 현재 237종이 국가표준으로 제정되어 사용되고 있다. 지식경제부가 수출입공고를 할 때에 수출입신고는 관세사사무실에서 종전의 서류신고로 하던 것을 전자문서교환(EDI) 시스템으로만 수출입신고를 해야 한다고 공고하면서 수출입통관이 100% 전자문서교환(EDI)시스템으로 대체되었다. 그러나 아직도 많은 부문에서 전자문서교환시스템(EDI)을 도입하지 않았는데 현재 도입하지 않은 다른 분야나 부문도 전자문서교환시스템(EDI)을 도입하여야 되고 표준 전자문서도 제정하여 사용하여야 거래비용이 절감되고 그 결과 기업의 상품 가격이 인하되어 기업의 경쟁력이 향상될 것이다.

전자카탈로그 표준화도 시급한데 산업별 B2B 네트워크 구축사업(시범사업)과 연계하여 표준화를 담당하고 있는 유통정보센터와 전자거래협회가 협력하여 ebXML 중앙등록저장소를 구축하고 업종별로 분산등록저장소를 구축하는 것처럼 전자카탈로그도 이와 같은 계획을 수립하여 전자카탈로그 중앙등록저장소와 분산등록저장소를 구축하여야 한다. 또한 조달청에서는 G2B 활성화를 위한 단일조달창구를 통한 전자조달서비스 및 정보화전략계획에 맞추어 전자조달표준체계 정립 즉, 물품목록(전자카탈로그), 물품식별코드 등을 표준화 해나가면 국가적으로 볼 때 단일 전자카탈로그 표준체계가 정립될 것으로 보인다. 그러면 기업들이 정부의 물품목록 표준을 따라오게 되어 정부와 기업간 표준화가 이루어질 것이다. 즉 기업들이 정부의 물품목록 표준을 따라오게 되어 정부와 기업간 표준화가 이루어질 것이다.

기업간(B2B) 전자결제 표준화는 기업간의 지급 · 결제 중에서 수표와 어음의 결제 비율이 약 85%를 차지하고 있다. 이에 착안하여 전자외상매출채권 제도를 도입하기 위한 수많은 논의를 한 결과, 이 제도를 활성화하기 위해서는 확정일자를 온라인으로 공증할 수 있는 방안이 모색되어 한다고 본다. 그러나 확정일자의 효력을 부여하는 방안은 전자거래기본법 등에 조항을 신설하는 방법이 있으나 정부 부처간의 관계 때문에 입법화가 쉽지 않으나 입법화를 해야 기업간 전자상거래가 활성화 된다.

기업간(B2B) 전자무역결제 표준화는 Bolero Project, Tradecard, Bexcom 등이 우리나라에 도입되어 상용되었을 때 발생할 수 있는 문제점을 예상하여 법률과 제도를 사전에 바꾸려는 방안을 수립하여 정책수립시 반영해줄 것을 요청하고 있다.

상품 및 부품 표준화는 현재 대한상공회의소에서 시범사업을 성공적으로 마치고 중 · 장기계획대로 사업을 추진하고 있는 단계이다. 위에서 정리 요약한 내용처럼 기업간 전자상거래(B2B)가 활성화되기 위해서는 전상거래(전자문서, 전자카탈로그, 전자지급 · 결제, 무역결제, 부품 및 상품) 표준화가 매우 시급하다고 할 수 있다.

세계무역 '양자협상' 중심이동… 한-EU FTA 급물살

EU, 다자협상 실패 만회할 가시적 성과 부담
한국도 美의회 FTA비준 압박할 카드 절실
'핵심쟁점 빅딜 통해 연내 타결' 가능성 높아져

타결 전망이 보이던 세계무역기구(WTO) 도하개발어젠다(DDA) 협상이 결렬되면서 한국이 추진하고 있는 유럽연합(EU)과의 자유무역협정(FTA) 협상이 급물살을 탈 것으로 전망된다. EU 집행부로서는 다자간 협상을 대신할 양자간 협상을 성사시켜야 할 필요성이 높아졌다. 한국은 EU와의 FTA를 통해 국제통상 주도권을 확보하고 한미 FTA 비준을 서두르도록 미국 의회를 압박할 수 있다. 이에 따라 소수의 핵심 쟁점을 두고 협상이 지체돼 온 한-EU FTA 협상이 양측의 빅딜을 통해 연내 타결될 가능성이 높다는 관측이 나오고 있다.

❖ DDA 결렬로 FTA로 이동

한-EU FTA 협상은 "올해 안으로 협상을 끝내겠다"던 5월의 양측 합의와 달리 최근까지 눈에 띌 만한 진전을 보이지 않았다. 당초 EU는 한미 FTA로 한국 시장에 대한 주도권을 미국에 빼앗길 것을 우려해 한국과의 FTA 체결을 서둘렀다. 하지만 한미 FTA 협정문 비준이 늦어지면서 EU 측에 여유가 생긴 것. 게다가 EU 집행부가 DDA 협상을 주도하면서 한국과의 FTA가 통상 정책 우선순위에서 밀려난 측면도 있다. 그러나 7년 만에 잠정 합의안을 도출했던 DDA 협상이 합의안을 마련한 지 4일 만인 29일(현지 시간) 결렬되면서 상황이 급변했다.

DDA 농산물 및 비농산물 분야의 핵심 쟁점을 논의하기 위해 모인 WTO 주요국 통상각료회의에서 개도국 긴급수입관세(SSM 농산물 수입량이 급증하면 추가 관세를 부여하는 제도)의 발동 요건 완화를 놓고 선진국과 개도국 간 의견이 엇갈려 세부원칙에 대한 최종합의에 실패한 것. DDA 협상 내용이 앞으로도 잠정안에서 크게 달라지지는 않겠지만, 적어도 시기적으로는 2, 3년 지연될 가능성이 있다는 것이 전문가들의 관측이다. 미국 대통령 선거(11월), 파스칼 라미 WTO 사무총장의 임기종료(내년 8월), EU 집행부 교체(내년 11월) 및 인도 총선(내년 5월 예상) 등 주요국의 정치 일정에 밀릴 소지가 크기 때문이다.

이런 가운데 EU 집행부로서는 다자간 협상 실패를 만회하기 위해 양자간 협상에서 가시적인 성과를 보여야 할 부담이 커져 한국과의 FTA에 적극적으로 나설 것으로 예상된다는 게 정부의 판단이다.

외교통상부의 한 관계자는 "한국과의 FTA 협정 체결을 놓고 미국과 EU가 경쟁관계에 있는 만큼 한국으로서는 미국 의회의 한미 FTA 협정문 비준을 압박하기 위해서라도 주도적으로 한-EU FTA 협상에 박차를 가할 필요가 있다"고 말했다.

❖ 자동차 기술표준 등 접점 못 찾는 핵심쟁점

그러나 한-EU FTA가 돌파구를 찾기 위해서는 양측의 의견이 평행선을 달려온 핵심 쟁점을 해결해야 한다. EU는 한국으로 수출하는 자동차에 대해 안전기준 등 EU의 기술표준을 그대로 적용해줄 것을 요구하고 있다. 한국으로 수출하는 자동차에 한국 기술표준을 적용하면 그만큼 생산비용이 올라간다는 설명이다. 그러나 한국은 한미 FTA에서 미국이 한국으로 수출하는 차량 가운데 한국 판매대수가 6500대 미만인 수입차 제조사에 대해서만 미국 기준을 사용할 수 있게 한 선례를 들어 반대하고 있다.

원산지 판정 기준에 대한 이견도 팽팽하다. EU는 '이탈리아에서 디자인하고, 동유럽에서 제조해, 독일 회사가 파는 형식'의 국가 간 분업을 하더라도 역내에서 부가가치를 창출한 것으로 인정받는다.

반면 한국은 다른 국가에서 완제품을 만들어 들여오는 역외 분업이 많아 그만큼 관세 감축 대상이 줄어 손해일 수밖에 없다. 이 때문에 일정 품목에 대해서는 예외적으로 역외 가공을 인정해달라고 요구하고 있다.

❖ 타협점 도출 위해 대승적으로 나서야

EU는 인구 5억 명에 국내총생산(GDP)이 14조 달러에 이르는 세계 최대 시장이다. 한국의 주력 수출품에 대해 EU가 비교적 높은 관세를 매겨놓고 있어 수출 확대 효과가 크다.

LG경제연구원 김형주 연구위원은 "한-EU FTA는 시장 개방으로 얻는 이득이 일부 품목의 피해 규모보다 훨씬 크다"면서 "FTA의 목표는 궁극적으로 '보호'가 아닌 '개방'이라는 점에서 시장 개방에 무게중심을 두고 전향적으로 협상에 나서야 한다"고 말했다. 한편 정부는 인도와의 FTA인 '한-인도 포괄적 경제동반자협정(CEPA)' 협상을 연내 타결하기로 하는 등 다른 국가들과의 양자간 협상에도 적극 나설 방침이다. 한국은 현재 칠레 싱가포르 동남아국가연합(ASEAN 상품분야는 발효, 서비스는 타결, 투자는 협상 중) 등 15개 국가와 FTA를 발효한 상태고, 미국과는 협정을 타결했다. 그리고 EU 캐나다 멕시코 인도 일본 등과 협상을 진행 또는 추진하고 있다. 안호영 외교통상부 통상교섭조정관은 30일 정례 브리핑에서 "인도와의 10차례 공식 협상을 통해 협정문이 마무리 단계에 들어갔으며 현재 잔여 쟁점에 대해 협상을 진행하고 있다"면서 "올해 안에 협상 타결을 목표로 하고 있다"고 밝혔다.

곽민영 기자 havefun@donga.com

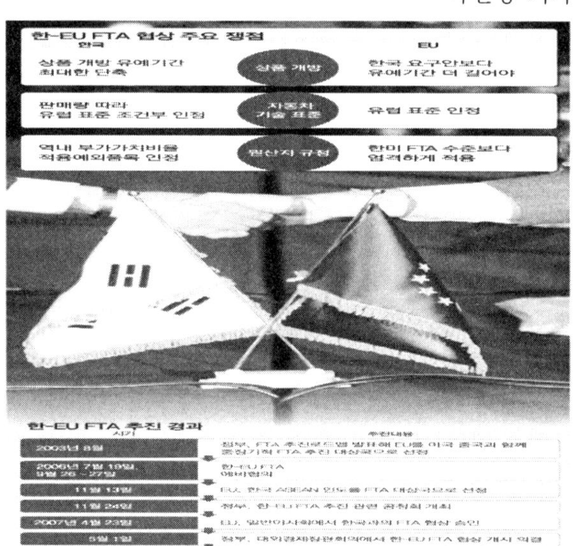

한-EU FTA 체결시 예상 효과

무역수지 28억달러↑ 취업자 60만명↑
자동차-휴대전화-가전제품-섬유류 수혜 '웃고'
정밀기기-석유화학-기계-농축산품 타격 '울고'

한국과 유럽연합(EU)이 자유무역협정(FTA)을 체결하면 한미 FTA와 마찬가지로 거대 경제권과 '한 솥밥'을 먹게 되면서 시장이 커지는 효과를 기대할 수 있다. 이에 따라 수출이 늘면서 관련 산업의 경쟁력이 강화되고 고용도 늘어나게 된다.

하지만 기계부품이나 농축산업 등 유럽에 비해 경쟁력이 떨어지는 산업은 타격을 입을 수 있다.

대외경제정책연구원은 한-EU FTA가 체결되면 장기적으로 국내총생산(GDP)이 최대 3.08% 커지고, 무역수지는 28억5,000만 달러 개선되며, 취업자 수는 59만7,000명이 늘어날 것으로 분석했다.

LG경제연구원도 한-EU FTA 체결 후 한국의 경제성장률이 연평균 0.2, 0.58%포인트가량 높아질 것으로 내다봤다. EU가 엄청난 규모의 내수시장을 확보하고 있는 데다 한국에는 중국에 이어 두 번째로 큰 수출시장이기 때문이다.

산업별로는 자동차와 휴대전화, TV 등 가전제품, 섬유가 EU의 관세 인하에 따른 수혜 종목이다. 특히 플라스마디스플레이패널(PDP 14%) 영상기기(14%) 자동차(10%) 등은 EU가 비교적 높은 수준의 관세를 매기고 있어 FTA 체결 때 관세 인하 효과가 크다. EU로의 수출품 가운데 세 품목의 비중은 29.7%다.

정밀기기와 석유화학, 기계류는 수입물량이 늘어날 수 있지만 일본에 편중된 부품 수입을 다각화해 생산단가를 낮출 수 있다는 이점이 있다.

한미 FTA에 이어 한-EU FTA가 체결되면 한국이 세계 무역시장에서 차지하는 위치가 강화되면서 이들 시장에 접근하려는 인근 국가들의 전초기지 역할을 수행할 수 있다는 기대도 적지 않다. 미국과 유럽 시장을 노리고 한국에 투자하는 외국 기업이 늘어날 수 있다.

한-EU FTA의 경제적 효과 추산

구분	증가분(증가율)
국내총생산(GDP)	15조7000억~24조 원 (2.02~3.08%)
1인당 국민소득	35만~48만 원 (2.16~2.96%)
무역수지 개선	1억3000만~28억5000만 달러 (0.16~3.54%)
수출	64억7000만~110억4000만 달러 (2.62~4.47%)
수입	63억4000만~81억9000만 달러 (3.81~4.92%)
국내 취업자 수	30만1200~59만7060명 (1.81~3.58%)

자료: 대외경제정책연구원

또 미국에 비해 북한과의 경제협력에 적극적인 EU와의 경제동맹이 한반도 평화에 미칠 영향도 주목된다.

그러나 한-EU FTA가 장밋빛 미래를 보장하는 것만은 아니다.

기계부품 등 EU와 경합관계에 있는 일부 산업에서는 구조조정 압력이 커지고, EU와의 분업화가 진행되면서 자체 경쟁력을 확보할 기회를 놓칠 수 있다는 지적도 있다.

농축산품은 한미 FTA에 비해 상대적으로 갈등이 적지만 EU가 한국의 돼지고기 시장 개방에 적극적이어서 국내 양돈농가의 저항도 예상된다.

EU가 선진국부터 개발도상국까지 다양한 수준의 국가들로 구성돼 있는 점은 대다수 한국의 수출상품에 강력한 역내(域內) 경쟁자가 있다는 뜻이어서 시장 확대 효과가 기대에 못 미칠 수 있다는 우려도 있다.

최창봉 기자 ceric@donga.com

제5장 무역자동화 현황 및 전망

1. IT와 e-비즈니스 연계

1990년대 후반부터 IT와 비즈니스 사이의 연계성이 증대됨에 따라 IT 서비스 제공업체들이 패키지화해 고객 비즈니스 이슈의 해결이란 측면에서 관련 서비스를 제공하게 되면서 솔루션 서비스 시장이 부각 됐다. 또 기업용 패키지 애플리케이션이 프런트 오피스 및 백오피스와 확장된 백오피스 의 원활한 관리를 가능하게 하고 직접개발에 비해 효율성과 일관성이란 장점을 제공, 기업 내 패키지형 애플리케이션 도입이 활발해진 점도 시장확대에 기여했다. 결국 고객은 SI 자체보다 이것이 특정 비즈니스 이슈와 어떻게 연관되어 있는가에 가치를 두게 된 것이다. 이러한 솔루션 서비스 분야에 대해 IDC는 다음과 같이 시장을 정의하고 있다. 즉, 패키지화 됐거나 맞춤 개발되는 소프트웨어 애플리케이션과 하드웨어 플랫폼을 중심으로 제공되는 일체의 컨설팅, 구축, 지원, 운용 및 교육 서비스 시장을 말한다.

비즈니스 솔루션 영역엔 고객관계관리 (CRM), 지식관리(KM), 인터넷 서비스, e마켓플레이스 서비스(전자상거래), 공급망관리(SCM), ERM 등의 분야가 포함되고 최근엔 기업 애플리케이션 통합(EAI), 모바일 서비스, 정보 보안 서비스 등의 분야도 점차 새로운 시장으로 주목받고 있다.

1) 전체 솔루션 서비스 시장의 주요 동향

지난 몇 년간 기업들은 비즈니스 솔루션 구축에 있어 각각의 솔루션에 대한 개별적인 접근에서부터 전사적으로 통합된 솔루션 구축으로 선회해 왔다. 특정 비즈니스 기능을 중심으로 솔루션을 구매하던 과거의 관행과 달리 내부 프로세스뿐 아니라 고객·파트너 및 공급자와의 프로세스까지 통합할 수 있는 비즈니스 솔루션을 요구하고 있다.

2~3년 전	현 재
솔루션에 대한 기능별로 분리된 접근	솔루션에 대한 전사적으로 통합된 접근
IT관리자에 의한 의사 결정	비즈니스 리더 또는 C-레벨 중역의 참여
기술적인 문제해결에 초점	IT투자를 통한 비즈니스 가치 창출 강조
다수의 서비스 제공업체와 연계	소수의 서비스 제공업체에 집중
서비스 제공업체의 해당 산업분야에 대한 지식 보유를 선택 요건을 간주	서비스 제공업체의 해당 산업분야에 대한 전문성을 필수 요건으로 요구

사실 이전의 기업 구매패턴은 Y2K의 불확실성과 함께 패키지 소프트웨어 솔루션의 구축이 급격히 증가함으로써 촉진됐다고 볼 수 있다. 그 결과 많은 다국적 기업들이 여러 부서에 걸쳐 IT 투자를 진행해 왔지만 이러한 시스템들이 외부와는 아무런 연계 없이 운영돼 왔다. 이제 인터넷이 고객의 기대를 상응시키고 시장경쟁을 심화시킴에 따라 기업은 고객에 대한 통합적인 서비스를 제공하도록 요구받고 있고 이를 위해 이미 구 축재 있는 내부 인프라를 통합하는 방안을 강구하게 된 것이다. 이러한 시장상황은 서비스 제공업체에도 개별 솔루션에 대한 통 합 서비스를 제공하도록 하는 압력으로 작용하고 있고 실제 KPMG 컨설팅의 경우는 SCM 서비스와 CRM 서비스 영역을 통합하기도 했다.

또 IT 투자와 비즈니스 전략과의 연계성 이 중요해지면서 기업 내 IT 프로젝트에 대 한 이해관계자의 범위가 확대됐다. IT 부서 와 특정 비즈니스 업무 담당자만 프로젝트 에 관여하던 것에서 이제는 고객과 관련된 분야에 있어 훨씬 광범위해졌다. IT 부서도 기술적 이슈에만 치중하는 것이 아니라 내 부 특정업무 담당자들과 서비스 제공업체 사이에서 중개 역할을 담당하고 있다. IT 프로젝트의 최고 결정권자가 최고경영자 (CEO) 또는 최고정보책임자(CIO)와 같이 C-레벨의 중역급으로 변화한 것도 IT 프로젝트가 비즈니스적 가치를 내재한다는 사실을 방증한다. IT 프로젝트에 대한 주요 이해관계자의 변화와 함께 기업은 If 투자의 수익성(ROI) 에 대한 정보를 요구하고 있다. IT 프로젝트의 근본적인 목적은 기업이 운용 프로세스를 효율화하고 비즈니스 기회를 파악하며 고객 · 파트너 및 공급자를 보다 효과적으로 관리할 수 있도록 지원하는 것이다. 따라서 IT 투자를 비즈니스 기회와 새로운 매출창출의 기회로 인식할 뿐 아니라 비용절감의 수단으로도 보고 있다. 이밖에 IT 구매자의 보다 정교해진 프로젝트 검토작업, 과거 시행착오의 반복에 대한 보다 철저한 개선 노력, 전반적인 경기침체 에 따른 예산감축 등의 요소도 이러한 변화 에 한 몫을 했다고 볼 수 있다. IBM 글로벌 서비스는 이와 같은 고객 요구사항의 변화에 따라 'e비즈니스 이밸류에이션(e-Business Evaluation)'이란 분석 툴을 사용해 여러 IT 프로젝트에 걸친 고객의 수요에 대해서 고객이 우선순위를 정하고 투자대비 효과가 가장 큰 부문을 파악할 수 있도록 지원했다.

한편 이러한 IT 솔루션 구축에 있어 개별적 기능영역으로부터 전사적인 접근방식으로 변화를 도모하기 위해 고객은 이제 서비스 제공업체들과 밀접한 관계형성에 초점』 맞추고 있다. 고객들은 솔루션 서비스 이 급성장하는 가운데 부분적으로는 경기하향과 한 업체에서 종합서비스를 받고자 하는 고객성향 자체의 변화에 따라 다양한 IT 이슈에 대해 특정 파트너와 해결하기를 원 하고 있다. 즉, 서비스 업체가 고객의 비즈니스에 대해 깊게 이해하고 있는 신뢰할 만 한 조언자로 인식되고 있는 것이다.

수년 전까지만 해도 특정 산업분야에 특화 된 서비스 업체를 찾기가 쉽지 않았던 반면 오늘날은 그렇지 않은 업체를 찾기가 오히려 어려운 상황이다. 이는 부분적으로 세계적으로 90년대 후반에 선두 대형 업체들과 중소 업체들 사이의 경쟁심화에서 비롯됐다. 고객의 비즈니스를 제대로 이해하고 있는지의 여부가 우선적으로 고려됨에 따라 서비스 업체들의 전문성 확보는 필수요건이 된 것이다.

2) 솔루션별 서비스 시장의 변화

솔루션 서비스 영역별로 다양한 시장화의 양상을 살펴보자.

① CRM 서비스

이 시장에서 기업들은 지난 몇 년간 CRM 구축 목적과 비즈니스 측면에서의 필요성을 우선 평가해 왔다. 따라서 비즈니스 사례를 수립하고 CRM 시스템의 ROI를 파악하기 위한 로드맵을 작성하는 등 컨설팅 위주의 프로젝트를 진행해 왔다. 이러한 컨설팅 프로젝트는 관련 시스템 통합 및 구축으로 이어지기는 했지만 단 기간에 ROI 파악이 가능한 고객 접점의 기 능 향상과 같이 간단한 프로젝트가 주류를 이뤄왔다. 그러나 이제 기업은 점차 고객에 대한 전사적 프로세스 통합과 고객 채널 통 합에 초점을 맞추고 있고 토털 CRM서비스 능력을 서비스 업체들에 요구하고 있다. 또 영업이나 현장 서비스 부문을 중심으로 무선 CRM 서비스 수요가 급격히 증가될 것으로 예상된다.

② 지식관리 서비스

2000년 이후 커뮤니티 형성이 큰 의의를 갖게 되고 특정 그룹 사이에 관련 이해와 지식을 공유하도록 해주는 KM 서비스에 대한 관심이 증폭됐다. 그러나 KM 시스템의 성공이 관련 커뮤니티가 이를 어떻게 받아들이고, 얼마나 적극적으로 참여하는가에 따라 결정된다는 인식이 확산되면서 서비스 제공업체들은 주로 변화관리나 비즈니스 프로세스 설계와 같은 KM관련 컨설팅 분야에 주력해 왔다. 경쟁사와 차별화를 위한 전략적 방면으로 주요 솔루션 업체에 국한해 파트너십을 형성하거나 특정 산업 분야에 특화된 전문성을 확보하는 전략을 전개해온 것이다. 또 점차 고객 과 관련된 지식이 중요해지면서 KM 솔루션 서비스 프로젝트는 CRM 서비스 영역과 연계돼 진행되는 경향을 보이고 있다.

③ 인터넷 서비스

2000년 하반기 이후 급격한 성장을 구가해온 인터넷 서비스 시장은 기업의 비즈니스 전략과 연계돼 중요한 의의를 갖게 됐고 이에 따라 관련 외부 서비스 업체에 의한 계획 수립, 구축, 관리 등의 시장이 크게 성장했다. 향후 관련 업체들이 인터넷 솔루션 구축 서비스에 있어서 얼마나 광범위한 서비스를 제공할 수 있는지 여부가 시장 경쟁구도를 결정할 것으로 예상되면서 관련 업체의 전략적 제휴와 합병(M&A)이 활발히 이루어질 것으로 전망된다. e마켓플레이스 서비스=초창기 시장에 대한 관심이 증폭된 이후 가장 급격한 변화를 겪어온 이 시장은 공급망 및 B2B 애플리케이션의 변화와 직접적인 연관성을 갖고 있다. 서비스 제공업체들은 이러한 변화에 신속하게 제대로 대처하는 문제가 경쟁력 확보의 열쇠가 됐다. 또 초기에 주된 수요가 전자상거래 시장 구축 자체에서 발생했지만 이제는 전자상거래 시장의 참여자와 나아가 부가 비즈니스 서비스 업체까지 고객의 폭이 확장되면 서 한층 더 복잡하고 다양한 분야에 걸친 서비스 능력 보유여부가 의미를 갖게 됐다.

④ SCM 서비스

전자구매나 협업 생산 설계 분야로 확대됐던 SCM 서비스 시장은 이제 다시 기업 내부간 또는 기업 외부간 SCM으로 확장됐다. 이전의 SCM 서비스 프로젝트가 제조업이나 도소매업 및 유통업 분야에서 대규모 프로젝트 위주로 진행돼온 반면 현재는 정부의 구매측면에서 보다 많은 프로젝트 수요가 발생할 것으로 예측된다. 중견 기업들에000000 보하고 최적화하기 위한 수단으로 이 시장 에 대한 수요가 증가하고 있고 나아가 관련 애플리케이션이 점차 인터넷 기반으로 운영되면서 그 호스팅이나 관리를 위해 서비스 업체를 아웃소싱하는 수요도 증가하는 추세 다. 이에 따라 솔루션 벤더가 제공하는 솔루션 아웃소성 서비스 시장도 향후 2~3년내 에 급증할 것으로 보인다. SCM 서비스 역 시 고도의 비즈니스 컨설팅 기술과 기술적인 관리 서비스를 요구하는 분야이므로 관련 프로젝트에 있어 특정 산업분야나 프로세스에 대한 컨설팅 능력이 중요한 차별화 요소가 될 것으로 보인다.

⑤ EHM 서비스

이 시장은 CRM이나 SCM을 포괄하는 확장 ERM 분야 백본으로서 중요성이 강조되면서 다시 주목을 받고 있다. 고객 관련 ERM 시스템과 여타의 레거시 시스템 및 애플리케이션의 통합이란 이슈가 부각되면서 기존의 ERM 분야 선두 서비스 업체들이 EAI 시장과 연계해 떠오르고 있다.

❖ 솔루션 서비스 시장 전망

세계 솔루션 서비스 시장은 지난 2000년 378달러에서 2005년1165억 달러에 달하였으며 복합 연평균 성장률(CAGR)이 25%로 성장할 전망이다.

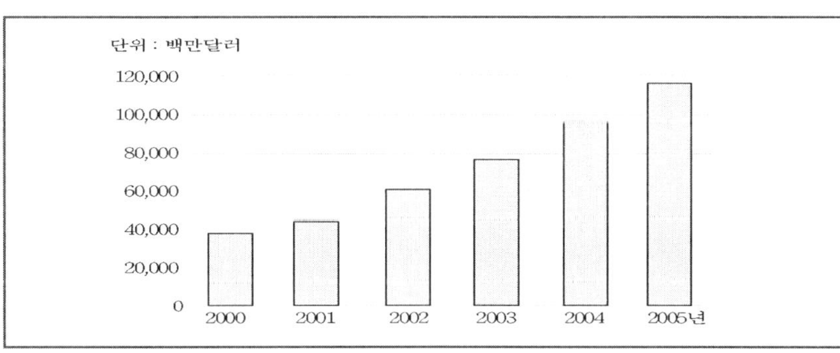

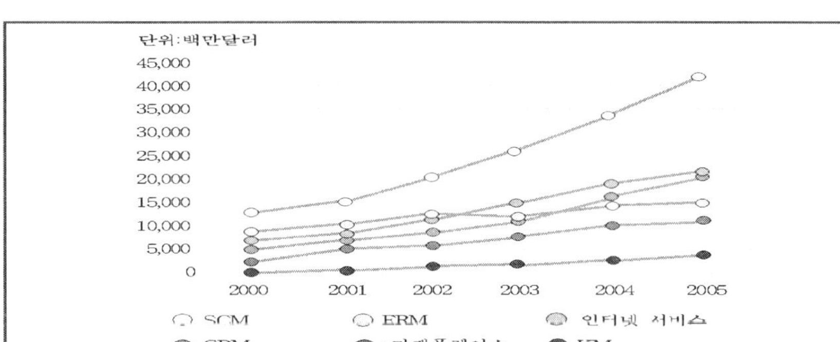

자료 : IDC.2001.

솔루션별로 살펴보면 SCM 서비스 시장이 가장 큰 시장을 형성하며 CAGR 27%로 2005년에 414억 달러 규모에 이르렀다. 이는 SCM 분야가 CRM과 함께 고객 · 파트나 · 직원과의 효과적 업무수행을 위해 기업전략의 핵심 요소로 인식되고 있기 때문이다. CRM과 인터넷 서비스 부문은 2005년까지 SCM 서비스의 절반 규모인 227억 달러와 216억 달러에 달하였다. KM 서비스 시장은 시장 자체가 워낙 소규모이긴 하지 가장 높은 성장률을 나타내며 CAGR 40%를 기록할 전망이다.

e마켓플레이스 서비스 부문은 시장성숙 가 매우 저조한데다 최근의 관심 증폭이 불구하고 실제 도입률은 오히려 둔화됐던 분야다. 하지만 향후 지속적인 성장을 보인 2005년에는 117억 달러 규모에 달하였다. 가장 성숙된 솔루션 서비스 시장인 ERM 부문은 상대적으로 시장이 포화됨에 따라 11%의 성장을 나타내며 2005년에 155억 달러에 머물렀다.

2. 비즈니스 프로세스

무역단일 창구 중에서 공공부문측면인 통관 및 물류정보화 부문과 개별적인 측면인 은행, 보험회사, 수출 보험회사, 선적회사 등을 분석대상으로 구분하여 하고 있다.

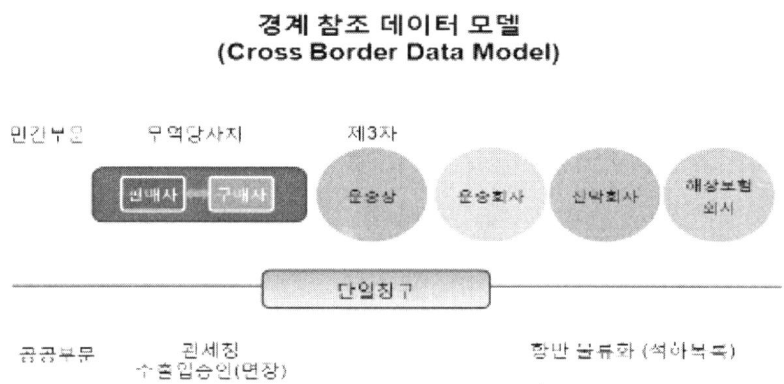

경계 참조 데이터 모델

- 경계참조데이터모델은 무역을 하는데 있어 싱글 윈도우(Single Window, 무역단일창구) 즉, 무역관련 정부기관, 은행, 생산자단체(원산지증명서를 발급하는 상공회의소) 그리고 개별기업(선박회사, 보험회사, 운송회사)들이 온라인으로 연결

되어 각 사무실을 방문하지 않고 무역관련 업무를 처리할 수 있는 시스템을 말하는데 정부부처나 정부산하기관과 같은 공공부문과 무역거래당사자와 제3자인 개별기업차원의 은행, 선박회사, 보험회사, 운송회사 등으로 구분하는 것

UMM(UNCEFACT Modeling Methodology)에서 권고한 International Trade Reference Model을 기준으로 ebXML Framework기반(SOA, Web Service 포함) e-Trade Process를 국내 및 국제표준으로 제정(ISO SC32 WG I, ISO TC 154 등)하고 e-Trade 시스템을 개발하여 중소기업이 e-Trade Portal Site를 사용하게 함으로써 거래비용 절감에 기여

ebXML Framework기반(SOA, Web Service 포함) e-Trade Process가 국제표준으로 제정되면 e-Trade관련 우리나라 솔루션업체의 해외 신규시장 개척에 기여

UNCEFACT Central Registry and Repository 는 프랑스가 주축이 되어 구축중임

- 우리나라는 국가중앙등록저장소를 2001년 구축하여 운영하고 있음, 일본, 대만은 구축운영중이고 캐나다는 구축중임
- e-Catalogue는 전자거래협회가 GDSN(데이터폴한국사무소) 07년 9월기준, 24개의 GDSN인증 데이터폴38개국에서 운영되고 있음
- SWIFT(은행EDI망)는 ebXML Framework기반 Repository 구축하여 2005년부터 운영

o ebXML Framework기반(SOA, Web Service 포함) e-Trade Process 및 UNeDocs(UNCEFACT TBG 2 디지털문서에서 운송, 통관 및 해상보험관련 표준전자문서)를 중소기업들에게 사용하도록 교육하면, 중소기업 경쟁력 강화에 기여하게 됨

〈그림 1〉 ebXML Framework 기반 e-Trade Process 표준안

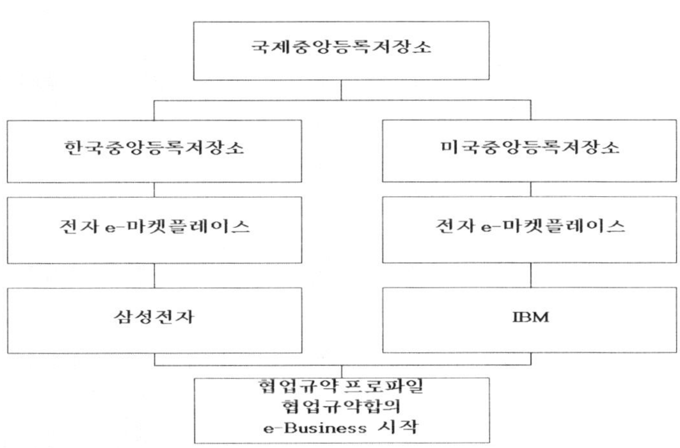

삼성전자에 근무하는 김대리가 IBM에 근무하는 Richard에게 CPP(협업프로토콜프로파일)를 보내면 전자 e-Marketplace를 통하여 한국중앙등록저장소에 접속하면 국제중앙등록저장소에 접속이 가능함. 반대로 IBM에 근무하는 Richard에게 접속하기 위해서는 국제중앙등록저장소에서 미국중앙등록저장소에 접속후 전자 e-Marketplace를 통하여 IBM에 근무하는 Richard에게 접속이 가능하게 되어 CPP가 전달되고 이 프로세스를 통하여 쌍방이 비즈니스를 하려고 하면 CPA(협업프로토콜약정)를 김대리에게 보내게 되면 ebXML Framework기반(SOA, Web Service 포함) e-Trade를 하게 되는 것임

1) ebXML Framework기반 Central Registry and Repository 역할

- o UNCEFACT Central Registry and Repository
  - Registry and Repository 명세 표준 제정 및 구현 권고
  - 각 국가 Central Registry and Repository 연결 구심점
  - 국제표준 제정 및 권고
- o 각 국가 Central Registry and Repository
  - UNCEFACT Central Registry and Repository Focal point 및 각 업종간 Central Registry andRepository 관리
  - Registry and Repository 명세 표준 국내 보급 및 구현 가이드라인 제시
  - 우리나라 관련 표준을 국제표준으로 제정시 국내 표준안 도출
  - 국내표준안인 비즈니스프로세스 및 표준전자문서 등을 국제표준으로 제안 및 국제표준제정후 사용 촉진
  - 업종간 표준전자문서 도출(주문(Orders)서는 국내 표준전자문서가 각 업종마다 달라6종이 사용되고 있음)
  - 표준전자문서 작성 가이드라인 등 제시
  - 각 업종간 Central Registry and Repository 관련 종사자 교육 및 세미나 개최
  - 각 업종간 Central Registry and Repository 관련 애로사항, 건의사항 의견 수렴 및문제점해결
  - ebXML Framework기반(SOA, Web Service 포함) e-Trade Process는 한국인터넷진흥원 이 도메인관리 및 인터넷주소관리를 하는 역할과 비슷함

〈표 1〉 국내 전자문서 표준화 현황

무역	운송보험	해상운송	육상운송	금융	보건	통관	유통	철강	조달	전자	자동차	조선	섬유	전기	문구	공통	합계
89	16	41	12	88	11	105	19	16	65	20	22	21	22	46	12	9	614

구분	EDI	XML/EDI	XML	Library	기술규격	기술참고보고서	합계
업종/부문수	13	3	11	1	0	0	
문서수	262	53	295	1	2	1	614

※ 자료 : 지식경제부· ·정보통신산업진흥원(전 한국전자거래진흥원)

o 각 국가 Domain별 Central Registry and Repository
- Central Registry and Repository Focal point 및 기업체 관리
- Central Registry and Repository 명세 표준 사용 및 구현
- 비즈니스프로세스 및 표준전자문서 등 국내 표준 도출 및 표준사용 촉진
- 각 업종간 Central Registry and Repository 관련 임직원 교육 및 세미나 개최
- 각 업종간 Central Registry and Repository 관련 애로사항, 건의사항 의견 수렴 및 문제점 해결

2) 사례연구

o 전자카탈로그는 전자거래협회가 Global Registry 대표기관으로 GDSN(데이터폴 한국사무소임) 07년 9월기준, 24개의 GDSN인증 데이터폴 38개국에서 운영되고 있음.

전자거래협회는 GDSN데이터 풀 구축 및 서비스 운영을 통하여 국내 제조업체와 유통업 체의 상품정보 표준화 및 해외 데이터 풀과의 상호연동 추진 등 GDSN이 대응할 수 있 도록 지원.
- 2007.3-8 1차 시범사업시행,
- 2007.10- 2차사업 추진중

o Global Registry를 중심으로 각 지역 Data Pool간의 상호연계, 선호하는 Data Pool과의 단일접속으로 전세계 Data Pool 및 거래업체들과 상품정보 연계 => 통신망에서 Internet이 국제적으로 연결되는 시스템과 유사한 원리

o 전자거래협회가 Global Registry 대표기관으로 ebXML Framework기반(SOA, Web Service 포함) Registry and Repository 역할과 같은 역할을 하고 있음

3) 다른 사업과의 차별화

o IT와 무역의 융합효과로 거래비용 절감에 크게 기여
(수출입 1건당 약 25,000원, 2000년 산업자원부)

o ebXML Framework기반(SOA, Web Service포함) e-Trade연구센터사업은 국제적으로 최초임

- ebXML FrameWork기반 e-Trade Process(SOA, Web Service 포함)를 국내 표준 및 국제 표준 (ISO JTC SC 32 WG I, ISO TC 154 등) 으로 제정하고 그 시스템을 개발하려고 함. (그림 1-1 ~ 1-17 참고)
즉, UMM(UNCEFACT Modeling Methodology)에서 권고한 International Trade Reference Model 을 기준으로 ebXML Framework기반(SOA, Web Service 포함) e-Trade Process를 국내 및 국제 표준으로 제정하고 e-Trade 시스템을 개발하고 e-Trade Portal Site를 사용하게 하여 거래비용을 절감시키려고 함. (주요내용은 그림 1-1 참조)

〈그림 2〉 ebXMLFramework기반 e-TradeProcess안

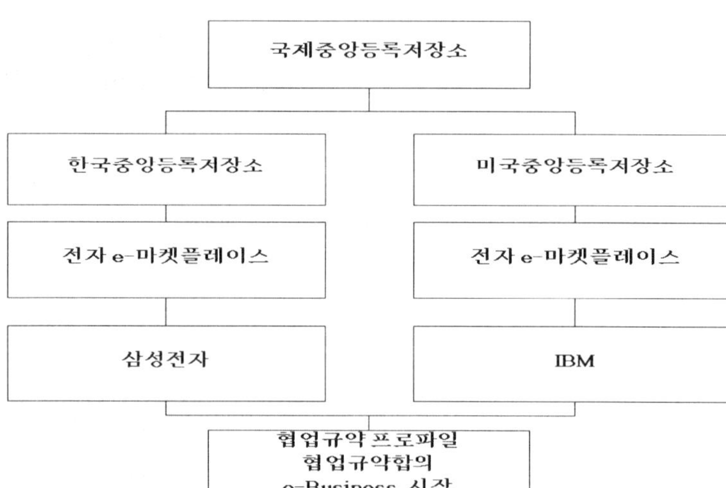

삼성전자에 근무하는 김대리가 IBM에 근무하는 Richard에게 CPP(협업프로토콜프로파일)를 보내면, 전자 e-Marketplace를 통하여 한국중앙등록저장소(국제적으로 연결되는 중앙통로망)에 등록하면 국제중앙등록저장소를 거쳐 미국중앙등록저장소에 가게 된다.

미국중앙등록저장소(국제적으로 연결되는 중앙통로망)도 국제중앙등록저장소를 거쳐 전자 e-Marketplace를 통하여 IBM에 근무하는 Richard에게 CPP가 전달되고 이프로세스를 통하여 비즈니스를 하려고 하면 CPA(협업프로토콜약정)를 김대리에게 보내게 되면 ebXML Framework기반(SOA, Web Service 포함) e-Trade를 하게 되는 것임.

■ ebXML Framework기반 Central Registry and Repository(국제중앙등록저장소) 역할

o UNCEFACT Registry and Repository(국제중앙등록저장소)
- Central Registry and Repository 명세 표준 제정 및 구현 권고
- 각국 Central Registry and Repository 연결 구심점
- 국제 표준 제정 및 사용 권고

o 각 국가 Central Registry and Repository(국가 중앙등록저장소) 역할
- UNCEFACT Registry and Repository Focal point 및 각 업종간 Registry and Repository 관리
- Registry and Repository 명세 표준 국내 보급 및 구현 가이드라인 제시
- 국내 관련 표준을 국제표준으로 제정시 표준안 도출
- 비즈니스프로세스 및 표준전자문서 등 국내표준안을 국제표준으로 제안 및 국제표준 사용 촉진
- 업종간 표준전자문서 도출(주문(Orders)서는 국내 표준전자문서가 각 업종마다 달라 6종이 사용되고 있음)
- 표준전자문서 작성 가이드라인 등 제시
- 각 업종간 Registry and Repository 관련 종사자 교육 및 세미나 개최
- 각 업종간 Registry and Repository 관련 애로사항, 건의사항 의견 수렴 및 문제점 해결
- 한국인터넷진흥원이 도메인관리 및 인터넷주소관리와 같은 역할

o 각 국가 Domain별 Central Registry and Repository(중앙등록저장소) 역할
- Central Registry and Repository Focal point 및 기업체 관리

- Registry and Repository 명세 표준 사용 및 구현
- 비즈니스프로세스 및 표준전자문서 등 국내표준 도출 및 표준사용 촉진
- 각 업종간 Registry and Repository 관련 임직원 교육 및 세미나 개최
- 각 업종간 Registry and Repository 관련 애로사항, 건의사항 의견 수렴 및 문제점 해결

〈그림 3〉 ebXML Framework 에 의한 e-비즈니스 거래절차

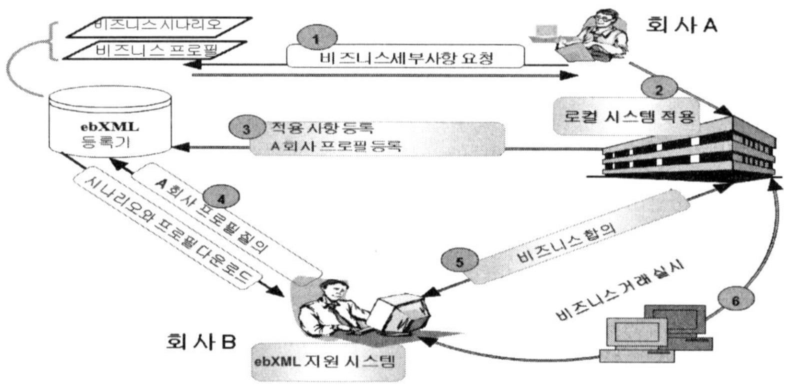

실행단계는 거래 파트너들 간에 관련된 ebXML 거래로써 ebXML 시나리오를 실행하는 과정이다. 거래 파트너들은 ebXML을 따르는 메시지와 데이터를 교환함으로 전자상거래를 수행하며, 전송 메시지는 직접 다른 회사 시스템에 전달되거나 메시지 전송을 제공하는 금융 기관 또는 웹 기반의 서비스와 같은 제3의 기관을 통해 메시지를 전송할 수 있다.

〈그림 4〉 International Trade Reference Model(UMMM)

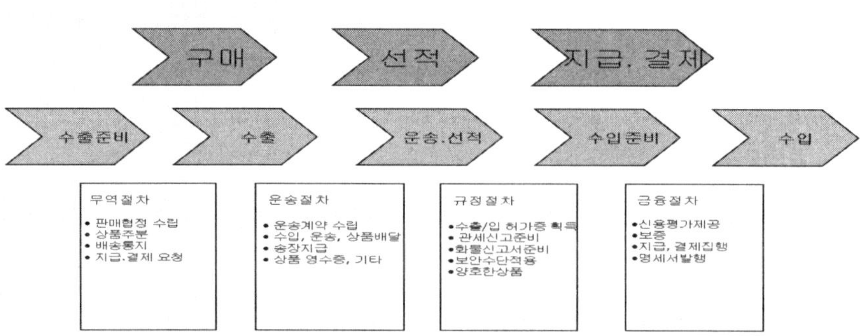

무역을 할때에 수입자가 상품을 구매하면, 수출자는 수출상품을 선박회사에 선적하고 선하증권을 받아 은행에 네고하여 선적서류와 수출대금을 교환한다는 내용임

〈그림 5〉 Cross Border Reference Data Model

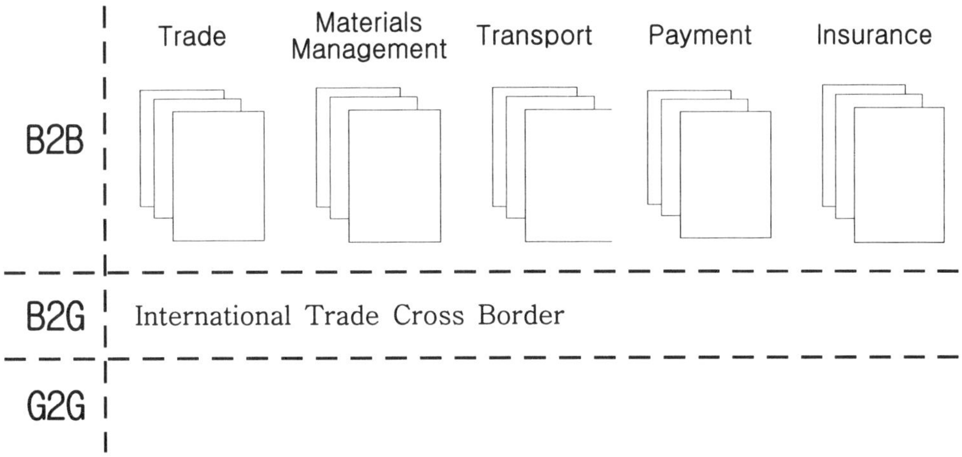

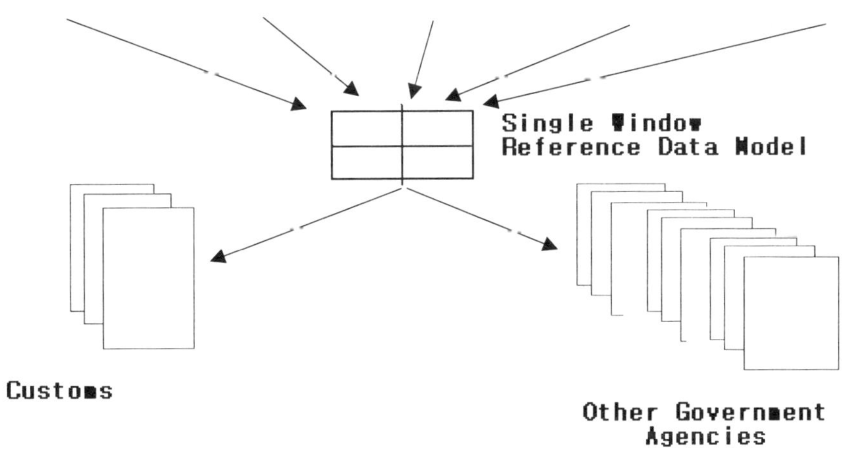

경계참조데이터모델은 무역을 하는데 있어 싱글윈도우(Single Window, 무역단일창구) 즉,무역관련 정부기관, 은행, 생산자단체(원산지증명서를 발급하는 상공회의소) 그리고 개별기업(선박회사, 보험회사, 운송회사)들이 온라인으로 연결되어 각 사

무실을 방문하지 않고 무역관련 업무를 처리할 수 있는 시스템을 말하는데 정부부처나 정부산하기관과 개별기업차원으로 구분하는 것을 의미함.

〈그림 6〉 Open-EDI Reference Model(ISO JTC SC WG I)

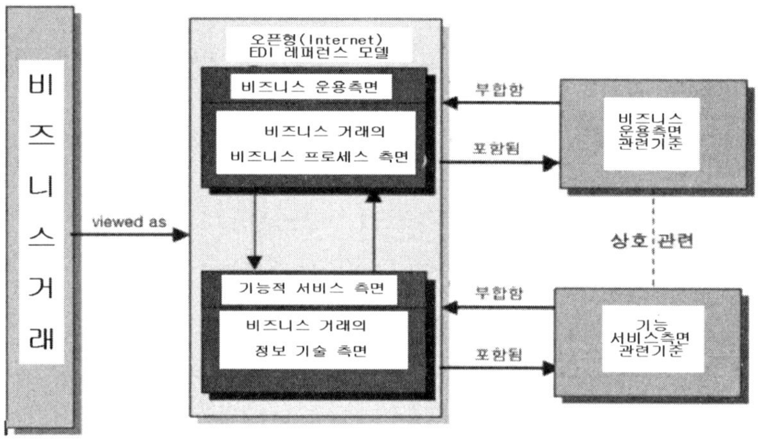

상단그림은 비즈니스프로세스 측면에서 즉, 비즈니스운용측면에서 표준화하고 하단그림은 비즈니스거래의 정보기술측면에서 즉, 서비스하는 기능적인 측면을 표준화하는 그림.

〈그림 7〉 Open-EDI Reference Model (세부내용)

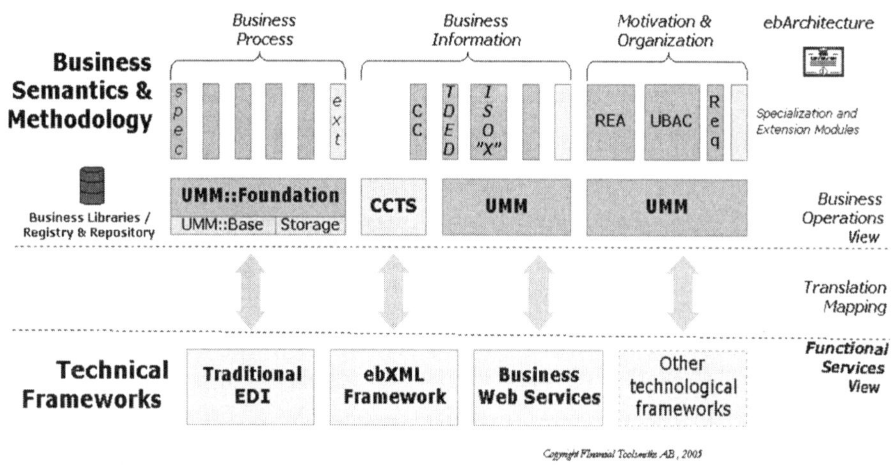

상단의 그림은 국제표준을 제정할때에 비즈니스를 하는 관점에서 보는 시각이고 하단그림은 비즈니스를 서비스하는 기능적인 관점임

〈그림 8〉 SWIFT는 2005년 ebXML Framework 기반 등록저장소로 바꿈

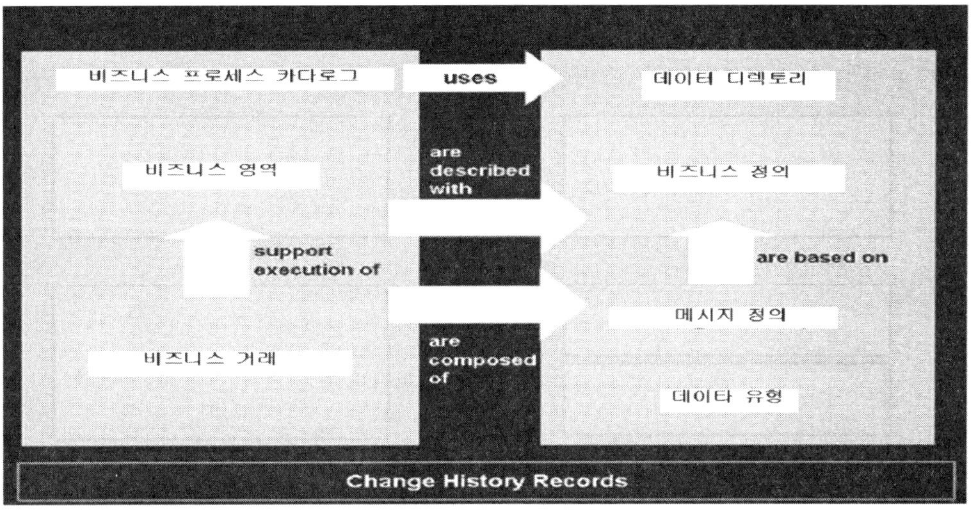

SWIFT(100여개국가 10,000개 은행이 가입되어 금융기관이 이용하는 은행간 결제 시스템)가 ISO TC 68과 공동으로 2005년 기존 등록저장소를 ebXML Framework 기반 등록저장소(Central Registry and Repository)로 바꾸었음

〈그림 9〉 e-Trade Portal Site에서 바이어를 발굴하는 과정

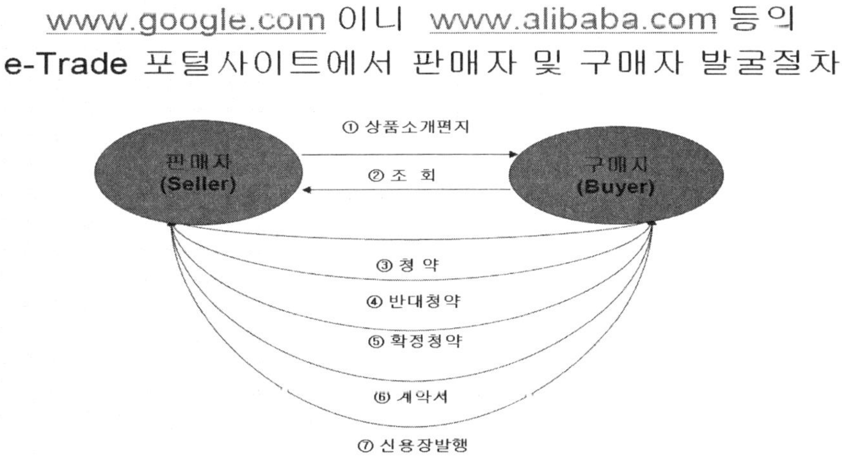

수출자가 수입자를 발굴하는 과정은 e-Trade Portal Site인 google.com이나 alibaba.com 에서 수입할 의사가 있고 관심있는 상품명을 사이트에 명기해 놓으면, 수출자가 상품을 소개하는 상품소개편지를 보내고, 수입자는 수입할 의사가 있으면, 질문을 하는 조회편지를 보내고 수출자는 수입할 상품에 대한 가치와 수출조건, 무역조건 상품대금결제방법 등에 대하여 명기한 상품매도확약서를 보낸다. 이에 수입자가 가격이나 무역조건을 변경하자는 오퍼를 주고 받다가 합의가 이루어지면, 확정오퍼를 주고받으며 계약서를 작성한후 상품대금결제방식을 선택하게 된다.

〈그림 10〉 e-Trade Process (신용장대금결제방식)

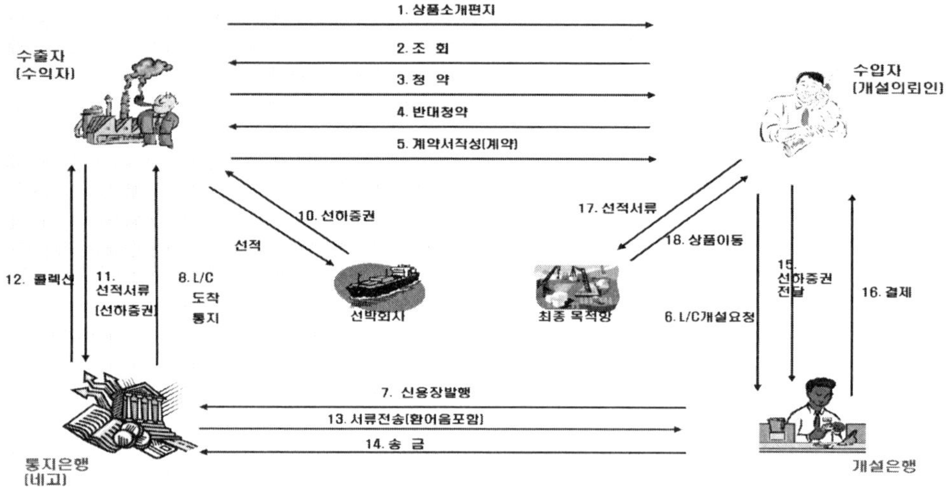

수출자와 수입자가 계약서를 주고 받은후 상품대금결제방식을 신용장으로 결정하였을때에 수입자(신용장개설의뢰인)가 거래은행에 신용장 개설을 의뢰하면, 신용장을 발급할 수 있는 조건이면 발급하여 수출자거래은행에 통지하면 통지은행은 수출자에게 신용장도착사실을 통보해주면 수출자는 신용장을 받아 수출 상품을 제조하거나 구매하여 선적한후 선하증권을 수취한후 은행에 네고하면서 수출대금을 받는 것을 나타낸 그림인데 수입자가 수입대금을 결제하기전에 결제은행이 수출자거래은행에 선결제하고 수수료와 이자를 받으므로 결제은행은 수수료와 이자를 받는 중계은행으로서 좋은 비즈니스모델임

〈그림 11〉 콜렉션(바이어가 대금을 결제하고 수출자가 대금을 받는과정)

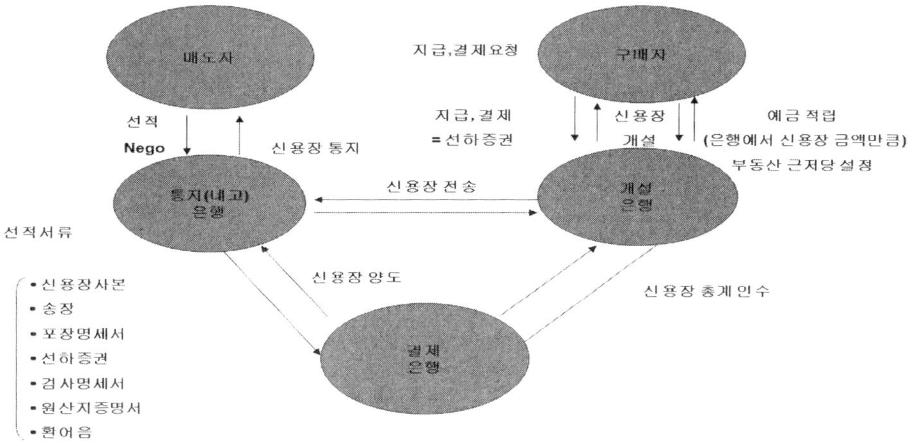

콜렉션(collection)은 상품대금결제방식이 신용장방식일때에 수입자(신용장개설의뢰인)가 거래은행에 신용장 개설을 의뢰하면, 신용장을 발급할 수 있는 조건이면 신용장을 발급하여 수출자거래은행에 통지하면 통지은행은 수출자에게 신용장도착사실을 통보해주면, 수출자는 신용장을 받아 수출 상품을 제조하거나 구매하여 선적한후 선하증권을 수취하여 은행에 네고하면, 수입자거래은행에 선하증권 등 선적서류를 보내주고 은행은 수입자에게 수입대금을 결제하라고 하면, 수입자가 수입상품에 대한 대금을 결제하면, 수출자는 수출자 거래은행을 거쳐 수출대금을 받는 것을 나타낸 그림임

〈그림 13〉 무역절차간소화를 위한 단일창구 (Single Window)

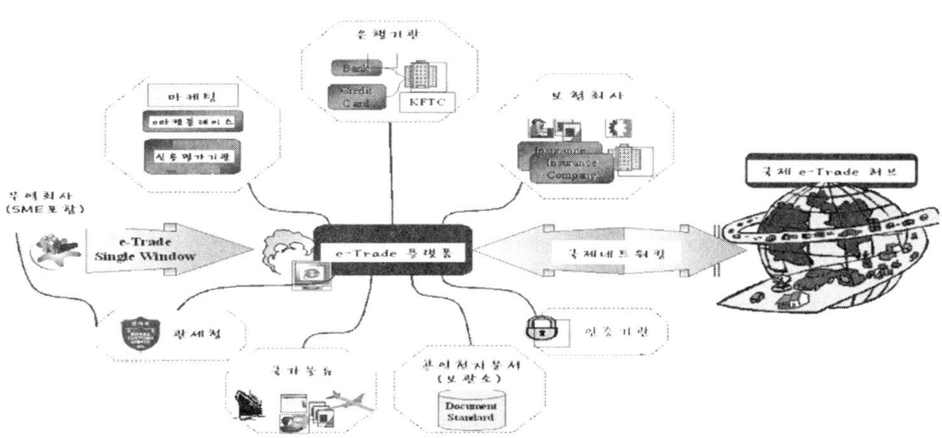

무역절차가 간소화되기 위해서는 수출자와 수입자 그리고 제3자군 즉, 무역관련 정부기관, 은행, 생산자단체(원산지증명서를 발급하는 상공회의소) 그리고 개별기업(선박회사, 보험회사, 운송회사)들이 온라인으로 연결되어 각 사무실을 방문하지 않고 무역관련업무를 처리할수 있는 시스템을 말하나 현실적으로 어려움이 많아 우리나라가 싱글윈도우(Single Window, 무역단일창구)가 30-40%되는데 세계적으로 상위권으로 UNCEFACT TBG 15(Trade Facilitate)에서 국제표준제정시 주도권을 행사하고 있음.

〈그림 14〉 Global Open Market의 Business Model

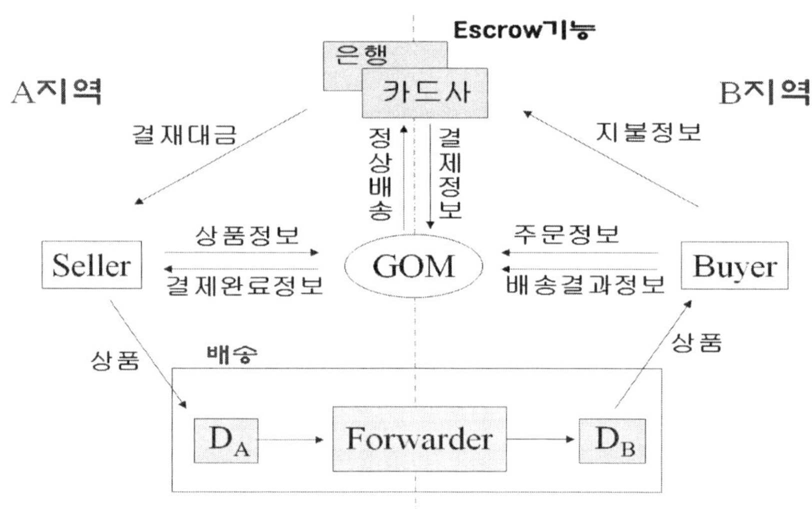

Escrow제도는 소비자보호측면만 강조하는 제도로써 세계적으로 우리나라만이 시행하고 있는데 인터넷쇼핑몰에서 바이어가 셀러에게 상품을 주문하면, 종전에는 셀러에게 선결제를 하였으나, 이제도상에서는 바이어는 Escrow회사에 선결제를 하고 상품을 운송받으면, 바이어는 Escrow회사에 상품을 받았다고 통보하면, Escrow회사가 셀러에게 상품대금을 지급하는 것으로 소비자는 100%로 보호됨

〈그림 15〉 e-Catalogue 국제 네트워크망 연결도

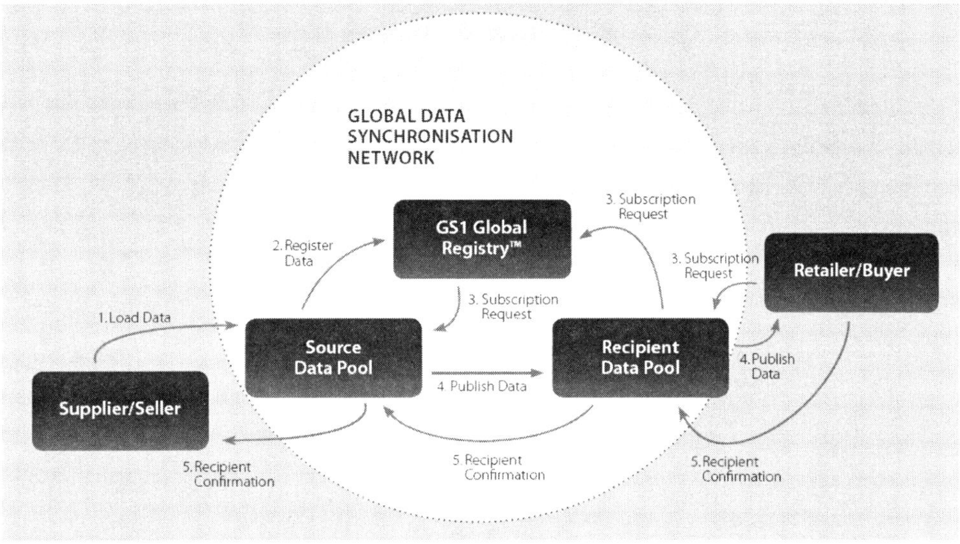

o 전자카탈로그 국제표준은 전자거래협회가 Global Registry 대표기관으로 GDSN(데이터폴한국사무소임) 07년 9월기준, 24개의 GDSN인증 데이터폴 38 개국에서 운영되고 있음.

전자거래협회는 GDSN데이터 풀 구축 및 서비스 운영을 통하여 국내 제조업체 및 유통입체의 상품정보 표준화 및 해외 데이터 풀과의 상호연동 추진 등 GDSNdp 대응할 수 있도록 지원.

- 2007.3-8 1자시범 사업시행,
- 2007.10- 2차사업 추진중

o Global Registry을 중심으로 각 지역 Data Pool간의 상호연계, 선호하는 Data Pool과의 단일접속으로 전세계 Data Pool 및 거래업체들과 상품정보 연계 => 통신망에서 Internet과 유사한 원리

o 전자거래협회가 Global Registry 대표기관으로 ebXML Framework기반(SOA, Web Service 포함) Registry and Repository 역할과 같은 역할을 하고 있음

〈그림 16〉 인터넷 국제 네트워크망 연결도

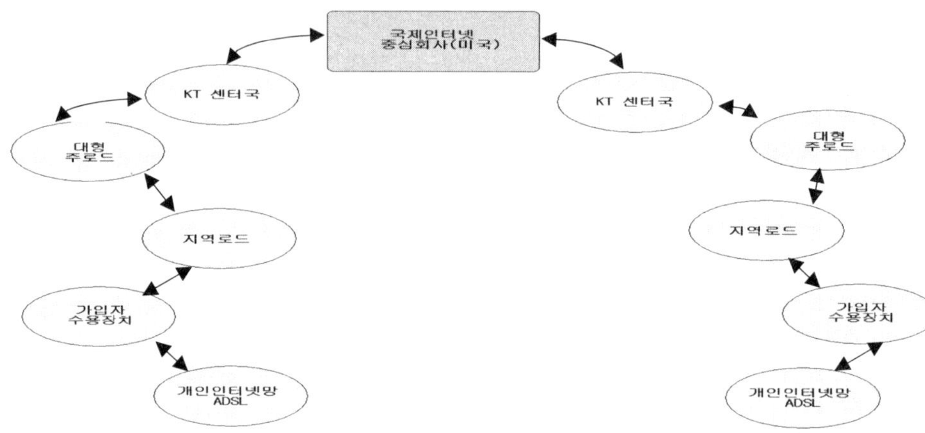

* 한국인터넷진흥원에서 도메인 이름등록(kr), 주소록관리(IP)를 하고 있고, 인터넷망 관리는 정보사회진흥원에서 하고 있음

〈그림 17〉 협업 모델에서의 Web Service와 ebXML의 관계

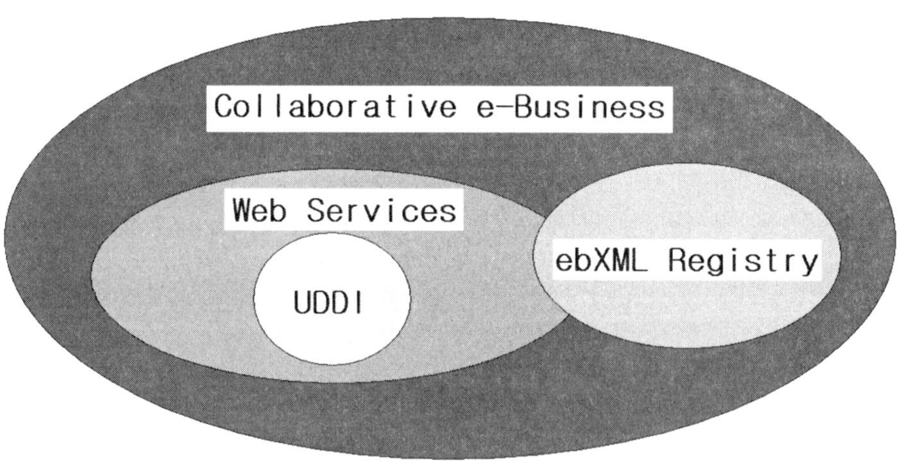

o Web Service와 ebXML이 궁극적으로 추구하는 목표점은 e-비즈니스의 차세대 모델인 협업 비즈니스 프로세스 (Collaborative Business Process)이다. 파트너와 좀더 쉽게 덤더 자동화된 방법으로 서로 e-비즈니스를 하기 위함. 그러나 각각이 다루고 있는 범위를 비교하면, ebXML이 Web Service를 포함하고 있음.

o ebXML은 Web Service를 기반으로 비즈니스 프로세스와 메세징, 정보를 공유하는 레지스트리, e-비즈니스에 필요한 각종 정보들에 대한 표준화된 구조 정의 등을 다르고 있을 만큼 광범위하면서도 e-비즈니스에 초점이 맞추어져 있음.

〈그림 18〉 Web Service Architecture

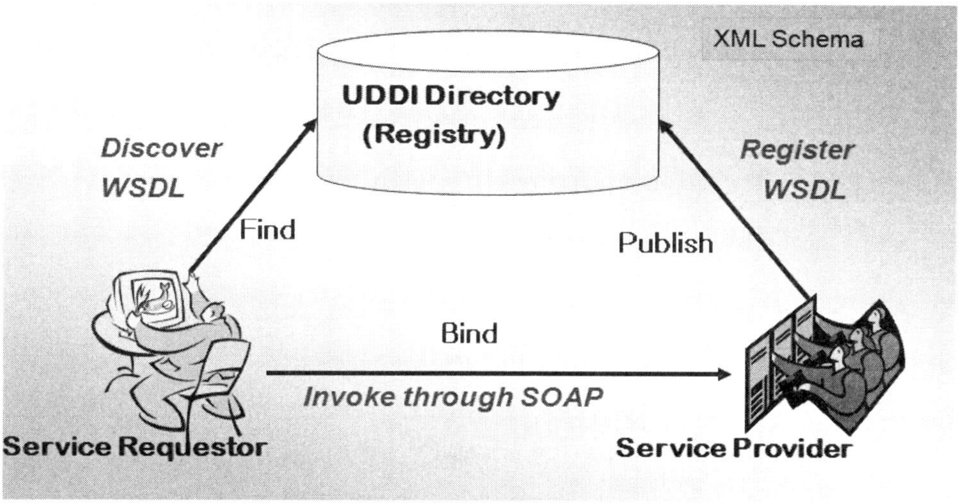

- 데이터 교환은 XML 포맷을 기반으로 함

o 'Web Service' 라는 개념을 현실화시키기 위한 작업들의 선두에는 IBM, MS, HP, Ariba 등이 있음. 웹서비스에서 우위를 차지하기 위하여 많은 투자를 하고 있는 기업들이 목표로 하고 있는 시장은 바로 e-비즈니스 분야임. 그리고 이미 UDDI(www.uddi.org)라는 이름으로 프로젝트를 진행하고 있는 IBM의 경우에도 마찬가지로 e-비즈니스의 기반 구조인 플랫폼을 발전시키기 위하여 Web Service에 대한 연구 및 발을 열심히 하고 있음.

o e-Trade Process에 사용 되는 관련 국제표준전자문서(UNCEFACT International Trade & Business Group) UNCEFACT에 국제표준으로 권고한 UNeDocs (운송. 통관. 화재보험 분야만 표준전자문서를 제시함)에서 다루지 않은 다른 산업분야 주요 표준전자문서는 다음과 같음.

	민간상업부문				공공부문
	기업	물류	보험	은행	관세청
기업	년/월간 Order계획, 생산계획, Offer, P/O sheet, Order Confirmation, 선적계획통보, 재고통보, Delivery Note 등	Shipping Request, CNTR/Vessel, Air Freight booking Request, B/L, AWB, SWB, L/G, D/O 등	적하 / 수출 보험 신청, Insurance Policy, Claim 제기 등	L/C Opening, Payment Request, B/L, L/G	각종 통관 관련 서류
물류	-	각종B/L관련, CARGO TRACKING SERVICE	B/L정보 등	B/L, L/G 등	각종 통관관련 서류, MFCS
보험	-	-	Insurance Policy, Claim 관련	Insurance Policy Buyer Credit정보	Insurance Policy
은행	-	-	-	Payment, 네고 관련 서류	B/L, L/G 등

UNCEFACT International and Business Group 에 무역관련
국제 표준전자문서 표준안 제출예정

Document : ebXML Framework 기반 e-Trade

Author : ebXML Framework 기반 e-Trade

Editor : Young Jae – Kim (Korea polytechnic university)

UNCEFACT TBG1 WG Vice – Chairman

Statute : Draft

Version : 1.0

Date : 01/02/2010 Orders (주문서)

Item No	Description	Unit price	Quantity	Amount	Remarks
2010. 2-21	Bags for tue Beautiful lades	US$ 200.00	10	US$2,000.00	Red color

4) 수출입 흐름도 분석

❖ 업무 현황 분석 개요

업무현황 분석은 수출업무 프로세스와 수입업무 프로세스로 구분하여 분석한다.

〈그림 19〉 업무 현황 분석

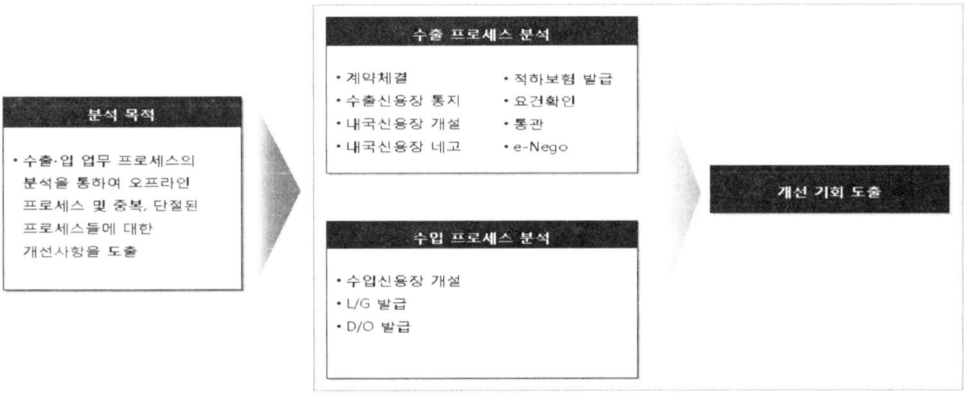

❖ 수출입 프로세스 개념도

○ 수출프로세스

〈그림 20〉 수출프로세스

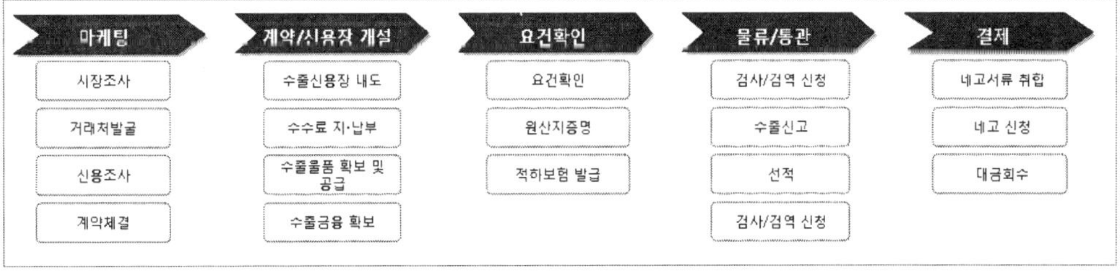

○ 수입프로세스

〈그림 21〉 수입프로세스

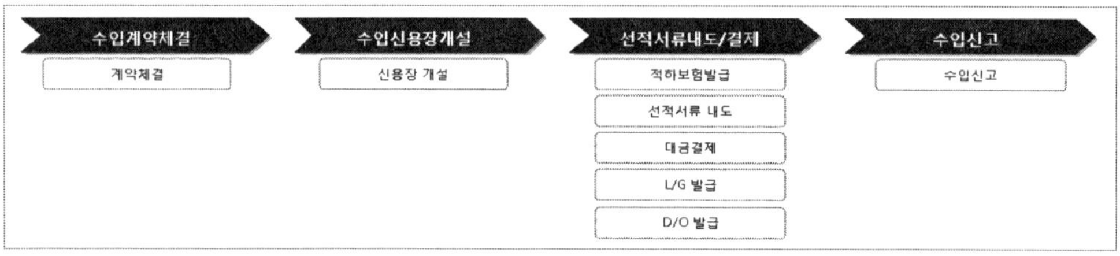

(1) 수출 프로세스 분석

〈그림 22〉 수출 프로세스 분석

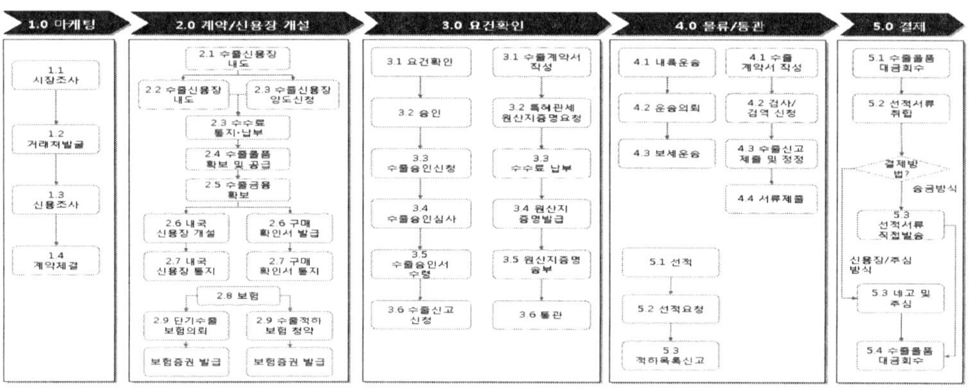

○ 조회 회신

〈그림 23〉 조회 회신

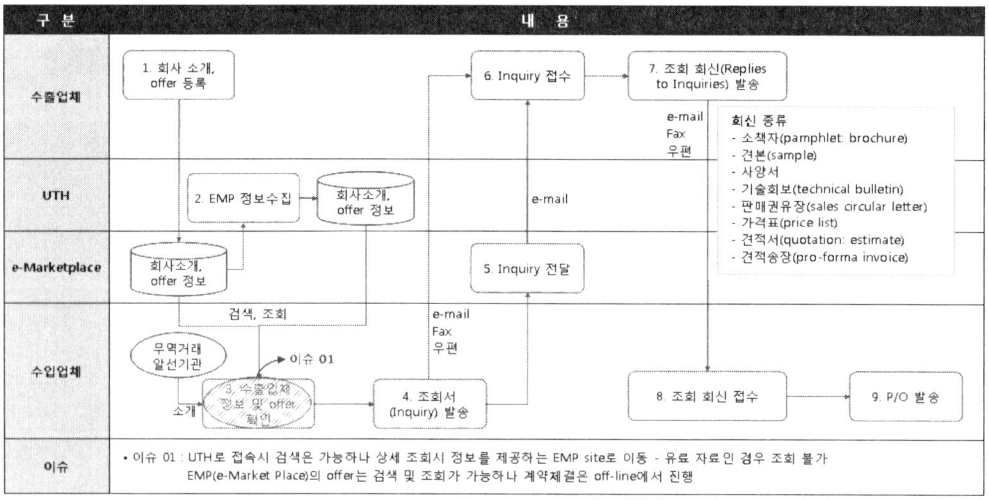

○ 조회 회신 프로세스 정의서

〈그림 24〉 조회 회신 프로세스 정의서

Unit Process	설 명	무역 문서
1. 회사소개, offer 등록	• e-Market Place에 회사소개, Offer 정보를 등록	
2. EMP 정보 수집	• UTH는 EMP의 정보를 수집	
3. 수출업체 정보 및 offer 확인	• 수입상이 무역거래알선기관(상공회의소, 영사관, 무역협회, KOTRA 등)을 통해 소개 받거나, e-Market Place를 통해 수출업체의 정보 및 offer 확인	
4. 조회서(Inquiry) 발송	• 수출업체에 상품목록(catalog), 가격표, 견본 등을 보내 줄 것을 요구하거나, 상품의 형식과 기종과 용도 등에 대한 문의 • EMP를 통하여 Inquiry e-mail 작성	
5. 조회서(Inquiry) 전달	• 수입업체가 작성한 조회서(Inquiry) 전달	
6. 조회(Inquiry) 접수	• 수입상의 문의에 대해 접수	
7. 조회 회신(Replies to Inquiries) 발송	• 수입상의 조회에 대해 회신	- 사양서 - 기술회보(technical bulletin) - 판매권유장(sales circular letter) - 가격표(price list) - 견적서(quotation: estimate) - 견적송장(pro-forma invoice)
8. 조회 회신 접수	• 수출상의 회신을 접수	
9. P/O 발송	• P/O 또는 Buying Offer를 발송	

○ 수출계약-offer 형태 1

〈그림 25〉 수출계약-offer 형태 1

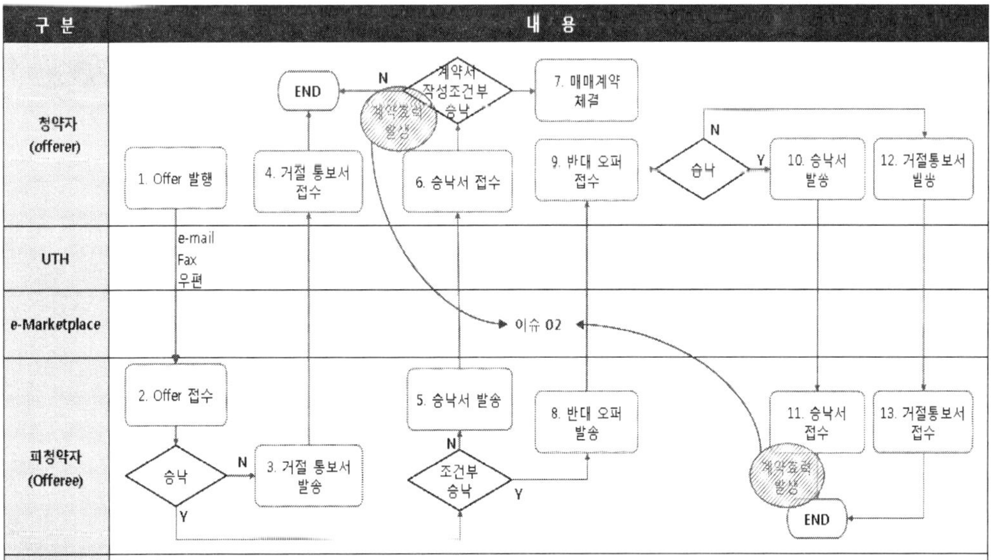

구 분	내 용
이슈	• 이슈 02 : 계약 당사자간의 행위로 계약이 체결되므로, 계약당사자 이외 기관은 계약서의 진위 여부의 확인이 곤란 - 금융지원 등의 장애 요인

○ 수출계약프로세스 정의서 - offer 형태 1

〈그림 26〉 수출계약 프로세스 정의서 - offer 형태 1

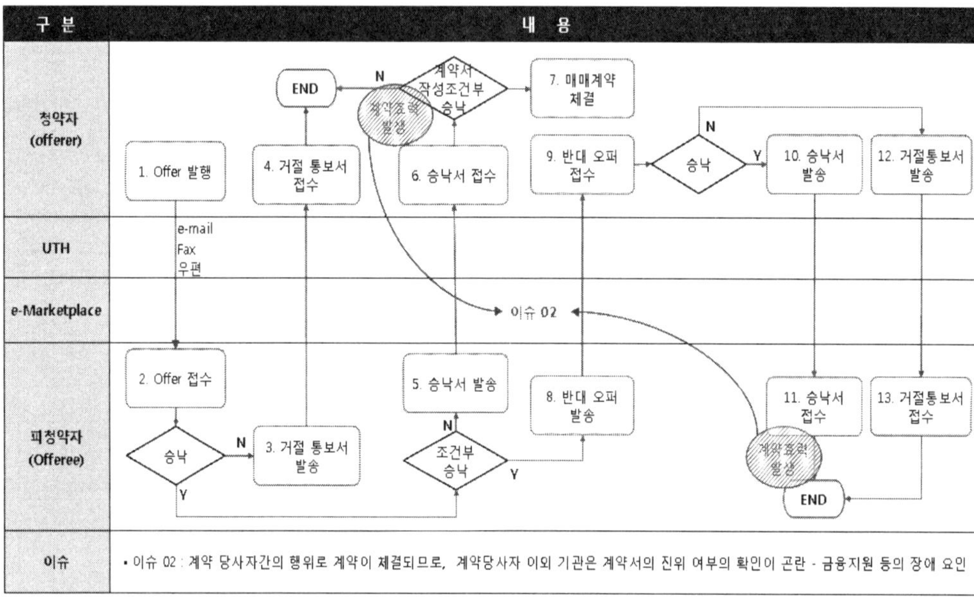

○ 수출계약 offer형태 2 (sub-con(offer subject to confirmation)of offer)

〈그림 27〉 수출계약 offer형태

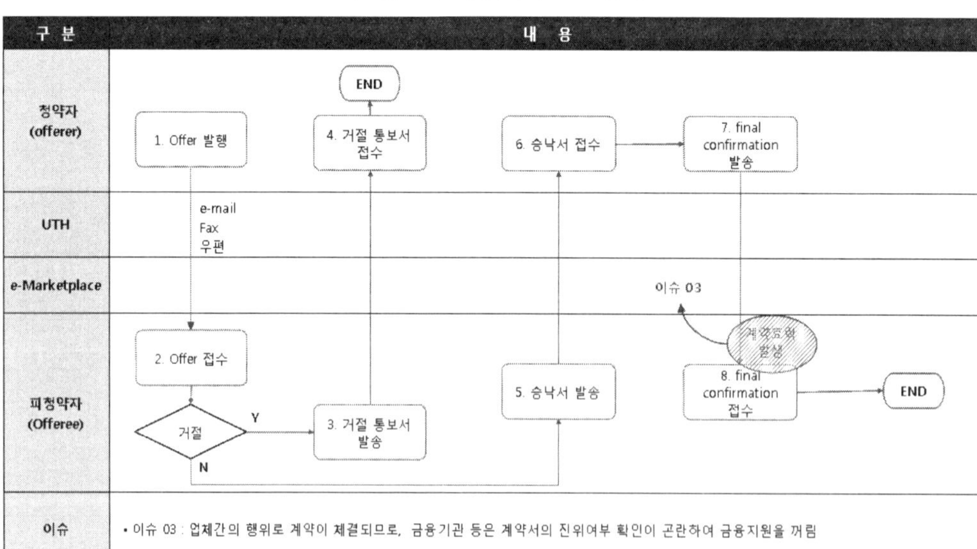

○ 수출계약 프로세스 정의서 - offer 형태 2 (sub-con(offer subject to confirmation) of offer)

〈그림 28〉 수출계약 프로세스 정의서 - offer 형태 2

Unit Process	설 명	무역 문서
1. Offer 발행	• 청약자(수입상 또는 수출상)이 Offer의 유효기일이 있는 확정 Offer를 발행	Offer
2. Offer 접수	• 피청약자는 발행된 Offer를 접수	Offer
3. 거절 통보서 발송	• 피청약자가 Offer를 거절하는 통보서를 작성하여 청약자에게 발송	Rejection of Offer
4. 거절 통보서 접수	• 청약자가 거절 통보서를 접수	Rejection of Offer
5. 승낙서 발송	• 피청약자가 Offer의 승낙서(청약자 발행 Offer에 Acceptance 서명 또는 별도의 서면으로 통지)를 청약자에게 발송	Offer, Acceptance of offer
6. 승낙서 접수	• 피청약자의 승낙서를 접수	Offer, Acceptance of offer
7. final confirmation 발송	• 청약자가 피청약자에게 Final Confirmation을 발송	Final confirmation of offer
8. final confirmation 접수	• 청약자가 발송한 Final Confirmation을 접수	Final confirmation of offer

○ 수출계약 - 무역계약서 형태 1 (매도계약서(Sales Note)와 매입계약서 (Purchase note)작성)

〈그림 29〉 수출계약 - 무역계약서 형태 1

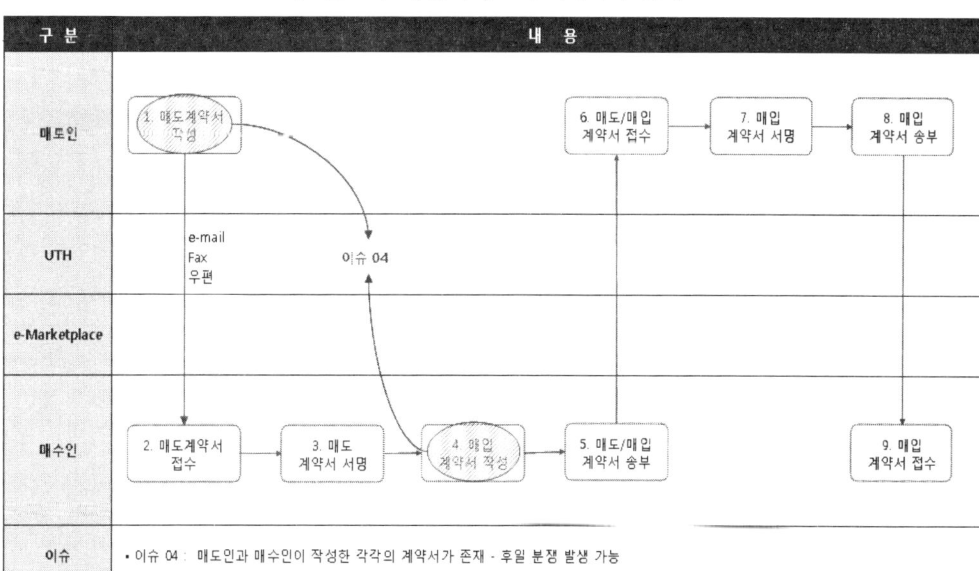

○ 수출계약 프로세스 정의서 - 무역계약서 형태 1 (매도계약서(Sales Note)와 매입계약서 (Purchase note)작성)

〈그림 30〉 수출계약 프로세스 정의서

Unit Process	설 명	무역 문서
1. 매도계약서 작성	• 매도계약서(Sales Note) 2통을 작성하여 서명하고 2통 모두를 매수인에게 송부	Sales Note(export contract, sales ontract, sales confirmation, sales emo)
2. 매도계약서 접수	• 매도계약서를 접수	Sales Note
3. 매도계약서 서명	• 매수인은 접수한 매도계약서의 내용을 검토하고 이상이 없으면 매수인 서명	Sales Note
4. 매입계약서 작성	• 매수인은 매도계약서 접수와 동시에 매입계약서(Purchase Note)를 2부 작성하고 서명	Purchase Note
5. 매도/매입 계약서 송부	• 매도인과 매수인 모두 서명된 매도계약서 1부와 매도인만 서명된 매도계약서 2부를 매도인에게 함께 송부	Sales Note, Purchase Note
6. 매도/매입 계약서 접수	• 매도인은 매도계약서와 매입계약서를 접수	Sales Note, Purchase Note
7. 매입계약서 서명	• 매도인은 접수된 매도계약서의 서명 여부와 매입계약서와 매도계약서의 일치 여부를 확인하고, 매입계약서에 서명	Sales Note, Purchase Note
8. 매입계약서 송부	• 매도인은 서명한 매입계약서 1부를 매수인에게 송부	Purchase Note
9. 매입계약서 접수	• 매입계약서를 접수하고 계약서의 이상 유무를 확인	Purchase Note

○ 수출계약 - 무역계약서 형태 2 (매매계약서(Sales note)작성)

〈그림 31〉 수출계약 - 무역계약서 형태 2

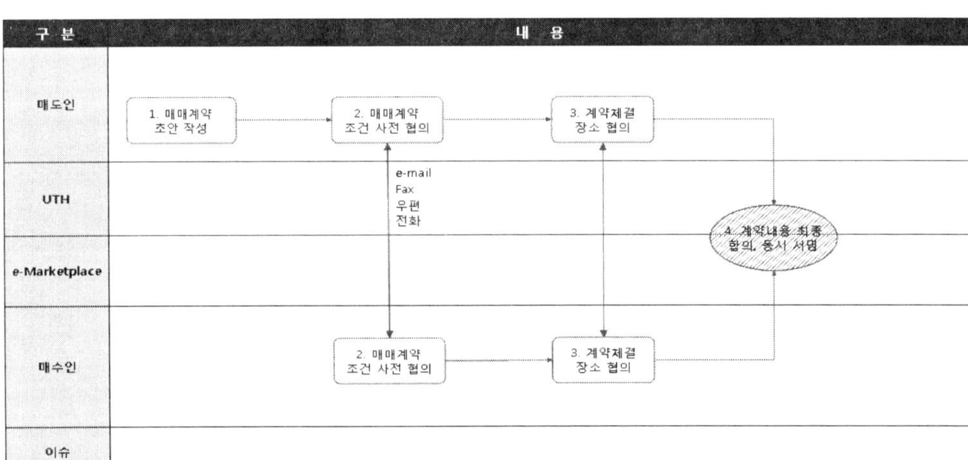

○ 수출계약 프로세스 정의서 - 무역계약서 형태 2 (매매계약서(Sales note)작성)

〈그림 32〉 수출계약 프로세스 정의서

Unit Process	설　명	무역 문서
1. 매매계약서 초안 작성	• 매매계약서의 초안을 작성	Sales Note
2. 매매계약 조건 사전 협의	• 매매계약 조건에 대하여 사전에 협의	
3. 계약체결 장소 협의	• 매매계약 체결 장소에 대하여 서로 협의	
4. 계약내용 최종 합의, 동시 서명	• 동일한 장소에서 서로 대면하여 최종 계약조건에 합의하고 동시 서명	Sales Note

○ 수출계약 - 무역계약서 형태 3 (매수인 주문)

〈그림 33〉 수출계약 - 무역계약서 형태 3

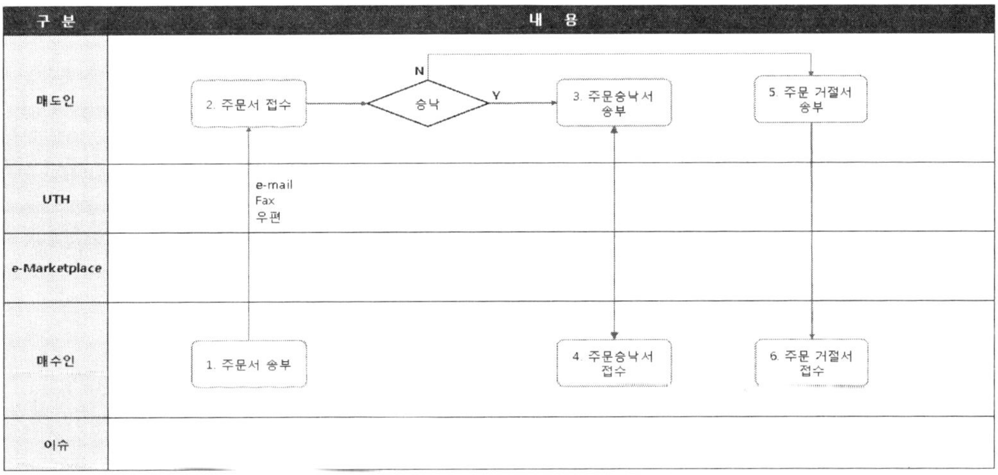

○ 수출계약 프로세스 정의서 - 무역계약서 형태 3(매수인 주문)

〈그림 34〉 수출계약 프로세스 정의서 - 무역계약서 형태 3

Unit Process	설　명	무역 문서
1. 주문서 송부	• 주문서를 작성하고 서명하여 우편 송부하거나, 구두, 전보, Telex, e-mail 등으로 주문	주문서(order, order sheet, purchase order, purchase note)
2. 주문서 접수	• 매입인의 주문서를 접수	
3. 주문승낙서 송부	• 매수인의 주문을 승낙하는 경우 매도인은 매도인이 작성한 P/O에 확인 서명을 하여 송부하거나, 별도의 주문승낙서(Acknowledgement of Order)를 작성하여 매수인에게 송부	주문서, Acknowledgement of Purchase order
4. 주문승낙서 접수	• 매도인이 발송한 주문승낙서를 접수	주문서, Acknowledgement of Purchase order
5. 주문 거절서 송부	• 매도인이 매수인의 주문에 응할 수 없을 경우에는 주문 거절서를 작성하여 송부	Rejection of P/O
6. 주문 거절서 접수	• 매도인이 발송한 주문거절서를 접수	

○ 수출신용장 통지

〈그림 35〉 수출신용장 통지

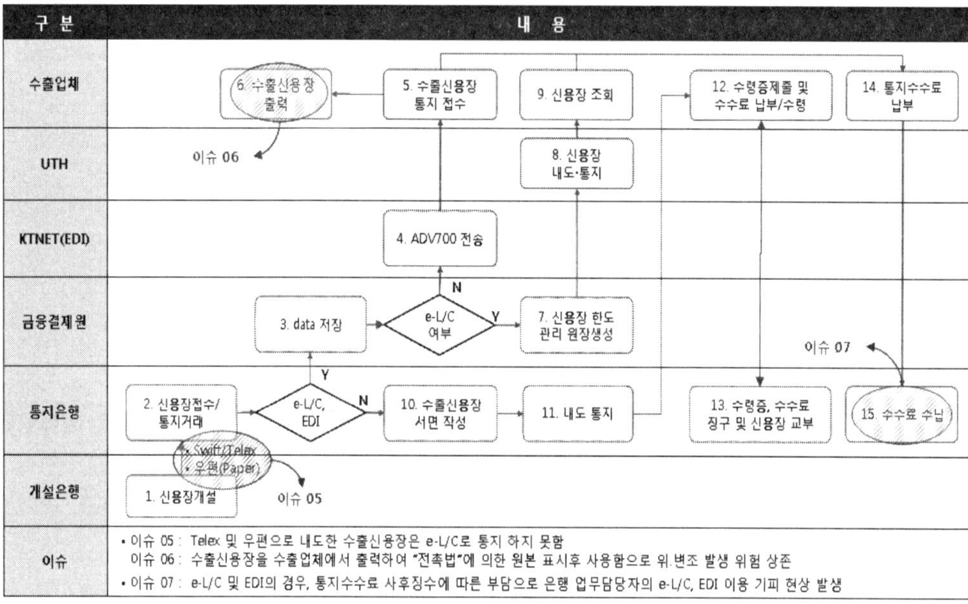

○ 수출신용장 통지 프로세스 정의서

〈그림 36〉 수출신용장 통지 프로세스 정의서

Unit Process	설 명	무역 문서
1.신용장 개설	• 개설은행은 신용장을 개설하고 통지은행에 송부(SWIFT, TELEX, 우편 신용장)	수출신용장(SWIFT/TELEX 전문, 개설은행 신용장 양식)
2. 신용장접수/통지거래	• 통지은행은 신용장을 접수, 이상유무를 확인 후 통지거래를 한다. e-L/C 및 EDI로 약정된 고객은 금융결제원과 KTNET 망으로 수출신용장을 전송	
3. data 저장	• 금융결제원은 수출신용장 통지 DATA를 저장	
4. ADV700 전송	• EDI 통지의 경우 KTNET은 금융결제원으로부터 받은 ADV700 전문을 수출업체(통지은행)에 전송	
5. 수출신용장 통지 접수	• 수출업체는 수출신용장 통지를 접수하고 내용을 확인	
6. 수출신용장 출력	• 수출신용장을 통지받은 수출업체(수익자)는 수출신용장을 출력하고 "전촉법"에 의한 원본임을 표시하고 회사 인장을 날인하여 사용	
7. 신용장 한도관리 원장 생성	• 금융결제원은 e-L/C의 경우 신용장 한도관리 원장을 생성하고, 수출신용장을 UTH로 전송	
8. 신용장 내도·통지	• UTH는 수신한 수출신용장을 전자무역문서보관소에 저장하고 수출업체에 SMS내도 사실을 통지	
9. 신용장 조회	• 수출업체는 UTH에 접속하여 내도한 수출신용장을 조회	
10. 수출신용장 서면 작성	• 종이 문서로 통지하는 경우, 개설은행은 수출신용장(SWIFT/TELEX 전문, 개설은행 신용장 양식)에 통지은행의 수출신용장 통지장과 함께 합철하고 책임자가 서명 및 날인	수출신용장 통지장, 수출신용장(SWIFT/TELEX 전문, 개설은행 신용장 양식)
11. 내도 통지	• 수출업체에 수출신용장 내도 사실을 전화로 통지	
12. 수령증제출 및 수수료 납부/수령	• 신용장 내도를 통지받은 수출업체는 통지은행을 방문, 수출신용장 수령증 제출 및 통지수수료를 납부하고, 통지은행으로부터 수출신용장을 수령	
13. 수령증, 수수료 징구 및 신용장 교부	• 통지은행은 수출신용장 수령증과 통지수수료를 징구하고 수출신용장을 수출업체에 교부	
14. 통지수수료 납부	• e-L/C 및 EDI로 신용장을 통지받은 수출업체는 통지수수료를 사후 납부	
15. 수수료 수납	• e-L/C, EDI로 통지 건에 대하여 사후 신용장통지수수료를 징수	

○ 내국신용장 개설 - 계약 체결(오프라인)

〈그림 37〉 내국신용장 개설 - 계약 체결(오프라인)

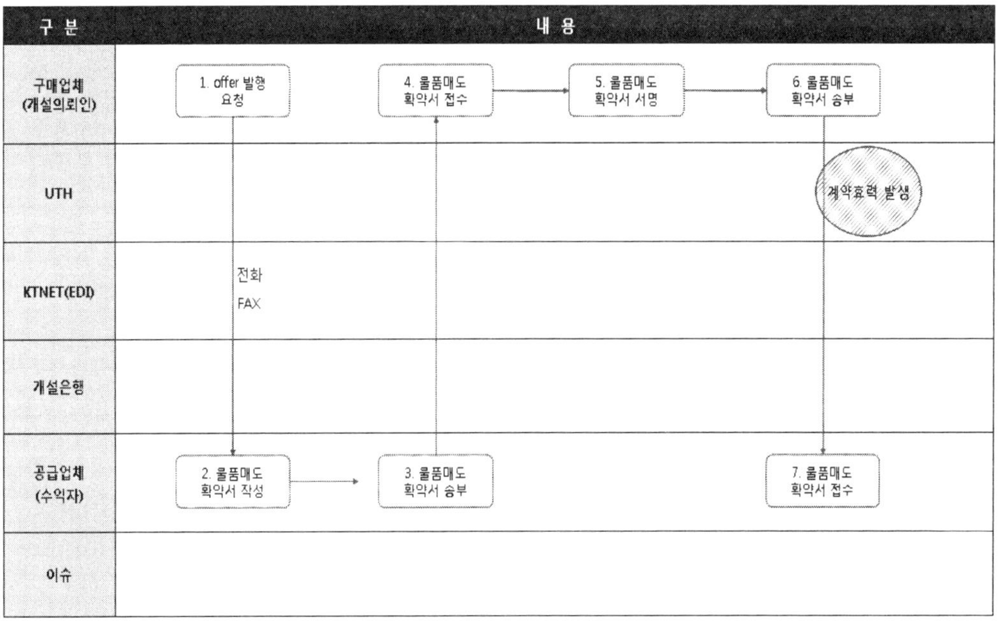

○ 내국신용장 개설 프로세스 - 계약체결(오프라인)

〈그림 38〉 내국신용장 개설 프로세스 - 계약체결(오프라인)

Unit Process	설 명	무역 문서
1. offer 발행 요청	• 구매업체(개설의뢰인)이 공급업체에 대하여 offer sheet(물품매도확약서)의 발행을 요청	Offer sheet
2. 물품매도 확약서 작성	• Offer 발행을 요청 받은 공급업체(수익자)는 물품매도확약서를 작성, 서명	Offer sheet
3. 물품매도 확약서 송부	• 공급업체(수익자)는 작성된 물품매도확약서 2부를 구매업체(개설의뢰인)에게 송부	Offer sheet
4. 물품매도 확약서 접수	• 공급업체가 송부한 물품매도확약서 2부를 접수하고 내용을 검토	Offer sheet
5. 물품매도 확약서 서명	• 접수한 물품매도확약서 2부에 서명	Offer sheet
6. 물품매도 확약서 송부	• 서명한 물품매도확약서 2부 중 1부를 공급업체(수익자)에게 송부	Offer sheet
7. 물품매도 확약서 접수	• 구매업체(개설의뢰인)이 송부한 물품매도확약서를 접수한 후 이상 유무를 확인	Offer sheet

○ 내국신용장 개설 프로세스 - 계약체결(UTH)

〈그림 39〉 내국신용장 개설 프로세스 - 계약체결

Unit Process	설 명	무역 문서
1. offer 발행 요청	• 구매업체가 공급업체에 offer의 발행을 요청	
2. 물품매도확약서(제안) 작성	• UTH 또는 EDI 시스템에 접속하여 물품매도확약서(제안)를 작성	
3. 전자무역문서 보관소 보관	• UTH는 작성된 물품매도확약서(제안)를 전자무역문서보관소에 저장	
4. EDI 문서로 변환[DOMOFR (제안)]	• UTH는 전자무역문서보관소에 저장된 문서를 EDI 문서 DOMOFR(제안)으로 변환하여 EDI 시스템에 전송	
5. DOMOFR (제안) 전문 송신	• 구매업체 또는 UTH로부터 전송 받은 DOMOFR(제안) 전문을 공급업체(수익자)에게 전송	
6. 물품매도 확약서 접수	• 공급업체가 송부한 물품매도확약서 2부를 접수하고 내용을 검토	
7. 물품매도 확약서 동의	• 접수한 물품매도확약서에 동의	
8. 전자무역문서 보관소 보관	• 동의한 물품매도확약서를 전자문서보관소에 저장	
9. EDI 문서 [DOMOFR(확인)] 변환	• 전자문서보관소에 저장된 물품매도확약서를 EDI로 변환	
10. DOMOFR (확인) 전문 송신	• 변환된 EDI를 송신	
11. 물품매도확약서 확인 접수	• 공급업체는 물품매도 확약서 접수	

○ 내국신용장 개설 - 계약 체결(UTH)

〈그림 40〉 내국신용장 개설 - 계약 체결

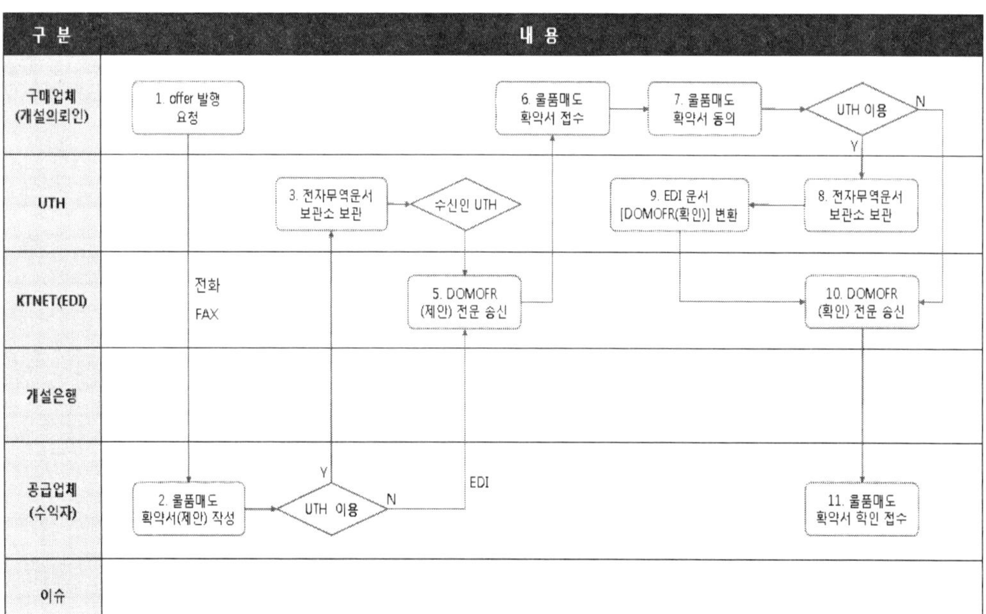

○ 내국신용장 개설 - (신용장방식, 오프라인)

〈그림 41〉 내국신용장 개설 - (신용장방식, 오프라인)

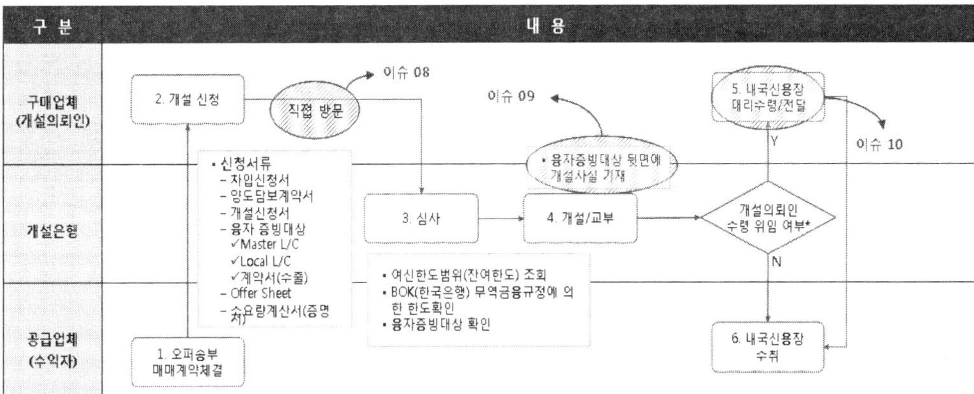

이슈

- 이슈 08 : 직접 방문에 따른 인적, 물적 비용 발생
- 이슈 09 : 기재 내용의 삭제 및 변조 가능성 있음 - 중복 융자 가능성 발생
- 이슈 10 : 개설의뢰인이 내국신용장을 대리 수령하여 수익자에게 전달하는 과정에서 변조 위험 발생

* 한국은행 총액한도 대출 관련 무역금융 취급세칙 제15조(통지)
내국신용장을 개설한 외국환은행은 내국신용장의 개설사실을 수혜자에게 통지하여야 하며, 수혜자가 달리 요청한 경우를 제외하고는 당해 내국신용장을 수혜자에게 직접 교부하여야 한다.

○ 내국신용장 개설 프로세스 정의서 - (신용장방식, 오프라인)

〈그림 42〉 내국신용장 개설 프로세스 정의서 - (신용장방식, 오프라인)

Unit Process	설 명	무역 문서
1. 오퍼 송부 매매계약체결	• 공급업체(수익자)가 수출업체(개설의뢰인)에게 오퍼 송부 및 매매계약서 체결	Offer sheet
2. 개설 신청	• 수출업체(개설의뢰인)가 개설은행에 내국신용장 개설 신청	차입신청서, 양도담보계약서,내국신용장개설신청서, 수출신용장, 내국신용장, 수출계약서, 소요량계산서, 소요량증명서
3. 심사	• 개설은행은 여신한도 및 "한국은행 총액한도대출 무역금융 규정"에서 정한 융자한도 범위내 여부 등 개설신청 내용을 검토	
4. 개설/교부	• 심사결과 이상이 없으면 전산입력하고 내국신용장 개설수수료를 징수하며 중요 증서인 내국신용장에 전산으로 인자하고 은행의 직인을 날인 • 융자증빙서류에 내국신용장개설 사실을 기재하고 개설의뢰인에게 융자증빙서류 반환 • 전산 인자한 내국신용장을 수익자에게 송부(수익자가 개설의뢰인에게 수령을 의뢰한 경우에는 개설의뢰인에게 교부)	내국신용장
5. 내국신용장 대리 수령/전달	• 내국신용장을 대리 수령한 개설의뢰인은 내국신용장을 공급업체(수익자)에 전달	
6. 내국신용장 수령	• 내국신용장을 개설은행 또는 개설의뢰인으로부터 수령	

○ 내국신용장 개설 프로세스 정의서 - (신용장방식, 오프라인)

〈그림 43〉 내국신용장 개설 프로세스 정의서 - (신용장방식, 오프라인)

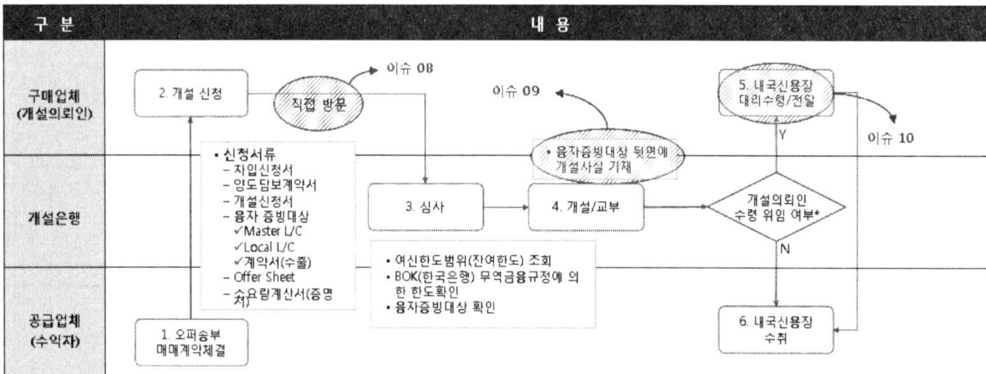

구 분	내 용
이슈	• 이슈 08 : 직접 방문에 따른 인적, 물적 비용 발생 • 이슈 09 : 기재 내용의 삭제 및 변조 가능성 있음 - 중복 융자 가능성 발생 • 이슈 10 : 개설의뢰인이 내국신용장을 대리 수령하여 수익자에게 전달하는 과정에서 변조 위험 발생 * 한국은행 총액한도 대출 관련 무역금융 취급세칙 제15조(통지) 내국신용장을 개설한 외국환은행은 내국신용장의 개설사실을 수혜자에게 통지하여야 하며, 수혜자가 달리 요청한 경우를 제외하고는 당해 내국신용장을 수혜자에게 직접 교부하여야 한다.

○ 내국신용장 개설 - (신용장 방식, EDI)

〈그림 44〉 내국신용장 개설 - (신용장 방식, EDI)

Unit Process	설 명	무역 문서
1. 오퍼 송부 매매계약체결	• 공급업체(수익자)가 수출업체(개설의뢰인)에게 오퍼 송부 및 매매계약서 체결	Offer sheet
2. 개설 신청	• 수출업체(개설의뢰인)가 개설은행에 내국신용장 개설 신청	차입신청서, 양도담보계약서,내국신용장 개설신청서, 수출신용장, 내국신용장, 수출계약서, 소요량계산서, 소요량증명서
3. 심사	• 개설은행은 여신한도 및 "한국은행 총액한도대출 무역금융 규정"에서 정한 융자한도 범위내 여부 등 개설신청 내용을 검토	
4. 개설/교부	• 심사결과 이상이 없으면 전산입력하고 내국신용장 개설수수료를 징수하며 중요 증서인 내국신용장에 전산으로 인자하고 은행의 직인을 날인 • 융자증빙서류에 내국신용장개설 사실을 기재하고 개설의뢰인에게 융자증빙서류 반환 • 전산 인자한 내국신용장을 수익자에게 송부(수익자가 개설의뢰인에게 수령을 의뢰한 경우에는 개설의뢰인에게 교부)	내국신용장
5. 내국신용장 대리 수령/전달	• 내국신용장을 대리 수령한 개설의뢰인은 내국신용장을 공급업체(수익자)에 전달	
6. 내국신용장 수령	• 내국신용장을 개설은행 또는 개설의뢰인으로부터 수령	

○ 내국신용장 개설 프로세스정의서 - (신용장방식, EDI)

〈그림 45〉 내국신용장 개설 프로세스정의서 - (신용장방식, EDI)

Unit Process	설 명	무역 문서
1. 오퍼 송부 매매계약체결	• 공급업체(수익자)가 수출업체(개설의뢰인)에게 오퍼송부 및 매매계약서 체결	Offer sheet
2. 개설신청	• 수출업체가 EDI로 내국신용장 개설신청	내국신용장개설신청서
3. LOCAPP전문 발신	• KTNET은 접수된 LOCAPP(내국신용장개설신청) 전문을 은행으로 송신	
4. 내국신용장 개설신청 접수	• 내국신용장 개설 신청을 접수한 은행은 개설신청인에게 융자증빙서 및 첨부서류의 제출을 요청	
5. 융자증빙 및 첨부서류 제출	• 융자증빙(수출신용장, 내국신용장, 수출계약서 등)과 첨부서류(Offer, 소요량계산서 등)를 직접방문 또는 퀵서비스로 제출	수출신용장, 내국신용장, 수출계약서, offer sheet, 소요량계산서/증명서
6. 심사	• 개설은행의 담당자는 융자증빙 및 첨부서류를 접수하고 개설 가능여부를 심사하고 개설	내국신용장
7. LOCADV 전문 송신	• 내국신용장 개설과 동시에 LOCADV(내국신용장통지) 전문을 KTNET으로 송신	
8. LOCADV 통지	• LOCADV 전문을 수신한 KTNET은 내국신용장 발급을 통지	
9. 내국신용장 수령	• 공급업체(수익자)가 EDI 가입 업체인 경우에는 내국신용장 개설 내용을 확인	
10.내국신용장 출력	• 공급업체(수익자)가 EDI 미 가입 업체인 경우에는 공급업체가 내국신용장 개설 사실을 확인하고 종이로 출력	
11. "전촉법"에 의한 원본표시	• "전자무역거래 촉진에 관한 법률"의 규정에 따라 동 내국신용장이 원본이라는 문언을 기재하고 개설의뢰인이 날인하여 수익자에게 전달	
12. 내국신용장 수령	• 수익자가 EDI 미 가입 된 경우에는 개설의뢰인으로부터 내국신용장을 수령	

○ 내국신용장 개설 - (실적방식, 오프라인)

〈그림 46〉 내국신용장 개설 - (실적방식, 오프라인)

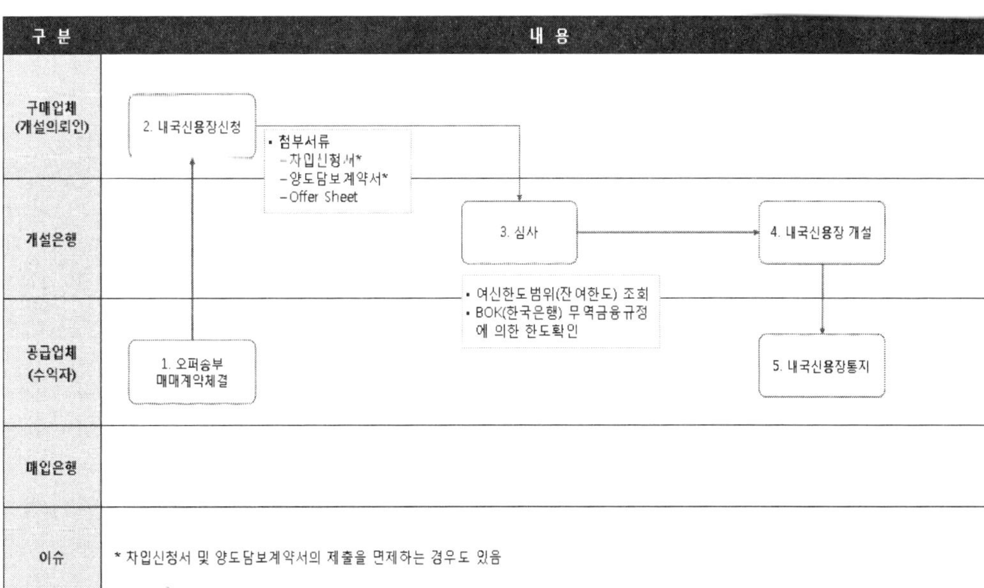

○ 내국신용장 개설 프로세스 정의서 - (실적방식, 오프라인)

〈그림 47〉 내국신용장 개설 프로세스 정의서 - (실적방식, 오프라인)

Unit Process	설 명	무역 문서
1. 오퍼 송부 매매계약체결	• 공급업체(수익자)가 수출업체(개설의뢰인)에게 오퍼송부 및 매매계약서 체결	
2. 신청	• 수출업체(개설의뢰인)가 개설은행에 내국신용장 개설 신청	
3. 심사	• 개설은행이 내국신용장 개설 심사	
4. 개설	• 내국신용장 개설	
5. 통지	• 개설된 신용장을 공급업체에게 통지	

○ 내국신용장 개설 - (실적방식, EDI)

〈그림 48〉 내국신용장 개설 - (실적방식, EDI)

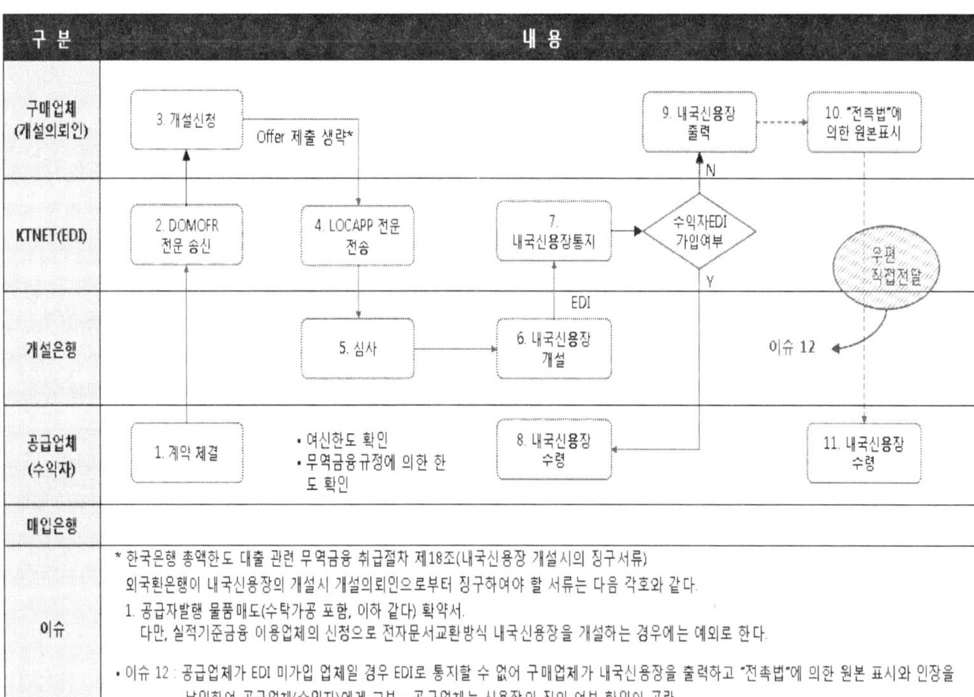

○ 내국신용장 개설 프로세스 정의서 - (실적방식, EDI)

〈그림 49〉 내국신용장 개설프로세스정의서 - (실적방식, EDI)

Unit Process	설 명	무역 문서
1. 오퍼제출	• 공급업체가 오퍼제출	
2. DOMOFR 전문 송신	• KTNET EDI 망을 통해 DOMOFR 전문 송신	
3. 개설신청	• 구매업체(개설의뢰인)는 개설은행에 EDI를 통해 내국신용장개설 신청	
4. LOCAPP 전문 전송	• KTNET EDI 망을 통해 LOCAPP 전문 송신	
5. 심사	• 개설신청서를 수신 받은 개설은행이 서류 심사	
6. 내국신용장 개설	• 서류 심사 후, 내국신용장 개설	
7. 내국신용장통지	• KTNET EDI 망을 통해 내국신용장 통지	
8. 내국신용장 수령	• KTNET EDI 가입자(공급업체)는 EDI망을 통해 내국신용장 수령	
9. 내국신용장 출력	• 공급업체가 KTNET EDI 서비스 미 가입자일 경우, 구매업체(개설의뢰인)가 내국신용장 통지 받고 출력	
10. "전촉법"에 의한 원본표시	• 출력한 내국신용장에 "전자무역촉진법"에 의한 원본표시	
11. 내국신용장 수령	• 우편으로 공급업체(수익자)에게 발송	

○ 내국신용장 네고 (off-line)

〈그림 50〉 내국신용장 네고 (off-line)

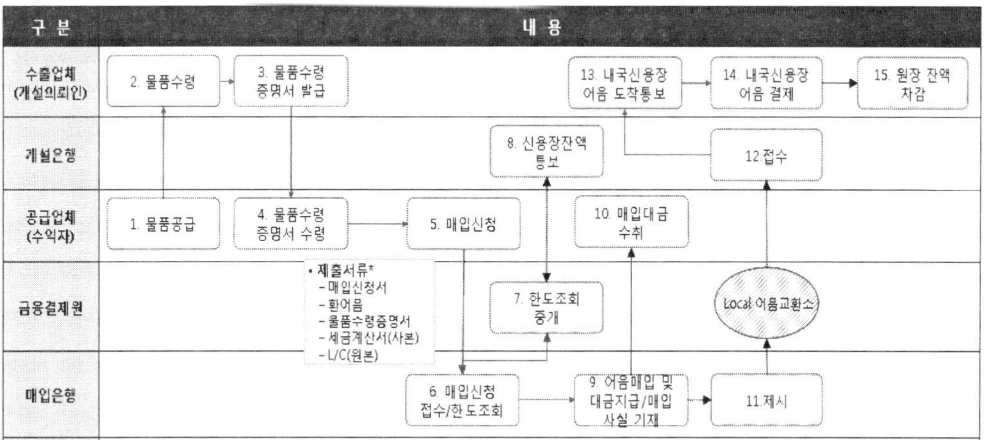

이슈	* 한국은행 총액한도 대출 관련 무역금융 취급절차 제21조(내국신용장어음 매입시의 징구서류) ① 외국환은행이 내국신용장에 의하여 발행된 어음의 매입(추심 포함) 또는 결제시 징구하여야 할 서류는 다음 각호와 같다. 1. 환어음〈별지 제4-1호 서식〉 2. 물품수령증명서〈별지 제4-3호 서식〉. 다만, 물품수령증명서는 공급자발행 세금계산서 건별로 대응하여 발급되어야 한다. 3. 공급자발행 세금계산서 사본. 다만, 세금계산서의 교부대상과 내국신용장의 개설의뢰인은 일치하여야 하며, 완제품내국신용장의 수혜지기 수출대행위탁자인 경우 등 「부가가치세법」에 의한 세금계산서 발급 대상이 아닌 경우에는 물품명세가 기재된 송장으로 갈음할 수 있다.

○ 내국신용장 네고 프로세스 정의서 - (off-line)

〈그림 51〉 내국신용장 네고 프로세스 정의서 - (off-line)

Unit Process	설 명	무역 문서
1. 물품공급	• 공급업체가 수출업체에 물품 공급	
2. 물품수령	• 수출업체 물품수령	
3. 물품수령증명서 발급	• 물품 수령 후, 물품수령 증명서 발급	
4. 물품수령증명서 수령	• 공급업체 물품수령 증명서 수령	
5. 매입신청	• 물품수령증명서를 수령 받은 공급업체는 매입은행에 첨부서류를 첨부하여 매입 신청	
6. 매입신청 접수	• 매입은행의 매입신청 접수	
7. 한도조회	• 금융결제원을 통한 한도조회	
8. 신용장 잔액통보	• 개설은행을 통한 신용장 잔액 조회/통보	
9. 어음매입 및 대금지급	• 신용장 한도 조회 후, 어음매입 및 공급업체에 대금 지급	
10. 매입대금 수취	• 공급업체는 매입 대금 수취	
11. 제시	• 매입은행은 대금지급 후, Local 어음교환소를 통해 개설은행에 어음제시	
12. 접수	• 개설은행은 Local 어음교환소로 부터 어음접수	
13. 내국신용장 어음통보	• 개설은행은 수출업체에게 어음 도착 통보	
14. 내국신용장 어음결제	• 어음도착 통보 후, 어음결제	
15. 원장 잔액 차감	• 어음 결제 후 원장 잔액차감	

○ 내국신용장 네고(EDI)

〈그림 52〉 내국신용장 네고(EDI)

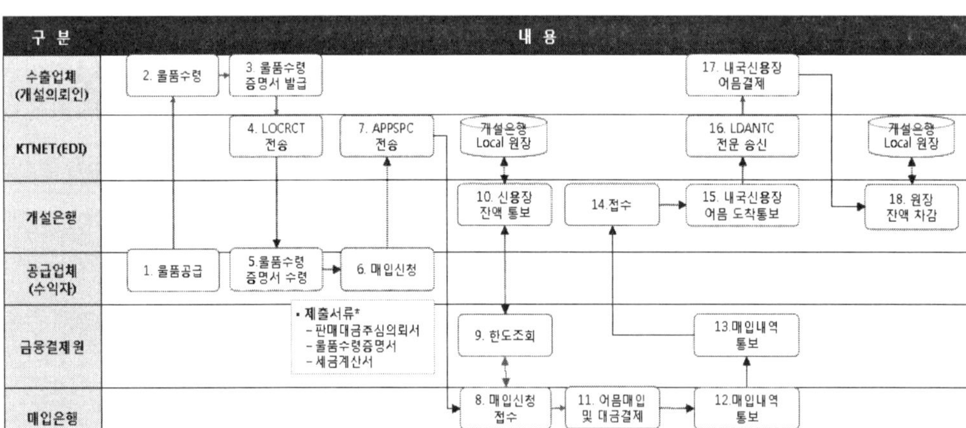

이슈	*제22조(판매대금추심의뢰서 결제시의 전송 전자문서) 외국환은행이 전자문서교환방식 내국신용장에 의하여 전자적 형태로 작성.전송된 판매대금추심의뢰서의 추심 또는 결제 시 전송받아야 할 전자문서는 다음 각호와 같다. 1. 판매대금추심의뢰서<별지 제4-2호 서식> 2. 전자문서교환방식 물품수령증명서<별지 제4-4호 서식>. 다만, 동 물품수령증명서는 공급자발행 세금계산서 건별로 대응하여 발급되어야 하되, 전자문서교환방식 내국신용장에 명시된 조건에 따라 수출용원자재 또는 완제품을 분할 공급받는 경우에는 매 반월 또는 동일 역월을 단위로 하는 경우에 한하여 동 기간중 분할 공급시마다 교부된 세금계산서상의 공급가액을 일괄하여 하나의 전자문서교환방식 물품수령증명서를 발급할 수 있다. 3.「부가가치세법」상 전송 가능한 공급자발행 세금계산서

○ 내국신용장 네고 프로세스 정의서 - (EDI)

〈그림 53〉 내국신용장 네고 프로세스 정의서 - (EDI)

Unit Process	설 명	무역문서
1. 물품공급	• 공급업체가 수출업체에 물품 공급	
2. 물품수령	• 수출업체 물품수령	
3. 물품수령증명서 발급	• 물품 수령 후, 물품수령 증명서 발급	
4. LOCRCT 전송	• KTNET EDI를 통해 LOCRCT 전송	
5. 물품수령증명서 수령	• 공급업체는 KTNET EDI를 통해 물품수령 증명서 수령	
6. 매입신청	• 물품수령 증명서 수령 후, 매입신청	
7. APPSPC 전송	• KTNET EDI를 통해 APPSRC 전송	
8. 매입신청 접수	• 매입은행은 KTNET EDI를 통해 매입신청 접수	
9. 한도조회	• 금융결제원을 통한 한도조회	
10. 신용장 잔액통보	• Local 원장을 통한 신용장 잔액 통보	
11. 어음매입 및 결제	• 한도 조회 후, 어음매입 및 대금결제	
12. 매입내역 통보	• 매입은행이 금융결제원에 매입내역 통보	
13. 매입내역 통보	• 금융결제원이 개설은행에 매입내역 통보	
14. 접수	• 개설은행은 금융결제원으로 부터 매입내역 접수	
15. 내국신용장 어음도착통보	• KTNET EDI를 통해 어음도착 통보	
16. LDANTC 전문송신	• 수출업체에 LDANTC 전문송신	
17. 내국신용장 어음결제	• 전문 수신 후, 내국신용장 어음결제	
18. 원장 잔액 차감	• 어음결제 후, 원장 잔액차감	

○ 적하보험 발급(수출)

〈그림 54〉 적하보험 발급(수출)

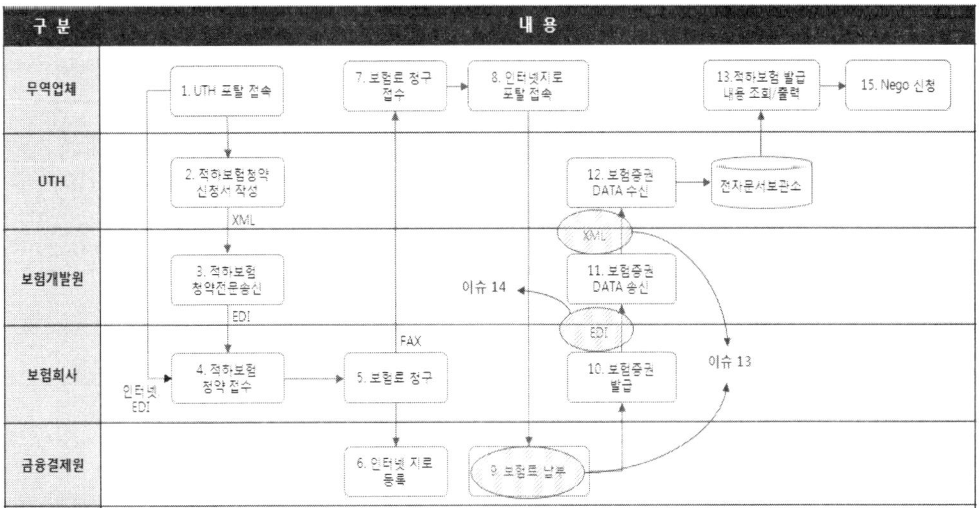

이슈	• 이슈 13 : UTH 에서 청약신청과 보험료 결제를 할 수 있는 기능이 없어 보험청약신청과 보험료 납부가 단일 사이트에서 이루어 지지 않음 • 이슈 14 : 보험회사에서 EDI로 보내주는 문서를 보험개발원에서 XML로 변환하여 UTH로 전송함으로 EDI→ XML 변환부담 발행

○ 적하보험발급 프로세스 정의서 - 수출

〈그림 55〉 적하보험발급 프로세스 정의서 - 수출

Unit Process	설 명	무역문서
1. UTH 포탈 접속	• UTH 로그인 또는 보험회사 홈페이지 로그인	
2. 적하보험청약 신청서 작성	• UTH의 적하보험 청약신청서 작성 후, 보험개발원에 청약 전문 전달	적하보험청약신청서
3. 적하보험청약전문 송신	• 보험개발원에서 보험청약 전문 수신 후 보험회사로 송신	
4. 적하보험청약 접수	• 보험개발원으로부터 적하보험 청약 접수 (혹은 무역업체가 직접 보험사 포탈에 접수)	
5. 보험료 청구	• 적하보험 청약 전문 수신 후, 보험료 청구	
6. 인터넷 지로 등록	• 금융결제원에 인터넷 지로 등록	
7. 보험료 청구 접수	• 보험회사에서 보험료 청구 FAX 수신	
8. 인터넷지로 포탈 접속	• 보험료 납부를 위해 인터넷 지로 포탈 로그인	
9. 보험료 납부	• 인터넷 지로 포탈을 통해 보험료 납부	
10. 보험증권 발급	• 보험증권 발급 후, 보험개발원으로 발급정보 송신	
11. 보험증권 DATA 송신	• 보험회사에서 받은 발급 정보를 UTH에 송신	
12. 보험증권 DATA 수신	• 보험개발원에서 보험증권 DATA를 수신하여, 전자문서보관소에 저장	
13. 적하보험발급내용 조회/출력	• 적하보험 발급내용 조회/출력	
14. Nego 신청	• 은행에 Nego신청	

○ 통관 절차

〈그림 56〉 통관 절차

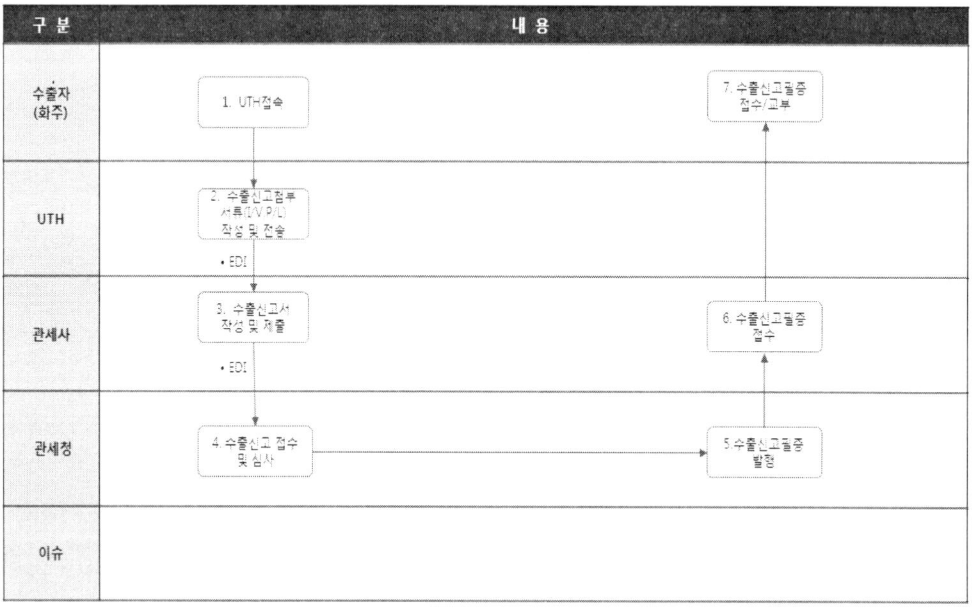

○ 통관 프로세스 정의서

〈그림 57〉 통관 프로세스 정의서

Unit Process	설 명	무역문서
1. UTH 접속	• UTH 로그인	
2. 수출신고첨부서류 (I/V, P/L) 작성 및 전송	• 통관용 상업송장과 통관용 포장명세서를 작성하여 관세사에게 전송	통관용 상업송장 통관용 포장명세서
3. 수출신고서 작성 및 제출	• UTH에서 상업송장과 포장명세서를 수신 받은 후 수출신고서를 작성하여, 관세청으로 송부	
4. 수출신고 접수 및 심사	• 접수된 수출신고를 심사	수출신고서
5. 수출신고필증 발행	• 현품검사 후, 수출신고필증 발행 후, 관세사에게 통보	수출신고필증
6. 수출신고필증 접수	• 관세청에서 발행된 수출신고필증 접수	
7. 수출신고필증 접수/교부	• 관세청에서 접수받은 수출신고필증을 수출자에게 교부	

○ e-Nego 프로세스 - L/C 방식

〈그림 58〉 e-Nego 프로세스 - L/C 방식

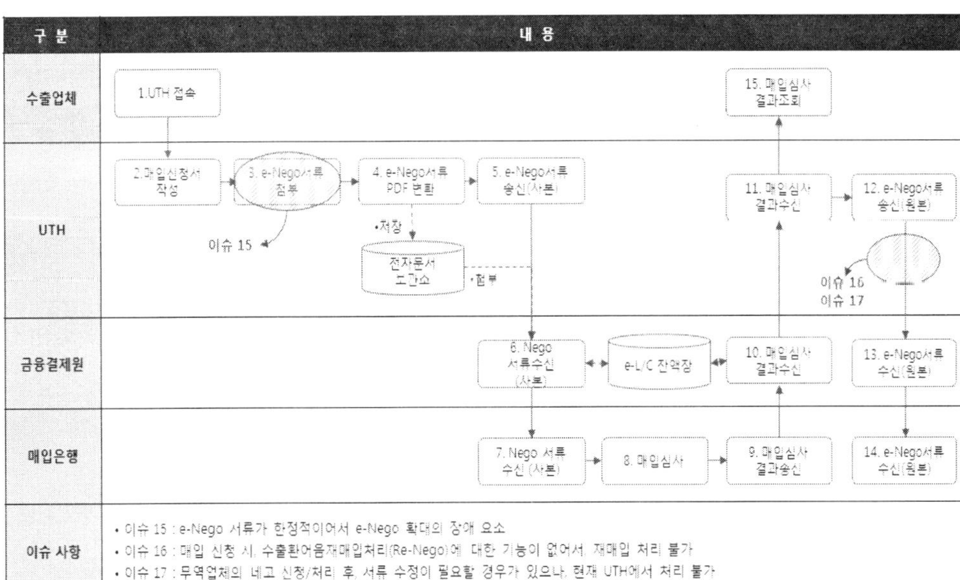

○ e-Nego 프로세스 정의서 - L/C 방식

〈그림 59〉 e-Nego 프로세스 정의서 - L/C 방식

Unit Process	설 명	무역문서
1. UTH 접속	• 수출자가 UTH에 접속	
2. 매입신청서 작성	• 네고 신청을 위한 매입신청서 작성	매입신청서
3. e-Nego 서류 첨부	• C/I, B/L, P/I, C/O 등 네고서류 첨부	
4. e-Nego 서류 PDF 변환	• 매입은행에 네고서류 송신을 위해 PDF로 문서 변환하여 전자문서 보관소에 저장	
5. e-Nego 서류 송신(사본)	• UTH에서 금융결제원으로 PDF로 변환된 Nego 서류(사본) 송신	
6. e-Nego 서류 수신(사본)	• UTH에서 Nego 서류(사본) 수신 후, 매입은행으로 Nego 서류(사본) 송신	
7. e-Nego 서류 수신(사본)	• 금융결제원에서 Nego 서류(사본) 수신	
8. 매입심사	• PDF로 수신된 Nego 서류를 출력하여 매입심사	
9. 매입심사 결과 송신	• 매입심사 후, 결과를 금융결제원으로 송신	
10. 매입심사 결과 수신	• 매입은행에서 매입심사 결과를 수신하여, L/C 한도관리 조회 후, UTH로 매입심사 결과 송신	
11. 매입심사 결과 수신	• 금융결제원에서 매입심사 결과 수신 후, UTH에 매입심사 결과 저장	
12. e-Nego 서류 송신(원본)	• UTH에서 금융결제원으로 PDF로 변환된 Nego 서류(원본) 송신	
13. e-Nego 서류 수신(원본)	• UTH에서 Nego 서류(원본) 수신 후, 매입은행으로 Nego 서류(원본) 송신	
14. e-Nego 서류 수신(원본)	• 금융결제원에서 Nego 서류(원본) 수신	

○ e-Nego 프로세스 - D/P (Document against Payment)

〈그림 60〉 e-Nego 프로세스 - D/P

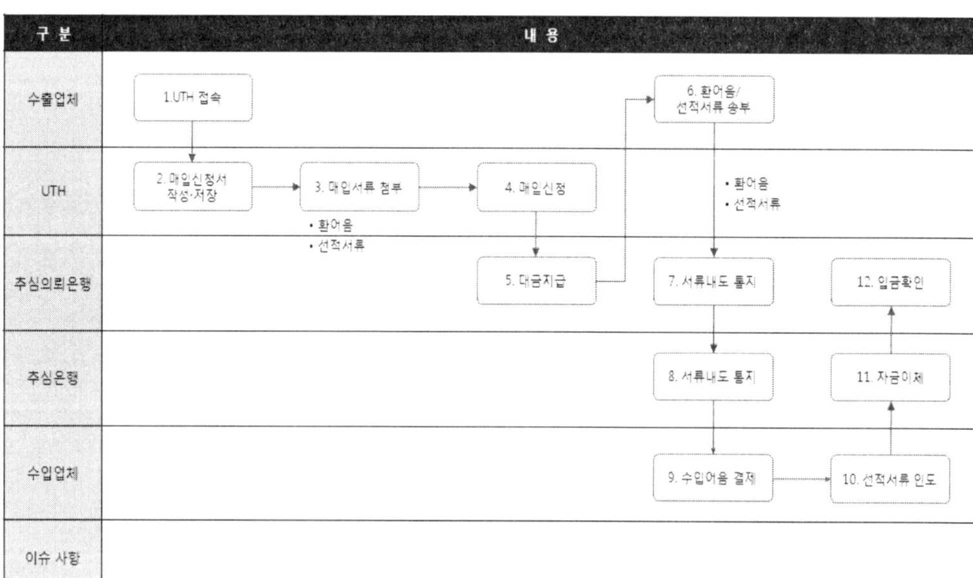

○ e-Nego 프로세스 정의서 - D/P (Document against Payment)

〈그림 61〉 e-Nego 프로세스 정의서 - D/P

Unit Process	설 명	무역 문서
1. UTH 접속	• UTH 로그인	
2. 매입신청서 작성·저장	• 매입신청서 작성 후, 저장	매입신청서
3. 매입서류 첨부	• 환어음, 선적서류 첨부	환어음, 선적서류
4. 매입신청	• UTH를 통해 수출환어음매입신청서를 추심의뢰은행에 제출 (XML, EDI)	
5. 대금지급	• 추심의뢰은행에서 수출업체로 대금지급	
6. 환어음/선적서류 송부	• 수출업체(UTH)에서 추심의뢰은행으로 환어음과 선적서류 송부	
7. 서류내도 통지	• 환어음과 선적서류 송부 받은 후, 추심은행에 서류내도 통지	
8. 서류내도 통지	• 추심은행에서 수입업체로 서류내도 통지	
9. 수입어음 결제	• 어음결제후, 선적서류 인도	
10. 선적서류 인도		
11. 자금이체	• 추심은행은 수입업체에 선적서류 인도 후, 추심의뢰 은행에 자금이체	
12. 입금확인	• 추심은행에서 자금 입금 확인	

○ e-Nego 프로세스 - D/A (Document against Acceptance)

〈그림 62〉 e-Nego 프로세스 - D/A

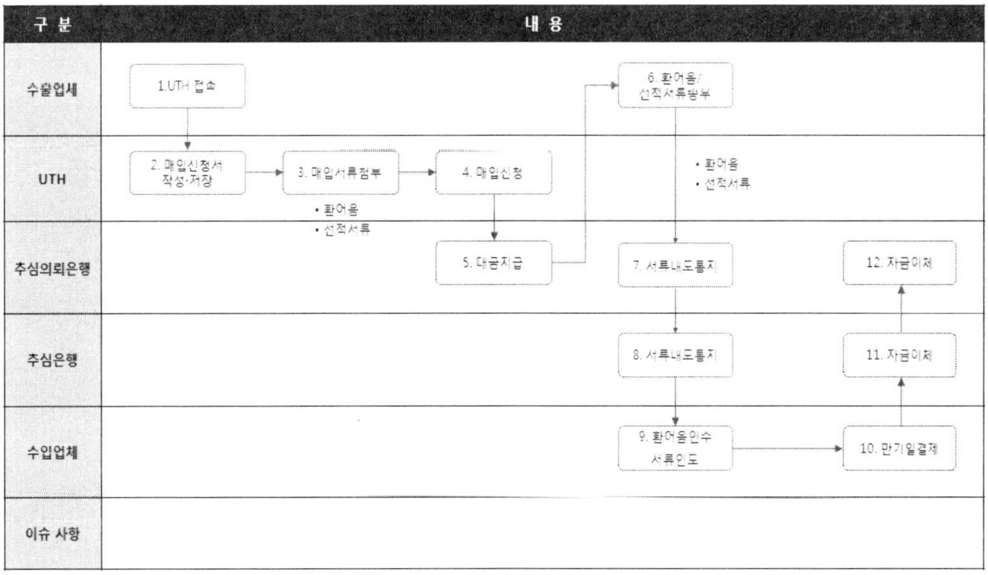

○ e-Nego 프로세스 정의서 - D/A (Document against Acceptance)

〈그림 63〉 e-Nego 프로세스 정의서 - D/A

Unit Process	설 명	무역문서
1. UTH 접속	• UTH 로그인	
2. 매입신청서 작성·저장	• 매입신청서 작성 후 저장	매입신청서
3. 매입서류 첨부	• 환어음, 선적서류 첨부	환어음, 선적서류
4. 매입신청	• UTH를 통해 수출환어음매입신청서를 추심의뢰은행에 제출 (XML EDI)	
5. 대금지급	• 추심의뢰은행에서 수출업체로 대금지급	
6. 환어음/선적서류 송부	• 환어음/선적서류를 추심의뢰은행으로 송부	
7. 서류내도통지	• 추심의뢰은행에서 추심은행으로 선적서류 내도 통지	
8. 서류내도통지	• 추심은행에서 수입업체로 선적서류 내도 통지	
9. 환어음 인수/서류인도	• 수입업체가 추심은행으로 환어음과 서류 인도	
10. 만기일 결제	• 어음만기일에 어음결제	
11. 자금이체	• 추심은행에서 추심의뢰 은행으로 자금이체	
12. 입금확인	• 추심의뢰은행에서 입금확인	

○ e-Nego 프로세스 - O/A (Open Account)

〈그림 64〉 e-Nego 프로세스 - O/A

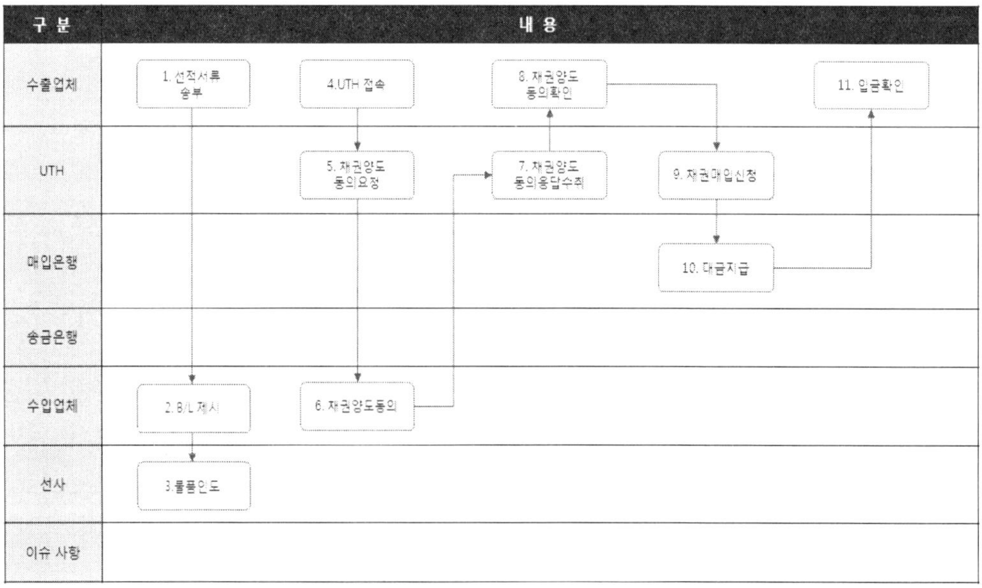

○ e-Nego 프로세스 정의서 - O/A (Open Account)

〈그림 65〉 e-Nego 프로세스 정의서 - O/A

Unit Process	설 명	무역문서
1. 선적서류 송부	• 수출업체는 계약, 물품선적 후, 수입업체에 선적서류 송부	
2. B/L 제시	• 선적서류를 송부받은 수입업체는 선사에 B/L 제시 후, 물품인도	
3. 물품인도		
4. UTH 접속	• 수출업체는 UTH에 로그인	
5. 채권양도동의요청	• UTH를 통해 매입신청서를 작성하고, O/A 양도(채권양도) 동의 통지	
6. 채권양도동의	• 수입업체는 UTH를 통해 채권양도동의	
7. 채권양도동의 응답수취	• UTH에서 수입업체의 채권양도동의 응답 수취	
8. 채권양도 동의 확인	• 수출업체는 수입업체의 채권양도동의 확인 후, UTH를 통해 매입신청	
9. 채권매입신청		
10. 대금지급	• 매입은행은 수출업체에 대금지급	
11. 입금확인	• 수출업체는 대금입금 확인	

(2) 수입 프로세스 분석

〈그림 66〉 수입 프로세스 분석

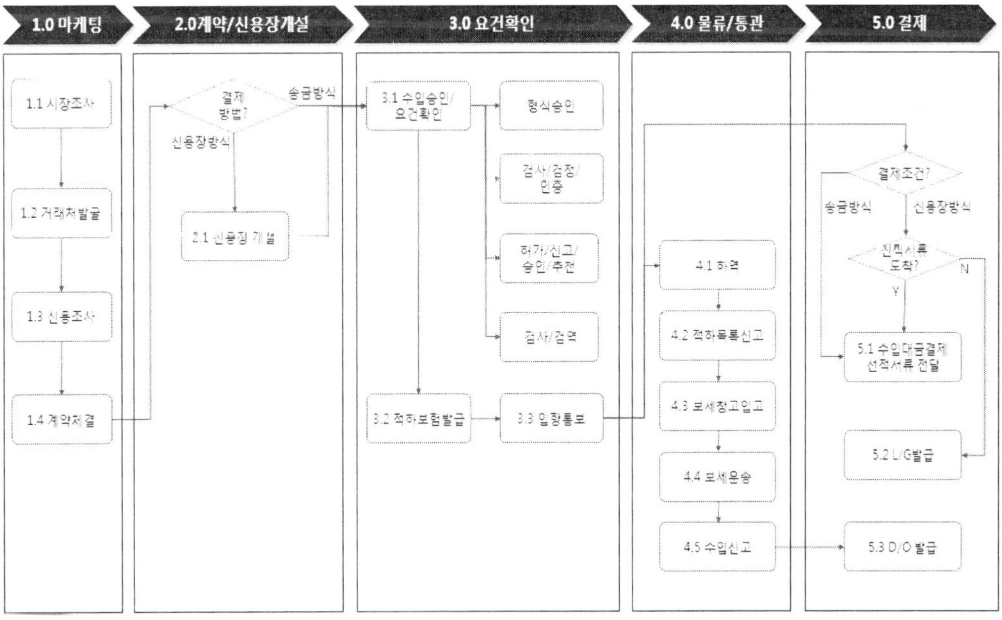

○ 외환 - 수입신용장 발급

〈그림 67〉 외환 - 수입신용장 발급

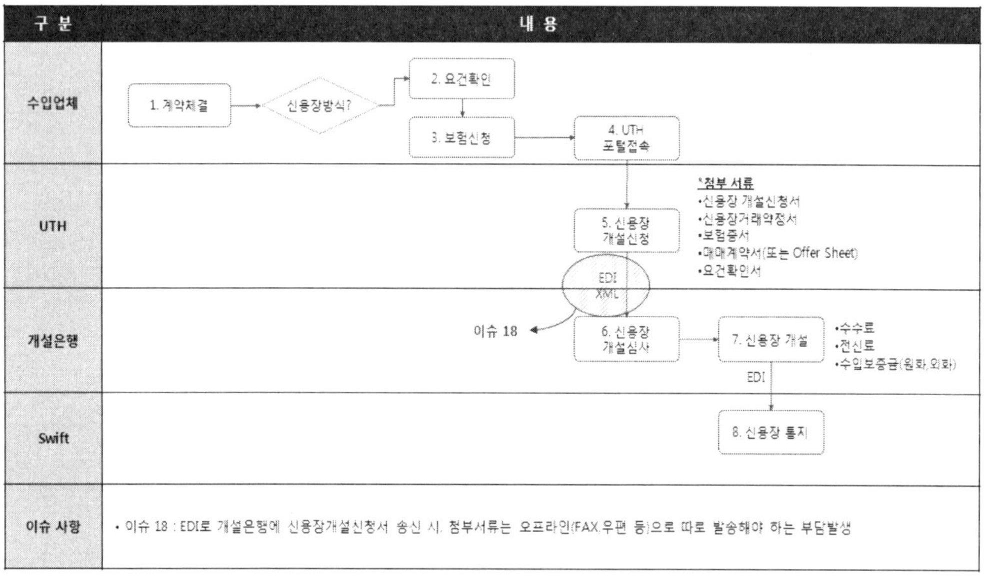

○ 외환 프로세스 정의서 - 수입신용장 발급

〈그림 68〉 외환 프로세스 정의서 - 수입신용장 발급

Unit Process	설 명	무역문서
1. 계약체결	• 수출입 업체간 계약체결	
2. 요건확인	• 수입물품 요건확인	
3. 보험신청	• 적하보험신청	
4. UTH 포털접속	• UTH 접속	
5. 신용장 개설신청	• UTH에서 수입신용장개설신청서 작성 후, 개설은행에 전송	수입신용장 개설신청서 신용장거래약정서 보험증서 매매계약서(Offer Sheet)
6. 신용장 개설심사	• 개설은행은 전송받은 수입신용장에 대한 개설심사	
7. 신용장 개설	• 심사 후, 수입신용장 개설	
8. 신용장 통지	• Swift를 통해 매입은행으로 신용장 통지	

○ 대금결제 - e-L/G, e-D/O 프로세스

〈그림 69〉 대금결제 - e-L/G, e-D/O 프로세스

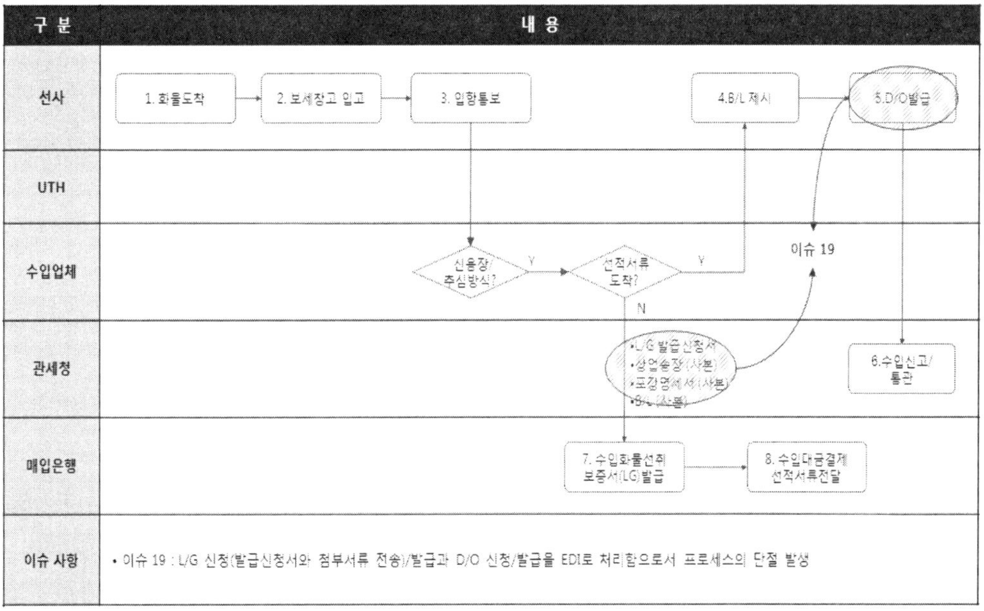

○ 대금결제 프로세스 정의서 e-L/G, e-D/O 프로세스

〈그림 70〉 대금결제 프로세스 정의서 e-L/G, e-D/O 프로세스

Unit Process	설 명	무역문서
1. 화물도착	• 화물도착(입항)	
2. 보세창고 입고	• 보세창고 입고	
3. 입항통보	• 수입업체에게 입항통보	
4. B/L 제시	• B/L 제시	
5. D/O 발급	• D/O 발급	
6. 수입신고/통관	• 관세청에 수입신고/통관	
7. 수입화물선취보증서(LG) 발급	• 선적서류 미 도착 시, 매입은행에 수입화물선취보증서(LG) 발급신청	
8. 수입대금결제 선적서류 전달	• 수입대금결제선적서류 전달	

○ 이슈 종합 (1/2)

〈그림 71〉 이슈 종합 (1/2)

구분	이슈
업무 현황 분석	• 이슈 01 : - UTH로 접속 시 검색은 가능하나, 상세조회 시 정보제공 EMP Site로 이동-유료자료인 경우 조회 불가 - EMP(e-Market Place)의 offer는 검색 및 조회 가능하나 계약체결은 off-line에서 진행
	• 이슈 02 : 계약 당사자간의 행위로 계약이 체결되므로, 계약당사자 이외 기관은 계약서 진위 여부 확인이 곤란→금융지원 등의 장애 요인
	• 이슈 03 : 업체 간의 행위로 계약이 체결되므로, 금융기관 등은 계약서 진위 여부의 확인이 곤란하여 금융지원을 꺼림
	• 이슈 04 : 매도인과 매수인이 작성한 각각의 계약서 존재 → 후일 분쟁 발생 가능
	• 이슈 05 : Telex 및 우편으로 내도한 수출신용장을 e-L/C로 통지하는 요건이 없어서 e-L/C 확산의 장애요인이 됨
	• 이슈 06 : 수출신용장을 수출업체에서 출력하여 "전촉법"에 의한 원본표시하여 사용함으로 위·변조 발생위험 상존
	• 이슈 07 : e-L/C 및 EDI의 경우, 통지수수료 사후징수에 따른 부담으로 은행 업무담당자의 e-L/C, EDI 이용 회피 현상 발생
	• 이슈 08 : 직접 방문에 따른 인적, 물적 비용발생
	• 이슈 09 : 기재 내용의 삭제 및 변조 가능성이 있음 – 중복융자 가능성 발생
	• 이슈 10 : 개설의뢰인이 내국신용장을 대리 수령하여 수익자에게 전달하는 과정에서 변조위험 발생

○ 이슈 종합 (2/2)

〈그림 72〉 이슈 종합 (2/2)

구분	이슈
업무 현황 분석	• 이슈 11 : 신용장방식의 경우, 은행에 융자증빙서를 직접 제출하여야 함으로, EDI 이용에 따른 이익 없음
	• 이슈 12 : 공급업체가 EDI 미가입 업체일 경우 EDI로 통지할 수 없어 구매업체가 내국신용장을 출력하고 "전촉법"에 의한 원본 표시와 인장을 날인하여 공급업체(수익자)에게 교부 – 공급업체는 신용장의 진위 여부 확인 곤란
	• 이슈 13 : UTH 에서 청약신청과 보험료 결제를 할 수 있는 기능이 없어 보험청약신청과 보험료 납부가 단일 사이트에서 이루어 지지 않음
	• 이슈 14 : 보험회사에서 EDI로 보내주는 문서를 보험개발원에서 XML로 변환하여 UTH로 전송함으로 EDI→ XML 변환부담 발행
	• 이슈 15 : e-Nego 서류가 한정적이어서 e-Nego 확대의 장애 요소로 존재
	• 이슈 16 : 매입 신청 시, 수출환어음재매입처리(Re-Nego)에 대한 기능이 없어서 재매입 처리 불가
	• 이슈 17 : 무역업체의 네고 신청/처리 후, 서류 수정이 필요할 경우가 있으나 현재 UTH에서 처리 불가
	• 이슈 18 : EDI로 개설은행에 신용장 개설신청서 송신 시, 첨부서류는 오프라인(FAX,우편 등)으로 따로 발송해야 하는 부담 발생
	• 이슈 19 : L/G 신청(발급신청서와 첨부서류 전송)/발급과 D/O 신청/발급을 EDI로 처리함으로서 프로세스의 단절 발생

3. EDI 및 EDI 도입효과

1) 수출입관련 EDI 흐름도

(1) 전 EDI 수출입통관체계 구성의 개요도

① 수출통관 흐름도

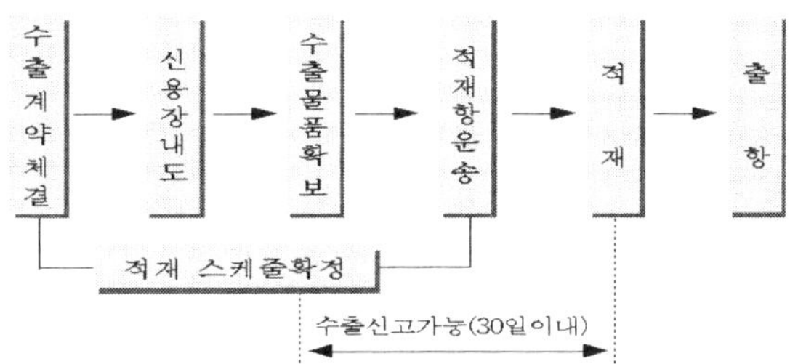

자료 : 필자 작성

② 수입통관 흐름도

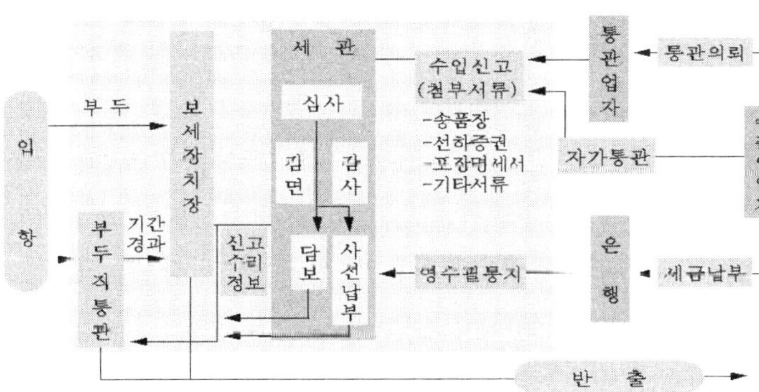

자료: 해항수산부

2) 수출입관련 EDI 절차별 업무내용

(1) 수출통관업무

수출이라 함은 내국물품을 외국으로 반출하는 것을 말하는데 수출하고자 하는 모든 물품은 세관의 수출통관절차를 밟아야 한다. 따라서 수출하고자 하는 자는 당해물품을 선(기)적하기 전까지 당해물품의 소재지 관할세관장에게 수출신고를 하고 수리를 받아야 한다.

현재 관세청은 지난 '94년부터 EDI(Electronic Data Interchange)방식의 수출통관절차를 도입하여 시행함으로써 수출물품을 간단하고 신속하게 통관하고 있으며, 현재 전체 수출건수의 95%이상이 P/L(Paperless)로 처리되며 2000년부터 자동수리 통관제가 확대되어 더욱 바르고 빠른 수출통관체제를 확립하고 있다.

수출물품에 대하여는 검사생략을 원칙으로 하고 있으나, 전산에 의한 발췌검사 또는 필요한 경우 예외적으로 검사를 실시하는 경우도 있다. 이때 부정수출이나 원산지 표시위반, 지적재산권 위반 등이 적발되면 관세법 등 관계법규에 의거 처벌되니 이러한 일이 발생되지 않도록 특별히 유의하여야 한다.

수출신고가 수리된 물품은 수출신고일로부터 30일 이내에 외국무역선 또는 외국무역기에 선(기)적하여야 하는데, 다만 선(기)적 스케줄 변경 등 부득이한 사유가 있는 경우에는 통관지세관장에게 선적기간 연장 승인을 받을 수 있고, 또한 선(기)적기간 내에 선(기)적되지 아니하는 경우에는 수출신고수리가 취소될 수 있으며 관세환급도 불가능하니 유의하여야 한다.

한편, 우편물이나 휴대탁송품의 선(기)적 관리에 대하여는 별도의 절차를 규정하고 있으며, 또한 우리나라 보세구역에 반입된 외국물품을 부득이한 사유 등으로 다시 외국으로 반송할 수 있는데, 이때의 통관절차는 반송신고 및 절차에 따른다.

수출신고는 수출물품의 소유자(화주 또는 완제품 공급자)나 수출입통관을 전문으로 하는 국가공인자격인(관세사, 통관취급법인 또는 관세사법인)이 관세청에서 정한 수출신고서 작성요령에 따라 수출신고서를 작성한 후 전자자료교환방식(EDI방식)으로 한국무역정보통신(KTNET)을 경유하여 관세청 수출통관시스템으로 전송하게 된다.

전송한 수출신고내용에 대하여 전산으로 오류사항을 통보받거나 신고내용을 정정하고자 하는 경우에는 신고번호가 부여되기 전까지는 수정한 내용을 포함한 신고자료를 당초의 제출번호에 의하여 다시 전송하면 된다.

관세청은 정상 수신된 수출신고 건에 대해서 수출통관시스템을 통해 처리하며, 처리가 된 건에 대해서는 수리 통보, 서류제출요구 및 직원오류통보 등의 응답문서를 신고인에게 보내준다.

수출신고된 물품에 대한 신고서의 처리방법은 자동수리, 즉시수리, 검사 후 수리 등 세 가지가 있는데, 자동수리란, 전산에 의하여 자동으로 수리되는 것을 말하며,

검사대상 또는 서류제출대상이 아닌 물품은 수출통관시스템에서 자동수리가 된다. 즉시수리는 자동수리대상이 아닌 물품 중 검사가 생략되는 물품으로 세관직원이 신고내용을 심사하고 수리하는 방법이며, 검사 후 수리는 수출물품에 대하여는 검사생략이 원칙이나 수출시 현품의 확인이 필요한 경우와 우범물품으로 선별된 물품중 세관장이 검사가 필요하다고 판단한 물품에 대하여 수출물품을 실제로 검사하고 수출신고를 수리하는 방법이다.

참고로, 수출신고 시 수출신고서를 세관에 제출하여야 하는 물품(서류제출대상물품)은 법 제145조(허가, 승인 등의 증명 및 확인)의 규정에 의한 세관장 확인물품 및 확인방법 지정 고시 중 수출신고 수리 전에 요건구비의 증명이 필요한 물품으로 다만, 수출승인기관과 전산망이 연계된 품목은 제외된다.

신고인은 수리된 신고 건에 대해서 수출신고필증을 출력하여 화주 등에게 교부할 수 있고, 서류제출건의 경우에는 세관처리담당자의 인장을 날인한 수출신고필증을 교부하여야 한다.

한편, 수출신고수리가 된 후에 정정사항이 발생한 경우에는 수출신고정정신청서를 작성하여 EDI방식으로 신청한 후 승인(기각)통보를 받는다.

수출통관 흐름도

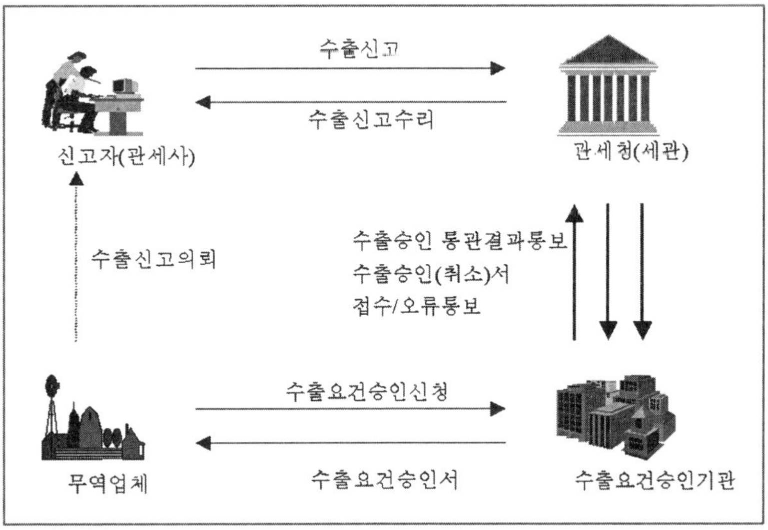

자료: 한국무역정보통신

수출신고가 효력이 발생되는 시점은 관세청통관시스템에서 신고번호가 부여된 시점으로 하며, 통관시스템에 기록된 내용과 종이신고서에 기록된 내용이 상이한 경우에는 통관시스템에 기록된 것을 기준으로 한다.

(2) 수입통관업무

세관의 수입통관업무는 각종 수입관련 법령상의 수입요건 이행여부 및 할당 · 양허세율 적용을 위한 수입물량 추천여부를 확인하고 관세, 부가가치세 등 각종 세법에서 정한 세금의 납부를 확인하여 외국물품이 국내로 반입되는 것을 허용하는 업무이다.

이를 위하여 수입자는 관련서류를 기초로 수입신고서를 작성하여 세관에 제출하여야 하며 수입신고를 받은 세관에서는 심사 및 물품검사 등을 실시하여 이상이 없는 경우 국내로 반입을 허용(수입신고 수리)하게 되는 일련의 '수입통관절차'를 거치게 되는데, 이러한 수입통관절차는 1990년대에 들어 관세행정 분야의 전산화의 진전에 따라 빠른 속도로 발전을 거듭하여 '96. 7월 EDI형 수입통관시스템이 개통됨에 따라 수입통관 및 물류가 획기적으로 개선되게 되었으며 지난 '99년 7월 12일부터 사람이 종이 서류를 들고 세관에 나오지 않고 전산을 근간으로 통관처리가 가능한 서류 없는(Paperless;P/L) 수입통관 시스템이 개통됨으로써 사람(人力)-時間-物流를 획기적으로 개선하게 되었다.

또한 '98년부터는 각종 승인, 추천, 검사검역 확인이 필요한 요건확인대상업무와 관련하여, 관세청과 유관기관간의 전산망 연계를 통하여 EDI방식을 이용함으로써 서류를 제출하지 않고 업무처리할 수 있도록 하고 있다.

수입신고는 화주, 관세사, 관세사법인, 통관취급법인의 명의로 할 수 있는데, 화주가 직접 신고하는 경우에는 수입신고 사항을 세관에 전송하기 위한 전산설비 등을 갖춘 후 세관에서 ID를 부여받아 신고하여야 하며, 수입신고 시에는 신고자가 관세 등 세금의 부과기준이 되는 과세가격, 관세율 및 품목분류번호, 과세 환율 등을 확인하여 신고하여야 하므로 이를 잘 모르는 경우에는 전문가인 관세사에게 통관 대행을 의뢰할 수 있다.

수입신고는 관세청에서 정한 수입신고서 작성요령에 따라 작성한 수입신고서 등을 한국무역정보통신(KTNET)를 경유하여 관세청 수입통관시스템으로 전송하고, 관세청시스템은 수입신고내용에 대하여 전산으로 오류사항을 통보하거나 접수내역을 신고인에게 통보해준다.

수입신고서를 접수한 세관에서는 신고한 물품의 검사여부를 결정하게 되는데, 대부분의 물품은 검사 없이 신고내용의 형식적 · 법률적 요건만 심사하고 수리하지만, 검사대상으로 선정된 물품은 세관공무원이 수입 물품에 대한 검사 및 심사를 한 후 신고수리를 하고 있다. 또한 세관 심사과정 중 필요시에는 정정통보/ 서류보완/서류제출변경 등의 보완요구를 할 수도 있다.

세관의 심사결과, 통관을 허용하기로 결정한 경우에는 당해물품에 대한 관세 등을 납부하거나 해당 세액에 상당하는 담보를 제공하여야 신고수리가 되어 물품을 반출할 수 있으며, 담보를 제공한 경우에는 신고수리 후 15일 이내에 관세를 납부하여야 한다.

수입물품에 대한 관세는 신고납부가 원칙이므로 납세의무자가 관세와 수입물품에 부과되는 내국세를 계산하여 세관에 신고하게 되는데, 실무적으로는 관세사에게 수입통관을 의뢰하면 관세사가 세액을 계산하여 세관에 EDI방식으로 전송한다. 관세는 국내도착가격(CIF US$)에 수입신고일의 과세환율을 적용한 금액에 해당물품의 관세율을 곱하여 산출하며, 이때 수입물품에 대하여 부과되는 부가가치세 등 내국세에 대하여도 관세와 함께 신고 납부한다. 또한 여행자, 승무원 등의 휴대품 및 별송품 또는 우편물 등 과세대상 자가 세액결정하기에 정확을 기할 수 없는 경우에 대해서는 세관장이 결정하여 납세자에게 고지하는 부과 고지방식이 있다.

관세 등 납부서는 세관에 출두할 필요 없이 관세사 사무실에서 출력하여 수입자가 편리한 국고수납 내리점인 금융기관에 세액을 납부할 수 있으며, 이 때 해당 수납기관은 관세청에 영수필통지 전자문서를 전송하여 수납사실을 알리고, 관세청은 수납여부를 확인한 후 수입신고수리를 하게 된다. 한편, '99년 10월부터는 PC-Banking을 통해 관세를 납부할 수 있는 관세자동계좌이체서비스를 실시하고 있으며, 현재 17개 은행이 서비스하고 있다.

세관장은 수입자가 신고한 내역에 대하여 세관에서 이를 적법하고 정당하게 이루어졌다고 인정할 경우수입신고수리를 하여 통관을 허용하게 되는데 수입신고수리가 된 물품은 내국물품이 되므로 보세구역(장치장)에서 즉시 반출할 수 있다. 또한 신고수리가 된 경우 세관에서 발급해주는 신고필증은 자신이 신고한 물품이 무엇인지, 세금은 얼마를 납부하였는지 알 수 있는 자료일 뿐만 아니라, 물품을 장치장에서 반출할 때에도 신고가 수리되었음을 장치장에 알려주는 증서이기도 하므로 물품을 양도하지 않는 한 타인에게 양도하지 않아야 한다.

수입통관 흐름도

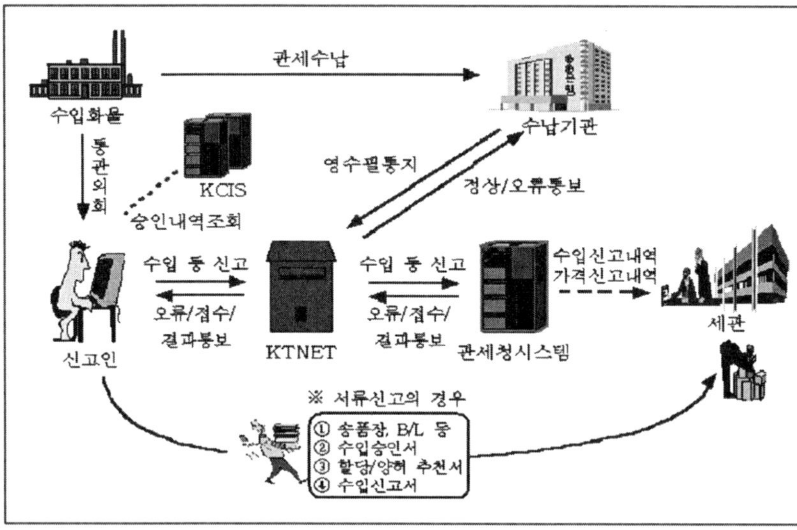

자료: 한국무역정보통신

3) 신용장 업무

(1) 수출신용장 통지업무

수출신용장통지(Advice of letter of credit)란 수출자의 거래은행(통지은행)의 수입자의 신용장 발행은행이 송부해온 신용장을 수출자에게 그 내도사실을 통보하고 신용장을 교부하는 것으로, 수출자가 선적을 완료하고 신용장조건과 일치하는 선적서류를 제시하면 수입자 거래은행(L/C개설은행)이 대금결제를 보증하는 비유통증권으로서 수출계약이 성립된 후 수입자, 개설은행, 통지은행, 수출자순으로 통지되는 문서를 말한다.

현재 국내 외국환은행은 신용장 등 은행간 자금결제는 국제은행간 금융통신망(SWIFT: The Society for Worldwide Interbank Financial Telecommunication)을 통하여 주로 처리가 되고 있으며 수출신용장통지는 이 시스템을 통하여 신속히 이루어지고 있다.

수출신용장통지방식은 SWIFT, Air-mail, TELEX(CABLE) 등 주로 3가지 방식으로 통지되고 있으며, 전자문서교환방식(EDI)으로 처리되고 있는 것은 SWIFT방식만이 가능하다.

수출신용장통지가 통지은행에서 수출자에게 통지되는 절차를 보면 다음과 같다.

서류방식과 EDI방식의 업무방식 비교

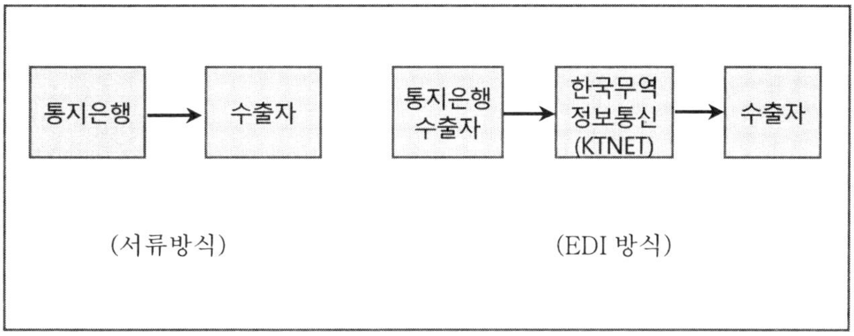

자료: 한국무역정보통신

서류방식은 통지은행에서 수출자에게 신용장통지 사실을 통보하고, 수출자가 통지은행에 방문하여 수출신용장통지수수료를 통지은행에 납부하면 통지은행은 수출자에게 수출신용장통지서를 교부하게 된다. 좀 더 자세한 처리절차를 보면 본점 통지계에서 해외에서 접수된 신용장을 해당은행 신용장교부 양식에 출력한 후, 자체 행낭을 통해 지점에 송부하고 있다. 그러므로 지방에 소재한 지점인 경우는 당일 본점 통지계에서 해외로부터 접수된 신용장을 해당일에 수출자에게 교부하기는 어려운 상황이며, 때문에 일부은행에서는 FAX 혹은 전화로 간단한 내용을 알려주는 절차로 보완을 하고 있는 실정이다.

그러나 EDI방식은 통지은행 본점 통지계에서 해외로부터 접수된 수출신용장내역을 EDI전자문서로 변환 처리를 하고, 한국무역정보통신(KTNET)에 가입된 거래고객의 사서함ID 속에 신속히 송부된다.

따라서 해당지점에 행낭으로 송부되는 절차가 생략되고, 지방소재 지점을 거래하는 업체인 경우에도 당일 해외에서 접수된 신용장은 당일 수취가 가능하다. 특히 최근 들어 일부은행에서는 EDI방식으로 수출신용장통지를 수취하는 고객에 대하여 통지수수료의 할인 혜택을 크게 부여하고 있으며, 점차 타 은행으로 확산되고 있다.

이와 같이 EDI서비스를 이용할 경우수출신용장통지를 신속히 받을 수 있고, 비용절감 효과도 크지만 몇가지 아쉬운 점이 있는 것도 사실이다. 그 이유는 몇 가지로 간추려 볼 수 있다.

첫째로 국내 외국환은행은 대부분 EDI방식으로 수출신용장통지 수취가 가능하지만, 외국계은행은 홍콩상하이, 뱅크원, 스탠다드차타드 등 몇 개 은행만이 가능하고, 게다가 일부 무역업체에 대하여 선별적인 서비스를 시행하고 있는 관계로 모든 수출신용장수취를 EDI로 적용하고자 하는 업체는 이중처리의 불편함이 있다.

둘째로 통지은행에서 EDI방식으로 송부받은 신용장을 해당업체에서 출력한 후 타 은행에 매입(Negotiation)시 통지은행에서 원본확인을 요하는 경우가 가끔 있다. 이와 같은 경우는 매입은행이 EDI로 발급받은 문서를 확인할 방법이 없기 때문에 해당 은행에서 보완적인 조치를 취하는 부분이라고 할 수 있다.

이와 같은 부분적인 문제점은 있지만 아직도 많은 무역업체들이 EDI를 이용하지 않은 이유는 현행 업무처리 관행의 변경필요성 등 경영자의 인식부족 등에 기인된다고 할 수 있다.

(2) 수입신용장 개설 업무

수입자를 신용장개설의뢰인으로 하고 수출자를 수익자로 하여 수입자의 거래은행인 신용장개설2은행이 수입자의 요청 또는 은행자체의 결정에 의해 개설하며, 수출자 또는 그 지시인에게 신용장에 명기된 조건과 일치하는 경우 무조건 물품대금을 지급하겠다고 약속하는 비 유통성 조건부 약속증서이다.

현재 국내외국환은행은 신용장 등 은행간 자금결제는 국제은행간 금융통신망(SWIFT: The Society for Worldwide Interbank Financial Telecommunication)을 통하여 주로 처리가 되고 있으며 수입신용장개설도 이 시스템을 통하여 신속히 이루어지고 있다.

수입신용장개설이 개설은행에서 해외로 송부되는 절차를 보면 다음과 같다.

서류방식과 EDI방식의 업무방식 비교

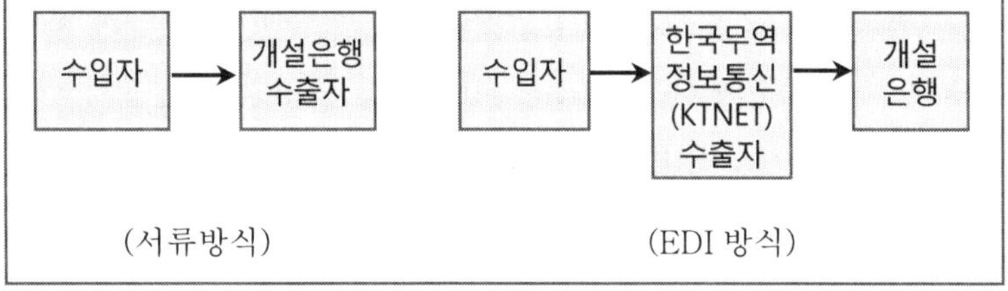

자료: 한국무역정보통신

서류방식은 수입자가 개설은행에 취소불능화환신용장개설신청서 및 물품매도확약서 등 개설신청시 에 필요한 첨부서류를 만들어 거래지점에 방문하여 개설신청을 하면 해당 지점에서는 개설수수료 및 전신료 등의 관련비용을 받은 후 신용장 개설을 승인하게 되며, 요청받은 신용장은 첨부서류와 함께 자체 행낭을 통해 본점 수입계로 일괄 송부되게 된다.

각 지점에서 송부된 신용장은 본점 수입계에게 각 국가별로 분리되어 SWIFT양식에 의거 문서를 입력하여 해외 통지은행으로 송부하게 된다. 보통 이와 같은 업무절차로 지점 개설신청 후 2~3일 후 해외 수출자에게 신용장이 송부되게 된다.

그러나 EDI방식은 수입자가 (주)한국무역정보통신(KTNET)을 통해 개설은행 본점에 전자문서를 전송(이때 첨부서류가 생략됨)하고, 본점은 자체전산망을 통해 각 지점 외환전용 단말기로 연결되며, 해당지점 외환담당자는 신청내용을 검토한 후 수입신용장 개설 승인(이때 개설시 발생되는 개설수수료 및 전신료는 최초 거래약정시 지정된 결제구좌에서 자동 인출됨) 처리를 하면, 즉시 본점 수입계로 전달되고 SWIFT를 통해 해외 통지은행에 전달된다. 이 경우 자체 전산입력 절차가 생략되어 신속한 업무전개가 이루어진다.

따라서 EDI방식으로 신용장을 개설하는 업체의 경우는 개설신청 후 해외 수출자에게 통지되는 기간을 1~1.5일을 단축할 수 있으며, 수입신용장개설의 경우는 수출신용장통지업무와는 달리 국내 전 외국환은행 및 국내소재 19개 외국계은행도 업무처리가 가능하다는 큰 장점을 가지고 있으며, 일부 은행에서는 이미 EDI방식으로 신용장을 개설하는 업체에 대하여는 수입신용장개설시 개설전신료를 면제해 주어 이용자의 혜택을 대폭 확대해 나가고 있다. 앞에서 수출신용장통지의 문제점을 일부 언급했지만, 수입신용장개설의 경우는 업무처리 시 큰 문제점은 발생되지 않고 있다.

2000년까지만 해도 EDI서비스를 이용하기 위해서는 반드시 사용자용 S/W를 구입해야 했으나, 2001년부터 (주)한국무역정보통신(KTNET)이 인터넷 웹브라우저만 있으면 동업무를 수행할 수 있는 시스템을 개발함에 따라 EDI방식의 신용장 관련 업무를 이용하는 중소업체가 크게 늘어나고 있다. 인터넷방식의 EDI서비스는 월 20,000원만 내고 사용료만 내면 VAN EDI방식을 사용하는 것이나 다름없는 서비스를 받을 수 있다.

3) 내국신용장/구매승인서 업무

(1) 내국신용장 업무

우리나라 수출업자가 수출용 원자재 또는 완제품을 조달할 때 외국환은행이 그 물품대금의 지급을 보장하는 지급보증서인 내국신용장(LOCAL L/C)은, 물품공급자를 수혜자로, 공급받는 자를 개설의뢰인으로 발행하며 여기에 수반되는 내국신용장, 오퍼, 세금계산서, 인수증, 로컬어음도착통지 및 매입 등의 업무를 제도 개선하여 한국무역정보통신(KTNET)이 EDI 방식으로 서비스하고 있다.

내국신용장 업무흐름도

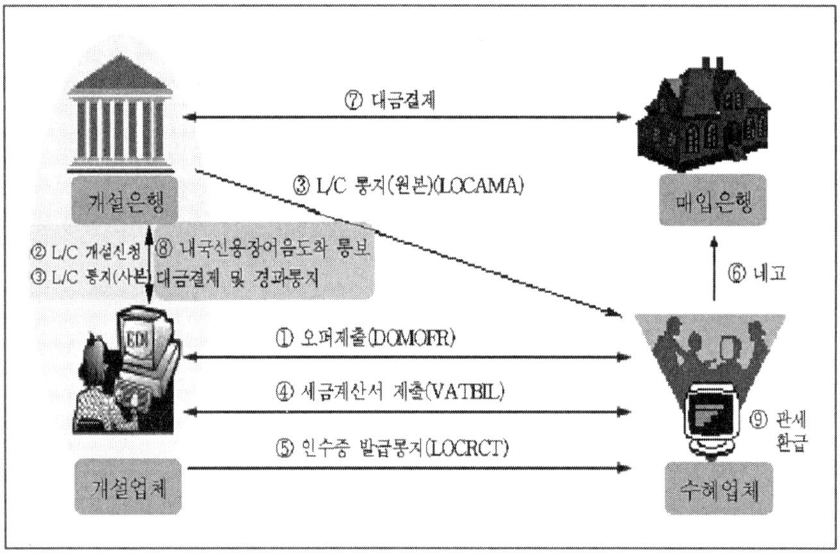

자료: 한국무역정보통신

[업무절차]

1. 내국신용장 수혜업체는 개설업체에 공급하고자 하는 물품의 오퍼(DOMOFR)를 전송하면
2. 개설업체는 수혜업체로부터 오퍼를 수신한 후 승낙 오퍼를 전송한다.
3. 개설업체는 개설은행에 내국신용장개설신청서(LOCAPP)를 전송하고
4. 개설은행은 개설업체와 수혜업체에게 내국신용장을 통지(LOCADV)한다.
5. 수혜업체는 물품을 공급하고 세금계산서(VATBIL)를 발급하여 EDI로 개설업체

에게 전송하면

6. 개설업체는 인수증(LOCRCT)을 발급하여 수혜업체에게 전송한다.
7. 수혜업체는 내국신용장어음매입(추심)신청서(APPLNG)를 매입은행에 전송한 후 매입은행에 매입서류를 제출하면
8. 매입은행은 수혜업체에게 매입대금 지급후 내국신용장어음매입용 계산서(FINBIL)를 수혜업체에게 전송한다.
9. 매입은행은 내국신용장 매입서류를 개설은행에 송부(서류방식)하면
10. 개설은행은 내국신용장어음결제 사항을 확인하고 대금지급 여부를 결정한 후 개설업체에게 내국신용장어음도착통지서(LDANTC)를 전송하여 개설업체가 발행한 인수증의 번호, 결제일 및 결제금액 등을 통지한다.
11. 개설업체는 결제대금을 개설은행에 지급지시(PAYORD)를 이용하여 EDI로 전송
12. 개설은행은 지급지시 요청에 대해 내국신용장 결제 후 개설업체에 출금통지서(DEBADV)를 EDI로 전송
13. 개설은행은 매입은행에 내국신용장 대금결제

[EDI 효과]

내국신용장 거래시 발생되는 모든 서류(오퍼, 내국신용장, 세금계산서, 인수증, 로길네고 등)를 EDI방식으로 처리함으로써, 개설업체는 내국신용장개설신청시 오퍼 등 첨부서류를 제출할 필요가 없고 물품명세 또한 대표물품만 입력하기 때문에 입력시산을 단축할 수 있으며, 개설을 위한 은행방문이 불필요해져 신속한 업무처리가 가능하다. 개설은행은 내국신용장 개설시 이중입력이 거의 배제됨에 따라 업무의 효율성 증가 및 내부시스템 효율화에 기여할 수 있다.

수혜업체는 내국신용장을 EDI로 수신 후 직접 출력하여 사용하기 때문에 은행을 방문하던 시간을 절약할 수 있고 기존의 은행지점장의 확인도장 날인 대신에 업체의 인감날인을 사용한다. 기존 LOCAL거래는 업체를 방문하여 관련서류(오퍼, 세금계산서, 인수증)를 전달하고 수령하였지만 EDI이용시에는 업체에서 모든 서류를 송수신하기 때문에 업체방문이 필요없고 또한 네고서류를 회사의PC에서 직접 출력하여 사용하므로 신속한 업무처리를 통한 전체 업무처리시간 단축으로 자금회전의 효율화를 기할 수 있다.

(1) 구매승인서 업무

우리나라에서 외화획득용 원료 등을 구매할 때, 무역금융 한도의 부족 또는 단순 송금방식 수출의 경우로 내국신용장 개설이 불가능할 경우, 물품공급업체에게 구매승인서를 발급하여 수출실적을 인정받도록 하는 업무로서 한국무역정보통신(KTNET)이 EDI방식으로 서비스를 제공하고 있다.

구매승인서 업무흐름도

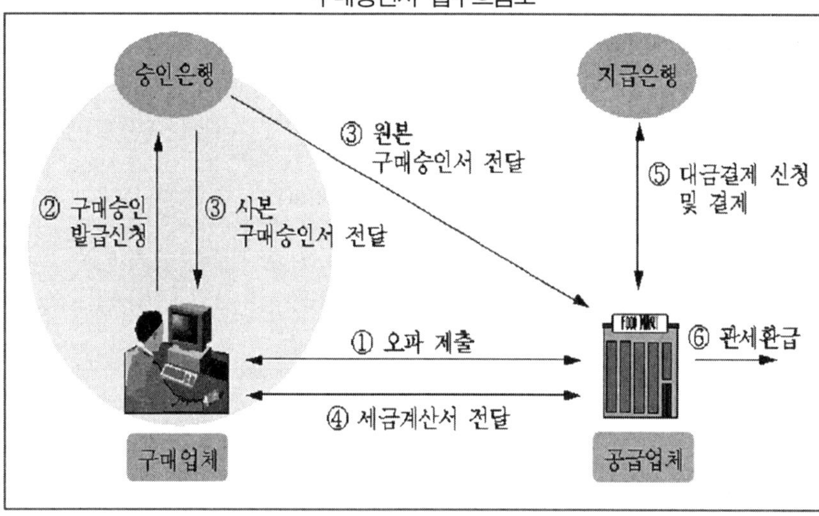

자료: 한국무역정보통신

[업무절차]

1. 외화획득용 원료 등을 공급하는 자는 공급하고자 하는 물품의 오퍼(DOMOFR)를 구매자에게 전송하고
2. 구매자는 외화획득용 원료(물품)구매승인신청 전자문서(APPPUR)를 은행에 송신하면
3. 이를 수신한 은행은 공급자와 구매자에게 외화획득용 원료(물품)구매승인서를 전자문서로 송신한다.
4. 공급자는 물품을 공급하고 세금계산서 전자문서(VATBIL)를 구매자에게 전송하며
5. 구매자는 공급자에게 대금지급을 지시하는 전자문서(PAYORD)를 은행에 전송하면 은행은 대금을 지급하고 그 결과를 구매자에게는 출금통지(DEBADV)를 하며 공급자에게는 입금통지(CREADV)를 전송한다.

[EDI 효과]

전 업무(오퍼제출, 구매승인통지, 세금계산서 전달, 대금결제)를 EDI방식으로 처리하므로 구매자는 구매승인서 발급신청시 구매승인신청서만 송신하고 기타 첨부서류는 제출이 면제되기 때문에 업무처리시간을 단축할 수 있으며 발급을 위한 은행방문이 불필요해져 신속한 업무처리가 가능하다.

공급자는 구매승인서를 EDI로 수신 후 직접 출력하여 사용하기 때문에 은행을 방문하던 시간을 절약할 수 있고 관련서류(오퍼, 세금계산서) 전달을 위한 방문횟수가 감소됨으로써 신속한 업무처리 및 비용절감 등의 효과를 기할 수 있다.

5) 수출입대금 결제업무

대부분 수출자와 수입자간의 계약에 준하여 신용장 또는 무신용장방식 등에 의한 거래에 의하여 거래은행과 대금결제가 이루어진다.

먼저 수출과 수입업무를 구분하여 비교해 보기로 하자.

첫째, 신용장방식의 수출의 경우는 수출자가 신용장 조건에 따라 선적을 완료하고 발행한 수출환어음 및 신용장에서 요구한 선적서류 일체를 거래은행에 매입신청을 하면 매입은행은 제시된 신용장의 조건 및 제시된 선적서류를 심사한 후 환가료, 수출환어음 추심수수료, 대체료, 우편료 등을 공제한 후 수출자에게 결제가 이루어진다.

이 과정에서 매입은행은 수출자에게 수수료계산서를 발급하게 되는데 보통 수출입담당 부서는 은행에서 발급받은 계산서를 회계 관련 자료로 활용하기 위해 별도 프로그램에 입력하여 수출사후관리를 처리해야 한다. 여기시 대형업체의 경우는 입력작업에 상당한 시간이 소요되며, 중소업체의 경우는 분실로 인하여 매입은행에 재발급을 요청하는 경우도 있다고 한다.

그렇지만 전자문서교환방식(EDI)을 적용할 경우는 매입은행에서 발급되는 계산서를 EDI로 송부하여 주므로 이와 같은 불편함을 일시에 해소할 수 있는 방법이라고 할수 있으며 현재 EDI를 이용하는 대형고객은 계산서를 자체 회계프로그램과 연계하여 상당히 편리한 자료로 활용하고 있다.

많은 건수를 짧은 시간에 처리해야 하는 대형업체의 경우는 수출환어음매입신청서(APPNEG)를 활용하여 매입은행에 매입신청시간을 줄일 수 있다.

특히 사후송금결제방식인 Open Account방식을 적용하고 있는 삼성전자, LG전자의 경우, 수출환어음매입신청 시 하나의 전자문서 즉, 수출환어음매입신청서(APPNEG)(첨부서류인 선하증권, 송장, 포장명세서 등의 제출을 생략)전송만으로 수출환어음 매입처리가 이루어지며, 대금결제는 EDI방식으로 자동처리되고 있다.

현재 EDI방식으로 적용되고 있는 문서는 아래와 같다.

문 서 명	전 자 문 서	비 고
계산서	FINBIL	수출환어음계산서 등
수출환어음매입신청서	APPNEG	수출환어음 매입신청서
입금통지서	CRADV	해외입금내역 통지
수출환어음처리결과	ACNOTC	수출NEGO후 해외결제 은행에서 매입거절시 전송되는 문서

둘째, 수입의 경우는 수출의 경우와 같이 신용장 방식과 무신용장방식 및 송금결제방식으로 대금결제가 이루어지며, 신용장방식의 경우는 일람불 및 기한부 등 조건에 따라 결제시기의 차이가 발생한다.

보통 수입자가 취소불능화환신용장을 일람불(AT SIGHT) 또는 기한부(Usance)방식으로 개설신청을 할 경우 발행은행은 신용장개설수수료, 전신료를 징구하고 지급보증을 하게 되고, 수입자에게는 계산서 및 신용장을 발행하게 된다. 이때 수입자는 자금부서에서 경비를 인출하여 개설과 동시에 발행은행에 지급해야 하므로 개설시 업무처리가 상당히 불편하다.

그렇지만 전자문서교환방식(EDI)으로 결제하는 경우는 수입자와 신용장발행은행간에 약정된 결제구좌에서 신용장개설관련 경비가 자동 인출되며, 발행은행이 서류로 발행되는 계산서도 EDI로 송부하여 줌으로써 신속한 업무처리가 이루어진다.

최근 일부은행에서는 신용장개설 경비 중 EDI방식으로 신청하는 경우는 개설전신료를 면제해 주기도 하며, 기한부신용장 중 Bank's Usance인 경우는 해외 인수은행에서 송부된 수입어음Discount내역을 발행은행이 수입자에게 송부해줌으로써 수입자가 자금 결제의 정보로 활용할 수 있도록 하고, 또한 선적서류의 도착 사실을 통보해줌으로써 결제기일 지연으로 인한 자금부담을 줄여 주고 있다.

수입관세 납부의 경우도 수입자가 관세를 은행에 납부(일부업체는 PC뱅킹 또는 전용선으로 처리)하면 수납은행이 동 내역을 관세청에 전자문서로 전송함으로써 수입자가 관세청에 납부영수증을 제출하지 않아도 되므로 수입통관과 즉시 연결되어 신속한 업무처리가 되고 있다.

현재 EDI방식으로 적용되고 있는 문서는 아래와 같다.

문서명	전자문서	비고
계산서	FINBIL	수입신용장개설수수료 등
어음할인	DISCHG	수입어음할인내역통보서
선적서류도착통지	DONATC	선적서류도착통지

6) 원산지증명 발급업무

원산지증명(Certificate of Origin) 제도는 최종 소비자를 보호하기 위하여 수입물품에 국제적으로 인정되는 원산지 적용기준을 마련하여 수출 또는 수입하는 물품에 원산지 표시를 명확히 함으로써 불공정수출입 행위를 근절하기 위하여 시행하는 것으로 우리나라는 상공회의소에서 그 발급업무를 맡아오고 있다.

원산지증명을 발급받기 위해서 무역업체는 상공회의소 소정양식에 신청서를 작성한 후, 관련 증빙서류를 첨부하여 신청하여야 한다.

신청시에는 발급요건에 따라 첨부서류가 다르며,

첨부서류는 ① 정상적인 경우: 상업송장 1부 ② 재발급을 받고자 하는 경우: 상업송장1부와 기 발급받은 C/O원본 (원본이 없는 경우 사유서 및 기발급받은 C/O사본) ③ 발급일자를 소급하여 발급받고자 하는 경우: 상업송장 1부, Nego계산서 사본 ④ 신용장에 원산지 증명 원본(Original)을 2부 이상 요구하는 경우나 실사인(Manual sign)을 요구하는 경우 등 특별한 지시사항이 있는 경우: 상업송장1부, 신용장(L/C) 사본을 제공해야 한다.

원산지증명을 발급받기 위해서 무역업체는 먼저 상공회의소에 서명등록을 해야하며, 지방 상공회의소 회원이 서울상공회의소에서 발급을 받고자 하여 서울상공회의소에 서명등록을 하려면 지방상공회의소에서 발급한 회원확인서를 첨부해야 무료로 서명등록을 마칠 수 있다.

상공회의소에서는 2004년 10월 1일부터 무역업체들의 편의를 위해 증명발급시 제출하는 서류를 대폭 간소화하였을 뿐만 아니라 원산지증명서의 양식도 신양식으로 변경하여 증명발급 서비스의 개선에 노력을 아끼지 않고 있다.

이와 더불어 상공회의소에서는 지금까지 활성화되지 않고 있던 EDI방식의 증명발급서비스를 한국무역정보통신(KTNET)과 함께 대폭 개선하여 무역업체가 EDI로 발급을 신청하는 경우 신청부터 발급까지 30분 내에 처리될 수 있도록 시스템을 개선하여 운영하고 있다.

EDI방식으로 발급을 신청하는 경우 실사인(Manual sign)을 요청하는 증명발급을 제외하고는 무역업체가 손쉽게 발급을 받을 수 있도록 설계하여 업무의 편의를 더욱 증진시켰다.

따라서 원산지증명과 상업송장증명을 EDI방식으로 이용하고자 하는 무역업체는 EDI용 S/W를 준비한 다음 아래의 절차에 따라 이용하면 된다.

[이용절차]

무역업체는 서명등록이 되어 있어야 하고, 상공회의소 비회원인 경우 준회원의 자격획득이 이익인지를 판단하여 준회원 가입여부를 결정한다.

EDI방식으로 업무를 처리할 수 있도록EDI용 S/W를 준비하고, 한국무역정보통신(KTNET)에 가입신청을 하여 가입승인서를 받은 다음, 상공회의소의 "CO공증자동화 이용신청서"를 작성하여 제출하고 거래약정을 체결한다.

한국무역정보통신(KTNET)과 상공회의소의 등록절차가 끝난 무역업체는 상공회의소 증명발급팀을 방문하여 원산지증명서, 상업송장 증명서의 빈양식에 미리 일정한 양만큼 공증직인을 날인한 것을 발급받는다. 이때 상공회의소에서는 발급일자와 발급번호는 생략하고 발급된 내역을 컴퓨터로 관리한다.

무역업체는 EDI방식으로 처리할 전자문서(원산지증명 발급신청서 등)를 EDI용 S/W를 이용하여 한국무역정보통신(KTNET)을 통해 상공회의소로 전송한다.

상공회의소는 한국무역정보통신(KTNET)으로부터 무역업체가 보낸 전자문서를 수신하여 서명등록여부를 확인하고 시스템상에서 20분 이내에 자동발급한다.

무역업체는 신청한 후 일정한 시간(약 30분)이 경과한 다음 한국무역정보통신(KTNET)으로부터 전자문서를 수신하여 미리 공증직인을 날인한 양식에 발급내역을 출력하여 발급일자를 찍은 후 사용한다. 이때 발급일자를 찍는 도장의 글자크기 및 색깔 등은 상공회의소에서 날인한 것과 동일한 형태여야 한다.

이런 절차로 계속 업무를 진행하다가 공증날인 받은 양식지가 부족해 지는 시기(대체적으로 월 1회)에 공증직인을 날인 받은 양식지와 잔량 및 폐기처리된 내역을 작성하여 상공회의소에 제출하고 추가 공증날인 양식지를 교부받아야 한다. 이때 비회원사인 경우에는 상공회의소에 발급수수료를 지급하여야 한다.

재발급을 받고자하는 경우 먼저 상공회의소의 담당자에게 기 발급된 증명서의 발급취소를 요청하여 취소처리한 뒤 원산지증명신청서를 전송하여야 한다. 만약 기 발급받은 증명서를 취소하지 않고 재전송하면 발급이 되지 않으며, 발급신청번호를 달리해서 신청하면 재발급으로 처리되지 않고 신규로 발급을 하는 것이 되므로 비회원사인 경우에는 발급수수료가 발생되므로 주의해야 한다.

EDI용 S/W를 준비하는 방법에는 무역업체의 규모에 따라 크게 3가지 방법으로 분류해 볼 수 있는데, 대기업의 경우에는 내부 시스템과의 연동을 위해서 자체적으로 S/W를 준비하여 이용하는 것이 바람직하고, 중소기업의 경우에는 패키지용으로 제공되는 S/W를 구입하여 이용하거나 한국무역정보통신(KTNET)이 협력업체와 공동으로 개발한 바로트레이드(barotrade)를 이용하면 된다.

한국무역정보통신(KTNET)은 대기업 등 회사 전산시스템에서 원산지증명신청서나 상업송장을 관리하는 경우 EDI용 변환시스템이 없어도 FTP방식으로 내부 시스템과 연동을 쉽게 할 수 있도록 자체적으로 변환대행을 처리해 주기 때문에 손쉽게 내부 시스템과 연동을 할 수 있다.

또한, 기존에 패키지용으로 개발된 S/W를 이용하는 무역업체들은 구입한 S/W의 제공회사에 전 화해서 기능을 업그레이드하여 이용하여야 하며, 한국무역정보통신(KTNET)에서 제공하는 바로트레이드를 이용하려는 무역업체는 한국무역정보통신(KTNET)의 홈페이지(http://www.KTNET.co.kr)에서 EDI서비스의 하위메뉴에서 바로드레이드의 시용법을 다운받아서 설치후 사용하면 된다.

특히, 바로트레이드 서비스에서는 무역업체가 가입등록을 하면 가입승인서를 즉시 제공할 뿐만 아니라 업무의 숙지를 위해서 테스트를 원하는 경우 무역업체가 원하는 기간 동안 테스트를 제공함으로써 무역자동화업무의 편의를 도모하고 있다.

7) 수출입승인업무

우리나라는 대외무역법상 수출입공고, 수출입별도공고, 수입선다변화품목 공고를 통해 수출입의 제한을 하고 해당품목별로 승인기관을 지정하고 있으며 또한 다른 법령에 의한 제한품목은 통합공고로 고시하고 해당법령에 의한 승인을 받도록 하고 있다.

현재 수출입공고에 의한 승인기관은 수출, 수입 및 통합공고와 관련한 각각의 관장기관 및 해당법령에 의해 운영되고 있다.

특히 수출 제한품목에 대하여 정부는 수출절차의 간소화와 함께 점진적으로 대상품목을 축소 또는 폐지하여 현재에는 쿼타 대상품목과 관련한 3개 기관만이 승인기관으로 남아 있으며 수입의 경우도 개방이 확대되면서 일부 품목만이 제한승인 품목으로 남을 전망이다.

따라서 현재 수출부문에 섬유관련 3개 조합 및 수입부문에 한국의약품수출입협회 등 총 6개 조합 및 협회만이 EDI를 통하여 서비스를 하고 있다.

그러면 수출승인업무 및 수입승인업무에 대하여 좀더 자세히 살펴보기로 하자.

(1) 수출승인업무

수출통관시 세관장 사전확인 대상으로서 수출입공고 해당 물품중 자율규제대상품목을 수출신고하고자 하는 경우 신고인은 수출승인기관에 수출승인을 받아야 하며, 수출승인기관은 EDI방식으로 관세청으로 수출승인서를 전송하여야 한다.

업무흐름도를 통하여 처리절차를 자세히 살펴보면 다음과 같다.

수출승인 업무흐름도

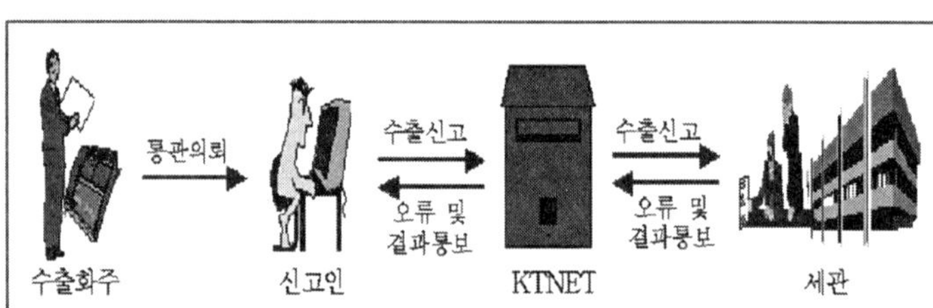

자료: 한국무역정보통신

무역업체들은 수출요건승인 건이 발생할 경우, 수출요건승인기관에 EDI를 통하여 승인을 신청하면 수출요건승인기관은 수출요건 심사 후 승인사항을 내부시스템에 등록하고 무역업체에게 수출승인서를, 전송하면서 세관으로도 동 내용을 자동생성하여 전송한다. 그리고 관세청시스템은 수출승인서에 대한 오류검증을 수행한 후 오류가 있으면 오류통보를, 정상일 경우에는 접수통보를 수출요건승인기관에 전송한다.

또한 관세사는 발급번호를 입력하여 수출신고서를 해당 세관에 전송하고 세관에서는 오류 없이 수출수리가 되면 관세사에게는 수리통보를, 수출요건 승인기관으로는 수출승인 통관결과통보를 전송함으로써 수출승인업무가 마무리되며, 이러한 발급사항에 대한 확인은 한국무역정보통신(KTNET) 수출입통관정보서비스(KCIS)를 통하여 실시간으로 조회된다.

한편 무역업체가 수출요건승인기관으로부터 수출승인을 승인받기 위해서는 수출승인신청서, 조견표 및 신용장(계약서) 등 3가지 문서를 동시에 전송하여야 하며 3개의 문서는 문서관리번호가 반드시 일치해야 오류가 발생하지 않는다.

현재 EDI를 통하여 승인업무를 서비스하고 있는 기관은 한국섬유직물수출조합, 한국의류산업협회, 한국생활용품수출조합 등이 있으나 EDI 승인업무가 잘 되지 않고 있다.

(2) 수입승인업무

수입통관시 수입자가 요건승인서를 발급받아 세관에 서류로 제출하는 과정을 없애고, 요건승인기관이 수입요건과 관련한 사항(승인, 추천, 허가, 검사증 발급)을 EDI전산망을 통하여 관세청으로 전송하면, 세관은 수입요건확인대상물품의 신고수리시 신고인으로부터 관련서류를 받지 않고 전산으로 확인 후 신고수리하게 된다.

업무흐름도를 통하여 처리절차를 자세히 살펴보면 다음과 같다.

수입승인 업무흐름도

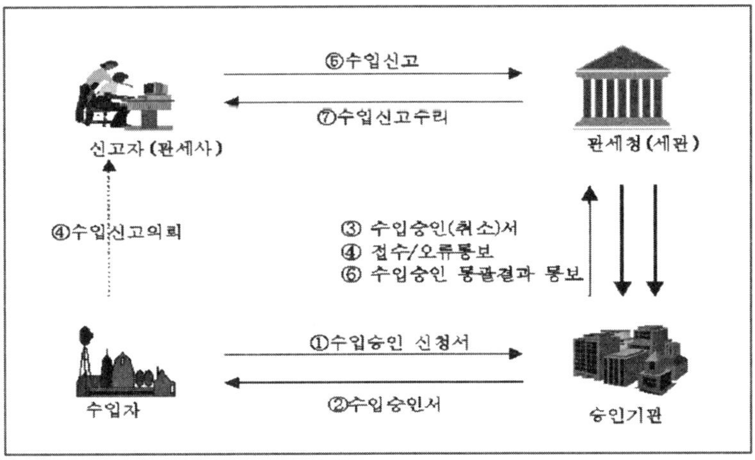

자료: 한국무역정보통신

수입자가 수입승인서와 첨부서류를 작성하여 수입요건승인기관에 EDI로 제출하면 수입요건승인기관은 수입승인서를 수입자에게 교부하게 된다. 아울러 수입요건승인기관에서는 수입요건과 관련하여 승인 · 허가한 내역을 EDI 전산망을 통하여 관세청으로 전송한다. 한편 관세청은 전송된 수입승인서에 오류가 없으면 접수통보를, 오류사항이 있으면 오류통보를 요건승인기관에 전송하고 관세사는 KCIS의 수출입요건승인내역조회에서 발급번호를 조회한 후 수입신고서에 수입요건 승인서의 발급번호를 입력한 후 관세청에 수입신고를 하게 되며, 관세청은 수입요건승인기관에서 전송한 수입승인사항에 대한 수입통관 결과를 전송한다. 세관 심사담당자는 심사/결재시 수입요건승인내역을 전산으로 확인 후 수입신고를 최종 수리하게 된다.

현재 수입승인기관으로는 정부 각부처, 각부처 산하기관(협회 등), 지방자치단체 등 총 71개 기관이 있으며, 이 중 한국의약품수출입협회, 한국항공우주산업진흥협회, 한국동물약품협회, 의료용구조합, 한국의료기기협회, 대한치과기재협회 등 6개 기관이 EDI를 통하여 서비스를 실시 중에 있다.

위에서 살펴본 수출입승인뿐만 아니라 이미 EDI는 무역 전 부문에 걸친 자동화를 통하여 서비스 중에 있으며, 향후 무역관련서류의 신속한 전달을 위한 거래 상대방간의 미래 무역업무처리의 첨단병기로서의 역할을 충실히 수행하고 있다고 보면 된다.

8) 적하보험업무

적하보험이란 해상운송 중에 발생하는 각종의 위험으로 인해 화물이 손상을 입는 경우를 대비하여 화주가 보험료를 부담하고 이에 따른 재정적 손해를 보험자로부터 보상 받기 위한 보험이다.

이와 같은 적하보험은 해상운송 중의 위험을 매도인과 매수인 중 어느 한쪽이 부담하게 되는데 적하보험에 부보할 당사자가 누구인가는 매도인과 매수인간에 체결된 매매계약에 의해 결정된다. 그러나 이러한 매매계약은 각국의 법률과 관습에 따라 해석상의 이견의 소지가 많으므로 이러한 문제를 해소하기 위해서 국제적으로 INCOTERMS(International Rules For Interpretation of Trade Terms)을 제정하여 그 규정을 따르고 있다.

적하보험 부보를 누가 하여야 하는가에 관해 좀더 구체적으로 살펴보면 무역거래 시 물품 인도조건에 따라 CIF 등의 경우에는 수출자가, FAS, FOB, EXW 등의 경우는 수입자가 보험을 부보한다.

무역업체가 보험을 부보하는 시기는 수출인 경우 통상적으로 PACKING후 운송직전까지 부보하고, 수입의 경우에는 I/L승인 또는 L/C Open시점에 부보한다.

한국무역정보통신(KTNET)은 이러한 적하보험업무를 EDI방식으로 어떻게 적용하고 있는지 살펴보자.

무역업체가 EDI방식으로 보험을 청약하는 절차는 다음 그림과 같다.

적하보험 EDI 구도

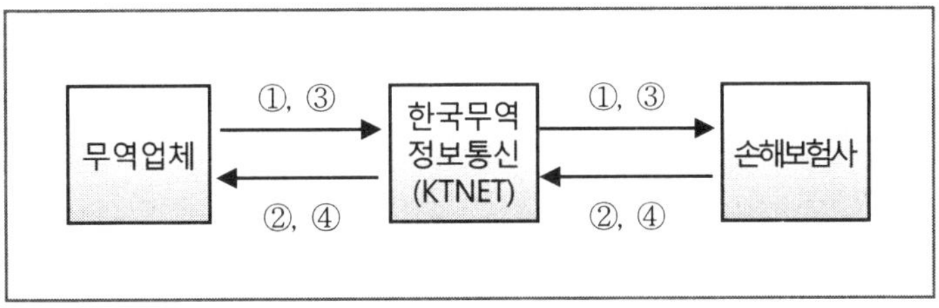

자료: 필자 작성

현재 한국무역정보통신(KTNET)을 통하여 이용되는 적하보험관련 전자문서는 [그림 5.9]에서 보는 바와 같이 4가지를 들 수 있다. 즉 무역업체가 무역업체용 S/W에서 EDI전자문서로 적하보험청약을 하면 손해보험사는 한국무역정보통신(KTNET)을 통해 적하보험발급통지서 전자문서를 무역업체에게 전송한다. 무역업체는 이를 출력하여 네고 또는 세관통관시에 활용한다. 무역업체는 적하보험증권발급통지서를 수신한 후 수정 및 보완사항이 있는 경우 재청약 또는 정정을 요구할 경우가 있다. 이 경우 무역업체가 손해보험사에 적하보험배서청약을 하면 손해보험사가 이를 수신한 후 배서발급을 EDI로 한다.

그러나 위와 같은 EDI업무구도가 보험증권을 직접 전달해 주는 보험업계의 관행상 중소업체까지 확대되는 데 다소 어려움이 있었으며 이를 극복하고자 한국무역정보통신(KTNET)은 최근 은행과 보험사간의 적하보험연계업무를 개발하여 이를 확산시키고 있다.

이 업무구도는 다음과 같다.

은행-보험사 연계 EDI 구도

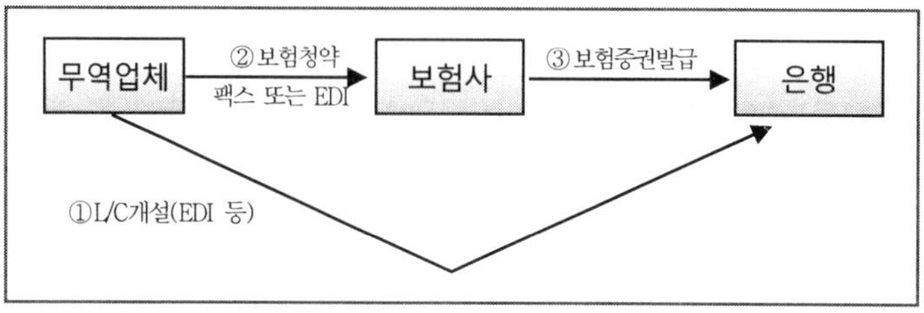

자료: 한국무역정보통신

이 구도는 크게 3단계로 구분할 수 있다. 1단계는 무역업체가 보험사에 EDI 또는 팩스 등의 방법을 통해 적하보험 청약을 한다. 2단계는 무역업체가 거래은행에 EDI 등의 방법으로 L/C를 개설한다. 3단계는 보험사가 은행에 보험증권발급내역과 보험료 인보이스를 EDI로 전송하고 은행이 적하보험증권을 출력한다.

이 구도는 무역업체가 보험증권을 받아 은행에 제출하지 않고 은행에서 보험증권을 출력하는 구도이므로 무역업체입장에서는 매우 편리한 서비스이다. 보험사입장에서는 보험증권발급비용을 줄일 수 있으며 은행입장에서도 대고객서비스를 향상시킬 수 있다.

또한 이 구도를 구현하는 데 있어서 은행이나 보험사 입장에서는 기 구축된 무역자동화시스템을 이용함으로써 추가비용이 발생하지 않으며 기존무역자동화시스템을 효율적으로 운영할 수 있는 효과가 있다.

9) 관세환급업무

관세환급이란 수출용원재료의 수입시 납부하였거나 납부할 물품으로 수출물품을 제조/가공하여 수출한 경우 수출자(개별환급인 경우) 또는 수출물품 생산자에게 되돌려 주는 것을 의미한다.

관세환급제도에는 직수출의 경우에 적용되는 개별환급과 간이정액환급이 있으며, 내국거래시에 환급해주는 기초원재료납세증명제도, 분할증명제도와 환급신청시 원재료내역을 단순화시켜주는 평균세액증명제도와 신용 있는 수출입업체에 적용하는 정산신고제도가 있다.

개별환급은 환급신청시 환급신청서 갑/을/병/지를 작성하고, 부산물이 있는 경우에는 정지도 작성하여야 한다. 또한 소요량산정내역을 제조장별, 세번별로 세관에 등록한 후 환급신청을 하여야 한다.

개별환급은 수입시 납부한 관세액을 전액 환급받을 수 있는 장점이 있는 반면, 소요량계산 등 업무처리가 다소 복잡하다.

이에 반해 간이정액환급은 환급신청시 갑/을지만 작성하면 되고 환급액은 매년 관세청에서 고시하는 간이정액환급율표(2001년의 경우 2001년 1월1일자로 고시)에 따라 신청하면 되므로 환급신청이 매우 간편하다. 환급액은 수출금액 10,000원당 세번별로 고시된 일정금액을 곱하여 계산한다.

간이정액환급은 수출신고서만 있으면 환급이 가능하므로 매우 간편하나, 제조자만 환급이 가능하고, 직전 2개년도 환급액이 3억원 미만이고 대기업계열사가 아니어야 한다는 제약이 있다. 또한 간이정액율산정시 세번별 평균환급액을 기준으로 하므로 수입시 납부한 관세를 전액환급 받지 못하는 경우도 발생한다.

기초원재료납세증명(기납증)은 수입한 원재료를 제조가공한 후 이를 수출물품 제조업체에 수출용원재료로 공급하는 경우 (중간원재료를 제조가공하여 공급하는 경우 포함)에 국내거래공급자의 신청에 의거, 동 공급물품에 포함되어 있는 수입시 납부세액과 동 물품의 공급사실을 증명하는 제도로 양수자가 개별환급방법에 의하여 관세환급 또는 기초원재료납세증명서 발급신청시 납부세액증명서류로 사용한다.

분할증명은 기납증과 같이 국내거래에서 발생하나, 제조가공을 거치지 않고 원상태로 거래된다는 점에서 기납증과 다르다. 원상태내국거래는 수출물품의 외화가득율 제고에 도움이 되지 않으므로 수출이행 기간의 연장 등 각종 지원조치의 대상이 되지 않는다. 분증에는 수입분증, 기납분증, 분증의 분증이 있다.

이 밖에 정산신고제도가 있는데 성실수출입업체에 대하여는 일정액의 신용담보를 설정하여 해당 담보금액 범위 내에서 수입신고시 관세를 납부하지 않고, 관세환급신청시 환급금도 지급하지 않다가, 매 분기말 익월 15일까지 납부할 관세액과 환급신청한 세액을 비교하여 납부할 세액이 큰 경우는 정산신고한 월의 말까지 관세를 납부하고, 환급받을 세액이 큰 경우는 바로 환급해 주는 제도를 말한다.

관세환급신청시 수출신고서는 수출신고수리일로부터 2년 이내에 환급에 사용하여야 하며, 개별환급의 경우 수입신고서는 수출신고수리일로부터 2년 전의 수입신고서만 환급이 가능하다.

기납 증의 경우 직수출하는 경우는 2년 내 환급하면 되고, 다시 기납증 발급에 이용하는 경우는 유효기간이 1년이나 몇 차례 연장이 가능하다. 분증의 경우는 분증

발급대상이 되는 원래의 원재료(수입신고서, 기납증, 분증)의 유효기간이 그대로 적용된다.

관세환급 업무

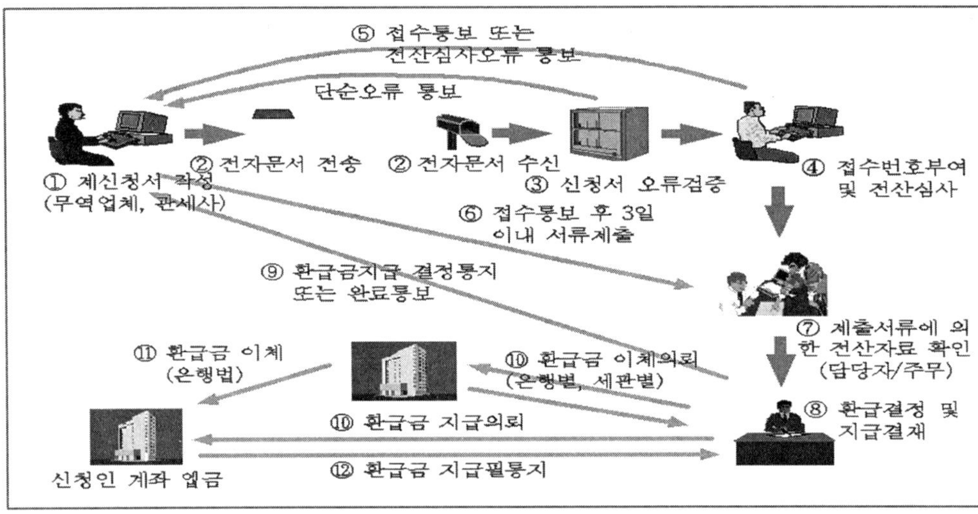

자료: 한국무역정보통신

위의 그림은 전산에 의한 환급업무처리절차이다. 업체에서 직접 환급신청을 하고자 하는 경우에는 한국무역정보통신(KTNET) 협력업체에서 환급 S/W를 구입한 후 한국무역정보통신(KTNET)에 가입신청을 하여 ID와 비밀번호를 부여받아 신청하고, 그렇지 않는 경우는 관세사를 이용하면 된다.

① 제 신청서 작성

환급신청은 월별, 세번별, 제조자별로 하여야 한다.

해당 수출 건에 사용된 수입(매입)물품의 소요량을 계산근거로 하여 환급신청서 및 제 증명서를 환급처리용 S/W에 입력하며, S/W가 준비되지 않은 중소형업체의 경우 관세사에 환급대행을 의뢰하거나 입력대행기관(서울상공회의소 등 전국 9개 지역)을 이용한다.

오류통보를 접수하면 해당 오류사항을 수정한 후 원래의 제출번호(및 접수번호)로 재전송하며, 이때 전체 또는 오류발생부분에 대한 전자문서를 재전송한다.

② 전자문서 전송/수신

입력이 완료되면 EDI 전자문서로 변환 후 한국무역정보통신(KTNET)을 거쳐 관세청에 전송한다.

업체는 문서작성 및 자료전송이 24시간 중 어느 때라도 가능하다.

③ 신청서 오류검증

관세청 환급시스템은 수신된 전자문서의 내용이 전자문서 작성규칙에 맞게 작성되었는지 여부와 각 신청서의 기본적인 입력사항(통관고유번호, 환급구분, 계좌 번호, 수출 · 입 사실 등)을 검증한다.

이때 전자문서 규칙에 어긋나거나 기본적인 입력사항에 오류가 있는 경우 오류내용 및 오류항목이 포함된 전자문서를 생성하여 오류통보 한다. 이를 접수오류(Gateway 오류)라 하며 이때는 접수번호가 통보되지 아니한다.

업체는 오류통보 수신시 오류내역을 정정하여 원래의 제출번호로 재전송한다(②의 절차를 반복).

④ 접수번호 부여 및 전산 심사

관세청 환급시스템은 수신문서의 기본사항을 체크한 후 이상이 없으면 접수번호 및 세관심사자배부기준에 의거 자동으로 심사담당자를 지정하고 전산심사를 이행한다.

접수된 신청 건은 관세청 환급시스템에 의거 자동으로 전산심사가 수행된다.

전산심사는 (갑), (을), (병), (정) 등 신청서 내역별 논리적 연관관계 및 각 신청서의 세부 사항에 대한 심사를 수행한다.

⑤ 접수통보 또는 전산심사오류 통보

전산심사 결과 오류가 없는 건은 접수번호 및 담당자를 해당업체에 접수통보 하며 오류가 발생되면 오류항목 및 오류위치 그리고 접수번호, 담당자 등의 내용을 해당업체에 오류통보 한다.

오류 건에 대한 재전송시 오류내용을 수정한 후 문서전체를 다시 전송해도 되고 오류부분에 대해서만 부분 재전송도 가능하며, 부분재전송시 (갑)지사항은 필수이며 을, 병, 정지는 오류행만 재전송이 가능하다.

대상문서 : 환급신청서, 기납증, 평세증, 정산신청서

⑥ 접수통보 후 3일 이내 서류제출

접수통보를 받은 환급업체(관세사)는 접수번호 및 접수일자가 기재된 신청서를 출력하여 접수통보일로부터 3일 이내에 세관 심사담당자에게 제출한다(시스템 안정

후 서류제출은 생략 예정임).

접수통보 후 7일 이내 서류를 제출하지 않는 경우 원래의 전송 건은 관세청시스템에서 자동적으로 삭제됨으로 업체는 신청서를 처음부터 신규로 전송해야 함

⑦ 제출서류에 의한 전산자료 확인

세관담당자는 제출된 서류와 기 접수된 업무처리화면의 신청내용을 대조하고 선적확인 등 확인 건에 대한 사항을 제출된 서류로 확인한 후 담당자가 결재처리를 한다.

환급신청내용 심사 시 간단한 오류사항은 세관화면을 통해 세관직원이 수정 가능하다.

⑧ 환급결정 및 지급 결제

신청 건에 대한 담당 또는 주무 결재 후 세관 관리자(과장)에 의해 지급결제되어 환급결정 절차가 완료된다. 그러나 환급신청자가 납부하여야 할 관세체납 건이 있을 때 먼저체납충당절차에 의해 체납금액을 공제한 후 지급결제 된다.

⑨ 환급금 지급 결정통지 또는 완료통보

관리자결제 후 해당업체에는 환급금지급 결정통지가 전송되고 사후 일괄납부업체인 경우 환급금은 지급보류(지급보류액 만큼 담보잔액에 가산됨)되며 환급 지급보류결정이 통보된다.

⑩ 환급금 이체의뢰/환급금 지급의뢰

관리자 결재 후 환급금지급은행에 해당 업체에 대한 환급금 지급지시 내용이 금융결제원을 통하여 환급금 지급의뢰 전자문서가 전송되고 한국은행에는 관세청 업무 마감 후 세관별, 지급은행별 환급금 이체금액을 집계한 이체의뢰 자료가 한국은행 국고전산망을 통하여 전송된다.

⑪ 환급금 이체

한국은행은 관세청으로부터의 이체의뢰 자금을 세관장 세입금계정에서 환급금 지급계정으로 이체하여 지급은행에 환급금을 지급한다.

환급금 지급은 하루에 2차례 이루어진다.

⑫ **환급결정 지급필 통지/환급금 이체필통지**

한국은행으로부터 환급금을 이체받은 지급은행은 환급 신청업체의 계좌에 환급금을 지급(이체)하고, 지급결과를 한국무역정보통신을 통하여 관세청에 환급금 지급필 통지한다.

한국은행은 지급은행에 환급급이체 후 관세청에 환급금 이체필통지를 한다.

예를 들면 2009년 1/4분기 중에 일괄납부업체가 관세납부 없이 수입해 세관장에게 납부할 세액이 15억 원이고, 그 업체가 2009년 1/4분기 중에 환급신청 해 지급이 보류된 환급금이 20억 원인 경우 정산신고를 해 차액인 5억 원을 환급받는다.

이와 반대로 환급금보다 수입관세 등의 세액이 더 많은 경우에는 차액을 자진납부해야 한다. 정산신고는 수출입물량이 많은 기업일수록 유리한 제도다. 현재는 3개월 단위로 정산을 하는데, 3개월간 세금납부를 유예받음으로써 기업의 재무활동에 도움을 많이 받는다.

현재 우리나라의 관세환급 업무는 100% 전산을 통해 이루어지고 있다. 1997년 5월부터 EDI로 서비스를 시작했고, 2000년대에 들어서서는 EDI 서비스와 함께 관세청에서 인터넷 통관포털 서비스를 통해 추가적으로 관세환급 업무가 이루어지고 있다.

관세환급 업무의 경우 업무의 표준화가 이루어져 있기 때문에 많은 기업들이 직접 관세환급 S/W를 활용해 환급업무를 처리하고 있다. 개별환급의 경우 환급신청서는 같은 HS번호와 같은 월에 발생한 수출신고서를 모아 한 번에 신청한다.

일반적인 관세환급 S/W는 자재 및 제품을 등록하고 환급 BOM을 구성하면 소요량계산서 및 조견표, 분할사용기록표, 관세환급신청서(송신문서)를 자동으로 만들어 주기 때문에 편리하게 활용할 수 있다.

10) 항만업무

항만업무는 적하목록 제출, 입출항보고, 하선보고, 보세운송보고, 장치장반출입 보고 등 EDI 시스템에 의하여 이루어지고 있다.

관세환급 업무

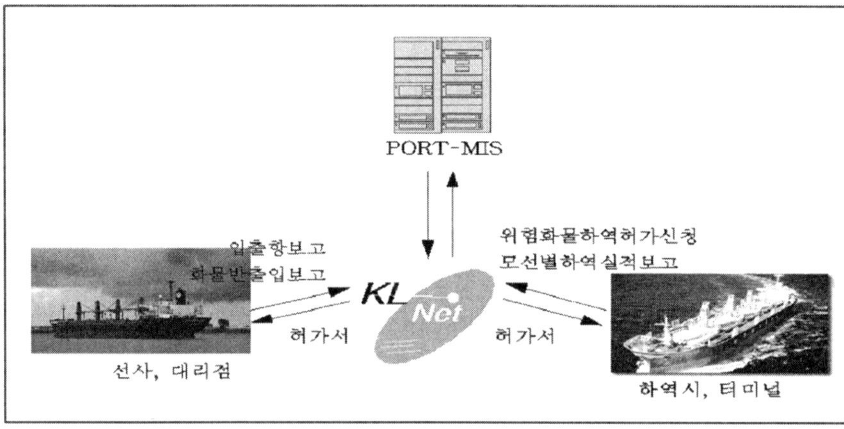

자료: 해양수산부

(1) 화물인도승낙

수입화물이 수입지에 도착하였으나 선적서류 원본이 도착되지 않아 수입업자의 화물인수가 불가능할 경우 수입업체는 수입화물선취보증서를 은행에 신청하여 은행이 보증한 수입화물선취보증서를 운송인 앞으로 제출하여 수입서류 결제 전에 화물이 수입업자에게 인도하도록 하는 업무이다.

업무절차는 첫째, 수입업체는 물품대금지급 및 운송사(선사, 항공사, 포워더)에 운송료를 지급하고 수입화물선취보증서 신청 전자문서를 개설은행에 전송한다.

둘째, 개설은행은 수입화물선취보증서를 신청인 및 운송인 앞으로 전송한다.

셋째, 운송사(선사, 항공사, 포워더)는 D/O(Delivery Order)발급통지를 화물장치장에 전달한다.

이 때 필요한 전자문서는 수입화물선취보증신청서, 수입화물선취보증서, D/O발급통지서 등이다.

(2) 보세운송 신고/수리

보세운송업자가 보세운송신고 및 보세운송인을 받기 위해 출발지 또는 도착지에 EDI방식으로 전송하고 세관시스템은 보세운송신고 건은 자동수리, 보세운송건은 첨부서류를 제출받아 별도 심사 후 승인하는 업무이다.

업무절차는 첫째, 보세운송업자는 관세청 MFCS에서 보세운송신고대상 화물을 선택하여 Down Load를 받아 보세운송신고 및 화물운송계획 기초자료로 사용한다.

둘째, 보세운송업자가 보세운송신고수리를 위해 세관에 EDI방식으로 보세운송신고를 한다.

셋째, 보세운송업자가 보세운송인을 받기 위해 승인신청자료를 세관으로 전송한다.

넷째, 세관에 전송된 전자문서에 대해 접수완료에 대한 통보와 오류가 Check되었을 때 신고인에게 오류사실을 통지하거나 보세운송신고인이 제출한 보세운송신고에 대해 세관이 심사 후 심사결과를 신고인에게 통지한다.

이 때 필요한 전자문서는 보세운송신고/승인신청, 보세운송신고결과통보 등이다.

(3) 보세구역 화물관리

보세구역 화물관리는 보세장치장에서 화물의 반입/반출신고에 대한 내용을 세관에 EDI방식으로 전송하여 처리하는 업무이다.

업무절차는 첫째, 보세장치장은관세청MFCS(Manifest Consolidition System)에서 화물정보를 Down Load받아 반출입신고 및 화물장치계획을 기초자료로 사용한다.

둘째, 보세장치장에서 반입/반출된 화물과 반출통고목록 및 반송물품 반입보고에 대한 화물내역을 세관에 EDI로 전송한다.

셋째, 세관은 화물을 보관하고 있는 장치장에 해당화물이 수입신고수리,보세운송신고의 사유로 반출승인이 되었음을 신고인에게 통지한다.

넷째, 세관에 전송된 전자문서에 대해 접수완료에 대한 통보와 오류가 Check되었을 때 신고인에게 오류사실을 통지한다.

보세구역화물관리에 필요한 전자문서는 반입신고서/반송물품반입신고/반출통고목록보고, 반출신고서, 보세구역반입예정정보/하선장소변경(내역)통보, 반출승인내역, 보세운송신고사항변경통보, 체화예정정보누락통보, 수입적하목록 정정내역통보/하선장소반입예정정보 등이다.

11) EDI 서비스 전자문서 현황

통관: 수출입신고, 관세환급 등

항만: 적하목록 제출, 입출항보고, 하선보고, 보세운송보고, 장치장반출입 보고 등

외환 · 금융: 신용장 통지, 수출승인, 비자발급, 내국신용장 및 신용장 개설, 구매

확인, 적하보험, 원산지증명서, 입금통지, 계산서, 수입화물선취보증서(L/G), 수출보험, 지급지시, 계산서

❖ 내국신용장 개설업무

- 내국신용장 개설신청서 : 개설업체 → 개설은행에 전송
- 내국신용장 개설통지 : 개설은행→ 개설업체, 수혜업체에 전송
- 내국신용장 어음매입(추심)신청서 : 수혜업체 → 매입은행에 전송
  (단, 매입서류, 환어음 등의 원본은 은행에 직접제출)

❖ 신청서 양식만 사전에 전송

- 내국신용장 매입용 계산서 : 매입은행 → 수혜업체
- 내국신용장 매입서류 은행간 송부 : 은행간 어음교환 방식
- 지급지시서 : 개설업체 → 개설은행에 전송(결제대금의 지급지시)
- 출금통지서 : 개설은행 → 개설업체에 전송

❖ 수출신용장 통지

- 신용장통지 : 통지은행 → 수출상
- 신용장 조건변경 통지 : 통지은행 → 수출상

❖ 구매승인서

- 구매승인신청 및 구매승인서, 수출환어음 매입(추심)
- 수출환어음매입(추심)신청서 : 환어음, 네고서류는 직접 은행에 전달
  (단, 입금통지는 전자문서로 송신, 수출대금결제, 수수료, 지정계좌 인출 내역 통보)

<table>
<tr><th colspan="2">구 분</th><th colspan="2">업 무 내 역</th></tr>
<tr><td rowspan="2">무
역</td><td rowspan="2">수 출</td><td>수출신용장
통지</td><td>수출신용장 통지(Swift 망 경유)
수출신용장 선통지
수출신용장 조건변경통지
해외양도신용장 통지
타행신용장 통지</td></tr>
<tr><td>내국신용장</td><td>개설신청/조건변경신청
내국신용장 통지서
물품수령 증명서
물품매도 확약서
세금계산서</td></tr>
</table>

<table>
<tr><th colspan="2">구 분</th><th colspan="2">업 무 내 역</th></tr>
<tr><td rowspan="10"></td><td rowspan="5"></td><td></td><td>내국신용장 어음 도착 통보
내국신용장 어음 매입 및 결제</td></tr>
<tr><td>구매승인서</td><td>물품매도확약서
외화 획득용 원료구매 승인신청서
원료구매 승인서
세금계산서
대금결제</td></tr>
<tr><td>수출네고업무</td><td>수출환어음 추심(매입)신청
네고 상세내역 통보
수출대금 입금내역 통보
수출환어음 처리결과 통보</td></tr>
<tr><td>송금방식업무</td><td>입금 통지
수출선수금(착수금)매각/예치/인출신청</td></tr>
<tr><td>신용장개설</td><td>신용장 개설신청/개설
신용장 조건변경/응답
개설 수수료 통지</td></tr>
<tr><td rowspan="5">수 입</td><td colspan="2">수입화물 선취보증서 발급(L/G)</td></tr>
<tr><td colspan="2">선적서류 도착통보</td></tr>
<tr><td rowspan="2">송금방식업무</td><td>지급확인신청/확인</td></tr>
<tr><td>지급변경확인 신청/확인</td></tr>
<tr><td colspan="2">수입화물 DISCOUNT 내역통보</td></tr>
<tr><td rowspan="2">외환</td><td rowspan="2">공 통</td><td>계산서 업무</td><td>수출환어음/내국신용장어음/외화수표/
전신환 매입(추심)결과
수입신용장/내국신용장어음 결제결과
수출입관련 각종 수수료 처리결과</td></tr>
<tr><td>수 출 입 관 련
대금결제</td><td>수출입관련 대금 지급지시
출금통지</td></tr>
<tr><td rowspan="4">통
관</td><td>수 출</td><td colspan="2">수출신고 및 수출정정신청
임시개청 신청
신고 및 신청에 대한 결과 통부 수신</td></tr>
<tr><td>수 입</td><td colspan="2">수입신고
가격신고
관세감면(분납)/용도세율 신청
수입(납세)신고 물품 반출 신고
신고 및 신청에 대한 결과 통보 수신</td></tr>
<tr><td>수출입 공통</td><td colspan="2">통관 고유부호 및 해외 공급자 부호 신청
수입 대체 경비 내역(수수료내역)통보 수신
귀책사유자별 오류 현황 수신 조회</td></tr>
<tr><td>관세환급</td><td colspan="2">환급 신청
기초 원재료 납세증명 신청
평균 세액증명 신청
분할증명 신청
정산 신청
환급대상 수출물품 반입(적재)확인 신청</td></tr>
</table>

구 분		업 무 내 역
		신고 및 신청에 대한 결과 통보 수신
승인 및 요건확인		수출승인, 수입승인, 비자발급 업무, 요건확인 업무
원산지 증명		원산지 증명 발급
보 험		적하보험, 수출보험
해상운송		선적요청, 선하증권발급통지, 컨테이터 반출입보고
항공운송		기적요청, AWB통지, 선적정보, 화물부킹, 화물추적
유 통		주문서, 재고현황, 일일판매현황 등 영업관련정보를 송수신 제공 본사의 재고현황조회 등 컴퓨터 네트워크를 이용한 유통정보 시스템의 구축 및 서비스를 제공
물류	항공사	입출항보고 적하목록 취합 승무원, 승객명부 신고 하기결과 이상보고
	선 사	일출항보고 적하목록 취합 하선신고 하선결과 이상보고
	포워더	입출항 정보 제공 화물정보 제공 적하목록 취합 D/O 발급
	보세운송	화물정보 제공 보세운송 신고 및 승인 보세운송 정정 신고 및 결과통보 입항전 보세운송 신고
	보세장치장	화물정보 제공 보세화물 반출입 신고 화물배정 업무
	보세판매장	보세화물 반출입 신고 보세판매 물품의 보세운송 신고
	검수회사	입출항정보 제공 화물정보 제공 검수업무
	검역소	식물 및 동물검역을 위한 화물정보 제공
	은 행	Open Account(O/A)결제 업무 수입화물 선취보증(L/G)업무
	관세사	입출항정보 제공 화물정보 제공 입항전 수입신고
	화 주	수출입 화물의 추적정보 수입화물 도착통지(Fax 및 e-mail) 통관법인의 반출입 신고
	정부기관 (법무부, 관세청, 건설교통부)	화물정보 제공 승객명부, 승무원명부 정보제공

자료: 한국무역정보통신, 한국물류정보통신, 데이콤 등의 자료를 근거로 작성

업무명	NO	문서명	사용구간
수출통관 1994.12	1	수출신고	관세사 → 세관
	2	수리통보	세관 → 관세사
	3	서류제출요구통보 및 직원오류통보	세관 → 관세사
	4	오류통보	세관 → 관세사
	5	임시개청신청	관세사 → 세관
수출통관 의뢰 1994.9	1	수출신고의뢰	무역업체 → 관세사
	2	수출신고 및 수리정보	관세사 → 무역업체
	3	수출수리정보	관세사 → 무역업체
수출신고 수리필 정보제공			관세청 → 무역업체
수입통관 1998.11	1	수입신고서	관세사 → 세관
	2	간이수입신고서	관세사 → 세관
	3	가격신고서	관세사 → 세관
	4	수입신고서 처리결과 통보	세관 → 관세사
	5	수입(납세)신고 정정신청서	관세사 → 세관
	6	수입(납세)신고 정정처리결과 통보	세관 → 관세사
	7	수입대체경비 고지내역 통보	세관 → 관세사
	8	관세감면(분납)/용도세율적용신청	신고인 → 세관
	9	접수통보	세관 → 관세사,해당기관
	10	오류통보	세관 → 관세사,해당기관
	11	통관부호/해외공급자부호신청결과	세관 → 관세사
	12	수입대체경비내역통지(구)	세관 → 관세사
	13	해외공급자부호부여신청(구)	관세사 → 세관
	14	통관고유부호부여신청(구)	관세사 → 세관
	15	영수필통지(구)	은행 → 관세사
1996.3	16	정상/오류통보(구)	세관 → 은행
수입통관 의뢰96.4	1	수입신고의뢰	무역업체 → 관세사
	2	수입수리정보	관세사 → 무역업체
수입신고 수리필 정보제공			관세청 → 무역업체
요건확인 1998.11	1	수출승인서	승인기관 → 세관
	2	수출승인취소통보	승인기관 → 세관
	3	수입승인서	승인기관 → 세관
	4	수입승인취소통보	승인기관 → 세관
	5	수출승인 통관결과통보	세관 → 수출요건승인기관
	6	수입승인 통관결과통보	세관 → 수입요건승인기관
	7	접수통보	세관 → 승인기관
	8	오류통보	세관 → 승인기관
까르네 1998.11	1	까르네일시수출증서	대한상공회의소 → 세관
	2	까르네재수입통보	세관 → 대한상공회의소
	3	까르네부과결정통보	세관 → 대한상공회의소
	4	까르네부과결정취소/납부결과통보	세관 → 대한상공회의소
	5	접수통보	세관 → 대한상공회의소
	6	오류통보	세관 → 대한상공회의소
관세환급	1	환급신청	무역업체 → 세관

업무명	NO	문서명	사용구간
	2	기초원재료납세증명	무역업체 → 세관
	3	평균세액증명	무역업체 → 세관
	4	분할증명	무역업체 → 세관
	5	정산신청	무역업체 → 세관
	6	오류통보	세관 → 무역업체
	7	접수통보	세관 → 무역업체
1996.12	8	완료통보	세관 → 무역업체
1997.11	9	환급금지급결정통지	세관 → 무역업체
1998.05	10	환급신청 부분재전송	무역업체 → 세관
	11	기초원재료납세증명 부분재전송	무역업체 → 세관
	12	평균세액증명 부분재전송	무역업체 → 세관
	13	정산신청 부분재전송	무역업체 → 세관
	14	환급금지급지시통지	세관 → 은행
	15	환급금지급필통지	은행 → 세관
	16	기초원재료 납세증명 양수도	양도업체 ↔ 양수업체
	17	분할증명 양수도	양도업체 ↔ 양수업체

자료 : 관세청

12) 항만분야 전자문서 사용현황

한국물류정보통신(KLNET) EDI 서비스현황을 살펴보면 다음과 같다.

(1) 정부부문

① PORT-MIS(항만운영정보시스템)

대상 : 선사 및 대리점, 지방대리점 ↔ 해양청

문 서 명	전자문서명
외항선입출항보고서	DEOVAD
선원/승객명부	PAXLST
내항선입출항신고서	DEOCOS
화물반출입현황	CGOREP
컨테이너반출입현황	CONREP
내항화물반출입현황	INCAGO
내항컨테이너반출입현황	INCONT
예선사용신청서	APTUGT
도선사용신청서	APPILT
선박계선수리신고서	SHREPR
선박진수입거출거신고서	SMPLAU
무전검역신청서	REQRTS
집계표	CGOSUM

문 서 명	전자문서명
항만시설사용(허가)신청서	APPFCL
항만시설사용신고서	DECUSE
강제도선면제신청서	EMPPLT
일반응답	GENRES
위험물반입신고서	CARDGN
위험물일람표	DGMNFT
도선면제유무결과통보	REPILS

적용문서(19종)
자료 : 한국물류정보통신

❖ 추진 상황

'95. 7～'96. 3 : 영남권 PORT-MIS EDI 체제 구축 및 시범운영

'96. 4 : 상용서비스 첫 개시

'96. 7 : PORT-MIS 영남권 전 지역 확대실시

'97. 5 : 경인권 EDI 전면 실시

'99. 1 : 입출항보고서 및 선원/승객명부 부처(해양수산부, 법무부, 출입국관리소, 보건복지부, 관세청)간 서식 통합 및 공통서식 EDI 적용

'99. 1 : PORT-MIS WEB EDI 시스템 도입

2000. 1 : 국고수납업무 EDI 실시

PORT-MIS 도입에 따른 효과: 첨부파일 참조

② 관세청 민원업무

대상 · 선사 및 대리점, 포워더, 보세운송사, 보세장치장, 검수회사 ↔ 세관

❖ 적용문서

문 서 명	전자문서명
선사/포워더 수출적하목록	CUSREP, CUSMAN
선사/포워더 수출적하목록	CUSREP, CUSMAN
수입적하목록정정수리내역통보	CUSMAN
하선신고서	CUSAGD
이적허가신청서	CUSBCR
신용품적재신고	CUSSSD
타소장치서가신청	CUSCAR
보세운송양수도신고서	CUSCAR
반입신고서	CUSCAR
반출통고목록보고	CUSCAR

문 서 명	전자문서명
반송물품반입보고	CUSCAR
반출신고서	CUSBRR
부두하선요청서	CUSBRR
하선신고수리통보	CUSINS
체화예정정보 누락통보	CUSINS
보세구역반입예정정보통보	CUSINF
하선장소변경내역통보	CUSINF
보세운송신고	CUSMOV
보세운송승인신청	CUSMOV
반출승인내역	CUSCRA
하선결과이상보고	CUSRGD
수출적하목록 정정신청	CUSMOD
반출신고서	CUSBRR
부두하선요청서	CUSBRR
하선신고수리통보	CUSINS
체화예정정보 누락통보	CUSINS
보세구역반입예정정보통보	CUSINF
하선장소변경내역통보	CUSINF
보세운송신고	CUSMOV
보세운송승인신청	CUSMOV
반출승인내역	CUSCRA
하선결과이상보고	CUSRGD
수출적하목록 정정신청	CUSMOD
재고정보요청	IVNINF
재고정보응답	IVNINF
오류통보	CUSAPE
수출적하목록정정신청결과통보	CUSRES
타소장치허가신청결과통보	CUSRES
입항보고결과통보	CUSRES
출항보고결과통보	CUSRES
적하목록처리상태통보	CUSRES
접수통보	CUSRES
보세운송신고결과통보	CUSRES
보세운송신고사항변경통보	CUSRES
이적허가신청결과통보	CUSRES
선용품 허가통보	CUSRES
수입통관결과 접수통지	CUSQAR
검사검역결과 접수통지	CUSQAR
수입통관결과통지	CUSDEC
검사검역결과통지	SANCRT

자료 : 관세청

❖ 추진 상황

'94. 12 : 수출통관 자동화

'95. 4 : 보세화물자동화 시스템 구축

'96. 7 : 수입통관 자동화

'96.11 : 항공 MFCS 구축

'97. 4 : 해상 MFCS 구축

'97. 4 : 수출화물 EDI 실시

'98. 1 : 수입화물 EDI 실시추이

현재 세관관련 EDI신고는 특수상황을 제외하고는 100% 의무화 시행

③ KROIS (철도운영정보시스템)

대상 : 소운송업체, 터미널, 경인ICD, 철도청간

❖ 적용문서

문 서 명	전자문서명
화물운송장	KLRMSG
화물운송통지서	KLRMSG
화차배분	KLQMSG
ICD배분현황	DISTUS
컨테이너적재내역	RASHLT
도착예정화물명세서	RADCAL
컨테이너반입통보	RACSER
배달통보	DISRES

❖ 추진 상황

'93~'95 : KROIS 구축(삼성SDS)

'95. 6~11 : 철도화물운송정보서비스 구축(KL-Net)

'97. 1~3 : 대상문서 표준화 및 전자문서 개발

'97.10~12 : 컨테이너 EDI 시범운영(경인ICD, 3개 운송사)

2000. 2 : EDI 상용서비스 개시

❖ 추이

철도청관할 철도 CY에 대한 전산화 작업 진행중

화주에 대해 직접적인 도착정보 제공

컨테이너 철도화물관련 EDI사용 비율 약 50%(부산진역 98%, 의왕역 55%)

④ 법무부 출입국관리소

대상 : 선사 ↔ 출입국관리소

❖ 적용문서

문 서 명	전자문서명
외항선입출항보고서	DEOVAD
선원명부	PAXLST
외국인선원입국예정신고서	ARNOFE

❖ 추진 상황

'99. 1~4 : 입출항신고시스템 구축 (KL-Net)

'99. 7 : 입출항신고서 및 선원/승객명부 EDI 실시

'99. 10 : 입국예정신고서 EDI 실시

'99. 12 : 출입국신시스템 구축완료 (LG-EDS)

❖ 추이

현재 해상부문 입출항신고에서 입출항보고서와 선원명부 제출만 EDI로 시행중이며 승객명부는 도입 추진중

항공여객부문은 입출국수속 간소화 차원에서 방안 수립중

남북간 철도연결에 따른 화물 및 여객에 대한 수속 및 검사 내부절차 수립중

⑤ 국고수납 EDI(PORT-MIS)

대상 : 선사, 해양수산부 ↔ 은행, 해양수산부 → 선사

❖ 적용문서

문 서 명	전자문서명
사용료내역서	PCGNOT
출금이체신청내역서	AGROPN
출금이체신청결과내역서	AGROPN
출금의뢰내역서	PAYREQ
출금의뢰결과내역서	PAYREQ

❖ 추진 상황

물류 EDI망(KL-Net)과 금융망을 연계하여 항만이용자들이 지방청이나 은행을 방문하지 않고 자신의 사무실에서 컴퓨터를 통하여 항만시설사용료 내역을 고지받고, 항만시설사용료를 자동납부(자동이체)할 수 있도록 한 시스템

2000. 3~4 : 지방청별 시범운영

2000. 5 : 정상운영

❖ 추이

2000년 11월 현재 67개 선사가 이 서비스를 사용 중이며 확산 추세

⑥ 수산물검사소 민원 EDI

대상 : 수산물수입업체 ↔ 수산물검사소(해양수산부)

❖ 적용문서

문 서 명	전자문서명
식품 등의 수입신고서	IMPAIC
식품 등의 수입신고필증	IMPAIC
부적합통보서	IMPAIC

❖ 추진 상황

'98 : 국가정보화지원사업중 해운항만 중심의 수출입화물 일괄처리 시스템 구축과 관련 CIQ연계 업무의 일환

'98. 4 : CIQ기관(세관, 동식물검역소, 식품의약품안전청, 수산물 검사소)간 정보공동활용 시스템 구축

2000. 1 : 수산물 수입신고 민원 EDI 실시 예정

❖ 추이

수산물수입신고는 관세사가 대부분 대행하고 있으며 기존에 이미 EDI를 사용함으로 여건이 마련되어 있어 EDI사용률이 첫 해 95%이상으로 예상

(2) 민간부문

① 터미널자동화 EDI

대상 : 선사, 운송사 ↔ 컨테이너 터미널

❖ 적용문서

문 서 명	전자문서명
본선적부도	BAPLIE
컨테이너선적예정목록	COLDLT
선적예정물량통보	BKPROS
반출입계	COPINO

❖ 추진 상황

'96. 3 : BCTOC 및 PECT 시범서비스 개시

'96. 9 : 전 터미널 의무상용서비스 실시

❖ 추이

2000년 11월 현재 12개 터미널(현대, 세방, 한진, 대한통운의 광양 및 감만터미널 총 8개+한진감천, HBCT, PECT, 우암터미널)에서 EDI 100% 시행

게이트자동화 서비스는 컨테이너터미널의 차량혼잡을 극소화시켜 항만물류의 흐름을 원활화하는 데 크게 기여

② 일반화주 관련 EDI

대상 : 화주, 포워더 ↔ 선사

❖ 적용문서

문 서 명	전자문서명
선적요청서	SHPREQ
선하증권 발급통지서	BLADIV
벌크 SR	BULKSR

❖ 추진 상황

'96. 1 : EDI 상용서비스 개시

❖ 추이

화주인 삼성전자와 현대, 한진, 소양해운 등 몇 개 선사와 추진중이나 크게 활성화 되지 못함. B/L은Nego용이 아닌 통지용으로만 사용

2001년부터 포워더와 선사간 S/R, B/L EDI 교환 적극 추진 예정

③ **위험물화주 관련** EDI

대상 : 위험물 수출 화주↔ 위험물검사소

❖ 적용문서

문 서 명	전자문서명
위험물적재검사증(신청서)	STCDGS
위험물컨테이너수납검사증(신청서)	CPCDGS
위험성증명시(신청서)	CERHAZ
위험물용기포장 및 표찰증명서(신청서)	PACDGS

❖ 추진 상황

'97 : PORT-MIS 선사위험물신고 EDI와의 연계 일환

'98. 7 : 해양수산부 산하기관인 해사위험물검사소에서 검사신청 및 검사증 발급 EDI 의무 시행

❖ 추이

100% EDI 시행

화주의 신고시스템 구축으로 PORT-MIS 선사위험물신고 시스템과 연계됨으로써 수출위험물에 대한 통합관리 가능

④ 기타 컨테이너운송 EDI

대상 : 화주, 선사 ↔ 컨테이너운송사

❖ 적용문서

문 서 명	전자문서명
컨테이너운송요청/통지서	OUTDOR
컨테이너반출입대장	CODECO

❖ 추진 상황

'97. 1 : EDI 상용서비스 개시

❖ 추이

선사와 운송사간 CODECO문서 교환은 활발히 이루어지고 있음.

OUTDOR문서의 사용은 크게 활성화되지 못함.

13) 다양한 EDI의 구현 및 사용현황

우리나라 전 산업 전자문서교환(EDI)시스템 도입률 29.8%

제조업 18.8%, 유통업 52.1%, 물류업 34.8%

활용분야 : 주문 21.3%, 출하 21.2%, 운송 10.9%

(1) 통관수속

통관업무는 관세청이 '94년 12월부터 수출통관업무(세관)부터 주도하여 100% EDI를 사용하고 있다.

(주)한국무역정보통신(KTNET)이 '94년 11월 통관부문 자동화 서비스를 개시하였다.

세관, 관세사, 운송업체, 장치장의 통관업무는 100% 자동화되었으나 무역업체는 10%인 9,000개 기업만이 사용하고 있다.

수출입통관업무는 전체 수출건수의 95%가 수출입통관시스템에 의해 통관되고 있다.

자동수리통관제가 확대(2000.7.15)되어 빠른 수출통관체제가 확립하게 되었다.

(2) 항만수속

(주)한국물류정보통신(KLNET)이 '94년 해양수산부와 개별기업이 연합하여 설립되어 1995년 10월 물류부문 자동화 서비스를 개시하였다.

(3) 무역금융

1994년 1월 (주)한국무역정보통신이 무역부문(신용장관련 업무) 자동화 서비스를 개시하였다.

외환 및 상역은 전자문서교환(EDI)시스템 도입률이 20% 미만이다.

14) EDI 사용조건 및 사용자 수

수출입기업의 약 10%만 EDI를 사용하고 있는 것으로 추정되고 있다.

한국물류정보통신(www.KTNET.com)에 가입한 업체현황은 2001년 2월말 현재 전체무역업체의 89,558개의 10%선인 9천여 개이다.

외환 및 상역은 전자문서교환(EDI)시스템 도입률이 20%대이다.

통관업무는 관세청이 주도하여 100% EDI를 사용하고 있다.

세관, 관세사, 운송업체, 장치장의 통관업무는 100% 자동화되었다.

한국물류정보통신은 2000년 전자문서처리건수가 400만건이고 전송량은 약 300만kb이다.

한국무역정보통신은 2001년 월평균 700만건을 처리하고 있다.

(1) 통관수속

구 분	무역업체	관세사	은행/요건 확인기관	선사/ 항공사	포워더	장치장	기 타	합계
업체수	6,737	802	132	198	1,337	1,288	424	10,918

자료 : 한국무역정보통신(2007년 9월말 현재)

(2) 항 만

항만수속 KL-NET 서비스 현황

업체 접속 현황 (전체 ID수 기준)

연도 주체	1997	1998	1999	2000(11월)
포워더	179	267	402	473
지방대리점	145	164	226	258
선사 및 대리점	347	439	528	618
기타해상운송	437	639	891	1024
운송 및 하역사	170	393	588	878
기타 (화주 등)	42	273	752	1,307
합 계	1,320	2,177	3,387	4,558

주체별 접속현황

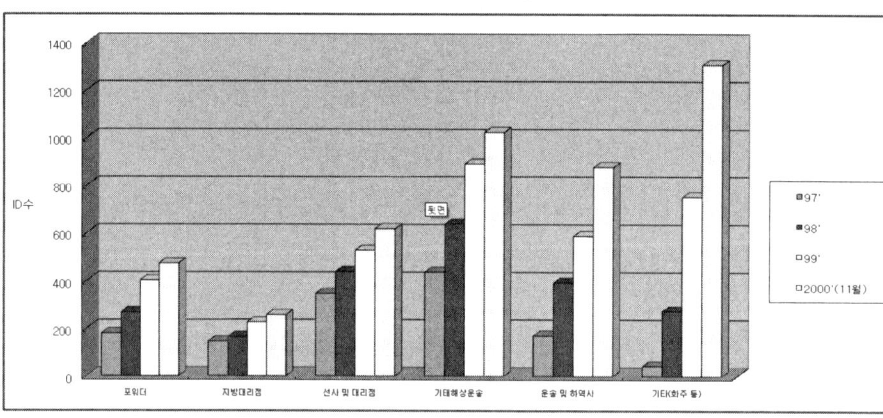

업무별 접속현황

연도 업무	1997	1998	1999	2000(11월)
PORT-MIS	543	794	1,027	1,218
관세청	548	735	941	1,050
터미날	225	428	639	802
종물망(택배 등 공로)	-	-	322	891
KROIS	-	-	34	34
기타	4	220	424	563
합 계	1,320	2,177	3,387	4,558

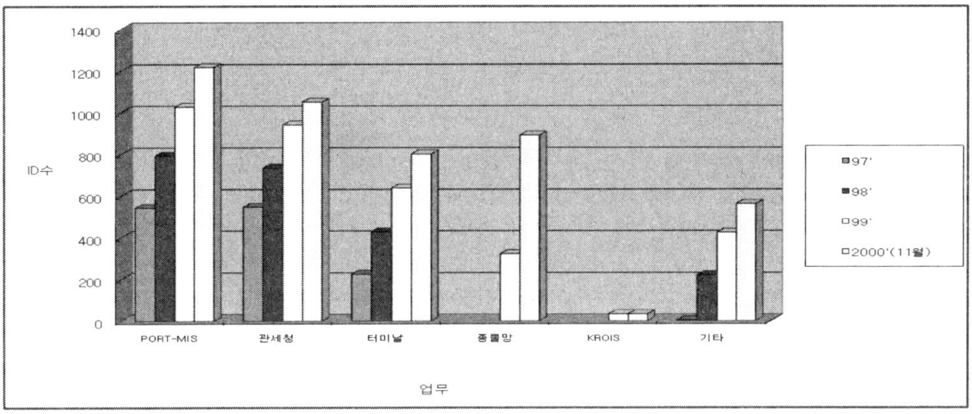

(3) 외 환

구 분	가입자 수
1. 무역/통관/물류 EDI	15,100
가. 무 역	8,416
무역업체	8,187
은 행	81
손보사	13
승인기관	135
나. 통 관	3,579
관세사	791
무역업체	2,788
다. 물 류	3,105
선사	73
항공사	74
검수회사	48
포워더	1,328
보세장치장	1,270
보세운송업체	312
2. DB서비스	13,277
통관정보	5,608
MFCS	2,512
CtradeInfo	571
CargoPass	4,586
3. 통신망 및 인터넷	2,520
4. 유통 EDI	1,836
5. 기타(FAX 등)	998
합 계	33,731

자료: 한국무역정보통신(2007.6월말 현재)

15) EDI 개선 배경 및 목적(정책적 측면)

무역관련 서류 제출방법에 관한 특례고시 등을 제정 · 고시함으로써 중복제출 했던 불필요한 서류의 제출을 과감히 생략하거나 보다 간이한 방법으로 개선하였다.

역업무자동화 촉진에 관한 법률, 전자거래기본법, 전자서명법 등 개정.

산업자원부는 '92년 무역자동화 전담회사로 (주)한국무역정보통신과 (주)데이콤을 지정하였고, 해양수산부는 항만사업자로 한국물류정보통신을 지정하였다.

현재 산업자원부 등은 무역업무자동화촉진에 관한 법률을 '91년에 제정하고 '94년 (주)한국무역정보통신과 (주)데이콤을 무역업무자동화사업자로 지정하여 EDI 업무를 독점하게 하였으나 대부분의 무역업무를 (주)한국무역정보통신에 독점하도록 하여 정보통신부의 한국통신의 자회사인 (주)데이콤은 유통 EDI 업무만 할 수밖에 없었으나 '99년에 (주)데이콤이 무역업무를 (주)한국무역정보통신에 독점하도록 하는 것은 부당하다는 내용으로 산업자원부 장관을 상대로 제기했던 소를 취하함으로써 (주)데이콤이 유통 EDI 업무뿐만 아니라 무역업무 EDI 업무도 서비스하고 있으나 시작하는 단계에 머무르고 있다.

❖ EDI의 도입 및 개선의 결과(경제적 효과)

- EDI의 도입 및 개선의 결과로 보이는 경제적 및 구체적 효과
- 무역절차비용 절감
- 무역절차비용 절감: 건당 처리 비용의 약 80% 절감.
- 무역업무 처리시간단축: 건당 평균 4주1주 이내로 단축.
- 무역업체 정보화마인드의 제고
- 무역 및 통관업무자동화의 기반구축을 통한 대외경쟁력 제고
- 수출통관 소요시간 단축 : 4시간 3분
- 수입통관 소요시간 단축 : 8.5시간 3분
- 수출입관련 각종 통계자료의 신속한 작성
- 국가 통계자료 및 각종 무역관련 정책 결정의 신속화

종합상사도 자사의 실적을 신속 정확하게 파악함으로써 급변하는 환경에 적절히 대응(현재 삼성, LG, 현대 등 22개 상사가 매일 (주)한국무역정보통신의 수출입실적 통보서를 이용중임).

- 국가 전체적인 무역부대비용의 절감(직접 효과만 계상시)
- 수출입 평균 80%에 달하는 비용의 절감
- 수출평균1건당 133,420원 → 108,100원(25,320원 절감).
- 수입평균1건당 98,820원 → 77,870원(20,950원 절감).
- 국가 전체적으로 연간 5,780억원이 절감됨
- 수출 332만건×108,100원=3,590억원
- 수입 281만건×77,870원=2,190억원
- 비용대비 효과 측정 방법, 측정 결과

(1) EDI 통관자동화시스템의 시행효과

- 수출입, 관세환급 분야 신고 및 수리절차 전산화 100% 달성
- 수출입요건 확인기관(현재 105개)과 전산망 연계 운영
- 통관 소요시간 단축 및 물류비용 절감
- 수입통관: 8.5 시간 → 2.5시간 이내
- 수출통관: 4시간 → 2분 이내
- 물류비용절감 효과: 연간 5천여억원

(2) EDI 도입전과 도입후의 비용절감 효과

단위 업무명	비용 항목	EDI도입전		EDI도입후	
		금 액	내 역	금 액	내 역
수출승인	1.인건비 2.교통비 3.이용료 소 계	22,500 1,200 23,700	7,500원×3시간 600원×2	1,875 0 1,552 3,427	7,500×0.25시간 388원×1KB×4구간
수출신고	1.인건비 2.교통비 3.이용료 소 계	22,500 1,200 23,700	7,500원×3시간 600원×2	1,875 0 1,552 3,427	7,500×0.25시간 388원×1KB×4구간
관세환급	1.인건비 2.교통비 3.이용료 소 계	15,000 1,200 16,200	7,500원×2시간 600원×2	1,875 0 1,552 3,427	7,500×0.25시간 388원×1KB×4구간
선적요청	1.인건비 2.교통비 3.이용료 소 계	3,750 3,750	7,500원 × 0.5시간	1,875 0 388 2,263	7,500×0.25시간 388원×0.5KB ×2구간

구 분	EDI도입전 부대비용	EDI도입후 부대비용	순절감액	절감비율
수 출	119,700원	23,148원	96,552원	81%
수 입	79,800원	16,682원	63,118원	79%

단위 업무명	비용항목	EDI도입전		EDI도입후	
		금 액	내 역	금 액	내 역
신용장 통지	1.인건비 2.교통비 3.이용료 소 계	15,000 1,200 16,200	7,500원×2시간 600원×2	1,875 0 388 2,263	7,500×0.25시간 388원×1KB
내국 신용장	1.인건비 2.교통비 3.이용료 소 계	15,000 1,200 16,200	7,500원×2시간 600원×2	1,875 0 776 2,651	7,500×0.25시간 388원×1KB×2구간

자료: 한국무역정보통신, 산업자원부, 한국물류정보통신 등의 자료를 근거로 작성

전자(인터넷)무역이란 무역이 이루어지는 과정 중에서 일부라도 전자적인 방법을 이용하여 무역하는 것을 말한다. 예를 들면, 대부분의 무역업체들이 바이어를 발굴할 때에 www.silkroad.com 등 수출입 알선 사이트를 이용하고 있고 offer를 보내거나 가격협상을 할 때에는 Internet에 의한 전자우편(e-mail)을 이용하고 있다. 그러므로 대부분의 무역업체들이 정도의 차이는 있을지라도 현재 전자(인터넷)무역을 대부분 하고 있다고 보아야 한다.

전자(인터넷)무역과 종전의 무역을 비교하면 다음과 같다.

종전의 무역은 전화, 팩스, 텔렉스, 우편, 전시회, 박람회, 무역사절단 파견 등을 이용하였다. 그러나 전자(인터넷)무역은 인터넷을 이용하여 바이어 발굴, 해외 마케팅, 오더(Order) 상담, 오퍼 교환, 무역계약서 작성, 상품의 선적시 운송 계약, 선적 후 각종 서류를 인터넷이나 전자문서자동화(EDI) 시스템으로 대한상공회의소, 해운회사 등 각종 조합·협동기관으로부터 발급받을 수 있을 뿐만 아니라 거래은행에 인터넷으로 선적서류를 매입(Nego)하고 사후 관리, 관세 환급 등을 할 수 있다.

(3) 기존 무역거래와 전자(인터넷)무역의 비교

기존 무역거래		전자(인터넷, 사이버) 무역
카다로그, 매체 광고, 전시회, 박람회, 출장 등	홍보마케팅	홈페이지, 유즈넷, 메일링 리스트, 웹사이트 검색 등
거래알선기관 직접방문, catalog circular letter 등	거래선 발굴	국내외 거래 알선 사이트 등록/조회
국제전화/팩스, DHL, 우편, 출장 등	거래협상	E-mail, 인터넷폰, 인터넷팩스 등
포워더 해운, DHL, 항공운송 등	운송서류, 물류운송	물류운송 EDI, 운송서류 온라인 전송 등
신용장, D/A, D/P 등	대금결제	신용장, Bolreo Project, Tradecard, Bexcom, 금융 EDI, 전자자금이체 등

자료: 필자작성

(4) 전자(인터넷)무역의 흐름도

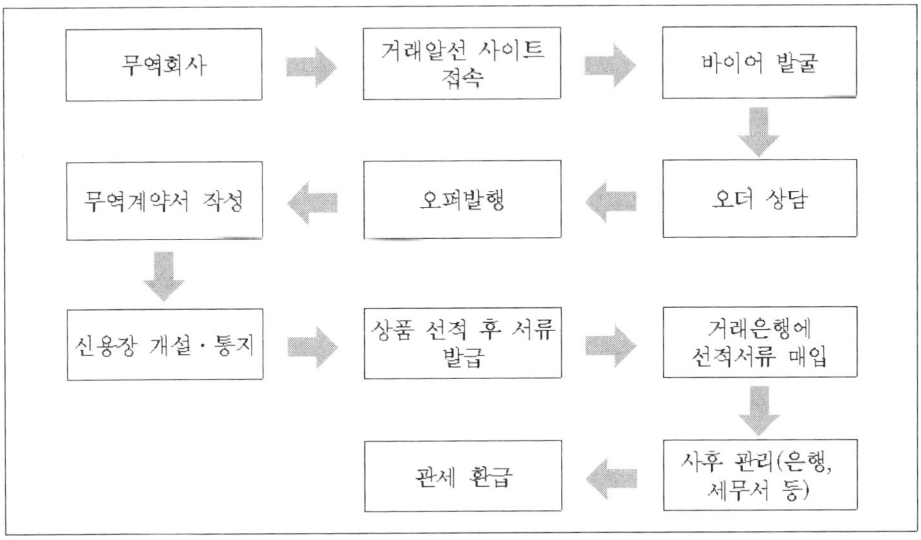

자료: 필자작성

(5) 인터넷을 활용한 전자무역의 경제적 효과

구 분	인터넷 활용 전	인터넷 활용 후
업무처리절차	9단계	6단계
업무처리시간	기존거래 건당 1일	건당 4시간
거래처 확보 시간	신규개발 6개월	3개월
	14일	5일
Offer 횟수	월 30회	월 60회
계약체결 횟수	분기별 2건	분기별 5건
Zmguiry 접수 ·회신	0건	월 200건
Offer·· 계약체결	0건	월 4~5건
매출액 증가		인터넷 활용전보다 3~4배 증가

자료: 여러 가지 자료를 근거로 작성

(6) EDI의 도입 및 개선의 결과 (비용적 측면)

㈜한국무역정보통신의 소프트웨어설치비용 및 월평균 유지 보수비용

① PC용 Package

업무명	평균소비자가격	평균 유지 보수 비용(월)
외 환	250만원	월 5-7 만원
통 관	200만원	월 5-7 만원
관세환급	300만원	월 5-7 만원
내국신용장 업무	50만원	월 5 만원

1 User License 기반이며 공급업체에 따라 약간의 공급가격 및 유지 보수비용이 다르다.

DB는 PC용 DB를 사용한다.

월 유지보수비용은 1업무당 기준이며 3~4개 업무를 동시에 유지보수할 경우에는 할인을 해주고 있다.

② NT 및 UNIX 용 Package

C/S Version (NT/UNIX)인 경우 2~3천만원.

EDI 변환시스템은 ㈜한국무역정보통신(KTNET)에서 제공하는 EDI변환시스템을 이용한다.

문서 Mapping 및 테스트는 1 종류당 1~2백만원이다.

(단위; 원 1KB= 1,024 Byte)

구 분	한국무역정보통신(KTNET)	KLNET
가입비(ID당)	30,000	없 음
전송료(1KB당)	외환: 388, 통관: 185, 항만(물류): 370	100
통신료(분당)	0	15
저장료(KB, 일, 옵션사항)	0	25(7일초과시부과)
변환대행료(1KB당)	20	20
Network 사용료	490,000	300,000

자료: 한국물류정보통신, 한국무역정보통신, 데이콤 등의 자료를 근거로 작성

기업이 수출입오더를 월 10건 정도하는 경우 전자문서사용료는 월 30~40만원 정도라고 한다.

(7) EDI 도입에 따른 직접적 효과 (경제적 효과)

통관 소요시간 단축 및 물류비용 절감

- 수입통관: 8.5 시간 → 2.5시간 이내
- 수출통관: 4시간 → 2분 이내
- 물류비용절감 효과: 연간 5천여억원
- 수출통관 소요시간 단축: 4시간 3분
- 수입통관 소요시간 단축: 8.5시간 3분
- 수출입관련 각종 통계자료의 신속한 작성
- 국가 통계자료 및 각종 무역관련 정책 결정의 신속화
- 종합상사도 자사의 실적을 신속 정확하게 파악함으로써 급변하는 환경에 적절히 대응(현재 삼성, LG, 현대 등 22개 상사가 매일 (주)한국무역정보통신의 수출입실적 통보서를 이용중)
- 국가 전체적인 무역부대비용의 절감(직접 효과만 계상시)
- 수출입 평균 80%에 달하는 비용의 절감
- 수출평균1건당 133,420 → 108,100(25,320원 절감).
- 수입평균1건당 98,820 → 77,870원(20,950원 절감).
- 국가 전체적으로 연간 5,780억원이 절감됨
- 수출 332만건×108,100원=3,590억원

• 수입 281만건× 77,870원 = 2,190억원

EDI도입성공사례(신세계)

신세계인터내셔날은1996년 1월 신세계백화점의 계열사에서 독립 법인으로 출발했으며 2008년 현재 종업원수 350여명, 자본금 258억원으로 전년도 매출액이 1,300억원에 이르는 중견기업이다.

백화점 내의 해외 사업부에서 시작한 신세계인터내셔날은 적극적 투자와 활발한 유통망의 전개를 통하여 종합상사로서의 기능과 신세계그룹의 국제 비즈니스의 역할을 담당하고 있으며 구체적인 사업영역은 해외 사업 부문,VOV 사업 부문, 체인 사업 부문으로 나누어지며 그 사업영역을 국내외로 크게 확산시키고 있다.

신세계인터내셔날은 이러한 사업영역에 걸맞게 인트라넷시스템을 구축하여 내부적으로 정보화를 실현하여 왔다. 그러나 대외적으로 발생하는 수출입업무에 대해서는 자동화시스템을 구축하지 못해 수입신용장개설 등 반복적인 업무를 수작업으로 처리하여 왔었다.

신세계인터내셔날 수입통관팀은 수입업무과정에서 발생하는 반복적인 업무를 지양하고 내부업무뿐만 아니라 외부업무 특히 은행업무과정을 자동화하고자 (주)한국무역정보통신(KTNET)과 업무협의를 거쳤으며 (주)한국무역정보이2000년 서비스를 시작한 인터넷 EDI(XML/EDI)서비스를 도입코자 결정하였다.

(주)한국무역정보통신이 개발한 인터넷 EDI(XML/EDI)서비스는 신세계인터내셔날의 인트라넷 구축환경인 인터넷기반이므로 무역자동화서비스를 이용하는데 따른 시스템적인 문제는 전혀 없었다. 도입하고자 하는 업무범위도 신용장개설, 계산서 등 은행 업무이었으므로 (주)한국무역정보통신이 개발한 인터넷 EDI서비스는 신세계인터내셔날의 경우 안성맞춤이었다. 더군다나 주거래은행인 외환은행에서 EDI를 통하여 신용장개설을 하는 경우 1건당 20,000원에 이르는 개설전신료를 면제해준다는 사항은 매우 큰 혜택이었다. 왜냐하면 연간 신용장개설건수가 평균 300건에 이르고 있기 때문에 개설전신료 면제액만도 600만원에 달하고 있기 때문이다.

신세계인터내셔날은 지난 6월말 (주)한국무역정보통신의 인터넷 EDI 웹사이트인 WWW.EXEDI.COM에 접속하여 가입신청 등록을 마무리하고 동시에 가입승인을 받은 후 가입승인서 사본을 출력하여 외환은행 압구정동지점과 약정를 체결한 후 웹브라우저(EXPLORER 5.0이상)을 이용하여 무역업무 EDI를 적용하기 시작하였다.

서비스 이용초기에는 L/C를 개설하는 것과 관련하여 실제의 서류와 웨상에서 이루어지는 내용입력순서가 달리 입력순서로 인해 전송오류가 발생하기도 하였으나 한번 개설된 내용을 "문서복사"기능을 활용하여 변동된 사항(거래처, 개설금액, 개설조건 등)만 입력하여 전송하면 되므로 이용방법은 매우 간단하였다.

신세계인터내셔날은 (주)한국무역정보통신의 인터넷 EDI서비스를 이용하여 L/C개설 등을 자동화한 후 많은 무역업무 효과를 보게 되었는데 이를 표(비용절감효과)로 정리하면 다음과 같다.

구분		EDI 도입 전	EDI 도입 후	절감효과
직접비용 절감효과		30,610,000	540,000 (EDI 도입전 비용의 1.7%)	30,070,000
L/C개설업무 처리시간		L/C개설 시간:1,500시간/년 (1건 개설시간 5시간)	1건 개설시간:20분	절감시간:175시간/년 (4시간40분/건당×300건)×8시간 근로자 1인기준 175시간 절감
비용	인건비	인건비: 25,000,000/년(1명)	0.5명	인건비로 연간 12,500,000
	EDI 개설 전신료	수입신용장 개설전신료:5,000,000 (20,000/건×250건) 수입신용장 개설조건변경 전신료: 250,000/년(9,000×50건)	수입신용장개설전신료: 면제/건 수입신용장 개설조건변경 전신료:4,000	L/C개설전신료절감액 :5,000,000/년 (20,000×250건) L/C개설조건변경 전신료절감:250,000/년 (5,000×50건)
	교통비	360,000 (1,200/1건×300건) (지하철 이용)	교통비:없음	360,000/년 (1,200*300건)
	EDI사용료	없음	한국무역정보통신(KTNET) 월기본 사용료 :240,000/년 EDI전송료 :300,000/년	한국무역정보통신(KTNET). EDI사용료: 540.000발생
기타효과		전화/팩스요금 과다 사무처리비용 과다	선적서류내통지업무,계산서 등을 업무에 활용 전화 /팩스요금절약	PAPERLESS화에 따른 사무 처리비용 절감 업무처리의 신속성으로 인한 업무의 효율성 증대 등

(8) EDI의 도입 및 비용

(주)한국무역정보통신의 소프트웨어설치비용 및 월평균 유지 보수비용을 살펴보면 다음과 같다.

① PC용 Package

업무명	평균소비자가격	평균 유지 보수 비용(월)
외 환	250만원	월 5~7 만원
통 관	200만원	월 5~7 만원
관세환급	300만원	월 5~7 만원
내국신용장 업무	50만원	월 5 만원

1 User License 기반이며 공급업체에 따라 약간의 공급가격 및 유지 보수비용이 다르다.

DB는 PC용 DB를 사용한다.

월 유지보수비용은 1업무당 기준이며 3~4개업무를 동시에 유지보수할 경우에는 할인을 해주고 있다.

② NT 및 UNIX 용 Package

C/S Version (NT/UNIX)인 경우 2~3천만원이다.

EDI 변환시스템은 (주)한국무역정보통신(KTNET)에서 제공하는 EDI변환시스템을 이용한다.

문서 Mapping 및 테스트는 1종류당 1~2백만원이다.

(단위 원 1KB= 1,024 Byte)

구 분	한국무역정보통신(KTNET)	KLNET
가입비(ID당)	30,000	없 음
전송료(1KB당)	외환: 388, 통관: 185, 항만(물류): 370	100
통신료(분당)	0	15
저장료(KB, 일, 옵션사항)	0	25(7일초과시부과)
변환대행료(1KB당)	20	20
Network 사용료	490,000	300,000

기업이 수출입오더를 월 10건 정도하는 경우 전자문서사용료가 월30~40만원 정도라고 한다.

(9) EDI의 도입 및 개선에 따른 문제점

EDI가 되는 구간과 안 되는 구간이 많아 완전한 무역자동화가 이루어지지 않고 있다. 그 결과 비용절감효과가 많이 나타나지 않는다고 생각하여 신규로 EDI 도입을 하지 않고 있다.

우리나라의 EDI시스템은 민간자율에 의하여 비용절감차원에서 스스로 도입한 것이 아니고 정부가 EDI 시스템사용을 강제로 하였기 때문에 도입되었는데 예를 들면 수출입통관(관세청) 및 항만(해양수산부)EDI 시스템이 있다. 이 부문은 주무부처가 일반서류로 행정처리를 요구하면 100% 거절하고 EDI 시스템으로만 처리해주는 방법을 적용하여 100% EDI화 하였다. 즉, EDI 시스템을 빠른 시일 내에 도입하기 위하여 사용을 강제적으로 유도하였는데 통관신청 시 EDI 시스템으로 수출입통관을 신청하여야 통관을 해줌으로써 수출입통관(관세청)은 100% 도입되었다. 수입신고, 선박입출항신고, 항만시설사용신고 등도 EDI 시스템으로 신청하여야 항만업무를 처리해줌으로써 항만(해양수산부) 관련 업무도 100% EDI 시스템이 도입되었다.

또한 2001년 의료분쟁 발생 후 보건복지부장관이 앞으로 병원이 의료보험 진료에 대한 청구 시 일반서류로 신청하면 반려하고 100% EDI 시스템으로 청구하도록 하였다. 그러나 사업초기에는 의사협회나 병원협회에서 반발하여 시행이 잘 안 되고 있다고 한다. 주무부처가 강제로 시행하여 EDI 시스템을 도입하려고 해도 이해집단인 의사협회나 병원협회의 반발로 경영의 투명성, 비용의 절감 등의 효과가 있는 것을 알고도 강제로 시행하지 못하였다고 한다. 선하증권의 EDI 시스템 도입도 선박회사나 무역회사 그리고 은행은 도입하려고 하나 포워더(Forwarder)들이 생존권을 운운하기 때문에 도입이 지연되고 있다고 한다.

[칼럼 outside] 사라지는 빙하가 유가 올린다?

로버트 실러 (Robert J. Shiller) 예일대 경제학과 교수

그린란드(Greenland)의 빙하(氷河)가 녹아 바다 속으로 떨어진다. 기후 온난화의 영향을 보여주기 위해 TV에서 종종 틀어주는 장면이다. 그런데 이런 이미지 자체가—간접적이고 심리적으로—석유와 원자재 가격 급등의 한 원인이 되었다고 할 수 있을까?

최근 석유 · 원자재 가격 급등에 대한 가장 일반적인 설명은, 중국과 인도 등 개발도상국의 폭발적인 경제 성장으로 희소한 자원에 대한 수요가 끝없이 증가하는 데 기인한다는 것이다.

그러나 투기적인 시장에는 심리학도 어느 정도 영향을 미친다. 예를 들어 그린란드의 빙하가 사라지는 이미지는 우리로 하여금 빙하 외에 다른 모든 것—땅, 물, 심지어 맑은 공기—역시 얼마든지 고갈될 수 있다는 것을 느끼게끔 만들었다.

케이스 스터디를 하나 해보자. 1960~1980년대에 지속적으로 상승한 뒤 1990년대 중반까지 하락세로 돌아선 유가 버블의 형성-붕괴 과정의 경우도 실질 못지않게 이미지가 더 크게 작용한 사례다.

당시의 버블 형성-붕괴 과정에 대한 전통적인 설명은 그것을 정치 이슈와 결부시킨다. 1973~1974년의 오일 위기는 아랍과 이스라엘 간의 욤키푸르 전쟁에 이은 석유 감산(減産)에 기인하고, 1979~1981년의 오일 위기는 이란 혁명과 이란-이라크 전쟁의 탓이라는 설명이다. 또 1980년대 중반 이후의 유가 하락은 OPEC 석유 카르텔의 붕괴에 기인한다고 설명한다.

그러나 몇몇 경제학자들은 이런 정치 이벤트만으로는 전체 그림을 볼 수 없다고 한다. 유가의 일반적인 트렌드에 영향을 미치는 보다 중요한 요인들이 있었을지 모른다는 것이다.

아마도 1970년대에 중동(中東)의 전쟁들보다 더 중요했던 것은 전 세계 사람들이 자원이 바닥날 수 있다는 것을 걱정하기 시작했다는 사실이다. 당시는 인구 폭발의 공포가 세계를 휩쓸던 시기였다. 그로 인해 사람들의 사고방식이 바뀌었고, 원자재 가격 상승에도 일조했다는 것을 부인하기 어렵다.

물론 그 같은 공포에는 근거가 있어 보였다. 세계 인구 증가율이 1951년의 1.8%에서 1971년에는 2.1%로 상승했다. 그러나 그것은 건조한 통계치일 뿐이고, 더욱 큰 영향을 미친 것은 이미지였다.

1948년 영국의 천문학자 프레드 호일(Hoyle)은 말했다. "우주에서 찍은 지구의 사진을 볼 수 있게 되는 것—그로 인해 우주로부터 온전히 분리된 지구의 모습이 명확해지는 것—그 이상으로 역사에 강력한 영향을 주는 것은 없을 것이다."

한 세대 뒤에 그의 말은 사실이 됐다. 1967년 11월 아폴로(Apollo) 프로젝트의 일환으로 우주에서 본 지구의 첫 번째 사진이 촬영됐다. 1971년 달에 첫 발을 디딘 아폴로 우주비행사 중 한 사람이었던 제임스 B. 어윈(Irwin)은 그가 본 지구의 모습을 이렇게 전했다. "그것은 너무도 멀리 떨어져 있어 우주라는 암흑의 심연 속에 작은 공처럼 보인다. 우리는 모두 박애주의자로 돌아가게 된다. 우리가 사

는 지구라는 행성은 얼마나 연약한가?"

1970년대에 왜 사람들이 그리도 인구 폭발과 자원 고갈을 우려했는지, 그 이미지가 적어도 부분적으로나마 설명해 준다.

1972년 로마 클럽의 기념비적인 책 '성장의 한계(The limits to growth)'가 출간됐다. 일군의 과학자들이 쓴 그 책은 인구 압력이 비참한 결핍과 기아(饑餓) 사태를 초래할 것이라고 예언했다. 분석 방법에 대한 과학적인 차원의 비판에도 불구하고, 대중은 그 암울한 전망을 믿을 준비가 돼있었다.

그 뒤 전 세계적으로 다양한 산아 제한(産兒制限) 노력이 이어졌고, 1979년 중국에서는 '한 자녀 낳기' 정책이 제정됐다. 이런 노력과 함께 가족에 대한 가치관도 바뀌면서 세계 인구 성장률은 긴 하락세를 시작해 2005년에는 1.1%로 떨어졌다. 이는 로마클럽이 지적한 성장의 한계에 대한 관심이 줄어들게 만들었고, 원자재 가격도 함께 떨어졌다.

지난 10여년 동안 우리는 다른 문제에 보다 신경을 써왔다. 급속한 세계 경제 성장이 그것이다. 그래서 지난 10년 동안에는 우주에서 본 지구의 첫 번째 사진만큼 극적인 이미지는 없었던 것처럼 보인다. 하지만 다시 생각해 보라.

예를 들어 유튜브(YouTube)에 들어가 그린란드 빙하를 검색해 보라. 보다 일반적으로 말하자면, 인터넷은 세계에서 일어나고 있는 경제적 행위의 영역이 얼마나 방대한가 하는 것을 일깨워준다. 이메일을 통해 전 세계의 누구나 하고도 의사소통을 할 수 있다는 사실은 상대적으로 세계가 얼마나 협소한가 하는 인식을 불러일으킨다.

우리는 지구 온난화에 따른 태풍과 폭풍이 루이지애나와 미얀마 사람들에게 어떤 영향을 주었는지 사진들을 본다. 지난 2000년 북극의 빙하가 처음으로 호수로 변하고, 아랄해(海)가 말라 가는 사진도 본다. 2007년 9월 유럽 항공국은 인공위성 사진 판독 결과 지구 온난화로 인해 북서 항로(북대서양에서 캐나다 북극해를 빠져서 태평양으로 나가는 항로 · 편집자 주)를 가로막던 빙하가 녹아 항로가 뚫렸음을 확인했다고 발표했다.

이처럼 날로 위축되고 손상 받는 지구의 생생한 이미지들이 주변에 넘쳐나는 이 시점에서 인간의 심리가 높은 원자재 가격을 기대하는 현상을 이상한 일이라고 할 수 있을까?

제6장 무역분쟁 · 사기사례 분석 및 예방방안

1. 무역분쟁 및 무역사기 현황

국제 무역사기꾼들이 우리나라 수출기업을 호시탐탐 노리고 있다. 무역 사기꾼들은 유리한 조건으로 상품을 사겠다는「미끼」를 던지면서 사기극을 시작한다. IMF 관리체제 후 내수침체 속에서 해외 신규시장을 개척하는데 고심하는 수출기업들의 심리를 교모하게 역이용한 신종 · 첨단 무역사기가 자주 발생하고 있으므로 주의하여야 한다.

무역 사기극은 그동안 아프리카와 중남미 등 개도국지역에서 주로 발생하였으나 최근에는 미국과 타이완 등으로 확산되면서 수법도 다양해지고 있어 수출업체들의 각별한 주의가 요망된다. 샘플을 챙기거나 거래 알선을 미끼로 한 소액사기에서부터 가짜 신용장을 발행해 거액을 사취하는 무역사기가 급증하고 있다며 또한 우리나라 사정에 밝은 일부 해외교포들이 사기극에 가담하여 우리나나 수출기업들을 울리고 있다. 조명기구 수출업체인 S사는 타이완 업체로부터 샘플사기를 당했다. 타이완 유령업체가 보내온 은행수표(Bank Check)를 믿고 샘플을 특급항공우편(Speed Post)으로 보냈으나 부도수표로 확인되었다고 한다. 은행수표일지라도 수출자는 주거래은행에 매입할 때 추심(Collection)하여 수입자가 수표발행은행에 수표발행금액만큼 현금을 지급하여 수출자의 거래은행계좌에 입금된 후 수출상품을 선적하여야 한다.

수표 추심 흐름도

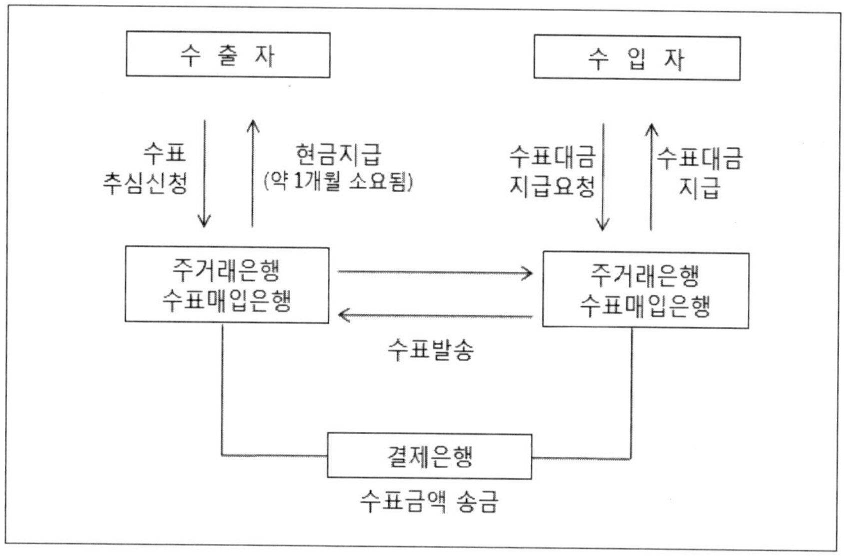

자료 : 필자작성

만일, 수출자가 자기거래은행에 수표를 추심한다고 수입자에게 통보하면 은행수표가 비정상적일 경우 수입자는 다른 태도를 취하거나 연락을 끊어 사기꾼이라는 것을 입증시켜줄 것이다. 필자가 무역회사를 경영할 때에 위조수표를 상기와 같이 취급하지 않아서 나이지리아 수입자로부터 미국은행의 위조된 Bank check로 US $ 12,000를 사기 당하였다. 한국무역협회 관계자는 『선진국 은행의 수표(Bank Check)를 발급하고 금융기관의 추심(Collection)기간 동안 상품을 수입 인도한 후 잔고부족으로 부도처리하는 「수표사기」도 많다.』면서 『상식을 벗어난 솔깃한 제의나 결제은행 등을 복잡하게 한 수출주문은 대한무역투자진흥공사(KOTRA), 외국사무소 현지대사관, 대기업 해외지사 등을 통하여 꼭 확인하여야하고 수표를 받았을 때에는 거래은행에 추심(수입자거래은행에서 결제되어야 함)하여 수입자가 결제하여 수출자은행에 수출대금이 입금된 후 상품을 선적하는 것이 가장 안전한 방법이다. 한편 브라질과 우루과이 등에서는 대규모 직물수입 사기조직이 활개를 치고 있다고 하는데, 한 교포가 유령은행을 내세워 가짜 신용장을 발급하여 200만 달러를 사취하였다. 그러므로 무역협회는 수출계약을 체결하기 전에 상대방의 전화번호와 주소 등을 반드시 확인할 것을 권장하고 있다. 팩스번호나 인터넷 전자우편(E-Mail) 연락처는 신빙성이 낮다는 것이 무역협회의 분석이다. 특히 처음부터 대규모 오퍼나 오더(Order)는 사기일 가능성이 있으므로 반드시 확인절차를 거쳐야 한다. 다만 품목에 따라 금액 차이가 있으나 첫 오더는 $10,000내외 정도하는 것이 정상적인 거래라고 보아야 한다.

백십(Back Ship) 사기는 대담하게 정체를 노출하는 신종 사기수법이다. '98년 9월 김포공항에 도착한 아랍 · 인도 상인들은 우리나라 섬유직물공단의 직물업체를 돌며 업체당 4~5개에서 많게는 20개 이상 컨테이너분의 물량을 주문하였다. 계약 체결 후 수입신용장(L/C)이 열리자 우리나라 업체들은 약속지점인 두바이 · 함부르크 항으로 상품을 선적하였다. 그러나 얼마 후 우리나라 은행은 신용장 개설은행에서 「대금 미지불(unpaid)」 통지를 받았다. 상품을 선적한 후에 수입대금을 결제하는 신용장 제도의 약점을 노린 것이다. 물론 수입업자들의 고의적인 사기극으로 운송(선적)서류상의 하자를 이유로 부도(Unpaid)를 낸 것이다. 200여개 컨테이너분의 물량이 공중에 뜨자 사기꾼들은 제 3자를 시켜 상품가격의 30~50%를 할인해달라고 요구하고 그렇지 않으면 상품을 다시 가져가라고 요구하였다. 일부 대형업체들이 상품을 다시 가져왔지만 이미 거래은행에서 수출대금을 받아 쓴 대부분의 업체들은 30 ~ 50% 할인된 가격만 받고 상품을 팔았다.

미국 LA의 「MaCormick Distributing Co」 라는 유령회사는 `98년 11월부터 우리나라 섬유업체들에게 『대한무역투자진흥공사(KOTRA)의 추천을 받아 연락했다』 며 『미국 심유 수입쿼디의 적용을 받지 않고 수출할 수 있는 바이어를 소개해주겠다』 고 편지를 Fax로 보내 바이어 1명당 1달러의 돈을 받은 뒤 잠적한 것이다. 수출업체들의 피해액이 500달러 안팎이이서 신고가 적었지만 피해자가 지상에 노출된 것보다 많을 것으로 대한무역투자진흥공사의 관계자는 분석하고 있다. 나이지리아 「GSPO」 라는 유령회사가 우리나라 무역회사인 D사에 「정부구매 물량」 이라며 2만 달러 규모의 안경테 샘플과 수수료를 요구한 뒤 가로챈 것도 전형적인 샘플 사기다.

아시아자동차 사기처럼 유령회사를 내세운 사기꾼들도 늘고 있다. 「허므쉬」 라는 브라질 수입상은 `98년 거래하던 우리나라 K사에 6개월 후 수입대금을 결제하기로 하고 15만 달러어치를 주문하였다. 우루과이에 있다는 HKPB라는 유령은행을 통하여 우리나라 H은행에 운송(선적)서류를 제시하고 수출대금을 받았다. 그러나 이 은행은 유령은행으로 밝혀져 K사는 거래은행에 네고하고 받은 수출대금과 연체이자까지 부담하여야 되므로 많은 어려움이 있다고 한다. 무신용장거래방식 중 인수도조건(D/A)을 사용하여 무역사기를 연출하는 경우도 많이 있다. 우리나라, 대만,

중국 등에서 운동화를 수입해오던 스페인의 캉가루스사는 최근 대만 신발업체의 상표를 도용하고 이 사실을 모르는 우리나라업체 A사에 주문을 한 뒤 물건을 인수하자마자 "상표를 도용했다"며 수입대금을 지급 거절하였다. A사는 이 때문에 자금부족으로 애를 먹고 있으며, 대한무역투자진흥공사는 캉가루스사를 '불성실바이어'로 지목하고 수출업체들에게 주의를 당부하였다. 이 회사는 처음 한 두 번은 착실한 거래를 해 신회를 쌓은 뒤 부도위험이 높은 인수도조건(D/A)으로 무역계약을 체결하고 중소기업들이 스페인어에 약한 점을 이용해 고의적인 클레임(Market Claim)을 제기하는 것으로 알려졌다.

미국의 일부악덕 수입자들이 IMF관리체제하에서 우리나라 경제의 어려운 상황을 악용하여 우리나라 수출업체들에게 대량의 상품을 발주한 후 교묘하게 하자(Cliam)를 이유로 재고를 안게 하고 이를 헐값에 사겠다고 터무니없는 요구를 하는 일이 빈번히 일어나고 있다.

사기사례를 유형별로 살펴보면 다음과 같다.

사례 **부도수표로 샘플 대금 사취한 사례**

지역	대만	대만업체로부터 은행수표를 받고 샘플을 송부, 거래은행에 수표를 매각할 때까지만 해도 아무런 문제가 없었으나 얼마 후 부도수표임을 통보받았다. 뒤늦게 대만업체로 연락을 취했으나 팩스번호만 기재되어 있어 통화가 불가능했다.
품목	조명기기	
피해액	US$300	
결제조건	수표	
피해발생시기(인지시기)	98년말	

지역	영국	수표결제조건으로 1차 선적을 했다. 수표를 받아 은행에 매각하고 같은 방식으로 보름 뒤 2차 선적을 했는데 수표도 보내오지 않았고, 그 사이 1차에 받은 수표는 부도 처리통보를 받았다.
품목	모조장신구	
피해액	US$28,686	
결제조건	선적후 수표결제	
피해발생시기(인지시기)	98년 6월	

지역	나이지리아	H사는 나이지리아 소재 K사와 토너 수출계약을 체결하고 서방은행이 발행한 수표를 받아 외국은행에 추심을 의뢰, 두 달 뒤 대금이 구좌에 입금된 것을 확인한 후 선적을 완료. 그러나, 약 7개월 후 거래은행으로부터 부도수표라는 통보를 받고 확인한 결과, K사는 유령회사이며 서명위조 수법을 이용한 사기건으로 밝혀졌다.
품목	①토너(H사) ②잡제품(S사)	
피해액	①15만불 ②10만불	
결제조건	수표	
피해발생시기(인지시기)	①97년 ②98년	

사례 D/A 거래방식에서 사취한 사례

1) 50% 사후결제하기로 해놓고 잔금 결제 거부

지역	모로코	원양 선원출신 K는 국내수출업체에게 어망 수출을 알선해 주었다. 50%만 L/C로 거래하고 나머지는 D/A 거래키로 했으나 품질불량을 이유로 잔금지불에 거부하고, 수출업체의 불량품의 반송요구에도 응하지 않고 있다.
품목	어망	
피해액	US$4	
결제조건	· L/C 50% · D/A 50%	
피해발생시기(인지시기)	98년초	

2) 수입회사 명의를 변경, D/A 조건 수입 후 상품 처분하고 도주

지역	러시아	N사는 평소거래를 해오던 러시아 C사의 Mr.M으로부터 회사상호가 D로 변경되었으니 금번 선적분 30만달러어치는 새로운 회사 앞으로 송부해 달라는 부탁을 받았다. N사는 지난 2년간 쌓아온 신용을 믿고 별도의 확인 없이 선적하였으나 수출대금이 미결제되었고, 나중에 확인결과 C사의 Mr.M이 C사와 짜고 수입회사 명의를 변경하여 사기극을 벌였다는 것을 알게 되었다.
품목	식품류	
피해액	US$30만	
결제조건	D/A 45일	
피해발생시기(인지시기)	98년	

3) D/A 조건 수입 후, 수입상품 처분하고 도주

지역	파라과이	교포업체 P사의 K전무는 사장과 친분관계에 있던 한국 수출업체에 사장 몰래 30만 달러어치의 운동화 수입을 제의하고 대금결제는 자신의 개인수표로 했다. 그리고 임의로 물건을 인수하여 처분한 후 브라질로 도주, 한국업체는 대금 일체를 못 받게 되었다.
품목	운동화	
피해액	US$30만	
결제조건	L/C	
피해발생시기(인지시기)	98년	

사례 신용장 거래 방식일 때 사취하는 사례

1) 바이어가 선 생산 유도 후 헐값 인수 요구

지역	이집트	U광학은 이집트 바이어로부터 받은 주문의 생산단가를 낮추기 위해 1차 주문 시 2차분까지 미리 생산해 버렸지만, 바이어 로고가 새겨져 있다는 약점을 간파한 바이어의 술수에 말려 결국 덤핑 처분하는 수밖에 없었다.
품목	안경테	
피해액	US$16,000	
결제조건	L/C	
피해발생시기(인지시기)	98년	

2) 유령은행의 위조 신용장 사기

지역	우루과이/브라질	우루과이 Findemar사는 유령은행을 설립해 놓고 브라질 바이어들과 짜고 위조 L/C를 보내 상품을 사취, Findemar사는 같은 사무실에서 HKPB(홍콩민간은행), SPBC(스위스민간은행) 등 유령은행을 운영하면서 바이어들에게 고액의 커미션을 받고 위조 L/C를 남발하고 있다.
품목	섬유	
피해액	총 200만 달러(5개 업체)	
결제조건	USANCE L/C (180일)	
피해발생시기(인지시기)	98년	

3) 선하증권 사본으로 상품인수 후 대금지불 거부

지역	중국	바이어의 요구에 따라 선적 후 팩스로 선하증권(B/L)사본을 송부했으나, B/L 사본만으로 물품을 통관 인수하고는 대금결제를 거부, 중국의 L/C 개설은행도 바이어에게 별다른 대금 결제압력을 행사하지 않고 있어 해결전망이 불투명한 실정이다.
품목	석유화학제품	
피해액	US$30만	
결제조건	D/A 120일	
피해발생시기(인지시기)	96년	

4) 불법통관하고 대금지급 거부

지역	중국	A은행은 중국의 신발공장이 국내 업체로부터 원자재를 신용장 조건으로 수입한 후 불법통관하고 대금지급을 거부하는 바람에 막대한 부실채권을 안게 되었다. 현지 지점을 통해 소송을 제기하였으나 바이어에게 유리한 일방적인 판결을 내려, 대금회수 여부는 불투명한 실정이다.
품목	신발 원자재	
피해액	약 150만 달러	
결제조건	L/C	
피해발생시기(인지시기)	98년 상반기	

사례 마켓 클레임(Market Claim)의 유형

1) 운송(선적) 서류 하자를 이유로 상품 인수 거부(I)

지역	이집트	D물산은 4만 달러어치의 여성용 스커트를 L/C지불조건으로 이집트에 수출. 그러나 바이어는 시장상황이 악화되자 경미한 L/C 상의 하자를 트집 잡아 서류인수를 거부하여 현재까지 대금 일체를 못 받고 있다.
품목	스커트	
피해액	US$140000	
결제조건	L/C	
피해발생시기(인지시기)	98년	

2) 운송(선적) 서류 하자를 이유로 상품 인수 거부(Ⅰ)

지역	중국	H사는 중국지사에서는 중국 Y사로부터 33만 달러의 폴리에스터 분할선적 수출계약을 체결하였고 1차선적을 실시하였으나 품질불량을 이유로 선적서류인수를 거부당하고 피해보상까지 요구받았다.
품목	폴리에스터	
피해액	US$33만	
결제조건	L/C	
피해발생시기(인지시기)	98년 하순	

3) 상품 품질 불량을 트집 잡아 상품 인수 거부

지역	아랍에미레이트	중견 직물제조 수출기업인 K합섬은 중동의 중개 무역 중심지인 두바이 소재 바이어로부터 폴리에스터 직물을 주문받고, At Sight L/C조건으로 수출. 그러나 바이어는 물품 도착 후에 B/L 상의 서류하자를 이유로 인수를 거절했다.
품목	직물	
피해액	US$19,468	
결제조건	L/C	
피해발생시기(인지시기)	98년	

미국의 수입상이 지나치게 대량오더를 하거나 자신이 굉장한 바이어인 것처럼 과장을 할 때에는 너무 현혹되지 말고 바이어의 신용상태를 대한 무역투자진흥공사의 해외무역관이나 기타 무역관련 기관을 이용하여 철저히 조사해보고 계약을 체결할 때에도 무역계약서상에 이상 유무를 확인해야 한다. 대량주문을 받았다고 해서 성급하게 자재를 구매하거나 상품생산을 착수해서 나중에 낭패를 당하는 일이 없도록 신중을 기해야 한다. 수출업체들은 신용장을 받은 후 개설은행의 신용도를 확인하고 제3은행의 확인신용장(Confirmed L/C)을 받고서 선적할 상품을 제조하거나 상품 선적을 준비하여야 한다.

상품대금 결제방식은 가급적이면 인수도조건(D/A) 또는 지급도 조건(D/P)은 피하고 취소불능신용장(Irrevocable L/C)을 받아야 한다. 또한 신용장대금결제방식 중 일람불(At Sigth)과 연지급(Usance)중에서 될 수 있으면 일람불로 유도하여야 한다. 특히 신용장에 나와 있는 조건에 100%적합하도록 해야 하며 지급거절에 대비해 반드시 수출보험에 부보하여야 한다. 바이어가 독점판매권(Exclusive Sale Agent)을 요구할 경우에는 일정기간 거래를 해본 후에 종합적인 자료를 근거로 판단해야 하고 거래초기에 무조건 독점판매권을 주는 것은 조심해야 한다. 어느 나라를 막론하고 사기꾼들은 이론에 밝고 법망을 최대한 합법적으로 이용하기 때문에 조금이라도 의심스러운 부분이 있으면 꼭 확인을 하고 업무를 추진하여야 한다.

1) 가짜 신용장으로 상품수출 피해 200만 달러

브라질 바이어(Buyer)들이 유령은행이 발행한 가짜 신용장(L/C)으로 우리나라업체들로부터 수십만 달러 상당의 상품을 수입하여 상품대금을 결제하지 않고 상품을 인도하여 처분하고 도주하는 사기사건이 빈발하고 있어 주의가 요구되고 있다. K무역, I무역 등 유수의 수출업체들이 이 같은 사기사건으로 200만 달러 정도 피해를 본 것으로 나타났다. 브라질의 악덕직물바이어가 우루과이 유령은행과 공모하여 신용장거래방식에 익숙하지 못한 수출업체로부터 사기행각을 벌였다. 브라질 수입상 하무쉬는 우루과이 핀데마르사가 세운 유령은행인 홍콩 프라이비트 뱅커스(HKBP)를 통하여 가짜 신용장을 개설을 받아 K직물로부터 15만 달러어치의 직물을 수입하였다. 그 뒤 두 번째로 120만 달러 규모의 신용장를 똑같은 유령은행에서 개설한 후 상품 선적을 재촉하는 도중 K직물 거래은행이 결제은행으로부터 개설은행이 수입대금을 지급할 수 없다는 통보를 받아 가짜 신용장임이 알게 되었다고 한다.

또한 브라질의 교포무역인 강모씨도 고액의 커미션을 주고 우루과이 유령은행(HKPB)을 통하여 위조 신용장을 개설하여 우리나라 I무역으로부터 100만 달러어치의 상품을 수입하였다. I무역은 수출대금을 매입하기 위하여 신용장과 운송(선적)서류를 거래은행인 D은행에 제시하자 대부분의 은행들처럼 D은행은 지급유예(usance) 신용장을 충분히 검토해보지 않은 상태에서 수출대금이 미입금될 경우 수출자가 책임지겠다는 각서를 I무역으로부터 받고 수출대금을 네고(선지급)해주었다. D은행은 6개월 뒤 신용장 만기 결제일에 맞춰 우루과이에 운송서류를 보냈지만 애당초 주소조차 없는 유령은행에서 수출대금이 결제될 리가 없었다. 신용장이 개설되었을 때에는 개설은행의 국적, 소재지, 연락처 등을 확인하는 것은 무역의 기본이라 하겠다. 조그마한 한번 실수는 여러 번 수출하여 얻은 이익을 한 번에 사기당할 수도 있고 그 결과 회사가 부도위기에 처할 수도 있다. 신용장 개설은행의 신용도가 의심스러우면 세계적으로 명성이 있는 제 3의 은행으로부터 확인신용장(Confirmed L/C)을 받아야 한다. 왜냐하면 확인신용장(Confirmed L/C)을 받은 후에는 개설은행이 지급하지 않은 수출대금에 대해 확인신용장(Confirmed L/C)을 발급한 제 3의 은행이 100% 수출대금을 지급하도록 되어 있다. 그리고 상품을 수출보험에 부보하면 수출하고 수출자의 귀책사유가 아닌 이유로 수출금액을 회수하지 못하였다면 100% 보상해준다.

2) 한중 무역관련 소송 '봇물'

우리나라 기업과 중국기업간의 속고 속이는 무역분쟁이 잇따르면서 우리나라법원에 중국업체와의 무역관련 소송이 봇물을 이루고 있다. 서울지방법원에 따르면 최근 중국업체와의 신용장 개금결제와 상품대금 지급관련 소송이 한 달 평균 10여건 이상 접수되는 등 총 30여건이 재판에 계류중이라고 한다. 대우홍콩은 중국은행을 상대로 38억원대의 신용장 대금지급소송을 냈으며 홍콩상하이은행도 외환은행을 상대로 27억원대의 신용장 대금지급소송을 제소하는 등 소송규모가 수백원대에 달한다. 중국수입업체들은 신용장상의 미비나 운송(선적)서류상의 불일치 그리고 선적지연(Back Date : 선적기일이 경과한 후 상품을 선적하고도 선적기일 이전에 선적된 것처럼 선하증권 발행일을 앞당기는 것)등을 이유로 수입대금을 지급하는 것을 거부하거나 수입계약 체결 후 신용장 개설은행으로부터 선적서류 인수를 기피하는 사례가 많은 것으로 나타났다. 악덕 중국수입업체들은 운송(선적)서류를 제출하지 않고 상품을 받을 수 있는 선대(先貸)조건을 신용장에 삽입하여 수출대금을 가로채는 경우도 있는 것으로 밝혀졌다. 신용장을 수취한 후에는 신용장상에 수출자에게 불리한 조항이 있으면 반드시 신용장을 수정 · 변경(Amend)한 뒤 상품선적을 위하여 상품제공조준비 등을 시작하여야 한다.

특히 중국의 민메탈즈와 맺은 철강주물공급계약에 따라 중국은행에서 신용장을 개설하여 대우홍콩은 신용장조건대로 상품을 선적하였으나 중국회사가 고의로 선적서류를 인수(Acceptance)하기를 지연하다가(Pending)하고 세관에 압류된 상품을 빼돌린 것으로 드러났다. 특히 이 소송은 우리나라 기업의 현지법인이 관련되어 있어 재판관할권에 대한 논란이 이는 등 외교문제로 발선할 가능성도 있다. 법원관계지는 "대개 우리나라업체들이 중국현지사정과 무역법에 어두워 우리나라법원에 소송을 제기하고 있다."며 "그러나 재판관할권 등 양국간의 민감한 사안이 얽혀있는데다 승소하더라도 중국기업에 대한 강제집행이 쉽지 않은 상황"이라고 밝히고 있다.

악덕 바이어와 부실 금융기관의 증가로 중국에 수출할 때에는 조심하여야 한다. 심지어 중국 국영기업까지 수입대금을 지급하지 않는 경우가 발생하고 있다.

'98년 8월 코오롱상사, 한라자원, 해태상사, 삼성물산, 대우 홍콩지사 등 6개 상사는 중국에 제3국산 철강제품을 수출하고 1억600억 달러(1,400억원)를 지급받지 못하여 소송중이다. 신용장을 개설해준 은행은 후이통은행인데 이 은행은 '98년 3월 영업정지이후 수입대금을 지급하지 않고 있는 상황이다. 새한은 중국국영업체인 상하이바오샨에 '97년 223만 달러어치의 폴리에스터 원사를 수출하고 134만 달러를 아직 결제를 받지 못하고 있다. 해태상사, 진로, SK상사 등 우리나라 중견기업체들이 중국에 수출한 후 수출대금을 결제를 받지 못해 중국 바이어와 분쟁을 겪고 있는 것으로 알려졌다. 현대중공업은 중국 하얼빈 소재 화룡건설공사에 건설 중장비 10대(177만 달러)를 공급했으나 화룡건설측은 건설장비에 하자가 있다는 이유로 하얼빈 법원에 소송을 제기하였다. 현대종합상사는 상하이 AIC 동련사에 냉연 스테인레스 철강제품 1백 56만t(32만9천달러)을 수출했으나, 수입상이 송장상품명 상이와 상품 인수할 때의 상품의 시장가격 하락(Market Claim : 대부분의 Claim은 표면상 Quality Claim이라고 주장하지만 수입자의 마음을 사실상 들여다보면 대부분 Market Claim임)을 이유로 운송(선적)서류 인수를 거부하면 7만 2,000달러의 손해를 입었다. 이런 중국측의 신용장대금 미지급 사례와 클레임 요구는 신3저 현상으로 수출의 호기를 맞고 이는 우리나라 종합무역상사들에게 보이지 않는 무역장벽으로 작용하고 있으며 보따리무역상이나 중소수출업체들의 보따리무역 수출에 미치는 여파가 커서 보따리무역이나 종소수출업체들의 각별한 주의가 요망된다.

2. 무역 분쟁 및 사기사례 분석

무역클레임의 해결은 어떻게 해야 할까?

무역클레임의 해결방법 중 당사자 간의 해결방법으로는 청구권의 포기와 화해 등이 있고, 제3자의 개입에 의한 해결방법으로는 알선 · 조정 · 중재 · 소송 등이 있다.

무역클레임 해결방법

당사자간의 해결

청구권의 포기(Waiver of Claim)

- 피해자가 상대방에게 청구권을 행사하지 않는 경우로서, 이는 대체적으로 상대방이 사전 또는 즉각적으로 손해배상 제의를 통해 해결될 경우에 이루어집니다.

화해(Amicable Settlement)

- 당사자간의 자주적인 교섭과 양보로 분쟁을 해결하는 방법으로서, 당사자가 직접적인 협의를 통하여 상호평등의 원칙하에 납득할 수 있는 타협점을 찾는 것임. 이 경우 대체적으로 화해계약을 체결합니다.

제3자의 개입에 의한 해결

알선(intercession, recommendation)

- 알선이란 공정한 제3자(예: 상사중재원)가 당사자의 일방 또는 쌍방의 요청에 의하여 사건에 개입, 원만한 타협이 이루어지도록 협조하는 방법으로 당사자간에 비밀이 보장되고 거래관계가 지속을 유지할 수 있는 장점이 있습니다.

조정(conciliation, mediation)

- 조정은 양당사자가 공정한 제3자를 조정인으로 선임하고 조정인이 제시하는 해결안(조정안)에 양당사자가 합의함으로써 분쟁을 해결하는 방법입니다.

중재(arbitration)

- 중재란 당사자간의 합의(중재합의)로 사법상의 법률관계를 법원의 소송절차에 의하지 아니하고 제3자인 중재인(arbitrator)을 선임하여 그 분쟁을 중재인에게 맡겨 중재인의 판단에 양당사자가 절대 복종함으로써 최종적으로 해결하는 방법입니다.

소송(litigation)

- 소송은 국가공권력(사법재판)에 의한 분쟁해결 방법이며, 외국과의 사법협정이 체결되어 있지 않기 때문에 그 판결은 외국에서 승인 및 집행이 보장되지 않는다. 따라서 소송에 의하여 클레임을 해결하려는 경우에는 피제기자가 거주하는 국가에서 현지 변호사를 법정대리인으로 선임하여 소송절차를 진행하여야 합니다.

가장 합리적인 무역분쟁해결제도인 중재에 대해 알아보자

중재(arbitration)란 분쟁 당사자 간의 합의(중재계약)에 따라, 사법상의 법률관계를 법원의 판결에 의하지 않고 사인인 제3자를 중재인으로 선정해 중재인의 판정에 맡겨 해결하는 방법이다.

중재는 그 판정에 복종함으로써 분쟁을 해결하는 자주법정제도로, 국가공권력을 발동해 강제집행할 수 있는 권리가 법적으로 보장된다. 다음의 몇 가지 질의응답을 통해 중재에 대해 좀더 자세히 알아보자.

가. 중재는 소송하기 전에 이용하는 제도다?

- 중재합의에 의해 중재가 진행중인 사건에 대해서는 별도로 소송을 제기할 수 없다.
- 중재판정은 법원의 확정판결과 동일한 효력을 가지므로 실체적 사안에 대해 소송으로 다룰 수 없다

나. 상사분쟁만 해결 가능하다?

- 상거래상 발생한 분쟁뿐만 아니라 민사분쟁 역시 해결이 가능하다.
- 또한 분쟁 당사자가 정부, 공공기관인 경우에도 중재로 해결할 수 있다.

다. 중재는 국제사건(무역)에만 적용된다?

- 국제사건 뿐만 아니라 국내사건 역시 중재로 해결이 가능하다. 또한 건설, 해사, 금융, 정보통신 등 각종 분야의 분쟁해결에 적용될 수 있다. 최근에는 중재원이 남측의 중재사무처리기관으로 지정되어 남북경제교류 관련 상사분쟁도 중재원에서 해결할 수 있다.

라. 중재는 소송에 비해 결과예측이 어렵다?

- 중재는 실체적 진실을 파악ㄱ하기 위해 법조인 이외의 전문가가 중재판정부에 포함되기도 하나 법률에 근거해 판정하므로 소송과 결과 차이가 없다.

중재절차에 대해 알아보자

중재절차는 중재사건이 접수되어 판정이 내려질 때까지의 모든 절차를 의미하며 당사자 간의 중재합의로 정할 수 있다. 중재절차는 다음과 같다.

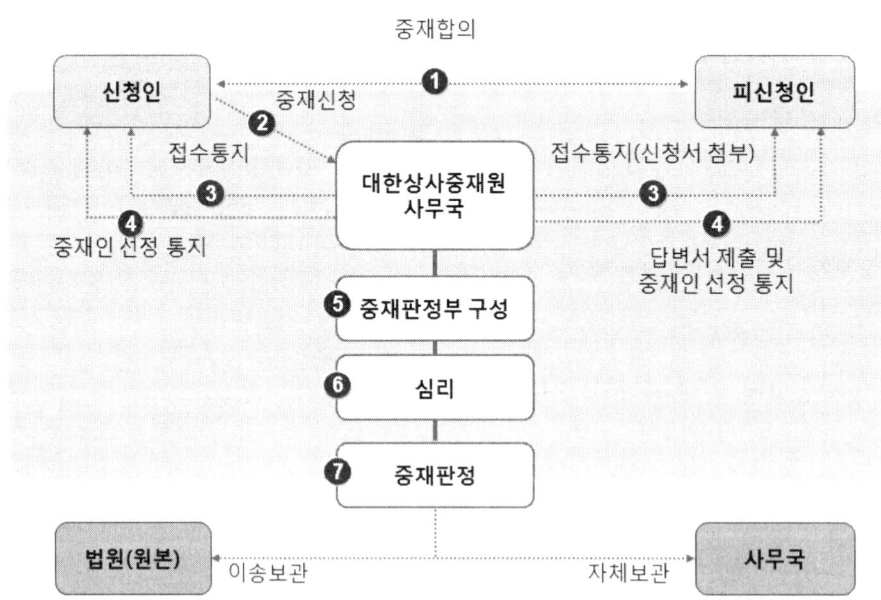

① 중재합의 : 분쟁을 중재에 의해 해결하기로 하는 중재합의가 있어야만 중재신청이 가능하다.

② 중재신청 : 중재를 신청하고자 할 때에는 대한상사중재원의 본부나 지역본부의 사무국에 중재비용과 함께 구비서류(중재합의서, 중재신청서, 신청의 원인사실을 입증하는 서증, 대리인 신청시 위임장, 법인 등기부등본)를 작성해 제출한다.

③ 중재신청의 접수 및 통지 : 중재신청서가 제출되면 중재합의서, 중재신청서, 중재신청의 취지를 입증하는 서류의 유무와 대리인이 선임된 경우 위임장 등 적합여부를 확인하고, 사무국에서 적합하다고 판단하는 경우에는 소정의 중재비용을 예납받고 접수한다.

④ 답변서 제출 : 피신청인은 신청인의 중재신청서를 검토한 후 중재신청 접수통지의 수령일(기준일)로부터 국제중재의 경우 30일(국내중재의 경우 15일) 이내에 답변서를 사무국에 제출해 답변할 수 있다.

⑤ 중재판정부 구성 : 중재사건을 판정할 중재인은 분쟁당사자가 직접 선정하거나 중재원에서 추천한 중재인 후보 중에서 선임한다.

⑥ 중재심리 : 중재판정부는 심리의 일시・장소와 방식을 결정하는데, 최종 결정되면 사무국은 당사자에게 심리개시 10일 전(국제중재는 20일)까지 통지한다.

⑦ 중재판정 : 중재판정부는 중재계약의 범위 내에서 계약의 현실이행뿐만 아니라 공정하고 정당한 배상이나 기타의 구제를 명할 수 있다.

신용장거래방식이 분쟁 및 사기를 100% 예방할 수 없고 오히려 신용장 거래특징인 독립・추상성의 원칙 적용 관행, 신용장과 운성(선적)서류의 엄밀일치 요구관행 그리고 서류거래관행 등 세 가지 거래의 원칙이 사기를 하는데 도용되고 있는 것이 현실이다.

무역사기를 예방하는 방법은 거래선을 발굴할 때에 신용조사를 엄격하게 하여 좋은 수출입업자와 거래하는 것이 제일 중요하다. 수출입업자가 고의적으로 무역분쟁 및 사기를 하려고 하면 거의 성공할 수 있었음은 여러 사례를 통하여 알 수 있다.

예를 들어, 수출자가 상품을 선적하지 않거나 계약상품과 다른 상품들을 선적하는 것을 방지하기 위해서는 상품 선적 전에 국제적으로 공인된 검사기관이 상품이 제조되는 과정에서 충분한 검사를 할 수 있도록 하여야 한다. 그리고 수입국에 현지

대리인(Agency)을 두어 상품제조과정과 계약서상의 상품을 선적하는 자를 확인하도록 하면 수출자의 무역사기는 예방할 수 있다. 이처럼 무역분쟁이나 사기를 예방할 수 있는 방안이 있으므로 연구할 가치가 있다.

또한, 선적증명서가 지정된 선박에 대한 상품의 선적과 선하증권의 발행을 관리, 감독하고 적절한 증명서가 이런 과정을 통하여 발행된다면 허위 선하증권(B/L)발급이나 상품을 선적하지 않거나 다른 상품을 선적하는 사기는 발생하지 않을 것이다. 또한 포장된 상품의 경우 금액기준 얼마이상은 포장 이후 교체되는 것을 예방하기 위해 검사관 입회하에 포장되어지고 계약서와 신용장 조건의 일치를 위해 검사기관이 직접 매입(Nego)은행이나 지급은행에 검사증명서의 사본을 제공하도록 하면 사기는 많이 매우 감소할 것이다.

1) 하자네고 · 보증부매입(L/G Nego)의 실태분석 및 대책

매입(Nego)은행은 실무적으로 하자있는 운송(선적)서류가 매입 의뢰되는 경우가 많으므로 상거래의 실제적인 면을 고려하는 것이 중요하다. 수출상의 신용이 확실한 경우에는 하자의 내용과 수출상과 수입상의 거래관계, 수출상품의 시황 등을 검토하여 문제가 없다고 판단되는 경우에는 수입대금 지급 거부 즉, 수출자는 부도(Unpaid)시에 즉시 신용장대금을 상환하겠다는 수출거래약정서(수출상의 보증서, Letter of Guarantee)를 징구하고서 매입에 응하게 되는데, 이것을 하자 매입(보증부매입 : L/G Nego)이라고 한다.

우리나라 은행에서는 하자 매입(L/G Nego)를 만능으로 취급하는 예가 있으나 이는 아주 위험한 업무취급이라 하지 않을 수 없다. 하자 매입(L/G Nego)은 신용장의 지급보증 없이 매입은행의 수출상에 대한 여신행위이므로 실제 부도 반환되어 왔을 때 수출상의 신용이 약화되어 있을 경우나 도주 또는 잠적했을 때에는 매입은행은 신용장대금 회수불능상태에 직면하게 된다.

하자의 형태에 따른 대응방법을 알아보면 다음과 같다.

첫째, 신용장자체의 모순으로부터 발생하는 경우, 신용장상 가격조건이 FOB인데 선하증권(B/L)상에 운임선지급(Freight Prepaid)으로 표시할 것을 요구하는 경우가 있는데(CIF조건일 때 가능한 요구사항임) 수출상은 매입은행에 매입 의뢰하기 전에 신용장개설의뢰인에게 신용장조건 변경을 요청하여 문제를 해결해야 한다.

둘째, 수출지에서 정정이 가능한 하자.

우리나라에서 수출상이나 서류발급기관이 정정할 수 있는 하자는 정정하도록 한다. 예를 들면, 서류의 통수 부족, 상업송장의 계산착오, 환어음의 기재사항 미비, 타이핑실수(typing miss) 등이 있다.

셋째, 정정이 불가능한 하자에 대한 조치

하자의 내용, 채권보전, 수출상품의 시황, 수출상의 신용도와 거래실적에 따라서 다음 여러 가지 방법 중에서 택일하여 취급해야 한다.

(1) 보증부 매입(하자매입 : L/G Nego)의 실태

보증부매입이란 매입은행이 "운송(선적)서류의 하자로 인하여 신용장과 매입 환어음이 부도(Unpaid)반환되어 오는 경우 수출상의 매입은행에 무조건 수출대금을 지급하겠다"는 수출상의 보증서를 청구하고 매입에 응하는 방법이다. 그러나 수출거래약성서만으로 불충분하다고 생각되는 경우에는 첫째, 신용 있는 거래처의 연대보증서. 둘째, 타 은행의 보증서를 징구함. 셋째, 부동산 담보를 취득한 후 매입에 응해야 함. 넷째, 상기조건이 부족할 때는 추심 후 신용장 개설은행으로부터 수출대금이 입금된 후 수출상에게 수출대금을 입금해주고 있다.

영국의 SITPRO와 Bank는 1986년 수익자가 은행에 Nego할 때 서류불일치를 1,143건 조사하였다. 최초 서류불일치가 50% 정도 되었는데 하자발생 순위는 첫째, 상업송장 불일치율 20.9% 둘째, 운송서류 불일치율 23.7% 셋째, 보험서류 불일치율 6.8% 넷째, 기타서류의 불일치율이 25.1% 등으로 나타났다. 우리나라에서는 조사대상 총건수 24,385건 중에서 하자매입건(L/G Nego)수가 6,013건으로 24.7%이었다. 하자매입하게 되는 이유는 첫째, 선적기일 경과 66.9%, 둘째, 유효기일 경과 34.8% 셋째, 분할선적 금지인데 분할선적한 경우가 5.7% 등이었다.

매입은행에 제출한 운송(선적)서류 불일치사항의 발생빈도내용을 살펴보면 ① Late Shipment, ② Late Shipment 및 Exprіry Date의 경과, ③ Expiry Date의 경과, ④ Late Documents Presentation, ⑤ Foul Transport Documents, ⑥ Partial Shipment금지의 위반, ⑦ Commercial Invoice 상의 단가 등의 상위, ⑧ Shipping Date 및 Export Date의 경과와 Partial Shipment금지의 위반, ⑨ Inspection Certificate상의 검사인 등의 상위, ⑩ Certificates의 미제출 등의 순으로 되어 있다.

(2) 전신 조회 후 매입(Cabal Nego)

매입은행이 운송(선적)서류의 하자를 전신으로 신용장 개설은행에 통지하여 용인받은 후 매입하는 방법이다. 하자조회 중 유효기일이 경과한 경우 유효기일 경과를 이유로 수입대금 지급을 거절할 수 없다는 것이 일반적인 견해이다.

(3) 추심(Collection)후 수출대금 지급

운송(선적)서류의 하자가 중대한 경우, 예컨대 다음과 같은 경우에는 추심 처리하는 것이 좋다.

a) 신용장상 유효기일 경과 후 제시된 서류로서 부도 가능성이 높은 경우

b) 환거래계약이 없는 은행이 개설한 신용장으로 진정성을 확인할 수 없는 경우

c) 수출자의 신용상태가 부실한 경우

(4) 신용장의 조건 변경 후 거래(매입)은행에 운송서류 매입

신용장상 유효기일 등이 충분한 경우에는 수익자(수출자)가 개설의뢰인에게 연락하여 신용장의 조건을 변경(Amend)받고서 매입 의뢰를 하여야 한다. 특히 최종 선적일(Late Shipment) 및 유효기일 (Expiry Date)의 경과 등 두 가지 서류 불일치 사항의 건수가 총건수의 68.00%라는 높은 비중을 나타내고 있는 것은 특기할 만하며 유효기일(Expiry Date)의 경과라는 불일치사항은 신용장 거래는 끝나버리고 오직 수입자의 신용에 의존하고 있다는 것을 말해주고 있다. 운송(선적)서류상의 불일치사항 내용을 구체적으로 살펴보면 다음과 같다.

먼저 운송(선적)서류를 살펴보면 ① On Board B/L 대신에 FCR(Freight Cargo Receipt의 제출), ② 하인(Shipping Marks)의 누락, ③ Final Destination 상위, ④ Shipping Line 상위, ⑤ Shipping Port 상위, ⑥ Notify Party 상위, ⑦ Consignee 상위, ⑧ 항공화물운송장(Air WayBill)대신에 On Board B/L, ⑨ Transshipment 금지의 위반 등이다.

상업송장을 살펴보면① Unit Price 상위, ② Shortrage, ③ Description of Goods의 상위, ④ 송장을 제출하지 않고 GSP Form A를 제출, ⑤ Purchase Order번호의 상위, ⑥ Trade Terms의 상위, 즉 FOB인데 C&F로, C&F인데 FOB 등으로 표시하는 것이다.

Inspection Certificate의 경우는 ① 미제출, ② 지정 Inspector 대신에 다른 사람이 검사 Certificate의 경우를 살펴보면 ① 선적전에 수입자가 선적을 허가하는 buyer's telex of approval of Sample의 제출, ② Mill's Certificate의 제출, ③ Shipping advice telexed to agent in Korea instead of to accountee, ④ Beneficiary's certificate certifying that shipping samples have been sent to accountee의 미제출, ⑤ Certificate of export licence issued by Korean Government의 미제출, ⑥ Certificate of Origen G.S.P Form A 대신에 Certificate of Origin 제출, ⑦ G.S.P Form A 미제출

위에서 살펴본 Late Shipment 등 운송(선적)서류 불일치사항의 발생빈도가 높은 이유는 수출자(수익자)가 신용장 개설신청인(수입자)과 사전에 합의하여 신용장 조건 변경이라는 번거로움을 회피하려는 의도에 기인하고 있음을 필자의 경험과 직접 면담을 통하여 발견하였다. 매입은행이 신용장 조건과 운송서류상 불일치사항이 있음에도 불구하고 매입을 하는 주요인은 매입할 때에 수출자(수익자)가 매입은행에 제출하는 수출거래약정서 즉, 운송서류불일치에 따라 신용장개설은행이 운송서류를 인수하지 않고 부도(Unpaid)를 냈을 때에 수출자가 모든 책임을 부담한다는 수출약정서(L/G Letter of Guarantee)에 기인한다고 생각한다.

2) 우리나라 보증부매입(하자매입, L/G Nego)의 문제점과 개선방안

(1) 문제점

① 개설은행의 신용장 대금 지급 거절(부도 : Unpaid) 위험이 있다.

신용장은 서류에 의한 거래로서 서류가 신용장 조건과 일치하면 수입자는 비록 도착상품이 계약내용과 다르더라도 수입대금의 지급을 거절할 수 없다. 그러나 운송(선적)서류가 신용장조건과 불일치하면 즉, 서류에 하자가 있으면 신용장 개설의뢰인(수입자)은 Market Claim을 발생시켜 수입상품을 인수하고 싶지 않으면 수입대금의 지급을 거절할 수 있다. 보증부매입(하자매입, L/G Nego)한 서류는 하자를 지니고 있으므로 항상 부도의 위험에 노출되어 있다고 하겠다. 수입자는 서류의 하자를 이유로 (Market Claim : 수입자는 상품에 대한 품질, 수량, 색상, 단가 등 여러 가지의 불만이 있거나 시장상황이 불리한 때, 자금부족 등으로 수입대금을 지급거절하려는 경우 또는 수출자에게 수입가격을 인하시켜달라고 요구함) 수입대금의 지급을 거절할 수 있다. 수출자(수익자)는 수출대금 지급을 거절당하면 이를 정리(整理)하는데 상당한 시간, 비용, 노력을 기울여야 한다. 이러한 업무처리에 경험과 능력이 부족한 경우에는 곤경에 빠지게 된다. 경우에 따라서는 단 한건의 부도(Unpaid)로

기업이 파산할 수도 있음을 명심해야 할 것이다.

(2) 개선방향

① 신용장을 받은 즉시 신용장 조건을 정확히 검토한다.
② 통지(매입)은행은 신용장 조건 중요내용을 검토한 후 수출자에게 주의하라고 통지하여야 한다.
③ 매입은행의 운송(선적)서류 검토 철저.
④ 서류보완이 불가능한 경미한 하자인 경우에는 매입은행 내부에서만 하자매입(보증서부 매입 : L/G Nego) 처리하고 신용장 개설은행에 보낼 L/C Nego Covering Letter에는 Clean Nego로 처리해야 함.
⑤ 매입은행의 무분별한 보증부매입(L/G Nego)의 지양(止揚).

신용장거래에 있어서 신용장 개설은행이 수입대금을 지급 거절하는 즉, 부도의 사유와 유형은 다음과 같다.

부도란, 즉 은행에서 말하는 부도의 처리기준이란 Clean운송서류를 매입할 때에 매입일자로부터 2개월 이내에 수출대금이 개설은행으로부터 입금되지 않는 경우와 보상장부(하자) 매입(L:/G Nego, Negotiation under an indemnity)할 때 매입일자로부터 1개월(또는 45일)이내에 수출대금이 입금되지 않는 경우에는 이를 부도(Unpaid)로 간주한다.

(3) 부도사유

매입은행에서 실무업무 처리할 때 발견되는 부도사유는 다음과 같다. ① 상품기술(Commodity Description)의 상위, ② 검사(Inspection) 관계, ③수출상품 선적지연(Late Shipment), ④분할선적(Parial(Installment) Shipment), ⑤ 세관송장서식(Customs Invoice Form)의 상위, ⑥ 가격조건(Price Term), ⑦ 선편(Shipping Line)의 상위, ⑧ 보험조건의 상위(Insurance not covered as in L/C), ⑨ 파산(Bankruptcy), ⑩ 특별지시사항의 불이행 등

(4) 부도의 유형

① 은행의 휴업일로 인한 유효기일의 자동연장
② 선적기일의 연장과 유효기일

③ 개설은행의 운송(선적)서류 임의처분에 대한 수리
④ 일반운송조건에 의한 환적의무
⑤ 분할선적기간 불충족 후의 분할선적
⑥ 휘더선(船)에 의한 본선적재와 환적
⑦ 상업송장 상 상품명세의 일치성
⑧ 서류상호간의 문면상 불일치

3) 부도문제의 개선 방안

신용장거래에서 발생하는 부도문제를 개선하는 데는 여러 가지 방안이 있다.

첫째, 신용장의 조건을 해석할 때에 원칙을 고수하여야 한다. 매입은행은 운송서류를 매입할 때에 신용장의 조건을 엄격하게 해석하여 신용장이 요구하는 대로 이행하여야 한다. 신용장의 해석은 일반 법률의 해석과 같이, 한 구절, 한글자의 의미를 공정하고 명확하게 해석하여야 한다.

둘째, 수출자(수익자)는 신용장을 통지받자마자 신용장 조건이 무역계약서의 내용과 상이한 점이 있는지를 검토하여야 한다. 그리고 신용장 조건 중에서 유효기일이 내에 수익자가 이행하기 어려운 조건이 있는지를 검토하여 있으면 신용장 조건을 변경하여야 한다.

셋째, 신용장의 통지은행은 신용장의 통지에 앞서서 신용장의 조건을 검토하여 불명확하거나 불완전한 조건이 있으면 수익자(수출자)에게 알려줌으로써 이러한 신용장 조건을 사전에 변경(Amend)하도록 하여야 한다.

넷째, 어음을 매입한 서류를 개설은행 앞으로 송부하고 매입과 동시에 대금을 전신추심방법으로 상환받는 것이 바람직하다. 이렇게 함으로써 개설은행의 부당한 부도를 예방할 수 있고 그리고 대금상환의 소요일수가 단축될 수 있다.

다섯, 매입은행의 모장상부 매입(하자매입, L/G Nego)이 부도의 가장 직접적인 도화선이 되고 있기 때문에 이를 조장하는 보증장(수출거래약정서, L/G) 또는 각서의 사용을 최대한으로 억제하여야 한다. 서류보완이 불가능한 경미한 하자인 경우 매입은행 내부에서만 보상장부 매입(하자매입)처리하고 신용장 개설은행에 보낼 L/C Nego Cover에는 Clean Nego로 처리해야 한다.

여섯, 매입은행은 부도통보를 받으면 즉각 운송(선적)서류 불일치사항은 점검해

보고 아직 신용장의 유효기일과 운송(선적)서류의 제시기간이 남아 있을 경우에는 신속히 서류불일치사항을 일치시켜 완전한 운송서류를 신용장 개설은행 앞으로 재발송함으로써 부도를 해결하여야 한다.

일곱, 매입은행은 부도 통보를 받으면 즉각 수익자(수출자)에게 통보하여 수익자와 매입은행이 긴밀하게 협조하여 빠르고 정확하게 문제 해결을 모색하는 것이 바람직하다.

여덟, 무역회사나 은행의 부서에 부도문제를 전문적으로 다루는 부서를 설치하여 신용장에 관한 외국의 관례 및 우리나라 사례를 분석 검토함으로써 부도무제를 사전에 예방하려는 노력이 절실히 요구된다.

4) 매입(네고)은행의 서류 검토 의무

매입은행은 제시된 운송(선적)서류가 신용장 조건과 일치하는 것의 여부를 상당한 주의를 기울여 모든 서류를 점검해야 한다. 매입은행의 운송(선적)서류 검토는 서류의 문면상 신용장 조건과의 일치 여부를 검토할 뿐이지 서류 자체의 정확성, 충분성, 진정성 등이나 상품에 대한 명세, 품질 등의 모든 조건 및 서류 작성자의 성실성 등의 행위에 대하여 의무와 책임을 지지 않는다. 그러나 거래은행의 외환담당 직원이 능력이 있다면 신용장 조건에 의심나는 사항과 운송 서류를 확인하고 점검해주어 수출업체에 자문을 해줌으로 분쟁 및 사기예방에 많은 도움이 된다.

(1) 신용장의 주요 검토사항은 다음과 같다.

① 신용장 개설은행의 신용도에 관한 검토
② 취소불능 신용장 여부의 검토
③ 신용장 통일규칙의 적용문언과 대금지급 확약문언이 있는지의 검토
④ 신용장 개설은행이 환거래계약을 체결한 은행인가의 검토
⑤ 신용장이 통지은행에 의해 정당하게 통지된 것인지의 검토
⑥ 신용장의 선적일 이내에 선적되고 유효기일이 경과하지 않았는지의 검토
⑦ 매입제한 신용장 또는 지급신용장이 아닌지의 검토
⑧ 조건부신용장 여부 확인
⑨ 조건변경서 및 양도의 확인

⑩ 신용장 제조건의 확인

⑪ 신용장 개설은행이 부실하면 제3은행에 확인신용장(Confirm L/C)을 받도록 유도

(2) 매입은행에 제시된 운송(선적)서류의 검토사항을 살펴보면 다음과 같다.

① 환어음

신용장거래에서 지급신용장은 환어음이 불필요하고 매입신용장이나 인수신용장은 환어음의 사용이 필수적이다. 환어음의 기간, 신용장번호, 발행인, 지급인, 금액이 다른 서류와 일치하는지 확인해야 한다.

5) 운송서류의 검토

(1) 해상선하증권(Ocean B/L)

① 신용장에 본선상에 선적한 선하증권이라고 명기되어 있으면 수취 선하증권(Received B/L)은 수리 거절된다. 신용장 조건대로 본선선적(적재) 선하증권(On Board(Shipped B/L))만 제시해야 한다. 왜냐하면, 수취 선하증권은 본선에 선적하지 않을 수도 있기 때문에 개설은행이 수리 거절한다.

② 신용장상에 수하인(Consignee)이 개설은행으로 되어있는지 확인해야 한다. 만일, 수하인이 수입자로 되어 있으면 개설은행에 신용장 대금을 지급하지 않고 수입자가 상품을 인수하여 처분하고 도주할 의사가 있으므로 주의해야 한다.

③ 무사고 선하증권(Clean B/L)인지 확인

④ 선적기일 및 유효기일, 제시기일의 경과 여부

⑤ 선적항, 양륙항 등 일치 여부

⑥ 운임조건, 보험증명서 등 신용장조건과 일치 여부

⑦ 환적, 분할선적, 할부선적 등 신용장조건과 일치 여부

⑧ 상품의 명세, 화인(Shipping Mark), 선박라인(Shipping Line) 등이 신용장 조건과 일치 여부

(2) 수리거절되는 해상선하증권

다음의 운송(선적)서류는 신용장에서 수리를 허용하지 않는 한 매입은행은 수리할 수 없다.

① **용선계약 선하증권**

용선계약 선하증권(Character Party B/L)과 같이 운송조건이 용선계약에 따르는 선하증권은 수리거절된다.

② **범선선적선하증권**

화물이 범선에 의해서 운송된다는 표시가 있는 선하증권은 수리 거절된다. 그러나 동력선박에 에너지를 절약하기 위하여 돛이 달려있는 경우에는 관계가 없다.

(3) 자동수리가 인정되는 선하증권

자동수리가 인정된다고 하는 의미는 신용장에서 수리를 인정하는 명시적인 문구가 없어도 수리가 되는 것을 말한다. 자동수리가 인정되는 선하증권은 다음과 같다.

① **무고장 선하증권(Clean B/L)**

화물 또는 포장에 하자가 있음을 표시하는 문구가 없는 무고장 선하증권은 자동수리가 인정된다. 신용장에 "Full set of Clean on Board Ocean Bills of Lading..."이라고 표현하는 예가 많은데 여기서 "Clean on Board"라는 뜻은 선하증권이 UCP 500 Article 32.a와 Article 23, Article 24, Article 25, Article 26, Article 27, Article 28 또는 Article 30dml 요건을 갖추면 되는 것이지 선하증권상에 "Clean on Board"라는 문구를 표시하도록 요구하는 것은 아니다.

② **부지약관 선하증권**

선하증권에 "Shipper's load and count" 또는 "said by shipper to contain"이나 이와 유사한 문구가 있는 선하증권은 자동수리가 인정된다.

③ **제3자 선하증권(Third party B/L, Neutral B/L)**

선적인(Shipper)이 수익자가 아닌 제 3자인 B/L, 즉 Third party B/L은 신용장에 금지하는 문구가 없으면 자동수리가 인정된다.

(4) 자동수리가 인정되지 않는 선하증권

신용장에서 수리가 가능하다는 명시적 문구가 있어야만 수리가 가능하고 그렇지 않으면 수리가 인정되지 않는 선하증권에는 다음과 같은 것들이 있다.

① 갑판 선적 선하증권

물품이 갑판 선적되어 있음을 표시하고 있는 선하증권 예컨대 "Stowed on deck"의 표시가 있는 선하증권은 자동수리가 인정되지 않는다. 그러나 갑판적재유보약관이 있는 경우에는 수리가 가능하다. 갑판적재 유보약관이란 물품이 갑판적재된 것이 아니라 갑판에 적재되어 운송될 지도 모른다는 약관을 말하는 것이다.

② 고장부 선하증권

고장부 선하증권(Foul B/L)은 신용장에서 특별히 허용하지 않는 한 수리가 인정되지 않는다.

6) 항공운송증권(AWB: Air Way Bill)

신용장의 조건과 운송서류가 일치하는지, 수하인(Consignee)이 신용장개설은행으로 되어 있는지 확인해야 한다. 만일, 수하인이 수입자(Buyer)로 되어 있으면 개설은행에 신용장 대금을 지급하지 않고 수입가(Buyer)가 상품을 인수하여 처분한 뒤 도주해 버리므로 주의해야 한다. 신용장에 명기 할 때에 Air Way Bill consigned to A bank, marked 'Freight Collect' and Notify Accountee와 같이 표기해야 한다.

(1) 항공화물운송장의 성격

국제항공화물운송에 관련된 한공화물운송장의 성격은 다음과 같다.

① 항공화물운송장은 항공기에 화물의 탑재를 증명하는 것은 아니다.

바르샤바 조약(WARSAW Convention)에서 "항공화물운송장은 반증이 없는 한 계약의 체결, 화물의 수탁 및 운송조건에 관한 증명력이 있다"고 규정하고 있다. 국제항공회사로 조직된 국제항공운송협회(IATA : International Air Transport Association)는 표준항공화물운송장의 양식을 제정하여 국제항공운송협회(IATA)의 전회원항공사가 의무적으로 사용하도록 규정(IATA 600J)하였다. 그 양식에는 화물의 항공기와 탑재일을 기재하는 난은 없고 단지 화물을 외관상 양호한 상태로 운송을 위하여 수탁받았다는 취지만 기재되어 있다. 그러므로 항공화물운송장은 일반적으로 화물의 수탁을 증명하는 서류이지, 그 화물이 특정한 항공기에 탑재되었다는 것을 증명하는 서류는 아니다.

② 항공화물운송장은 유가증권이 아니다.

그런데, 바르샤바 조약에서 항공화물운송장은 원본이 3매가되며 ①운송인용 ②하수인용 ③하송인용으로 구성되어 있다. 그 효력을 살펴보면, 운송인용 원본은 권리의 행사 또는 이전에 필요하지 않다. 하수인용원본은 항공화물과 함께 송부되어 운송인이 하수인에게 물품을 인도할 때에 교부하는 것이기 때문에 유가증권은 아니다. 하송인용 원본(매입은행용원본)도 수하인이 항공회사로부터 물품을 인도받기 위하여 제시할 필요가 없고 하송인의 권리의 양도에도 그것이 필요 없기 때문에 유가증권이라고 할 수 없다. 결론적으로, 현행 항공화물운송장은 유가증권이 아니기 때문에 항공화물운송장의 표면에 "Not negotialbe" 이란 용어가 인쇄되어 있다. 이는 항공화물운송장이 선하증권과는 달리 양도가 불가능하다는 것을 나타내고 있다. 항공화물운송장은 그 수송기간이 아주 짧고 항공기 기장의 지위는 선장의 지위보다 비교적 제한적이었기 때문에 항공화물상환증 제도를 채택하지 않았다고 한다.

(2) 항공화물운송장상 수하인의 권리 · 의무

수하인은 운송품을 인도받을 하송인이 지정한 자로서, 국제항공운송계약 자체는 하송인과 항공회사간에 체결되기 때문에 하수인이 운송계약의 당사자는 아니다. 항공화물운송장은 유가증권이 아니기 때문에, 수하인은 원칙적으로 운송인인 항공회사에 대하여 권리 · 의무를 가지지 않고 운송품이 도착했을 때에 비로소 운송계약에 따라 운송품의 인도청구권과 손해배상청구권 등의 하송인의권리를 취득하고 운송품을 항공회사로부터 인도받을 때에 항공운임 등 그 밖의 기타 비용을 지불할 의무를 부담하게 된다. 다만, 운송인이 운송품의 멸실을 인정하거나 또는 운송품이 도착일로부터 7일이 경과한 후에도 도착되지 않을 경우에는 수하인은 우송계약에 따라 발생하는 권리를 행사할 수 있다.

(3) 운송품이 항공기에 탑재되지 않은 원인

① 수출통관의 불허가

하송인이 운송품을 항공회사에 국제운송계약의 체결을 위하여 인도하고, 항공회사로부터 항공운송장 원본인 하송인용(은행매입용)을 받았더라도, 어떤 이유 때문에 운송품의 수출통관이 허가되지 않을 수 있다. 그 경우에는 항공회사가 운송품을 수

탁했다고 하더라도, 그 항공화물운송장은 본래 의미에서는 항공화물운송장은 아니라고 하더라도 운송품이 항공기에 탑재되지 못하였으므로 운송(선적)서류 매입 의뢰할 때에 첨부된 항공화물운송장은 실질적으로 空 과 마찬가지이다.

② 수출상(하송인)의 사기

최악의 경우, 수출상이 항공회사에 운송품을 수탁시키지 않고, 그 항공회사의 항공화물운송장 양식을 이용하고 항공회사의 서명을 위조하여 가짜 항공화물운송장을 만들어 가짜 운송서류를 가지고 매입하는 사기를 행각할 수 있다. 그 경우에는 수입상이 수입하려는 상품이 수입지에 도착하지 않았음에도 불구하고, 만약, 신용장 조건과 외견상 일치되는 架空의 항공화물운송장 등의 운송서류가 제시되었다면, 수입상은 수입상품 대금을 지급하지 않을 수 없다.

(4) 운송품이 항공기에 탑재되도록 하는 방법

① 항공화물운송장에 운송품이 소정의 항공기에 탑재되었다는 문언을 항공회사가 부기하도록 하는 방법이 있다.

항공화물운송장은 수취선하증권에 있어서의 본선적재부기(On Board Notation)와 마찬가지라고 할 수 있다. 항공화물운송장상에 탑재문언과 탑재일을 표시하고 항공회사의 서명을 받을 수 있다.

② 항공회사로부터 운송품이 소정의 항공기에 탑재되었다는 증명서를 받도록 하는 방법이 있다.

이것은 항공회사가 발행한 탑재확인서를 제시하도록 신용장 조건으로 명시하는 것이다. 이러한 방법을 사용하는 네에는 항공회사의 성실성이 전제되고, 만약, 악의의 수출상이 운송서류를 위조하는 경우에는 이를 막을 방법은 거의 없다.

(5) 복합운송서류(Combined Transport Document)

① 신용장에 복합운송에 관한 특별한 명시가 되어 있는가?

신용장에 특별한 명시가 없으면 운송중개업자(Forwarder)가 발행한 서류는 물론 발행형식도 양도가능(지시식)이든 양도불가능(기명식)이든 관계없이 은행이 수리하지만 특별한 명시가 있으면 조건에 따라야 한다.

② **복합운송증권이 해상운송을 포함하고 있는가?**

복합운송증권이 해상운송을 포함하고 있는 경우 본선적재의 명시가 없어도 수리한다.

③ 우편수취증(Post Receipt) 및 우편증명서(Certificate of Posting) 견본이나 소량의 화물에 이용되며 신용장 조건에 우편에 의한 물품의 발송을 규정하고 있으면 요건을 갖추면 수리한다.

(6) 신용장상의 조건과 상업송장 일치

① 신용장의 금액과 상업송장상의 금액의 일치여부

② 기재된 상품의 명세가 신용장에 기재된 내용과 일치하는가? 신용장 조건과 상업송장상 상품명세가 일치하지 않으며 수리 거절될 수 있다. 신용장의 독립, 추상성에 의하여 대금결제는 실제 상품과는 관계없이 이루어지므로 상업송장상의 상품의 표기는 정확해야 한다고 판시하였다.

(7) 보험서류의 검토

① 보험증권의 법적기재 사항은 이상이 없는가를 다음과 같이 확인하여야 한다.

㉠ 피보험자의 주소와 성명 또는 상호

㉡ 선적항과 도착장

㉢ 선박명 및 국적

㉣ 보험기간을 정하였을 때 그 시가와 종기(終期)

㉤ 보험금액과 그 지급지

㉥ 보험료

㉦ 보험의 목적물과 보험약관

㉧ 보험증권의 작성지와 작성 연월일

② 보험회사나 보험인수업자 또는 그 대리인이 발행하고 Full Set가 제시 되었는가 보험서류는 보험회사, 보험인수업자 또는 이들의 대리인들이 보험증권을 발행하여 서명해야 한다. 신용장에서 특별히 허용하지 않는 한 보험중개인이 발행한 보험승인장은 수리되지 않는다.

③ 신용장에서 요구하는 보험서류는 보험증권과 보험증명서이나 보험서류의 종류

에는 다음 3가지가 있고 그 내용은 다음과 같다.

㉠ 보험증권(Insurance Policy)
㉡ 보험증명서(Insurance Certificate)
㉢ 부보각서(Cover Note)
㉣ 보험부보일자는 적당한가.
㉤ 보험금액은 적당한가.
㉥ 보험증권상 표시통화는 정당한가.
㉦ 부보화물의 표시에는 이상이 없는가.
㉧ 지시식인 경우서 배서가 되어 있으며 정정한 경우에는 정정인의 누락이 없는가.
㉨ 면책비율의 적용유무에 관한 문언이 있는가.

(8) 영사송장(Consular Invoice)

영사송장은 수입국에서 수입세액산정의 기준이 되는 서류로서 송장금액을 실제가치보다 높게 명기 Over value invoicing(외화도피), 송장금액을 실제가치보다 낮게 명기 Under value invoicing(관세포탈) 및 덤핑방지와 당해상품의 원산지증명 기타 통계자료로 이용하기 위하여 요구한다.

첫째, 영사종장 내용이 상업송장과 일치하는가.
둘째, 영사송장 사본을 요구할 때에도 (　)의 서명 또는 Stamp가 있어야 한다.
셋째, 영사송장의 양식은 해당국의 양식을 사용해야 한다.

(9) 관세송장(Custom invoice)

① 내용이 상품송장 및 기타 서류와 일치하는가.
② 원산지란에 국명이 기재되어 있는가.
③ 수입국이 지정하는 양식을 사용하고 있는가. 등에 주의하여야 한다.

(10) 포장명세서(Packing List)

포장명세서는 상품의 포장내용을 기술한 서류이다. 수량, 중량, 용적 등이 기재되며 수입통관할 때에 꼭 필요한 서류이다. 신용장 조건에 명시되었는지 확인하고 시간이 없을 때에는 중량증명서를 포장명세서에 "포장명세 및 중량증명서"라고 표시하여 사용하는 경우도 있다.

(11) 원산지 증명서(Certificate of Origin)

상품이 해당국에서 생산되었거나 제조되었음을 증명하는 서류로서 국가간의 호혜협정에 의하여 상대국의 상품에 대하여 수입세를 면제하거나 경감하기 위하여 요구하는 서류하지만, 현재는 다국적기업의 활성화로 상품제조국을 알기 위하여 요구한다. 수출국에 주재하는 수입국의 명세 또는 상공회의소가 작성한다. 발급신청일은 운송서류의 선적일이전이거나 같은 날짜이어야 한다.

(12) 검사증명서(Inspection Certificate)

수출상품에 이상이 없음을 확인하기위하여 수입자가 지정하는 검사기관에서 발급받는다. 신용장에서 요구하는 검사기관에서 발급되어야 하며 그 내용은 신용장의 조건과 같아야 한다. 신용장상에 나타난 조건을 살펴보면 다음과 같다.

"Inspection certificate issued by A cooperation is required their signature on certificate should be verified by their bank"

여기에서 주의할 점은 첫째, 발급회사의 서명부가 Nego bank에 제출되어야 한다. 둘째, Their Bank는 매입은행이 아니라 재매입은행으로 해석해야 할 것이다. Verify를 요구하는 은행은 대부분 중동지역이며 신용장 또한 매입제한신용장이므로 주의를 하여야 한다.

(13) 중량, 용적, 품질증명서

상업송장을 보충하는 서류들로서 직접 작성하는 경우와 제3자가 작성하는 경우가 있다. 기타서류의 일반적인 검토사항은 다음과 같다.

① 각 서류의 발행일자가 유효기일이내인가.

② 서류 상호간에 내일이 일치하는가.

③ (Shipping Mark)은 모든 서류가 일치하는가.

④ 정당한 발행자에 의해 발행되었는가.

⑤ 신용장에서 요구하는 통수가 제시되었는가.

상기사항을 신용장 조건과 제시된 서류가 일치하는지 상당한 주의를 갖고 확인 ·

점검해야 한다.

❖ 위조신용장의 확인방법

• 위조신용장의 발행수단

위조신용장은 우편에 의하여 개설되는 것이 대부분이고 전신에 의하여 개설된 것은 거의 없다. 위조자가 전신수단을 싫어하는 이유는 통지은행에 전신으로 위조신용장을 개설할 경우 통지은행은 그 전신이 미리 개설 은행과의 사이에 교환된 test key와 합치되지 않기 때문에 쉽게 위조되었다는 것을 발견당하기 때문이다. 부로안전하거나 불명확한 점이 있으면 수출자(수익자)가 직접 신용장 개설의뢰인과 교섭함으로써 문제를 해결하려고 노력할 것이기 때문이다.

• 위조신용장의 경로

우편에 의한 위조신용장은 통상 통지은행을 경유하지 않고 수출자(수익자)에게 직접 우송된다. 그 이유는 통지은행에 위조신용장이 송부된 경우 통지은행이 엄격하게 신용장의 서명을 조회하게 되면 신용장이 위조된 것임을 쉽게 판별할 가능성이 있기 때문이다. 그렇지만 인쇄기술, 복사기술의 향상으로 최근에는 위조신용장을 대담하게 통지은행 앞으로 송부하는 경우가 많이 있다.

• 위조신용장의 특징

위조신용장에 의하여 선량한 수출자(수익자)로 하여금 상품을 선적하게 한 후 수입대금을 지불하지 않고 교묘하게 사취(詐取)할 것을 목적으로 다음과 같은 방법을 사용한다.

① 신용장에서 운송서류로서 항공화물운송장을 요구하면서, 상품의 수하인(Consignee)을 위조자로 명기한다. 즉 “Air WayBill showing the goods consigned to buyer (applicant) is required.” 등으로 기재한다. 한편, 위조자는 수출자(수익자)에게 항공화물운송장을 입수하는 즉시 항공회사명, 출발공항, 운항일정 등을 위조자 앞으로 통지하여 줄 것을 전신으로 별도 지시한다. 이에 따라 위조자는 상품의 도착공항에서 수입통관 기타 상품의 인수절차가 필요하므로 일반적으로 위조자가 단독으로 상품을 사취하는 것은 어렵기 때문에 타 관계자와 공모하는 등 어떤 제휴를 교묘하게 형성할 수 있을 것이라는 점도 생각할 수 있다.

② 신용장에서 운송서류로서 선하증권을 요구하면서, 선하증권은 수익자의 백지배서 또는 위조자를 수하인(Consignee)으로 하는 지시식 또는 기명식으로 하도록 하

여 선하증권 원본 3통 중 한통을 위조자 앞으로 직접 우송하는 것을 신용장 조건으로 한다. 위조신용장의 실례를 보면 상기 ①의 항공운송에 의한 방법이 많다. 위조자의 심리는 가능한 한 상품의 운송일수를 단축하여 수익자(수출자)에게 의심할 여지를 주지 않고 도착한 상품을 사취하여 도주하려고 하기 때문이다. 외국에 있어서의 실례를 보면 상기 ①의 방법으로 계획된 위조신용장에 의하여 수익자(수출자)가 항공에 상품 선적한 뒤 운송(선적)서류를 매입 의뢰할 때에 비로소 신용장이 위조된 것임을 알고 즉시, 도착공항에서 상품의 인도금지를 시도하였지만 이미 상품을 위조자가 찾아 간 경우가 많았다.

❖ Special Instruction 함정문구 이용한 클레임의 처리

• 수입상이 신용장의 특약사항을 이용하여 Market Claim을 일으킨 경우

<사건의 개요>

신용장을 개설할 때 유림상사(주)는 만일을 경우에 대비하기 위하여 Special Instruction란에 "The invoice must be counter-signed by the buyer's Agent, Bang kok You Lim Co"라는 특약문구를 넣었으며 수출상인 슝하이(주)도 이의 없이 이 조건을 수락하였다. 신용장을 개설한 후 첫 번째 상품선적이 1989년 1월 7일에 이루어졌는데 선적금액은 2만 달러였으며 선적서류 도착 후 외환은행 남대문지점은 매입은행인 스미토모은행 방콕지점에 2만 불을 지급하였다. 그러나 이 상품이 미국에 도착한 직후인 1989년 3월 10일 유림상사(주)의 LA지점으로부터 불길한 소식이 전달되었는데 미국의 수입상인 President Trading inco가 부도를 내고 파산하였기 때문에 도착한 상품의 대금을 못 받은 것은 물론 나머지 선적잔량분의 수입이 불가능하다는 것이었다.

사태가 이에 이르자 유림상사(주)는 급히 방콕지사에 훈령을 보내 슝하이(주)와 기본계약 및 신용장의 취소를 협상하도록 종용하였지만 태국의 수출상인 슝하이(주)는 유림상사(주)에게"2차선적분(4만불)의 선적준비를 이미 끝마쳤으므로 계약 빛 신용장의 취소에 동의 할 수 없다"고 통보하였다. 슝하이(주)가 신용장의 취소 요청을 거절하자 유림상사(주)는 방콕지사에 2차선적분에 대하여 Counter-Sign 및 Inspection을 하지 말도록 지시하였고, Buyer's Agent의 상품검사 및 Counter-Sign을 받지 못한 태국의 수출상은 상품검사는 공인검사기관인 S.G.S(주)의 검사로 대신하고 상업송장상의 Counter-Sign은 1차 선적할 때에 서류상의 서명필적을 흉내를 낸 위조서류를

작성하여 매입은행에 매입(Clean Nego)하였다. 개설은행인 외환은행 남대문지점은 유림상사(주)의 통보를 받고 매입은행인 스미모토은행에게 "도착한 상업송장 및 검사증명서가 위조서류임"을 이유로 부도(Unpaid) 통보를 하면서 운송 및 보험서류 등 선적서류 일체를 매입은행 앞으로 반송하였다.

부도(Unpaid) 통보를 접수한 슝하이(주)는 1989년 4월 8일 서울민사지법에 신용장 개설은행인 외환은행과 유림상사(주)를 공동피고인으로 걸어 상품대금비금 및 손해배상 청구 소송을 제기하였는바 이 소송에서 원고가 승소하였다.

무역분쟁이나 사기가 발생했을 때의 해결대책은 무역분쟁이 발생했을 경우 분쟁의 피해당사자가 취해야 할 태도는 다음과 같다.

첫째, 무역분쟁이나 사기 사고상황을 접수한 다음 담당자는 그 상황을 숨기지 말고 신속히 윗사람에게 보고하여 대책을 강구해야 한다. 자신에게 책임이 돌아올 것을 두려워해 혼자 힘으로 해결하려고 시도하다가는 사고의 범위를 크게 하거나 수습이 곤란하도록 악화시킬 가능성이 있기 때문이다.

둘째, 거래은행, 무역전문가, 변호사 등과 상의하여 현명한 해결방안을 조속히 강구해야 한다.

셋째, 사실관계(Offer 자료, 무역계약서 등)를 정확하게 파악하여 분쟁의 핵심이 되는 부분에 관한 반대이론을 정립하여 논리적으로 대응하여야 한다.

넷째, 강경대책과 온건대책을 수립하여 병행 대처전략을 구사하되 상대방의 태도 여하에 따라 적절한 대안을 제시하여야 한다.

다섯째, 화해나 양보로 해결할 수 없는 것은 궁극적으로 소송이나 중재심판에 회부하게 되므로 이 경우 경제적인 실익에만 집착하여 너무 일찍 협상을 포기하는 태도를 삼가야 한다.

끝으로 분쟁 및 사기해결에 신의성실 원칙에 입각하여 대처하면 상대방으로부터 신용을 얻어 추후 거래량이 많이 증가하는 등 긍정적인 효과도 있다.

3. 무역분쟁 및 사기예방 방안

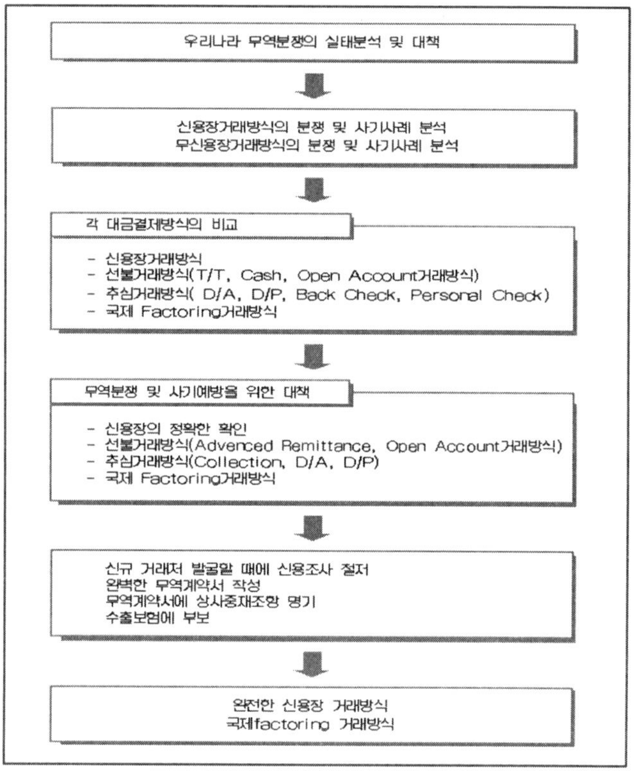

자료 : 필자 작성

1) 거래처 신용조사

(1) 거래처에 대한 신용조사의 내용은 다음과 같다.

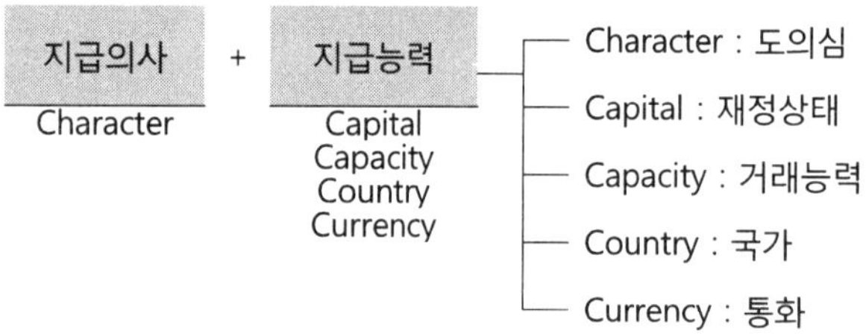

① 회사대표 및 주주 신용정보 상황

② 사업성

③ 동종업계의 현황
④ 현금수지 분석표
⑤ 은행에 부동산 등 담보의 규모
⑥ 기업체 부실화 징후 평가표
- 경상자금수지 비율
- 영업자산 대 총자산
- 기업 신용기간의 변화
- 차입금 대 월매출액
- 재고자산 회전기간의 변화
- 영업패턴의 변화
- 총자산 회전율의 차이

등을 신용조사기관 수출보험공사 거래은행 등을 통하여 정확한 신용조사를 정기적으로 하여야 한다.

(2) 완전한 무역계약서 작성

무역 분쟁 및 사기를 예방하기 위해서는 다음과 같은 내용을 삽입하여야 한다.

① 계약당사자의 확정 ② 계약성립의 확인
③ 품질조건 ④ 수량조건
⑤ 가격조건(Quantity Terms) ⑥ 선적조건(Shipment Terms)
⑦ 결제조건(Payment Terms) ⑧ 보험조건
⑨ 포장 ⑩ 화인(貨印)(Shipping Mark)
⑪ 검사증명서 ⑫ 불가항력 등 면책약관
⑬ 무역조건 ⑭ 권리침해
⑮ 클레임 및 클레임 제기기한 ⑯ 상사 중재 조항
⑰ 준거법 ⑱ 특별조건 사항

(3) 무역계약서에 상사중재조항 삽입

분쟁이 발생하면 수출자와 수입자가 스스로 분쟁을 해결해야 한다. 우리나라 분쟁담당자들은 외국어실력 부족, 분쟁해결에 관한 지식 및 능력 부족, 상품의 품질불량 등으로 선진국 분쟁담당자에 비하여 협상능력이 경쟁열위에 있어 제3자 개입을 통한 분쟁해결이 효과적이므로 무역계약서에 상사중재조항을 삽입하여야 한다.

(4) 수출보험 부보

수출보험에 부보하면 수출사고가 발생하였을 때에 수출자의 과실에 기인하지 않는 한 즉, 수입자의 잘못으로 수출대금을 받지 못하는 경우에 수출금액을 95%~97.5%를 보상받을 수 있어 동구권, 아프리카, 남미, 아시아 등 개도국에 수출할 때에는 국가리스크가 크므로 수출보험에 부보해야 한다. 다른 지역에 수출할 때에도 리스크를 줄이기 위하여 수출보험에 반드시 부보하여야 한다.

신용장 거래방식일 때 확인방법에 따라 단계별(지역별, 국가별, 품목별 분석 및 대책)로 예방방안 수립 및 시행

무신용장 거래방식일 때 확인방법에 의해서 따라 단계별로 예방방안수립 및 시행.

신용장, 무신용장 거래방식을 막론하고 무역계약서에 반드시 상사중재조항을 삽입하고 수출보험에 부보를 하여야 한다.

무역분쟁 예방방안

많은 오더(Big Order)는'상품을 분할 선적하여 수출하고 현지에이전트를 지정하여 수입자에 대한 신용조사와 품질검사에 활용하라'. 무역협회는 중국, 브라질, 인도, 태국 등 15개국 신흥시장에 수출을 하려면 반드시 수출보험에 부보하여야 한다고 권고한다. 이들 신흥시장은 우리나라 총수출액의 20%정도인데 IMF관리체제를 실질적으로 극복하는 시기는 이들 국가에게 수출을 얼마나 늘릴 수 있느냐에 달려있다 해도 과언이 아니다.

◈ 수출마케팅 10계명

우선 수출국의 현지 시장흐름에 빨리 대처하여야 한다. 수출대상국의 외환규제·수입규제 내용과 시장 흐름을 면밀히 파악해야 한다. 무역사기를 예방하기 위하여 오더금액이 많을 때에는 분할 선적하여 수출하는 것도 한 방법이다. 이머징(동남아 등 개도국시장) 마켓은 시장 변화가 심하다. 고정거래선이라도 100%신뢰하기 어렵다. 이럴 때에는 위험을 감내할 수 있는 범위 내에서 상품을 분할 선적하고 수출대금이 결제되는 상황을 확인하면서 분할 선적(Partial Shipment) 하는 것이 안전하다. 자수직물업체인 (주)한양임펙스는'98년 브라질에 1천만달러어치 상품을 수출하였으나 미수금은 한 푼도 없다. 왜냐하면 수입자의 신용상태를 조사하고 신용장 대금 결제를 확인하면서 분할 선적을 하기 때문이다. 수입국가의 수입규제가 심할 경우 우회하면 길이 있다. 정부의 수입규제가 심할수록 변경무역은 활발해진다. (주)대우는 이란 변경무역으로 많은 이익을 실현하였다. 무역에서 수출대금을 정확히 결제하는 확실한 바이어를 발굴하는 것이 무역을 하여 성공할 수 있는 지름길이다. 현지 에이전트는 이런 신뢰할 수 있는 바이어를 발굴하는데 진가를 발휘한다. 위험부담이 큰 이머징 마켓의 최대 장점은 수출가격을 높일 수 있다는 점이다. 수출자는 수입자와 가격을 협상할 때에 비교우위 입장에서 수출마진율을 높여야 한다. 그러나 오더(Order) 물량에 현혹되지는 말아야 한다. 소량 거래할 때에는 현금으로 대금결제를 잘 하던 바이어가 갑자기 대량주문을 한 후 외상거래나 무신용장(D/A, D/P)거래방식 등을 요구하면 신중하게 대응하여 분쟁이나 사기를 예방하여야 한다.

신규거래처를 발굴할 때에는 철저한, 신용조사, 무역계약서 작성(분쟁이 발생했을 때에는 상사중재원의 중재에 따른다는 상사중재조항 삽입), 수출보험에 부보 등에 대하여 수출절차별로 단계적 확인을 정확히 하고 주의하면 무역분쟁이나 사기를 예방할 수 있다.

(5) 대금결제 방식 비교

수출자와 수입자는 상대적이어서 한쪽이 유리하면 상대는 불리한 입장에 놓이게 된다. 각 대금결제방식을 비교함으로써 수출자와 수입자가 무역계약을 체결할 때에 모든 무역계약조건에 대해 숙고하여 가장 유리하고 안전한 대금결제방식, 무역조건, 무역계약서에 상사중재조항 삽입 등을 채택하여 분쟁 및 사기위험으로부터 벗어나야 한다.

예를 들면 무역계약을 체결할 때에 수출자입장에서 위험부담이 없는 대금결제방식 순서대로 나열한다면 선불거래방식 〉Open Account 〉Factoring 〉신용장 〉추심거래방식(D/P 〉D/A) 〉외상거래 순서이다. 그러나 수입자에게 유리한 대금결제방식순서는 반대 순이 될 것이다.

대금결제 방식 비교

구 분	대금결제 수단	대금 지급시기	지급 보증기관
선불 단순송금방식	송장	선지급	불필요
방식 사후송금	(Invoice)	후지급	없음
Open Account	송장	기한부	없음
거래방식	(Invoice)		
추심방식 D/P	화환어음	일람출급	없음
D/A	(Bill of Exchange)	기한부	(별도부보)
신용장 at sight	화환어음	일람출급	L/C 개설은행
usance	(Bill of Exchange)	기한부	
팩토링방식	송장((Invoice))	기한부	수입국 팩터

자료: 필자 작성

무역대금 결제방식별 수출입자 장단점 비교

대금결제방식		수출상	수입상
사전송금결제방식 (Cash T/T)		유리(수출상에게 매우 유리, 악덕수출상 상품선적안하고 사취할 수도 있음)	불리
사후송금결제방식	CAD(D/P) COD(Cash on Pelivery)	불리(수입상의 신용에 따라 상품대금 회수 여부 결정됨)	유리
추심결제방식	D/P	〃	유리
	D/A	〃	유리
신용장거래방식		수출・입자에게 공평	

자료: 필자 작성

삼성전자는 한빛은행과 공동으로 서류가 직접 오가지는 않는 전자문서교환 방식(EDI)에 의해 수출 대금을 결제할 수 있는 시스템을 구축했다고 밝혔다.

이와 관련, 삼성전자와 한빛은행은 이날 대한상공회의소 상의클럽에서 수출대금 전자결제시스템 구축 조인식 및 개통식을 가졌다.

수출대금 전자결제시스템은 수출대금 결제를 위해 필요한 매입신청서와 물품내역서, 선하증권(B/L), 송장(INVOICE) 등 각종 서류 제출 없이 전자문서만으로 수출대금을 은행에서 결제해 주는 방식이다.

삼성전자가 한빛은행에 수출대금 지급을 요청하는 전자 문서를 송부하면 은행으로부터 수출대금을 지급받게 되고 은행은 해외 수입선의 거래은행으로부터 수출대금을 받게 된다.

삼성전자와 한빛은행은 기술, 법률적 특성을 감안해 우선 선적통시 조건부 사후송금 결제방식(오픈 어카운트 방식) 수출거래를 대상으로 전자결제시스템을 실시한 후 앞으로 모든 형태의 수출거래로 확대할 방침이다. 삼성전자는 이번 시스템 가동으로 연간 58만장의 문서를 없애고 45억원 가량 비용을 줄일 수 있을 것으로 기대하고 있다. 이번 시스템 개발에는 한빛은행 외에 한국무역정보통신(KTNET), 삼성 SDS가 참여했다.

한편 삼성전자는 국내 해외 자재 조달업무에서도 전자문서교환 방식을 활용하고 있다고 덧붙였다.

무역거래 방식별 장단점 비교

항 목 / 구 분	절차의 편의성	수출업자			수입업자
		대금회수위험	자금회전	자금부담	수수료 등 비용
선불거래방식(Cash T/T)	보통	안전	용이	없음	보통
open account	간편	위험	자력	없음	없음
추심방(Check D/A, D/P)	보통	위험	보통	가중	보통
신용장방식	번잡	안전	용이	없음	가중
팩토링방식	간편	안전	용이	없음	없음

자료 : 필자 작성

앞에서 살펴본 것처럼 거래수수료부담이 적고 분쟁 및 사기 위험을 회피하려면 국제 팩토링 거래방식을 택하는 것도 한 방법이다. 그러나 무역을 할 때에 대금결제방식 중에서 신용장거래방식(IMF관리체제 전에는 수출입을 할 때 대금결제방식이 신용장 거래방식이 70% 정도 사용되었으나 '98, '99년에는 34%밖에 안됨)의 상관습이 확립되어(현대자동차는 오직 신용장거래방식을 이용하고 대우그룹은 해외현지법인이 많이 있어 D/A거래방식을 많이 활용하고 있음) 있어 Open Account거래방식과 신용장 거래방식의 장점만을 채택한 국제 factoring거래방식은 유럽을 제외하고는 잘 활용되고 있지 않다.

결제방식별 수출거래의 비교

결제방식 / 내용	신용장	D/P · D/A	송금환	국제팩토링
거래의 근거 결제할 때 제출 서류	신용장 환어음 발행, 무역결제서류 제공	무역계약서 환어음 발행, 무역결제서류 제공	송금환 무역결제서류만 제공	무역계약서 무역결제서류만 제공
대금지급보증	신용장 발행은행	없음	은행, 개인	팩 터
대금결제시기	일람불, 기한부	일람불, 기한부	일람불	일람불, 기한부
대금회수위험	안 전	불 안	안 전	안 전
자금회전	용 이	담보력에 따름	용 이	용 이
수출대금회수	수출환어음 매입	수출환어음 매입	선수금	전도금융

자료 : 필자 작성

분쟁 및 사기를 예방하기 위해서는 수입업자와 신용파악을 정확히 하는 수출 factoring을 이용해야 한다. 둘째, 우리나라 취급기관(은행·종합금융회사)은 Factoring에 대한 전문적인 Know-How가 부족하므로 거래처에 대한 신용조사를 면밀히 하여 선택해야 한다. 셋째, 수출업자입장에서는 상품 품질문제로 분쟁이 발생할 소지가 있으므로 품질에 자신이 없으면 신용장거래방식을 채택해야 한다. 일본의 상품은 품질이 우수하므로 수출자가 고자세로서 Offer할 때에 수수료 등을 수입자에게 부담시키며 고자세로 거래하고 있으나 품질불량 Claim이 거의 발생하지 않고 있다. 그러므로 우리나라 상품의 품질을 높여 국제 팩토링 방식으로 수출하면 수출입 팩토가 철저한 신용 조사를 한 후 거래하게 되므로 분쟁 및 사기가 거의 발생하지 않을 것으로 보인다(우리나라에서는 아직까지 국제 팩토링에 대한 사기는 발생하지 않았고, 해외사례는 수출업체와 택토링사의 직원이 공모하여 위조 운송서류를 제시하여 사기행위를 한 경우가 있음).

수출보험과 비교하면 수출보험 사고가 발생했을 때에 보상기간이 굉장히 많이 걸리나 Factoring방식은 대금지급기일에 수입 Factor가 대금지급 불능 상태가 되면 지급만기일에 Factor사에서 대금을 지급해준다.

(6) 신용장거래방식일 때 무역분쟁 예방 방안

신규 거래처를 발굴할 때에는 반드시 신용 상태와 수입대금 지급 등 성실성에 대해 면밀한 조사를 해야 한다. 또한 정기적으로 신용정보조사기관, 거래은행, 해외지사, 대사관 등 관련 기관 등을 통하여 상대방의 신용 상태를 지속적으로 조사 · 관리해야 한다.

- 수출자와 수입자 중에서 어느 한쪽이 무역분쟁 및 사기를 목적으로 거래를 추진하면, 상대방은 100% 분쟁이나 사기를 당할 수밖에 없으므로 좋은 거래자(바이어)를 선택하는 것이 최선의 방책이다.
- 무역거래를 할 때는 반드시 무역계약서를 작성해야 한다.
(실태조사 결과 종합무역상사, 대기업을 제외하고는 무역계약서를 대부분 작성하고 있지 않음)
- 무역계약을 체결할 때 무역계약서에 상사중재조항(분쟁이 발생하였을 때에 중재에 의하여 분쟁을 해결하겠다는 내용임)을 삽입해야 한다.
- 무역계약을 체결할 때에 대금결제방식, 무역조건, 포장방법 등을 최대한 자기에게 유리한 조건으로 협상하여 조건을 결정해야 한다.
- 신용장의 진위 여부를 확인해야 한다. 물론, Telex로 통지받아야 통지은행으로부터 test-key 확인으로 위조신용장을 가려낼 수 있다. Fax, 우편신용장의 경우에는 서명을 확인하는 것이 정확하지 않다. 최근에는 인터넷으로 수입신용장 도착을 통지해주므로 진위여부를 확인하여야 한다.

신용장상의 조건에서 요구하는 운송(선적)서류에 대하여 정확하게 명기하여야 한다(수입자 측면). 또한 수입자 의도를 숙고하면서 다음과 같이 신용장 조건을 정확히 확인해야 한다(수출자측면)

- 신용장의 번호, 신용장의 개설일자와 개설지
- 수출자(수익자)명과 주소, 개설의뢰인명 및 주소
- 개설은행명 및 주소, 그리고 통지은행명 및 주소
- 신용장의 선적기일, 유효기일 및 서류제시일
- 신용장의 취소가능 여부를 확인하여 만약, 취소불능신용장이 아니면 취소불능신용장으로 신용장조건을 변경(Amend)한 후 수출상품 준비를 해야 한다. 취소불능신용장은 취소가 원칙적으로 불가능하고 꼭 취소해야 할 경우에는 수익자(수출자)가 신용장 취소에 동의해야 취소가 가능하므로 비교적 안전한 신용장이다.
- 신용장의 금액 및 신용장금액 초과선적 허용 여부

- 신용장 대금 지급 방식 : 신용장이 일람지급(Sight Payment), 연지급(Deferred Payment), 인수(Acceptance) 또는 매입(Negotiation)중에서 어떠한 방식인지 확인

수출환어음의 발행조건 : 어음기간(At sight, Usance), 환어음 지급이 연지급(Usance)일 때에는 Banker's Usance(개설은행이 만기일까지 이자를 지급해야 함가 유리하므로 결국 수입업자가 이자를 부담함) 협상할 때에 Shipper's Usance(수출자가 어음만기일까지 이자를 지급해야 함)보다 Banker's Usance(수입자가 어음만기일까지 이자를 지급해야 함)로 계약을 체결해야 한다.

- 선적항, 도착항 확인
- 환적, 분할선적 허용 여부. 분할선적할 때에는 수입자가 수입대금 결제능력이 없거나 시장상황이 안 좋으면 Market Claim을 일으켜 부도(Unpaid)내므로 운송서류를 신용장조건에 엄밀히 일치시켜야 한다.
- 운송서류상에 표기할 사항(중동, 아랍계는 동식물 상징을 표시하면 안된다)을 주의하여야 한다.
- 수출품 명세(품명, 규격, 품질, 수량, 단가, 운임조건)의 정확성
- 매입은행의 매입(Nego) 제한 여부
- 신용장의 양도(Transferable L/C) 가능 여부
- 특정 선박지정 여부(만일, 특정선박이 지정되면 선박Schedule을 확인하여 반드시 지정선박에 상품을 선적해야 하므로 최종선적일을 사전 조정해야 한다)
- 제3은행의 확인(Confirmed)여부, 거래(통지 · 매입)은행과 신용장 개설은행이 Corres가 안되어 있으면 개설은행의 신용리스크를 고려하여 세계적으로 유명한 은행이 확인한 확인신용장(Confirmed L/C)을 개설하도록 해야 한다.
- 개설은행의 확약 문언
- 제시해야 할 운송서류(B/L, Invoice, Packing List, 보험서류, 원산지증명서, 검사증명서, G.S.P., 기타서류 등)
- 수하인(Consignee)을 개설은행으로 명기했는지 여부 확인
- 신용장에 수하인이 수입자로 명기되어 있으면 반드시 수하인을 개설은행으로 신용장을 조건변경(Amend)해야 한다. 왜냐하면 수하인이 수입자로 되어 있으면 수입자가 은행에 수입상품대금을 결제하지 않고 수입상품을 통관하여 처분할 수 있기 때문이다. 그러나 수하인이 개설은행으로 되어 있으면 수입자는 반드시 개설은행에 수입상품 대금을 결제하거나 운송서류 원본이 수입은행에

도착하지 않아 수입화물 선취보증서(L/G)에 의한 통관을 할지라도 운송서류 원본이 도착하면 수입자는 100% 수입대금을 결제해야 하기 때문에 안전하다.

- 원산지증명서는 수입자측은 품질보증을 위해 또는 제2국가 제조(다국적기업일 경우 제조 국가가 다름)여부 때문에 반드시 요구해야 한다.
- 영사송장 개도국들은 수입자의 외환관리와 관세포탈을 예방하기 위하여 영사송장 등을 매입은행에 운송서류를 매입할 때 제출하도록 하고 있다.
- 수입자는 품질보증을 위해 세계적으로 공인된 품질 및 검사증명서를 첨부토록 한다.
- 수출자가 상품을 선적하지 않고 허위 선하증권을 발급받아 매입하는 것을 예방하기 위하여 상품선적 전에 선적검사를 하거나 대리인을 통하여 상품선적 전에 검사를 해야 한다.
- 보험부보 여부 및 부보범위
- 신용장통일규칙의 준수 여부
- 신용장 개설은행과 통지(거래)은행간의 Corres 여부
- 신용장상의 주의사항 및 특별 요구사항
- 은행수수료 부담여부, 즉 수출자와 수입자가 협상하기에 따라 수수료 부담여부가 결정된다.
- 특별조건사항(Special Instruction)

  신용장 조건을 확인하면서 무역계약서 내용대로 운송서류를 작성하였는지, 신용장조건과 운송서류가 정확히 일치하는지 여부를 확인하여 수출자에게 불리한 조건이 있으면 신용장 개설의뢰인에게 신용장 조건 변경(Amend) 요구를 하여 신용장 조건을 변경한 후 수출상품을 제조하거나 선적준비 등을 시작해야 한다.

• 무사고 본선적재 선하증권과 송장(Clean on Board B/L and Invoice) 상에 수하인(Consignee)과 통지처(Notify party)는 반드시 개설은행으로 해야 한다. 항공화물운송장(AWB, Air WayBill)은 화물과 선하증권(B/L)이 거의 동시에 수입국에 도착하므로 수하인(Consignee)이 수입자로 명기되어 있으면 수입자는 신용장 개설은행에 수입대금을 미지급한 상태에서 수입화물을 인도받아 처분할 수 있다. 사기위험으로부터 100% 노출되어 있다.

• 수입자측면에서는 신용장 개설은행에 수입대금을 지급하고 운송(선적)서류를

인수할 때 신용장조건과 엄밀 일치하는지 정확히 확인해야 한다.

- 선적검사 및 검사증명서 진위여부 확인
- 선하증권은 본선적재 선하증권(Shipped B/L 또는 On board Notation)이어야 한다. 본선에 적재하기 위한 수취선하증권(Received for shipment B/L)인 수취선하증권(Received B/L)은 신용장에 수리한다는 조건이 없으면 매입은행에서 수리 거절한다.
- 선적전 대리인(Agent)이 상품검사를 하도록 하고 상품이 선적된 선박의 일정(Schedule, 출항항, 출항일, 도착일, 도착항 등)을 운송회사대리점 및 운송회사를 통하여 확인하고 선하증권발행일자, 선하증권상의 상품적재 등을 확인하여야 한다.
- 부도(unpaid)예방을 위해서는 신용장상의 내용과 운송(선적)서류를 잘 점검해야 한다.
  - 서류점검인은 먼저 신용장 조건과 무역계약서 내용이 일치하는지 확인하여야 한다. 또한 신용장 조건 변경 통지가 있는 경우 이를 포함하여 신용장의 모든 내용을 점검하여야 한다.
  - 서류점검인은 신용장에서 요구하는 운송(선적)서류가 무엇인지 그리고 그 서류들이 제시되었는지를 검토해야 한다.
  - 서류점검인은 제시된 서류들이 신용장의 조건과 일치하는지 또한 운송서류 상호간에 내용이 무순되지 않는지를 점검하여야 한다. 만일, 신용장에서 요구하는 서류 중 제시되지 않은 서류가 있거나 제시된 서류라도 신용장의 조건과 일치하지 아니하거나 그리고 서류상호간에 내용이 모순되면 “Discrepancies”, 즉 하자사항이 된다.
  - 운송서류의 제시일자가 신용장의 유효기일 이전이고 선하증권 발급일자가 유효기일 이내인지 여부 또한 운송서류가 신용장 조건에 엄밀히 맞는지 확인해야 한다.
- 선박을 용선할 경우 용선자는 유수한 기관을 통하여 선박에 대한 신용조회를 해야 한다.
- 수입자는 운송선박의 용선 또는 정기선 여부, 용선자, 선주 등을 확인하고 수출자는 유사한 예방책을 세워야 한다.
- 보험은 될 수 있으면 유명세가 있는 손해보험회사에 부보해야 한다.
- 운송인이나 운송대리점을 선정할 때에는 신용있는 회사를 선정하는 것이 효과

적이다.

- 선주 및 용선자가 용선계약을 할 때에는 용선 계약 전에 상대방에 대하여 정확한 신용조사를 해야 한다.
- 선주는 용선계약 전에 정기용선자의 신용상태를 ICC의 국제해사국(IMB), 빔코(BIMCO), 발틱 해운집회소(Baltic Exchange) 및 유사기관 등을 통하여 조사하여야 한다.
- 선주는 용선자의 재정상태를 점검하고 필요할 때에 용선료에 대한 운행보증서가 용선계약서에 서명할 때에 제출하도록 요구하여야 한다.
- 만일, 미지의 정기용선자가 본인 또는 그 대리인에게 선장을 대신하여 선하증권에 서명할 권리를 부여해 줄 것을 요청하며 이 조항을 계약서에 삽입시키자고 제의해오면 선주는 거절해야 한다.
- 용선자는 선주에 대하여 신용조사를 하고 실적확인을 해야 한다.
- 선장은 서명한 화물이 적재되었음을 보증해야 하며 선하증권이 유자격자에 의해 서명되었음을 보증하는데 노력해야 한다.
- 선장은 선하증권이 발급되면 원본에 배서할 때에만 화물을 반출하도록 보증해야 하고 선하증권 사본이 제시되면 원본과 대조해야 한다. 선하증권 원본이 없는 화물을 인도할 때에 운송계약에 의한 어떠한 항변이나 규정도 무효가 되므로 상당한 위험을 감수해야 한다.
- 선장은 항해기간동안 항해위치, 정박항, 도착 예정항, 도착예정일 등을 운송대리점에 보고해야 하므로 선박 일정(Schedule)을 확인해야 한다.
- 보험자는 선박자체의 배경, 소유권, 관리 및 사업실적 등을 정확히 파악하여야 한다.
- 피보험자는 보험자가 최고의 안정성과 최고의 서비스를 제공해주는 보험자와 보험계약을 체결해야 한다.
- 통지은행은 연지급(Usance)이나 수출용원자재의 수입금융시 수입화물을 대도(T/R : Trust Receipt)해줄 때 수입상의 부동산을 담보하고 대도해주어야 한다. 그렇지 않으면 수입자가 부도내고 도주해 버리면 은행이 책임져야 한다.
- 신용장 금액이 100만 달러 이상이면 30만 달러 정도로 분할선적하고 신용장을 매입하여 수출대금이 입금되었는지 확인하고 분할선적하여야 대형무역 사기사건을 예방할 수 있다. 최근 무역사기사건을 분석해보면 몇 백만 달러 규모로 이

루어지고 있다.

예) 신한인터내셔널, 콘즈트레이딩, 국방부 무기사건 등

- 수출자는 매입(Nego)은행(통지은행)에 매입한 후 1개월 전후에 신용장 개설은행으로부터 수출대금이 입금되었는지 확인해야 한다. 또한 통지은행은 신용장 개설은행으로부터 부도(Unpaid)를 예방하기 위하여 수익자(수출자)가 하자 매입(Nego)을 하더라도 결제은행에 송달할 때에는 내부하자(Clean nego)로 처리해주어야 한다.
- 운송(선적)서류를 작성할 때에 즉, 송장, 포장명세서를 작성할 때에 신용장 조건대로 운송(선적)서류를 엄밀 일치하게 작성해야 한다. 예를 들어 이스라엘이나 아랍계 국가는 서로 상대방을 상징하는 표기나 동물상징과 문자가 삽입되면 100% 부도(Unpaid)를 통보한다. 또한 상품을 선적할 때에 상대국가와 관련 있는 선박회사에게 선적을 못하게 하므로 주의해야 한다.
- 수출자는 보험을 부보할 때에 All Risk 외에 전쟁방지약관 등 필요한 약관을 특별히 부보하여 그 위험을 회피해야 한다.
- 신규해외시장, 신규해외 거래처와 거래할 경우 수출보험에 부보하면 수출대금을 미회수할 때와 사고가 발생할 때에 수출보험공사로부터 수출금액을 100% 보상받을 수 있다.
- 은행의 외화업무 보편화로 모든 점포가 외환업무를 취급하다 보니 외환관련 전문인력이 부족한 실정이다. 그러므로 외환관련 전문은행원이 있는 전문점포와 거래해야 실력 있고 경력 있는 은행원이 서류의 하자 등을 점검 · 확인해줌으로써 하자매입(L/G Nego)이나 분쟁 그리고 사기를 사전에 예방할 수 있다.
- 특수조건의 기재

  Special Condition란에 기재되는 사항은 무수히 많으나 일반적으로 기재되는 사항은 다음과 같다.

첫째, 신용장이 원수익자로부터 제2수익자에게 양도 가능한 경우에는 "This credit is transferable"이라고 기재된다.

둘째, 운송서류 제시기간이 경과한 선하증권이 수리 가능한 경우에는 "Stale document acceptable"과 같은 애매한 표현은 사용하지 않아야 한다. 만일, 신용장통일규칙 제43조 a항에 규정된 운송서류 제시를 최대한의 기간인 21일을 조과하고 제

시하여도 수리 가능한 것으로 하고 싶으면 반드시 "Documents presented later than 21 days after the date of insurance of the transport document acceptable"이라고 기재하여야 된다.

셋째, 만일, 특정 국가나 깃발의 선박에 의하여 운송되어져야 하는 경우에는 어느 서류에 그러한 요구사항의 준수 여부를 표시하도록 할 것인지를 명시하여야 한다.

❖ (기재 예)

Shipment must be effected by a Korean Flag vessel and B/L must show this effect

그러한 요구사항의 준수여부를 운송서류상에 표시할 수 없는 경우에는 그러한 요구사항이 준수되어졌음을 보여주는 추가서류를 요구하여야 한다.

❖ (기재 예)

Shipment must be effected by a Korean Flag vessel and the shipping company's certificate to this effect required.

넷째, 회전신용장(Revolving L/C)으로 신용장이 회전되는 경우에는 "This credit is cumulative(or noncumulative) revolving"이라고 기재하여야 한다.

다섯째, 모든 하자있는 운송(선적)서류를 수리 가능하도록 하는 것과 같은 비정상적인 특수조건은 명시하지 않아야 한다. 왜냐하면 이러한 특수조건은 신용장이 조건부보증서라는 기본취지에 어긋나고 수출상이 악용할 소지가 매우 크기 때문이다.

❖ (기재 예)

All discrepancies are acceptable.

신용장 하단부에는 해석상 논란을 피하기 위하여 This credit is issued subject to uniform customs and Practice for Documentary credit. 1993 revision, ICC Publication No. 500 문구를 삽입해야 한다.

넘겨보시면 아프리카로 달려가실 겁니다

조선일보 2008. 8. 2

세계에서 가장 가난한 대륙, 이데올로기의 각축장….

아프리카 하면 흔히 떠오르는 이미지이다. 하지만 그런 아프리카가 요즘 전 세계로부터 재조명을 받고 있다.

수단 등 일부 내전(內戰) 중인 국가를 제외하고는 정치적 안정을 찾은데다 원유를 비롯한 원자재 가격 상승으로 천연자원의 보고(寶庫)인 아프리카의 의미가 새롭게 부각되고 있기 때문이다.

실제로 아프리카의 경제 성장이 괄목할 만하다. 지난해 53개국 가운데 30개국이 5%이상의 성장률을 기록했다. 또 미국의 서브프라임사태로 전 세계가 신음하고 있지만, 아프리카는 그다지 영향을 받지 않고 있다.

선진국들은 아프리카에 대한 뜨거운 구애(求愛)공세를 벌이고 있다. G8(선진7개국+러시아) 정상들은 지난달 일본 '홋카이도(北海道) 도야코'에서 열린 정상회담에서 아프리카 개발을 위한 의견을 공식 채택했다. 아프리카에 대한 공적개발원조(ODA)를 지난해 207억 달러에서 2010년까지 250억 달러로 늘리기로 합의했다.

또 전염병 대책 등을 위해 향후 5년간 600억 달러를 아프리카 지역에 제공하기로 했다.

이에 앞서 지난 5월 후쿠다 일본 총리는 아프리카개발회의(TICAD) 참석차 요코하마에 모인 42개국 아프리카 정상들을 향해 "21세기는 아프리카의 세기"라고 치켜세운 뒤 "향후 5년간 아프리카 도로와 항만 등 교통망 정비에 최대 40억 달러를 쏟아붓겠다"고 선언했다.

1960년대부터 아프리카에 공을 들여온 중국은 상대적으로 여유 있는 표정이다.

중국은 지난 6년간 아프리카에 120억 달러를 투입해 5,600km의 고속도로와 2,600km의 철도를 개설하면서 아프리카 최대 교역국이자 투자국으로 부상했다.

❖광물 자원의 보고(寶庫)

'블랙 파워' 아프리카가 절망을 넘어 기회의 땅으로 부상하는 가장 큰 동인(動因)은 무엇보다 엄청난 자원에 있다. 중국과 인도 그리고 아시아 신흥국가들의 경제가 급성장하면서 아프리카 자원에 대한 수요 역시 급증하고 있다. 1990년대 이후 중국의 아프리카로부터의 원유 수입은 매년 30%씩 늘고 있다. 아프리카는 세계 석유 매장량의 9%를 갖고 있다. 2007년 현재 매장량은 1,000억 배럴로 10년전의 750억 배럴에 비해 오히려 늘었다. 같은 기간 일일 산유량 역시 750만 배럴에서 1,200만 배럴로 60%확대됐다. 천연가스도 세계의 8%에 해당하는 양이 묻혀 있다. 2010년에는 미국과 유럽 천연가스 수요의 절반인 연 7,000만t을 공급할 것으로 예상되고 있다. 희귀 광물 생산량도 세계의 8%를 차지하고 있다. 코발트와 다이아몬드, 백금은 세계 매장량의 75%, 47%, 45% 각각 보유하고 있다. 아프리카는 그동안 풍부한 자원을 보유하고서도 자원 개발을 위한 자금과 기술이 부족했지만, 자원 가격이 오르면서 외화 자금 역시 점점 풍부해지고 있다. 이에 따라 아프리카 대륙의 자원개발 형태도 과거의 약탈적인 모습에서 벗어나 환경 보호와 현지 경제 발전을 촉진하는 쪽으로 선회 하고 있다. 아프리카 국가들과 개발 기업 모두 '윈-윈(win-win)'하는 모델이다.

❖ 디지털 정보와 급진전

현재 아프리카는 정보화 명에서 세계 수준에 크게 뒤처져 있다. 지난해 월드 인포메이션 소사이어티가 추정한 2006년 기준 '디지털 정보 접근지수(Digital Opportunity Index · DOI · 1점이 만점)'는 아프리카가 0.22로 세계평균(0.4)과 큰 격차를 보였다. 그러나 아프리카에서 유선통신을 뛰어 넘어 단숨에 무선통신 시대로 도약하는 현상을 주목할 필요가 있다. 전화선을 곳곳에 깔기 힘들기 때문에 기지국을 통한 무선통신으로 디지털화가 곧바로 진행되는 것이다. 이미 앙골라, 적도 기니, 세네갈, 가봉 등의 국가들에서 이동통신 보급률이 40%를 넘는다. 2004년과 2006년 사이에 디지털 정보 접근지수의 순위가 크게 오른 10개국 중에서 5개국(모로코, 세네갈, 가나, 가봉, 코트디부아르)이 아프리카에 위치하고 있다. 휴대전화를 사용하는 인구비율이 높아지고 있기 때문이다. 이는 무선통신의 보급 확대에 힘입어 디지털 정보 기술의 발전이 본격적으로 시작되었음을 알리고 있다.

❖ 사하라 이남 아프리카 내수시장 확대

시장 경제가 확산되고 자원 가격이 높아지면서 아프리카 국가들의 국내총생산(GDP)이 날로 성장하고 있고, 이와 함께 내수시장 규모 역시 크게 확대되고 있다. 특히 남아프리카공화국과 나이지리아의 약진이 두드러진다. 남아공의 1인당 GDP는 2002년 2,500달러에서 2006년 5,376달러로 4년 사아에 두 배 이상으로 불었다. 최근에는 내수가 경제 성장의 동력으로 부상하는 징후가 나타나고 있다. 아프리카 최대 산유국인 나이지리아는 원유 수출 증대에 힘입어 경제 호황기를 맞고 있다. 자동차 내수시장이 커지면서 승용차, 버스, 트럭 등의 수입이 크게 증가 했다. 야생 생물 공원이 많은 가나, 세네갈, 케냐, 탄자니아 등 아프리카 12개국은 관광 수입이 각각 1억 달러를 넘는다. 세계관광기구는 2020년 아프리카가 2000년의 3배가 넘는 4,800만 명의 관광객을 유치해 200억 달러의 관광 수입을 벌어들일 것으로 전망했다.

❖ 선진국 시장에 대한 우회 생산기지로서 역할 증대

아프리카는 유럽과 미국으로부터 특별대우를 받고 있다. EU(유럽연합)의 경우 각종 협정을 통해 아프리카 국가들에게 일방적으로 시장을 열어놓고 있으며, 지금도 새로운 형태의 협력 방안을 추진하고 있다. 미국은 EU보다 늦기는 하지만 2000년 '아프리카 성장과 기회의 법률(AGOA)'에 의해 아프리카 국가들에게 일방적으로 무관세 특혜를 부여하고 있다. 현재 사하라 이남 48개 국가들 중 39개가 AGOA 대상이다. 미국은 또 아프리카 최빈국들을 대상으로 섬유 수출에 관한 특별조치인 '섬유 조항(Apparel Provision)'을 한시적으로 적용, 2012년까지 이들 나라에서 생산한 섬유 제품에 대해 원산지 규정을 적용하지 않기로 했다. 이 같은 EU와 미국의 특별대우는 아프리카를 선진국 시장에 대한 우회 생산기지로 활용할 수 있는 길을 열어 놓았다고 할 수 있다.

❖ 몰려오는 FDI와 ODA

아프리카로의 자본 유입은 크게 외국인 직접투자(FDI)와 공적개발원조(ODA)의 두 가지로 구분할 수 있다. 외국인 직접투자의 경우 2000년 전까지만 해도 프랑스, 영국, 미국이 사하라 이남 아프리카 지역 투자액의 70%를 차지했다. 그러나 아시아의 싱가포르, 말레이시아, 인도가 투자 물꼬를 튼 이후 중국, 대만 등 신흥공업국가들이 새로운 타자자로 부상했다. 최근 아프리카로 투자가 더욱 집중하게 된 데는 석유 및 광물 가격 급등으로 미국을 비롯한 세계 각국이 중동(中東)에 대한 자원 의존도를 감소시키는 전략으로 전환한 것도 일조한다. 미국은 광물 연료 수입의 20%, 중국은 24%를 아프리카에 의존하고 있다. 아프리카에 대한 외국인 직접투자는 광물 자원이 다양한 남아프리카공화국에 집중되었으나, 점차 앙골라, 적도 기니, 수단, 차드 등으로 확대되는 추세이다. 또 하나의 자금 유입원인 공적개발원조도 2000년 이후 5년간 2.4배로 불어났다. 특히 미국의 ODA는 2001년 이후 급상승하는 추세를 보이고 있다. 2002년 이후 콩고와 수당 등에 대한 지원, 그리고 나이지리아와가나 등에 대한 채무구제도 ODA가 늘어난 원인 중 하나이다. 일본을 제외한 대부분 국가의원조가 무상으로 지원되고 있다.

❖ 개선되고 있는 기업 경영 환경

아프리카 지역이 기업 경영 환경면에서 다른 지역에 비해 가장 열악하다는 점에서 재론의 여지가 없다. 하지만 일부 국가에서는 개선 조짐을 보이고 있다. 세계은행이 각국의 기업 경영 환경을 측정해 순위를 발표하는 '두잉 비즈니스(Doing Business) 2008' 보고서에 따르면 OECD 국가들이 1위를 차지한 반면, 사하라 사막 이남 아프리카들은 최하위에 랭크돼 있다. 그러나 개별 국가들을 살펴보면 다른 모습을 발견할 수 있다. 모리셔스가 한국(30위)보다 높은 27위를 기록했고, 남아프리카공화국이 35위, 통가가 47위에 올라 있다. 2005~2006년 대비 2006~2007년 기간 동안 경영 환경이 가장 많이 개선된 상위 10개국 안에 이집트, 가나, 케냐의 3개 아프리카 국가들이 포함돼 있다. 아프리카 국가들이 기업하기 좋은 환경을 만드는 일에 적극 나서고 있는 것이다.

'이슬람 머니'

조선일보 2008. 7. 29

1950년대 말 이슬람 국가인 파키스탄에서 농촌 지주들이 가난한 농민들에게 이자를 받지 않고 농업개량자금을 빌려주는 은행을 설립했다. 물론 예금주인 지주들도 이자를 챙기지 않았다. '알라는 리바(이자)를 명하고 사다카트(자선행위)에 대해 (이익) 증식(增殖)을 줄 것이다'라고 한 꾸란(코란)의 가르침을 따르기 위한 은행이었다. 그러나 돈을 빌리겠다는 사람은 많은데 예금하겠다는 사람은 별로 없어 곧 문을 닫았다.

▶1963년 이집트에서 새로운 시도가 나왔다. 이자를 주지도 받지도 않는 것은 같았다. 다만 무역과 산업에 돈을 빌려주는 게 아니라 투자하는 방식을 취해 이윤 배당을 받고 그 배당금을 다시 예금자들과 나눠 가졌다. 이자가 아닌 이익을 배분해 이슬람 율법을 어기지 않으면서 지속적인 영업기반을 마련했다. 이 방식은 1970년대 들어 본격적으로 등장한 이슬람 금융의 모델이 됐다.

▶이슬람 율법은 예금이나 대출에 붙는 이자를 불로소득이나 부당이득으로 보고 금지한다. 헤징거래나 파생금융상품처럼 불확실성이 따르는 계약도 율법에 어긋나고, 돼지고기, 포르노, 무기, 영화, 담배, 도박, 술과 관련된 기업과의 금융거래도 안 된다. 이런저런 제약이 많아 금융산업이 발달하기 어려운 풍토다. 1970년대 오일쇼크 때 중동 산유국들이 갈퀴로 긁어 담듯 한 오일머니가 대부분 유럽 은행들 금고에 들어간 것도 이 때문이다.

▶요즘엔 사정이 전혀 달라졌다. 율법에 맞게 다양하게 설계된 채권 · 주식 · 펀드 · 리스 · 보험 상품이 등장하고 고(高)유가로 돈이 넘쳐나면서 이슬람 금융 시장이 급성장 하고 있다. 이슬람 금융시장의 가장 큰 매력은 3조 달러에 이르는 '이슬람 머니'덕분에 미국 유럽보다 대출금리가 연 1.5%포인트쯤 낮다는 것이다. 그래서 최근 영국과 프랑스 등 유럽과 일본, 인도 기업들이 이슬람 금융을 활용하는 사례가 크게 늘고 있다.

▶한국투자증권이 얼마 전 이슬람 율법인 '샤리아(Shariah)'의 세계적 권위자와 자문계약을 맺었다. 이슬람 채권 '수쿠크'를 발행해 이슬람 머니를 끌어들이기 위해서다. 이슬람 투자자들이 한국 부동산이나 자산에 투자하는 펀드도 조성할 계획이라고 한다. 굿모닝신한증권 이 수쿠크 발행을 추진하는 등 다른 금융기관들도 이슬람 금융시장에 진출할 움직임이다. 과거 1 · 2차 오일쇼크 때 중동 사막에서 몸으로 때우며 달러를 벌어들였던 건설 근로자들을 대신해 금융기관들이 나서고 있다.

김기천 논설위원 kckim@chosun.com

부록

신용장통일규칙

ICC Uniform Customs and Practice for Documentary Credits (UCP 600)

Article 1 - Application of UCP

The Uniform Customs and Practice for Documentary Credits, 2007 Revision, ICC Publication no. 600 ("UCP") are rules that apply to any documentary credit ("credit") (including, to the extent to which they may be applicable, any standby letter of credit) when the text of the credit expressly indicates that it is subject to these rules. They are binding on all parties thereto unless expressly modified or excluded by the credit.

Article 2 - Definitions

For the purpose of these rules:

Advising bank means the bank that advises the credit at the request of the issuing bank.

Applicant means the party on whose request the credit is issued.

Banking day means a day on which a bank is regularly open at the place at which an act subject to these rules is to be performed.

Beneficiary means the party in whose favour a credit is issued.

Complying presentation means a presentation that is in accordance with the terms and conditions of the credit, the applicable provisions of these rules and international standard banking practice.

Confirmation means a definite undertaking of the confirming bank, in addition to that of the issuing bank, to honour or negotiate a complying presentation.

Confirming bank means the bank that adds its confirmation to a credit upon the issuing bank's authorization or request.

Credit means any arrangement, however named or described, that is irrevocable and thereby constitutes a definite undertaking of the issuing bank to honour a complying presentation.

Honour means:

a. to pay at sight if the credit is available by sight payment.

b. to incur a deferred payment undertaking and pay at maturity if the credit is available by deferred payment.

c. to accept a bill of exchange ("draft") drawn by the beneficiary and pay at maturity if the credit is available by acceptance.

Issuing bank means the bank that issues a credit at the request of an applicant or on its own behalf.

Negotiation means the purchase by the nominated bank of drafts (drawn on a bank other than the nominated bank) and/or documents under a complying presentation, by advancing or agreeing to advance funds to the beneficiary on or before the banking day on which reimbursement is due to the nominated bank.

Nominated bank means the bank with which the credit is available or any bank in the case of a credit available with any bank.

Presentation means either the delivery of documents under a credit to the issuing bank or nominated bank or the documents so delivered.

Presenter means a beneficiary, bank or other party that makes a presentation

Article 3 - Interpretations

For the purpose of these rules:

Where applicable, words in the singular include the plural and in the plural include the singular.

A credit is irrevocable even if there is no indication to that effect.

A document may be signed by handwriting, facsimile signature, perforated signature, stamp, symbol or any other mechanical or electronic method of authentication.

A requirement for a document to be legalized, visaed, certified or similar will be satisfied by any signature, mark, stamp or label on the document which appears to satisfy that requirement.

Branches of a bank in different countries are considered to be separate banks.

Terms such as "first class", "well known", "qualified", "independent", "official",

"competent" or "local" used to describe the issuer of a document allow any issuer except the beneficiary to issue that document.
Unless required to be used in a document, words such as "prompt", "immediately" or "as soon as possible" will be disregarded.
The expression "on or about" or similar will be interpreted as a stipulation that an event is to occur during a period of five calendar days before until five calendar days after the specified date, both start and end dates included.
The words "to", "until", "till", "from" and "between" when used to determine a period of shipment include the date or dates mentioned, and the words "before" and "after" exclude the date mentioned.
The words "from" and "after" when used to determine a maturity date exclude the date mentioned.
The terms "first half" and "second half" of a month shall be construed respectively as the 1st to the 15th and the 16th to the last day of the month, all dates inclusive.
The terms "beginning", "middle" and "end" of a month shall be construed respectively as the 1st to the 10th, the 11th to the 20th and the 21st to the last day of the month, all dates inclusive.

Article 4 - Credits v. Contracts

a. A credit by its nature is a separate transaction from the sale or other contract on which it may be based. Banks are in no way concerned with or bound by such contract, even if any reference whatsoever to it is included in the credit. Consequently, the undertaking of a bank to honour, to negotiate or to fulfil any other obligation under the credit is not subject to claims or defences by the applicant resulting from its relationships with the issuing bank or the beneficiary.
   A beneficiary can in no case avail itself of the contractual relationships existing between banks or between the applicant and the issuing bank.
b. An issuing bank should discourage any attempt by the applicant to include, as an integral part of the credit, copies of the underlying contract, proforma invoice and the like.

Article 5 - Documents v. Goods, Services or Performance

Banks deal with documents and not with goods, services or performance to which the documents may relate.

Article 6 - Availability, Expiry Date and Place for Presentation

a. A credit must state the bank with which it is available or whether it is available with any bank. A credit available with a nominated bank is also available with the issuing bank.

b. A credit must state whether it is available by sight payment, deferred payment, acceptance or negotiation.

c. A credit must not be issued available by a draft drawn on the applicant.

d.

i. A credit must state an expiry date for presentation. An expiry date stated for honour or negotiation will be deemed to be an expiry date for presentation.

ii. The place of the bank with which the credit is available is the place for presentation. The place for presentation under a credit available with any bank is that of any bank. A place for presentation other than that of the issuing bank is in addition to the place of the issuing bank.

e. Except as provided in sub-article 29 (a), a presentation by or on behalf of the beneficiary must be made on or before the expiry date.

Article 7 - Issuing Bank Undertaking

a. Provided that the stipulated documents are presented to the nominated bank or to the issuing bank and that they constitute a complying presentation, the issuing bank must honour if the credit is available by:

i. sight payment, deferred payment or acceptance with the issuing bank;

ii. sight payment with a nominated bank and that nominated bank does not pay;

iii. deferred payment with a nominated bank and that nominated bank does not incur its deferred payment undertaking or, having incurred its deferred payment undertaking, does not pay at maturity;

iv. acceptance with a nominated bank and that nominated bank does not accept a draft drawn on it or, having accepted a draft drawn on it, does not pay at maturity;

v. negotiation with a nominated bank and that nominated bank does not negotiate.

b. An issuing bank is irrevocably bound to honour as of the time it issues the credit.

c. An issuing bank undertakes to reimburse a nominated bank that has honoured or negotiated a complying presentation and forwarded the documents to the issuing bank. Reimbursement for the amount of a complying presentation under a credit available by acceptance or deferred payment is due at maturity, whether or not the nominated bank prepaid or purchased before maturity. An issuing bank's undertaking to reimburse a nominated bank is independent of the issuing bank's undertaking to the beneficiary.

Article 8 - Confirming Bank Undertaking

a. Provided that the stipulated documents are presented to the confirming bank or to any other nominated bank and that they constitute a complying presentation, the confirming bank must:
   i. honour, if the credit is available by
      a) sight payment, deferred payment or acceptance with the confirming bank;
      b) sight payment with another nominated bank and that nominated bank does not pay;
      c) deferred payment with another nominated bank and that nominated bank does not incur its deferred payment undertaking or, having incurred its deferred payment undertaking, does not pay at maturity;
      d) acceptance with another nominated bank and that nominated bank does not accept a draft drawn on it or, having accepted a draft drawn on it, does not pay at maturity;
      e) negotiation with another nominated bank and that nominated bank does not negotiate.
   ii. negotiate, without recourse, if the credit is available by negotiation with the confirming bank.
b. A confirming bank is irrevocably bound to honour or negotiate as of the time it adds its confirmation to the credit.
c. A confirming bank undertakes to reimburse another nominated bank that has honoured or negotiated a complying presentation and forwarded the documents to the confirming bank. Reimbursement for the amount of a complying presentation under a credit available by acceptance or deferred payment is due at maturity, whether or not another nominated bank prepaid or purchased before maturity. A confirming bank's undertaking to reimburse another nominated bank is independent of the confirming bank's undertaking to the beneficiary.
d. If a bank is authorized or requested by the issuing bank to confirm a credit but is not prepared to do so, it must inform the issuing bank without delay and may advise the credit without confirmation.

Article 9 - Advising of Credits and Amendments

a. A credit and any amendment may be advised to a beneficiary through an advising bank. An advising bank that is not a confirming bank advises the credit and any amendment without any undertaking to honour or negotiate.
b. By advising the credit or amendment, the advising bank signifies that it has satisfied itself as to the apparent authenticity of the credit or amendment and that the advice accurately reflects the terms and conditions of the credit or amendment received.
c. An advising bank may utilize the services of another bank ("second advising bank") to advise the credit and any amendment to the beneficiary. By advising the credit or amendment, the second advising bank signifies that it has satisfied itself as to the apparent authenticity of the advice it has received and that the advice accurately reflects the terms and conditions of the credit or amendment received.
d. A bank utilizing the services of an advising bank or second advising bank to advise a credit must use the same bank to advise any amendment thereto.
e. If a bank is requested to advise a credit or amendment but elects not to do so, it must so inform, without delay, the bank from which the credit, amendment or advice has been received.
f. If a bank is requested to advise a credit or amendment but cannot satisfy itself as to the apparent authenticity of the credit, the amendment or the advice, it must so inform, without delay, the bank from which the instructions appear to have been received. If the advising bank or second advising bank elects nonetheless to advise the credit or amendment, it must inform the beneficiary or second advising bank that it has not been able to satisfy itself as to the apparent authenticity of the credit, the amendment or the advice.

Article 10 - Amendments

a. Except as otherwise provided by article 38, a credit can neither be amended nor cancelled without the agreement of the issuing bank, the confirming bank, if any, and the beneficiary.
b. An issuing bank is irrevocably bound by an amendment as of the time it issues the amendment. A confirming bank may extend its confirmation to an amendment and will be irrevocably bound as of the time it advises the amendment. A confirming bank may, however, choose to advise an amendment without extending its confirmation and, if so, it must inform the issuing bank without delay and

inform the beneficiary in its advice.

c. The terms and conditions of the original credit (or a credit incorporating previously accepted amendments) will remain in force for the beneficiary until the beneficiary communicates its acceptance of the amendment to the bank that advised such amendment. The beneficiary should give notification of acceptance or rejection of an amendment. If the beneficiary fails to give such notification, a presentation that complies with the credit and to any not yet accepted amendment will be deemed to be notification of acceptance by the beneficiary of such amendment. As of that moment the credit will be amended.

d. A bank that advises an amendment should inform the bank from which it received the amendment of any notification of acceptance or rejection.

e. Partial acceptance of an amendment is not allowed and will be deemed to be notification of rejection of the amendment.

f. A provision in an amendment to the effect that the amendment shall enter into force unless rejected by the beneficiary within a certain time shall be disregarded.

Article 11 - Teletransmitted and Pre-Advised Credits and Amendments

a. An authenticated teletransmission of a credit or amendment will be deemed to be the operative credit or amendment, and any subsequent mail confirmation shall be disregarded.

If a teletransmission states "full details to follow" (or words of similar effect), or states that the mail confirmation is to be the operative credit or amendment, then the teletransmission will not be deemed to be the operative credit or amendment. The issuing bank must then issue the operative credit or amendment without delay in terms not inconsistent with the teletransmission.

b. A preliminary advice of the issuance of a credit or amendment ("pre-advice") shall only be sent if the issuing bank is prepared to issue the operative credit or amendment. An issuing bank that sends a pre-advice is irrevocably committed to issue the operative credit or amendment, without delay, in terms not inconsistent with the pre-advice.

Article 12 - Nomination

a. Unless a nominated bank is the confirming bank, an authorization to honour or negotiate does not impose any obligation on that nominated bank to honour or negotiate, except when expressly agreed to by that nominated bank and so communicated to the beneficiary.

b. By nominating a bank to accept a draft or incur a deferred payment undertaking, an issuing bank authorizes that nominated bank to prepay or purchase a draft accepted or a deferred payment undertaking incurred by that nominated bank.
c. Receipt or examination and forwarding of documents by a nominated bank that is not a confirming bank does not make that nominated bank liable to honour or negotiate, nor does it constitute honour or negotiation.

Article 13 - Bank-to-Bank Reimbursement Arrangements

a. If a credit states that reimbursement is to be obtained by a nominated bank ("claiming bank") claiming on another party ("reimbursing bank"), the credit must state if the reimbursement is subject to the ICC rules for bank-to-bank reimbursements in effect on the date of issuance of the credit.
b. If a credit does not state that reimbursement is subject to the ICC rules for bank-to-bank reimbursements, the following apply:
   i. An issuing bank must provide a reimbursing bank with a reimbursement authorization that conforms with the availability stated in the credit. The reimbursement authorization should not be subject to an expiry date.
   ii. A claiming bank shall not be required to supply a reimbursing bank with a certificate of compliance with the terms and conditions of the credit.
   iii. An issuing bank will be responsible for any loss of interest, together with any expenses incurred, if reimbursement is not provided on first demand by a reimbursing bank in accordance with the terms and conditions of the credit.
   iv. A reimbursing bank's charges are for the account of the issuing bank. However, if the charges are for the account of the beneficiary, it is the responsibility of an issuing bank to so indicate in the credit and in the reimbursement authorization. If a reimbursing bank's charges are for the account of the beneficiary, they shall be deducted from the amount due to a claiming bank when reimbursement is made. If no reimbursement is made, the reimbursing bank's charges remain the obligation of the issuing bank.
c. An issuing bank is not relieved of any of its obligations to provide reimbursement if reimbursement is not made by a reimbursing bank on first demand.

Article 14 - Standard for Examination of Documents

a. A nominated bank acting on its nomination, a confirming bank, if any, and the issuing bank must examine a presentation to determine, on the basis of the documents alone, whether or not the documents appear on their face to constitute a complying presentation.

b. A nominated bank acting on its nomination, a confirming bank, if any, and the issuing bank shall each have a maximum of five banking days following the day of presentation to determine if a presentation is complying. This period is not curtailed or otherwise affected by the occurrence on or after the date of presentation of any expiry date or last day for presentation.

c. A presentation including one or more original transport documents subject to articles 19, 20, 21, 22, 23, 24 or 25 must be made by or on behalf of the beneficiary not later than 21 calendar days after the date of shipment as described in these rules, but in any event not later than the expiry date of the credit.

d. Data in a document, when read in context with the credit, the document itself and 7, need not be identical to, but must not conflict with, data in that document, any other stipulated document or the credit.

e. In documents other than the commercial invoice, the description of the goods, services or performance, if stated, may be in general terms not conflicting with their description in the credit.

f. If a credit requires presentation of a document other than a transport document, insurance document or commercial invoice, without stipulating by whom the document is to be issued or its data content, banks will accept the document as presented if its content appears to fulfil the function of the required document and otherwise complies with sub-article 14 (d).

g. A document presented but not required by the credit will be disregarded and may be returned to the presenter.

h. If a credit contains a condition without stipulating the document to indicate compliance with the condition, banks will deem such condition as not stated and will disregard it.

i. A document may be dated prior to the issuance date of the credit, but must not be dated later than its date of presentation.

j. When the addresses of the beneficiary and the applicant appear in any stipulated document, they need not be the same as those stated in the credit or in any other stipulated document, but must be within the same country as the respective addresses mentioned in the credit. Contact details (telefax, telephone, email and the like) stated as part of the beneficiary's and the applicant's address will be disregarded. However, when the address and contact details of the applicant appear as part of the consignee or notify party details on a transport document subject to articles 19, 20, 21, 22, 23, 24 or 25, they must be as stated in the credit.

k. The shipper or consignor of the goods indicated on any document need not be the beneficiary of the credit.

l. A transport document may be issued by any party other than a carrier, owner, master or charterer provided that the transport document meets the requirements of articles 19, 20, 21, 22, 23 or 24 of these rules.

Article 15 - Complying Presentation

a. When an issuing bank determines that a presentation is complying, it must honour.

b. When a confirming bank determines that a presentation is complying, it must honour or negotiate and forward the documents to the issuing bank.

c. When a nominated bank determines that a presentation is complying and honours or negotiates, it must forward the documents to the confirming bank or issuing bank.

Article 16 - Discrepant Documents, Waiver and Notice

a. When a nominated bank acting on its nomination, a confirming bank, if any, or the issuing bank determines that a presentation does not comply, it may refuse to honour or negotiate.

b. When an issuing bank determines that a presentation does not comply, it may in its sole judgement approach the applicant for a waiver of the discrepancies. This does not, however, extend the period mentioned in sub-article 14 (b).

c. When a nominated bank acting on its nomination, a confirming bank, if any, or the issuing bank decides to refuse to honour or negotiate, it must give a single notice to that effect to the presenter.

The notice must state:

i. that the bank is refusing to honour or negotiate; and

ii. each discrepancy in respect of which the bank refuses to honour or negotiate; and

iii.

a) that the bank is holding the documents pending further instructions from the presenter; or

b) that the issuing bank is holding the documents until it receives a waiver from the applicant and agrees to accept it, or receives further instructions from the presenter prior to agreeing to accept a waiver; or

c) that the bank is returning the documents; or

d) that the bank is acting in accordance with instructions previously received from the presenter.

d. The notice required in sub-article 16 (c) must be given by telecommunication or, if that is not possible, by other expeditious means no later than the close of the fifth banking day following the day of presentation.

e. A nominated bank acting on its nomination, a confirming bank, if any, or the issuing bank may, after providing notice required by sub-article 16 (c) (iii) (a) or (b), return the documents to the presenter at any time.

f. If an issuing bank or a confirming bank fails to act in accordance with the provisions of this article, it shall be precluded from claiming that the documents do not constitute a complying presentation.

g. When an issuing bank refuses to honour or a confirming bank refuses to honour or negotiate and has given notice to that effect in accordance with this article, it shall then be entitled to claim a refund, with interest, of any reimbursement made.

Article 17 - Original Documents and Copies

a. At least one original of each document stipulated in the credit must be presented.

b. A bank shall treat as an original any document bearing an apparently original signature, mark, stamp, or label of the issuer of the document, unless the document itself indicates that it is not an original.

c. Unless a document indicates otherwise, a bank will also accept a document as original if it:

i. appears to be written, typed, perforated or stamped by the document issuer's hand; or

ii. appears to be on the document issuer's original stationery; or

iii. states that it is original, unless the statement appears not to apply to the document presented.

d. If a credit requires presentation of copies of documents, presentation of either originals or copies is permitted.

e. If a credit requires presentation of multiple documents by using terms such as "in duplicate", "in two fold" or "in two copies", this will be satisfied by the presentation of at least one original and the remaining number in copies, except when the document itself indicates otherwise.

Article 18 - Commercial Invoice

a. A commercial invoice:

i. must appear to have been issued by the beneficiary (except as provided in article 38);

ii. must be made out in the name of the applicant (except as provided in sub-article 38 (g));

iii. must be made out in the same currency as the credit; and

iv. need not be signed.

b. A nominated bank acting on its nomination, a confirming bank, if any, or the issuing bank may accept a commercial invoice issued for an amount in excess of the amount permitted by the credit, and its decision will be binding upon all parties, provided the bank in question has not honoured or negotiated for an amount in excess of that permitted by the credit.

c. The description of the goods, services or performance in a commercial invoice must correspond with that appearing in the credit.

Article 19 - Transport Document Covering at Least Two Different Modes of Transport

a. A transport document covering at least two different modes of transport (multimodal or combined transport document), however named, must appear to:

i. indicate the name of the carrier and be signed by:

- the carrier or a named agent for or on behalf of the carrier, or
- the master or a named agent for or on behalf of the master.

Any signature by the carrier, master or agent must be identified as that of the carrier, master or agent.

Any signature by an agent must indicate whether the agent has signed for or on behalf of the carrier or for or on behalf of the master.

ii. indicate that the goods have been dispatched, taken in charge or shipped on board at the place stated in the credit, by:

- pre-printed wording, or
- a stamp or notation indicating the date on which the goods have been dispatched, taken in charge or shipped on board.

The date of issuance of the transport document will be deemed to be the date of dispatch, taking in charge or shipped on board, and the date of shipment. However, if the transport document indicates, by stamp or notation, a date of dispatch, taking in charge or shipped on board, this date will be deemed to be the date of shipment.

iii. indicate the place of dispatch, taking in charge or shipment and the place of final destination stated in the credit, even if:

a) the transport document states, in addition, a different place of dispatch, taking in charge or shipment or place of final destination,

or

b) the transport document contains the indication "intended" or similar qualification in relation to the vessel, port of loading or port of discharge.

iv. be the sole original transport document or, if issued in more than one original, be the full set as indicated on the transport document.

v. contain terms and conditions of carriage or make reference to another source containing the terms and conditions of carriage (short form or blank back transport document). Contents of terms and conditions of carriage will not be examined.

vi. contain no indication that it is subject to a charter party.

b. For the purpose of this article, transhipment means unloading from one means of conveyance and reloading to another means of conveyance (whether or not in different modes of transport) during the carriage from the place of dispatch, taking in charge or shipment to the place of final destination stated in the credit.

c.

i. A transport document may indicate that the goods will or may be transhipped provided that the entire carriage is covered by one and the same transport document.

ii. A transport document indicating that transhipment will or may take place is acceptable, even if the credit prohibits transhipment.

Article 20 - Bill of Lading

a. A bill of lading, however named, must appear to:

i. indicate the name of the carrier and be signed by:

- the carrier or a named agent for or on behalf of the carrier, or
- the master or a named agent for or on behalf of the master.

Any signature by the carrier, master or agent must be identified as that of the carrier, master or agent.

Any signature by an agent must indicate whether the agent has signed for or on behalf of the carrier or for or on behalf of the master.

ii. indicate that the goods have been shipped on board a named vessel at the port of loading stated in the credit by:

- pre-printed wording, or
- an on board notation indicating the date on which the goods have been shipped on board.

The date of issuance of the bill of lading will be deemed to be the date of shipment unless the bill of lading contains an on board notation indicating the date of shipment, in which case the date stated in the on board notation will be deemed to be the date of shipment.

If the bill of lading contains the indication "intended vessel" or similar qualification in relation to the name of the vessel, an on board notation indicating the date of shipment and the name of the actual vessel is required.

iii. indicate shipment from the port of loading to the port of discharge stated in the credit.

If the bill of lading does not indicate the port of loading stated in the credit as the port of loading, or if it contains the indication "intended" or similar qualification in relation to the port of loading, an on board notation indicating the port of loading as stated in the credit, the date of shipment and the name of the vessel is required. This provision applies even when loading on board or shipment on a named vessel is indicated by pre-printed wording on the bill of lading.

iv. be the sole original bill of lading or, if issued in more than one original, be the full set as indicated on the bill of lading.

v. contain terms and conditions of carriage or make reference to another source containing the terms and conditions of carriage (short form or blank back bill of lading). Contents of terms and conditions of carriage will not be examined.

vi. contain no indication that it is subject to a charter party.

b. For the purpose of this article, transhipment means unloading from one vessel and reloading to another vessel during the carriage from the port of loading to the port of discharge stated in the credit.

c.

i. A bill of lading may indicate that the goods will or may be transhipped provided that the entire carriage is covered by one and the same bill of lading.

ii. A bill of lading indicating that transhipment will or may take place is acceptable, even if the credit prohibits transhipment, if the goods have been shipped in a container, trailer or LASH barge as evidenced by the bill of lading.

d. Clauses in a bill of lading stating that the carrier reserves the right to tranship will be disregarded.

Article 21 - Non-Negotiable Sea Waybill

a. A non-negotiable sea waybill, however named, must appear to:

i. indicate the name of the carrier and be signed by:

- the carrier or a named agent for or on behalf of the carrier, or
- the master or a named agent for or on behalf of the master.

Any signature by the carrier, master or agent must be identified as that of the carrier, master or agent.

Any signature by an agent must indicate whether the agent has signed for or on behalf of the carrier or for or on behalf of the master.

ii. indicate that the goods have been shipped on board a named vessel at the port of loading stated in the credit by:

- pre-printed wording, or
- an on board notation indicating the date on which the goods have been shipped on board.

The date of issuance of the non-negotiable sea waybill will be deemed to be the date of shipment unless the non-negotiable sea waybill contains an on board notation indicating the date of shipment, in which case the date stated in the on board notation will be deemed to be the date of shipment.

If the non-negotiable sea waybill contains the indication "intended vessel" or similar qualification in relation to the name of the vessel, an on board notation indicating the date of shipment and the name of the actual vessel is required.

iii. indicate shipment from the port of loading to the port of discharge stated in the credit.

If the non-negotiable sea waybill does not indicate the port of loading stated in the credit as the port of loading, or if it contains the indication "intended" or similar qualification in relation to the port of loading, an on board notation indicating the port of loading as stated in the credit, the date of shipment and the name of the vessel is required. This provision applies even when loading on board or shipment on a named vessel is indicated by pre-printed wording on the non-negotiable sea waybill.

iv. be the sole original non-negotiable sea waybill or, if issued in more than one original, be the full set as indicated on the non-negotiable sea waybill.

v. contain terms and conditions of carriage or make reference to another source containing the terms and conditions of carriage (short form or blank back non-negotiable sea waybill). Contents of terms and conditions of carriage will not be examined.

vi. contain no indication that it is subject to a charter party.

b. For the purpose of this article, transhipment means unloading from one vessel and reloading to another vessel during the carriage from the port of loading to the port of discharge stated in the credit.

c.

i. A non-negotiable sea waybill may indicate that the goods will or may be transhipped provided that the entire carriage is covered by one and the same non-negotiable sea waybill.

ii. A non-negotiable sea waybill indicating that transhipment will or may take place is acceptable, even if the credit prohibits transhipment, if the goods have been shipped in a container, trailer or LASH barge as evidenced by the non-negotiable sea waybill.

d. Clauses in a non-negotiable sea waybill stating that the carrier reserves the right to tranship will be disregarded.

Article 22 - Charter Party Bill of Lading

a. A bill of lading, however named, containing an indication that it is subject to a charter party (charter party bill of lading), must appear to:

i. be signed by:

- the master or a named agent for or on behalf of the master, or
- the owner or a named agent for or on behalf of the owner, or
- the charterer or a named agent for or on behalf of the charterer.

Any signature by the master, owner, charterer or agent must be identified as that of the master, owner, charterer or agent.

Any signature by an agent must indicate whether the agent has signed for or on behalf of the master, owner or charterer.

An agent signing for or on behalf of the owner or charterer must indicate the name of the owner or charterer.

ii. indicate that the goods have been shipped on board a named vessel at the port of loading stated in the credit by:

- pre-printed wording, or
- an on board notation indicating the date on which the goods have been shipped on board.

The date of issuance of the charter party bill of lading will be deemed to be the date of shipment unless the charter party bill of lading contains an on board notation indicating the date of shipment, in which case the date stated in the on board notation will be deemed to be the date of shipment.

iii. indicate shipment from the port of loading to the port of discharge stated in the credit. The port of discharge may also be shown as a range of ports or a geographical area, as stated in the credit.

iv. be the sole original charter party bill of lading or, if issued in more than one original, be the full set as indicated on the charter party bill of lading.

b. A bank will not examine charter party contracts, even if they are required to be presented by the terms of the credit.

Article 23 - Air Transport Document

a. An air transport document, however named, must appear to:

i. indicate the name of the carrier and be signed by:

- the carrier, or
- a named agent for or on behalf of the carrier.

Any signature by the carrier or agent must be identified as that of the carrier or agent.

Any signature by an agent must indicate that the agent has signed for or on behalf of the carrier.

ii. indicate that the goods have been accepted for carriage.

iii. indicate the date of issuance. This date will be deemed to be the date of shipment unless the air transport document contains a specific notation of the actual date of shipment, in which case the date stated in the notation will be deemed to be the date of shipment.

Any other information appearing on the air transport document relative to the flight number and date will not be considered in determining the date of shipment.

iv. indicate the airport of departure and the airport of destination stated in the credit.

v. be the original for consignor or shipper, even if the credit stipulates a full set of originals.

vi. contain terms and conditions of carriage or make reference to another source containing the terms and conditions of carriage. Contents of terms and conditions of carriage will not be examined.

b. For the purpose of this article, transhipment means unloading from one aircraft and reloading to another aircraft during the carriage from the airport of departure to the airport of destination stated in the credit.

c.

i. An air transport document may indicate that the goods will or may be transhipped, provided that the entire carriage is covered by one and the same air transport document.

ii. An air transport document indicating that transhipment will or may take place is acceptable, even if the credit prohibits transhipment.

Article 24 - Road, Rail or Inland Waterway Transport Documents

a. A road, rail or inland waterway transport document, however named, must appear to:

i. indicate the name of the carrier and:

- be signed by the carrier or a named agent for or on behalf of the carrier, or
- indicate receipt of the goods by signature, stamp or notation by the carrier or a named agent for or on behalf of the carrier.

Any signature, stamp or notation of receipt of the goods by the carrier or agent must be identified as that of the carrier or agent.

Any signature, stamp or notation of receipt of the goods by the agent must indicate that the agent has signed or acted for or on behalf of the carrier.

If a rail transport document does not identify the carrier, any signature or stamp of the railway company will be accepted as evidence of the document being signed by the carrier.

ii. indicate the date of shipment or the date the goods have been received for shipment, dispatch or carriage at the place stated in the credit. Unless the transport document contains a dated reception stamp, an indication of the date of receipt or a date of shipment, the date of issuance of the transport document will be deemed to be the date of shipment.

iii. indicate the place of shipment and the place of destination stated in the credit.

b.

i. A road transport document must appear to be the original for consignor or shipper or bear no marking indicating for whom the document has been prepared.

ii. A rail transport document marked "duplicate" will be accepted as an original.

iii. A rail or inland waterway transport document will be accepted as an original whether marked as an original or not.

c. In the absence of an indication on the transport document as to the number of originals issued, the number presented will be deemed to constitute a full set.

d. For the purpose of this article, transhipment means unloading from one means of conveyance and reloading to another means of conveyance, within the same mode of transport, during the carriage from the place of shipment, dispatch or carriage to the place of destination stated in the credit.

e.

i. A road, rail or inland waterway transport document may indicate that the goods will or may be transhipped provided that the entire carriage is covered by one and the same transport document.

ii. A road, rail or inland waterway transport document indicating that transhipment will or may take place is acceptable, even if the credit prohibits transhipment.

Article 25 - Courier Receipt, Post Receipt or Certificate of Posting

a. A courier receipt, however named, evidencing receipt of goods for transport, must appear to:

i. indicate the name of the courier service and be stamped or signed by the named courier service at the place from which the credit states the goods are to be shipped; and

ii. indicate a date of pick-up or of receipt or wording to this effect. This date will be deemed to be the date of shipment.

b. A requirement that courier charges are to be paid or prepaid may be satisfied by a transport document issued by a courier service evidencing that courier charges are for the account of a party other than the consignee.

c. A post receipt or certificate of posting, however named, evidencing receipt of goods for transport, must appear to be stamped or signed and dated at the place from which the credit states the goods are to be shipped. This date will be deemed to be the date of shipment.

Article 26 - "On Deck", "Shipper's Load and Count", "Said by Shipper to Contain" and Charges Additional to Freight

a. A transport document must not indicate that the goods are or will be loaded on deck. A clause on a transport document stating that the goods may be loaded on deck is acceptable.

b. A transport document bearing a clause such as "shipper's load and count" and "said by shipper to contain" is acceptable.

c. A transport document may bear a reference, by stamp or otherwise, to charges additional to the freight.

Article 27 - Clean Transport Document

A bank will only accept a clean transport document. A clean transport document is one bearing no clause or notation expressly declaring a defective condition of the goods or their packaging. The word “clean” need not appear on a transport document, even if a credit has a requirement for that transport document to be “clean on board”.

Article 28 - Insurance Document and Coverage

a. An insurance document, such as an insurance policy, an insurance certificate or a declaration under an open cover, must appear to be issued and signed by an insurance company, an underwriter or their agents or their proxies.
   Any signature by an agent or proxy must indicate whether the agent or proxy has signed for or on behalf of the insurance company or underwriter.
b. When the insurance document indicates that it has been issued in more than one original, all originals must be presented.
c. Cover notes will not be accepted.
d. An insurance policy is acceptable in lieu of an insurance certificate or a declaration under an open cover.
e. The date of the insurance document must be no later than the date of shipment, unless it appears from the insurance document that the cover is effective from a date not later than the date of shipment.
f.
   i. The insurance document must indicate the amount of insurance coverage and be in the same currency as the credit.
   ii. A requirement in the credit for insurance coverage to be for a percentage of the value of the goods, of the invoice value or similar is deemed to be the minimum amount of coverage required.
   If there is no indication in the credit of the insurance coverage required, the amount of insurance coverage must be at least 110% of the CIF or CIP value of the goods.
   When the CIF or CIP value cannot be determined from the documents, the amount of insurance coverage must be calculated on the basis of the amount for which honour or negotiation is requested or the gross value of the goods as shown on the invoice, whichever is greater.

iii. The insurance document must indicate that risks are covered at least between the place of taking in charge or shipment and the place of discharge or final destination as stated in the credit.

g. A credit should state the type of insurance required and, if any, the additional risks to be covered. An insurance document will be accepted without regard to any risks that are not covered if the credit uses imprecise terms such as "usual risks" or "customary risks".

h. When a credit requires insurance against "all risks" and an insurance document is presented containing any "all risks" notation or clause, whether or not bearing the heading "all risks", the insurance document will be accepted without regard to any risks stated to be excluded.

i. An insurance document may contain reference to any exclusion clause.

j. An insurance document may indicate that the cover is subject to a franchise or excess (deductible).

Article 29 - Extension of Expiry Date or Last Day for Presentation

a. If the expiry date of a credit or the last day for presentation falls on a day when the bank to which presentation is to be made is closed for reasons other than those referred to in article 36, the expiry date or the last day for presentation, as the case may be, will be extended to the first following banking day.

b. If presentation is made on the first following banking day, a nominated bank must provide the issuing bank or confirming bank with a statement on its covering schedule that the presentation was made within the time limits extended in accordance with sub-article 29 (a).

c. The latest date for shipment will not be extended as a result of sub-article 29 (a).

Article 30 - Tolerance in Credit Amount, Quantity and Unit Prices

a. The words "about" or "approximately" used in connection with the amount of the credit or the quantity or the unit price stated in the credit are to be construed as allowing a tolerance not to exceed 10% more or 10% less than the amount, the quantity or the unit price to which they refer.

b. A tolerance not to exceed 5% more or 5% less than the quantity of the goods is allowed, provided the credit does not state the quantity in terms of a stipulated number of packing units or individual items and the total amount of the drawings does not exceed the amount of the credit.

c. Even when partial shipments are not allowed, a tolerance not to exceed 5% less than the amount of the credit is allowed, provided that the quantity of the goods, if stated in the credit, is shipped in full and a unit price, if stated in the credit, is not reduced or that sub-article 30 (b) is not applicable. This tolerance does not apply when the credit stipulates a specific tolerance or uses the expressions referred to in sub-article 30 (a).

Article 31 - Partial Drawings or Shipments

a. Partial drawings or shipments are allowed.

b. A presentation consisting of more than one set of transport documents evidencing shipment commencing on the same means of conveyance and for the same journey, provided they indicate the same destination, will not be regarded as covering a partial shipment, even if they indicate different dates of shipment or different ports of loading, places of taking in charge or dispatch. If the presentation consists of more than one set of transport documents, the latest date of shipment as evidenced on any of the sets of transport documents will be regarded as the date of shipment.

   A presentation consisting of one or more sets of transport documents evidencing shipment on more than one means of conveyance within the same mode of transport will be regarded as covering a partial shipment, even if the means of conveyance leave on the same day for the same destination.

c. A presentation consisting of more than one courier receipt, post receipt or certificate of posting will not be regarded as a partial shipment if the courier receipts, post receipts or certificates of posting appear to have been stamped or signed by the same courier or postal service at the same place and date and for the same destination.

Article 32 - Instalment Drawings or Shipments

If a drawing or shipment by instalments within given periods is stipulated in the credit and any instalment is not drawn or shipped within the period allowed for that instalment, the credit ceases to be available for that and any subsequent instalment.

Article 33 - Hours of Presentation

A bank has no obligation to accept a presentation outside of its banking hours.

Article 34 - Disclaimer on Effectiveness of Documents

A bank assumes no liability or responsibility for the form, sufficiency, accuracy, genuineness, falsification or legal effect of any document, or for the general or particular conditions stipulated in a document or superimposed thereon; nor does it assume any liability or responsibility for the description, quantity, weight, quality, condition, packing, delivery, value or existence of the goods, services or other performance represented by any document, or for the good faith or acts or omissions, solvency, performance or standing of the consignor, the carrier, the forwarder, the consignee or the insurer of the goods or any other person.

Article 35 - Disclaimer on Transmission and Translation

A bank assumes no liability or responsibility for the consequences arising out of delay, loss in transit, mutilation or other errors arising in the transmission of any messages or delivery of letters or documents, when such messages, letters or documents are transmitted or sent according to the requirements stated in the credit, or when the bank may have taken the initiative in the choice of the delivery service in the absence of such instructions in the credit.

If a nominated bank determines that a presentation is complying and forwards the documents to the issuing bank or confirming bank, whether or not the nominated bank has honoured or negotiated, an issuing bank or confirming bank must honour or negotiate, or reimburse that nominated bank, even when the documents have been lost in transit between the nominated bank and the issuing bank or confirming bank, or between the confirming bank and the issuing bank.

A bank assumes no liability or responsibility for errors in translation or interpretation of technical terms and may transmit credit terms without translating them.

Article 36 - Force Majeure

A bank assumes no liability or responsibility for the consequences arising out of the interruption of its business by Acts of God, riots, civil commotions, insurrections, wars, acts of terrorism, or by any strikes or lockouts or any other causes beyond its control.

A bank will not, upon resumption of its business, honour or negotiate under a credit that expired during such interruption of its business.

Article 37 - Disclaimer for Acts of an Instructed Party

a. A bank utilizing the services of another bank for the purpose of giving effect to the instructions of the applicant does so for the account and at the risk of the applicant.

b. An issuing bank or advising bank assumes no liability or responsibility should the instructions it transmits to another bank not be carried out, even if it has taken the initiative in the choice of that other bank.

c. A bank instructing another bank to perform services is liable for any commissions, fees, costs or expenses ("charges") incurred by that bank in connection with its instructions.

If a credit states that charges are for the account of the beneficiary and charges cannot be collected or deducted from proceeds, the issuing bank remains liable for payment of charges.

A credit or amendment should not stipulate that the advising to a beneficiary is conditional upon the receipt by the advising bank or second advising bank of its charges.

d. The applicant shall be bound by and liable to indemnify a bank against all obligations and responsibilities imposed by foreign laws and usages.

Article 38 - Transferable Credits

a. A bank is under no obligation to transfer a credit except to the extent and in the manner expressly consented to by that bank.

b. For the purpose of this article:

Transferable credit means a credit that specifically states it is "transferable". A transferable credit may be made available in whole or in part to another beneficiary ("second beneficiary") at the request of the beneficiary ("first beneficiary").

Transferring bank means a nominated bank that transfers the credit or, in a credit available with any bank, a bank that is specifically authorized by the issuing bank to transfer and that transfers the credit. An issuing bank may be a transferring bank.

Transferred credit means a credit that has been made available by the transferring bank to a second beneficiary.

c. Unless otherwise agreed at the time of transfer, all charges (such as commissions, fees, costs or expenses) incurred in respect of a transfer must be paid by the first beneficiary.

d. A credit may be transferred in part to more than one second beneficiary provided partial drawings or shipments are allowed.

A transferred credit cannot be transferred at the request of a second beneficiary to any subsequent beneficiary. The first beneficiary is not considered to be a subsequent beneficiary.

e. Any request for transfer must indicate if and under what conditions amendments may be advised to the second beneficiary. The transferred credit must clearly indicate those conditions.

f. If a credit is transferred to more than one second beneficiary, rejection of an amendment by one or more second beneficiary does not invalidate the acceptance by any other second beneficiary, with respect to which the transferred credit will be amended accordingly. For any second beneficiary that rejected the amendment, the transferred credit will remain unamended.

g. The transferred credit must accurately reflect the terms and conditions of the credit, including confirmation, if any, with the exception of:

- the amount of the credit,
- any unit price stated therein,
- the expiry date,
- the period for presentation, or
- the latest shipment date or given period for shipment,

any or all of which may be reduced or curtailed.

The percentage for which insurance cover must be effected may be increased to provide the amount of cover stipulated in the credit or these articles.

The name of the first beneficiary may be substituted for that of the applicant in the credit.

If the name of the applicant is specifically required by the credit to appear in any document other than the invoice, such requirement must be reflected in the transferred credit.

h. The first beneficiary has the right to substitute its own invoice and draft, if any, for those of a second beneficiary for an amount not in excess of that stipulated in the credit, and upon such substitution the first beneficiary can draw under the credit for the difference, if any, between its invoice and the invoice of a second beneficiary.

i. If the first beneficiary is to present its own invoice and draft, if any, but fails to do so on first demand, or if the invoices presented by the first beneficiary create discrepancies that did not exist in the presentation made by the second beneficiary and the first beneficiary fails to correct them on first demand, the transferring bank has the right to present the documents as received from the second beneficiary to the issuing bank, without further responsibility to the first beneficiary.

j. The first beneficiary may, in its request for transfer, indicate that honour or negotiation is to be effected to a second beneficiary at the place to which the credit has been transferred, up to and including the expiry date of the credit. This is without prejudice to the right of the first beneficiary in accordance with sub-article 38 (h).

k. Presentation of documents by or on behalf of a second beneficiary must be made to the transferring bank.

Article 39 - Assignment of Proceeds

The fact that a credit is not stated to be transferable shall not affect the right of the beneficiary to assign any proceeds to which it may be or may become entitled under the credit, in accordance with the provisions of applicable law. This article relates only to the assignment of proceeds and not to the assignment of the right to perform under the credit.

Incoterms 2000

Incoterms 2000(ICC 간행물번호 제560호)

서문(인용-각주 참조)

9. 거래조건

9.3 (...) 보험을 취급하고 있는 것은 2가지 조건, 즉 CIF와 CIP뿐이다. 이들 조건에서는 매도인은 매수인의 이익을 위하여 보험을 수배하여야 한다. 다른 경우에는 보험을 부보하고자 하거나 또는 어느 정도로 부보하고자 하는가를 결정하는 것은 당사자 자신을 위한 것이다. 매도인은 매수인의 이익을 위하여 보험을 수배하기 때문에, 매수인의 정확한 요구조건을 알지 못한다. 런던보험자협회에 의해서 초안된 협회적하보험약관에서는 보험은 C약관에서는 "최소담보(minimum cover)", B약관에서는 "중간적 담보(medium cover)", 그리고 A약관에서는 "가장 확대된 담보(most extended cover)"를 이용할 수 있다. CIF조건에서의 상품의 매매에 있어서는 매수인은 운송중인 물품을 후속의 매수인에게 판매하고자 하고, 후속의 매수인은 물품을 다시 전매하고자 할 수도 있기 때문에, 그러한 후속의 매수인에게 적합한 담보범위를 알 수 없고, 따라서 CIF하에서 최소담보가 전통적으로 선택되어 있지만, 매수인이 매도인에게 추가보험의 수배를 요구할 가능성이 있다. 그러나 최소담보는 제품의 매매에는 부적당하다. 이 경우에는 도난, 발화 또는 물품의 부적당한 취급 혹은 보관의 위험이 C약관에서 이용될 수 있는 담보범위 이상의 것을 요구한다. CIP는 CIF와 달리, 통상적으로 상품의 매매에는 사용되지 않기 때문에, CIP에서는 CIF에서의 최소담보가 아니라 가장 확대된 담보를 채용하는 것도 가능할 것이다. 그러나 CIF와 CIP에서 매도인의 보험의 의무를 변경하는 것은 혼란을 초래한다. 따라서, 이 두 조건은 매도인의 보험의무를 최소담보로 한정하고 있다. CIP의 매수인은 다음의 것을 준수하는 것이 특히 중요하다. 즉, 만일 추가담보가 필요하다면, 매도인이 추가보험을 수배하도록 매도인과 합의하거나, 아니면 매수인 스스로 확대된 보험담보를 수배하여야 한다. 매수인이 예를 들면, 전쟁, 폭동, 소요, 동맹파업 기타 노동쟁의에 대한 보험과 같이 협회약관 A에서 이용할 수 있는 것 이상의 보호를 받고자 하는 특별한 경우도 있다. 매도인이 그러한 보험을 수배

하도록 매수인이 원하는 경우에는 매수인은 매도인에게 그와 같이 지시하여야 한다. 이 경우 매도인은 수배할 수 있다면, 그러한 보험을 제공하여야 한다.

10. "의무 없음" 의 표현

"매도인은 하여야 한다(the seller must)" 및 "매수인은 하여야 한다(the buyer must)"라고 하는 표현에서 알 수 있는 바와 같이, 인코텀즈는 당사자가 상호 부담하고 있는 의무에만 관심을 가지고 있다. 따라서, "의무 없음(no obligation)"이라는 단어는 일방의 당사자가 다른 당사자에게 의무를 부담하고 있지 않는 경우에도 삽입되어 있다. 그 때문에 예를 들면, 각 조건의 A3에 따라 매도인이 운송계약을 수배하고, 그에 따라 지급하여야 하는 경우에는 우리는 B3 a)에서 "운송계약(contract of carriage)"이라고 하는 표제하에서 "의무 없음"이라고 하는 매수인의 입장을 설명한 단어를 발견한다. 또한, 어떠한 당사자도 상대방에게 의무를 부담하고 있지 않는 경우에는 "의무 없음"이라는 단어는 예를 들면, 보험에 대해서와 같이 양당사자에게 사용되고 있다.

어떤 경우에도 일방의 당사자는 어떤 일을 이행함에 있어서 다른 당사자에 대해서는 "의무 없음"일 수도 있지만, 이것은 그러한 일을 이행하는 것이 자신의 이익에 합치하고 있지 않는 것을 의미하지 않는다는 것을 지적하는 것은 중요하다. 따라서, 예를 들면, CFR의 매수인은 B4하에서 보험계약을 체결할 의무를 매도인에 대하여 부담하지 않지만, 이러한 계약을 체결하는 것은 명확히 자신의 이익에 합치하고 있다. 왜냐하면, 매도인은 A4하에서 보험담보를 수배할 의무를 부담하지 않기 때문이다.

11. 인코텀즈의 변형

실무에서는 당사자 자신이 인코텀즈에 단어를 추가함으로써 그 조건이 제공하고 있는 것보다도 더 정확성을 요구하는 것이 흔히 발생하고 있다. 인코텀즈는 이러한 추가에는 어떠한 안내도 하지 않고 있음을 강조하고 있다. 따라서 만일 당사자가 이러한 추가적 해석에 대하여 거래의 정착된 관습에 의존할 수 없는 경우에는 추가의 일관성 있는 이해가 증명될 수 없다면, 당사자는 중대한 문제에 직면할 것이다.

예를 들면, "FOB stowed" 또는 "EXW loaded"라고 하는 일반적인 표현이 사용되는 경우에는, 매도인의 의무는 물품을 각각 본선 또는 차량에 실제로 적재하는 비용에 대해서 확대되고 있는 것 뿐만 아니라, 적부(stowage) 또는 적재(loading)의 과정에 있어서 물품의 우연한 멸실 또는 손상의 위험을 포함한다고 하는 취지로 세계적인 이해를 확립하는 것은 불가능하다. 이러한 이유로, 당사자에게는 적부 및 적재작업의 역할과 비용이 매도인에게 부과된 것만을 의미하는 것인가, 아니면 매도인은 적부와 적재가 실제로 완료될 때까지의 위험도 부담하는 것인가를 명확히 하도록 강하게 충고한다. 이들은 인코텀즈가 해답을 제공하고 있지 않는 문제이다. 따라서 만일 계약도 당사자의 의사를 명시적으로 설명하고 있지 않다면, 당사자는 대단히 불필요한 분쟁과 비용에 직면할 수도 있다.

인코텀즈 2000은 이들이 일반적으로 사용하고 있는 변형의 대부분을 규정하고 있지는 않더라도, 어떤 거래조건의 전문은 당사자가 인코텀즈의 약정의 범위를 벗어나고자 하는 경우에는 특별한 계약조건의 필요성에 대해서 당사자에게 주의를 환기시키고 있다.

EXW	매도인이 매수인의 수취용 차량에 물품을 적재하는 추가의무
CIF/CIP	매수인이 추가보험을 필요로 하는 경우
DEQ	매도인이 양륙후의 비용을 지급하는 추가의무

경우에 따라서는 매도인과 매수인은 정기선 및 용선계약에 의한 거래에 있어서 상관행을 언급하고 있다. 이러한 상황에서는, 운송계약하에서의 당사자의 의무와 매매계약하에서의 상호 의무를 확실하게 구별할 필요가 있다. 불행하게도, "liner terms"나 "terminal handling charges"(THC)와 같은 표현에 대한 권위 있는 정의가 없다. 이러한 용어하에서의 비용의 분배는 장소가 다르다면 다른 것이 있을 수 있고, 때에 따라서도 변할 수 있다. 이러한 비용이 당사자간에 어떻게 분배되어야 하는 가를 매매계약에서 명확히 하도록 당사자에게 권고한다.

용선계약에서 자주 사용되고 있는 "FOB stowed" "FOB stowed and trimmed"와 같은 표현은 FOB하에서의 매도인이 본선에 적재된 물품의 적부와 정리(trimming)를 어느 정도 이행하여야 하는 가를 명확히 하기 위하여 매매계약에서도 종종 사용되고 있다. 이러한 단어가 추가되는 경우에는 추가된 의무가 비용에만 관련된 것인가, 아니면 비용과 위험의 쌍방에 관련된 것인가를 매매계약에서 명확하게 할 필요가 있다.

이미 설명한 것처럼, 인코텀즈가 가장 보편적인 상관행을 반영하고 있다는 것을 확실하게 하기 위하여 모든 노력이 행해졌다. 그러나, 경우에 따라서는 특히 인코텀즈 2000이 인코텀즈 1990과 다른 경우에는, 당사자는 거래조건이 다르게 작용하기를 바랄 것이다. 당사자는 "그러나(However)"라고 하는 단어를 신호로, 거래조건의 전문에서 그러한 선택에 대해서 주의된다.

14. 통관절차

"통관절차"라는 용어는 오해를 발생시킨다. 따라서 물품을 수출 또는 수입국의 세관을 통과시키는 것과 관련하여 의무를 부담하고 있는 매도인 또는 매수인의 의무로 언급되어 있는 경우에는, 이러한 의무가 관세 및 기타 비용의 지급을 포함할 뿐만 아니라, 물품의 세관통과에 관련된 모든 행정사항의 이행과 지급 및 이와 관련한 당국에 대한 정보를 포함한다는 것이 현재는 명백하게 되어 있다. 더구나, 매우 잘못되어 있지만, 일부 지역에서는 유럽연합의 역내무역 또는 기타 자유무역지대와 같이 관세를 지급할 어떠한 의무도 없으며 수출입에 관한 제한이 없는 경우에는, 물품의 통관의무를 취급하고 있는 거래조건을 사용하는 것은 부당하다고 생각된다. 그러한 상황을 명확하게 하기 위하여, "적용할 수 있는 경우에는(where applicable)"이라고 하는 단어는 통관절차가 불필요한 경우에 이들 조건이 애매한 표현 없이 사용되도록 해당 인코텀즈의 A2 및 B2, A6 및 B6 조항에 추가되었다.

통관절차는 이러한 통관이 이행되어야 하는 국가에 거주하고 있는 당사자 또는 적어도 그 곳에서 자신을 위해 행동하는 자에 의해서 수배되는 것이 항상 바람직하다. 따라서 수출업자는 통상적으로 물품의 수출통관을 이행하는 반면, 수입업자는 물품의 수입통관을 이행하여야 한다.

인코텀즈 1990은 EXW와 FAS(수출통관은 매수인의 의무) 및 DEQ(수입통관은 매도인의 의무)조건하에서는 이러한 원칙과 구별되어 있지만, 인코텀즈 2000에서는 FAS 및 DEQ는 수출을 위한 물품의 통관의무에 대해서는 매도인에게, 수입을 위한 물품의 통관의무에 대해서는 매수인에게 각각 부담시키고 있다. 한편, 매도인의 최소의무를 나타내는 EXW는 변경되지 않은 상태로 남아있다(수출통관은 매수인의 의무). DDP에서는 매도인은 특히 관세지급인도(Delivered Duty Paid)라고 하는 조건의 명칭 그것으로부터 발생되는 것을 행하는 것, 즉 수입을 위하여 물품을 통관하고, 그 결과로서 모든 관세를 지급할 것에 동의하고 있다.

해상화물운송장을 위한 CMI통일규칙
(CMI Uniform Rules for SEA WAYBILLS)

국제해사위원회-파리, 1990년 6월 29일

제1조 적용범위

(i) 이 규칙은 해상화물운송장에 관한 CMI통일규칙이라고 한다.

(ii) 이 규칙은 그 계약이 서면에 의한 것인지의 여부에 관계없이, 선화증권 또는 이와 유사한 권리증권에 의하여 적용되지 않는 운송계약에 의하여 채택된 경우에 적용된다.

제2조 정의

이 규칙에 있어서,

"운송계약(Contract of carriage)"이라 함은 전구간 또는 일부구간을 해상으로 이행하도록 되어 있는 이 규칙에 따른 모든 운송계약을 말한다.

"물품(Goods)"이라 함은 운송계약에 따라 운송되거나 또는 운송을 위하여 수령된 모든 물품을 말한다.

"운송인(Carrier)" 및 "송화인(Shipper)"이라 함은 운송계약에서 지명되었거나 또는 이를 통하여 확인될 수 있는 당사자를 말한다.

"수화인(Consignee)"이라 함은 운송계약에서 지명되었거나 또는 이를 통하여 확인될 수 있는 당사자, 또는 규칙 제6조 제(i)항에 따라서 수화인으로 변경되는 모든 당사자를 말한다.

"지배권(Right of Control)"이라 함은 규칙 제6조에 규정된 권리와 의무를 말한다.

제3조 대리권

(i) 운송계약을 체결함에 있어서 송화인은 그 자신을 위하여 뿐만 아니라 수화인의 대리인 및 수화인을 대신하여 그렇게 하는 것이며, 송화인은 그 자신이 운송계약을 체결할 권한이 있다는 것을 운송인에게 보증하는 것이다.

(ii) 이 규칙은 수화인이 운송계약에 관한 소송을 제기하거나 또는 소송을 받을 수 있도록 운송계약에 적용될 수 있는 법률에 의하여 필요한 경우 및 그러한 경우에만 적용된다. 수화인은 선화증권 또는 이와 유사한 권리증권에 의하여 적용된 운송계약에서 부담한 것 이상의 책임을 부담하지 않는다.

제4조 권리와 책임

(i) 운송계약은 이에 강행적으로 적용될 수 있는, 또는 운송계약이 선화증권 또는 이와 유사한 권리증권에 의하여 적용된 경우에 어떠한 국제협약 또는 국내법에 적용된다. 이러한 협약 또는 법률은 운송계약에 이와 일치하지 않는 어떠한 것에도 불구하고 적용된다.

(ii) 언제나 상기 제(i)항의 규정에 따라, 운송계약은 다음에 의하여 적용된다.

(a) 이 규칙

(b) 당사자간에 별도의 합의가 없는 한, 해상운송 이외의 구간에 관한 어떠한 조건이 있는 경우에는 이를 포함하여 무역에 대한 운송인의 표준조건

(c) 기타 당사자에 의하여 합의된 기타 일체의 조건

(3) 상기의 제(ii)항 제b호 또는 제c호에 규정된 조건과 이 규칙간에 어떠한 불일치가 있는 경우에는, 이 규칙이 우선한다.

제5조 물품의 명세

(i) 송화인은 물품에 관하여 자신에 의하여 제공된 명세의 정확성을 담보하며, 어떠한 부정확성으로부터 발생하는 모든 멸실, 손상 또는 비용에 대하여 운송인에게 배상하여야 한다.

(ii) 운송인에 의한 유보조항이 없는 경우에는, 물품의 수량 또는 상태에 관하여 해상화물운송장 또는 이와 유사한 서류상에 있는 모든 기재는 다음과 같다.

(a) 운송인과 송화인간에 있어서는, 이것은 기재된 대로 물품수령의 추정적인 증거가 된다.

(b) 운송인과 수화인간에 있어서는, 이것은 수화인이 선의로 행동하는 경우 기재된 대로 물품수령의 결정적인 증거가 되며, 이에 반증은 허용되지 않는다.

제6조 지배권

(i) 송화인이 하기의 제(ii)항에 따른 선택권을 행사하지 않는 한, 송화인은 운송인에게 운송계약에 관한 지시를 행할 권리가 있는 유일한 당사자이다. 적용되는 법률에 의하여 금지되지 않는 한, 송화인은 목적지에 물품이 도착한 후 수화인이 물품인도를 청구하기 전까지는 언제라도 그 수화인의 명칭을 변경할 권리가 있다. 다만, 송화인은 이로 인하여 발생하는 모든 추가적인 비용에 대하여 운송인에게 배상한다는 확약으로서, 서면, 또는 기타 운송인에게 인수될 수 있는 어떠한 수단

에 의하여 운송인에게 상당한 통지를 하여야 한다.

(ii) 송화인은 운송인에 의하여 물품이 수령될 때까지 행사되고, 지배권을 수화인에게 이전하는 선택권을 갖는다. 이러한 선택권의 행사는 해상화물운송장 또는 있는 경우에는 이와 유사한 서류상에 기재되어 있어야 한다. 이러한 선택권이 행사된 경우에는, 수화인은 상기의 제1항에 규정된 것과 같은 권리를 갖게 되며, 송화인은 더 이상 그러한 권리를 가지지 않는다.

제7조 인도

(i) 운송인은 합당한 ID의 제시가 있는 때에 수화인에게 물품을 인도하여야 한다.

(ii) 운송인은 수화인임을 주장하는 당사자가 실제의 당사자인지를 확인하기 위하여 상당한 주의를 다하였다는 것을 입증할 수 있는 경우에는, 인도착오(wrong delivery)에 대하여 아무런 책임을 부담하지 않는다.

제8조 효력

이 규칙 또는 규칙 제4조에 의하여 운송계약에 삽입되어 있는 모든 규정에 포함되어 있는 어떠한 내용이 어떠한 국제협약 또는 운송계약에 강행적으로 적용될 수 있는 국내법의 규정과 불일치한 경우에는, 이러한 규칙 및 규정은 그 범위내에서 더 이상의 효력을 발생하지 않는다.

전자선화증권을 위한 CMI규칙
(CMI Rules for ELECTRONIC BILLS of LADING)

국세해사위원회-파리, 1990년 6월 29일

제1조 적용범위

이 규칙은 당사자가 이 규칙을 적용하기로 합의한 경우에 적용된다.

제2조 정의

a. "운송계약(Contract of Carriage)"이라 함은 전구간 또는 일부구간을 해상으로 물품을 운송하기로 하는 합의를 말한다.

b. "EDI"라 함은 전자자료교환(Electronic Data Interchange), 즉 전자전송(teletransmission)에 의하여 행해지는 무역자료의 교환을 말한다.

c. “UN/EDIFACT”라 함은 행정, 상업 및 운송을 위한 전자자료교환에 관한 UN규칙(United Nations Rules for Electronic Data Interchange for Administration, Commerce and Transport)을 말한다.

d. “전송(Transmission)”이라 함은 표제(heading)와 종결(ter- minating)의 자료를 포함하는 1단위의 발송으로서 동시에 전자적으로 송부된 하나 또는 그 이상의 메시지를 말한다.

e. “확인(Confirmation)”이라 함은 전송의 내용이 보증할 수 있는 사후의 모든 고려 또는 행위를 해하지 아니하고, 그 내용이 외관상으로 완전하고 정확하다고 보여지는 것을 통지하는 전송을 말한다.

f. “개인키(Private Key)”라 함은 전송의 진정성 및 무결성을 보증하기 위하여 당사자가 합의할 수 있는 기술적으로 적당한 모든 형식, 예컨대 숫자 및/또는 문자의 조합을 말한다.

g. “소지인(Holder)”이라 함은 유효한 개인키의 점유에 의하여 제7조 제a항에서 설명된 권리를 부여받을 수 있는 자격이 있는 당사자를 말한다.

h. “전자감시시스템(Electronic Monitoring System)”이라 함은 컴퓨터시스템이 기록한 거래에 대하여 그 컴퓨터시스템이 검사될 수 있는 장치, 예컨대 무역자료로그(Trade Data Log) 또는 회계감사추적(Audit Trail)을 말한다.

i. “전자기록(Electronic Storage)”이라 함은 전자자료의 원기록(primary storage)과 보완기록(back-up storage)을 포함하여, 그러한 자료의 모든 일시적, 중간적 또는 영구적인 기록을 말한다.

제3조 절차에 관한 규칙

a. 이 규칙에 저촉되지 아니하는 한, 1987년의 전자전송에 의한 무역자료의 교환에 관한 행위통일규칙(Uniform Rules of Con- duct for Interchange of Trade Data by Teletransmission, 1987; UNCID)은 당사자간의 행위에 적용된다.

b. 이 규칙하에서의 EDI는 관련된 UN/EDIFACT표준과 일치하여야 한다. 그러나 당사자는 모든 사용자에게 수용될 수 있는 기타 모든 무역자료교환의 방법을 사용할 수 있다.

c. 별도의 합의가 없는 한, 운송계약의 서류형식은 선화증권에 관한 UN설계지침(UN Layout Key) 또는 이것과 호환성이 있는 국내표준과 일치하여야 한다.

d. 별도의 합의가 없는 한, 전송의 수신자는 확인을 송부하지 않은 경우에는 전송에 따라 행동하도록 수권되지 아니한다.

e. 실제로 전송된 자료에 관하여 당사자간에 발생하는 분쟁의 경우에는, 전자감시시스템은 수신된 자료를 검증하기 위하여 사용될 수 있다. 분쟁중의 자료에 관련되지 않은 기타의 거래에 관한 자료는 거래의 비밀로 간주되어야 하며, 따라서 이것은 검사를 위하여 이용할 수 없다. 이러한 자료가 전자감시시스템에 의한 검사의 일부로서 불가피하게 표시되는 경우에는, 당해 자료는 기밀로 취급되어야 하며 기타의 어떠한 외부당사자에게도 유출되거나 또는 기타의 어떠한 목적을 위하여 사용되어서는 아니된다.
f. 물품에 대한 권리의 이전은 개인정보(private information)로 간주되어야 하며, 물품의 운송 또는 통관에 관계되지 않은 어떠한 외부당사자에게도 유출되어서는 아니된다.

제4조 수령메시지의 형식 및 내용

a. 운송인은 송화인으로부터 물품을 수령하는 즉시 송화인에 의하여 지정된 전자주소에 메시지로 송화인에게 물품수령의 통지를 하여야 한다.
b. 이 수령메시지는 다음의 사항을 포함하고 있어야 한다.
   i. 송화인의 명칭
   ii. 종이선화증권(paper bill of lading)이 발행된 경우에 요구되는 것과 동일한 취지의, 표시 및 유보문언이 있는, 물품의 명세
   iii. 물품의 수령일 및 수령장소
   iv. 운송인의 운송조건에 대한 참조
   v. 사후의 전송에 사용되는 개인키

   송화인은 운송인에 대하여 이 수령메시지를 확인하여야 하며, 그러한 확인을 하였을 때 송화인은 소지인으로 된다.
c. 소지인의 요구가 있는 경우에는, 수령메시지는 물품이 선적된 후 즉시 선적일 및 선적장소에 관한 사항이 갱신되어야 한다.
d. 이 규칙 제c항에 따라 갱신된 경우의 선적일 및 선적장소를 포함하여, 상기의 제b항 제ⅱ호, 제ⅲ호 및 제ⅳ호에 규정된 정보는 수령메시지가 종이선화증권에 포함된 것과 같은 경우와 동일한 효력과 효과를 가진다.

제5조 운송계약의 조건

a. 운송인이 운송조건에 대하여 언급하는 경우에는, 이들 조건은 운송계약의 일부가 된다는 것에 합의하고 이해한 것으로 본다.

b. 이러한 조건은 운송계약의 당사자에게 용이하게 이용될 수 있어야 한다.
c. 이러한 조건과 이 규칙간에 어떠한 저촉이나 불일치가 있는 경우에는, 이 규칙이 우선한다.

제6조 적용되는 법률

운송계약은 종이선화증권이 발행된 경우에 강행적으로 적용될 수 있는 어떠한 국제협약 또는 국내법에 적용된다.

제7조 지배 및 처분권

a. 소지인은 운송인에 대하여 다음의 사항을 행할 수 있는 유일한 당사자이다.
  (1) 물품의 인도를 청구하는 것
  (2) 수화인을 지명하거나 또는 자신을 포함한 다른 당사자를 지명된 수화인으로 변경하는 것
  (3) 다른 당사자에게 지배 및 처분권(right of control and transfer)을 이전시키는 것
  (4) 소지인이 종이선화증권의 소지인인 것처럼 운송계약의 조건에 따라 운송인에게 물품에 관한 기타 사항을 지시하는 것.
b. 지배 및 처분권의 이전은 다음과 같이 실행되어야 한다. (i) 현재의 소지인이 운송인에게 지배 및 처분권을 예정된 새로운 소지인에게 이전할 의사의 통지에 의하여, (ii) 운송인이 그러한 통지메시지를 확인하고, 그 즉시 (iii) 운송인은 제4조에 규정된 정보(개인키에 관한 것은 제외한다)를 예정된 새로운 소지인에게 전송하고, 그 후에 (iv) 예정된 새로운 소지인은 지배 및 처분권의 인수를 운송인에게 통지하고, 그 즉시 (v) 운송인은 현재의 개인키를 폐기하고 새로운 개인키를 새로운 소지인에게 발행한다.
c. 예정된 새로운 소지인이 운송인에게 지배 및 처분권을 인수하지 않는다는 것을 통지하거나 또는 상당한 기간내에 그러한 인수를 통지하지 않는 경우에는, 예정된 지배 및 처분권의 이전은 발생하지 않는다. 운송인은 현재의 소지인에게 그 사실을 통지하여야 하며, 현재의 개인키는 그 유효성이 존속된다.
d. 상기에 규정된 방법에 의한 지배 및 처분권의 이전은 종이선화증권에 따라 당해 권리의 이전과 동일한 효과를 가진다.

제8조 개인키

a. 개인키는 연속되는 각 소지인에게는 유일한 것이다. 개인키는 소지인에 의하여

이전될 수 없다. 운송인과 소지인은 각각 개인키의 보안을 유지하여야 한다.

b. 운송인으로부터 개인키를 발급받은 최종소지인이 개인키를 사용하여 전자메시지를 포함하는 전송을 확보한 경우에는, 운송인은 최총소지인에게 전자메시지의 확인을 송부할 의무를 부담한다.

c. 개인키는 운송계약을 확인하기 위하여 사용되는 수단 및 컴퓨터망에 접근하기 위하여 사용되는 보안 패스워드(security password) 또는 ID(identification)와는 독립된 별개의 것이어야 한다.

제9조 인도

a. 운송인은 소지인에게 예정된 물품의 인도장소 및 일자를 통지하여야 한다. 그러한 통지를 받는 즉시, 소지인은 개인키에 의한 검증과 함께 운송인에게 수화인을 지명하고 적절한 인도지시를 행할 의무를 부담한다. 그러한 지명이 없는 경우에는, 소지인은 수화인으로 된다.

b. 운송인은 상기의 제a항에 명시된 인도지시에 따라서 적당한 ID의 제시가 있는 때에 수화인에게 물품을 인도하여야 한다. 그러한 인도는 개인키를 자동적으로 폐기한다.

c. 운송인은 수화인임을 주장하는 당사자가 실제의 그 당사자인지의 여부를 확인하기 위하여 상당한 주의를 다하였다는 것을 입증할 수 있는 경우에는, 인도착오(misdelivery)에 대하여 아무런 책임을 부담하지 않는다.

제10조 종이서류를 수령할 선택권

a. 소지인은 물품이 인도되기 전에 언제라도 운송인에게 종이선화증권을 요구할 선택권을 가진다. 그러한 서류는 소지인에 의하여 결정되는 장소에서 이용될 수 있어야 한다. 다만, 운송인은 운송인이 시설을 가지고 있지 않는 장소에서 그러한 서류를 이용할 수 있게 할 의무를 부담하지 않으며, 이 경우에 운송인은 소지인에 의하여 결정된 장소에 가장 근접한 시설에서 그러한 서류를 이용할 수 있게 할 의무만을 부담하여야 한다. 운송인은 상기의 선택권을 행사하는 소지인으로부터 발생하는 물품의 인도지연에 대하여 책임을 부담하지 않는다.

b. 운송인은 물품이 인도되기 전에 언제라도 소지인에게 종이선화증권을 발행할 선택권을 가진다. 다만, 그러한 선택권의 행사는 물품인도의 부당한 지연 또는 불능을 발생시키지 않은 경우에 한한다.

c. 규칙 제10조 제a항 또는 제b항에 따라 발행된 선화증권은 (i) 규칙 제4조에 규정

된 수령메시지에 설명되어 있는 정보(개인키에 관한 것은 제외), 그리고 (ii) 선화증권이 전자선화증권에 관한 CMI규칙하에서의 EDI절차의 종료시에 발행되었다는 취지의 문언의 기재를 포함하고 있어야 한다. 상기의 선화증권은 소지인의 선택에 따라 이 목적을 위하여 소지인의 명칭이 선화증권에 삽입되어야 하는 소지인의 지시식(to the order of holder) 또는 지참인식(to bearer)으로 발행되어야 한다.

d. 규칙 제10조 제a항 또는 제b항에 따라 종이선화증권이 발행된 경우에는, 개인키는 폐기되며 이 규칙에 따른 EDI 절차는 종료된다. 소지인 또는 운송인에 의한 이러한 절차의 종료는 운송계약의 어떠한 당사자도 이 규칙에 따라 이행되는 동안의 권리, 의무 또는 책임뿐만 아니라, 그 운송계약에 따른 권리, 의무 또는 책임도 면제받지 못한다.

e. 소지인은 언제라도 비유통성 사본(non-negotiable copy)이라고 표시된 규칙 제4조에 규정된 수령메시지의 출력정보(개인키에 관한 것은 제외)의 발행을 요구할 수 있다. 그러한 출력정보의 발행은 개인키를 폐기하지 않으며 EDI절차를 종료시키지 않는다.

제11조 서면과 동등한 전자자료

운송인, 송화인 및 이 절차를 이용하는 모든 이후의 당사자는, 운송계약이 서면에 서명된 것이라는 것을 요구하는 국내법, 관습 또는 관행이 컴퓨터의 자료기억장치에 내장되어 있고, 컴퓨터에 의하여 영상화면에 인간의 언어로 표시되거나 출력되는 것으로서 전송되고 확인된 전자자료에 의하여 충족되는 것에 합의한다. 이 규칙을 채택하기로 합의한 때에는, 당사자는 이 계약이 서면에 의한 것이 아니라는 것을 항변으로서 제기하지 않는 것에 합의한 것으로 의하지 아니한 것이라는 항변을 제기하지 않기로 합의한 것으로 본다.

콤비텀즈 2000(COMBITERMS 2000)

인코텀즈 2000에 따라 매도인과 매수인간의 비용분담의 요약 해상운송만

거래조건(Trade terms)

003	FAS	선측인도(지정선적항)
004	FOB	본선인도(지정선적항)
008	CFR	운임포함(지정목적항)
009	CIF	운임보험료포함(지정목적항)
016	DES	착선인도(지정목적항)
017	DEQ	부두인도(지정목정항)

비용표제(Cost headings)

		017	016	009	008	004	003
100	매도인의 구내에서의 적재	S	S	S	S	S	S
150	국내사전운송/국내 운반	S	S	S	S	S	S
200	운송계약 및 발송	S	S	S	S	S	B
250	수출국에서의 거래서류	S	S	S	S	S	S
300	수출국에서의 통관절차	S	S	S	S	S	S
350	수출요금	S	S	S	S	S	S
400	운송인의 터미널에서의 환적[2]	S	S	S	S	B	B
450	운송설비와 부속물	S	S	S	S	B	B
500	운송(적화)보험			S			
550	주요국제운송	S	S	S	S	B	B
600	터미널에서의 환적[2]	S	B	S	S	B	B
650	통과/수입국에서의 거래서류	B	B	B	B	B	B
700	수입국에서의 통관절차	B	B	B	B	B	B
750	수입요금	B	B	B	B	B	B
800	국내운반/국내계속운송	B	B	B	B	B	B
850	매수인의 구내에서의 양륙	B	B	B	B	B	B
900	기타 비용 **인코텀즈에서 규제되지 않는 당사자합의에 따른 비용분배**						

S=매도인이 지급한다 B=매수인이 지급한다

특정비용표제에서 상기에 기재된 비용분배로부터 관찰되는 의견차이가 있을 수 있다. 각 거래조건의 상세한 명세하에서 콤비텀즈 2000의 비고(remarks)를 참조하시오.

비고(remarks)

1 FOB, CFR 또는 CIF조건은 매도인과 매수인간의 비용 및/또는 위험의 분배가 물품이 지정선적항에서의 본선의 난간을 통과한 시점에 확정된 경우에만 사용되어야 한다. 기타의 경우에 FCA, CPT 또는 CIP조건에 해당하는 것 중의 하나는 사용하기에 보다 적당하다(다음 페이지를 참조).

2 "터미널(Terminal)"은 부두창고(quay wharf/port ware- house)를 나타낸다.

콤비텀즈 2000(COMBITERMS 2000)

인코텀즈 2000에 따라 매도인과 매수인간의 비용분담의 요약 모든 운송형태

거래조건(주요 조건과 보편적인 변형)

번호	조건	거래조건
001	**EXW**	공장인도(지정장소)
002	**FCA**	운송인인도 매도인의 구내
005	**FCA**	운송인인도(지정터미널[1])
006	**CPT**	운송비지급(지정발송국의 국경지점)
007	**CIP**	운송비보험료지급(지정발송국의 국경지점)
010	**CPT**	운송비지급(지정목적국의 국경지점)
011	**CIP**	운송비보험료지급(지정목적국의 국경지점)
012	**CPT**	운송비지급(지정터미널[2])
013	**CIP**	운송비보험료지급(지정터미널[2])
014	**CPT**	운송비지급 매수인의 구내
015	**CIP**	운송비보험료지급 매수인의 구내
018	**DAF**	국경인도(지정터미널[2])
019	**DDU**	관세미지급(지정터미널[2])인도
021	**DDP**	관세지급(지정터미널[2])인도, (지정조세)의배제
022	**DDU**	관세미지급 매수인의 구내 인도
023	**DDP**	관세지급 매수인의 구내 인도, (지정조세)의배제

비용표제(Cost headings)

	비용표제	023	022	021	019	018	015	014	013	012	011	010	007	006	005	002	001
100	매도인의 구내에서의 적재	S	S	S	S	S	S	S	S	S	S	S	S	S	S	S	B
150	국내사전운송/국내 운반	S	S	S	S	S	S	S	S	S	S	S	S	S	S	S	B
200	운송계약 및 발송	S	S	S	S	S	S	S	S	S	S	S	S	S	S	S	B
250	수출국에서의 거래서류	S	S	S	S	S	S	S	S	S	S	S	S	S	S	S	B
300	수출국에서의 통관절차	S	S	S	S	S	S	S	S	S	S	S	S	S	S	S	B
350	수출요금	S	S	S	S	S	S	S	S	S	S	S	S	S	S	S	B
400	운송인의 터미널에서의 환적[1]	S	S	S	S	S	S	S	S	S	S	S	S	S	S	S	B
450	운송실비와 부속물	S	S	S	S	S	S	S	S	S	S	S	S	S	S	S	B
500	운송(적화)보험						S		S		S		S				
550	주요국제운송	S	S	S	S	S	S	S	S	S	S^3 B	S^3 B	S^3 B	S^3 B	B	B	B
600	터미널에서의 환적[2]	S	S	S	S	S	S	S	S	S	B	B	B	B	B	B	B
650	통과/수입국에서의 거래서류	S	B	S	B	B	B	B	B	B	B	B	B	B	B	B	B
700	수입국에서의 통관절차	S	B	S	B	B	B	B	B	B	B	B	B	B	B	B	B
750	수입요금	S	B[4]	S	B[4]	B	B	B	B	B	B	B	B	B	B	B	B
800	국내운반/국내계속운송	S	S	B	B	B	S	S	B	B	B	B	B	B	B	B	B
850	매수인의 구내에서의 양륙	B	B	B	B	B	B	B	B	B	B	B	B	B	B	B	B
900	기타 비용 **인코텀즈에서 규제되지 않는 당사자합의에 따른 비용분배**																

S=매도인이 지급한다 B=매수인이 지급한다 S B[3]=각주 3 참조

특정비용표제에서 상기에 기재된 비용분배로부터 관찰되는 의견차이가 있을 수 있다. 각 거래조건의 상세한 명세하에서 콤비텀즈 2000의 비고(remarks)를 참조하시오.

비고(remarks)

1 "터미널(Terminal)"은 화물터미널, 철도역, 부두창고 및 공항이다. 여기에서 그것은 통상적으로 수출국의 내륙 또는 국경지역에서의 터미널을 말한다.
2 "터미널(Terminal)"은 화물터미널, 철도역, 부두창고 및 공항이다. 여기에서 그것은 통상적으로 수입국에서의 세관시설(즉, 세관창고)을 가진 터미널을 말한다.
3 "Carriage...Paid To..."의 뒤에 기재된 지점은 비용을 어떻게 분배하는지를 결정한다. 매도인은 지정된 국경지점에서 비용을 지급한다. 매수인은 지정된 국경지점으로부터 비용을 지급한다.
4 배제되는 거래조건에 기재되는 비용은 매수인에 의하여 지급되는 것이다.

ICC의 일별(ICC AT A GLANCE)

ICC 서비스는 다음의 것을 포함하고 있다:
ICC 국제중재법정(파리)
ICC 국제전문가센터(파리)
ICC 국제상업회의소의 사무국-IBCC(파리)
ICC 세계거래법협회(파리)
ICC 해사협력센터(런던)
ICC 상업범죄서비스(런던)
ICC 거래서점(아래 참조)

ICC 거래서점

최근의 ICC 간행물에 대하여 보다 많은 것을 알기 위해서는, 당사의 웹사이트 www.iccbooks.com을 방문하시오

ICC 간행물은 또한 ICC 국내위원회나 협의회 또는 다음으로부터 이용될 수 있다.

ICC PUBLISHING S.A.
38, Courts Albert 1er
75008 Paris France
Tel: +33 1 49 53 29 23/28 89
Fax: +33 1 49 53 29 02
E-mail: Pub@iccwbo.org

ICC PUBLISHING, INC.
156 Fifth Avenue, Suite 417
New York, NY 10010 USA
Tel: +1 212 206 1150
Fax: +1 212 633 6025
E-mail: iccpub@interport.net

EDI 관련용어

ㄱ

❖ **공통참조번호**(common access reference)

이전되는 모든 연속된 자료를 동일한 업무용 파일로 연결시키는 키(key)

❖ **교환정보**(interchange)

교환정보제어머리로 시작되어 교환정보제어꼬리로 종료 되는 전자문서 및 보조전송항목의 구조화된 조합의 형태로 당사자간에 이루어진 통신

❖ **교환정보제어머리**(interchange control header)

교환정보를 시작하고 식별하는 보조전송항목

❖ **교환정보제어꼬리**(interchange control trailer)

교환정보를 종료시키는 보조전송항목

❖ **구문규칙**(syntax rules)

교환정보 및 그 기능군, 전자문서, 전송항목 및 자료항목의 구조를 제어하는 규칙

❖ **기능군**(functional group)

기능군머리 보조전송항목으로 시작되어 기능군꼬리 보조전송항목으로 종료되는 2개 이상의 동일유형 전자문서

❖ **기능군머리**(functional group header)

기능군의 시작 및 식별기능을 가진 보조전송 항목

❖ **기능군꼬리**(funtional group trailer)

기능군을 종료시키는 보조전송항목

ㄷ

❖ **단순자료항목**(simple data element)

단일 내역을 갖고 있는 자료항목

❖ **대화형EDI**(interactive EDI (I-EDI)

한 쌍의 협력적 과정간에 1개의 대화 내에서 사전에 정의되고 구조화된 자료의 교환으

로, 일정한 비즈니스 목적을 위해 ISO 9735 Part 1과 3의 구문규칙을 준수한다.

ㅁ

❖ **문자집합**(character set)

일정한 약속에 의거한, 상이한 문자의 유한 집합으로서, 어떤 목적을 위해 완전하다고 생각되는 것.

ㅂ

❖ **반복전송항목**(repeating segment)

관련 전자문서유형에서 규정된 대로 1개의 전자문서 내에서 반복될 수 있는 전송항목

❖ **배치EDI**(batch EDI)

질의(query) 및 응답(response)을 수행하는 당사자간의 공식적 원격통신 관계에 대한 강력한 요건이 요구되지 않는 전자문서교환

❖ **복합자료항목**(composite data element)

2개 이상의 소자료 항목이 포함되어 있는 자료항목

❖ **보조자료항목**(sevice data element)

보조전송항목에 사용되는 자료항목

❖ **보조전송항목**(service segment)

사용자자료의 교환에 필요한 전송항목

❖ **보조문자통지**(service string advice)

교환에 사용되는 구문상의 분리기호와 표시를 정의한 교환의 서두에 나타나는 문자열

❖ **분리부호**(separator character)

자료의 구문분리에 사용되는 문자

ㅅ

❖ **사용자자료전송항목**(user data segment)

실제 사용되는 자료가 포함된 전송 항목

❖ **생략**(ommission)

전자문서유형에서 조건부로 규성된 1개 이상의 자료단위를 실실석으로 선자문서에서 제외하는 것

❖ 소자료항목(component data element)

복합자료항목 내에서 종속적 위치에 있으며, 교환과정에서는 복합자료항목 내에서의 위치에 따라 식별되는 단순자료항목

❖ 소자료항목분리부호(component data element separator)

복합자료항목내에서 소자료항목을 분리하는데 사용되는 부호

❖ 숫자집합(numeric character set)

숫자표시에 사용되는 문자를 포함하며, 문자 이외의 제어문자와 특수문자도 포함될 수 있는 문자집합(ISO 2382/4)

❖ 시나리오(scenario)

동일한 비즈니스 목적을 가진 비즈니스활동의 등급의 공식적 규격

❖ 식별어(identifier)

자료내역을 식별하거나 명명하며, 가능한 경우 당해 자료의 특성을 나타내는데 사용되는 문자 또는 문자군(ISO 2382/4)

ㅇ

❖ 응용 전자문서(application message type)

특정한 사용영역에 맞도록 조정된 기본 전자문서유형

❖ EDIFACT(EDI for Administration, Commerce and Transport)

행정, 무역, 운송을 위한 EDI

❖ MIG(Message Implementation Guideline)

전자문서를 개발하기 위하여 필요한 지침.

ㅈ

❖ 자료(data)

인간 또는 자동적 수단에 의해 행해지는 통신, 해석 또는 처리에 적합하도록 정형화된 사실, 개념 또는 지시의 표현(KS C 5602-1987, ISO 2382/1)

❖ 자료항목(data element)

일정 문맥상 더이상 분리될 수 없는 자료단위(ISO 2382/4)EDIFACT
식별, 설명 및 내역표현이 명시되어 있는 자료의 단위

❖ 자료항목값(data element value)

자료항목집에 명시된 대로 표현된 식별자료 항목의 고유한 기재사항

❖ 자료항목명(data element name)

자료항목 개념을 식별하여 주는 자연언어에 의한 하나 이상의 단어 전자문서교환(EDI)(electronic data interchange) 거래 및 전자문서 자료를 구조화하는 합의된 규격을 사용하여 상업 또는 행정 거래를 컴퓨터간 전자적 전송을 통해 처리하는 것.

❖ 자료항목분리부호(data element separator)

전송항목 내에서 자료항목의 분리에 사용되는 부호

❖ 자료항목집(data elements directory)

관련 자료항목내역의 표시방법이 명시되어 있고 식별, 명명 및 해설등에 의한 자료항목의 속성이 기록된 목록

❖ 자료항목태그(data element tag)

자료항목집 내 자료항목에 관한 독특한 식별 표시

❖ 전송(transfer)

한 당사자의 다른 당사자에 대한 의사전달

❖ 전송항목(segment)

당해 집합 내에서 그 연속적 위치에 의해 식별되는, 기능적으로 연관되어 있는 자료항목값의 미리 정의, 파악된 집합 및 식별된 조합. 전송항목은 전송항복태그로 시작되어 전송항목종료부호로 종결됨. 보조전송항목 또는 사용자자료전송항목의 2가지가 있음.

❖ 전송항목부호(segment code)

개별전송항복을 선송항목십에 벙시된 내로 득별히 구별한 부호

❖ 전송항목태그(segment tag)

관련 전송항목집에 명시된 대로 유일하게 전송항목을 식별해주는 부호가 포함된 복합자료항목

❖ 전송항목종료부호(segment terminator)

전송항목의 종료를 지시하는 구문문자

❖ 전송항목집(segment directory)

식별, 명명, 기록 및 규정된 전송항목의 목록

❖ 전자문서(message)

정보의 전달목적상 질서를 갖춘 일련의 문자(ISO 2382/16) EDIFACT: 전자문서머리로 시작되어 전자문서꼬리로 종료되는 전자문서집에 규정된 순서에 따른 전송항목의 조합

❖ 전자문서집(message directory)

식별, 명명, 설명, 규정된 전자문서의 목록

❖ 전자문서머리(message header)

전자문서를 시작하고 고유하게 식별하는 보조 전송항목

❖ 전자문서꼬리(message trailer)

전자문서를 종료시키는 보조전송항목

❖ 전자문서유형(message type)

특정 거래유형(예, 송장)상의 요구사항을 충족시켜 주는, 파악되어 구조화된 자료항목의 집합

❖ 조건부(conditional)

전송항목집 또는 전자문서집에 언급되어 있는 전송항목, 자료항목, 복합자료항목 또는 소자료항목의 사용에 관한 조건(참조, Mandatory:필수)

❖ 종속전송항목(nested segment)

특정 전자문서유형에서 필요로 하는 사항을 충족 시켜주는 식별가능한 조직화된 전송항목군내에서 다른 전송항목에 직접적으로 연관되어 있는 전송항목

ㅍ

❖ 필수(mandatory)

전송항목, 자료항목, 복합자료항목 또는 소자료항목중 그 용도 가 명시된 전송항목집 또는 전자문서집상의 규정(참조, Conditional: 조건부)

ㅎ

❖ 한정어(qualifier)

자료항목 또는 전송항목의 기능에 특별한 의미를 부여하는 부호로 내역이 표현되어야 하는 자료항목

❖ 해제문자(release character)

구문분리부호로 사용되는 어떤 문자를 본래 의미로 회복시키는데 사용되는 문자

e-Business 관련용어

ㄱ

❖ 가상현실(VR, Virtual Reality)

가상현실. 실제로는 존재하지 않지만 인간의 감각에 일종의 착오를 가져오게 해서 현실처럼 느끼게 하는 기술. 주로 게임을 통해 보급되기 시작했으나 최근에는 건축의 인테리어나 조경사업 등에도 활용되고 있다. 헬멧과 장갑 등 컴퓨터 그래픽과 음향효과, 유사감각을 느낄 수 있게 하는 보조도구를 착용해야 한다. 론머맨, 폭로 등의 영화에 소품으로도 등장했다.

❖ 게더링 사이트(Gathering Site)

포털, 허브의 뒤를 잇는 3세대형 종합사이트. 포털이 자주 이용하는 서비스를 한 곳에 집중해 둔 사이트이고, 허브 사이트가 여러 인터넷 기업이 하나의 ID로 회원제 서비스를 즐길 수 있게 한 것이라면, 개더링 사이트는 이들의 단점을 보완하는 데서 시작한다. 포털이나 허브는 사업주체의 수나 수익규모, 업무진행방식에 차이가 있을 뿐 화면구성만으로 본다면 구분하기 힘든 게 보통이다. 또 워낙 많은 내용을 담고 있기 때문에 사용자를 유혹하기는 쉽지만 적극적인 참여를 유도하기에는 한계가 있다. 이로 인해 수억원대의 경품행사 등으로 회원 을 모으지만 이 역시 성과는 미지수. 개더링 사이트는 이런 구조적 결함을 파악, 다른 형태로 제작되고 있다. 동호회나 작은 모임 등을 활성화해 원천적으로 네티즌의 참여를 높이고, 일단 사이트에 들어온 네티즌의 활동내용을 분석, 좀더 철저한 고객관리를 하려는 게 목적이다. 아직 구체적인 사례를 찾아보기는 힘들지만 두루넷의 dvvb, 한메일넷의 카페 서비스에서 발전 가능성을 엿볼 수 있다.

❖ 고퍼 (Gopher, 메뉴정보검색)

인터넷 위에 존재하는 수많은 자원이나 정보를 메뉴를 이용하여 간결하고 일관된 방식으로 검색하여 주는 인터넷의 새로운 자원 검색도구이다. 고퍼 메뉴에 나와 있는 항목을 선택함으로서 우리가 원하는 서비스를 제공받을 수 있다.

ㄴ

❖ 나스닥(NASDAQ)

전자결제를 통해 거래가 이루어지는 미국의 장외주식시장. 주로 벤처기업이나 첨단 정보통신업체를 중심으로 기술력과 성장전망 등을 종합적으로 평가받아 상장할 수 있는데, 업체로서는 비교적 쉽게 자금을 확보할 수 있고, 투자자들은 짧은 시간에 수익을 올릴 수 있다는 장점 때문에, 활성화됐다. 국내에서는 작년 최초로 케이블통신사업체인 두루넷이 상장, 화제를 모았다.

❖ 네티켓(NETIQUETTE)

네트워크와 에티켓의 합성어. 네트워크에서 지켜야 할 기본적인 예절을 의미한다. 사이버공간에서도 상대방에게 결례를 범하거나 무례한 행동을 해서는 안 된다는 정신을 담고 있다.

❖ 뉴스그룹(NEWS GROUP)

흔히 유즈넷이라고도 부르는 인터넷의 게시판서비스. 잘 알려진 웹과 달리 주제별로 마련된 게시판을 통해 하루에도 수만건 이상의 게시물이 작성된다. 최근 들어 한글 뉴스그룹도 늘어나는 추세다. 폐쇄적인 사용자만 참여할 수 있는 PC통신의 게시판 서비스와는 달리 인터넷에 접속할 수 있다면 누구나 사용할 수 있다. 이를 이용하기 위해서는 아웃룩 익스프레스나 넷스케이프 메시지 센터 등의 프로그램이나 전용 뉴스리더를 사용해야 한다.

ㄷ

❖ 다이얼패드(DIALPAD)

국내 업체인 새롬기술이 미국시장 공략에 성공한 인터넷 무료전화서비스. 인터넷에 연결돼 있으면 별도의 비용 없이 시외·국제전화를 사용할 수 있는 서비스.

❖ 대역폭 (BANDWIDTH)

한 네트워크에서 사용할 수 있는 주파수의 최대치와 최소치의 범위. 최근에는 인터넷 접속에 사용되는 속도를 표현한다.

❖ DES(Data Encryption Standard)

IBM에서 개발하여 1977년 미국 정부에 의해 공식 인정된 비밀키 방식의 암호화 표준 알고리즘

❖ DB(DataBase)

데이터베이스

❖ 도메인(DOMAIN)

인터넷 주소 시스템. www.donga.com처럼 인터넷에 연결돼 있는 수많은 컴퓨터의 주소를 알기 쉽게 영문으로 표기한 것을 말한다. 인터넷에 연결된 각 컴퓨터는 고유한 주소를 갖는데 이것을 IP 주소라고 한다. IP 주소는 '000.000.000.000' 과 같은 4단위 숫자로 설정된다. 그러나 이는 기억하기가 어려워 IP에 연결되는 간편한 주소를 만든 것이 도메인이다.

미국의 Internic에서 위임받은 Network solutions를 비롯한 전문업체에서 관리를 맡고

있다. 도메인의 맨 마지막에 달라붙는 com은 회사를 뜻하며 net는 네트워크, org는 단체, edu는 교육기관를 의미한다. 한편 이와 같은 국제도메인 외에도 국가별로 도메인이 사용되는데, kr는 우리나라를 뜻하는 국가 도메인으로 co.kr의 형태로 사용되며 KRNIC에서 관리하고 있다.

❖ Digital Divide

디지털 구축정도 사용하는데 있어 편리함 등 선진국과 후진국을 비교하여 빈부격차를 일컫는 말.

❖ DNS(Domain Name System)

123.456.789.123과 같은 IP 주소는 사람이 기억하기 어렵다. 따라서 사람이 쉽게 기억하기 쉬운 이름을 IP 주소에 대응시켜 사용하게 되는데 이것을 도메인 네임(Domain Name)이라고 하며, 이런 체계를 간단히 DNS라고 부른다.

❖ DQ(Digital Quotient)

디지털 친숙도. IQ, EQ와 같은 맥락에서 이해할 수 있다. 대개 한 기업의 최고경영자가 디지털경제를 얼마나 이해하고 있나 평가하는 데 사용된다. 디지털에 대한 이해 정도, 사무실의 디지털 환경, 디지털 장비 활용능력, 디지털 세대에 맞는 리더십, 디지털 시대에 대한 비전 등이 DQ의 평가요소들.

❖ DV(Digital Video)

이제까지 VTR나 캠코더가 사용하던 아날로그방식이 아닌 디지털방식으로 촬영한 비디오를 부르는 말. 6mm 디지털 테이프를 시작으로 8mm용 제품도 나와 있다. 기존의 아날로그 방식은 재생시간이 길 경우 화질에 손상을 가져오고, 정지화면의 상하단에 떨림이 생기는 데 반해, 디지털 방식은 재생과 상관없이 화질에 손상이 없어 선명하다. 부대 장치를 PC에 실치하면 컴퓨터로도 바로 편집이 가능하다는 장점을 가지고 있어 인터넷 방송국을 중심으로 보급이 늘고 있다.

❖ DVD(Digital Versatile Disk)

디지털 다기능 디스크. 90년대 초반 개발된 차세대 저장매체다. 논리적으로 기존 CD롬의 7배 이상의 자료를 입력할 수 있도록 고안됐다. 장편 영화 한 편에 다양한 언어 더빙 자료를 함께 담을 수 있으며 CD롬과는 달리 양면 재생이 가능하다. 개발 시기에 비해 보급에 시간이 오래 걸렸는데, 지난 한 해 동안 미국에서는 가정용DVD 플레이어가 800% 이상의 성장을 기록, 대중화 단계에 들어섰다. 별도의 DVD플레이어를 갖추지 않더라도 PC에 DVD 드라이브를 설치하면 재생이 가능하다.

❖ 디지로그(DIGILOG)

아날로그에서 디지털로 넘어가는 과도기에 디지털의 장점을 수용하지만 기본적으로는 아날로그 시스템으로 구성된 제품. 속어로는 아날로그와 디지털의 변혁기에 서 있는 세대를 뜻하기도 한다.

❖ 디지토피아(DIGITOPIA)

토머스 모어의 유토피아를 디지털에 맞추어 만들어낸 신조어. 모든 자료의 디지털 처리를 통해 진정한 의미의 유토피아를 건설할 수 있다는 이상향에 대한 추구로 소설을 통해 처음 알려졌다.

❖ 디팩토(DEFACTO)

공식적으로 인증기관의 허가를 받은 표준제품은 아니지만 업계 전반에 걸쳐 사실상의 표준으로 인식되고 있는 제품이나 기술. 문서형태로 인증받은 것은 아니지만 업계와 사용자가 대부분 이를 표준으로 받아들이기 때문에 생겨난 시스템이라고 할 수 있다. 예컨대 모뎀제어 명령인 AT, 컴퓨터 악기를 연결하는 미디 음원 규격인 GS 등은 각각의 업체가 개발한 독자방식이었지만 산업 전반에 영향을 끼치는 동시에 후발업체에서도 이 규격을 지원했다는 점에서 디팩토로 분류할 수 있다. 디팩토로 인식되는 경우 특정분야의 점유율을 높이는 도구로 사용될 수 있다.

❖ 디폴트(DEFAULT)

컴퓨터의 자료입력에 사용되는 모든 기본값. 숫자, 문자, 상태 등으로 지정이 가능하다.

ㄹ

❖ LAN (Local area Network)

근거리 통신망

❖ 로드맵(Road Map)

방향지도, 추진일정

❖ 로봇(ROBOT)

일반적인 로봇이 인간 혹은 동물 형태를 한 자동기계였다면, 인터넷 검색엔진에 사용하는 검색로봇은 홈페이지의 내용을 분석, 정리해서 데이터베이스에 추가하는 작은 프로그램이라고 할 수 있다. 검색로봇은 새로운 사이트의 내용을 추가하는 것은 물론, 이미 등록된 정보의 주제를 찾아 업데이트하는 기능도 제공한다.

❖ 리눅스(LINUX)

핀란드의 리누스 토발즈가 1991년 처음 선보인 개인컴퓨터용 운영체제. 유닉스 시스템을 PC에서 사용할 수 있도록 한다는 취지로 처음 시작된 리눅스 프로젝트는 소스가 공개된 운영체제로 주목받기 시작한 후, 최근에는 인터넷 서버용 운영체제로 더 널리 알려졌다. '해커의 운영체제' 라는 기본 성격에서도 느낄 수 있듯이 소프트웨어의 공개 개념을 표방한 비제도권 단체인 '자유 소프트웨어 재단(Free Software Foundation)' 의 종합 프로젝트인

GNU(Gnu' s Not Unix)와 깊은 관련을 맺고 있다. GNU는 모든 소프트웨어와 정보를 유상으로 구입하는 것을 반대하는 운동으로 리눅스는 GNU의 대표주자다.

❖ 리얼 플레이어(REAL Player)

인터넷에서 실시간으로 비디오/오디오를 볼 수 있도록 제작된 프로그램. 인터넷 브라우저와 연계, 동작하는 플러그인 프로그램으로 개발된 이후 성장을 거듭, 현재는 간이 브라우저와 같은 형태의 리얼 플레이어 7.0이 발표돼 있다. 각종 인터넷 음반점이나 인터넷 방송국에서 가장 많이 채택하고 있는 방식이기도 하다. 2인자였던 VIVO사를 합병, 스트리밍 업계 선두를 지키고 있지만 최근 강력한 기능으로 새롭게 등장한 마이크로소프트사의 미디어 플레이어와 어떻게 승부가 날지 귀추가 주목된다.

❖ Lick & Mortar

벽돌과 시멘트; 굴뚝산업

ㅁ

❖ MAN (Metropolitan Area Network)

대도시 지역 통신망

❖ Mobile-Commerce

무선 인터넷 비즈니스

❖ MD(Minidisk)

LP, 카세트테이프, CD의 계보를 잇는 디지털 음악기록장치. CD는 반영구적으로 사용할 수 있는 디스크로 알려져 왔지만, 실제로는 긁힘에 약하고 크기 역시 휴대하기에는 불편하다. MD는 이런 단점을 보완한 것으로 케이스에 보관된 형태로 공급되고 크기 역시 일반 플로피디스크보다 작은 반면, 음질은 CD와 거의 차이가 없다. 최근 MP3 열풍에 힘입어 나소 주춤하고 있는 상태시반 마니아를 중심으로 워크맨의 대체수단으로 주목받고 있다.

❖ MIME(Multipurpose Internet Mail Extensions)

e-mail을 주고받을 때 텍스트 외에 확장된 정보를 교환하기 위한 인터넷 메일 표준이다. 그 동안의 인터넷 메일은 글자 이외에는 메일로 보낼 수가 없었기에 이 한계를 극복하고자 제정된 메일 표준이 MIME으로 텍스트, 이미지, 오디오, 비디오, 메시지, 멀티파트, 애플리케이션 등의 7가지가 있다.

❖ MD(Message Development)

전자문서 개발 - EDIFACT에서는 전자문서를 Message라 부르고 ASC X12는 Transaction Set이라고 부름

❖ MIG(Message Implementation Guideline)

전자문서실행규칙

❖ MIS(Management Information System)

경영정보관리

❖ MOU(Memerandum of Understanding)

양해각서

❖ MRO(Maintenance, Repair and Operations)

비효율적으로 운영되던 회사의 각종 운영용품 구입 및 관리를 전문업체에 위탁해 운영하는 것

❖ MP3

고효율 압축방식인 MPEG3 규격에 맞춰 압축한 음악파일. 압축하지 않은 노래 한 곡이 60MB 정도를 차지하는 데 비해 MP3파일은 3MB에 불과할 정도로 압축률이 뛰어나면서도 음질은 CD과 큰 차이가 없다. 게다가 CD 한 장에 수백곡을 담을 수 있어 효과적인 저장방식으로 주목받고 있다. 워크맨 형태의 휴대용 MP3 플레이어가 나와 있다. MP3 플레이어는 내장된 메모리를 사용, CD나 테이프 없이 저장된 내용을 재생할 수 있다.

❖ MRO (Maintenance Repair and Operating goods)

유지, 보수, 운전에 소요되는 자재와 서비스. 흔히 기업에서는 간접자재 또는 저장품이라 부르며, 직접 제품에 투입되지 않는 비생산 자재를 총칭하는 개념

❖ 메가 / 기가 / 테라(Mega / Giga / Terra)

컴퓨터에서 메모리의 용량을 나타내는 단위. 메가는 2의 20승, 즉 104만8576을 나타내는 용어다. 통상적으로 M이라고 표시하며 1MB=1024KB이다. 기가는 2의 30승으로 1GB=1024MB, 테라는 2의 40승 바이트, 1024GB를 의미한다.

❖ 메일링 리스트(MAILING LIST)

관심을 갖고 있는 공통 주제를 전자우편으로 전하는 정보서비스. 가입자에게 전자우편을 통해 정보가 제공되며, 메일링 리스트에 따라서는 자신이 쓴 글이 전체 가입자에게 전달되는 기능을 제공하기도 한다. 최근에는 전문적인 메일링 리스트 기능을 제공, 사용자가 스스로 메일링 서비스의 주체가 될 수 있는 E메일 매거진 서비스가 등장했다.

❖ 모바일 서비스(Mobile Service)

이동전화 가입자가 늘면서 빠르게 퍼지고 있는 무선 인터넷 접속 서비스. 처음에는 노트북 컴퓨터와 이동전화를 연결해 PC무선 인터넷에 연결하는 것을 뜻했지만, 다기능 무선단말기가 등장하면서 최근에는 이동전화로 인터넷 정보를 검색하는 등의 서비스를 일컫는 것

으로 의미가 변했다.

ㅂ

❖ 방화벽(Firewall)

해커의 침입 또는 정보의 유출 등에 대비하는 하드웨어나 소프트웨어를 총칭하여 방화벽이라고 한다.

❖ 배너광고(BANNER)

인터넷의 홈페이지 한 부분을 차지하는 띠 광고. 직사각형으로 인터넷 도메인과 사업내용을 알리는 단순 광고에서 시작해 요즘은 서너 컷의 그림이 연속적으로 바뀌는 애니메이션 형태로 구성되거나 화면 오른쪽 하단에 고정적으로 배치되는 형태까지 다양하게 바뀌고 있다.

❖ 배틀넷(BATTLENET)

스타크래프트의 인기를 요즘처럼 끌어올리게 된 네트워크 게임존. 무료로 이용이 가능하며 한번에 8명까지 팀을 이루어 인터넷상에서 경기를 펼칠 수 있다. 승률에 따라 순위를 매기는 방식으로 인터넷 게임방 보급에 결정적 계기를 제공했다.

❖ 벤처포트(VENTURE PORT)

인큐베이터가 벤처기업의 기본을 지원해 주는 곳이라면 벤처포트는 이보다는 좀더 전문화된 곳으로 이해할 수 있다. 말 그대로 벤처기업이라는 배가 출항하기 위해 최종 점검을 하는 곳이다. 벤처기업은 기술력을 갖추고 있지만 경영 지식이 전혀 없는 경우가 적지 않다. 이럴 때 도움을 주는 곳이 인큐베이터다. 벤처포트는 상대적으로 사업경험이 있는 기업을 대상으로 벤처기업의 특수성을 인지시키고, 또 필요한 자금을 지원받을 수 있도록 하는 것이 주업무다.

❖ 백도어(BACK DOOR)

허가받지 않은 사용자가 네트워크에 들어갈 수 있을 만큼 허술한 부분을 일컫는 말. 뒷문. 원래는 네트워크 관리자가 외부에서도 시스템을 점검할 수 있도록 빈틈을 만들어둔 데서 시작되었지만, 최근에는 해킹에 취약한 부분을 일컫는 용어로도 사용된다.

❖ 보탈(VORTAL, Vertical Portal)

포탈은 사용자가 단 한 번의 사이트 접속으로 모든 원하는 서비스를 얻을 수 있는 사이트. 궁극적으로 포털은 모든 정보를 제공해야 하기 때문에 전문성을 얻기가 상대적으로 어렵다. 이 점에 착안, 특정 주제별로 포털 서비스가 진행되는데, 이런 주제별 포털 사이트를 수직형 포털이라는 의미에서 보털이라 한다. 보털은 주제에 따라 구분된 주제별 보털과 연령층에 따라 사용자가 구분된 사용자 보털로 나뉜다. 금융자료 포털과 386세대를 위한 포털은 보털의 대표적인 예.

❖ 브라우저(BROWSER)

인터넷의 가장 대중적인 서비스인 월드와이드웹에 사용되는 프로그램. 최초의 대중적인 브라우저로는 모자이크를 들 수 있으며 현재는 넷스케이프와 인터넷 익스플로러가 주종을 이룬다. 멀티미디어 기능을 제대로 활용하기 위해서는 기능 향상 모듈인 플러그인(Plug-in)이 사용되기도 한다.

❖ 블루 리본운동(BLUE RIBBON)

표현 자유를 지지하는 첫 번째 네트워크 시민운동. 인터넷 내용 중 문제가 될 소지가 있는 부분에 대해 제약을 가하겠다는 미국 정부의 움직임에 반발해 생겨났다. 홈페이지에 파란색 리본 마크를 부착, 표현의 자유를 외친 블루리본운동의 성공은 이후 유사한 네트워크 연대를 낳는 계기가 됐다.

❖ BM(Business Model)

비즈니스 모델

❖ BPAWG (Business Process Analysis Working Group)

업무절차분석 워킹그룹-UN/CEFACT 산하 워킹그룹의 하나

❖ B to B(Business to Business)

기업과 기업 간의 전자상거래. 현재의 전자상거래가 고객을 대상으로 한 기업의 경영활동이라면 21세기에는 기업간에 전자상거래가 활성화할 것으로 예상한다. 기업의 구매는 물론 판매활동이 활발해질 경우 소비자를 상대로 한 비즈니스에 비해 규모 면에서 더욱 성장할 것이라는 전망이다.

❖ B to C(Business to Customer)

전자상거래에서 일반 고객을 대상으로 하는 사업의 통칭. 최근 전자상거래의 주종을 이루고 있는 소매 중심 상거래 사이트를 의미하기도 한다. 현재는 B to C에서 시작하는 기업이 많지만 전자상거래가 활성화될 경우 궁극적으로는 기업을 상대로 한 비즈니스 B to B의 규모가 더 커질 것으로 보인다.

❖ B2F(Business to Foreign)

기업대 해외간 전자상거래

❖ B2G(Business to Government)

기업대 정부간 전자상거래

❖ BBS(Bulletin Board System)

가상공간에 게시물을 올리고 열람할 수 있는 전자게시판. 컴퓨터에 모뎀을 부착, 통신서

비스를 할 수 있게 된 후 처음 사용된 것으로, PC통신은 바로 이 전자게시판의 다른 이름이기도 하다. 자유로이 의견을 게시할 수 있는 열린 공간으로, 최근에는 일방적인 정보를 보여주기만 하는 웹의 서비스를 확장하는 인터넷 전자게시판이 각광을 받고 있다.

❖ BBB(Bureau of Better Business)

미국의 비즈니스 관행 개선 단체로 온라인 마크사업을 시행중임

❖ VAN (Value Added Network)

부가가치 통신망

❖ Value Chain

가치사슬

❖ VOD(Video On Demand)

주문형 비디오 서비스. 네트워크를 통해 원하는 영화를 선택해 언제 어디서나 볼 수 있다. 사용자가 컴퓨터, 또는 텔레비전을 사용해 리모콘으로 영화를 선택하면 네트워크에 연결된 비디오 서버가 실시간으로 영화를 중계해준다. 일부 호텔이나 기업에서는 이미 사용하고 있지만, 아직까지는 아날로그 방식이 대부분. 디지털 VOD가 활성화하려면 영상압축기술과 비디오전송기술 등 해결해야 할 문제가 많이 남아 있다.

ㅅ

❖ 4C

인터넷 마케팅의 4가지 필수구성요소인 내용(contents) 정보교환(communication), 상업성(commerce), 소모임(community). 상품을 알리고 판매하던 기존 시스템과는 달리 인터넷의 특성을 감안한 시스템이 필요하다는 데서 나온 개념이다. 사용자와 함께 호흡하며 정보를 주고받고, 꾸준한 연계를 해야 한다는 취지에서 시작된 4C는 사용자가 원하는 형태로 내용을 변경할 수 있는 customization, 연결시간은 최대한 늘려 두어야 한다는 connection을 포함, 6C로 부르기도 한다.

❖ 사용자 인터페이스(USER INTERFACE)

컴퓨터 및 소프트웨어 조작방식. 최근에는 건물 및 가전제품 전체의 조작방식을 일컫는 말로 확장, 사용되기도 한다. DOS 환경에서는 사용자가 직접 명령어를 입력하는 텍스트UI가 쓰였고, 최근에는 윈도를 비롯, 아이콘과 메뉴를 통해 컴퓨터를 조작하는 그래픽 유저 인터페이스가 주로 사용된다.

❖ 사이버스페이스(CYBERSPACE)

가상공간. 네트워크로 연결된 공간을 부르는 말로, 인터넷과 PC통신 등 통신망으로 구

축된 정보교환의 장을 의미한다. 윌리엄 깁슨의 소설 '뉴로맨서'에서 처음 등장한 후 현재는 PC통신과 인터넷을 이용하는 정보공간을 일컫는 대명사로 사용된다. 사이버스페이스에 대한 정의는 다소 추상적이어서 야후의 설립자 제리 양은 '당신의 모니터와 내 모니터 사이'라고 표현한다.

❖ 서드 파티(THIRD PARTY)

공식적으로 하드웨어나 소프트웨어를 개발하는 업체 외에 중소규모의 개발자들이 주어진 규격에 맞추어 제품을 생산할 경우에 부르는 이름. 생산자와 사용자 사이에서 중개 역할을 하는 업체를 말하기도 한다. 예컨대 아도브 사의 그래픽 프로그램인 포토샵에는 필터라는 장치가 있는데, 이를 사용하면 그림을 효과적으로 변형할 수 있다. 이 경우 아도브사가 아닌 제3의 필터공급 업체가 서드 파티다.

❖ 서버(SERVER)

일반적으로는 회사에서 사용하는 정보공유용 컴퓨터를 말한다. 24시간 동작하며 고용량의 중요한 정보를 관리하기 때문에 고가의 제품이 사용된다.

요즘은 소프트웨어의 기능 면으로 본 서버가 인기를 끌고 있는데, 전자우편 서비스를 제공하는 이메일 서버, 파일의 다운로드를 주관하는 FTP서버, 인터넷의 홈페이지를 보여주는 웹서버 등이 그것이다. 이런 소프트웨어 서버는 한 대의 기계에 여러 가지 기능을 설치할 수 있으며 필요한 경우 특정 서비스를 중단시킬 수도 있다. 예전에는 내부 네트워크를 위해 서버를 마련했지만, 최근에는 그냥 서버라고 하면 회사 내부용이 아닌, 인터넷 서비스용 장비를 의미한다.

❖ 소프트웨어 종량제

일반적인 물품의 리스(Lease)에 해당되는 소프트웨어 판매방식. 이제까지 패키지 단위로 구입해서 사용하던 라이선스 방식의 대용으로, 프로그램을 사용한 기간에 따라 이용요금을 받는 새로운 판매방식을 말한다. 캐나다에서 처음 시작된 이 방식은 고가의 소프트웨어를 저렴한 가격에 사용할 수 있는 아이디어로 평가받고 있다. 과금은 편의를 위해 통신요금과 통합 발부되는 것이 보통.

❖ 소호(SOHO, Small Office Home Office)

정보통신장치를 최대한 활용, 사무실 없이 일하는 최첨단 근무형태. 휴대전화, 팩스, 인터넷 등의 정보통신장치가 보급되면서 집이나 소규모 사무실에서 일하는 사람들을 말한다. 대개 전문직에 종사하며 개인의 능력을 최대한 발휘할 수 있는 서비스 제공업이 많다. 최소의 투자로 최대의 성과를 거둔다는 SOHO는 IMF를 겪으며 국내에 보급되기 시작, 이제는 정보통신분야의 최소창업수단으로 인식되고 있다.

❖ 쇼핑 에이전트(SHOPPING AGENT)

인터넷 전자상거래 사이트가 늘어나면서 같은 종류의 제품을 가장 싸게 파는 곳은 어디인지, 어느 사이트에서 어떤 물건을 판매하는지 등의 쇼핑관련 정보를 알려주는 사이트. 전자상거래 전문 검색용 로봇 프로그램을 통해 상품의 목록과 가격을 비교해 보여준다.

❖ SCHEMA

스키마 컴퓨터 프로그래밍에서 데이터베이스의 조직이나 구조를 의미

❖ SET Smar Commerce Japan

국제적인 신용카드 회사들의 consortium에 의하여 개발된 신용카드에 대한 안전장치 (security protocol)로서 encryption 방법을 채택하고 있음.

❖ SI(System Integrity)

시스템 무결성

❖ SSL(Secure Socket Layer)

신용카드 번호 남용을 막기 위한 encryption system

❖ SMC(Singapore Mediation Center)

싱가포르 카머스넷

❖ SMS(Short Message Service)

단문메시지서비스

❖ STT(Secure Transaction Technology)

VISA와 MS가 제휴하여 만든 신용카드번호의 암호하를 위한 소프트웨어의 표준규격에 관한 기술

❖ SWIFT(The Society for Worldwide Interbank Financial Telecommunication)

1973년 5월 구미의 15개국 239개 은행이 참가하여 설립되었으며1994년 5월 현재 105개국 4천여개의 금융기관이 이용하고 있는 은행간 결제시스템인데 결제데이터의 교환은 이루어지나, 결제기능은 갖고 있지 않다.

❖ Stc(Steering Committee)

운영위원회

❖ 스마트카드(SMARTCARD)

마그네틱 카드와 구분되는 카드로, 외형상으로는 큰 차이가 없지만 내부에 마이크로프로세서와 기억장치를 갖추고 있어 복합적인 카드 서비스가 가능하다. 뛰어난 기능을 토대로 얼마 전 정부에서는 스마트 카드를 사용한 전자주민증을 만들려나 여론의 벽에 부딪혀 중단하기도 했다.

❖ 스타크래프트(STARCRAFT)

국내에 게임방 바람을 일으킨 주역. 블리자드 엔터테인먼트사가 개발한 전략 시뮬레이션 게임으로, 단순히 총을 쏘아 적을 무찌르는 오락실형 게임과는 달리 저그, 프로토스, 테란 등 우주 종족간의 세력다툼을 소재로 게임을 구성했다. 이 게임의 성공 비결은 인터넷을 통해 최대 8명까지 대전을 치를 수 있는 인터넷 게임기능을 지원했다는 것이다. 1998년 처음 발표된 이후 미국에서는 올해의 게임에 선정되었으며 속편격인 블러드 워가 나와 게이머를 즐겁게 하고 있다.

❖ 스트리밍(STREAMING)

비디오나 오디오 자료를 사용자의 PC에 파일형태로 받지 않고서도 실시간으로 볼 수 있는 송출기술. 인터넷 초기에는 모든 자료를 다운받아야 재생할 수 있었기 때문에 멀티미디어 서비스가 제한적으로만 가능했지만, 스트리밍 기술을 사용하면 전화로 연결된 사용자들도 실시간으로 음악와 영화를 즐길 수 있다. 차세대 교육 및 오락수단으로 주목받고 있다. 리얼 네트워크의 리얼플레이어가 대표적.

❖ 스팸 메일(SPAM MAIL)

일방적으로 전달되는 불필요한 광고성 메일. 정크메일(Junk Mail)이라고도 하는데, 네트워크를 통해 무차별·대량 살포된다는 점에서 사용자에는 불편을 주고, 네트워크 업체에게는 비용낭비를 야기하지만 아주 저렴한 비용으로 광고를 할 수 있기에 줄어들지 않고 있다. 정보화의 역기능 중 하나이다.

❖ SSL(Secure Socket Layer)

통신보안 프로토콜. 인터넷을 통해 전달되는 정보 보안의 안전한 왕래를 허용하기 위해 넷스케이프사에서 개발한 인터넷 통신 규약.

❖ CA(Certifying Authorities)

신용카드 등의 사용에 있어 안전성을 보장하는 제3의 기관

❖ CAFE(Conditional Access for Europe)

네덜란드를 중심으로 개발한 전자화폐

❖ CD(Compact Disc)

콤팩트디스크

❖ CD-R(Compact Disc- Rewritable)

여러 번 쓰고 지우기가 가능한 콤팩트디스크

❖ CDMA(Code Division Multiple Access)

코드분할 다중접속방식

❖ CIO(Chief Information Officer)

정보담당중역

❖ CNSG(CommerceNet Singapore)

싱가포르 카머스넷

❖ COEX(Corea Exhibition Center)

코엑스

❖ cXML(commerce XML)

Ariba와 Sterling Commerce 등 40여개 업체가 추진한 XML 표준화 작업

❖ CEO(Cheif Executive Officer)

소유와 경영이 분리된 미국에서 시작된 개념으로 경영 전반을 총괄하는 최고경영자를 말한다. 주식 보유자들의 모임인 이사회의 대표는 회장(Chairman)이라고 부른다. CEO는 대개 전문경영인이 맡고 있으며 정보통신기업의 경우 상상을 뛰어넘는 고액 연봉을 받기도 하지만 실적이 나빠 해고되는 경우도 많다. CEO를 보좌하는 역할로는 최고정보책임자(CIO, Information), 최고재무책임자(CFO, Financial) 등이 있다. CIO는 조직의 정보자원을 통합관리해 전사적 자원을 총괄, 전략적으로 활용하는 업무를 맡는데 최근에는 국가정보최고책임자(NCIO, National) 개념도 등장했다.

❖ CGI(Common Gateway Interface)

이미 작성된 문서를 보여주기만 하는 웹의 서비스를 확장한 개념으로, 사용자의 요청에 따라 반응하는 인터넷 프로그램 작동방식을 의미한다. 게시판이나 설문조사, 일정관리 등의 기능을 제공하며 PERL, PHP, C 등의 프로그램 언어로 제작된다. 인터넷 초기부터 사용되던 방식이지만 최근 들어서는 서버에 과부하를 주는 요인이 되기도 한다.

❖ CPM(Cost Per thousand iMpressions)

웹 페이지 광고노출률. 배너 광고의 영향력을 평가하는 방식. 지면광고에서 시작된 개념으로 얼마나 많은 사람들에게 노출되는가를 평가하는데 초점을 두고 있다. 이는 배너 광고가 처음 시작되던 때에 주로 기존 광고업계에서 사용되던 '광고노출'에 초점을 두고 인지도를 판단하는 기준으로 사용됐다. 그러나 실제 클릭으로 이어지는 것과 다소 차이가 있어 요즘에는 잘 사용되지 않는다.

❖ CRM(Customer Relation Management)

고객관계관리. 자사를 이용하는 고객을 이해하는 방법을 과학적으로 분석한 것이다. 고객의 행동을 이해한다는 것이 갖는 의미는 크다. 만약 고객의 움직임을 예측하지 못하고, 엉뚱한 반응을 보일 경우 기존 고객을 잃는 것은 물론 경쟁에서 도태될 수밖에 없기 때문이다. CRM은 고객을 대상으로 한 장기적인 마케팅 전략이라는 점에서 CEO가 직접 관여하는 것이 일반적이며, 이에 성공할 경우 마케팅 예산을 절감할 수 있고, 특정 고객의 구매

성향을 파악, 효과적으로 매출을 높일 수 있다. 컴퓨터를 사용한 자료분석, 예측 등의 방법이 사용되며 최근 금융권, 대기업 등이 주력하고 있는 분야이기도 하다.

❖ CSS(Cascading Style Sheet)

CSS는 HTML에 빠져 있었던 문서의 디자인 요소를 정의한 것이다. CSS는 전체 문서에 영향을 줄 수 있는 여러 가지의 스타일 시트가 순차적으로 문서에 적용되는 양식으로, 이것을 이용하면 HTML 규약으로는 불가능한 줄간격, 자간 등을 지정할 수 있다.

❖ CTR(Click Through Rates)

광고연결률. 얼마나 많은 사람이 배너광고를 눌러 해당 사이트로 연결되었는가를 확인하는 배너광고 평가방식의 새로운 기준. 기존 CPM(광고노출률)이 간접적인 추산에 의존했다면 인터랙티브 기능이 보강된 CTR는 사용자가 광고주의 의도에 따라 최종 목적지에 도착했는가를 확인하는, 좀더 적극적인 개념이라고 할 수 있다.

❖ 실리콘 앨리(SILICON ALLEY)

인터넷 컨텐츠 업체를 비롯한 각종 뉴 미디어 업체가 밀집되어 미디어 산업을 주도하는 뉴욕 맨해튼을 이른다. 미국의 서부 캘리포니아가 디지털 신기술을 내세운 벤처기업의 요람 실리콘 밸리를 가지고 있다면 기술보다는 기존 미디어와 결합을 통해 컨텐츠에 치중하는 것이 실리콘 앨리의 특징이다. 앨리란 골목길이란 의미. 90년대 중반 들어 뉴욕의 경기가 전반적으로 침체기를 겪자, 맨하튼 41번가의 빈 사무실에는 인터넷 관련 비즈니스 종사자들이 입주하기 시작했는데, 이를 계기로 형성된 것이 실리콘 앨리다.

ㅇ

❖ ADR(Alternative Dispute Resolution)

법적 소송이외의 분쟁해결 방법

❖ AFACT(Asia Pacific Council for Trade Facilitation and Electronic Business)

아시아 태평양 무역 촉진 및 전자거래 협의회-UN/CEFACT의 기능을 수행하는 아시아 태평양 기구임

❖ APEC(Asia Pacific Economic Cooperation)

아시아 태평양 경제 협력 회의로 미국, 한국, 호주 등 21개국이 회원임

❖ ASEM TFAP(Asia Europe Meeting Trade Facilitation Action Plan)

1996년 결의된 계획으로 아시아와 유럽 지역의 무역 촉진을 목표로 함

❖ ASP(Application Service Provider)

기업에서 사용하는 각종 컴퓨터 프로그램을 판매하는 것이 아니라 온라인을 통해 빌려주

는 사업으로 인터넷 시대의 새로운 비즈니스 모델

❖ ICQ

세계시장 점유율 1위의 인터넷 메시징 시스템. 전자우편을 통해 일일이 편지를 주고받을 필요 없이 1:1, 혹은 한 번에 여러 명에게 인터넷을 통해 메시지를 전송할 수 있다. ICQ는 I Seek You의 약자로 친구의 ID만 알면 전용 프로그램을 통해 실시간으로 메시지를 주고받을 수 있다. 이 프로그램의 등장으로 AIM, Yahoo 메신저 등이 개발됐다.

❖ ID

개인을 나타내는 번호나 문자. 신분증을 뜻하는 영어단어 Identification에서 나왔다. 대개 영문과 숫자를 포함한 5자에서 8자로 구성되며 아이디별로 비밀번호가 부여된다. PC통신사들은 한 명의 대표 사용자를 중심으로 가족 구성원 여럿이 독립된 ID로 작업을 진행할 수 있는 가족ID제도를 도입해 좋은 반응을 얻고 있다.

❖ IEC (International Electrotechnical Commision)

국제 전자 기술 위원회

❖ IMT2000(International Mobile Telecommunication 2000)

차세대 이동통신 서비스. 통신서비스의 결정체라고 할 수 있다. 전세계 어디에 있든 음성, 데이터 통신을 할 수 있는 멀티미디어 서비스를 제공한다.

❖ IP주소 (IP Address)

인터넷에 연결되어 있는 컴퓨터에는 서로를 구별할 수 있는 고유한 번호가 주어져 있는데 이 번호를 IP 주소라고 한다. 123.456.789.123과 같이 네 개의 3자리 수 묶음으로 되어 있으며, 인터넷 상에 같은 IP 주소는 존재할 수 없다.

❖ IRC (Interner Replay Chat)

IRC, 즉 온라인 대화는 우리가 흔히 PC통신이나 대화방 서비스를 제공하는 사이트로부터 볼 수 있는 채팅과 같은 기능으로 인터넷 서비스 중 가장 흥미로운 서비스이다. 이것은 어떠한 주제이든 전 세계의 사람과 실시간으로 이야기 할 수 있다. 인터넷에서 다른 사람과 대화를 위한 것으로 1:1을 위한 talk 와 여러 명과 대화하기 위한 Ytalk 가 있다.

❖ IPO(Initial Public Offering)

기업공개. 주식시장을 통해 최초로 기업을 공개해 일반인으로부터 자금을 모으는 방식.

❖ ISDN(Integrated Service Digital Network)

종합정보통신망. 통신망을 기능적으로 구분하면 음성, 문자, 데이터통신, 비디오, 정지화상 등으로 나뉜다. ISDN은 이런 각종 서비스를 하나의 통신망으로 처리할 수 있는 기술로 디지털 전화방식을 사용한다. 개발 초기에는 꿈의 통신망으로 불리기도 했지만, 기존의 전화가 아닌 디지털 전화로 교체해야 하고, 별도의 전화기를 구입해야 하는 등의 이유로 보급이 미미하다가 최근 인터넷 붐을 타고 다시 보급이 늘고 있다. 기본 64kbps, 최고 128kbps까지 전송이 가능하지만, ADSL이 등장한 이후 상대적으로 높은 사용료와 낮은 통신속도로 또다시 위기를 맞고 있다.

❖ IAP(Internet Access Provider)

인터넷 접근을 가능하게 해주는 서비스 공급자

❖ ICEC(International Conference on Electronic Commerce)

전자상거래 국제회의

❖ IDA(Infocomm Development Authority of Singapore)

싱가포르의 정보통신 개발 담당 정부 기구

❖ IDC(Internet Data Center)

서버, 통신장비 및 운영과 관리를 대행하는 서비스

❖ III(Institute for Information Industry)

대만 정보산업원

❖ IP(Information Provider or Information Producer)

컴퓨터 통신 서비스의 중요한 정보를 제공하는 사람이나 업체로서 IP시스템은 시스템 서비스회사와 정보 제공자로 구성됨.

❖ IPR(Intellectual Property Right)

지적재산권

❖ ISO (International Organization for Standardization)

국제표준기구

❖ ISP(Internet Service Provider)

가정에서 인터넷에 접속할 수 있도록 서비스를 제공하는 인터넷 서비스 공급업체. 요즘은 PC통신과의 벽이 허물어지는 경향이 있지만 좁은 의미의 ISP는 그야말로 기술적인 접속 서비스를 제공하는 전문업체를 말한다.

❖ ITU (International Telecommunication Union)

국제 전기 통신 연맹

❖ IT(Information Technology)

정보기술

❖ RSA(Rivest, Shamir, and Adleman)

공개키 방식의 암호화 알고리즘(공동연구자의 이니셜을 따옴)

❖ ADSL(Asymmetric Digital Subscriber Line)

비대칭디지털가입자회선. 1988년 미국 벨코어사가 개발해 인터넷 붐과 함께 세계적으로 수요가 늘고 있는 고속통신 서비스. 한 개의 전화선을 사용해 낮은 주파수로는 전화를, 높은 주파수로는 데이터통신을 사용한다. 현재의 전화선을 그대로 사용할 수 있고 통신과 전화 모두를 동시에 쓸 수 있다는 것이 장점. 비대칭이라는 이름을 쓰는 이유는 전화국과 가입자 간의 데이터교환 속도가 서로 다르기 때문이다. 이러한 구조적 특징으로 인해 데이터를 받는 속도는 빠르지만 전달하는 속도는 상대적으로 떨어진다. 국내에서는 99년 하나로통신이 상용서비스를 시작한 이후 빠르게 확산되고 있다. 최대 속도는 초당 12MB.

❖ Ansi (American National Standards Institute)

무역 및 통신부문의 표준개발을 위해 미국에서 만들어진 기업들의 연합체 조직

❖ AOL(American OnLine)

가입자 2200만명을 자랑하는 세계 최대의 통신서비스 회사. 지난 1월12일 타임워너 그룹과 합병, 화제를 모았다. 올드 미디어와 뉴 미디어의 결합으로 일컬어지는 이번 합병은 지난해 CBS와 ViaCOM의 합병 발표 후 4개월 만의 일로, 향후 이와 유사한 합병이 가속될 것으로 예상된다. 합병회사의 이름은 AOL-타임워너가 될 전망이며 대표기업인 AOL, 타임, 워너브러더스 외에도 자회사로 워너뮤직, CNN, HBO, DC코믹스, 피플, 포천, 넷스케이프, ICQ 등이 있다. 최대주주로는 CNN의 설립자인 테드 터너가 유력하며, 합병회사의 CEO는 현재 AOL의 스티브 케이스가 맡을 전망이다. 국내에서는 영화 유브 갓 메일을 통해 AOL의 서비스가 알려졌으며 국내 지사 설립을 위한 움직임도 보인다.

❖ ASIC(Application Specific Integrated Circuit)

PDA나 휴대용 단말기에서 사용할 수 있게 제조된 특수용도의 칩. 주문형 반도체라고도 한다. 일반PC에 사용되는 CPU용 마이크로프로세서와 구분되는 개념으로 다품종·소량생산 경향으로 제작비용이 상대적으로 높다.

❖ ASP (Application Service Provider)

ASP란 업무용 소프트웨어 및 EC(전자상거래) 관련 소프트웨어 등 각종 애플리케이션을 인터넷을 경유해 일정기간 임대하여 주는 서비스 사업자를 지칭하는 용어이다. 고객은 PC, 휴대기기 등 네트워크 단말기로 접속만 하면 되기 때문에 자체 서버나 기억장치, 소프트웨어를 갖출 필요가 없어 비용절감 효과가 뛰어나고 항상 신뢰성 높은 최신의 솔루션(Solution:자료분석 담당 시스템)을 이용할 수 있는 장점이 있다. ASP는 프로그램 제공업자, 네트워크 제공업자, 보안관리 사업자, DB 사업자, 포털 사업자 등으로 구성되며, 그

중에서 프로그램 제공업자 외에 기업의 기밀정보를 안전하게 관리해 주는 보안관리 사업자의 역할이 매우 중요하다.

❖ ATM(Asynchronous Transfer Mode)

비동기시분할다중송신시스템. 통신전송방식의 하나로, 한 개의 전송로를 통해 여러 대의 단말기가 통신할 수 있게 해주는 장치다. 여러 개의 디지털 신호를 하나의 고속신호로 변환해서 전달하면서도 자원을 효과적으로 사용할 수 있기 때문에 주로 고속 네트워크에 사용된다.

❖ FAQ(Frequently Asked Questions)

자주 질문 받는 내용과 이에 대한 답변을 정리하여 모아 놓은 문서를 FAQ라고 한다.

❖ FTP(File Transfer Protocol)

인터넷 네트워크에 연결된 다른 컴퓨터의 자료를 자신의 컴퓨터로 가져오는 데 사용되는 전송규약. 파일을 자신의 컴퓨터로 가져오는 다운로드, 다른 컴퓨터로 파일을 보내는 업로드를 모두 제공한다.

❖ FSTC(Financial Services Technology Consortium)

금융거래에 있어 종이의 사용을 줄이고 전자화를 위하여 구성된 consortium으로 전자수표를 개발함.

❖ FTC(Fair Trade Commission)

미국의 공정거래위원회

❖ XML(eXtensible Makeup Language)

인터넷 표준문서의 제작방식인 HTML의 기능을 보완한 차세대 인터넷 언어. HTML이 단순한 태그 묶음이라면 XML은 홈페이지를 만드는 데 그치지 않고 정보를 검색하거나 사용자가 데이터를 쉽게 처리할 수 있는 기능을 가지고 있다. 체계적인 관리가 필요한 자료는 데이터베이스 형태로도 처리가 가능하다.

❖ 엔젤(ANGEL)

기술은 갖고 있지만 경영 자금이 부족한 신생 벤처기업에 자금을 지원하고, 나중에 기업을 공개한 후 고율의 투자수익 회수를 모색하는 투자자. 전문적인 벤처자본가(캐피털리스트)와 달리 조합형태를 빌려 개인단위로 이루어진다. 엔젤이 처음 등장한 미국의 경우 은퇴한 50대가 주류를 이루는 데 반해 국내에서는 30, 40대 회사원을 중심으로 한해 평균 4개 기업에 7000여만원 정도를 투자하는 것으로 알려졌다.

❖ 옐로 페이지(YELLOWPAGE)

상호별 전화번호부가 노란 종이에 인쇄되었던 것에 유래, 상업용 인터넷 주소를 정리한

책, 혹은 인터넷 기업정보 검색사이트를 부르는 이름. 개인의 전자우편주소와 실제 주소 등을 찾아주는 개인용 주소관리 서비스인 화이트 페이지도 있다.

❖ OECD(Organization for Economic Cooperation and Development)

경제협력개발기구

❖ OECD EMEF(OECD Emerging Market Economy Forum on Electronic Commerce)

OECD 전자상거래에 대한 신흥시장경제포럼

❖ WAN (Wide Area Network)

광역 통신망

❖ WAP(Wireless Application Protocol)

무선통신용 프로그램프로토콜. 이동통신의 보급이 늘면서 이를 위한 특별 프로그램이 제작되고 있다. 휴대용 단말기를 통해 게임을 즐기거나 운세 등의 부가 서비스를 사용하려는 움직임으로 이러한 서비스를 제공하는 데 필요한 기본 프로토콜이 바로 WAP이다. 아직 세계적으로 초기단계지만, IMT2000 같은 글로벌 통신서비스가 정착되면 이를 대상으로 한 WAP 개발업체가 늘어날 것으로 보인다.

❖ WSP(Webhosting Service Provider)

웹호스팅을 전문으로 취급하는 서비스업체. 인터넷 접속서비스를 제공하는 ISP는 개인뿐 아니라 기업체의 인터넷 접속을 가능하게 하는 전용선 서비스를 제공한다. 이에 비해 WSP는 ISP로부터 전용선을 임대한 후, 자신의 서버 공간을 사용자에게 일정량씩 나누어주는 형태로 영업을 한다. 물론 사용자별로 독립적인 도메인을 가질 수도 있는데, 독자적인 서버를 사용할 때보다 회선 속도가 빠르기 때문에 합리적이다. 많은 자본과 인력이 필요치 않아 홈페이지 제작업체나 웹 서버 구축업체가 WSP의 역할을 하기도 한다. 웹호스팅 서비스를 사용하면 저렴한 비용으로 홈페이지를 운영할 수 있다.

❖ WWW (World Wide Web)

월드 와이드 웹은 하이퍼링크를 기반으로 한 멀티미디어 정보를 접근하는 도구로서 많은 종류의 인터넷 서비스를 포함하면서 쉽고 간단하게 정보를 찾아 볼 수 있으며 문자, 그림, 음성뿐만 아니라 동화상등을 기반으로 하는 멀티미디어 서비스로 전 세계적으로 인기를 얻고 있다. WWW는 w3c (www.w3c.org)에서 관리하고 있다.

❖ WG(Working Group)

워킹그룹, 실무작업반

❖ W3C(World Wide Web Consortium)

WWW를 만든 Tim Berners Lee와 MIT가 주축이 되어 만든 WWW 기술개발 컨소시엄

❖ WST(Wholesale Sales Tax)

도매 판매세

❖ WIPO(World Intellectual Property Organization)

세계지적재산권기구

❖ WTO(World Trade Organization)

세계무역기구

❖ **웹 브라우져** (Web Browser)

HTTP로 만들어진 소스를 누구나 쉽게 볼 수 있도록 하는 것이 Web Browser이다. 우리가 인터넷을 이용하기 위한 도구라고 생각하면 쉽다. HTTP만으로는 한계가 있기 때문에 이 해결을 위해 나온 Language가 CGI(Co_mon Gatway Interface)와 perl, Java등이다. 대표적인 것으로는 마이크로소프트의 인터넷 익스플로러와 AOL의 넷스케이프가 있다.

❖ **웹경제학**(WEBONOMICS)

인터넷의 대표서비스인 웹과 경제학의 이코노믹스(Economics)를 결합한 신조어. 90년대 들어 세계의 유수 기업들이 전자상거래를 준비하는 과정에 이전의 산업사회와 다른, 정보사회에 맞는 사업방식이 필요하며 독자적인 경제이론이 필요하다는 주장이 대두되면서 만들어진 개념이다. 세계를 상대로 하되 유통비용은 최소화하며, 고객만족의 서비스를 추구하고, 혁신적인 마케팅을 통해 시장을 넓혀가는 것이 핵심.

❖ **웹 에디터**

인터넷용 문서인 HTML 문서를 워드프로세서처럼 편하게 만들어주는 프로그램. HTML은 문자에 특정한 속성을 부여하는 태그를 사용하는데, 이를 일일이 외우는 불편 없이도 마치 워드프로세서를 쓰는 것처럼 자동으로 붙여주는 프로그램이다. 초기에는 사용자가 일일이 태그를 지정해야만 했지만 최근에 등장한 제품은 태그를 모르고도 사용할 수 있는 것은 물론, 홈페이지를 한결 역동적으로 꾸며주는 DHTML이나 자바스크립트 등을 자동으로 처리해준다. 대표적인 프로그램으로는 마이크로소프트의 프론트페이지, 매크로미디어의 드림위버, 나모 인터랙티브의 나모 웹 에디터 등이 있다.

❖ **웹진**(WEBZINE)

인터넷을 통해 발행되는 잡지 형태의 정보서비스. 한 가지 주제를 정해 이루어지는 전문정보서비스를 시작으로 등장한 웹진은 인터넷 방송국은 물론 기존 매체를 가지고 있는 업체들이 과월호 정보를 서비스하는 형태로 변형, 발전되고 있다. 종합적인 정보를 제공한다는 의미에서 컨텐츠 비즈니스의 대명사로 불린다. 텍스트와 그래픽의 종이매체를 흉내 내는 데서 시작했지만, 최근 들어서는 플래시나 다이내믹 HTML 등 최신 기술을 응용, 방송에 가까운 형태로 변신하고 있는 것이 특징이다.

❖ UMS (Unified Messaging Service)

전화, Fax, PC등 단말기의 종류에 관계없이 E-Mail, 음성 메일, Fax 메일에 이르는 모든 통신 메시지를 언제 어디서나 주고받을 수 있는 서비스

❖ URL(Uniform Resource Locator)

인터넷 주소를 부르는 이름. 가상공간에 체계적인 이름을 부여, 다른 주소와 구분하는 방식으로 그냥 로케이션(Location)이라고도 한다. 인터넷의 모든 파일은 각자의 URL을 가지고 있다. 도메인을 포함한 파일이름까지 세부 주소를 의미하며 사이트와 같은 의미로 쓰이기도 한다.

❖ UN/CEFACT (United Nations Center for Trade Facilitation and Electronic Business)

EDI 도입 및 확산을 통해 무역절차간소화를 기하고자 1987년에 창설된 UN 산하기구

❖ UN/CEFACT LGW(UN/CEFACT Legal Working Group)

UN/CEFACT 산하 법률워킹그룹

❖ UN/EWG(United Nations/Edifact Working Group)

UN/CEFACT 산하 EDI 표준 제정 워킹그룹이었음. 현재는 없어짐

❖ UNCITRAL(United Nations Commission on International Trade Law)

유엔국제무역법 위원회

❖ UNCTAD(United Nations Conference on Trade And Development)

유엔 무역 및 개발 컨퍼런스

❖ USB(Universal Serial Bus)

시리얼, 패러럴, PS2 등 이미 사용된 주변기기 접속포트를 대신할 목적으로 개발된 포트규격. 인텔과 마이크로소프트, IBM 등 7개 기업이 처음 제시한 것으로 별도의 설정을 하지 않더라도, 연결하면 바로 사용할 수 있는 PnP(플러그 앤드 플레이)를 지원하는 것이 특징이다. 키보드, 마우스, 스캐너, PC용 카메라 등을 연결하는 데 주로 사용되며, 일부 매킨토시 컴퓨터에서는 다른 포트 없이 USB만 장착해 판매한다.

❖ 유즈넷 뉴스(Usenet News)

"뉴스그룹" 이라고도 불리는 유즈넷은 인터넷상에서 특정분야별로 뉴스를 읽고 제공하기 위한 서비스로서 일종의 게시판과 같은 기능으로 Usenet은 공식적인 이름이며, 네트워크는 인터넷상의 몇몇 호스트들이 사용하는 분산된 컴퓨터 정보 서비스에 대한 일반화된 비공식적인 이름이다.

❖ 음성 메일(VOICE MAIL)

문자 대신 음성으로 전달하는 전자우편. 전화응답기를 보완하는 수단으로 사용자가 전화를 받을 수 없을 때 상대방의 메시지를 녹음해 두었다가 전달하는 시스템으로 개발됐다. 요즘에는 PC의 사운드카드를 사용해 메시지를 파일형태로 기록한 후 전자우편을 통해 전달하는 시스템으로 발전했다.

❖ EDI(Electronic Data Interchange)

전자 데이터 교환 - 전자적으로 데이터의 교환이 이루어지는 모든 것을 지칭하지만 주로 현재 양대 EDI 표준인 UN/EDIFACT와 ASC X12의 데이터 교환 표준 포맷을 지칭하는 용어로도 많이 사용됨

❖ EAN(European Article Numbering)

바코드의 표준화를 주관하는 단체

❖ EBC(Electonic Business Cooperative)

카드 신용조회 회사인 CheckFree 사와 컴퓨터회사 및 Spyglass사 등의 연합체로서 EBC Wallet을 개발함

❖ EC(Electronic Commerce)

전자상거래

❖ eCo(eCoFramework)

eCoFramework의 약자로 CommerceNet이 추진하는 XML기반 전자상거래 표준화 작업

❖ ECOM(Electronic COMmerce Promotion Council of Japan)

일본전자상거래추진협의회-일본의 전자상거래 진흥 및 촉진 전담 공공 기관

❖ ECMC(e-Commerce Mediation Committee)

전자거래분쟁조정위원회

❖ ECRC(Electronic Commerce Resource Center)

전자상거래지원센터 - 전자상거래 특히 지역 및 중소기업의 전자상거래 활성화를 지원하기 위한 미국의 ECRC를 벤치마킹한 사업

❖ EDICOM(EDI Conference)

AFACT 회의와 연계되어 개최되는 EDI 및 전자상거래 관련 컨퍼런스

❖ EFT(Electonic Data Interchange)

전자자금이체

❖ EMV(Europay, Master and Visa)

신용카드를 IC카드화 하기위한 통일 사양

❖ ERP(Enterprise Resource Planning)

전사적 자원관리, 기업의 구성자원인 사람, 설비, 자재, 정보, 시간, 서비스 등 기업 내의 모든 자원을 포함하여 이들 전체 자원에 대한 효과적인 계획과 통제를 의미

❖ eTrust

진흥원이 주관하여 수행하고 있는 온라인 신뢰 인증마크 사업

❖ EWG(Edifact Working Group)

UN/CEFACT 산하 워킹그룹의 하나이며 가장 큰 워킹그룹으로 전자문서의 표준제정 기구

❖ e베이(eBay)

인터넷 경매 서비스를 처음 시작한 미국의 회사. 인터넷에서 판매자가 물품을 제시한 후 일정 기간 입찰을 받아 최고 입찰자에게 낙찰하는 방식으로 경매를 진행한다. 지난해에는 이 사이트에 대리모와 유전자를 판다는 판매자가 나와 문제가 되기도 했다. 국내에서 인터넷 경매는 옥션(auction), 와와 등의 전문업체가 운영중이다. 최근에는 구매희망자가 원하는 물건을 제시하면 공급업체가 가격을 제시, 최저가격에 구매하는 '역경매' 서비스를 제공하는 업체도 늘고 있다.

❖ EC(Electronic Commerce)

인터넷이나 PC통신 같은 사이버 공간에서 이루어지는 전자상거래를 일컫는 말. 현재까지는 인터넷 쇼핑몰, 서점, 음반 판매점 등의 개인을 대상으로 한 B to C 비즈니스가 주종을 이루고 있으며, 대명사격인 아마존(www.amazon.com)의 설립자 제프리 베조스는 '타임' 지가 1999년의 인물에 선정할 정도다. 지난해 우리나라에서는 500여개의 전자상거래 상점이 생겨날 만큼 주목받고 있지만, 전자결제 시스템의 보급률이 낮고, 안전장치 미흡으로 제한된 품목의 거래가 주종을 이루고 있다. 미국의 경우 2002년경에는 전체 경제의 8% 정도가 전자상거래로 이루어질 것으로 예상된다.

❖ EC호스팅(EC HOSTING)

공용 서버 공간 일부를 할애, 독자적인 인터넷 주소를 갖춰 사이트를 운영하는 것을 웹호스팅이라고 부른다. EC호스팅은 이런 웹호스팅에 전자상거래 기능을 추가한 것으로, 사용자는 별도의 전자상거래패키지나 결제라인을 마련하지 않고서도 입주 즉시 쇼핑몰을 구축할 수 있다. SOHO 등 소규모 업체에 유리한 방식이다.

❖ E맥(E-MAG)

e메일잡지. 특정 분야에 관심을 가지고 있는 사용자들이 전자우편을 통해 정보를 주고받는 메일링 리스트의 개념이 확장된 형태. 전자우편을 통해 자신만의 잡지를 발간할 수 있다. 일본과 미국 등에 널리 보급되어 있으며, 이메일잡지사는 하드웨어와 소프트웨어를 담당하고 참여자는 내용을 정리하는 분업 형태다. 국내에서도 Ezpaper, Emag21 등의 이메일잡지사가 활동하고 있다.

❖ E머니(E-Money)

전자화폐의 통칭. 크게 E-캐시와 E-코인으로 구분된다. E캐시란 실제 화폐 대용으로 사용되는 결제방식을 일컫는 것으로 신용카드의 기능을 보완, 일반 환경에서는 물론 전자상거래에서도 사용할 수 있는 화폐다. 신용카드에 직불카드, 선불카드, 교통카드 등의 기능을 통합한 E캐시 가운데 가장 널리 알려진 것은 유럽 일부에서 실험적으로 사용된 바 있는 몬덱스 카드다. 신용카드사와 금융기관을 중심으로 개발되고 있는 중. 한편 E코인은 소액단위로 결제하는 경우 신용카드 형태로 처리하면 수수료가 더 많이 들어간다는 점에 착안, 선불카드 형태로 제작된 전자상거래 전용 소액시스템이다. 개인정보 노출을 꺼리는 사용자들을 중심으로 음악파일 구매 등에 사용되고 있다.

❖ 인큐베이터(INCUBATOR)

생명유지장치라는 의료 장비에서 따온 개념으로, 예비 벤처 창업자들에게 경영기본 및 장비, 공간 등을 저렴한 가격에 제공하는 곳을 의미한다. 외국에서는 벤처 투자자들이 기술력을 갖춘 사람들에게 경영자문을 비롯한 부대 서비스까지 제공하는 추세지만, 아직 국내에서는 물리적인 공간과 장비임대 정도의 서비스가 제한적으로 제공되고 있는 정도다.

ㅈ

❖ 자바(JAVA)

PC나 매킨토시, 유닉스는 물론 가정용 전자제품에서도 사용할 수 있도록 제작된 컴퓨터 프로그래밍 언어. 이제까지 일반적인 컴퓨터 소프트웨어는 운영체제에 따라 별도의 제품이 개발되거나 이식과정을 통해 제한적인 서비스를 제공했지만, 자바를 사용할 경우 이런 문제를 사전에 방지할 수 있다. 자바는 선마이크로시스템스사가 개발한 것으로, 이를 이용해 만들어진 프로그램은 애플릿이라고 부른다. 한편 자바스크립트는 HTML파일에 직접 써놓은 일반어에 가까운 프로그램언어로, 자바와 마찬가지로 기종에 관계없이 실행이 가능한 것이 특징이다.

❖ 전략적 제휴(Strategic Alliance)

복수의 기업이 독립상태를 유지하며 생산설비, 마케팅, 기술, 자본등을 공유하여 시너지 효과를 도모하기 위한 협력관계를 말함

❖ JPEG·JPG

GIF가 그래픽에 적합한 압축방식이라면 JPEG는 사진과 높은 압축효율을 토대로 GIF와 함께 가장 많이 사용되는 그래픽 양식이다. 원본 파일을 압축하는 효율이 높기 때문에 파일 크기를 줄일 수 있다.

❖ JWG(Joint Working Group)

연합워킹그룹

❖ Just In time

생산계획에 따라 생산에 필요한 원재료나 부품을 필요한 시간에 필요한 공정에 필요한 수량만큼 공급하여 생산공정상의 재고를 최소화 하는 것이다.

❖ GIF

미국의 통신회사인 컴퓨서브가 개발한 그래픽 저장방식의 하나. 파일의 확장자가 gif로 끝나며 뛰어난 압축률과 함께 다양한 기능을 제공한다. 파일을 다운로드 받는 동안 흐릿하게 보여주는 인터레이스 기능은 인터넷에서 문서 제목이나 아이콘에 많이 사용된다. 여러 개의 GIF 파일을 하나로 묶어 움직이는 모습으로 구현한 애니메이션 GIF파일은 배너 광고 등에 활용되기도 한다. 가장 많이 사용되는 인터넷 그림파일 형태다.

❖ GIS(Geographic Information System)

지형 및 지리의 공간자원에 대한 정보를 구축하는 시스템.

❖ G2C (Government to Customer)

정부 대 고객

❖ GII(Global Information Infrastructure)

이전에는 분리되었던 통신과 컴퓨팅 시스템을 결합한 하나의 세계적 네트워크

❖ ZIP

네트워크에서 정보를 주고받을 때 파일을 압축해 크기를 줄여 전송효율을 높인 방식. 압축파일을 이르기도 한다. 압축된 파일은 별도의 소프트웨어를 통해 해제할 수 있는데, 그 대표적인 포맷이 바로 ZIP이다. 최근에는 ZIP 외에 RAR ARJ 등도 많이 사용되는 편. 한편 ZIP 드라이브도 있는데, 이는 아이오메가사의 휴대형 정보저장매체다. 플로피디스크 보다 조금 큰 디스크를 사용하는데, GB 단위까지 저장할 수 있다.

ㅋ

❖ CALS(Commerce At Light Speed)

광속 상거래를 지칭하는 말로 원래는 Computer Aided Logistic Support의 약어로 미국방부에 의해 사용되었으나 점차 변해 현재의 용어로 사용됨

❖ 카피레프트(COPYLEFT)

저작권을 의미하는 Copyright에 반대해 생겨난 개념으로, 모든 정보는 제한 없이 공유되어야 한다는 뜻을 담고 있다. 저작자의 권한을 보호하는 것보다는 인류 전체의 복지를 높이는데 사용해야 한다는 것이 카피레프트 운동이다. 사용자의 소프트웨어에 대한 배타적인 권리인 저작권은 소프트웨어를 임의로 배포하거나 수정할 수 없도록 한다. 그러나 카피레프트는 공공의 이익을 위해 소스를 공개, 더 나은 소프트웨어를 만드는 것이 필요하다고 주장한다. 물론 여기에서 사사로운 이익을 위해 사용하는 것은 엄격히 제한된다. 운영체제인 리눅스와 웹서버인 아파치는 대표적인 카피레프트 운동의 산물.

❖ 캐티즌(CATIZEN)

인터넷 방송을 즐기는 네티즌을 부르는 신조어. 인터넷 방송을 뜻하는 Casting과 네트워크를 사용하는 사람을 부르는 Netizen의 합성어다. 캐티즌은 기존 오락도구와 차별화된, 세계적인 다채널 서비스를 통해 주문형 비디오와 오디오를 즐기는 사람으로 분류된다. 수동적으로 시청만 하던 위치에서 벗어나 직접 참여하며 인터넷 제작에도 뛰어드는 사람을 일컫기도 한다. 한편 스스로 인터넷방송국을 세우고, 서비스를 제공하는 사람은 인터넷 저널리스트(IJ)라고 한다.

❖ 커뮤니티(COMMUNITY)

지역을 뜻하는 영어단어로, 인터넷 사용자 집단을 일컫는 말. 단순한 정보나 기술서비스를 제공하는 데서 더 나아가 사용자들이 가상의 공간에 소속감을 느끼고 활동할 수 있도록 서비스를 제공하자는 데서 출발한 개념이다. 커뮤니티 서비스는 대개 회원가입제로 운영되며 동호회, 대화방, 주제토론실 등의 서비스를 통해 사용자의 반복적인 방문을 유도한다. 마케팅의 새로운 단위로 인식되고 있다.

❖ 컴덱스(COMDEX)

정보통신업계 최대의 전문 전시회. 1979년 미국 인터페이스그룹을 통해 미국 라스베이거스에서 처음 시작되었으며 지난해 20주년을 맞았다. 초창기에는 컴퓨터 신제품을 판매하는 PC전문 전시회였지만 오늘날에는 정보통신산업의 향방을 짐작할 수 있는 영향력 있는 전시회로 확장됐다. 미국뿐 아니라 세계 각지에서 열리는데, 그중 매년 11월 미국 네바다주의 라스베이거스에서 열리는 추계 컴덱스의 규모가 가장 크다. 1995년 손정의씨가 운영하는 소프트뱅크가 운영권을 인수, 화제가 됐으며, 98년부터는 서울에서도 컴덱스 코리아가 열리고 있다.

❖ 컴퓨터 바이러스(Computer Virus)

타인의 컴퓨터 시스템을 파괴할 목적으로 제작된 악성 프로그램. 의학용어인 세균과는 아무 상관이 없다. 대부분의 컴퓨터 바이러스는 아주 작은 프로그램으로 사용자가 따로 실행하지 않더라도 스스로 실행되며, 자신을 복제해 시스템 속도를 늦추거나 이면작업을 통해 자료를 파괴하는 용도로 사용된다. PC통신과 인터넷이 활성화되면서 보급속도가 늘고 있으며 전염성이 아주 강하다는 점에서 주의를 요한다. 치료에 사용되는 프로그램은 '안티바이러스 소프트웨어' 혹은 '백신' 이라 불린다. 대표적인 바이러스인 CIH는 대만에서 제작된 것으로 1999년 4월26일 세계적으로 수백만대의 컴퓨터를 감염시켰는데 우리나라의 피해가 전체의 50% 이상을 차지해, 가장 컸던 것으로 알려졌다. 최근에는 전자우편을 통해 보급되는 멜리사, 해피99 바이러스류가 주종을 이루고 있으며, 미국의 맥아피, 우리나라의 안철수 컴퓨터바이러스연구소 등에서 백신 프로그램을 공급하고 있다.

❖ 콘텐츠(CONTENTS)

상품이 아닌 정보를 제공하는 서비스를 말한다. 전문잡지의 데이터베이스를 중심으로 시작된 컨텐츠 비즈니스는 커뮤니티 서비스와 연계, 새로운 정보를 창출해내는 단계에 이르렀으며, 인터넷만의 독특한 정보배치 형태를 추구하는 것이 특징이다.

❖ KEC(Korea Edifact Committee)

한국전자문서교환위원회

❖ KEC TAG(Korea Edifact Committee Technical Assessment Group)

한국전자문서교환위원회 산하 심사평가위원회

❖ KMS(Knowledge Management System)

지식관리 시스템, 기업 내의 데이터베이스, 문서, 정책 등의 명시적 지식과 개인이 보유하고 있는 비문서과된 전문가 지식 등의 암묵적 지식을 포함한 기업의 모든 정보자산을 관리함으로써 기업의 경쟁력을 향상시키기 위한 시스템을 의미

❖ KS(Korea Industrial Standard)

한국 산업 표준

❖ 코스닥(KOSDAQ)

전자결제를 통한 주식 장외시장. 미국 나스닥의 영향을 받아 96년 7월 문을 열었다. 일반 주식시장에 상장하려면 여러 자격요건을 충족해야 하지만, 코스닥은 기술력과 성장전망 등을 종합적으로 평가하므로 비교적 쉽게 자금을 확보할 수 있는 시장으로 알려지고 있다. 정보통신 벤처기업들에는 기대를 걸 만한 자금확보 수단으로 인식되고 있다.

❖ 쿠키(COOKIE)

사용자가 인터넷 사이트에 접속할 경우 입력한 정보 중 꼭 필요한 것을 기록, 다음에는 편안하게 찾아갈 수 있게 고안된 데이터 묶음. 예컨대 게시판에 이름과 전자우편을 남기고 게시물을 작성하고 다시 그 게시판을 찾아가면 자동으로 이름과 전자우편을 제시하는 형태로 동작한다. 주로 회원제 서비스를 다루는 포털 사이트에서 지원하는 기능으로, 원할 경우 언제든지 쿠키 기록을 삭제할 수 있으며 브라우저의 옵션을 통해 쿠키를 만들지 않을

수도 있다.

❖ QR(Quick Response)

EDI와 바코드를 연계하여 전자거래에 도입함으로서 신속하고 안정된 조달 시스템을 구축하는 작업

❖ 클라이언트(CLIENT)

고객을 뜻하는 단어지만 정보통신 분야에서는 정보를 공급하는 컴퓨터를 말하는 서버의 반대개념으로 사용된다. 정보를 열람하거나 특정 프로그램을 사용하는 컴퓨터, 소프트웨어를 말한다. 메인 프레임, 미니 등 대형 컴퓨터에 모든 정보를 두고 단말기를 통해 열람하던 과거의 방식을 벗어나 서버에 주요 정보를 두고, 각각의 개별 컴퓨터가 기능을 보강한 클라이언트-서버 방식이 등장할 수 있었던 것은 PC의 기능이 강력해졌기 때문이다.

❖ 킬러 앱(Killer APP)

핵심기술이 사용된 경쟁력 있는 프로그램이나 컨텐츠, 상품을 뜻하는 말. 산업사회가 다품종 대량생산의 시대였다면 정보사회는 소품종 소량생산의 시대. 킬러 앱은 이런 시대적 흐름을 반영한 것으로 사용자들이 선호하는 경쟁력 있는 상품을 내세워 시장을 점유해야 한다는 경영의 새로운 흐름이다.

E

❖ TAG(Technical Assessment Group)

심사평가위원회

❖ TC(Technical Committee)

기술위원회

❖ TCP/IP(Transmission Control Protocol /Internet Protocol)

인터넷상에서 전송되는 정보의 단위인 IP datagram을 정의하고, 무접속 패킷전송 서비스(connectionless packet delivery service)의 기반을 제공함.

❖ TIC(Technology Innovation Center)

기술혁신센터, 지식경제 기술정책과에서 대학 등에 지정

❖ TF

Task Force

❖ TFAP(Trade Facilitation Action Plan)

무역원활화행동계획 - ASEM SOMTI(무역, 투자고위관리회의)

❖ TTP(Trusted Third Party)

전자상거래에 있어 구매자와 공급자간의 신원에 대한 보증을 서는 제3의 중간 매매기관

❖ TR&P(Transport Routing & Packaging)

ebXML의 워킹그룹의 하나로 데이터의 전송을 다루는 팀을 지칭

❖ TELNET (원격접속)

특정지역의 사용자가 다른 곳에 위치한 컴퓨터를 온라인으로 연결하여 사용하는 서비스이다. 일단 원격시스템에 연결되면 이용자는 마치 H/W적으로 직접 연결된 단말기를 사용하는 것처럼 접속된 원격 컴퓨터를 사용할 수 있다.

❖ 트래킹 시스템(TRACKING SYSTEM)

주문배송추적 시스템. 전자상거래를 통해 물건을 구입 신청하고 자신이 주문한 물건이 언제쯤 도착할지를 궁금해 하는 사용자들에게 현재 주문이 어느 정도 처리되었으며 언제쯤 배달될지를 보여주고자 개발된 시스템. 주문이 이루어지면 곧 포장, 배송 등의 단계별로 현황을 확인해 볼 수 있는데, 이 시스템을 통해 구매자는 판매점에 대한 신뢰를 높일 수 있다. 인터넷 전문서점으로 시작한 아마존을 비롯한 많은 전자상거래 업체에서 유사한 서비스를 제공하고 있다.

❖ 트랜잭션(TRANSACTION)

컴퓨터 단말기에서 이루어지는 작업. 좁은 의미로는 전자상거래 업체가 신용카드로 대금을 결제하는 과정을 지칭한다. 상품이 입하되거나 출하되는 경우, 매출이 발생하거나 반품, 혹은 피손으로 인한 손실, 입력내용 정정 등의 기록을 컴퓨터를 통해 처리하는데, 이런 개개의 거래를 넓은 의미의 트랜잭션으로 본다.

❖ TCO(Total Cost of Ownership)

총소유비용. 경제학의 기본 원칙인 '최소 비용 최대 효과'를 거두기 위해 등장한 새로운 방식. 정보통신의 비중이 높아지면서 비용을 줄이는 데 그치는 것이 아니라 최소의 비용으로 만족할만한 효과를 거두기 위해 처음으로 사용됐다. 예컨대 기존 대형컴퓨터 시스템을 일반 PC를 사용한 클라이언트-서버 방식으로 교체할 경우 당장의 계산으로는 신규 시스템 구매가격이 경비에 산정되는 정도지만, 이를 확대 해석해 종합적으로 향후 몇 년동안 사용할 수 있으며 그 결과 가져오는 기회비용까지 감안한다. 대표적인 TCO계산방식으로는 가트너그룹의 TCO 모델이 있는데, 이 계산식에는 자본비용과 관리는 물론, 기술지원에 포함되는 비용과 사용자 교육비용까지 포함돼 있다. 일반적인 개념의 구매비용은 TCO의 일부만 차지하며 겉으로 드러나지 않은 비용을 줄이면 TCO를 효과적으로 관리할 수 있다.

❖ TCP/IP(Transmission Control Protocol/Internet Protocol)

인터넷에서 정보를 교환할 때 사용하는 약속, 즉 프로토콜이다. TCP/IP 프로토콜에는 TCP/IP 통신 규약을 지키면서도 각자의 특성을 가진 개별 프로토콜들이 존재한다. 이런 개별 트로토콜에는 전자 우편을 위한 프로토콜(SMTP), 월드 와이드 웹(WWW)을 위한 프로토콜 (HTTP) 등이 있다.

❖ TFT-LCD(Thin Film Transistor Liquid Crystal Display)

초박막 액정표시장치. 노트북 등의 모니터를 연상하면 된다. 액정처리 방식은 초기 기술인 STN과 이를 두 배로 보강한 DSTN으로 시작됐다. 이들 두 기술 모두 실외에서서는 화면이 또렷이 보이지 않고, 측면에서서는 화면이 전혀 보이지 않는 단점이 있었다. 액정의 화소 하나하나를 직접 제어함으로써 선명한 화질을 제공한다.

ㅍ

❖ 파이어월(FIREWALL)

외부의 불법침입자로부터 네트워크의 정보와 자료를 보호할 목적으로 구축된 보안시스템. 방화벽이라고도 부른다. 해커의 침입에서 시스템을 보호하는 것은 물론, 외부로 자료가 유출되는 것을 막을 수도 있고 시스템 사용현황 분석에도 응용될 수 있다.

❖ 포탈(PORTAL)

관문 사이트. 인터넷 접속 후 처음으로 방문하는 사이트를 목표로 만들어진 곳. 다시 말해 필요한 정보를 찾아서 이리저리 이동하는 불편 없이 한 개의 사이트에서 다양한 서비스를 제공함으로써 비즈니스의 영역을 넓혀가려는 시도로, 종합인터넷 서비스의 대명사쯤으로 사용된다. 인터넷 검색 서비스를 제공하면서 뉴스와 증권정보, 무료 우편과 동호회 서비스, 전자 상거래 등 종합적인 서비스 업체로 변신한 야후가 대표적. 야후는 포털 사이트의 개념을 만들어낸 기업으로, 넷스케이프는 포털의 비전을 제시한 사이트로 평가된다. 회원수가 많을 경우 마케팅이나 광고에도 영향을 주기 때문에 최근에는 종합포털은 물론 주식, 법률, 연예, 오락 등 주제별 전문포털 서비스도 대거 등장하고 있다.

❖ 포토샵(PHOTOSHOP)

미국 아도브사의 대표적인 이미지 처리 소프트웨어. 매킨토시용으로 처음 개발된 후 주로 광고사진이나 인쇄물용 그림·사진 편집에 사용되다가 요즘에는 인터넷의 홈페이지 제작 도구로도 널리 사용되고 있다. 그림에 특수한 효과를 주어 원본과는 다른, 다채로운 효과를 줄 수 있다.

❖ 프로토콜(Protocol)

프로토콜이란 컴퓨터끼리 정보를 교환할 때 사용하는 통신 규약이다. 사람이 같은 언어를 사용해야 의사소통을 할 수 있듯이 컴퓨터끼리도 서로 알아들 수 있는 하나의 약속이 필요한 데 이것을 프로토콜이라고 한다. 대표적인 예로 TCP/IP를 들 수 있다.

❖ 프록시(Proxy) 서버

인터넷에 사용자가 폭주하게 되면 일종의 정체 현상이 일어난다. Proxy는 인터넷 정체를 피하기 위한 수단으로, 사용자가 많이 접속하는 웹 사이트에 대한 정보를 따로 저장해 두었다가 사용자가 접속하면 실제 웹 사이트가 있는 서버까지 가지 않고 Proxy 서버에 있는 정보를 곧바로 보여준다. 따라서 사용자가 많은 홈페이지에 접속할 때 속도가 빨라지는 효과를 볼 수 있다.

❖ 프리 마케팅(free Marketing)

서비스와 제품을 공짜로 제공하는 새로운 마케팅. 유료 정보를 공짜로 열람하는 대신 화면 상하부분의 광고에 노출되거나, 인터넷 무료접속서비스를 사용하는 대신 개인의 신상정보를 공개하는 등의 소극적 프리마케팅 활동은 최근 들어 특정 통신서비스를 몇년간 사용하겠다고 약속하면 PC를 무료로 제공하는 형태로도 변형 운영되고 있다. 이와 같은 시스템이 가능해진 이면에는 전사적 자원관리(ERP, Enterprise Resource Management)를 통해 예상 결과를 미리 파악, 얼마나 효과적인지 판단할 수 있는 근거가 마련됐기 때문이다. 국내에서는 이동통신업체가 특정한 시간대에 무료 통화를 제공하는 것을 계기로 프리마케팅에 관한 인지도가 높아졌다.

❖ 플래시(Flash)

플래시는 단순한 홈페이지에 그림, 사운드 등의 수준 높은 멀티미디어 효과를 구현할 수 있도록 매크로미디어사가 개발한 소프트웨어이다. 플래시를 이용하면 작은 크기의 파일로 동적인 효과를 내는 홈페이지를 만들 수 있어 인터넷에서 광범위하게 사용되고 있다.

❖ 플랫폼(Platform)

컴퓨터 운영체제를 일컫는 말. 도스를 시작으로 윈도 3.1, 윈도 98, 윈도 NT 등은 물론 매킨토시의 맥OS, 유닉스 등의 컴퓨터 운영환경을 의미한다. 같은 회사에서 나온 제품이라도 플랫폼이 다른 제품은 별도의 개발과정을 겪는 번거로움을 거쳐야 하는데, 이에 대한 해결책으로 등장한 것이 JAVA다.

❖ PCMCIA(Personal Computer Micro Card Interface Asociation)

노트북 컴퓨터처럼 확장성이 제한된 제품에 주로 사용되는 신용카드 형태의 장치. 모뎀, 네트워크 카드, 하드디스크 등의 제품이 있으며 일반적으로 PC카드라고 부른다. 규격에 따라 타입 I, II, III가 있으며 일반적인 노트북에는 타입 II방식의 슬롯 두 개가 제공된다. 절전형 설계로 어떤 기종의 노트북에도 사용이 가능한 표준규격이다.

❖ PDA(Personal Digital Assistants)

필기인식장치로 정보를 입력, 관리하는 휴대용 컴퓨터의 일종으로 개인용 디지털 도우미로 번역된다. 주소록이나 일정관리 등의 기본기능 외에 최근에는 통신기능을 보강, 전자우편에서 인터넷 검색에 이르기까지 활용 폭을 넓히고 있다. 애플사가 내놓은 뉴턴(Newton)이 최초의 제품. 99년 국내 기술로 개발된 셀빅은 뛰어난 한글인식을 기반으로 사용자를 확대하고 있다.

❖ Procurement

구매

❖ PPP(Point to Point Protocol)

개인 사용자들이 모뎀과 전화선을 이용하여 인터넷에 접속할 수 있도록 해 주는 규약이다.

❖ PDA(Personal Digital Assistants)

개인정보통신기기

❖ PDF(Personal Data Format)

Adobe사의 문서 포멧

❖ PKI(Public Key Infrastructure)

공개키 기반구조

❖ POC(Proof of Concept)

개념증명-ebXML의 워킹그룹 중 명세의 실제 적용성을 검증 및 데모하는 프로젝트

ㅎ

❖ 하이브리드 마케팅(Hybrid Marketing)

기존 산업부문에 인터넷을 접목, 총비용을 절감하는 동시에 비교우위를 확보하려는 마케팅 방법. 인터넷 기업은 인터넷 선점을 근거로 활발한 활동을 펼치고 있지만 기존 기업들은 아직 인터넷에 낯설다. 이를 극복하기 위해 현실의 거점을 최대한 활용해서 인터넷과 연계효과를 거두려는 마케팅 방식이 등장했는데 이것이 바로 하이브리드 마케팅이다. 최근 국내의 한 대기업은 주유소, 통신서비스 등의 사용실적을 종합관리하는 포인트 제도를 운영하고 있는데, 이런 통합 포인트는 하이브리드 마케팅의 대표적인 예라고 할 수 있다. 그러나 잘못 사용될 경우 개인의 소비행태가 낱낱이 노출된다는 단점도 가지고 있어 반대 목소리도 높다.

❖ HTML(Hypertext Markup Language)

인터넷 웹 서비스의 근간을 이루는 문서작성방식. 본문 앞뒤에 태그(Tag)라고 부르는 꼬리표를 붙여 글꼴 속성, 문단, 문서 전체, 그림삽입 등을 구현할 수 있다. 한 문서에서 다

른 문서로 연결도 가능하다. 이러한 연결을 링크(Link)라고 부르며 링크가 된 문서는 하이퍼텍스트라고 부른다. 이렇듯 HTML의 하이퍼텍스트는 클릭 한 번으로 원하는 곳이 어디든 자신의 정보와 연결시킬 수 있기 때문에 기존 2차원적인 평면문서와는 확실히 구분된다. 인터넷 홈페이지 제작에 기본이 되는 HTML은 4.0 규약까지 제공되고 있으며 HTML의 기능을 보강하는 D-HTML(Dynamic HTML)이 마이크로소프트사의 주도로 빠르게 보급되고 있다. 문자정보 중심의 서비스인 텔넷(telnet)으로 시작된 인터넷이 지금처럼 보급된 것은 바로 멀티미디어 환경에 맞는 HTML이 사용됐기 때문이다.

❖ HTTP(Hyper Text Transfer Protocol)

월드와이드웹(World Wide Web)에서 웹 브라우저를 통해 글, 그림, 데이터 등을 볼 수 있게 해주는 인터넷 통신 규약(TCP/IP) 가운데 하나. 웹 브라우저에 주소를 입력하면 해당하는 웹 페이지를 보여주는데, 이렇게 웹 브라우저에 해당 웹 페이지를 보여주는 인터넷 규약이 HTTP이다

❖ 해킹(HACKING)

네트워크를 사용, 불법으로 타인의 시스템에 들어가는 행위. 원래 해킹은 악의적인 목적이 아닌, 실력자랑을 목적으로 침입하는 것을 의미했다. 침입해서 얻어낸 정보를 판매, 경제적인 대가를 받거나 타인의 시스템을 악의적으로 파괴하는 행위는 크래킹(Cracking)이라고 불러 해킹과는 구분해서 사용한다.

❖ 허브 사이트(HUB Site)

다양한 인터넷 사이트를 마치 하나의 사이트처럼 사용할 수 있도록 제공하는 서비스를 말한다. 별도로 하나씩 가입해야만 사용할 수 있는 여러 사이트를 한 개의 ID와 패스워드로 사용할 수 있는 기능을 제공하는데, 이는 사용자는 물론 업체에도 공동마케팅의 효과를 가져오고 비용을 절감한다는 점에서 주목된다. 현재는 서로 다른 업종의 전자상거래 업체들이 모여 서비스를 제공하는 EC 허브 사이트가 주종을 이루고 있으며, 국내 최초의 허브 사이트인 인터즌에는 경매, 부동산, 금융정보 등이 제공된다.

❖ 화상회의(Video Conference)

1:1, 혹은 여러 명이 얼굴을 마주보며 회의할 수 있는 화상회의 시스템. 개발 초창기에는 전용선과 함께 컴퓨터 고급 사양이 필요했지만 기술발전에 힘입어 최근에는 펜티엄급 시스템에 USB PC용 카메라만 설치돼 있다면 사용이 가능하다. 마이크로소프트사의 넷미팅이 대표적인 소프트웨어이며 실시간으로 자료가 업데이트되는 화이트 보드 기능을 통해 회의중 간단한 문자정보도 교환할 수 있다.

국제표준화기구

❖ UN/CEFACT : UN Center for Trade Facilitation and Electronic Business
유엔 e-비즈니스 및 무역절차간소화기구

❖ ISO : International Organization for Standardization
국제표준기구

❖ SWIFT : Society for Worldwide Interbank Financial Telecommunications
세계은행간 금융전산망

❖ ICC : International chamber of commerce
국제상공회의소

❖ AFACT : Asia Pacific Council for Trade Facilitation and Electronic Business
아시아태평양지역e-비즈니스 및 무역절차간소화협의체

❖ 미국 ANSI : American National Standard Institute
미국표준원

❖ 일본 ECOM : Next Promotion council of Japan
차세대일본전자상거래추진협의회

❖ 프랑스 EDI : Electronic Data Interchange
전자문서교환

❖ 영국 SITPRO : The Simpler Trade Procedures Board)
무역절차간소화위원회

❖ UNIFI : Universial Financial Industry Message Scheme)
국제금융산업메시지구조

❖ EDI : Electronic Document Interchange
전자문서교환

❖ XML : eXtensible Markup Language

확장가능한컴퓨터언어

❖ ebXML : Electronic Business eXtensible Markup Language

e-비즈니스를 쉽게 하기 위한 확장 가능한 통합컴퓨터언어

❖ GS 1(Global Standard)

EAN code는 1977년에 설립된 EAN연합에서 유럽국가들의 상품식별에 사용하기 위해 개발한 코드체계임

❖ UN/SPSC : UN Standard Products and Service Classification

유엔표준물품서비스분류

❖ UNeDocs

UNeDocs는 UNCEFACT TBG(International Trade Business Group) 2 (Digital Papers) Group에서 무역 및 비즈니스 관련 문서를 표준화 한 것으로 통관, 운송, 해상 보험 관련 서류로 주문서(Order), 견적서(Quotation), 송장(Invoice), 해상보험증권(Marine Insurance), 포장명세서(Packing list) 등이 있음.

❖ Singl Window

Singl Window는 UNCEFACT TBG 15 (Trade Facilitation) Group에서 무역절차를 간소화하는 것으로 무역창구를 단일화하여 one-stop service 가 가능하도록 하자는 시스템을 권고하고 있음.

❖ e-C/O (Certificate of Origin)

원산지증명서

❖ e-C/A (Certificate of Agriculture)

농업검역증명서

❖ e-Trust Mark Program

기업대 소비자간(B2C) 전자상거래에서 소비자를 위한 신뢰마크 제도로 이마크를 부착한 업체는 신용도가 있으므로 안심하고 상품을 구입해도 된다는 표시로 사기나 분쟁을 예방하는 효과가 있음

❖ 전사적자원관리 ERP(Enterprise Resources Planning)

제조업을 포함한 다양한 비즈니스분야에서 생산, 구매, 재고, 주문, 공급자와의 거래, 고객서비스제공 등 주요프로세스를 돕는 여러 모듈로 구성된 통합 애플리케이션 소프트웨어 패키지임.

❖ 공급사슬관리 SCM(Supply Chain Management)

상품이 공급자로부터 생산자에게, 생산자로부터 상품 주문자 및 고객에게 공급되기까지 즉, 주문, 결제, 생산, 보관, 운송 등 일련의 과정을 관리하는 소프트웨어 패키지임.

❖ 고객관계관리 CRM(Customer Relationship Management)

고객을 과학적인 방법으로 관리하는 기법의 소프트웨어 패키지임.

❖ 지식관리시스템 KMS(Knowledge Management System)

조직의 지식을 좀 더 체계적이고 효과적으로 관리하기 위한 시스템이자 조직이나 기업 지식자원의 가치를 극대화하기 위한 통합적인 지식관리프로세스를 지원하는 모든 정보기술시스템을 말함.

◈ 국제표준화기구에 대한 우리나라 대응기관

❖ 공급망관리 및 전자구매(조달)

상공회의소, 조달청, 개별기업

❖ 전자문서(UNeDocs)

지식경제부 기술표준원, 한국전자거래진흥원, 한국무역협회 등 관련 단체

❖ 운송 및 물류

국토해양부, 지식경제부, 기술표준원, 한국물류정보통신, 한국무역협회, 하주협의회, 한국무역정보통신, 선박회사, 항공회사, RFID협의회

❖ 통관

관세청, 한국무역정보통신

❖ 금융

금융결제원, 은행, 증권업협회, 증권회사

❖ 전자카탈로그

전자입찰, 조달청, 전자거래협회, 한국유통물류진흥원, 개별기업

❖ 보험

보험감독원, 손해보험협회, 생명보험협회

❖ 여행 및 레저

여행업협회 및 레저협회

❖ 보건복지

보건복지부, 보건관련 협회

❖ 회계

공인회계사회, 개별기업

❖ 환경

환경부

❖ 비즈니스프로세스분석

컨설팅업체, 개별기업

❖ 무역절차간소화(Single Window)

수출입인허가단체, 한국무역협회, 관세청, 운송관련 협회, 은행

❖ 원산지증명서(C/O)

대한상공회의소

❖ 농업

농림수산식품부, 국토해양부

❖ 전자정부

행정안전부 및 전 부처, 조달청

❖ 신용장

대한상공회의소, 은행

❖ e-Learning

지식경제부, 교육인적자원부, e-Learning협회

❖ 전자카탈로그(GS1)

한국유통물류진흥원, 한국전자거래협회

찾아보기

▌저자약력▌

김 용 재

- 현재 한국산업기술대학교 e-비즈니스학과 교수(지식경제부 설립 및 지원)
- 서강대학교 대학원 무역학과 졸업(경영학박사)
- UNCEFACT(유엔산하 행정, 상업, 운송 절차간소화 표준회의)
  International Trade and Business Group 부위원장 역임(2004. 9. 1~2006. 8. 31)
  TBG 1(Supply Chain and e-Procurement Group) 부위원장(2006. 3~)
- ISO(국제표준화기구) JTC SC 32(데이터관리교환) WGI 부위원장(2004. 4~)
- ISO(국제표준화기구) TC 68 표준화위원(2000. 8~)
- SWIFT(세계은행간금융전산망) 표준화위원(2005. 7~)
- AFACT(아시아태평양 행정, 상업, 운송 절차간소화 표준회의)(2000. 10~)
  Supply chain and e-Procurement Group 위원장
- 대한상사중재위원회 위원(무역분야)(2002. 3~)
- 중소기업청 수출자문위원 및 서울지방중소기업청 IT화추진위원(2001. 3~)
- 전자상거래표준화 통합포럼 전자문서 기획위원회 위원장(2001. 2~)
- 지식경제부 기술표준원 전자문서, 금융분야 표준화위원(2000. 8~)
- 방송통신위원회산하 한국정보통신기술인협회 IT국제표준전문가(2002. 3~)
- 외교통상부 산하 한국국제협력단 IT전문가로 불가리아 및 파나마 파견(2002. 12~)
  (파나마대통령표장), e-Business 및 e-Government Training Program 운영
  e-Business 및 e-Government 과정 운영중
- 제6회 한국e-비즈니스대상 국무총리 표창 수상(B2B 표준제정 및 확산에 기여) 2002년
- 2009년 세계표준의 날 지식경제부 장관상 수상(ISO 국제표준제정 기여)
- G4B, B2B 표준화위원(2000. 8~)
- 민관 전자무역추진위원회 무역결제 WG 표준화위원(2004. 4~)
- 한국전자문서교환위원회 위원 역임(2002. 3~2006. 12))
- 한국전자상거래학회 부회장, 한국창업정보학회 부회장, 국제
  e-Business 학회 이사, 한국무역학회 회원, 한국물류학회 회원, 한국해법학회 회원

인터넷을 이용한 무역실무

초 판 1쇄 인쇄 — 2010년 3월 20일
초 판 1쇄 발행 — 2010년 3월 25일
지은이 — 김 용 재
펴낸이 — 전 두 표
펴낸데 — 도서출판 **두남**
서울시 강동구 성내 1동 455-12 두남빌딩
신고 : 제25100-1988-9호
(구 제2-624호, 1988. 7. 21)
TEL : (02) 478-2065~7, 478-2311
FAX : (02) 478-2068
E-mail : dunam1@unitel.co.kr
http://www.dunam.co.kr

정가 28,000원

ISBN 978-89-6414-053-6 93320